Qualität in der Inhaltserschließung

Bibliotheks- und Informationspraxis

Herausgegeben von Klaus Gantert
und Ulrike Junger

Band 70

Qualität in der Inhaltserschließung

Herausgegeben von Michael Franke-Maier,
Anna Kasprzik, Andreas Ledl und Hans Schürmann

DE GRUYTER
SAUR

Bibliotheks- und Informationspraxis ab Band 42:
Herausgegeben von Klaus Gantert und Ulrike Junger
Das moderne Bibliotheks- und Informationswesen setzt sich mit vielfältigen Anforderungen auseinander und entwickelt sich ständig weiter. Die Reihe *Bibliotheks- und Informationspraxis* greift neue Themen und Fragestellungen auf und will mit Informationen und Erfahrungen aus der Praxis dazu beitragen, Betriebsabläufe und Dienstleistungen von Bibliotheken und vergleichbaren Einrichtungen optimal zu gestalten.
Die Reihe richtet sich an alle, die in Bibliotheken oder auf anderen Gebieten der Informationsvermittlung tätig sind.
Die Open-Access-Version dieser Publikation wird von der Freien Universität Berlin unterstützt.

ISBN 978-3-11-069149-8
e-ISBN (PDF) 978-3-11-069159-7
e-ISBN (EPUB) 978-3-11-069164-1
ISSN 2191-3587
https://doi.org/10.1515/9783110691597

Library of Congress control Number: 2021940531

Bibliografische Information der Deutschen Nationalbibliothek
Die Deutsche Nationalbibliothek verzeichnet diese Publikation in der Deutschen Nationalbibliografie; detaillierte bibliografische Daten sind im Internet über http://dnb.dnb.de abrufbar.

© 2021 Michael Franke-Maier, Anna Kasprzik, Andreas Ledl, Hans Schürmann, publiziert von Walter de Gruyter GmbH, Berlin/Boston
Dieses Buch ist als Open-Access-Publikation verfügbar über www.degruyter.com.
Satz: bsix information exchange GmbH, Braunschweig
Druck und Bindung: CPI books GmbH, Leck

www.degruyter.com

MIX
Papier aus verantwortungsvollen Quellen
FSC
www.fsc.org
FSC® C083411

Inhalt

Michael Franke-Maier, Anna Kasprzik,
Andreas Ledl, Hans Schürmann

Editorial

Es ist naheliegend, einen Band zur Qualität in der Inhaltserschließung damit zu beginnen, den Begriff *Qualität* als solchen zu reflektieren. Wenn wir Qualität gemäß der *ISO-Norm 9000:2015-1* definieren als „Grad, in dem ein Satz inhärenter Merkmale eines Objekts Anforderungen erfüllt"[1], was sind dann die Qualitätsanforderungen an die Inhaltserschließung? Auf diese Frage gibt es zweifellos keine eindeutige und allgemeingültige Antwort – zumindest war das das Ergebnis der Diskussion unter den Herausgeber:innen dieses Bandes. Dementsprechend beleuchten wir die Frage im Folgenden aus vier unterschiedlichen Perspektiven: zunächst aus einer eher *idealistischen*, im Berufsethos verankerten, dann aus einer rein *fachlichen* und schließlich aus einer *praktischen* Perspektive. Die vierte, die *deskriptive* bzw. *historische*, geht als eigener Aufsatz von Andreas Ledl in den Band ein.

1 Qualität beginnt im Kopf

Eine erste, *idealistische* Annäherung an eine Antwort kann aus der charakteristischen Funktion von Bibliotheken hergeleitet werden – nämlich aus der Kernaufgabe, Ressourcen für Bildung, Lehre, Forschung und zur Unterhaltung zugänglich zu machen. Nicht zuletzt wird im *IFLA Code of Ethics* dieses Verfügbarmachen als zentrales Anliegen bezeichnet: „The core mission of librarians and other information workers is to ensure access to information [...]."[2] Diese Mission kann sogar so weit gefasst werden, dass sie auch den *access to misinformation* bzw. *disinformation* miteinschließt.[3] Das ist aus Sicht der

---

[1] Vgl. dazu z. B. Zollondz, Hans-Dieter u. a.: Lexikon Qualitätsmanagement. Berlin, Boston: De Gruyter Oldenbourg 2016, S. 857–858.

[2] International Federation of Library Associations: IFLA Code of Ethics for Librarians and other Information Workers, full version. https://www.ifla.org/publications/node/11092#access toinformation (16.11.2020).

[3] Zu den feinen Unterschieden bzgl. der beiden Begriffe sowie weiterer verwandter Begriffe siehe z. B.: Turčilo, Lejla und Mladen Obrenović: Fehlinformationen, Desinformationen, Malinformationen. Ursachen, Entwicklungen und ihr Einfluss auf die Demokratie. Demokratie im Focus #3. Heinrich Böll Stiftung, 2020, S. 8–9. https://www.boell.de/de/2020/08/25/ fehlinformationen-desinformationen-malinformationen (1.12.2020). Zur Diskussion um die

Informationstheorie von Shannon und Weaver aus dem Jahr 1948/1949 folge-richtig, da nach ihr der Begriff *Information* zunächst keine Wertigkeit besitzt: „In fact, two messages, one of which is heavily loaded with meaning and the other of which is pure nonsense, can be exactly equivalent, from the present viewpoint, as regards information."[4]

Vor dem Hintergrund der demokratischen und gesellschaftspolitischen Funktion[5] von Bibliotheken wird schnell klar, dass solche Information mindes-tens zu kuratieren bzw. zu kontextualisieren ist. Damit bewegen wir uns im Kontext der Bedeutungszuschreibung, des Verstehens, der Bewertung und Ein-ordnung von Information, nicht zuletzt also der Organisation von Wissen, der *knowledge organization* – einer unbestrittenen Kernaufgabe von Bibliotheken.

Wissensorganisation, sowohl auf der Ebene der Begriffsbildung im Normda-tenbereich[6] als auch bei der Inhaltsanalyse von Dokumenten, ist mit dem im bibliothekarischen Berufsethos impliziten Neutralitätsgebot behaftet, welches sich z. B. auch in den *Regeln für die Schlagwortkatalogisierung*[7] ausdrückt, letzt-lich aber von der Perspektive und der Sozialisation der erschließenden Person, im Speziellen ihrer politischen, fachlichen und bibliothekarischen, abhängig bleibt.[8]

Bereitstellung z. B. rechtsextremistischer Literatur in Bibliotheken, die Jörg Sundermeyer, Ver-leger und Gründer des Verbrecher-Verlages, während des 107. Deutschen Bibliothekartages in Berlin anstieß und die anschließend in diversen Bibliothekszeitschriften und z. B. auf der Digi-talkonferenz #vBIB20 weitergeführt wurde, vgl.: Sundermeier, Jörg: Rechte Verlage und ihre Produkte. Sollten Bücher aus rechten Verlagen im Bestand geführt werden? In: BuB – Forum Bibliothek und Information (2018) Jg. 70 H. 6. S. 331–333. https://b-u-b.de/wp-content/uploads/2018-06.pdf (16.11.2020).

4 Shannon, Claude E. und Warren Weaver: The mathematical theory of communication. Ur-bana: The University of Illinois Press, 1964, S. 8. https://pure.mpg.de/rest/items/item_2383164/component/file_2383163/content (16.11.2020).

5 Vgl. dazu z. B. die Positionen des Deutschen Bibliotheksverbands DBV zu Bibliotheken und Demokratie: https://www.bibliotheksverband.de/dbv/themen/bibliotheken-und-demokratie.html (16.11.2020).

6 Vgl. dazu z. B. den Vortrag von Guido Bee auf der GNDCon 2018 zu *gefährlichen Wörtern* in der GND. https://wiki.dnb.de/download/attachments/145591706/GNDCon_Folien_D2_Bee.pdf (9.12.2020).

7 Vgl. dazu RSWK, § 4,2: „Der Standpunkt oder eine Weltanschauung des Verfassers wird im Allgemeinen nicht berücksichtigt."

8 Nicht zuletzt deswegen gibt es Initiativen wie das Cataloging Ethics Steering Committee, s. https://sites.google.com/view/cataloging-ethics/home (14.12.2020). Im zweiten Entwurf des Ca-taloguing Code of Ethics heißt es bspw.: „We recognize that cataloguing is not a neutral act and endorse critical cataloguing as an approach to our shared work with the goal of making metadata more inclusive and accessible." https://docs.google.com/document/d/1tnTetySv6mgCa4RfScaffykQdtViZZ8M5nwgowZboQk/edit (14.12.2020).

Die Idee, dass Algorithmen eine Art technische Neutralität oder Objektivität besitzen könnten, die die des Menschen übertrifft, wurde in neuester Zeit immer wieder relativiert.[9] Ein aktuelles Beispiel dafür, das beim Verfassen dieses Editorials gerade in den sozialen Medien Aufmerksamkeit hervorrief, war der Fall der Top-Forscherin Özlem Türeci, die zusammen mit Uğur Şahin für das Unternehmen BioNTech einen Impfstoff gegen COVID-19 entwickelte. Die Google-Suche kategorisierte Türeci lediglich als Şahins Ehefrau, obwohl sie ebenso maßgeblich an der Erforschung des Impfstoffes beteiligt war.[10] Algorithmen können offensichtlich in Daten und Texten wiederkehrende Haltungen und deren Relationen perpetuieren, ohne dass sie dabei eine Möglichkeit haben, diese zu reflektieren und ggf. zu korrigieren.

Angesichts dieser Komplikationen, die gerade bei lernenden Verfahren dauerhaft als Verzerrung der Bewertungsbasis der Algorithmen ins Gewicht fallen können,[11] ist es zumindest beim aktuellen Stand der Wissenschaft in vielen Fällen notwendig, dass im Nachgang eine intellektuelle Kontrolle und Anreicherung der Ergebnisse mit Kontextinformationen erfolgt. Und selbst bei Fortschreiten und Optimierung der Algorithmik stellt sich die Frage, ob die besten Ergebnisse nicht doch durch ein Zusammenwirken von Mensch und Maschine erzielt werden können.

In den letzten Jahrzehnten sind auch im bibliothekarischen Kontext immer größer werdende bibliografische Mega-Indices, Knowledge Bases und Zitationsdatenbanken sowie (digitale und digitalisierte) Sammlungen von Forschungs- und Kulturdaten entstanden. Mit der Bereitstellung dieser Informationsquellen geht eine große Verantwortung bezüglich ihrer Zugänglichkeit, Nachnutzbarkeit und Interpretationsmöglichkeiten einher. Im Zusammenhang mit Inhaltserschließung liest man das Wort Verantwortung indessen eher selten, obwohl mit ihr der Zugang zu Information nachhaltig festgelegt wird – sie dient letztlich der bestmöglichsten Versorgung mit relevanten Inhalten in Bezug auf Bildungsziele, Lehrinhalte, Forschungsfragen oder Unterhaltungsvorlieben. Stattdessen geht es doch meist um die Kostenersparnis oder um eine Effizienzsteigerung, die durch eine Automatisierung herbeigesehnt wird, weniger aber um eine

---

9 Die Autorin Cathy O'Neil weist in ihrem Buch *Weapons of Math Destruction* sogar auf potenzielle Gefahren der vermuteten Objektivität von Algorithmen hin – dies aber nur nebenbei.

10 Rainer, Anton: Ungenaue Algorithmen. Google stufte Impfforscherin zur „Ehefrau" herab. Spiegel Netzwelt vom 10.11.2020, 16:29. https://www.spiegel.de/netzwelt/web/biontech-impfstoff-wie-google-eine-impf-forscherin-zur-ehefrau-macht-a-e8ace050-8329-4706-9543-8a4e3ff6cd34 (16. November 2020).

11 Vgl. dazu z. B. Knight, Will: The Dark Secret at the Heart of AI. In: MIT Technology Review, 11. April 2017. https://www.technologyreview.com/2017/04/11/5113/the-dark-secret-at-the-heart-of-ai/ (14.12.2020).

Orientierung an Qualitätskriterien über die Basisfunktionen der Literatursuche hinaus. Letztlich kann in diesem Zusammenhang wieder der *IFLA Code of Ethics* bemüht werden – in welchem der bibliothekarische Beruf als nach den „highest standards of service quality"[12] strebend charakterisiert wird –, um den Appell an die strategische Managementebene zu formulieren, dass zumindest die Relevanz der Inhaltserschließung anerkannt und entsprechend die Orientierung an einem geeigneten Qualitätsstandard handlungsleitend für die Ausrichtung unserer Bibliothekslandschaft wird. Kurz gesagt: „Qualität beginnt im Kopf."[13]

Idealerweise drückt sich diese Anerkennung mindestens darin aus, dass auf Personal- und Sachebene ausreichende Mittel für eine an überprüfbaren Qualitätsstandards orientierte Inhaltserschließung bereitgestellt werden – das gilt zunächst einmal sowohl für eine intellektuelle Inhaltserschließung durch eine kooperativ agierende Community als auch für einen halb- oder vollautomatischen Einsatz von Algorithmen. Die Automatisierung der Inhaltserschließung durch den Einsatz moderner semantischer Technologien und Technologien der Künstlichen Intelligenz muss allerdings noch viel weitreichender als bisher als transformative Daueraufgabe anerkannt und etabliert werden, um in Forschungsprojekten entwickelte Prototypen konsequent und dauerhaft in die produktiven Erschließungsworkflows von (wissenschaftlichen) Bibliotheken integrieren zu können.[14] Erst dann sind die Kapazitäten gegeben, um praxistaugliche Lösungen für eine intelligente(re) Verzahnung von intellektuellen Wissensorganisationsmethoden, automatisierter Inhaltserschließung und Retrievalalgorithmen zu finden und umzusetzen.

2 Garbage in, garbage out

Die zweite Herangehensweise zur Beantwortung der eingangs gestellten Frage nach geeigneten Qualitätskriterien für die Inhaltserschließung ist eine *fachliche* aus Sicht der Informationswissenschaften, der Informatik und anderen angrenzenden Disziplinen. Die informationswissenschaftliche Perspektive orientiert

---

12 IFLA Code of Ethics for Librarians and other Information Workers. https://www.ifla.org/publications/node/11092#neutrality (16.11.2020).
13 Dieses Motto war 2018 die Headline des Weiterbildungsprogramms der Deutschen Gesellschaft für Qualität.
14 Vgl. dazu Kasprzik, Anna u. a.: Automatisierte Sacherschließung als Produktivverfahren für wissenschaftliche Bibliotheken – Herausforderungen und Lösungsansätze. Konferenzfolien, #vBIB20, 28.5.2020. Folie 14. https://nbn-resolving.org/urn:nbn:de:0290-opus4-173944 (18.11.2020). Mitschnitt: https://doi.org/10.5446/36437.

sich im Wesentlichen daran, wie gut Information *nach messbaren Kriterien* aufbereitet und bereitgestellt werden kann, um den Nutzer:innen alle Aktivitäten rund um eine erfolgreiche Literaturrecherche zu ermöglichen wie in den IFLA LRM *User Tasks*[15] beschrieben: *find, identify, select, obtain, explore.*

Insbesondere durch den fortschreitenden Einsatz von maschinellen Methoden zur Digitalisierung und zur Automatisierung der Informationsbereitstellung bieten sich stochastische Größen aus dem Machine Learning und aus dem Information Retrieval als messbare Qualitätskriterien für die Informationsaufbereitung und -bereitstellung an. So geben zum Beispiel die Metriken *precision, recall* und der F1-Wert an, wie viele erwünschte Dokumente im Zuge einer Recherche gefunden werden, wie viele Dokumente unnützer Beifang sind und in welchem Verhältnis die beiden Größen stehen. Statistische Konfidenzwerte treffen eine Aussage dazu, wie sicher ein durch ein trainiertes Modell geliefertes Ergebnis (etwa ein Schlagwort zur inhaltlichen Beschreibung einer Ressource) zutrifft.

Inwiefern solche Größen den Anspruch, den Bibliotheken insgesamt an die Qualität ihrer Tätigkeiten und insbesondere ihrer Erschließung haben, adäquat abbilden, ist eine ganz andere Frage – und dieser vorgelagert ist eine noch tiefgreifendere Frage, die das Potential hat, das berufliche Aufgabenprofil von an Bibliotheken Tätigen weitreichend zu verändern: Die Frage, inwieweit bibliothekarische Inhaltserschließung angesichts moderner Mustererkennungs- und Retrievalalgorithmen umgestaltet und neu gedacht werden muss, um gewinnbringend mit modernen Technologien verzahnt werden zu können.

Eine Weiterentwicklung der bibliothekarischen Inhaltserschließung erfordert in jedem Fall zunächst einmal eine umfassende und kritische Aufklärung auf allen Ebenen der Bibliotheksorganisation, was moderne Technologien leisten können und was nicht, auf welchen Prinzipien sie aufbauen und welche Voraussetzungen für ihren Einsatz gegeben sein müssen.

Es lässt sich jedenfalls festhalten, dass ein System, das eine zielgerichtete und erschöpfende Suche auf hohem Niveau ermöglicht, von einer hohen Beschreibungsdichte und einer möglichst weitreichenden Kontextualisierung durch eine hochgradige Vernetzung mit weiteren Informationsquellen und zwischen für die Beschreibung relevanten Entitäten profitiert. Letzteres kann unter anderem durch eine Unterfütterung mit möglichst dicht vernetzten Wissensorganisationssystemen erreicht werden.[16]

---

15 IFLA Library Reference Model (LRM). https://www.ifla.org/publications/node/11412 (2.12.2020).
16 Vgl. dazu auch Freyberg, Linda: Density of Knowledge Organization Systems. In: Knowledge Organization for Digital Humanities. Proceedings of Wissensorganisation 2017, S. 25–30. http://dx.doi.org/10.17169/FUDOCS_document_000000028863.2.

Und auch auf der Datenebene zeichnet sich immer deutlicher eine Wechselwirkung zwischen maschinellen Verfahren und einer hochqualitativen (für fein-
granularere fachliche Qualitätsaspekte weiterhin auch intellektuellen) Datenaufbereitung ab: Maschinelle Verfahren (sowohl solche aus der Künstlichen
Intelligenz als auch semantische Technologien) profitieren von formattechnisch
sauberen, maschinenlesbaren und vernetzten Daten im Sinne der FAIR-Prinzipien *findable, accessible, interoperable, reusable*. Es gilt *garbage in, garbage
out* – nicht umsonst verbringen *Data Scientists* ca. 60 % ihrer Zeit damit, Daten
zu säubern und zu strukturieren.[17] Sowohl in Bezug auf Maschinenlesbarkeit als
auch in Bezug auf eine generell höhere Datenqualität, Konsistenz und Abdeckung erwartet Bibliotheken folglich in den nächsten Jahren noch eine
beträchtliche Anstrengung.[18]

3 Ergebnisoptimierung durch Erwartungs-
reduktion?

Die dritte Herangehensweise zur Beantwortung der Frage nach geeigneten Qualitätskriterien für die Inhaltserschließung ist eine *praktische* aus Sicht der
Bibliotheken.[19] Dabei werden aus der Nutzendenperspektive die unterschied-
lichsten Ansprüche und Forderungen an qualitativ hochstehende Inhaltserschließung gestellt. Es macht einen Unterschied, ob die Nutzung der Daten
durch Menschen oder durch datenverarbeitende Software erfolgen soll. Die Regelwerke für die Erschließung, Ergebnisse aus Nutzungsumfragen und Tracing
von Nutzungsverhalten liefern hier durchaus widersprüchliche Anforderungen,

---

17 CloudFlower: Data Science Report 2016, S. 6. https://visit.figure-eight.com/rs/416-ZBE-142/
images/CrowdFlower_DataScienceReport_2016.pdf (9.12.2020). Vgl. zu diesem Thema auch
eine Aussage von Karen Foster in einem Blogbeitrag zur nationalen Datenstrategie des JISC:
*Being able to gather and analyse data is one thing, but making sure that data is ‚clean' and
meaningful is quite another.* https://www.jisc.ac.uk/blog/the-national-data-strategy-a-gol
den-opportunity-to-level-up-the-use-of-data-and-innovation-08-dec-2020 (9.12.2020).
18 Vgl. dazu auch Kasprzik, Anna: Putting Research-based Machine Learning Solutions for
Subject Indexing into Practice, Abschnitt 2 Challenges and Potentials. In: Qurator 2020. Proceedings of the Conference on Digital Curation Technologies. Hrsg. von Paschke u. a. Berlin
2020, S. 3 ff. http://ceur-ws.org/Vol-2535/paper_1.pdf (9.12.2020).
19 „Ergebnisoptimierung durch Erwartungsreduktion?" ist der Claim eines Berliner Street-Art-
Kunstwerks, s. Franke-Maier, Michael: Qualitätsanforderungen zwischen intellektueller und
algorithmisierter Inhaltserschließung. 22. Verbundkonferenz des Gemeinsamen Bibliotheksverbundes, Kiel am 29. August 2018, Konferenzfolien, Folie 6. https://verbundkonferenz.gbv.de/
wp-content/uploads/2018/09/Franke-Maier_Qualität_MFM_final.pdf (14.12.2020).

obwohl alle Zugänge dasselbe Ziel einer guten Informationsversorgung verfolgen. Weder das Bibliothekspersonal noch die Algorithmen können jedoch widersprüchlichen Anforderungen gerecht werden. Insofern ist es entscheidend, dass man sich bei der Formulierung von Qualitätskriterien auf den Bezugsrahmen verständigt. Letztlich ist die Festlegung, was Qualität in der Inhaltserschließung sichert, von der Entscheidung abhängig, wie die Bibliotheken den Zugang zu Information gewährleisten wollen.[20] Je größer die Metadatenmenge, desto bedeutender werden maschinelle Verfahren. Je vernetzter die Daten sind, desto standardisierter sollten die Codierungen sein. Je kleiner die zu erschließende Sammlung ist, desto lokaler kann die Erschließung sein. Die Liste ließe sich beliebig erweitern, wobei schnell klar wird, dass sich hier Widersprüche ergeben. Leidtragend ist das Bibliothekspersonal, das zum einen die Differenz zwischen dem Rechercheangebot und der Nutzungserwartung ausgleichen muss und zum anderen die Hoheit über die Metadatenpflege zunehmend verliert. Insofern wundert es nicht, dass das Bibliothekspersonal zunehmend in die Beratung und Betreuung von Kund:innen verschoben und die Datenpflege der Information and Communication Technology (ICT) zugeschrieben wird. Datenpflege reduziert sich dann auf Stichprobenanalyse und Erarbeitung von Massenkorrekturen systematisch auftretender Fehler. Aber auch dieser Bereich hat mit intellektueller Aufarbeitung nicht viel zu tun. Vielmehr geht es darum, die Indexierungsfehler nicht ausufern zu lassen. Intellektuell wird dann nur noch in Einzelfällen eingegriffen. Das kann funktionieren, wird aber in dem Moment problematisch, wenn dieselben Metadatensätze in unterschiedlichen Kontexten verwendet werden. Dann bedarf es in den Normdatensätzen Verwendungscodes und in den bibliografischen Datensätzen Provenienzkennzeichnungen, um sicherzustellen, dass Retrieval auch spezifisch nutzbar ist. Gerade kleine Bibliotheken mit spezifischem Bestand sehen sich sonst gezwungen, ihre Daten aus den Datennetzen wieder in lokale Datenbanken zu separieren.[21]

In dieser Spannung zwischen semantischer Metadatenbildung und technischer Datenverarbeitung muss ein Weg der Verständigung gefunden werden, wer mit welchen Vorzügen zu einem optimalen Qualitätslevel für die Informationsbereitstellung in einem multidimensionalen Umfeld beitragen kann. Das wiederum geht nur über die Formulierung eines Bezugsrahmens, an dem sich alle Beteiligten orientieren können.

---

20 Vgl. dazu auch Schürmann, Hans: Sacherschliessung nach RDA. In: 027.7 Zeitschrift für Bibliothekskultur (2015) Bd. 3 H. 2. S. 74–80. https://doi.org/10.12685/027.7-3-2-64.
21 Vgl. dazu auch Schürmann, Hans: Subject indexing in a digital age. Presented at the General Assembly of the European Theological Libraries (47th General Assembly of BETH), Nürnberg 2018. https://doi.org/10.5281/zenodo.1420492.

4 Qualität ist multidimensional

Spätestens seit 2017, mit der Veröffentlichung des angepassten Erschließungs-konzepts der Deutschen Nationalbibliothek (DNB) unter dem Titel *Grundzüge und erste Schritte der künftigen inhaltlichen Erschließung von Publikationen in der Deutschen Nationalbibliothek*[22] und der anschließenden Diskussion z. B. während des Bibliothekartags 2018, ist das Interesse zu Fragen der Qualität der Inhaltserschließung im DACH-Raum stark gestiegen. Der vorliegende Band führt diese Diskussion insofern fort, da er aus ihr erwachsen ist und als struktu-rierende Grundlage für den Call for Papers und für sein Narrativ der (leicht ver-änderten) Kartierung von Qualitätsdimensionen folgt, wie sie auf der 22. Ver-bundkonferenz des Gemeinsamen Bibliotheksverbundes in Kiel am 29. August 2018 vorgestellt wurde.[23]

Zur Vervollständigung der eingenommenen Perspektiven des Editorials und zur historischen Anbindung an die bibliothekarische Qualitätsdiskussion gene-rell beginnt der Band zunächst mit einem Beitrag von Andreas Ledl zur *Qualität in der Inhaltserschließung – Ein Überblick aus 50 Jahren (1970–2020)*. Dieser zeichnet die großen Linien des Qualitätsdiskurses im deutschsprachigen Raum seit den 1970er Jahren chronologisch nach. Dabei kristallisiert sich heraus, dass die Frage nach der Güte der Sacherschließung schon immer unterschiedlich be-antwortet wurde und mit der Weiterentwicklung des Bibliothekswesens konti-nuierlich neue Perspektiven hinzutraten. Ob Menschen oder Maschinen, Biblio-thekar:innen, Fachcommunitys oder Lai:innen alle oder nur ausgewählte Bestände kooperativ oder isoliert, intellektuell oder automatisiert, verbal oder klassifikatorisch, gleichordnend oder syntaktisch, mit Schlagwörtern oder Tags inhaltlich erschließen sollen – stets wurden auch qualitative Argumente ange-führt, um bestimmte Positionen zu vertreten, zu verwerfen oder zwischen ihnen zu vermitteln.

Im Folgebeitrag *Fit for Purpose – Standardisierung von inhaltserschließenden Informationen durch Richtlinien für Metadaten* fokussiert sich Joachim Laczny

---

22 Deutsche Nationalbibliothek: Grundzüge und erste Schritte der künftigen inhaltlichen Er-schliessung von Publikationen in der Deutschen Nationalbibliothek, Stand Mai 2017. https://www.dnb.de/SharedDocs/Downloads/DE/Professionell/Erschliessen/konzeptWeiterentwick lungInhaltserschliessung.pdf (17.12.2020).
23 Siehe Franke-Maier, Michael: Qualitätsanforderungen zwischen intellektueller und algo-rithmisierter Inhaltserschließung. Folie 9–12. https://verbundkonferenz.gbv.de/wp-content/uploads/2018/09/Franke-Maier_Qualität_MFM_final.pdf (14.12.2020); und Franke-Maier, Mi-chael: Anforderungen an die Qualität der Inhaltserschließung im Spannungsfeld von intellek-tuell und automatisch erzeugten Metadaten. In: ABI Technik (2018), Bd. 38 H. 4. S. 327–331. https://doi.org/10.1515/abitech-2018-4005.

auf die Frage, inwieweit sich die Ausarbeitung, Veröffentlichung und Anwendung von Metadaten-Richtlinien auf den Qualitätsanspruch an die Inhaltserschließung auswirken. Er gibt dabei einen tiefgründigen Einblick in die wissenschaftliche Diskussion zu Qualitätskriterien der letzten zehn bis zwanzig Jahre und kommt zu der Schlussfolgerung, dass sich solche Richtlinien positiv auf „nutzungszentrierte Metadatenangebote" von Bibliotheken auswirke – vor allem dann, wenn die Betreuung in der Kompetenz des Bibliothekspersonals liege, da dann „zeitgemäße Datendienstleistungen nutzungszentriert und auf bibliothekarisch angemessenem Qualitätsniveau" angeboten werden könnten.

Was insbesondere Bibliotheken mit zentralem Auftrag wie die Deutsche Nationalbibliothek (DNB) tun können, um die Qualitätsansprüche an ihre Dienstleistungen fortlaufend zu bedienen, und mit welchen Maßnahmen die DNB der Herausforderung begegnet ist, trotz der teilweise kontroversen Diskussion der Ergebnisse in der Anfangsphase seit 2010 zunehmend den Einsatz von maschinellen Methoden zu etablieren, schildern Ulrike Junger und Frank Scholze in ihrem Beitrag *Neue Wege und Qualitäten – Die Inhaltserschließungspolitik der Deutschen Nationalbibliothek*. Weiterhin geben sie einen Einblick in die aktuellen und zukünftigen Entwicklungs- und Handlungsfelder der DNB in diesem Bereich.

Auch wenn in ihrem Beitrag nicht auf das im November 2020 verabschiedete WikiLibrary-Manifest[24] Bezug genommen wird, das die Kooperation zwischen der Deutschen Nationalbibliothek und Wikimedia festigt und gleichzeitig weitere Bibliotheken zur Teilhabe auffordert, werden sich künftig sicherlich zahlreiche Schnittpunkte zur Erschließungspolitik ergeben. Insbesondere ein Austausch zwischen DNB und Wikimedia in Bezug auf Möglichkeiten, Qualitätsprobleme in sehr großen Normdateien zu erkennen und zu beheben, wird sich lohnen, wie es die beiden folgenden Beiträge in diesem Band zeigen. Lydia Pintscher, Peter Bourgonje, Julián Moreno Schneider, Malte Ostendorff und Georg Rehm beschreiben in ihrem Aufsatz *Wissensbasen für die automatische Erschließung und ihre Qualität am Beispiel von Wikidata* die Aspekte von Datenqualität, die Arten von Qualitätsproblemen sowie vorhandene und zukünftige Werkzeuge und Prozesse zum Finden und Beheben dieser Probleme, was aufgrund der Offenheit von Wikidata sowie der großen Zahl an Editierenden eine besondere Herausforderung darstellt. Weiterhin gibt der Aufsatz einen praktischen Einblick in die Nachnutzung von Wikidata durch das Deutsche Forschungszentrum für Künstliche Intelligenz.

---

24 Vgl. https://www.dnb.de/DE/Professionell/ProjekteKooperationen/_content/gndWikime dia_tteaser.html und https://www.wikimedia.de/projects/wikilibrary-manifest/ (11.1.2021).

Ein weniger offenes, allerdings zentrales Instrument für die verbale Inhalts-erschließung von Bibliotheken im DACH-Raum ist die Gemeinsame Normdatei (GND), die kooperativ geführt und von der DNB koordiniert wird. Die Qualität eines derart massiv nachgenutzten Wissensorganisationssystems ist natürlich essenziell für die Qualität der daraus resultierenden Erschließung durch Mensch und Maschine. Im Spannungsfeld zwischen Universalgültigkeit und fle-xibler Einsatzfähigkeit ist es eine anspruchsvolle Aufgabe, die formale und in-haltliche Qualität kontinuierlich zu überwachen und sicherzustellen. Esther Scheven gibt in ihrem Beitrag *Qualitätssicherung in der GND* eine Übersicht über die Entstehung der GND und über die Regelwerke, mit denen sie interagiert, und beleuchtet eine Reihe von Aspekten und Voraussetzungen, sowie fachliche und organisatorische Maßnahmen für die Qualitätssicherung der GND. In die-sem Zusammenhang geht sie auch darauf ein, wie diese Maßnahmen angepasst und erweitert werden müssen, wenn die GND nun sukzessive zur Anwendung für weitere Gruppen außerhalb des Bibliothekswesens geöffnet wird.

Als fünfter Beitrag folgt unter dem Titel *Qualitätskriterien und Qualitäts-sicherung in der inhaltlichen Erschließung* ein bisher unveröffentlichtes und für diesen Band überarbeitetes Thesenpapier des Expertenteams RDA-Anwen-dungsprofil für die verbale Inhaltserschließung (ET RAVI). Es wurde im Auftrag des Standardisierungsausschusses erarbeitet und diesem Ende 2019 vorgelegt. Es schließt an die beiden vorangegangenen Beiträge insofern an, als es sich auch mit der Qualitätsdimension der „[r]egelbasierte[n] Produktion von Norm-daten" beschäftigt. Gleichzeitig geht es darüber hinaus und nennt neben den zwei „Grunddimensionen: Verlässlichkeit und Transparenz" drei weitere Dimensionen, die im Fortgang dieses Bandes immer wieder eine Rolle spielen werden, die „Verwendungsregeln für die Ressourcenbeschreibung", die „[t]ransparente Auswertung für Retrieval und Anzeige" sowie die „Öffnung der Daten für die Nachnutzung in anderen Wissenschaftskontexten jenseits des klassischen Retrievals". Neben vielen weiteren Elementen der Qualitätserzeu-gung wird im Thesenpapier das Augenmerk auch auf die „Verknüpfung mit anderen Normdaten [...], um logische Schlussfolgerungen durch Mensch und Maschine sowie die Navigation in den Daten zu ermöglichen", sowie auf die „Auswertung von Cross-Konkordanzen und Relationierungen zur Homogenisie-rung der Vielzahl unterschiedlicher inhaltlicher Metadaten" gelegt.

Genau darum geht es im Folgebeitrag *coli-conc – Eine Infrastruktur zur Nut-zung und Erstellung von Konkordanzen* von Uma Balakrishnan, Stefan Peters und Jakob Voß, der sich mit der Interoperabilität zwischen Wissensorganisationssystemen (KOS[25]) beschäftigt. Als einen der Hauptgründe zur Entwicklung der Infrastruktur für einen vereinfachten Zugriff auf KOS und die computergestützte Erstellung von Mappings zwischen ihnen nennen die Autor:innen die Verbesserung der Qualität von Konkordanzen. Die coli-conc-Datenbank,[26] der Hauptbestandteil der Infrastruktur, beinhaltet über 370 000 Mappings zwischen unterschiedlichen KOS in einem einheitlichen Format und steht zur freien Nutzung zur Verfügung. Die Infrastruktur basiert auf Modulen zum einheitlichen Zugriff auf KOS, Konkordanzen und Konkordanzbewertungen. Alle Komponenten sind über einheitliche und offene APIs miteinander verbunden, sodass eine verteilte Infrastruktur für jede Funktion entsteht, indem jede Komponente einzeln erweiterbar und nachnutzbar ist.[27] Die Module sind in einer Webanwendung zur effektiven Bearbeitung von Konkordanzen zusammengeführt: in dem Mapping-Tool Cocoda[28] sind mehr als 170 KOS eingebunden. Die Infrastruktur bietet die Möglichkeit, den Aufbau eines umfassenden KOS-Management-Tools mit Hilfe eines Konzept-Hubs zu realisieren.

Solche Tools können also enorme Fortschritte für die Titel- und die Normdatenpflege darstellen. Dass es jedoch oft für die Qualität von Werkzeugen und Algorithmen nicht eine einzige Kennzahl gibt, sondern verschiedene Dimensionen berücksichtigt werden müssen und entsprechend viele Metriken denkbar sind, die jeweils unterschiedliche Aspekte und Perspektiven abbilden, zeigen Clemens Neudecker, Mike Gerber, Konstantin Baierer, Julián Moreno Schneider, Karolina Zaczynska und Georg Rehm exemplarisch für die optische Texterkennung in ihrem Beitrag *Methoden und Metriken zur Messung von OCR-Qualität für die Kuratierung von Daten und Metadaten*. Sie kommen zu dem Schluss, dass eine hochqualitative *Optical Character Recognition* (OCR) eine wertvolle Zuarbeit für die Erschließung darstellen kann. Um echte Mehrwerte sowohl für die formale Metadatenanreicherung als auch für eine tiefere Inhaltserschließung zu erhalten, reicht laut den Autor:innen die reine OCR allerdings nicht aus, sondern muss mit Layoutanalysen und sprachwissenschaftlichen Verfahren verschränkt werden, die es erlauben, Form und Inhalt zueinander in Beziehung zu setzen.

Zwei Beiträge des Bandes beschäftigen sich explizit mit formatabhängigen Aspekten der Qualität bzw. mit der formalen Datenqualität. Jakob Voß legt dabei seinen Fokus auf die *Datenqualität als Grundlage qualitativer*

---

25 Die Abkürzung KOS für Wissensorganisationssysteme kommt von der englischen Sprachvariante Knowledge Organization Systems.
26 https://coli-conc.gbv.de (21.1.2021).
27 https://coli-conc.gbv.de/publications/#software (21.1.2021).
28 https://coli-conc.gbv.de/cocoda/ (21.1.2021).

Inhaltserschließung und definiert vier Anforderungen an die formale Datenqualität: Sie erfordere Regeln, Dokumentation, Validierung und Praxisbezug. Weiterhin sei „[d]ie Form von Daten [...] keine rein technische Nebensächlichkeit", da „eine inhaltlich hervorragende Erschließung unbrauchbar [werde], wenn die Erschließungsdaten aufgrund inkompatibler Datenformate nicht verwendet werden können". Dem eher theoretischen Ansatz von Voß schließt sich eine empirische Analyse von Péter Király und Rudolf Ungváry an. Sie vergleichen in ihrem Aufsatz *Bemerkungen zu der Qualitätsbewertung von MARC-21-Datensätzen* mehrere Gesamtkataloge von National- und Universitätsbibliotheken aus Ungarn, Deutschland und anderen europäischen Ländern daraufhin, ob und in welchem Maße die Möglichkeiten des Datenformates MARC 21 ausgeschöpft werden. Aus Sicht des Datenformates diskutieren sie Möglichkeiten, wie anhand der effektiven Codierungen Aussagen über die Qualität der Inhaltserschließung gemacht werden können. Dabei stellt sich heraus, dass das Potential des Formates zur Kontrolle der Feldbelegungen und zur Behebung von Inkonsistenzen bei weitem nicht ausgeschöpft ist.

Sina Menzel, Hannes Schnaitter, Josefine Zinck, Vivien Petras, Clemens Neudecker, Kai Labusch, Elena Leitner und Georg Rehm nähern sich in ihrer Studie *Named Entity Linking mit Wikidata und GND – Das Potenzial handkuratierter und strukturierter Datenquellen für die semantische Anreicherung von Volltexten* dem Thema Qualität nicht über Bibliotheksdatenformate, sondern über die Frage nach der Eignung verschiedener Normdateien für die automatisierte Erkennung von Entitäten in historischen Texten. Bei der Studie wird dabei auf den Volltextkorpus der digitalisierten Zeitungsseiten der Staatsbibliothek zu Berlin – Preußischer Kulturbesitz (SBB) mit der stolzen Zahl von 2 078 127 Zeitungsseiten zurückgegriffen, um die beiden großen Wissensbasen Wikidata und GND hinsichtlich ihres Potenzials für die Inhaltserschließung zu vergleichen, und zwar in Bezug auf etablierte Verfahren für Named Entity Recognition und Named Entity Linking.

Fabian Steeg und Adrian Pohl betonen in ihrem Beitrag *Ein Protokoll für den Datenabgleich im Web am Beispiel von OpenRefine und der Gemeinsamen Normdatei (GND)*, dass Normdaten als externe Datenquellen eine wichtige Rolle für die Qualität der Inhaltserschließung spielen. Sie stellen am Beispiel von lobid-gnd[29] die Möglichkeiten einer Reconciliation-API anhand ihrer Verwendung in OpenRefine zum Abgleich mit der GND dar. Anschließend wird als Ausblick über die Arbeit der Entity Reconciliation Community Group des World Wide Web Consortiums (W3C) berichtet, in der ein Protokoll zur Standardisierung dieser Funktionalität entwickelt wird. Der Beitrag behandelt so die Quali-

---

29 https://lobid.org/gnd (21.1.2021).

tät des Datenaustauschs (speziell die Beschreibung und Verbesserung des Protokolls selbst im Rahmen einer Standardisierung), die Qualität von Datensätzen im Kontext anderer Datensätze (speziell die Einheitlichkeit der Verknüpfung und Ermöglichung von Datenanreicherung durch Nutzung von Normdaten statt der Verwendung von Freitext), sowie die Qualität von Werkzeugen und Algorithmen (speziell von Werkzeugen, die das Protokoll nutzen, konkret OpenRefine, sowie durch das Protokoll ermöglichte Arbeitsabläufe).

Gleich drei Beiträge beschäftigen sich mit der Qualität der Inhaltserschließung im Zusammenhang mit der Recherche und beleuchten diverse Aspekte von Online-Katalogen bzw. Discovery-Systemen. Heidrun Wiesenmüller betrachtet in ihrem Beitrag *Verbale Erschließung in Katalogen und Discovery-Systemen – Überlegungen zur Qualität* ausgehend von den Qualitätsdimensionen des Thesenpapiers des ET RAVI zwanzig Recherchewerkzeuge mit Blick auf die drei Funktionen von Inhaltserschließung: Zugang erhalten, orientieren und explorieren. Ihre Feststellungen kulminieren in dem zentralen Satz, dass „Bibliotheken und andere Informationseinrichtungen [...] darüber hinaus auch deshalb von Inhaltserschließung [profitieren], weil diese den Wert des Bestands steigert und ihn sozusagen ‚veredelt‘". Dies gelte allerdings nur, wenn sich der Mehrwert dieser Inhaltserschließung in der Zielanwendung, also in den genutzten Recherchewerkzeugen, auch voll entfalten könne. Hier sieht Heidrun Wiesenmüller noch starke Defizite. Insofern belegt ihr Aufsatz den Bedarf für eine der technischen Ebene vorgelagerte strategische Ebene zur Gestaltung der Abstimmungsprozesse zwischen Spezialist:innen der Inhaltserschließung und der IT-Entwicklung. Genau hier setzt der Beitrag *Inhaltserschließung für Discovery-Systeme gestalten* von Jan Frederik Maas an: Nach einer Beschreibung der technologischen Grundlagen von Discovery-Systemen skizziert er einen Ansatz zur Umsetzung dieser Prozesse anhand von Personas und Scenario-Based Design. Dieser soll sowohl dazu dienen, auf beiden Seiten ein Bewusstsein für die Notwendigkeit von Synergieeffekten zu schaffen, als auch dazu, durch das Definieren von übergeordneten Zielen gemeinsame Leitlinien für eine Verschränkung der beiden bisher noch getrennt gedachten Geschäftsprozesse der Erschließung und des Retrievals festzulegen.

Inwiefern sich ein Blick durch die Brille des Retrievals tatsächlich als Maß für die Qualität von Inhaltserschließung interpretieren lässt, erörtern Christian Wartena und Koraljka Golub in ihrem Beitrag *Evaluierung von Verschlagwortung im Kontext des Information Retrievals*. Sie fassen zunächst zusammen, welche Zwecke Verschlagwortung erfüllen soll und kann, und beleuchten dann verschiedene Aspekte, die in die Bewertung eines Suchergebnisses einfließen können, etwa das Suchszenario, die verwendeten Thesauri oder Ontologien, oder die eingesetzten Rankingalgorithmen. Sie ziehen das Fazit, dass das Retrieval

aufgrund der vielen Einflussfaktoren als Qualitätsmaß für die Inhaltserschließung nicht unproblematisch ist, dass es sich aber trotzdem lohnt, weitere Untersuchungen und Tests in diese Richtungen durchzuführen, um mehr über die
Interaktion von Verschlagwortung und Retrievalsystemen herauszufinden.

Cyrus Beck legt mit seinem Aufsatz eine beobachtende Mikrostudie vor, in
der er *Die Qualität der Fremddatenanreicherung FRED* anhand der Regeln für die
Schlagwortkatalogisierung und der Grundaspekte von Erschließungsqualität
Vollständigkeit, Richtigkeit, Präzision und Themenbildung untersucht. Er
kommt zu dem Ergebnis, dass „[d]ie Anforderungen des Regelwerks [...] für die
ausgewählten Fächer immerhin zu einem guten Teil erfüllt" und „nur verhältnismäßig wenige falsche oder nicht präzise Schlagwörter importiert" werden.
Weiterhin gibt er einen Einblick in Fragen bzgl. der Nutzung von FRED in der
neuen Umgebung der *Swiss Library Service Platform* (SLSP).

Während FRED die Effizienz der Inhaltserschließung steigert und damit die
Quantität der Inhaltserschließung erhöht, fragt der Beitrag *Quantität als Qualität – Was die Verbünde zur Verbesserung der Inhaltserschließung beitragen können* von Rita Albrecht, Barbara Block, Mathias Kratzer und Peter Thiessen explizit danach, inwiefern die Quantität der Inhaltserschließung selbst als
Qualitätskriterium gelten kann. Dabei stehen Bibliotheken und Bibliotheksverbünde mit ihren Tools für den Datentausch im Zentrum der Analyse. Gefordert
wird eine solide Basis für technische Infrastrukturen zur Sicherung der Qualität
in der Datenübernahme, die letzten Endes nur im Dialog zwischen Entwickler:-
innen und Gremien erfolgreich geschaffen werden kann.

Der Band wird durch den Beitrag *Hybride Künstliche Intelligenz in der automatisierten Inhaltserschließung* von Harald Sack abgerundet, in dem er zunächst
kurz die Entwicklung der Künstlichen Intelligenz in den letzten acht Jahrzehnten und die Unterscheidung zwischen symbolischen (logikbasierten) und subsymbolischen (machine-learning-basierten) Ansätzen der Wissensrepräsentation umreißt. Anschließend beleuchtet er anhand von exemplarischen
Problemstellungen, was ausgewählte State-of-the-Art-Methoden aus der symbolischen und subsymbolischen Künstlichen Intelligenz sowohl für die Inhaltserschließung und angrenzende Gebiete als auch für die Suche und das Retrieval
leisten könnten. Für die Erschließung greift er die verbale und klassifikatorische
Inhaltserschließung, das Transkribieren historischer Dokumente und die Pflege
von Wissensorganisationssystemen und Wissensbasen heraus, für das Retrieval
die semantische Suche, die Visualisierung von Suchergebnissen, die explorative
Suche und Empfehlungssysteme. Er hält fest, dass kombinierte symbolische
und subsymbolische Techniken der Wissensrepräsentation zwar einen qualitativen Quantensprung zu aktuell eingesetzten Technologien darstellen, dass jedoch die Erfüllung der diversen Erwartungshaltungen an Informationssysteme

nach wie vor eine Herausforderung ist und bleibt. Harald Sack prognostiziert, dass es wohl noch eine Weile dauern wird, bis automatisierte Verfahren die intellektuelle Erschließung abgelöst haben werden und dass der Weg dorthin eher über eine intelligente Kombination beider Herangehensweisen führen wird. Er mahnt jedoch auch an, dass die Geschwindigkeit dieser Transformation nicht allein von der technologischen Entwicklung, sondern vor allem auch vom notwendigen Commitment und von der allgemeinen Akzeptanz in der Zielcommunity (in dem Fall also dem Bibliotheks- und Archivwesen) gegenüber solchen innovativen Verfahren abhängt.

Die Beiträge dieses Bandes zur Qualität der Inhaltserschließung zeigen, dass sich Inhaltserschließung in einem multidimensionalen Raum bewegt. Neben die regelbasierte intellektuelle Verschlagwortung treten weitere Werkzeuge und Technologien, so dass die Praktiken zur Erreichung des Ziels – eine optimale Unterstützung der Recherche – einem Wandel unterliegen, der einer genauen Abstimmung bedarf, um hohe Ansprüche an Qualität halten zu können. Der Einsatz verschiedener Automatisierungsverfahren birgt ein großes Innovationspotenzial für die Inhaltserschließung, vielleicht mehr noch als für andere Aufgabenbereiche von Bibliotheken – insbesondere, seit Verfahren aus der Künstlichen Intelligenz ein Entwicklungsstadium erreicht haben, in dem sie realistische Optionen für die Praxis darstellen, wie in einigen Beiträgen beschrieben. Die Vielfalt der Ansätze und Perspektiven in diesem Band belegt ein breites Spektrum von Herangehensweisen an dieses komplexe und spannende Thema, das sicher auch in den kommenden Jahrzehnten eine dynamische Entwicklung durchlaufen wird. Insofern hoffen wir, dass dieser Band der Inspiration dient und darüber hinaus auch Lust macht, sich (weiterhin) mit Inhaltserschließung zu beschäftigen. Stay tuned!

5 Editorische Notiz und Danksagung

Es war uns ein Anliegen, diesen Band weitgehend geschlechtergerecht bzw. genderneutral zu gestalten, und wir haben uns auf die Verwendung neutraler Formulierungen oder auf den Einsatz des Gender-Doppelpunktes geeinigt. Letzterer wurde aufgrund der besseren Lesbarkeit für Screen-Reader gewählt.

Unser Dank gebührt allen am Band beteiligten Autor:innen für die hervorragende Zusammenarbeit, der Freien Universität Berlin für die Finanzierung der Open-Access-Kosten aus Mitteln ihres Open-Access-Publikationsfonds, weiterhin Sean Nowak für die Übersetzung zweier englischer Beiträge in die deutsche Sprache, Claudia Heyer und Elise Wintz vom Verlag De Gruyter Saur für die

Organisation des Korrektorats sowie die vielseitige Unterstützung und nicht zuletzt Klaus Gantert und Ulrike Junger für die Aufnahme des Bandes in die Reihe Bibliotheks- und Informationspraxis (BIPRA).

6 Literaturverzeichnis

Bee, Guido: Gefährliche Wörter. Die GND und die problematischen Begriffe. GNDCon 2018, Deep Dive Session „Sachbegriffe. Kontinuität und Wandel – Herausforderungen für das Sachschlagwort in der GND", 3. Dezember 2018. Konferenzfolien. https://wiki.dnb.de/download/attachments/145591706/GNDCon_Folien_D2_Bee.pdf (29.1.2021).

Cataloging Ethics Steering Committee: Draft Cataloguing Code of Ethics, revised Sept. 2020. https://docs.google.com/document/d/1tnTetySv6mgCa4RfScaffykQdtViZZ8M5nw gowZboQk/edit (29.1.2021).

CloudFlower: Data Science Report, 2016. https://visit.figure-eight.com/rs/416-ZBE-142/images/CrowdFlower_DataScienceReport_2016.pdf (29.1.2021).

Deutscher Bibliotheksverband e. V.: Bibliotheken und Demokratie. https://www.bibliotheksverband.de/dbv/themen/bibliotheken-und-demokratie.html (29.1.2021).

Deutsche Gesellschaft für Qualität: Qualität beginnt im Kopf. Das Weiterbildungsprogramm 2018 für alle Themen rund um Managementsysteme und Prozesse.

Deutsche Nationalbibliothek: Grundzüge und erste Schritte der künftigen inhaltlichen Erschließung von Publikationen in der Deutschen Nationalbibliothek, Stand Mai 2017. https://www.dnb.de/SharedDocs/Downloads/DE/Professionell/Erschliessen/konzept WeiterentwicklungInhaltserschliessung.pdf (29.1.2021). Deutsche Nationalbibliothek: Normdaten der Gemeinsamen Normdatei und Wikimedia.

https://www.dnb.de/DE/Professionell/ProjekteKooperationen/_content/gndWikimedia_ tteaser.html (29.1.2021).

Foster, Karen: The National Data Strategy – a golden opportunity to level up the use of data and innovation for education and research. In: JISC Blog, 8.12.2020. https://www.jisc.ac.uk/blog/the-national-data-strategy-a-golden-opportunity-to-level-up-the-use-of-data-an d-innovation-08-dec-2020 (29.1.2021).

Franke-Maier, Michael: Anforderungen an die Qualität der Inhaltserschließung im Spannungsfeld von intellektuell und automatisch erzeugten Metadaten. In: ABI Technik (2018) Bd. 38 H. 4. S. 327–331. https://doi.org/10.1515/abitech-2018-4005.

Franke-Maier, Michael: Qualitätsanforderungen zwischen intellektueller und algorithmisierter Inhaltserschließung. 22. Verbundkonferenz des Gemeinsamen Bibliotheksverbundes, Kiel am 29. August 2018, Konferenzfolien. https://verbundkonferenz.gbv.de/wp-content/uploads/2018/09/Franke-Maier_Qualität_MFM_final.pdf (29.1.2021).

Freyberg, Linda: Density of Knowledge Organization Systems. In: Knowledge Organization for Digital Humanities. Proceedings of Wissensorganisation 2017: 15. Tagung der Deutschen Sektion der Internationalen Gesellschaft für Wissensorganisation (ISKO) (WissOrg'17). Hrsg. v. Christian Wartena, Michael Franke-Maier und Ernesto De Luca. German Chapter of the ISKO / Freie Universität Berlin 2017, S. 25–30. https://doi.org/10.17169/FUDOCS_do cument_000000028863.2

International Federation of Library Associations: IFLA Code of Ethics for Librarians and other Information Workers, full version. https://www.ifla.org/publications/node/11092 (29.1.2021).

International Federation of Library Associations: IFLA Library Reference Model (LRM). https://www.ifla.org/publications/node/11412 (29.1.2021).

Kasprzik, Anna, Moritz Fürneisen und Timo Borst: Automatisierte Sacherschließung als Produktivverfahren für wissenschaftliche Bibliotheken – Herausforderungen und Lösungsansätze. #vBIB20, Session „KI als Aufgabe für Bibliotheken in Forschung, Lehre und Anwendung, oder: Zwischen Hype, Wirklichkeit und Durststrecke", 28. Mai 2020. Konferenzfolien. https://nbn-resolving.org/urn:nbn:de:0290-opus4-173944 (29.1.2021).

Kasprzik, Anna, Moritz Fürneisen und Timo Borst: Automatisierte Sacherschließung als Produktivverfahren für wissenschaftliche Bibliotheken – Herausforderungen und Lösungsansätze. #vBIB20, Session „KI als Aufgabe für Bibliotheken in Forschung, Lehre und Anwendung, oder: Zwischen Hype, Wirklichkeit und Durststrecke", 28. Mai 2020. Mitschnitt: https://doi.org/10.5446/36437.

Kasprzik, Anna: Putting Research-based Machine Learning Solutions for Subject Indexing into Practice. In: Qurator 2020. Proceedings of the Conference on Digital Curation Technologies. Berlin, Germany, January 20th to 21st, 2020. Hrsg. v. Adrian Paschke, Clemens Neudecker, Georg Rehm, Jamal Al Qundus und Lydia Pintscher. Berlin 2020. http://ceur-ws.org/Vol-2535/paper_1.pdf (29.1.2021).

Knight, Will: The Dark Secret at the Heart of AI. In: MIT Technology Review, 11. April 2017. https://www.technologyreview.com/2017/04/11/5113/the-dark-secret-at-the-heart-of-ai/ (29.1.2021).

O'Neil, Cathy: Angriff der Algorithmen. Wie sie Wahlen manipulieren, Berufschancen zerstören und unsere Gesundheit gefährden. München: Carl Hanser Verlag 2016.

Rainer, Anton: Ungenaue Algorithmen. Google stufte Impfforscherin zur „Ehefrau" herab. Spiegel Netzwelt vom 10.11.2020, 16:29. https://www.spiegel.de/netzwelt/web/bionech-impfstoff-wie-google-eine-impf-forscherin-zur-ehefrau-macht-a-e8ace050-8329-4706-9543-8a4e3ff6cd34 (29.1.2021).

Scheven, Esther und Julijana Nadj-Guttandin (Bearb.): Regeln für die Schlagwortkatalogisierung: RSWK. 4., vollständig überarb. Aufl. Erarb. von der Expertengruppe Sacherschließung im Auftrag des Standardisierungsausschusses. Leipzig, Frankfurt a. M.: Deutsche Nationalbibliothek 2017. https://nbn-resolving.org/urn:nbn:de:101-2017011305 (29.1.2021).

Schürmann, Hans: Sacherschliessung nach RDA. In: 027.7 Zeitschrift für Bibliothekskultur (2015) Bd. 3 H. 2. S. 74–80. https://doi.org/10.12685/027.7-3-2-64.

Schürmann, Hans: Subject indexing in a digital age. Presented at the General Assembly of the European Theological Libraries (47th General Assembly of BETH), Nürnberg 2018. https://doi.org/10.5281/zenodo.1420492.

Shannon, Claude E. und Warren Weaver: The mathematical theory of communication. Urbana: The University of Illinois Press, 1964. https://pure.mpg.de/rest/items/item_2383164/component/file_2383163/content (29.1.2021).

Sundermeier, Jörg: Rechte Verlage und ihre Produkte. Sollten Bücher aus rechten Verlagen im Bestand geführt werden? In: BuB – Forum Bibliothek und Information (2018) Jg. 70 H. 6. S. 331–333. https://b-u-b.de/wp-content/uploads/2018-06.pdf (29.1.2021).

Turčilo, Lejla und Mladen Obrenović: Fehlinformationen, Desinformationen, Malinformationen. Ursachen, Entwicklungen und ihr Einfluss auf die Demokratie. Demokratie im Focus #3.

Heinrich Böll Stiftung, 2020. https://www.boell.de/de/2020/08/25/fehlinformationen-de sinformationen-malinformationen (29.1.2021).

Wikimedia Deutschland: Das WikiLibrary Manifest. https://www.wikimedia.de/projects/wikili brary-manifest/ (29.1.2021).

Zollondz, Hans-Dieter, Ketting, Michael und Raimund Pfundtner (Hrsg.): Lexikon Qualitätsmanagement. Handbuch des Modernen Managements auf Basis des Qualitätsmanagements, 2. Aufl. Berlin, Boston: De Gruyter Oldenbourg 2016. https://doi.org/10.1515/ 9783486845204.

Andreas Ledl

Qualität in der Inhaltserschließung – Ein Überblick aus 50 Jahren (1970–2020)

In diesem Beitrag sollen Aspekte des Diskurses eines halben Jahrhunderts über die Qualität von Sacherschließung im deutschsprachigen Raum anhand ausgewählter Publikationen skizziert werden. Einschlusskriterium bei der Selektion der Texte war, dass der Begriff Qualität unmittelbar auf Inhalts- bzw. Sacherschließung bezogen ist, also nicht zwischen den Zeilen herausgelesen werden muss. Der subjektive Abriss erhebt keinen Anspruch auf Vollständigkeit.

Als erstes fällt auf, dass das Thema *Qualität der Inhaltserschließung* in den 1970er Jahren weit weniger häufig diskutiert wird als in den Jahrzehnten danach. Dies ist dem Umstand geschuldet, dass sich seit dem Zweiten Weltkrieg in punkto Sacherschließung nur wenig getan hat. Die Bibliotheken kooperieren nicht untereinander und nehmen bei der Inhaltserschließung vor allem ihre eigenen Bestände in den Blick – Qualität ist daher höchstens ein internes Thema.[1] Was qualitätvoll sein muss, ist der universelle Bestand an sich.[2]

Winfried Gödert, damals wissenschaftlicher Bibliothekar an der Universitätsbibliothek Kaiserslautern, legt den Finger am Beispiel des Faches Mathematik in die Wunde und nimmt damit bereits viele spätere Entwicklungen vorweg:

> In der Theorie des Schlagwortkatalogs wurden bisher keine Untersuchungen über die spezifischen Eigenheiten eines Faches, seiner Terminologie und die Informationsbedürfnisse seiner Benutzer durchgeführt. [...] Neben einer genauen Analyse der Fachterminologie steht die Verknüpfung der verbalen Indexierung mit einer vorhandenen Fachklassifikation [...] unter Ausnutzung von Fremddaten im Mittelpunkt dieser Untersuchung. Auf diesem Wege können sowohl Qualität als auch Konsistenz der Verschlagwortung gesteigert werden.[3]

Eine „entscheidende Qualitätsverbesserung der Indexierung" verspricht sich Gödert gerade auch durch den weitsichtigen Vorschlag einer „Konkordanz zwischen Schlagwörtern und der Klassifikation".[4]

In den 1980er Jahren setzen z. B. mit der *Kommission des Deutschen Bibliotheksinstituts für Sacherschließung* Standardisierungsversuche mittels Schlagwortregelwerken ein, um dem individualistischen Wildwuchs von Systematiken

---

1 Vgl. Mittler (1977), 18.
2 Vgl. Schug (1970), 179–180.
3 Gödert (1979), 170.
4 Gödert (1979), 180.

und inhaltlichen Erschließungsverfahren an den einzelnen Bibliotheken Herr zu werden. Man musste jedoch erkennen, dass ein Regelwerk immer nur so gut ist wie „die Zahl und Qualität der anhand dieser Regeln beschlagworteten Titelaufnahmen, die über Verbundsysteme und Dienstleistungszentren verfügbar sind".[5] Gödert argumentiert – auch wegen der höheren Akzeptanz bei den Benutzenden – weiter für Fach- und gegen Universalklassifikationen als Erschließungsinstrumente, wobei er eine qualitative Beurteilung sowohl der einen wie der anderen für unmöglich hält: „Überprüfbar ist allenfalls das Indexierungsergebnis – wenn man mit groben Maßen mißt – und selbst das hängt in sehr viel größerem Maß von der Qualität des Indexierers als der Qualität des Indexierungssystems ab".[6]

Zu einer ähnlichen Einschätzung gelangt Krömmelbein im Zuge der für 1986 geplanten Umstellung der Deutschen Bibliothek von Einzelschlagwörtern (gleichordnend, postkoordiniert) auf Schlagwortketten (syntaktisch, präkoordiniert). Nicht das Erschließungsverfahren, sondern die fachliche Kompetenz sowie die „Gewissenhaftigkeit des individuellen Indexierers" seien ausschlaggebend für die Qualität.[7]

Doch diese Qualität hat auch ihren Preis, und so lassen wirtschaftliche Überlegungen nicht lange auf sich warten, ob man die hohen Personalkosten für die Sacherschließung durch Kooperation mit anderen Bibliotheken nicht senken könnte, vorausgesetzt sie liefern Daten mindestens gleichwertiger Güte.[8] Allerdings fehlt eine Instanz, welche in der Lage wäre, die einzelnen Institutionen zu „Einheit und Übereinstimmung" zu zwingen, so „daß praktisch jede Bibliothek ihr Klassifikationssystem und ihren Thesaurus hat" und das Verhältnis des finanziellen Aufwands zur Qualität nicht optimal ist.[9] Bei den Regeln für den Schlagwortkatalog (RSWK) zeigt sich die *Kommission des Deutschen Bibliotheksinstituts für Sacherschließung* jedoch großzügig und erlaubt ausdrücklich – wenn auch wenige – berechtigte Ausnahmen, aber nur, solange sie insgesamt eine zentralisierte Inhaltserschließung nicht gefährden. Die verschiedenen Sichtweisen aus öffentlichen und wissenschaftlichen Bibliotheken, die bei der Konzeption und der praktischen Erprobung der Regeln aufeinandertreffen, werden sogar als positiv bewertet, weil sie „die Qualität der Regeln [...] erheblich" verbessern.[10]

---

5 Junginger (1980), 743.
6 Gödert (1981), 48.
7 Krömmelbein (1984), 200.
8 Line (1981), 161.
9 Hoebbel (1982), 999.
10 Ruddigkeit u. a. (1983), 408; Junginger (1985), 426.

Dreh- und Angelpunkt gebündelter Dienste, wie sie sich die *Deutsche Biblio-thek* als eine mögliche, integrierende und rationalisierende Institution vorstellt, ist jedoch, dass „ihre Nutzung – wie bei allen Fremddaten – ohne nochmalige Überprüfung, d. h. ohne Mißtrauen gegenüber ihrer Qualität, geschehen könn-te".[11] Im Bibliotheksverbund Bayern zeigt man sich zufrieden mit dem ersten Er-gebnis der „Verbundsachkatalogisierung", hat man doch „neben einer Arbeits-ersparnis [...] vor allem eine Qualitätsverbesserung für die Schlagwortkataloge" erreicht.[12]

Gödert überzeugen solche „schwerfälligen Verbundlösungen, in denen ei-ner nur vom anderen profitieren, keiner möglichst aber Input einbringen will", allerdings nicht.[13] Seine Vorstellung einer gut organisierten, kooperativen In-haltserschließung, die „eine über den bisherigen Standard hinausgehende Qua-lität der bibliothekarischen Inhaltserschließung" verspricht, bezieht möglichst vielfältige fachliche Kompetenzen mit ein.[14] Kooperativer Erschließung muss dann auch kein einheitliches System zu Grunde liegen, ja sie muss nicht einmal aus dem Bibliothekswesen selbst kommen, sondern kann outgesourct und qua-litativ hochwertig „zugeliefert" werden.[15] Für Schnelling bedingen Fremddaten-nutzung und Verbundkatalogisierung einander hingegen, um die „Qualität des sachlichen Retrievals in OPACs" mit verbaler und systematischer Sacherschlie-ßung zu verbessern.[16]

Zu Beginn der 1990er Jahre rücken die „neuartigen Katalogmedien", wie Ur-sula Schulz OPACs nennt, weiter in den Mittelpunkt des Qualitätsdiskurses – und damit auch die Anwendenden. Fremddatenübernahme sowie über das In-ternet zugängliche Bibliothekskataloge seien „von Rationalisierungsbestrebun-gen motiviert und geprägt. Wir übernehmen die inhaltserschließenden Daten nicht, weil sie von besonderer Qualität wären, sondern weil sie da sind und de-zentrale Arbeit einsparen." Die gewonnenen Kapazitäten müssten dann jedoch „für eine Anreicherung inhaltserschließender Daten sowie eine Verbesserung von Recherchequalität und -komfort genutzt werden", um nicht jeglichen Quali-tätsanspruch preiszugeben. Schulz tritt für eine Neuausrichtung des Aufgaben-gebietes der bibliothekarischen Inhaltserschließung ein und sieht diese weg von der „Regelwerk-Orientierung" hin „zur Orientierung am Benutzerverhalten und an den Möglichkeiten des elektronischen Zugriffs".[17]

---

11 Kelm (1983), 227.
12 Müller (1984), 977.
13 Gödert (1987b), 35.
14 Gödert (1987b), 26.
15 Gödert (1987a), 166.
16 Schnelling (1988), 253.
17 Schulz (1990).

Die nun wesentliche „Qualität des Indexierens" hänge laut Trinkhaus von der Klärung der Frage ab, „welche Felder eines Datensatzes und daran anschlie-ßend welche Bestandteile der Feldinhalte wie ausgewertet werden sollen und damit recherchierbar sind".[18] Dabei allein auf eine Stichwortsuche zu setzen und kontrolliertes Vokabular außen vor zu lassen, würde, so Nohr, allerdings einen Qualitätsverlust bedeuten. Eine solche Recherche „kann nicht als Ersatz für eine qualitativ hochwertige inhaltliche Erschließung der Dokumente und ei-nen leistungsfähigen Zugriff auf diese Daten betrachtet werden".[19]

Trotz oder gerade wegen dieser Einsicht beklagen mehrere Autor:innen die im Bibliothekswesen grassierende Tendenz „zu einer ‚neuen Oberflächlich-keit'", welche „heftig mit den qualitativen Ansprüchen der verbalen Sacher-schließung" kollidiere. Dominierend sei bei der Entwicklung von Recherche-Software der Quick-and-Dirty-Ansatz, wonach möglichst viele Treffer geliefert werden sollen, „ob der Benutzer mit einer kleineren Menge zutreffenderer Er-gebnisse als Endprodukt eines aufwendigen und anspruchsvollen Recherche-vorgangs nicht besser bedient wäre, wird nicht hinterfragt oder gar untersucht". Ein Plus an Qualität, erreichbar durch komplexere Suchsysteme, werde „gera-dezu als technischer Rückschritt bewertet".[20]

Weil also die Sicht der Benutzenden komplett ausgeblendet werde,[21] sei „zunächst einmal ein geändertes Qualitätsdenken in der Verbalrecherche, das den kritischen Blick vor allem auch einmal auf die Qualität der Rechercheergeb-nisse lenkt",[22] notwendig. Der kritisierte, quantitative „Gigantismus im Daten-angebot"[23] endet nämlich letztlich in einem Zustand, den Joachim Lügger als „bibliothekarisches Qualitäts-Paradox" beschreibt und der gerade wegen seines maximalen Anspruchs am Ende bar jeglicher Qualität ist:

> Bibliothekare streben immer die höchste Qualität in ihrer Arbeit an. Der paradoxe Punkt ist aber nicht (jedenfalls nicht so sehr), daß die Arbeit der Ersterfassung bei den vielen an einem Verbund Beteiligten mit unterschiedlicher Qualität erfolgt (ja, sogar erfolgen muß, denn das Regelwerk wird immer weiter ausgefeilt, wann immer ein neues Problem auf-tritt), sondern, daß gerade die außerordentlich hohe allseits angestrebte Qualität, die gro-ßen Aufwand erfordert und sehr teuer ist, nicht auf Dauer durchgehalten werden kann, weil der Umfang der wissenschaftlichen Literatur exponentiell wächst und die Katalogi-sierung nicht mehr nachkommt. In der globalen digitalen Wissenschaftswelt mit ihren ge-waltigen (elektronischen) Informationsmassen aber führt es dazu, daß der größte Teil der

---

18 Trinkhaus (1990), 197.
19 Nohr (1991), 167–168; vgl. auch Stumpf (1995), 678.
20 Nolte (1994), 1135–1136.
21 Vgl. Schulz (1992), 259 ff.; Stumpf (1996), 1212.
22 Nolte (1994), 1135–1136.
23 Stumpf (1996), 1212.

eigentlich notwendigen bibliothekarischen Arbeit überhaupt nicht erledigt werden kann. [...] Für den Wissenschaftler, der von seinem Arbeitsplatz aus in elektronischen Katalogen recherchieren will, bleibt damit „Nullqualität" für den größten Teil der vorhandenen Bücher und Bände.[24]

Das Berufsbild wissenschaftlicher Bibliothekar:innen gerät zusätzlich durch aufstrebende Diplom-Bibliothekar:innen unter Druck, die in Einrichtungen abseits der großen Universalbibliotheken arbeiten, wo „die Existenz und Qualität einer inhaltlichen Bestandserschließung einzig und allein in ihrer Verantwortung" liegen.[25] Didszun hält deren Mitwirkung an der praktischen Inhaltserschließung für legitim und verlagert die Rolle wissenschaftlicher Bibliothekar:innen in Richtung Entwicklung bzw. Pflege von Regelwerken und Vokabularen. Sie tragen die Verantwortung für die übergeordnete „Qualitätskontrolle", denn ein kooperatives Erschließungssystem „muß in der Lage sein, alle wissenschaftlich relevanten Sachverhalte durch Suchbegriffe von hoher Eindeutigkeit wiederzugeben und soll sich zugleich in größtmöglichem Umfang an die wissenschaftliche Fachterminologie und an den wissenschaftlichen Fachjargon anlehnen. Analoges gilt für eine Verbundklassifikation."[26]

Zur Jahrtausendwende wird dann auch verstärkt automatisierte bzw. maschinelle Indexierung ins Spiel gebracht, einerseits verbunden mit der These, dass in der Abwägung zwischen unbefriedigender Qualität und den Kosten „eines vergleichsweise hohen intellektuellen Aufwands für die Inhaltserschließung" letztere sich nur schwer behaupten können wird.[27]

Die gemäßigtere Position sieht automatisierte Verfahren dort angebracht, „wo intellektuelle Sacherschließung nicht möglich ist, [...] wo eine mindere Qualität der Sacherschließung für ausreichend gehalten wird [...], wo weder die Formalerschließung noch auf der Titelaufnahme basierende maschinelle Verfahren qualitativ gleichwertiges leisten können". Bibliothekar:innen sollten keinesfalls einfach kapitulieren, sondern auch in Zukunft „die Notwendigkeit intellektueller Erschließung unterstreichen und sich für qualitätsbewußte Verfahren" einsetzen, wenngleich sie keinen alleinigen Anspruch mehr darauf haben.[28] Im Internet mischen sich inzwischen Urheber:innen selbst in die Beschreibung ihrer Werke ein.

Maschinelle Indexierung liefert zu Beginn der 2000er Jahre noch keine zufriedenstellenden Ergebnisse, sie kann „nicht die Qualität intellektueller Ver-

---

24 Lügger (1998), 6.
25 Schulz (1992), 259–260.
26 Didszun (1998), 1358.
27 Wefers (1998), 868; vgl. auch Umlauf (2000), 3.
28 Stumpf (1997), 8–9.

schlagwortung erreichen".[29] Dennoch wird die große Hoffnung geäußert, mit ihr ließe sich „die Qualität der Inhaltserschließung dramatisch steigern" und mit Hilfe von Retrievaltests[30] wird versucht zu zeigen, dass „Web-OPACs mit Human-Indexierung [...] deutlich hinter maschinelle Verfahren"[31] zurückfallen.

Mittelbach und Probst nehmen eine moderatere Position ein, weder intellektuelle noch automatisierte Sacherschließung seien über jeden qualitativen Zweifel erhaben[32] und demzufolge „auch weiterhin nur bei kombinierter Anwendung intellektueller Erschließungsmethoden und automatischer Indexierungsverfahren optimale Suchergebnisse"[33] zu erzielen.

Qualitätssicherung und -verbesserungen werden deshalb in beiden Lagern angestrebt.[34] Um bei Kosten-Nutzen-Analysen gegenüber der maschinellen Inhaltserschließung argumentativ nicht ins Hintertreffen zu geraten, bemühen sich die Verfechter:innen der bibliothekarischen Variante, z. B. die aufwendige Pflege einer kooperativen Schlagwortnormdatei, die größtenteils manuell erfolgen muss,[35] als ökonomisch sinnvoll darzustellen, und führen dazu das Qualitätsargument ins Feld:

> Die Rechtfertigung für den intellektuellen Indexierungsaufwand liegt in der Qualität der Dokumenterschließung als Grundlage einer effektiven, sachlichen Recherche. Gegenüber der oft unbefriedigenden Stichwortabfrage an Dokumenten, die zudem zu irreführenden und damit ballasthaltigen Rechercheergebnissen führt, bietet die intellektuelle Sacherschließung ein weiteres: Anstatt sich den für eine effektive Recherche unzureichenden und für sie auch gar nicht konzipierten Stichwörtern auszuliefern und somit passiv zu bleiben, liefert sie vielmehr aktiv ein eigenständiges, qualitätvolles, ballastfreies Produkt: die sachliche Beschreibung des Titels mit Hilfe von kontrolliertem Vokabular. [...] Und deshalb kann man auch dem Fazit [...], eine effiziente Sacherschließung gehört zum Selbstverständnis qualitätsbewusster und an Wirtschaftlichkeit orientierter Bibliotheken [...] uneingeschränkt zustimmen.[36]

Die für Rationalisierungseffekte und Qualitätssicherung erforderliche Verständigung auf Mindeststandards einer kooperativen Sacherschließung lässt sich aber angesichts zunehmend heterogener Datenquellen nicht mehr durchhalten.[37] Wegen Personalmangels wird „das Konzept der eigenverantwortlichen

---

29 Woltering (2002); vgl. auch Scherer (2003).
30 Vgl. Grummann (2000), 300 ff.
31 Hauer (2004).
32 Mittelbach und Probst (2006), 18–19.
33 Mittelbach und Probst (2006), 73.
34 Vgl. Lepsky und Zimmermann (2000), 8.
35 Vgl. Hubrich (2005), 1.
36 Scheven (2005), 748 ff.; vgl. auch Flachmann (2004).
37 Vgl. Krause (2003), 5.

bibliothekarischen Inhaltserschließung [...] zunehmend löcherig" und konkurrenziert so das Bewusstsein „von der notwendigen auch fachwissenschaftlichen Qualität der Sacherschließungsdaten".[38]

Die Idee, Inhaltserschließung aus dem Bibliothekswesen auszulagern, sie externen Expert:innen (oder auch Lai:innen) zu überlassen, bekommt mit dem Siegeszug der Sozialen Medien Anfang des 21. Jahrhunderts und dem dadurch ermöglichten bürgerschaftlichen Engagement eine neue Wendung. Die zweite Alternative zur traditionellen Sacherschließung neben der automatischen Vergabe von Deskriptoren und Notationen, das sogenannte *Collaborative* bzw. *Social Tagging*, definiert als „freie Verschlagwortung von digitalen Inhalten mit beliebiger Anzahl selbst gewählter Schlagworte (Tags)",[39] wirft Fragen nach der Qualität auf.[40]

Erwartungsgemäß können die so durch Benutzende entstehenden unkontrollierten Vokabulare (*Folksonomies*) aufgrund ihres chaotischen Charakters und der benötigten kritischen Masse an Taggenden „die bibliothekarische Sacherschließung [...] nicht ersetzen".[41] Empfohlen wird, so das Resümee eines entsprechenden DFG-Projekts, „bibliothekarische und automatisierte Erschließungsverfahren sowie Tagging [...] parallel in Recherchesystemen" anzubieten, sie jedoch auf keinen Fall zu vermischen.[42] Allerdings konnten sich die partizipativen OPACs in der Folge nicht durchsetzen, denn „nicht die Umsetzung von Web-2.0-Funktionen, sondern eine Steigerung der Qualität des Suchergebnisses" sei ein „Schlüsselfaktor für Online-Kataloge".[43]

Anlässlich einer RSWK-Revision zu Beginn der 2010er Jahre manifestiert sich der Ruf nach qualitativ hochwertiger Inhaltserschließung erneut, gewissermaßen als Warnung an den Berufsstand: „Regelwerke sind wichtig – aber sie sind im Bereich der intellektuellen Sacherschließung keinesfalls wichtiger als die inhaltlich-fachliche Qualität der Erschließung. Wenn wir das Qualitätsargument nicht ernst nehmen, unterminieren wir als Sacherschließer selbst unsere Existenzberechtigung."[44]

---

38 Braune-Egloff (2002), 284.
39 Krätzsch (2008), 5. Ein modifiziertes Verfahren mit kontrolliertem Vokabular und ausgewählten Expert:innen (*Crowdworker*) beschreibt Denny Becker im Zusammenhang mit *Citizen Science* als „Crowdsourcing-Erschließung". Vgl. Becker (2020).
40 Vgl. Wissen (2009), 24; vgl. auch Krätzsch (2008), 27 und 33; Krätzsch und Niemann (2009), 14.
41 Mitis-Stanzel (2008), 5; vgl. auch Hänger (2008), 9.
42 Krätzsch (2011), 26; vgl. auch Weinhold (2014), 51.
43 Niesner (2017), 9.
44 Braune-Egloff und Scheven (2010), 14.

Eberhardt verhandelt drei verschiedene Definitionen von Sacherschließung (orthodox, intuitiv, funktional) und begründet seine Entscheidung für letztere u. a. damit, dass sie wertend sei, „das heißt, sie sagt, worauf es in der Erschließung eigentlich ankommt, und taugt damit als Maßstab für die Qualität von Sacherschließung".[45] Es setzt sich jedoch mehr und mehr die pragmatische Haltung durch, dass dieser Maßstab für intellektuelle und automatisierte Erschließung nicht derselbe sein sollte. Während die eine beim Bemühen, „eine möglichst eindeutige, d. h. spezifische und nicht redundante, Essenz eines Textes zu formulieren [...] ein hervorragendes Ergebnis" liefert und auch künftig an ihren Qualitätsmerkmalen festhalten müsse,[46] geht es bei der anderen darum, „Publikationen, die sonst gar nicht oder nur sehr grob thematisch erschlossen sind, mit verbalen Sucheinstiegen zu versehen und damit ihre Auffindbarkeit im Retrieval zu erhöhen".[47]

Dieser dem Schalenmodell nach Krause bzw. dem symbiotischen Modell von Kasprzik folgende Ansatz der Qualitätsabstufung[48] von einem hochwertig erschlossenen Kern zu oberflächlicher erschlossenen Randbereichen hilft dabei, automatisierte Verfahren nicht mehr als Konkurrenz, sondern als Bereicherung zu sehen, „auch wenn dabei mehr qualitative Inkonsistenz in Kauf zu nehmen ist".[49] Zwar bleiben klassische Sacherschließende skeptisch und halten an ihrem Qualitätsniveau fest[50] – teils in Unkenntnis der Tatsache, dass maschinelle Verfahren „qualitativ aufgeholt"[51] haben. Angezweifelt wird auch, ob der Zuwachs an Qualität bereits ausreichend ist, um selbst bei positiver Grundhaltung überhaupt auf Akzeptanz stoßen zu können, wenngleich die Richtung, Sacherschließungsdaten „als Linked Open Data [...] über maschinelle Verfahren weiter" anzureichern und damit das *Semantic Web* zu nutzen, grundsätzlich stimme.[52] Umzusetzen sei ein solches semantisches Netzwerk „wissenschaftlicher und kultureller Ressourcen" jedoch nur mit „qualitativ hochwertigen Daten".[53]

Gerade die Deutsche Nationalbibliothek sieht sich ab 2014 wegen ihres Bekenntnisses zu (voll)automatisierter Inhaltserschließung[54] mitunter heftiger Kritik ausgesetzt, sie wolle „sich vom als lästig und ressourcenintensiv empfunde-

---

45 Eberhardt (2012), 397.
46 Vgl. Wiesenmüller (2011), 337.
47 Uhlmann (2013), 34.
48 Vgl. z. B. Krause (2003), 29; Kasprzik (2018), 11.
49 Stumpf (2015), 7.
50 Vgl. Keller (2015), 801.
51 Stumpf (2015), 2.
52 Heizereder und Degkwitz (2018), 039.
53 Scheven (2015), 25.
54 Vgl. Junger (2015).

nen Geschäft der Vergabe von Sachschlagwörtern entlasten" und sei ihrer „Kernaufgabe einer hochqualitativen Inhaltserschließung offenbar überdrüssig geworden"[55], obwohl sich doch 50 % der maschinell generierten Deskriptoren als unbrauchbar erwiesen hätten. Heidrun Wiesenmüller kommt zu dem Urteil:

> Die nähere Beschäftigung mit dem bei der DNB eingesetzten Verfahren zeigt, dass dieses – zumindest in der derzeitigen Implementierung – keine ausreichenden Ergebnisse erbringt. [...] Man erhält den Eindruck, dass es sich eher um eine ‚bessere Stichwortsuche' handelt als um eine echte inhaltliche Erschließung. [...] Die derzeitige maschinelle Indexierung der DNB zeigt sehr deutliche Begrenzungen. Sie ist nur ein erster Schritt auf einem wohl noch sehr langen Weg hin zu akzeptablen Systemen für die automatische Schlagwortvergabe. Wenn das Verfahren auf der derzeitigen Entwicklungsstufe überhaupt zum Einsatz kommen kann, dann sollte dies auf Bereiche beschränkt bleiben, für die eine intellektuelle Erschließung – auch im arbeitsteiligen Verfahren – gänzlich unrealistisch ist.[56]

Weil der Qualitätsanspruch an automatisierte Verfahren häufig an den für sie gegenwärtig noch unerfüllbaren Standards für intellektuelle Ansätze gemessen wird,[57] sind momentan nur computerunterstützte Erschließungstools wie z.B. *FRED (FREmdDatenanreicherung)* oder der *Digitale Assistent* vermittelbar. So liegen die „Hoheit über den Indexierungsprozess und der Qualitätsanspruch an das eigene Tun"[58] noch beim Menschen, wenngleich vor allem *FRED* eine klare Entwicklungsperspektive Richtung automatisierte Sacherschließung beinhaltet.[59]

Auch auf Seiten der Automatisierungsbefürworter:innen ist klar, dass „die Qualität der maschinellen Sacherschließung [...] das zentrale Thema" ist und noch „verfahrenstechnische Weiterentwicklungen"[60] nötig sind, die u.a. „eine engere Zusammenarbeit und Abstimmung zwischen den Bibliotheken im D-A-CH-Raum"[61] erfordern. Angesichts des rasant steigenden Publikationsaufkommens und bereits bestehender sowie künftig zu erwartender Erschließungslücken setzen aber „sowohl die Deutsche Nationalbibliothek als auch die ZBW – Leibniz-Informationszentrum Wirtschaft mit Blick auf ihre umfangreichen Sammlungen [...] bereits [...] neben einer intellektuellen Indexierung" auf „vollautomatische Verfahren".[62] Bei der vergleichenden Bewertung der Qualität

---

55 Ceynowa (2017).
56 Wiesenmüller (2018), 149 ff.
57 Stumpf (2015), 13.
58 Beckmann et al. (2019), 15.
59 Vgl. Bucher, Spinnler und Zerbst (2018), 212.
60 Rebholz et al. (2018).
61 Initiativgruppe des Standardisierungsausschusses (2018).
62 Rebholz et al. (2018).

maschineller Erschließung wünsche man sich allerdings etwas mehr Fairness „jenseits von ‚Goldstandards'".[63] Und auch die automatisierte Indexierung wird als unökonomisch verworfen, wenn sich bei der praktischen Umsetzung abzeichnet, „dass der Aufwand [...] nicht im Verhältnis zum zu erwartenden Qualitätsgewinn stehen würde".[64] Sie gilt also nicht immer nur einseitig als „Einsparmöglichkeit".[65]

Letztendlich setzt sich die Haltung durch, dass „verschiedene Erschließungsmethoden [...] gleichwertig nebeneinanderstehen" können, „solange es ein Bekenntnis zu hoher Qualität gibt und die Wege der Datenerzeugung gekennzeichnet werden, um sie für ein optimales Suchergebnis auswertbar zu machen".[66] Sind diese Verlässlichkeit und Transparenz als Grunddimensionen[67] gegeben und wird Qualitätsmanagement betrieben, können „perspektivisch [...] intellektuelle und maschinelle Verfahren stärker miteinander verzahnt werden"[68]: So dient die intellektuelle Sacherschließung beispielsweise als wertvolles Trainingsmaterial zur Verbesserung der maschinellen Prozesse.[69] Nach Hans Schürmann besteht die Erschließungsqualität im digitalen Zeitalter unabhängig vom konkreten Verfahren in der Übereinstimmung von „Beschreibung und Inhalt", „Erfassung und Auswertung", „Bestand und Suchbarkeit", „Retrievalerwartung und Retrievalergebnis" und „Retrievalverhalten und Retrievalergebnis".[70]

Das zum Teil vorhandene, tradierte Misstrauen speziell gegenüber der Qualität automatisierter Prozesse sowie deren empirische Begleitung mit Argusaugen scheint sich aber tief in den Diskurs eingegraben zu haben. Aktuell sieht sich die DNB aufgrund mangelhafter Ergebnisse genötigt, „die Umstellung der verbalen Erschließung zugunsten einer maschinellen Inhaltserschließung [...] bis zur Erreichung eines befriedigenden Qualitätslevels auszusetzen".[71]

Dieser Entschluss wurde mit Wohlwollen aufgenommen, doch es laufen bereits Anstrengungen, um mit Hilfe von künstlicher Intelligenz ein neues, modulares Erschließungssystem aufzusetzen, von dem man sich eine deutliche Verbesserung der Qualität der maschinellen Erschließungsergebnisse verspricht.[72]

---

63 Rebholz und Toepfer (2017), 5.
64 Kempf (2013), 104.
65 Stumpf (2015), 13.
66 Franke-Maier (2018), 330.
67 Vgl. Franke-Maier et al. (2020), 9; für weitere Qualitätsmerkmale in der Erschließung siehe Beckmann und Nadj-Guttandin (2019), 7.
68 Mödden, Schöning-Walter und Uhlmann (2018), 035.
69 Vgl. Hubrich und Lorenz (2012), 840; Karg und Becker (2020); Müller (2020), 189.
70 Schürmann (2018), 18.
71 Müller (2020), 189.
72 Vgl. Mödden (2020).

Literaturverzeichnis

Becker, Denny: Citizen Science in Archiven. In: ABI Technik (2020) Bd. 40 H. 1. S. 30–39. https://doi.org/10.1515/abitech-2020-1004.

Beckmann, Regine und Julijana Nadj-Guttandin: Menschen-Maschinen-Communities: Ein Regelwerk für die verbale Inhaltserschließung. 108. Deutscher Bibliothekartag in Leipzig 2019. https://nbn-resolving.org/urn:nbn:de:0290-opus4-162953 (15.1.2021).

Beckmann, Regine, Imma Hinrichs, Melanie Janßen, Gérard Milmeister, und Peter Schäuble: Der Digitale Assistent DA-3. In: o-bib. Das offene Bibliotheksjournal (2019) Bd. 3 H. 6. S. 1–20. https://doi.org/10.5282/o-bib/2019H3S1-20.

Braune-Egloff, Dörte: Die sachliche Erschließung von Medien an der Freien Universität Berlin. In: Fünfzig Jahre Universitätsbibliothek der Freien Universität Berlin. Hrsg. v. Ulrich Naumann und Doris Fouquet-Plümacher. Berlin: Universitätsbibliothek 2002. S. 269–300. https://refubium.fu-berlin.de/handle/fub188/14442 (15.1.2021).

Braune-Egloff, Dörte und Esther Scheven: Die RSWK-Revision vor dem Hintergrund aktueller Entwicklungen. 99. Deutscher Bibliothekartag in Leipzig 2010. https://nbn-resolving.org/urn:nbn:de:0290-opus-8745 (15.1.2021).

Bucher, Priska, Alice Spinnler und Marcus Zerbst: FRED: Synergien in der Sacherschliessung nutzen. In: Bibliotheken der Schweiz: Innovation durch Kooperation. Hrsg. v. Zentralbibliothek Zürich, Alice Keller und Susanne Uhl. Berlin, Boston: De Gruyter Saur 2018. S. 200–215. https://doi.org/10.1515/9783110553796-011.

Ceynowa, Klaus: In Frankfurt lesen jetzt zuerst Maschinen. In: Frankfurter Allgemeine Zeitung, 31.07.2017. https://www.faz.net/aktuell/feuilleton/buecher/maschinen-lesen-buecher-deutsche-nationalbibliothek-setzt-auf-technik-15128954.html (15.1.2021).

Didszun, Peter: Beruf. Weder Wissenschaftler noch Verwaltungsbeamter: der wissenschaftliche Bibliothekar im Berufsfeld Bibliothek. In: Bibliotheksdienst (1998) Bd. 32 H. 8. S. 1352–1361. https://doi.org/10.1515/bd.1998.32.8.1352.

Eberhardt, Joachim: Themen. Erschließung. Was ist (bibliothekarische) Sacherschließung? In: Bibliotheksdienst (2012) Bd. 46 H. 5. S. 386–401. https://doi.org/10.1515/bd.2012.46.5.386.

Flachmann, Holger: Erschließung. Zur Effizienz bibliothekarischer Inhaltserschließung: Allgemeine Probleme und die Regeln für den Schlagwortkatalog (RSWK). In: Bibliotheksdienst (2004) Bd. 38 H. 6. S. 745–791. https://doi.org/10.1515/bd.2004.38.6.745.

Franke-Maier, Michael: Anforderungen an die Qualität der Inhaltserschließung im Spannungsfeld von intellektuell und automatisch erzeugten Metadaten. In: ABI Technik (2018) Bd. 38 H. 4. S. 327–331. https://doi.org/10.1515/abitech-2018-4005.

Franke-Maier, Michael, Cyrus Beck, Anna Kasprzik, Jan Frederik Maas, Sarah Pielmeier und Heidrun Wiesenmüller: Ein Feuerwerk an Algorithmen und der Startschuss zur Bildung eines Kompetenznetzwerks für maschinelle Erschließung. In: o-bib. Das offene Bibliotheksjournal (2020) Bd. 7 H. 1. S. 1–12. https://doi.org/10.5282/o-bib/5565.

Gödert, Winfried: Verbale Sacherschließung im Fach Mathematik. In: Bibliothek Forschung und Praxis (1979) Bd. 3 H. 3. S. 170–190. https://doi.org/10.1515/bfup.1979.3.3.170.

Gödert, Winfried: Gegenwart und Zukunft der bibliothekarischen Sacherschliessung. In: Libri (1981) Bd. 31 (Jahresband). S. 30–56. https://doi.org/10.1515/libr.1981.31.1.30.

Gödert, Winfried: Bibliothekarische Klassifikationstheorie und on-line-Kataloge. In: Bibliothek Forschung und Praxis (1987a) Bd. 11 H. 2. S. 152–166. https://doi.org/10.1515/bfup.1987.11.2.152.

Gödert, Winfried: Probleme und Nutzen kooperativer Inhaltserschließung. In: Libri (1987b) Bd. 37 H. 1. S. 25–37. https://doi.org/10.1515/libr.1987.37.1.25.

Grummann, Martin: Sind Verfahren zur maschinellen Indexierung für Literaturbestände Öffentlicher Bibliotheken geeignet? In: Bibliothek Forschung und Praxis (2000) Bd. 24 H. 3. S. 297–318. https://doi.org/10.1515/BFUP.2000.297.

Hänger, Christian: Good tags or bad tags? Tagging im Kontext der bibliothekarischen Sacherschließung. In: Good tags – bad tags: social tagging in der Wissensorganisation. Hrsg. v. Birgit Gaiser. Münster u. a.: Waxmann 2008 (Medien in der Wissenschaft 47). S. 63–72. https://madoc.bib.uni-mannheim.de/2103/ (15.1.2021).

Hauer, Manfred: Wie sehr können maschinelle Indexierung und modernes Information Retrieval Bibliotheksrecherchen verbessern? In: Sachschließung – wir müssen sie (uns) leisten! Vorträge im Rahmen der 28. Jahrestagung der Gesellschaft für Klassifikation, Universität Dortmund. Hrsg. v. Hans-Joachim Hermes und Bernd Lorenz. Chemnitz: Technische Universität 2004. https://nbn-resolving.org/urn:nbn:de:swb:ch1-200401638 (15.1.2021).

Heizereder, Steffen und Andreas Degkwitz: „Die automatisierte Sacherschließung kann nicht alleine von der DNB geleistet werden". In: Forum Bibliothek und Information (2018) Jg. 70 H. 1. S. 038–039. https://b-u-b.de/wp-content/uploads/2018-01.pdf (15.1.2021).

Hoebbel, Niels: Aus- u. Fortbildung/Kongresse. In: Bibliotheksdienst (1982) Bd. 16 H. 12. S. 991–1003. https://doi.org/10.1515/bd.1982.16.12.991.

Hubrich, Jessica: Input und Output der Schlagwortnormdatei (SWD): Aufwand zur Sicherstellung der Qualität und Möglichkeiten des Nutzens im OPAC. Masterarbeit. Köln 2005. https://nbn-resolving.org/urn:nbn:de:hbz:832-epub4-1068 (15.1.2021).

Hubrich, Jessica und Bernd Lorenz: Themen. Erschließung: Notizen zur (bibliothekarischen) Inhaltserschließung. In: Bibliotheksdienst (2021) Bd. 46 H. 46.11. S. 838–841. https://doi.org/10.1515/bd.2012.46.11.838.

Junger, Ulrike: Quo vadis Inhaltserschließung der Deutschen Nationalbibliothek? Herausforderungen und Perspektiven. In: o-bib. Das offene Bibliotheksjournal (2015) Bd. 2 H. 1. S. 15–26. https://doi.org/10.5282/o-bib/2015H1S15-26.

Junginger, Fritz: (12) Kommission des Deutschen Bibliotheksinstituts für Sacherschließung. In: Bibliotheksdienst (1985) Bd. 19 H. 5. S. 424–429. https://doi.org/10.1515/bd.1985.19.5.424.

Junginger, Fritz: Schlagwortregeln für wissenschaftliche und öffentliche Bibliotheken. In: Bibliotheksdienst (1980) Bd 14 H. 8. S. 730–747. https://doi.org/10.1515/bd.1980.14.8.730.

Kasprzik, Anna: Voraussetzungen und Anwendungspotentiale einer präzisen Sacherschließung aus Sicht der Wissenschaft. GBV-Verbundkonferenz Kiel, 29. August 2018. https://doi.org/10.5281/zenodo.1406889.

Karg, Helga und Hans-Jürgen Becker: Synergien nutzen – Maschinelle Erschließung unterstützt die intellektuelle Inhaltserschließung – Einsatz des DA3 in der DNB. 109. Deutscher Bibliothekartag in Hannover 2020 [abgesagt]. Abstract [Folien unveröffentlicht]. https://opus4.kobv.de/opus4-bib-info/frontdoor/index/index/docId/17217 (15.1.2021).

Keller, Alice: Einstellung zur (automatischen) Sacherschließung in deutsch- und englischsprachigen Ländern. In: Bibliotheksdienst (2015) Bd. 49 H. 8. S. 801–813. https://doi.org/10.1515/bd-2015-0095.

Kelm, Barbara: Zentrale Dienste der Deutschen Bibliothek im Bereich der Sacherschließung und Möglichkeiten ihrer Nutzung. In: Bibliothek Forschung und Praxis (1983) Bd. 7 H. 3. S. 223–227. https://doi.org/10.1515/bfup.1983.7.3.223.

Kempf, Andreas Oskar: Automatische Inhaltserschließung in der Fachinformation. In: Information – Wissenschaft & Praxis (2013) Bd. 64 H. 2–3. S. 96–106. https://doi.org/10.1515/iwp-2013-0011.

Kett, Jürgen, Karin Wortmann und Elisabeth Mödden: Erschließung per Knopfdruck? Ein Spagat zwischen Quantität und Qualität? 106. Deutscher Bibliothekartag in Frankfurt a. M. 2017. Abstract [Folien unveröffentlicht]. https://opus4.kobv.de/opus4-bib-info/frontdoor/index/index/docId/3002 (15.1.2021).

Krätzsch, Christine: Collaborative Tagging als neuer Service von Hochschulbibliotheken. 97. Deutscher Bibliothekartag in Mannheim 2008. https://nbn-resolving.org/urn:nbn:de:0290-opus-5507 (15.1.2021).

Krätzsch, Christine: Von Chaos und Qualität – die Ergebnisse des Projekts Collaborative Tagging. In: Lösungen suchen – Visionen bewahren. Tagung der Arbeitsgruppen Bibliotheken und Dezimalklassifikationen im Rahmen der 35. Jahrestagung der Gesellschaft für Klassifikation am 31. August und 01. September 2011 in Frankfurt a. M. Hrsg. v. Hans-Joachim Hermes und Bernd Lorenz. Chemnitz: Technische Universität 2011. https://nbn-resolving.org/urn:nbn:de:bsz:ch1-qucosa-82735 (15.1.2021).

Krätzsch, Christine und Christof Niemann: Collaborative Tagging – neue Möglichkeiten für die bibliothekarische Sacherschließung. In: Inhaltserschließung 2009: Potentiale nutzen. 33. Jahrestagung der Gesellschaft für Klassifikation. Hrsg. v. Hans-Joachim Hermes. Chemnitz: Technische Universität 2009. https://nbn-resolving.org/urn:nbn:de:bsz:ch1-200901330 (15.1.2021).

Krause, Jürgen: Standardisierung von der Heterogenität her denken – zum Entwicklungsstand bilateraler Transferkomponenten für digitale Fachbibliotheken. Informationszentrum Sozialwissenschaften Bonn 2003 (IZ-Arbeitsbericht 28). https://nbn-resolving.org/urn:nbn:de:0168-ssoar-50750-9 (15.1.2021).

Krömmelbein, Uschi: Linguistische und fachwissenschaftliche Gesichtspunkte der Schlagwort-Syntax. In: Bibliothek Forschung und Praxis (1984) Bd. 8 H. 3. S. 159–202. https://doi.org/10.1515/bfup.1984.8.3.159.

Line, Maurice B.: Ist Kooperation etwas Gutes? In: Bibliothek Forschung und Praxis (1981) Bd. 5 H. 2. S. 160–165. https://doi.org/10.1515/bfup.1981.5.2.160.

Lepsky, Klaus und Harald H. Zimmermann: Katalogerweiterung durch Scanning und automatische Dokumenterschließung: Ergebnisse des DFG-Projekts KASCADE. In: Zeitschrift für Bibliothekswesen und Bibliographie (2000) Jg. 47 H. 4. S. 305–316. https://dx.doi.org/10.22028/D291-25498.

Lügger, Joachim: Wo ist der Opac der virtuellen Bibliothek? – Strukturen des Kooperativen Bibliotheksverbundes. In: ZIB-Report (TR-97-10) (1998). https://nbn-resolving.org/urn:nbn:de:0297-zib-5524 (15.1.2021).

Mitis-Stanzel, Irene: Social Tagging in Bibliotheken. Masterarbeit. Wien 2008. http://hdl.handle.net/10760/11900 (15.1.2021).

Mittelbach, Jens und Michaela Probst: Möglichkeiten und Grenzen maschineller Indexierung in der Sacherschließung: Strategien für das Bibliothekssystem der Freien Universität Berlin. Masterarbeit. Berlin 2006 (Berliner Handreichungen zur Bibliotheks- und Informationswissenschaft 183). https://doi.org/10.18452/18264.

Mittler, Elmar: Neuere Perspektiven der Bibliotheksforschung. Eine Diskussionsgrundlage. In: Bibliothek Forschung und Praxis (1977) Bd. 1 H. 1. S. 4–31. https://doi.org/10.1515/bfup. 1977.1.1.4.

Mödden, Elisabeth: KI im Einsatz für die inhaltliche Erschließung – ein Erfahrungsbericht aus der Deutschen Nationalbibliothek. #vBIB20. 2020. https://doi.org/10.5446/36428.

Mödden, Elisabeth, Christa Schöning-Walter und Sandro Uhlmann. Maschinelle Inhaltserschließung in der Deutschen Nationalbibliothek. In: Forum Bibliothek und Information (2018) Jg. 70 H. 1. S. 030–035. https://b-u-b.de/wp-content/uploads/2018-01.pdf (15.1.2021).

Müller, Maria Elisabeth: Die Arbeitsgemeinschaft der Regionalbibliotheken in der Sektion 4 des dbv – Bericht für die Jahre 2017/2018. In: Bibliotheksdienst (2020) Bd. 54 H. 3–4. S. 176–193. https://doi.org/10.1515/bd-2020-0031.

Müller, Christoph: Sacherschließung Zentrale Dienstleistung und Nutzung von Fremdleistungen. In: Bibliotheksdienst (1984) Bd. 18 H. 10. S. 973–987. https://doi.org/10.1515/bd. 1984.18.10.973.

Niesner, Stefan: Eine vergleichende Analyse von Enterprise-Suchmaschinen für die Indexierung von Katalogdaten. Masterarbeit Köln 2017. https://nbn-resolving.org/urn:nbn:de: hbz:79pbc-opus-9696 (15.1.2021).

Nohr, Holger: Zum Sachzugriff über Stichworte in Online-Publikumskatalogen (OPACs). In: Libri (1991) Bd. 41 H. 3. S. 165–169. https://doi.org/10.1515/libr.1991.41.3.165.

Nolte, Adrian: Keine Akzeptanz. In: Bibliotheksdienst (1994) Bd. 28 H. 7. S. 1134–1136. https://doi.org/10.1515/bd.1994.28.7.1134.

Rebholz, Tobias und Martin Toepfer: „Qualitätsgesteuerte" maschinelle Inhaltserschließung wirtschaftswissenschaftlicher Publikationen. 106. Deutscher Bibliothekartag in Frankfurt a. M. 2017. https://nbn-resolving.org/urn:nbn:de:0290-opus4-32760 (15.1.2021).

Rebholz, Tobias, Elisabeth Mödden, Helga Karg und Andreas Oskar Kempf: Bewertung maschineller Indexierung – „Qualität ist kein Zufall!" 107. Deutscher Bibliothekartag in Berlin 2018. Abstract [Folien unveröffentlicht]. https://opus4.kobv.de/opus4-bib-info/front door/index/index/searchtype/collection/id/16830/start/3/rows/20/docId/3316 (15.1.2021).

Ruddigkeit, Werner, Horst Gronemeyer, Gerhard Schlitt, F. Bienert, Bernhard Sinogowitz, Ulrich Thiem, Franz Georg Kaltwasser, Karl Konrad Finke, Berndt Dugall, Andreas J. Werner, Fritz Junginger, Horst Gutzmann, Lioba Betten, Heinz Lanzke, Andreas Papendieck, Manfred Nagl, Horst Ernestus, Konrad Wickert, Tho Brandis, Maximilian Steinhagen, Willi Höfig und Regine Wolf-Hauschild: Tätigkeitsberichte 1982 der Kommissionen des Deutschen Bibliotheksinstituts. In: Bibliotheksdienst (1983) Bd. 17 H. 5. S. 372–448. https://doi.org/10.1515/bd.1983.17.5.372.

Scherer, Birgit: Automatische Indexierung und ihre Anwendung im DFG-Projekt ‚Gemeinsames Portal für Bibliotheken, Archive und Museen (BAM)'. 2003. http://nbn-resolving.de/urn: nbn:de:bsz:352-opus-9965 (15.1.2021).

Scheven, Esther: Erschließung. Effiziente Sacherschließung in schwierigen Zeiten: Gedanken zur Zukunft der SWD. In: Bibliotheksdienst (2005) Bd. 39 H. 6. S. 748–773. https://doi. org/10.1515/bd.2005.39.6.748.

Scheven, Esther: Zukunft und Weiterentwicklung der verbalen Inhaltserschließung – aktueller Stand der Diskussion. 104. Deutscher Bibliothekartag in Nürnberg 2015. https://nbn-re solving.org/urn:nbn:de:0290-opus4-19805 (15.1.2021).

Schnelling, Heiner: Katalogverbund, Fremddatennutzung und Online-Benutzerkatalog: Aspekte einer Neuorientierung der Sacherschließung. In: Libri (1988) Bd. 38 H. 4. S. 237–256. https://doi.org/10.1515/libr.1988.38.4.237.

Schürmann, Hans: Subject indexing in a digital age. Presented at the General Assembly of the European Theological Libraries (47th General Assembly of BETH). Nürnberg 2018. https://doi.org/10.5281/zenodo.1420492.

Schug, Dieter: Vom Selbstverständnis der deutschen Universitätsbibliothek. In: Libri (1970) Bd. 20 H. 3. S. 175–186. https://doi.org/10.1515/libr.1970.20.3.175.

Schulz, Ursula: Einige Aspekte zukünftiger Inhaltserschließung und Online-Benutzerkataloge. In: Bibliothek Forschung und Praxis (1990) Bd. 14 H. 3. S. 226–234. https://doi.org/10.1515/bfup.1990.14.3.226.

Schulz, Ursula: Zur Didaktik der inhaltlichen Erschließung in der Ausbildung von Diplom-Bibliothekaren. In: Bibliothek Forschung und Praxis (1992) Bd. 16 H. 2. S. 255–263. https://doi.org/10.1515/bfup.1992.16.2.255.

Standardisierungsausschuss bei der Deutschen Nationalbibliothek: Stellungnahme zur Entwicklung der Inhaltserschließung im D-A-CH-Raum. Ausgearbeitet von einer Initiativgruppe des Standardisierungsausschusses. 8. Juni 2018. https://www.dnb.de/SharedDocs/Downloads/DE/Professionell/Standardisierung/Protokolle/Standardisierungsausschuss/pSta20171208v_stellungnahmeInhaltserschliessungDACH.pdf?__blob=publicationFile&v=4 (15.1.2021).

Stumpf, Gerhard: RSWK – wirklich ein Relikt? In: Bibliotheksdienst (1995) Bd. 29 H. 4–5. S. 670–682. https://doi.org/10.1515/bd.1995.29.45.670.

Stumpf, Gerhard: Erschließung. Quantitative und qualitative Aspekte der verbalen Sacherschließung in Online-Katalogen. In: Bibliotheksdienst (1996) Bd. 30 H. 7. S. 1210–1227. https://doi.org/10.1515/bd.1996.30.7.1210.

Stumpf, Gerhard: RSWK und SWD: derzeitiger Stand und Nutzungsperspektiven für Kunst- und Museumsbibliotheken. In: AKMB-news (1997) Bd. 3 H. 1. S. 8–12. https://doi.org/10.11588/akmb.1997.1.309.

Stumpf, Gerhard: „Kerngeschäft" Sacherschließung in neuer Sicht: was gezielte intellektuelle Arbeit und maschinelle Verfahren gemeinsam bewirken können. Fortbildungsveranstaltung für Fachreferentinnen und Fachreferenten der Politikwissenschaft und Soziologie, Berlin 2015. https://opus4.kobv.de/opus4-hsog/frontdoor/index/index/docId/1123 (15.1.2021).

Trinkhaus, Manfred: Möglichkeiten und Aspekte des sachlichen Zugriffs in Online-Katalogen. In: Bibliothek Forschung und Praxis (1990) Bd. 14. H. 3. S. 193–225. https://doi.org/10.1515/bfup.1990.14.3.193.

Uhlmann, Sandro: Automatische Beschlagwortung von deutschsprachigen Netzpublikationen mit dem Vokabular der Gemeinsamen Normdatei (GND). In: Dialog mit Bibliotheken (2013) Bd. 25 H. 2. S. 26–36. https://d-nb.info/1048376788/34 (15.1.2021).

Umlauf, Konrad: Die Bibliothek als wirtschaftliches Dienstleistungszentrum. Institut für Bibliotheks- und Informationswissenschaft der Humboldt-Universität zu Berlin 2000 (Berliner Handreichungen zur Bibliotheks- und Informationswissenschaft 81). https://doi.org/10.18452/18439.

Wefers, Sabine: Beruf. Thesen zur Zukunft des Fachreferenten. In: Bibliotheksdienst (1998) Bd. 32 H. 5. S. 865–870. https://doi.org/10.1515/bd.1998.32.5.865.

Weinhold, Julia: Dokumentation crowdgesourct: Social Tagging als Methode der Inhaltser-
    schließung im Museum. Bachelorarbeit Leipzig 2014. https://nbn-resolving.org/urn:nbn:
    de:bsz:14-qucosa2-74609 (15.1.2021).
Wiesenmüller, Heidrun: Die Zukunft der Katalogisierung: Den Kern erhalten – Qualität an der
    richtigen Stelle. In: Bibliotheken für die Zukunft – Zukunft der Bibliotheken. 100. Deut-
    scher Bibliothekartag. Hrsg. v. Ulrich Hohoff. Hildesheim: Olms 2011. S. 327–337.
Wiesenmüller, Heidrun: Maschinelle Indexierung am Beispiel der DNB. In: o-bib. Das offene
    Bibliotheksjournal (2018) Bd. 5 H. 4. S. 141–153. https://doi.org/10.5282/o-bib/
    2018H4S141-153.
Wissen, Dirk: Ist der OPAC von morgen heute schon möglich? In: LIBREAS. Library Ideas (2009)
    H. 15. http://nbn-resolving.de/urn:nbn:de:kobv:11-100102767 (15.1.2021).
Woltering, Hubert: Maschinelle Indexierung in der Bibliothek der Friedrich-Ebert-Stiftung. In:
    ProLibris (2002) H. 3. S. 160–161. https://library.fes.de/fulltext/bibliothek/01439.htm
    (15.1.2021).

Joachim Laczny

Fit for Purpose – Standardisierung von inhaltserschließenden Informationen durch Richtlinien für Metadaten

1 Einleitung

> Schwieriger war dann doch zu entscheiden, welche der optionalen Metadatenfelder ich
> ausfüllen will. Eigentlich ist mir klar, dass die möglichst detaillierte Beschreibung das
> Finden und die Nachnutzung der Daten erleichtert. Trotzdem war ich bei einigen Feldern
> ratlos und ließ sie leer.[1]

In diesem Auszug eines Berichts einer Forscherin aus dem Feld der Digital Humanities über die erste Veröffentlichung von Forschungsdaten auf einem Repositorium aus dem Jahr 2017 wird der herausragende Stellenwert von beschreibenden Informationen von einer Ressource in strukturierter Form deutlich betont. Durch adäquate Angaben soll ein Auffinden und somit die potenzielle Nachnutzung von digitalen Forschungsdaten durch andere Nutzende ermöglicht werden. Neben dem Mehrwert einer umfassenden Auszeichnung mittels Metadaten wird gleichzeitig eine hierfür erforderliche Kompetenz zuerkannt. In diesem konkreten Fall, um irrige Angaben zu vermeiden und somit die Wertigkeit der bereits bereitgestellten Metadaten nicht zu relativieren, mündete dies in einem Verzicht auf weitere, eigene Informationsangaben.

Die hier geschilderte Erfahrung steht im Einklang mit den *Lessons learned – Thesen zur FDM-Kompetenzausbildung* aus dem Jahr 2019, wonach „Erfahrungen mit der Beschreibung mit Metadaten oder gar der Veröffentlichung von Forschungsdaten [...] bei ihnen [den kontaktierten Graduierten] in der Regel noch gar nicht vor[lagen].“[2] Zwar ist eine „Verständigung darüber, welchen Begriff

---

1 Mache, Beata: Meine erste Kollektion im DARIAH-DE Repository. DHdBlog. 7.12.2017. https://dhd-blog.org/?p=8798 (16.10.2020).
2 Einwächter, Sophie G. u. a.: Lessons learned – Thesen zur FDM-Kompetenzausbildung: Erkenntnisse aus dem interdisziplinären Vernetzungstreffen der vom BMBF geförderten Projekte eeFDM Jena, FDMentor, FOKUS, PODMAN und UniLLAB am 30. und 31. Januar 2019 in Marburg. In: Bausteine Forschungsdatenmanagement (2020) 1. S. 8–15, https://doi.org/10.17192/bfdm.2020.1.8101, S. 12. Ferner s. DFG: Leitlinien zur Sicherung guter wissenschaftlicher Praxis – Kodex. Bonn 2019. https://www.dfg.de/download/pdf/foerderung/rechtliche_rahmenbedingungen/gute_wissenschaftliche_praxis/kodex_gwp.pdf (16.10.2020), S. 17–19. Zu Kompetenzen s. Allianz der deutschen Wissenschaftsorganisationen: „Wege zur digitalen Qualifikation“: ein Diskussionspapier. 2020. https://doi.org/10.2312/allianzoa.038. S. exemplarisch Ba-

von Forschungsdaten beispielsweise die Geisteswissenschaften haben, [...] so nach wie vor Gegenstand der Diskussion",[3] obgleich seitens der historisch arbeitenden Wissenschaften zuerkannt wird, dass die „Qualität der von Archiven und Bibliotheken bereitgestellten Erschließungsdaten als Forschungsdaten [...] hier eine hohe Bedeutung [besitzt], denn bei der Erstellung von Metadaten beginnt in vielen Fällen bereits der Forschungsprozess."[4]

Im Folgenden soll daher der Frage nachgegangen werden, inwiefern Bibliotheken den Qualitätsanspruch an inhaltserschließende Informationen von Ressourcen durch die Formulierung und Veröffentlichung einer bibliotheksspezifischen, übergeordneten Metadaten-Richtlinie bzw. -Policy – auch im Sinne einer Transparenzoffensive – und deren Anwendung beeinflussen können.

2 Datenqualität

Bis zum Jahr 2010 wurde das Themenfeld der Datenqualität oft als „anecdotal and esoteric"[5] wahrgenommen, doch wandelte sich dieses Bild in den folgenden Jahren vor dem Hintergrund von *Big Data* und verstärkter Forschung im Bereich der *Data Quality*.[6] Einen Zugang bieten die von Wang und Strong 1996 vorgestellten Qualitätsdimensionen. Dieses *Conceptual Framework of Data Quality* umfasst vier Datenqualitätsdimensionen, die sich aufgliedern in *intrinsic, contextual, representational* und *accessibility*. Der erste Bereich beinhaltet die Aspekte *believability, accuracy, objectivity* und *reputation*; der zweite *value-added, relevancy, timeliness, completeness* und *appropriate amount of data*; der dritte

latsoukas, Panos u. a.: A Method for Examining Metadata Quality in Open Research Datasets Using the OAI-PMH and SQL Queries: the Case of the Dublin Core 'Subject' Element and Suggestions for User-Centred Metadata Annotation Design. In: International Journal of Metadata, Semantics and Ontologies (2018) 13,1. S. 1–8, https://doi.org/10.1504/IJMSO.2018.096444, S. 3, 6. Ferner Broeder, Daan u. a.: SSHOC D3.1 Report on SSHOC (meta)data interoperability problems. 10.12.2019. https://doi.org/10.5281/zenodo.3569868, S. 18–20; zu kontrollierten Vokabularen s. S. 27. Eher polemisch: Doctorow, Cory: Metacrap: Putting the torch to seven straw-men of the meta-utopia. 26.8.2001. https://people.well.com/user/doctorow/metacrap.htm (16.10.2020).

3 Lessons learned – Thesen zur FDM-Kompetenzausbildung, S. 11.

4 Paulmann, Johannes und Eva Schlotheuber: Digitale Wissensordnung und Datenqualität: Herausforderungen, Anforderungen und Beitrag historisch arbeitender Wissenschaften. In: Archivar (2020) 73,1. S. 9–12, S. 11.

5 Shankaranarayanan, G. und Roger Blake: From Content to Context: The Evolution and Growth of Data Quality Research. In: Journal of Data and Information Quality (2017) 8,2. S. 1–28, https://doi.org/10.1145/2996198, S. 2.

6 S. From Content to Context, S. 2.

interpretability, ease of understanding, representational consistency und *concise representation*; der letzte *accessibility* und *access security*.[7]

Einige der mittlerweile sehr zahlreichen Forschungsfelder im Bereich der *Data Quality* im Zusammenhang mit den verschiedenen Dimensionen wurden 2017 analysiert, wobei insgesamt eine Forschungstendenz zu beobachten ist, die sich ausgehend von *content-based* stärker zu *context-based* hinwendet, wie die Einbeziehung von Qualität in Systementwicklungsprozesse zeigt.[8] U. a. wurde die Bedeutung zwischen bereitgestellten Metadaten für Primärdaten hinsichtlich der *believability* und der *fitness-for-use* in einem Ansatz aus dem Jahr 2003 betont, um unter Berücksichtigung dieser beiden Aspekte den Zugang für Nutzende zu verbessern.[9] Auch im Bibliothekswesen wird im Zusammenhang mit Analysen auf verschiedene Qualitätsdimensionen bzw. -aspekte zurückgegriffen.[10]

Im Jahr 2019 resümierte jedoch der *Rat für Informationsinfrastrukturen* in der Publikation *Herausforderung Datenqualität – Empfehlungen zur Zukunftsfähigkeit von Forschung im digitalen Wandel*, dass die Begrifflichkeit Datenqualität in der Wissenschaft nur schwierig zu bestimmen, wie auch über externe bzw. politische Vorgaben nur äußerst bedingt zu steuern sei. Auch eine Normierung von Datenqualität entsprechend etwaiger DIN- bzw. ISO-Vorgaben erscheine aufgrund der Komplexität digitaler Forschungsprozesse wenig zielführend.[11]

---

7 S. Wang, Richard Y. und Diane M. Strong: Beyond Accuracy: What Data Quality Means to Data Consumers. In: Journal of Management Information Systems (1996) 12,4. S. 5–33, https://www.jstor.org/stable/40398176, S. 20–21. Ferner Batini, Carlo und Monica Scannapieca: Data quality: concepts, methodologies and techniques. Berlin, New York: Springer 2006 (Data-centric systems and applications), S. 19–49. Ochoa, Xavier und Erik Duval: Automatic Evaluation of Metadata Quality in Digital Repositories. In: International Journal on Digital Libraries (2009) 10. S. 67–91, https://doi.org/10.1007/s00799-009-0054-4, S. 69–70.

8 S. From Content to Context, S. 18–19, 25.

9 S. für einen Ansatz Shankar, G. und Stephanie Watts: A relevant, believable approach for data quality assessment. In: Proceedings of the Eighth International Conference on Information Quality. 2003. S. 178–189, http://mitiq.mit.edu/ICIQ/Documents/IQ%20Conference%202003/Papers/ARelevantBelievableApproachForDQAssessment.pdf (16.10.2020).

10 Exemplarisch s. Gentry, Steven u. a.: Survey of Benchmarks in Metadata Quality: Initial Findings. 2020. https://digital.library.unt.edu/ark:/67531/metadc1637685/ (16.10.2020), S. 19–21, 34. Für etwaige Evaluationsszenarien, auch unter Beteiligung von Nutzenden, s. Golub, Koraljka u. a.: A Framework for Evaluating Automatic Indexing or Classification in the Context of Retrieval. In: Journal of the Association for Information Science and Technology (2016) 67,1. S. 3–29, https://doi.org/10.1002/asi.23600.

11 S. Rat für Informationsinfrastrukturen (Hrsg.): Herausforderung Datenqualität. Empfehlungen zur Zukunftsfähigkeit von Forschung im digitalen Wandel. 2. Aufl. Göttingen 2019, http://www.rfii.de/?p=4043 (16.10.2020), S. 28. Für die Diskussion von fünf Leitideen der Qualitätssteuerung von Forschungsdaten s. Herausforderung Datenqualität, S. 15.

Als Mittelweg wird daher eine pragmatische Normierung unter dem Blickwinkel *fit for purpose* als nutzendenzentriertes Ziel aufgezeigt, um die Verwendbarkeit von Daten ins Zentrum zu rücken.[12] Unter dem Titel *Fitness for purpose: the future evolution of bibliographic records and their delivery* lenkte Ede 1995 das Augenmerk aus Sicht der British Library auch auf diesen Aspekt hin, wobei Qualität als ein Synonym von „accuracy and content"[13] für bibliografische Aufnahmen verstanden wurde.

3 Metadaten

Nach einer weit gefassten Definition sind „Metadaten allgemein verstanden Aussagen über jede beliebige, identifizierbare, benennbare, adressierbare oder in irgendeiner Weise handhabbare Entität unserer Welt"[14] und somit werden im Folgenden inhalts- bzw. sacherschließende Informationen über Ressourcen diesen ebenfalls zugeordnet.

Zwar wird es „[m]it der steigenden Bedeutung der Metadaten im Forschungsprozess [...] notwendig, dass diese ebenfalls Gegenstand von Qualitätssicherungsprozessen werden",[15] dennoch sind Fragen nach Aufwand und Nutzen von Beschreibungssystemen wie auch die Auswahl aus den vielfältigen Beschreibungspfaden und -sprachen zu beantworten und letztendlich stellt sich „[i]nsgesamt [...] der Beschreibungsaufwand in der Praxis als entscheidende Hürde dar".[16]

---

12 Herausforderung Datenqualität, S. 25, 28. „The concept of 'fitness for use' is now widely adopted in the quality literature. It emphasizes the importance of taking a consumer viewpoint of quality because ultimately it is the consumer who will judge whether or not a product is fit for use." Beyond Accuracy, S. 6.
13 Ede, Stuart: Fitness for purpose: the future evolution of bibliographic records and their delivery. In: Catalogue and Index (1995) 116. S. 1–3, S. 1.
14 Gradmann, Stefan: Container – Content – Context: zur Evolution bibliothekarischer Metadaten von Katalogdaten zu Library Linked Data. In: Handbuch Bibliothek: Geschichte, Aufgaben, Perspektiven. Hrsg. von Konrad Umlauf und Stefan Gradmann. Stuttgart, Weimar: Metzler 2012. S. 121–128, S. 121. Exemplarisch s. Riley, Jenn: Understanding Metadata: What Is Metadata, and What Is It For? Baltimore 2017. http://www.niso.org/publications/understanding -metadata-riley (16.10.2020). Howarth, Lynne C.: Metadata and Bibliographic Control: Soul-Mates or Two Solitudes? In: Cataloging & Classification Quarterly (2005). 40,3–4. S. 37–56, https://doi.org/10.1300/J104v40n03_03, S. 40–42.
15 Herausforderung Datenqualität, S. 37.
16 Herausforderung Datenqualität, S. 38. „As Jones et al. (2006) observe, the key is 'to find the balance of responsibility for documenting data between individual researchers and trained data stewards who have advanced expertise with appropriate metadata standards and techno-

Die Verknüpfung von Daten aus unterschiedlichen Zusammenhängen und Disziplinen verspricht durchaus einen äußerst starken Anreiz für intra- und interdisziplinäre Forschungsprojekte. Doch geht dies aufgrund der häufig heterogenen Struktur und Semantik der vorhandenen Daten mit nicht minder großem Aufwand einher. Nicht förderlich in diesem Kontext sind zudem die häufig in den Fachdisziplinen fehlenden Definitionen zur Strukturierung von Daten bzw. Inhalten oder auch die „verwirrende Vielzahl an anwendbaren Spezifikationen und Metadatenstandards, was es selbst Spezialisten erschwert, breit verfügbare Datenbestände aufzubauen".[17] Als Mehrwert bleibt zwar festzuhalten, dass in der Datenaufbereitung oft Verbesserungen stattfinden, doch „Praxisprobleme betreffen vor allem Fragen von Datenstruktur und -integrität. [...] Die Diskrepanz zwischen den theoretischen technischen Möglichkeiten und dem in der Praxis notwendigen Aufwand einer solchen Integration ist allerdings noch erheblich."[18]

Das bibliografische Umfeld bleibt hiervon nicht unberührt und die Ausprägungen von Standards und Datenmodellen bzw. Richtlinien sind ebenfalls vielfältig und in stetem Wandel begriffen.[19] Pointiert lassen sich die derzeitigen Entwicklungen zu bibliografischen Datenmodellen nach Suominen jedoch wie folgt zusammenfassen: „If interoperability of bibliographic Linked Data is a goal, then the defining of new data models needs to stop."[20]

Gleichzeitig streben Bibliotheken im Zuge der digitalen Transformationsprozesse danach, die Datenqualität im Bereich der Metadatenerstellung und

---

logies.'" Peer, Limor u. a.: Committing to Data Quality Review. In: International Journal of Digital Curation (2014) 9,1. S. 263–291, https://doi.org/10.2218/ijdc.v9i1.317, S. 281. Perspektivisch zu Forschungssoftware und Instrumenten s. Bach, F. u. a.: Muster-Richtlinie Nachhaltige Forschungssoftware an den Helmholtz-Zentren. Potsdam 2019. https://doi.org/10.2312/OS.HELMHOLTZ.007. Stocker, Markus u. a.: Persistent Identification Of Instruments. In: arXiv:2003.12958 [cs-DL], 29.3.2020. http://arxiv.org/abs/2003.12958.

17 Herausforderung Datenqualität, S. 46. Für einen grafischen Überblick s. Riley, Jenn: Seeing Standards: A Visualization of the Metadata Universe. 2010. http://jennriley.com/metadatamap/ (16.10.2020). S. exemplarisch Schulz, Julian u. a.: Standardisierung eines Standards: Warum und wie ein Best-Practice-Guide für das Metadatenschema DataCite entstand. In: Korpus im Text (2020). http://www.kit.gwi.uni-muenchen.de/?p=42800&v=1 (16.10.2020).

18 Herausforderung Datenqualität, S. 45, 46.

19 S. exemplarisch: Figure 1: Family forest of bibliographic data models. In: Suominen, Osma u. a.: From MARC Silos to Linked Data Silos? In: o-bib. Das offene Bibliotheksjournal (2017) 4,2. S. 1–13, https://doi.org/10.5282/O-BIB/2017H2S1-13, S. 2; Riva, Pat u. a.: IFLA Library Reference Model (LRM). Den Haag 2017. https://www.ifla.org/files/assets/cataloguing/frbr-lrm/ifla-lrm-august-2017_rev201712.pdf (16.10.2020).

20 From MARC Silos to Linked Data Silos?, S. 11.

-pflege zu konsolidieren bzw. zu steigern.[21] Dennoch bleibt die Aussage zutreffend: „[...] what quality cataloging is lies partially in the subjective dimensions of the definition. While accuracy is seldom disputable, the needs of users are varied, and there is insufficient documentation of what these needs are."[22] Auch Fragen zur Erschließung und Vernetzung der Metadaten im Zusammenspiel mit den Digital Humanities rücken in den Vordergrund.[23] Doch rechtliche Vorgaben umrahmen stets die Handlungsspielräume für die Metadatenbearbeitung und Nachnutzung.[24]

Im Zusammenhang mit einer Schärfung der Begrifflichkeit Datenqualität im bibliothekarischen Umfeld liegt ein Streben nach der Erstellung bzw. Pflege eines *perfekten Katalogisats* äußerst nahe und wurde folglich mehrfach thematisiert.[25] Nicht selten findet laut Bade das *perfekte Katalogisat* Erwähnung, allerdings oft vor dem Hintergrund, eine Diskussion um Qualitätskriterien zu vermeiden, denn „In these and many other texts 'the perfect record' is simply a rhetorical strategy for dismissing all issues concerning quality by reducing the very complex and context dependent notion of quality to what is implied in the phrase 'the perfect record'. It is a phrase used almost entirely by those who categorically reject it in the context of demands for or questions concerning quality."[26]

Letztendlich sei dabei eine Diskussion um unvollkommene oder vermeintlich makellose Aufnahmen nicht zielführend, sondern vielmehr zunächst die auf institutioneller Ebene ehrliche Beantwortung folgender zwei Fragen:

1. What data elements are useful for the kind of library research performed here in this particular institution?
2. How much, and which elements of that necessary information can this institution afford to support? (This means either creating it initially, correcting or adding it to

---

21 S. Herausforderung Datenqualität, S. 71. Franke-Maier, Michael: Anforderungen an die Qualität der Inhaltserschließung im Spannungsfeld von intellektuell und automatisch erzeugten Metadaten. In: ABI-Technik (2018) 38,4. S. 327–331, https://doi.org/10.1515/abitech-2018-4005, S. 327–328.
22 Thomas, Sarah E.: Quality in bibliographic control. In: Library Trends (1996) 44,3. S. 491–505, S. 494.
23 S. Döhl, Frédéric: Digital Humanities und Bibliotheken. Über technisch-organisatorische Infrastruktur hinausgedacht. In: Zeitschrift für Bibliothekswesen und Bibliographie (2019) 66,1. S. 4–18, https://doi.org/10.3196/186429501966114, S. 9.
24 S. Klimpel, Paul: Kulturelles Erbe digital: eine kleine Rechtsfibel. Berlin: digiS Forschungs- und Kompetenzzentrum Digitalisierung 2020. https://doi.org/10.12752/2.0.004.0, S. 27–31.
25 S. Bade, David: The Perfect Bibliographic Record: Platonic Ideal, Rhetorical Strategy or Nonsense? In: Cataloging & Classification Quarterly (2008) 46,1. S. 109–133, https://doi.org/10.1080/01639370802183081, S. 113–118.
26 The Perfect Bibliographic Record, S. 114.

bibliographic records imported from external sources, and future maintenance in cases of changing standards, new headings, data definitions, etc.)[27]

Auch in anderen kulturgutverwahrenden Institutionen rückt, wie während der Erschließung von Archivbeständen – unter Anwendung einer Normdatei –, die Definition des Qualitätsbegriffs von Daten in die nähere Betrachtung, denn die „Bezeichnung Datenqualität bzw. die Aussage darüber, ob Daten eine geringere oder höhere Qualität haben, ist zunächst sehr frei und liegt im Auge des Betrachters; denn sie ist abhängig vom Anwendungsfall, in dem die Nutzung von Daten vorgestellt wird. Den Anwendungsfall als Maßstab für Datenqualität zu nehmen, hat zwei charmante Seiten: eine empirische und eine ökonomische."[28]

4 Prinzipen und Richtlinien

Neben den *FAIR Data Principles* für nachhaltig nachnutzbare Forschungsdaten, welche *findable, accessible, interoperable, and re-usable* sein sollen,[29] wurden 2020 speziell für Metadaten ebenfalls vier Prinzipien durch die Initiative *Metadata 2020* vorgestellt: *compatible, complete, credible, curated.*[30]

Im Detail bedeutet dies für das erste Prinzip *compatible*, dass ein Leitfaden für die Lesbarkeit von Maschine und Mensch bereitgestellt wird. Metadaten müssen daher so offen, interoperabel, durch Maschinen bearbeitbar sowie maschinen- und von Menschen lesbar wie möglich sein. Das zweite Prinzip *complete* fordert die Darlegung des Inhalts, der Bestandteile und Beziehungen, wie diese publiziert wurden. Folglich müssen Metadaten möglichst umfassend und vollständig sein. Das dritte Prinzip *credible* verlangt, die Auffindbarkeit und Langlebigkeit der Inhalte zu gewährleisten. Somit müssen die Metadaten von

---

27 The Perfect Bibliographic Record, S. 129. S. exemplarisch Report and Recommendations from the Europeana Task Force on Metadata Quality. Den Haag 2015. http://pro.europeana. eu/files/Europeana_Professional/Publications/Metadata%20Quality%20Report.pdf (16.10.2020), S. 43.
28 Müller, Gerhard: Die Normdatei als ein Mittel in der Erschließung von Archivbeständen. In: Brandenburgische Archive (2015) 32. S. 8–16, S. 11.
29 S. Wilkinson, Mark D. u. a.: The FAIR Guiding Principles for Scientific Data Management and Stewardship. In: Scientific Data (2016) 3. 160018, https://doi.org/10.1038/sdata.2016.18. S. zuletzt für Repositorien Lin, Dawei u. a.: The TRUST Principles for Digital Repositories. In: Scientific Data (2020) 7,144. https://doi.org/10.1038/s41597-020-0486-7.
30 S. Kaiser, Kathryn u. a.: Methods & Proposal for Metadata Guiding Principles for Scholarly Communications. In: Research Ideas and Outcomes (2020) 6. e53916. https://doi.org/10.3897/rio.6.e53916, S. 5. Für sieben „Key Elements of Good Quality Metadata" s. Report and Recommendations from the Europeana Task Force on Metadata Quality, S. 8–31.

eindeutiger Herkunft, vertrauenswürdig und von Exaktheit beschaffen sein. Das letzte Prinzip *curated* trägt einer notwendigen Aktualisierung und Veränderung Rechnung und folglich sind Metadaten im Laufe der Zeit angemessen zu ergänzen, zu pflegen bzw. zu migrieren.

Ausgehend von diesen Prinzipien werden acht Handlungsempfehlungen abgeleitet, wonach u. a.

– vorhandene Metadatenschemata und deren Anwendung favorisiert
– Best-Practice-Elemente genutzt, Metadaten als strategischer, primärer Output – folglich wie Inhalte – aufgefasst
– regelmäßige Datenprüfungen und Modifikationen zur Verringerung von fehlenden Angaben und Fehlern durchgeführt
– Persistente Identifikatoren (PID) und eine normalisierte Inhaltsbeschreibung im Sinne des Best Practice angewendet
– Anfragen von Nutzenden zur Datenkorrektur beantwortet
– Feedback-Mechanismen für Nutzende etabliert und
– eine kollaborative Arbeitsweise angestrebt werden sollen.[31]

Um Metadaten bzw. Erschließungsinformationen einer Bibliothek entsprechend der vorangegangenen Prinzipien für eine intra- und interdisziplinäre (Nach-) Nutzung, nicht nur in Katalog- bzw. Discovery-Systemen, interoperabel und nutzendenzentriert bereitzustellen, können entsprechende Anforderungen im Rahmen von Strategieprozessen einer Institution durch die Formulierung und Veröffentlichung von Metadaten-Richtlinien bzw. -Policies somit vertieft werden.

So definiert die Niedersächsische Staats- und Universitätsbibliothek (SUB) Göttingen wie folgt:

1. Die Qualität von Informationsdienstleistungen und der dazu eingesetzten Informationssysteme bemisst sich nach der Fähigkeit, zutreffende und verlässliche Antworten geben zu können.

2. Diese Fähigkeit hängt direkt von der Qualität der dafür genutzten Metadaten ab.

3. Die von der SUB Göttingen erzeugten, bearbeiteten sowie genutzten Metadaten müssen daher hohen Qualitätsanforderungen entsprechen, um die Qualität

   a) eigener Informationsdienstleistungen sowie

   b) Informationsdienstleistungen Dritter, die dafür Metadaten der SUB Göttingen nutzen, sicherzustellen.[32]

---

31 S. Kemp, Jennifer und Howard Ratner: Best Practices and Supporting Use Cases for Metadata 2020 Principles. 17.3.2020. http://www.metadata2020.org/blog/2020-03-17-metadata -practices/ (16.10.2020).
32 Niedersächsische Staats- und Universitätsbibliothek Göttingen: Digital Policies: Grundsätze für die digitalen Angebote der SUB Göttingen: Metadaten für Publikationen, Objekte und For-

Den Qualitätsbegriff greift auch die *Library Metadata Policy* des Trinity College Dublin auf.[33] Implizit wird dieser auch in der Policy der Bodlein Libraries erörtert: „This metadata adequately describes the Libraries' collections, wherever these are held, and enables them to be managed well."[34]

Ausführlich widmet sich die British Library in der Schrift *Foundations for the Future* für den Zeitraum zwischen 2019 und 2023 im Sinne einer *British Library's Collection Metadata Strategy* der Vision „that by 2023 the Library's collection metadata assets will be unified on a single, sustainable, standards-based infrastructure offering improved options for access, collaboration and open reuse".[35] Als eine der Herausforderungen wird die Wahrung des Qualitätsanspruchs bei gleichzeitiger Zunahme des zu betreuenden Umfangs, insbesondere an digitalem Material, angeführt.[36] Selbstverständlich geht die Nutzung eines standardisierten Ansatzes mit einer gewissen Einschränkung einher, da diese nicht gleichermaßen effizient und effektiv wie eine speziell auf das jeweilige Anliegen abgestimmte Lösung ist, doch ist der Mehrwert für nachhaltige Nutzungsszenarien über die spezifische Domäne hinaus perspektivisch nicht zu verkennen.[37]

Infolgedessen können in einer Metadaten-Richtlinie bzw. -Policy folgende ausgewählte Aspekte hinsichtlich der Inhaltserschließung thematisiert werden: Grundsätzlich sollten Metadaten einer Ressource inhaltserschließende Informationen enthalten, welche digital erstellt und gepflegt werden. Die grundlegende Zielsetzung besteht darin, die Auffindbarkeit der Ressource, Nutzendenbedürfnisse prinzipiell aufgreifend, zu ermöglichen. Generell sollten Metadatenstandards eingehalten bzw. auf diese zurückgegriffen werden, sodass ausschließlich die Verwendung von – möglichst etablierten – kontrollierten

---

schungsdaten. https://www.sub.uni-goettingen.de/wir-ueber-uns/portrait/digital-poli
cies-grundsaetze-fuer-die-digitalen-angebote-der-sub-goettingen/metadaten/ (16.10.2020).

33 S. The Library of Trinity College, Dublin: Library Metadata Policy. 13.6.2016. https://www.
tcd.ie/library/assets/pdf/Policies/Trinity%20Library%20Dublin%20Metadata%20Policy.pdf
(16.10.2020).

34 Bodleian Libraries, University of Oxford: Bodleian Libraries digital policies: Metadata.
https://www.bodleian.ox.ac.uk/about/policies/metadata (16.10.2020).

35 Danskin, Alan: Foundations for the future: The British Library's Collection Metadata Strategy, 2019–2023. In: Catalogue and Index (2019) 195. S. 24–33, S. 24.

36 S. The British Library: Foundations for the Future. The British Library's Collection Metadata
Strategy, 2019–2023. https://www.bl.uk/bibliographic/pdfs/british-library-collection-metadata
-strategy-2019-2023.pdf (16.10.2020), S. 4.

37 S. Metadata and Bibliographic Control, S. 48–49. S. exempl. zu „hauseigenen" Ansätzen
Balakrishnan, Uma und Armin Kühn: Ergebnisse der Umfrage zur sachlichen Erschließung in
GBV- und SWB-Teilnehmerbibliotheken. 2019. https://opus.k10plus.de/frontdoor/index/index/
docId/464 (23.10.2020).

Vokabularen und PIDs erfolgt. Dies wäre öffentlich einsehbar zu dokumentieren. Über standardisierte Schnittstellen sind diese Informationen für Nutzende
abrufbar, vorbehaltlich der jeweiligen juristischen Vorgaben. Zuletzt könnte in
einer Richtlinie die Prüfung bzw. Umsetzung von Transformationen bzw. Mappings von nicht etablierten zu etablierten Vokabularen vorgeben werden, ggf.
auch durch den Einsatz von wohl dokumentierten und ausgewiesenen, automatisierten Verfahren. Wirtschaftliche Aspekte sowie der notwendige Ressourcen-
bedarf sind hierbei stets einzubeziehen.[38]

Zurückkommend auf die oben erwähnten vier Prinzipien *compatible, com-
plete, credible, curated* der Initiative *Metadata 2020* und die damit verbundenen
Handlungsempfehlungen können diese auch Anregungen für zu definierende
Qualitätsansprüche in der Erschließungspraxis liefern.[39] Die Zielsetzung *com-
patible* wird durch die Anwendung bereits etablierter Erschließungssysteme
bzw. -richtlinien erhöht, um somit kontrollierte Vokabulare in Verbindung mit
PID zu etablieren bzw. anzuwenden. Das Ziel *complete*, wohlwissend um die
Ambivalenz hinsichtlich Vollständigkeit, lässt sich durch die Etablierung von
Feedback-Mechanismen für Nutzende, auch unter dem Aspekt der Pflege und
Entwicklung von kontrollierten Vokabularen, anstreben.

Die den Daten durch die bereitstellende Institution Bibliothek zugeschriebe-
ne attributionale Eigenschaft *credible* könnte durch die öffentlich zugängliche
Dokumentation der Verfahren zur Erstellung der inhaltserschließenden Informationen bzw. zur automatisierten Erzeugung für eine nachvollziehbare Herkunft nachgekommen werden. Unter diesem Aspekt ist der Einsatz bzw. die
Generierung von inhaltserschließenden Informationen durch Künstliche Intelligenz (KI) und deren Anwendungsnachweis, welcher bisher oftmals nicht vorhanden oder unvollständig ist, zu hinterfragen. Zudem sind entsprechende KI-
Ergebnisse respektive deren Zustandekommen oftmals nur bedingt eingeschränkt nachzuvollziehen bzw. dokumentiert. Um die Glaubwürdigkeit wie
auch das Vertrauen in die Institution zu bestätigen, wäre eine kritische Auseinandersetzung mit dem Ziel eines transparenten Umgangs von maschinell erstellten Daten – auch mittels KI erstellter –, unmittelbar in Verbindung mit

---

38 S. exemplarisch Digital Policies: Grundsätze für die digitalen Angebote der SUB Göttingen.
The Library of Trinity College, Dublin: Library Metadata Policy. Bodleian Libraries digital policies: Metadata. S. u. a. zu Wirtschaftlichkeitsaspekten Stumpf, Gerhard: Sacherschließung und
Kataloganreicherung. In: Praxishandbuch Bibliotheksmanagement. Hrsg. von Rolf Griebel, Hildegard Schäffler, Konstanze Söllner. Berlin: De Gruyter Saur 2014. S. 357–379, https://doi.org/
10.1515/9783110303261, S. 375.
39 S. Methods & Proposal for Metadata Guiding Principles, S. 5.

einem detaillierten Nachweis – auch für Nutzende einseh- und nachvollziehbar, an den jeweiligen Erschließungsdaten – weiter zu diskutieren.[40]

Den Punkt *curated* gilt es, mittels regelmäßiger Datenprüfungen und erforderlicher Modifikationen hinsichtlich irriger, zu ergänzender oder zu aktualisierender Angaben dokumentiert umzusetzen. Dies ist sowohl für Erschließungsinformationen als auch für kontrollierte Vokabulare auszuloten.

Verstärkt rücken Ansätze zur maschinellen Erschließung und deren Erprobung ins Zentrum, wobei „klar definierte Qualitätskriterien in der Erschließung"[41] gewünscht werden. Jedoch bleiben in explorativen Projekten entsprechende Vorgaben bzw. Annahmen oft vergleichsweise unscharf.[42] Das Augenmerk wird zunehmend speziell auf die Potentiale und Grenzen für den Einsatz von KI bzw. Deep Learning für die Erschließung gelenkt.[43] Ausführlich widmete sich auch die Library of Congress dieser Entwicklung, verbunden mit der noch zu vertiefenden Frage: „What is the role of data in AI/ML [Artificial Intelligence/Machine Learning], and how can we procure, structure, document, and interpret data ethically for AI/ML use cases?"[44] Etwaige Antworten wären in einer Metadaten-Richtlinie zukünftig zu berücksichtigen.

---

40 S. Initiativgruppe des Standardisierungsausschusses: Stellungnahme zur Entwicklung der Inhaltserschließung im D-A-CH-Raum. 8.6.2018. https://www.vdb-online.org/wordpress/wp-content/uploads/2018/06/Stellungnahme_IE_D-A-CH-Raum.pdf (16.10.2020). Ferner s. in diesem Zusammenhang den diskutablen Ansatz Förster, Frank: Zuweisung von Katalogdatensätzen an Personennormdatensätze mittels Wahrscheinlichkeiten. In: b.i.t.online (2020) 23,2. S. 138–148, https://www.b-i-t-online.de/heft/2020-02-fachbeitrag-foerster.pdf (16.10.2020).
41 Franke-Maier, Michael u. a.: Ein Feuerwerk an Algorithmen und der Startschuss zur Bildung eines Kompetenznetzwerks für maschinelle Erschließung. In: o-bib. Das offene Bibliotheksjournal (2020) 7,1. S. 1–12, https://doi.org/10.5282/o-bib/5565, S. 9.
42 S. exemplarisch Kleppe, Martijn u. a.: Exploration possibilities Automated Generation of Metadata. 2019. http://doi.org/10.5281/zenodo.3375192, S. 14. Für einen Ansatz s. A Framework for Evaluating Automatic Indexing, S. 13–14.
43 S. exemplarisch Ein Feuerwerk an Algorithmen, S. 11–12.
44 Jakeway, Eileen u. a.: LC Labs, Digital Strategy Directorate: Machine Learning + Libraries Summit Event Summary. 13.2.2020. https://labs.loc.gov/static/labs/meta/ML-Event-Summary-Final-2020-02-13.pdf (16.10.2020), S. 3. Ferner Padilla, Thomas: Responsible Operations: Data Science, Machine Learning, and AI in Libraries. Dublin, OH: OCLC Research 2019, https://doi.org/10.25333/xk7z-9g97. Cordell, Ryan: Machine Learning + Libraries: A Report on the State of the Field; Commissioned by Library of Congress Labs. 14.7.2020. https://labs.loc.gov/static/labs/work/reports/Cordell-LOC-ML-report.pdf (16.10.2020).

5 Umsetzung

Zwar können mittels Metadaten-Richtlinien entsprechende Vorgaben – u. a. zur Umsetzung eines Strategieprozesses – an einer Institution auch grundlegend zu inhaltserschließenden Informationen formuliert werden, doch letztendlich leitet erst deren Umsetzung, verbunden mit einer Art von *Metadata Quality Control Workflow*, zu den definierten Zielen.[45] Als Grundlage für die Realisierung und stetige Verbesserung innerhalb der relevanten Abteilungen könnte hierfür der Rückgriff auf einen kontinuierlichen Kreislauf nach Chou aus dem Jahr 2019, ausgehend von einer strategischen Planung, über Werte und Zielsetzungen, gefolgt von priorisierten und strategisch eingeordneten Handlungs- bzw. Umsetzungsfeldern unterstützend sein. Im Anschluss daran erfolgt im Fortgang des *Kreislaufs* eine Analyse der Methoden und Ergebnisse. Durch eine kontinuierliche Einschätzung dieser wird letztendlich eine Grundlage für eine mögliche Veränderung bzw. Schärfung der strategischen Planung geschaffen. Somit vollendet dieser Aspekt den *Kreislauf*.[46] Ausgehend von diesem letzten Schritt des *Kreislaufs* könnten daneben Ergebnisse, nach entsprechender Einschätzung, zu einer Modifikation der vorhandenen, übergeordneten Metadaten-Richtlinie führen.

Insbesondere identifizierte Chou als eine der Herausforderungen die Etablierung von Mechanismen zur Umsetzung der strategischen Planungen in das Tagesgeschäft, wie in einer Abteilung für Katalogisierung und Metadaten, und regt u. a. an, dass „a cataloger's performance can be measured in the context of providing user-centered services, supporting/grasping user experiences, and optimizing the discovery of diverse resources. All of these issues should be communicated by the cataloging managers, cataloging staff, and administrators to keep everyone on the same page."[47]

Zudem empfiehlt die Autorin, dass Katalogisierungs- und Metadatentätigkeiten nicht ausschließlich und solitär produzierend aufgefasst werden sollten, da diese weitreichenden Einfluss auf die Zugänglichkeit bzw. Entdeckung der vielfältigen Ressourcen, insbesondere im Zeitalter der globalen, digitalen

---

45 S. als Ansatz UCLA Library: Library Special Collection: Metadata Quality Control Workflow. https://www.library.ucla.edu/sites/default/files/Guidelines_MetadataQualityControl.pdf (16.10.2020). Nothern Illinois University: Digital Library: Metadata Quality Control Workflow. 15.11.2016. https://digital.lib.niu.edu/policy/metadata/quality-control (16.10.2020). Survey of Benchmarks in Metadata Quality, S. 18–23.
46 S. Chou, Charlene: Purpose-Driven Assessment of Cataloging and Metadata Services: Transforming Broken Links into Linked Data. In: Cataloging & Classification Quarterly (2019) 57,2–3. S. 135–165, https://doi.org/10.1080/01639374.2019.1571553, S. 158, Figure 8.
47 Purpose-Driven Assessment of Cataloging and Metadata Services, S. 159.

Wissenschaft, haben. Ferner sollten kontinuierliche Evaluationen in diesem bibliothekarischen Bereich an bestimmte, zu modifizierende Zielsetzungen gebunden sein, erforderliche Kompetenzen von Mitarbeitenden anhand von Analysen identifiziert und ggf. Fortbildungsprogramme entsprechend ausgerichtet sowie durchgeführt werden. Daneben betont Chou in diesem Zusammenhang Transparenz und Kommunikation als Schlüsselfaktoren für das erfolgreiche, bibliothekarische Zusammenarbeiten.[48]

Konkret könnten Qualitätsansprüche anhand eines *Metadata Quality Control Workflow*, wie im folgenden Beispiel zweistufig, erfolgen. Zuerst könnten entsprechende Schritte während der Eingabe bzw. Bearbeitung nach etwaiger Datenübernahme und unmittelbar im Anschluss eine Evaluation der Daten – entsprechend der jeweiligen Vorgaben und potenziell auch (halb-)automatisiert – durchgeführt werden. Diese kann anhand unterschiedlicher Kriterien stattfinden, und somit u. a. die Anzahl der zu überprüfenden Datensätze variieren.[49] Innerhalb eines Workflows ist daneben die Möglichkeit eines Feedbacks durch Mitarbeitende in Erwägung zu ziehen. Zudem wäre eine Feedback-Kultur für etwaige Ergänzungen und Rückmeldungen von Nutzenden zu inhaltserschließenden Informationen an Bibliotheksmitarbeitende, verbunden mit einem gesonderten Workflow, denkbar.[50] Rückmeldungen mit grundsätzlichen Anliegen im Sinne eines nutzendenzentrierten *fit for purpose*-Ansatzes für inhaltserschließende Informationen sollten – nach hinreichender Prüfung – letztendlich ebenfalls in eine, nach Bedarf notwendige, Modifikation der bibliotheksspezifischen Metadaten-Richtlinie einfließen.

Inwiefern die seit beinahe zwanzig Jahren verfolgten Entwicklungen rund um das Semantic Web, Linked Data bzw. LOUD,[51] im bibliothekarischen Umfeld

---

48 S. Purpose-Driven Assessment of Cataloging and Metadata Services, S. 157–161.

49 S. als Ansatz UCLA Library: Metadata Quality Control Workflow. Digital Library: Metadata Quality Control Workflow.

50 S. Best Practices and Supporting Use Cases for Metadata 2020 Principles. Purpose-Driven Assessment of Cataloging and Metadata Services, S. 138–139, 159, 161.

51 S. Berners-Lee, Tim u. a.: The Semantic Web: a new form of Web content that is meaningful to computers will unleash a revolution of new possibilities. In: Scientific American (2001) 284,5. S. 34–43. Kritisch s. Marshall, Catherine C. und Frank M. Shipman: Which semantic web? In: HYPERTEXT '03: the Fourteenth ACM Conference on Hypertext and Hypermedia, August 26–30, 2003, Nottingham, UK. New York, NY: Assoc. for Computing Machinery 2003. S. 57–66, S. 62–63, 65. Target, Sinclair: Whatever Happened to the Semantic Web? 27.5.2018. https://twobithistory.org/2018/05/27/semantic-web.html (16.10.2020). Sanderson, Rob: Shout it Out: LOUD. 2018. https://www.slideshare.net/Europeana/shout-it-out-loud-by-rob-sanderson-europeanatech-conference-2018-98225909 (16.10.2020). Welche nachhaltigen Entwicklungen sich durch das von Tim Berners-Lee geleitete „Project Solid", https://solid.mit.edu/ (16.10.2020), ergeben, bleibt zu beobachten. Für eine Rezeption aus den Digital Humanities

u. a. durch BIBFRAME 2.0 vertreten, einen Mehrwert, ebenfalls für die Datenqualität von inhaltserschließenden Angaben, darstellen werden, befindet sich weiterhin in einer intensiven Diskussion und einer letztlich damit verbundenen Abwägung einer breiten Anwendung.[52] Ob die Herausforderungen um die teilweise eingeleiteten Überführungen von Klassifikationssystemen oder Normdatendiensten nachhaltig gelöst und diese Dienste dauerhaft angeboten werden, bleibt folglich zu beobachten, zumal das aus der Informatik stammende GIGO-Prinzip (Garbage In, Garbage Out) auch für diese Ansätze nicht an Bedeutung verliert.[53] Nicht nur sind die durch die jeweilige Institution nachhaltig aufzubringenden Ressourcen im Zusammenhang mit Linked-(Open)-Data-Angeboten (L(O)D) pragmatisch abzuschätzen, sondern ist im Vorwege die Zielsetzung einer Bibliothek aufgrund elaborierter Nutzendenbedürfnisse hinsichtlich L(O)D stets zu konkretisieren und erst nach erfolgter Abschätzung der Aspekt L(O)D in einer Metadaten-Richtlinie zu verankern.

s. Dienhart, Michaela und Nils Geißler: Veranstaltungspost: LOUD: Turn up your data! 28.9.2020. https://dhc.hypotheses.org/1397 (16.10.2020).

52 S. Container – Content – Context, S. 127–128; Altenhöner, Reinhard: Jenseits der Cloud: Metadaten- und Datenmanagement in der bibliothekarischen Infrastruktur: Teil 1. In: Bibliotheksdienst (2015) 49,7. S. 677–695, https://doi.org/10.1515/bd-2015-0080, S. 683–684. Ferner Tennant, Roy: MARC Must Die. In: Library Journal [Print 2002]. 21.5.2010. https://www.library journal.com/?detailStory=marc-must-die (16.10.2020). Kroeger, Angela: The Road to BIB-FRAME: The Evolution of the Idea of Bibliographic Transition into a Post-MARC Future. In: Cataloging & Classification Quarterly (2013) 51,8. S. 873–890, https://doi.org/10.1080/01639374.2013.823584, S. 884–885. Wallis, Richard: Getting [library data] from there to here... In: Catalogue and Index (2020) 199. S. 3–8. https://cdn.ymaws.com/www.cilip.org.uk/resource/collection/5F814B6D-500C-42B2-9D5F-E6E3C550C24A/C&I199Wallis_There_to_here.pdf (16.10.2020). Für das Archivwesen s. Gniffke, David: Semantic Web und Records in Contexts (RiC). In: Archivwelt–Archivwissenschaftliches Blog der Archivschule Marburg. 16.3.2020. https://archivwelt.hypotheses.org/1982 (16.10.2020).

53 S. Hanke, Mirko: Bibliothekarische Klassifikationssysteme im semantischen Web: Zu Chancen und Problemen von Linked-Data-Repräsentationen ausgewählter Klassifikationssysteme. In: Perspektive Bibliothek (2014) 3,2. S. 91–119, https://doi.org/10.11588/PB.2014.2.16808. Kasprzik, Anna und Jürgen Kett: Vorschläge für eine Weiterentwicklung der Sacherschließung und Schritte zur fortgesetzten strukturellen Aufwertung der GND. In: o-bib. Das offene Bibliotheksjournal (2018) 5,4. S. 127–140, https://doi.org/10.5282/o-bib/2018H4S127-140. Zuletzt Frosterus, Matias u. a.: Linked Open Data: Impressions & Challenges Among Europe's Research Libraries. 2020. http://doi.org/10.5281/zenodo.3647844. Smith-Yoshimura, Karen: Transitioning to the Next Generation of Metadata. Dublin, OH: OCLC Research 2020, https://doi.org/10.25333/rqgd-b343, S. 14–15.

6 Fazit

Inhaltserschließende Aufgaben sollten nicht ausschließlich Nutzenden eines bibliothekarischen Service übertragen werden, da entsprechende Kompetenzen, wie zu Beginn dieses Beitrags aufgezeigt, oftmals nicht vorhanden sind, und auch in den seltensten Fällen Teil des originären Forschungsvorhabens bzw. -interesses sind bzw. werden. Die Betreuung der, durchaus auch (halb-)automatisiert erzeugten, inhaltserschließenden Metadaten sollte fachlich kompetenten Mitarbeitenden einer Bibliothek – welche neben der aktuellen Entwicklung weiterhin „eine Einrichtung [ist], die unter archivarischen, ökonomischen und synoptischen Gesichtspunkten publizierte Information für die Benutzer sammelt, ordnet und verfügbar macht"[54] – obliegen, um letztendlich zeitgemäße Datendienstleistungen nutzendenzentriert und auf bibliothekarisch angemessenem Qualitätsniveau anbieten zu können.[55]

Die Formulierung, Veröffentlichung – auch im Sinne der Transparenz – und praktische Umsetzung einer bibliotheksspezifischen Metadaten-Richtlinie bzw. -Policy unter Einbeziehung der vier Prinzipien *compatible, complete, credible, curated* kann als eine Grundlage für nutzendenzentrierte Metadatenangebote – einschließlich inhaltserschließender Informationen mit entsprechenden Qualitätsmerkmalen – dienen.

7 Literaturverzeichnis

Allianz der deutschen Wissenschaftsorganisationen: „Wege zur digitalen Qualifikation": ein Diskussionspapier. 2020. https://doi.org/10.2312/allianzoa.038.

Altenhöner, Reinhard: Jenseits der Cloud: Metadaten- und Datenmanagement in der bibliothekarischen Infrastruktur: Teil 1. In: Bibliotheksdienst (2015) Bd. 49 H. 7. S. 677–695. https://doi.org/10.1515/bd-2015-0080.

Bach, F. u. a.: Muster-Richtlinie Nachhaltige Forschungssoftware an den Helmholtz-Zentren. Potsdam 2019. https://doi.org/10.2312/OS.HELMHOLTZ.007.

---

54 Ewert, Gisela und Walther Umstätter: Bibliotheken. Die Definition der Bibliothek. In: Bibliotheksdienst (1999) 33,6. S. 957–971, https://doi.org/10.1515/bd.1999.33.6.957, S. 966. Ferner Bonte, Achim: Was ist eine Bibliothek? Physische Bibliotheken im digitalen Zeitalter. In: ABI Technik (2015) 35,2. S. 95–104, https://doi.org/10.1515/abitech-2015-0019.

55 S. Beckmann, Regine und Vivien Petras: Inhaltserschließung am Institut für Bibliotheks- und Informationswissenschaft der Humboldt-Universität zu Berlin: Inhaltserschließung in der Ausbildung bleibt wichtig, Schwerpunkte ändern sich. In: BuB: Forum Bibliothek und Information (2018) 70,1. S. 41–43, https://nbn-resolving.org/urn:nbn:de:0290-opus4-160798, S. 43.

Bade, David: The Perfect Bibliographic Record: Platonic Ideal, Rhetorical Strategy or Nonsense? In: Cataloging & Classification Quarterly (2008) Bd. 46 H. 1. S. 109–133. https://doi.org/10.1080/01639370802183081.

Balakrishnan, Uma und Armin Kühn: Ergebnisse der Umfrage zur sachlichen Erschließung in GBV- und SWB-Teilnehmerbibliotheken. 2019. https://opus.k10plus.de/frontdoor/index/index/docId/464 (23.10.2020).

Balatsoukas, Panos u. a.: A Method for Examining Metadata Quality in Open Research Datasets Using the OAI-PMH and SQL Queries: the Case of the Dublin Core 'Subject' Element and Suggestions for User-Centred Metadata Annotation Design. In: International Journal of Metadata, Semantics and Ontologies (2018) Bd. 13 H. 1. S. 1–8. https://doi.org/10.1504/IJMSO.2018.096444.

Batini, Carlo und Monica Scannapieca: Data quality: concepts, methodologies and techniques. Berlin, New York: Springer 2006 (Data-centric systems and applications).

Beckmann, Regine und Vivien Petras: Inhaltserschließung am Institut für Bibliotheks- und Informationswissenschaft der Humboldt-Universität zu Berlin: Inhaltserschließung in der Ausbildung bleibt wichtig, Schwerpunkte ändern sich. In: BuB: Forum Bibliothek und Information (2018) Jg. 70 H. 1. S. 41–43. https://nbn-resolving.org/urn:nbn:de:0290-opus4-160798.

Berners-Lee, Tim u. a.: The Semantic Web: a new form of Web content that is meaningful to computers will unleash a revolution of new possibilities. In: Scientific American (2001) Bd. 284 H. 5. S. 34–43.

Bodleian Libraries, University of Oxford: Bodleian Libraries digital policies: Metadata. https://www.bodleian.ox.ac.uk/about/policies/metadata (16.10.2020).

Bonte, Achim: Was ist eine Bibliothek? Physische Bibliotheken im digitalen Zeitalter. In: ABI Technik (2015) Bd. 35 H. 2. S. 95–104. https://doi.org/10.1515/abitech-2015-0019.

Broeder, Daan u. a.: SSHOC D3.1 Report on SSHOC (meta)data interoperability problems. 10.12.2019. https://doi.org/10.5281/zenodo.3569868.

Chou, Charlene: Purpose-Driven Assessment of Cataloging and Metadata Services: Transforming Broken Links into Linked Data. In: Cataloging & Classification Quarterly (2019) Bd. 57. H. 2–3. S. 135–165. https://doi.org/10.1080/01639374.2019.1571553.

Cordell, Ryan: Machine Learning + Libraries: A Report on the State of the Field; Commissioned by Library of Congress Labs. 14.7.2020. https://labs.loc.gov/static/labs/work/reports/Cordell-LOC-ML-report.pdf (16.10.2020).

Danskin, Alan: Foundations for the future: The British Library's Collection Metadata Strategy, 2019–2023. In: Catalogue and Index (2019) H. 195. S. 24–33.

DFG: Leitlinien zur Sicherung guter wissenschaftlicher Praxis – Kodex. Bonn 2019. https://www.dfg.de/download/pdf/foerderung/rechtliche_rahmenbedingungen/gute_wissenschaftliche_praxis/kodex_gwp.pdf (16.10.2020).

Dienhart, Michaela und Nils Geißler: Veranstaltungspost: LOUD: Turn up your data! 28.9.2020. https://dhc.hypotheses.org/1397 (16.10.2020).

Doctorow, Cory: Metacrap: Putting the torch to seven straw-men of the meta-utopia. 26.8.2001. https://people.well.com/user/doctorow/metacrap.htm (16.10.2020).

Döhl, Frédéric: Digital Humanities und Bibliotheken. Über technisch-organisatorische Infrastruktur hinausgedacht. In: Zeitschrift für Bibliothekswesen und Bibliographie (2019) Jg. 66 H. 1. S. 4–18, https://doi.org/10.3196/186429501966114.

Ede, Stuart: Fitness for purpose: the future evolution of bibliographic records and their delivery. In: Catalogue and Index (1995) H. 116. S. 1–3.

Einwächter, Sophie G. u. a.: Lessons learned – Thesen zur FDM-Kompetenzausbildung: Erkenntnisse aus dem interdisziplinären Vernetzungstreffen der vom BMBF geförderten Projekte eeFDM Jena, FDMentor, FOKUS, PODMAN und UniLLAB am 30. und 31. Januar 2019 in Marburg. In: Bausteine Forschungsdatenmanagement (2020) Nr. 1. S. 8–15. https://doi. org/10.17192/bfdm.2020.1.8101.

Ewert, Gisela und Walther Umstätter: Bibliotheken. Die Definition der Bibliothek. In: Bibliotheksdienst (1999) Bd. 33 H. 6. S. 957–971. https://doi.org/10.1515/bd.1999.33.6.957.

Franke-Maier, Michael: Anforderungen an die Qualität der Inhaltserschließung im Spannungsfeld von intellektuell und automatisch erzeugten Metadaten. In: ABI-Technik (2018) Bd. 38 H. 4. S. 327–331. https://doi.org/10.1515/abitech-2018-4005.

Franke-Maier, Michael u. a.: Ein Feuerwerk an Algorithmen und der Startschuss zur Bildung eines Kompetenznetzwerks für maschinelle Erschließung. In: o-bib. Das offene Bibliotheksjournal (2020) Bd. 7 H. 1. S. 1–12. https://doi.org/10.5282/o-bib/5565.

Frosterus, Matias u. a.: Linked Open Data: Impressions & Challenges Among Europe's Research Libraries. 2020. http://doi.org/10.5281/zenodo.3647844.

Förster, Frank: Zuweisung von Katalogdatensätzen an Personennormdatensätze mittels Wahrscheinlichkeiten. In: b.i.t.online (2020) Jg. 23 Nr. 2. S. 138–148. https://www.b-i-t-online. de/heft/2020-02-fachbeitrag-foerster.pdf (16.10.2020).

Gentry, Steven u. a.: Survey of Benchmarks in Metadata Quality: Initial Findings. 2020. https://digital.library.unt.edu/ark:/67531/metadc1637685/ (16.10.2020).

Gniffke, David: Semantic Web und Records in Contexts (RiC). In: Archivwelt–Archivwissenschaftliches Blog der Archivschule Marburg. 16.3.2020. https://archivwelt.hypotheses. org/1982 (16.10.2020).

Golub, Koraljka u. a.: A Framework for Evaluating Automatic Indexing or Classification in the Context of Retrieval. In: Journal of the Association for Information Science and Technology (2016) Bd. 67 H. 1. S. 3–29. https://doi.org/10.1002/asi.23600.

Gradmann, Stefan: Container – Content – Context: zur Evolution bibliothekarischer Metadaten von Katalogdaten zu Library Linked Data. In: Handbuch Bibliothek: Geschichte, Aufgaben, Perspektiven. Hrsg. von Konrad Umlauf und Stefan Gradmann. Stuttgart, Weimar: Metzler 2012. S. 121–128.

Hanke, Mirko: Bibliothekarische Klassifikationssysteme im semantischen Web: Zu Chancen und Problemen von Linked-Data-Repräsentationen ausgewählter Klassifikationssysteme. In: Perspektive Bibliothek (2014) Bd. 3 Nr. 2. S. 91–119. https://doi.org/10.11588/PB. 2014.2.16808.

Howarth, Lynne C.: Metadata and Bibliographic Control: Soul-Mates or Two Solitudes? In: Cataloging & Classification Quarterly (2005) Bd. 40 H. 3–4. S. 37–56. https://doi.org/10. 1300/J104v40n03_03.

Initiativgruppe des Standardisierungsausschusses: Stellungnahme zur Entwicklung der Inhaltserschließung im D-A-CH-Raum. 8.6.2018. https://www.vdb-online.org/wordpress/ wp-content/uploads/2018/06/Stellungnahme_IE_D-A-CH-Raum.pdf (16.10.2020).

Jakeway, Eileen u. a.: LC Labs, Digital Strategy Directorate: Machine Learning + Libraries Summit Event Summary. 13.2.2020. https://labs.loc.gov/static/labs/meta/ML-Event-Summary-Final-2020-02-13.pdf (16.10.2020).

Kaiser, Kathryn u. a.: Methods & Proposal for Metadata Guiding Principles for Scholarly Communications. In: Research Ideas and Outcomes (2020) Nr. 6. e53916. https://doi.org/10. 3897/rio.6.e53916.

Kasprzik, Anna und Jürgen Kett: Vorschläge für eine Weiterentwicklung der Sacherschließung und Schritte zur fortgesetzten strukturellen Aufwertung der GND. In: o-bib. Das offene Bibliotheksjournal (2018) Bd. 5 H. 4. S. 127–140. https://doi.org/10.5282/o-bib/2018H4S127-140.

Kemp, Jennifer und Howard Ratner: Best Practices and Supporting Use Cases for Metadata 2020 Principles. 17.3.2020. http://www.metadata2020.org/blog/2020-03-17-metadata-practices/ (16.10.2020).

Kleppe, Martijn u. a.: Exploration possibilities Automated Generation of Metadata. 2019. http://doi.org/10.5281/zenodo.3375192.

Klimpel, Paul: Kulturelles Erbe digital: eine kleine Rechtsfibel. Berlin: digiS Forschungs- und Kompetenzzentrum Digitalisierung 2020. https://doi.org/10.12752/2.0.004.0.

Kroeger, Angela: The Road to BIBFRAME: The Evolution of the Idea of Bibliographic Transition into a Post-MARC Future. In: Cataloging & Classification Quarterly (2013) Bd. 51 H. 8. S. 873–890. https://doi.org/10.1080/01639374.2013.823584.

Lin, Dawei u. a.: The TRUST Principles for Digital Repositories. In: Scientific Data (2020) Bd. 7 Artikelnr. 144. https://doi.org/10.1038/s41597-020-0486-7.

Mache, Beata: Meine erste Kollektion im DARIAH-DE Repository. DHdBlog. 7.12.2017. https://dhd-blog.org/?p=8798 (16.10.2020).

Marshall, Catherine C. und Frank M. Shipman: Which semantic web? In: HYPERTEXT '03: the Fourteenth ACM Conference on Hypertext and Hypermedia, August 26–30, 2003. Nottingham, UK. New York, NY: Assoc. for Computing Machinery 2003. S. 57–66.

Müller, Gerhard: Die Normdatei als ein Mittel in der Erschließung von Archivbeständen. In: Brandenburgische Archive (2015) H. 32. S. 8–16.

Niedersächsische Staats- und Universitätsbibliothek Göttingen: Digital Policies: Grundsätze für die digitalen Angebote der SUB Göttingen: Metadaten für Publikationen, Objekte und Forschungsdaten. https://www.sub.uni-goettingen.de/wir-ueber-uns/portrait/digital-policies-grundsaetze-fuer-die-digitalen-angebote-der-sub-goettingen/metadaten/ (16.10.2020).

Nothern Illionois University: Digital Library: Metadata Quality Control Workflow. 15.11.2016. https://digital.lib.niu.edu/policy/metadata/quality-control (16.10.2020).

Ochoa, Xavier und Erik Duval: Automatic Evaluation of Metadata Quality in Digital Repositories. In: International Journal on Digital Libraries (2009) Bd. 10 S. 67–91. https://doi.org/10.1007/s00799-009-0054-4.

Padilla, Thomas: Responsible Operations: Data Science, Machine Learning, and AI in Libraries. Dublin, OH: OCLC Research 2019. https://doi.org/10.25333/xk7z-9g97.

Paulmann, Johannes und Eva Schlotheuber: Digitale Wissensordnung und Datenqualität: Herausforderungen, Anforderungen und Beitrag historisch arbeitender Wissenschaften. In: Archivar (2020) Jg. 73 H. 1. S. 9–12.

Peer, Limor u. a.: Committing to Data Quality Review. In: International Journal of Digital Curation (2014) Bd. 9 H. 1. S. 263–291. https://doi.org/10.2218/ijdc.v9i1.317.

Project Solid. https://solid.mit.edu/ (16.10.2020).

Rat für Informationsinfrastrukturen (Hrsg.): Herausforderung Datenqualität. Empfehlungen zur Zukunftsfähigkeit von Forschung im digitalen Wandel. 2. Aufl. Göttingen 2019. http://www.rfii.de/?p=4043 (16.10.2020).

Report and Recommendations from the Europeana Task Force on Metadata Quality. Den Haag 2015. http://pro.europeana.eu/files/Europeana_Professional/Publications/Metadata%20Quality%20Report.pdf (16.10.2020).

Riley, Jenn: Seeing Standards: A Visualization of the Metadata Universe. 2010. http://jennriley.com/metadatamap/ (16.10.2020).

Riley, Jenn: Understanding Metadata: What Is Metadata, and What Is It For? Baltimore 2017. http://www.niso.org/publications/understanding-metadata-riley (16.10.2020).

Riva, Pat u. a.: IFLA Library Reference Model (LRM). Den Haag 2017. https://www.ifla.org/files/assets/cataloguing/frbr-lrm/ifla-lrm-august-2017_rev201712.pdf (16.10.2020).

Sanderson, Rob: Shout it Out: LOUD. 2018. https://www.slideshare.net/Europeana/shout-it-out-loud-by-rob-sanderson-europeanatech-conference-2018-98225909 (16.10.2020).

Schulz, Julian u. a.: Standardisierung eines Standards: Warum und wie ein Best-Practice-Guide für das Metadatenschema DataCite entstand. In: Korpus im Text (2020). http://www.kit.gwi.uni-muenchen.de/?p=42800&v=1 (16.10.2020).

Shankar, G. und Stephanie Watts: A relevant, believable approach for data quality assessment. In: Proceedings of the Eighth International Conference on Information Quality. 2003. S. 178–189, http://mitiq.mit.edu/ICIQ/Documents/IQ%20Conference%202003/Papers/ARelevantBelievableApproachForDQAssessment.pdf (16.10.2020).

Shankaranarayanan, G. und Roger Blake: From Content to Context: The Evolution and Growth of Data Quality Research. In: Journal of Data and Information Quality (2017) Bd. 8 Nr. 2. S. 1–28. https://doi.org/10.1145/2996198.

Smith-Yoshimura, Karen: Transitioning to the Next Generation of Metadata. Dublin, OH: OCLC Research 2020. https://doi.org/10.25333/rqgd-b343.

Stocker, Markus u. a.: Persistent Identification Of Instruments. In: arXiv:2003.12958 [cs.DL], 29.3.2020. http://arxiv.org/abs/2003.12958.

Stumpf, Gerhard: Sacherschließung und Kataloganreicherung. In: Praxishandbuch Bibliotheksmanagement. Hrsg. von Rolf Griebel, Hildegard Schäffler, Konstanze Söllner. Berlin: De Gruyter Saur 2014. S. 357–379. https://doi.org/10.1515/9783110303261.

Suominen, Osma u. a.: From MARC Silos to Linked Data Silos? In: o-bib. Das offene Bibliotheksjournal (2017) Bd. 4 H. 2. S. 1–13. https://doi.org/10.5282/O-BIB/2017H2S1-13.

Target, Sinclair: Whatever Happened to the Semantic Web? 27.5.2018. https://twobithistory.org/2018/05/27/semantic-web.html (16.10.2020).

Tennant, Roy: MARC Must Die. In: Library Journal [Print 2002]. 21.5.2010. https://www.libraryjournal.com/?detailStory=marc-must-die (16.10.2020).

The British Library: Foundations for the Future. The British Library's Collection Metadata Strategy, 2019–2023. https://www.bl.uk/bibliographic/pdfs/british-library-collection-metadata-strategy-2019-2023.pdf (16.10.2020).

The Library of Trinity College, Dublin: Library Metadata Policy. 13.6.2016. https://www.tcd.ie/library/assets/pdf/Policies/Trinity%20Library%20Dublin%20Metadata%20Policy.pdf (16.10.2020).

Thomas, Sarah E.: Quality in bibliographic control. In: Library Trends (1996) Bd. 44 Nr. 3. S. 491–505.

UCLA Library: Library Special Collection: Metadata Quality Control Workflow. https://www.library.ucla.edu/sites/default/files/Guidelines_MetadataQualityControl.pdf (16.10.2020).

Wallis, Richard: Getting [library data] from there to here… In: Catalogue and Index (2020) H. 199. S. 3–8. https://cdn.ymaws.com/www.cilip.org.uk/resource/collection/5F814B6D-500C-42B2-9D5F-E6E3C550C24A/C&I199Wallis_There_to_here.pdf (16.10.2020).

Wang, Richard Y. und Diane M. Strong: Beyond Accuracy: What Data Quality Means to Data Consumers. In: Journal of Management Information Systems (1996) Bd. 12 H. 4. S. 5–33. https://www.jstor.org/stable/40398176.

Wilkinson, Mark D. u. a.: The FAIR Guiding Principles for Scientific Data Management and Stewardship. In: Scientific Data (2016) Bd. 3 Artikelnr. 160018. https://doi.org/10.1038/sdata.2016.18.

Ulrike Junger und Frank Scholze
Neue Wege und Qualitäten – Die Inhaltserschließungspolitik der Deutschen Nationalbibliothek

1 Einleitung

Es kommt nicht oft vor, dass ein bibliothekfachliches Thema Gegenstand eines ganzseitigen Artikels im Feuilleton einer der wichtigsten überregionalen Zeitungen in Deutschland wird. Am 31. Juli 2017 war dies der Fall: Die *Frankfurter Allgemeine Zeitung* veröffentlichte einen Artikel des Generaldirektors der Bayerischen Staatsbibliothek, Klaus Ceynowa, in dem dieser sich kritisch mit einem Konzept zur inhaltlichen Erschließung auseinandersetzte,[1] das die *Deutsche Nationalbibliothek* (DNB) zuvor für die deutschsprachige bibliothekarische Community veröffentlicht hatte.

Hatten bereits zuvor die Bemühungen der DNB, Verfahren zur maschinellen Dokumenterschließung zu entwickeln und einzusetzen, zu kontroversen Reaktionen im Bibliothekswesen geführt, so sorgte dieser Artikel noch einmal in besonderer Weise für Aufmerksamkeit und Diskussionen zu einem Thema, das vielen als eher verstaubt und unattraktiv galt: die Inhaltserschließung.

Der folgende Beitrag zeichnet einige Grundlinien der Erschließungspolitik der DNB seit 2010 nach und beschreibt, welche Instrumente und Verfahren bei der Inhaltserschließung zum Einsatz kommen, welche konzeptionellen Entscheidungen ihr zugrunde liegen, wie versucht wird, Qualität zu erfassen und welche Entwicklungs- und Handlungsfelder für die Zukunft gesehen werden.

2 Verfahren der Inhaltserschließung in der DNB

In der bibliothekarischen Sach- oder Inhaltserschließung gibt es zwei klassische Herangehensweisen: Einerseits die verbale Inhaltserschließung, bei der Dokumenten Schlagwörter aus einem kontrollierten Vokabular zugewiesen werden und andererseits die klassifikatorische Erschließung, die Dokumente in ein meist hierarchisch gegliedertes System der Wissensorganisation einordnet. Im

---

1 Siehe https://www.faz.net/aktuell/feuilleton/buecher/maschinen-lesen-buecher-deutsche-n ationalbibliothek-setzt-auf-technik-15128954.html (4.12.2020).

Laufe der Geschichte der DNB kamen unterschiedliche Systeme und Methoden sachlicher Erschließung zum Einsatz. Derzeit bedient sich die DNB sowohl eines verbalen als auch eines klassifikatorischen Systems.

Als Herausgeberin der *Deutschen Nationalbibliografie* spielt die DNB traditionell eine wichtige Rolle für andere Bibliotheken. Dienstleistungen für und Kooperation mit anderen bibliothekarischen Einrichtungen gehören zu ihren gesetzlich verankerten Aufgaben.[2] Gemeinsame Regeln und Standards erleichtern den Austausch und die gemeinsame Nutzung von Katalogdaten. Dies ist einer der Gründe, warum die DNB auch bei den Verfahren und Systemen, die für die Inhaltserschließung eingesetzt werden, auf kooperative Vorhaben setzt.

So trägt die DNB seit den 1980er Jahren zur Entwicklung des *Regelwerks für die Schlagwortkatalogisierung* (RSWK) bei. Dieses Regelwerk, das seither mehrere Überarbeitungen erfahren hat, bildet bis heute die Grundlage für die Schlagwortvergabe in der DNB. Auf der Basis der RSWK wurde ein kooperativ erstelltes und gepflegtes kontrolliertes Schlagwortvokabular erstellt – die *Schlagwortnormdatei* (SWD). Diese hat sich als das am häufigsten verwendete Schlagwortvokabular im deutschsprachigen Bibliothekswesen durchgesetzt.

Die SWD wurde 2012 mit den Normdateien, die in der Formalerschließung Verwendung fanden,[3] zur *Gemeinsamen Normdatei* (GND) zusammengeführt.[4]

Die GND, die mittlerweile auch über das Bibliothekswesen hinaus Anwendung findet, ist das Reservoir an kontrollierten Begriffen, das sowohl für die intellektuelle als auch für die maschinelle Erschließung in der DNB verwendet wird.

Während die verschiedenen Reihen der Deutschen Nationalbibliografie traditionell nach Fachgebieten gegliedert waren, setzten weder die *Deutsche Bücherei Leipzig* noch die *Deutsche Bibliothek Frankfurt* eine Feinklassifikation zur inhaltlichen Erschließung von Medienwerken ein. In den 1990er Jahren gab es entsprechende Forderungen an die DNB, die schließlich zum Einsatz der *Dewey-Dezimalklassifikation* (DDC) in Deutschland führten.[5]

---

2 Siehe das Gesetz über die Deutsche Nationalbibliothek, §2, Abs. 3, online abrufbar unter https://www.gesetze-im-internet.de/dnbg/index.html (4.12.2020).
3 Es handelt sich um die Personennormdatei (PND), die Gemeinsame Körperschaftsdatei (GKD) sowie die Einheitssachtitel-Datei des Deutschen Musikarchivs (EST-DMA).
4 Für weitergehende Informationen zur GND siehe den Beitrag von Esther Scheven, Qualitätssicherung in der GND, in diesem Band.
5 Einen Überblick über die DDC, ihre Einführung und Verwendung in der DNB gibt Heidrun Alex, Die Dewey-Dezimalklassifikation (DDC) in: Klassifikationen in Bibliotheken, S. 65 ff.

Es gibt aktuell drei Varianten der Nutzung der DDC in der DNB:[6]
- Die sogenannten DDC-Sachgruppen dienen seit 2004 dazu, die Deutsche Nationalbibliografie thematisch zu gliedern. Jedes in der Deutschen Nationalbibliografie verzeichnete Medienwerk erhält mindestens eine der rund 100 DDC-Sachgruppen.
- Seit 2007 werden vollständige DDC-Notationen vergeben, dabei wird das gesamte System der Haupt- und Hilfstafeln der DDC genutzt.
- Im Zusammenhang mit der Einführung maschineller Erschließungsverfahren werden sogenannte DDC-Kurznotationen entwickelt. Dabei handelt es sich um fachlich ausgewählte kürzere DDC-Notationen, die feingranularer sind als die Notationen der DDC-Sachgruppen, aber kürzer als vollständige DDC-Notationen.

In der digitalen Welt bieten jedoch nicht nur Schlagwörter und Notationen einen thematischen Zugang zu Medienwerken, sondern z. B. auch digital vorliegende Inhaltsverzeichnisse. Seit 2008 digitalisiert die DNB die Inhaltsverzeichnisse des laufenden Zugangs an körperlichen Medienwerken, aber auch retrospektiv für ältere Bestände. Diese Inhaltsverzeichnisse sind als durchsuchbarer Volltext in den Katalog der DNB eingebunden und unterstützen thematische Recherchen.[7]

3 Die Inhaltserschließungspolitik der DNB seit 2010

Die Novellierung des Gesetzes über die Deutsche Nationalbibliothek (DNBG) im Jahr 2006 stellte eine Zäsur für die DNB dar. Die Ausweitung des gesetzlichen Sammelauftrages auf sogenannte unkörperliche Medienwerke,[8] d. h. im Internet zugängliche Veröffentlichungen, hatte auch erhebliche Auswirkungen auf die anderen Aufgaben, die das DNBG der DNB vorgibt: So sind etwa für die Archivierung, Verfügbarmachung und Bereitstellung unkörperlicher Medienwerke neue, andersartige Verfahren und Infrastrukturen erforderlich. Aber auch die Erschließung wurde vor neue Herausforderungen gestellt. Die Aufgabe der

---

6 Siehe auch https://www.dnb.de/DE/Professionell/DDC-Deutsch/DDCinDNB/ddcindnb_node.html (4.12.2020).
7 Für nähere Informationen siehe https://www.dnb.de/DE/Professionell/Metadatendienste/Metadaten/Kataloganreicherung/kataloganreicherung.html (4.12.2020).
8 Vgl. DNBG § 3, Abs. 3.

Erschließung und bibliografischen Verzeichnung als solche hat sich mit der Novellierung des DNBG nicht geändert.

Grundsätzlich wäre es denkbar gewesen, auch unkörperliche Medienwerke in herkömmlicher Weise formal und inhaltlich zu erschließen, d. h. durch die intellektuelle Erstellung entsprechender Katalogdaten. Im Wesentlichen gab es drei Gründe, warum die DNB einen anderen Weg eingeschlagen hat:

– Zwar gab es im Vorfeld der Novellierung des DNBG Modellrechnungen, wie sich der digitale Publikationsmarkt entwickeln würde. Diese Projektionen erwiesen sich jedoch schnell als unzureichend. Obwohl die DNB in den Jahren ab 2006 zunächst erst einmal grundlegende Konzepte und eine Infrastruktur zur Sammlung und Archivierung von unkörperlichen Medienwerken aufbauen und erstellen musste, so zeigte sich schon bald, dass die Menge der zu sammelnden Medienwerke alle Projektionen drastisch überstieg (Abb. 1). Auch wenn der DNB im Zuge der Novellierung des DNBG Personalressourcen für die Bewältigung der neuen Aufgaben zugewiesen worden waren, so war absehbar, dass die für die Erschließung verfügbaren Kapazitäten bei weitem nicht ausreichen würden, um die Menge an unkörperlichen Medienwerken auf herkömmliche Weise zu erschließen.

– Die zu erschließenden digitalen Objekte selbst bieten die Grundlage für den Einsatz maschineller Verfahren.

– Mit den rasch wachsenden Mengen an digitalen Objekten ist die steigende Verfügbarkeit beschreibender Metadaten und ergänzender Informationen wie Inhaltsverzeichnisse verknüpft.

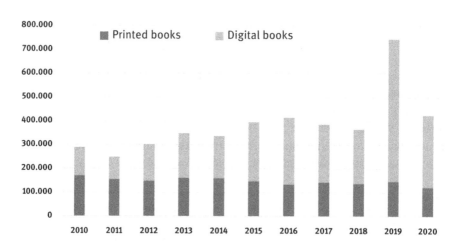

Abb. 1: Entwicklung des Zugangs monografischer Print- und Netzpublikationen der DNB

Im Zusammenhang mit der Einführung der neuen Reihe O der Deutschen Nationalbibliografie, die der Verzeichnung der von der DNB gesammelten unkörperlichen Medienwerke dient, traf die DNB im Jahr 2010 die Grundsatzentscheidung, die intellektuelle Erschließung für unkörperliche Medienwerke einzustellen.[9] Katalogisate für unkörperliche Medienwerke sollten auf der Grundlage von Metadaten erstellt werden, die zusammen mit dem digitalen Objekt abzuliefern sind.[10] Diese Daten werden über entsprechende maschinelle Prozesse in die Katalogisierungsdatenbank der DNB integriert und weiterverarbeitet. Die verpflichtend abzuliefernden Metadaten umfassen vor allem solche, die sonst in der Formalerschließung erstellt worden wären. Inhaltserschließende Angaben sind fakultativ.

Nun hätte die Entscheidung zum Verzicht auf die intellektuelle Erschließung unkörperlicher Medienwerke bedeuten können, dass auf eine weitergehende inhaltliche Erschließung von unkörperlichen Medienwerken insgesamt verzichtet wird. Dies stand jedoch nie zur Diskussion. Dass die Möglichkeiten eines thematischen oder inhaltlichen Zugriffs auch in digitalen Kontexten wichtig sind, zeigt der Blick z. B. auf kommerzielle Verkaufsportale: Inhalte nach Themen, Facetten und Kategorien suchen und strukturieren zu können, ist wichtiger Bestandteil eines nutzungsfreundlichen Service.

Es war klar, dass eine über Sachgruppen hinausgehende inhaltliche Erschließung notwendig ist, um gerade die rasant wachsenden Mengen an unkörperlichen Medienwerken sinnvoll thematisch zugreifbar zu machen.

Die dafür eingesetzten Systeme der inhaltlichen Erschließung sollten dieselben sein wie in der intellektuellen Inhaltserschließung, um einheitliche thematische Zugriffe auf den Gesamtbestand der Medienwerke in den Sammlungen der DNB zu erlauben, unabhängig von der Materialart. In Bezug auf die Art und Weise, wie mit diesen Systemen inhaltserschließende Daten erzeugt werden, sollten hingegen neuartige Wege beschritten werden. Konkret ging es darum, maschinelle Verfahren zu entwickeln und einzusetzen, die auf der Basis der digital vorliegenden Texte inhaltstragende Informationen extrahieren, diese auf die GND und die eingesetzten Klassifikationen abbilden und mit den Ergebnissen die Nachweise für die Medienwerke anreichern.

Maschinelle Erschließungsverfahren haben einige grundsätzliche Vorzüge:

– Sie erlauben die Erschließung sehr großer Dokumentmengen, die nur unter unverhältnismäßig hohem Ressourceneinsatz intellektuell erschlossen werden könnten.

---

9 Vgl. Gömpel u. a. 2010.
10 Siehe https://www.dnb.de/DE/Professionell/Sammeln/Unkoerperliche_Medienwerke/un koerperliche_medienwerke_node.html#doc210120bodyText3 (4.12.2020).

- Es können auch Dokumentgruppen erschlossen werden, die traditionell nicht im Fokus bibliothekarischer Erschließung stehen, z. B. Zeitschriftenartikel.
- Bei einer Veränderung der Verfahren können bereits erschlossene Dokumente mit überschaubarem Aufwand erneut einer Erschließung unterzogen werden.
- Sie lassen sich auch retrospektiv auf bis dahin nicht erschlossene Bestände anwenden, sofern ein digitaler Text oder ein digitales Substrat vorliegt.

Im Zusammenhang mit der Entscheidung, unkörperliche Medienwerke nicht mehr intellektuell zu erschließen, wurde das Projekt PETRUS[11] auf den Weg gebracht, in dem Lösungen für die automatisierte Erschließung von Netzpublikationen, Digitalisaten und Print-Publikationen erarbeitet werden sollten. Nach einigen Jahren wurde eine neue Organisationseinheit in der DNB etabliert, die sich dauerhaft um die Pflege und Fortentwicklung maschineller Erschließungsverfahren kümmert.

Innovationsprojekte benötigen Ressourcen. Um das Vorhaben zur Entwicklung maschineller Erschließungsverfahren mit entsprechendem Personal ausstatten zu können, war es erforderlich, Ressourcen umzulenken. Dies betraf auch die intellektuelle Inhaltserschließung körperlicher Medienwerke. Weniger Ressourcen und die Erwartung, langfristig intellektuelle Erschließung auf breiter Fläche auch für körperliche Medienwerke durch maschinell erzeugte Daten ersetzen zu können, mündeten in eine stufenweise Reduktion und weitere Differenzierung der intellektuellen Inhaltserschließung in der DNB, die bezogen auf verschiedene Gruppen von Medienwerken bereits unterschiedlich gehandhabt wurde.[12] Die Einschränkung der intellektuellen Inhaltserschließung für körperliche Medienwerke erfolgte aufgrund des benötigten Vorlaufs asynchron und asymmetrisch zur Entwicklung und Bereitstellung maschinell erzeugter Daten für unkörperliche Medienwerke.

Die Einschränkungen bei der intellektuellen Inhaltserschließung – insbesondere der Schlagwortvergabe – orientierten sich an folgenden Annahmen:
- Haben Medienwerke aussagekräftige Titel, so ist der Mehrwert einer Beschlagwortung für das Retrieval gering.

---

11 Vgl. Schöning-Walter 2020.
12 Z. B. wurden Publikationen der Reihe B seit der Einführung der Dewey-Dezimalklassifikation in der DNB nicht mehr beschlagwortet, andere Gruppen von Medienwerken wurden nur in Auswahl erschlossen.

- Intellektuelle Inhaltserschließung sollte auf solche Medienwerke konzentriert werden, die im Bestand vieler Bibliotheken vorhanden sind, d. h. bei denen die Metadaten der DNB stark nachgenutzt werden.
- Es gibt Unterschiede in der Publikationskultur verschiedener Wissenschaftsfächer. In Fächern, in denen die wissenschaftliche Kommunikation vornehmlich über Zeitschriften erfolgt, erscheint eine Einschränkung der Inhaltserschließung von Büchern vertretbar.
- Die intellektuelle Inhaltserschließung war bereits zuvor nur bei ausgewählten Medienwerken vorgenommen worden, z. B. die Beschlagwortung von Belletristik.

Ein erster Schritt wurde im Jahr 2012 vollzogen. Für Kochbücher, Reiseführer Bastelbücher, Sprachwörterbücher, Ratgeber u. ä. sowie Zeitschriften wurde die Beschlagwortung eingestellt, ein inhaltlicher Zugriff auf diese Medienwerke über Titelstichwörter und die DDC-Erschließung wurde als ausreichend erachtet.

Zudem wurde die ohnehin nur in ausgewählten Fällen durchgeführte Beschlagwortung von Belletristik auf ursprünglich deutschsprachige Werke beschränkt. Zugleich wurden jedoch die über die Metadaten des Marketing- und Verlagsservice des Buchhandels (MVB) verfügbaren Gattungsbegriffe für Belletristik sowie Kinder- und Jugendliteratur übernommen.[13] Es wurden Normsätze im Katalogisierungssystem der DNB angelegt, die Verweisungen und zusätzliche Informationen enthalten und auf die die MVB-Daten bei der Einspielung abgebildet und verknüpft werden. Sind für ein Medienwerk keine MVB-Daten vorhanden, so werden die Gattungsbegriffe intellektuell vergeben. Im Ergebnis sind alle Werke der Belletristik und Kinder- und Jugendliteratur entsprechend erschlossen.

Die nächste Veränderung hing mit der Einführung des Standards *Resource Description and Access* (RDA) im Jahr 2015 zusammen: Das im deutschsprachigen Bibliothekswesen verabredete sogenannte Standardelemente-Set[14] sieht die Angabe von Art des Inhalts und Zielgruppe eines Medienwerks vor. Diese Angaben waren aus Sicht der DNB ausreichend, um Schul- und Berufsschulbücher zu erschließen, weshalb die Schlagwortvergabe für Medienwerke in der DDC-Sachgruppe S (Schulbücher) eingestellt wurde.

Das Jahr 2017 brachte eine weitere Veränderung in der Inhaltserschließungspolitik der DNB mit sich. Nachdem seit 2012 mit der Inbetriebnahme der

---

13 Die Liste der Gattungsbegriffe kann unter https://www.dnb.de/SharedDocs/Downloads/ DE/Professionell/Erschliessen/listeGattungsbegriffe.pdf (4.12.2020) abgerufen werden.

14 Siehe https://wiki.dnb.de/pages/viewpage.action?pageId=114430616 (4.12.2020).

maschinellen DDC-Sachgruppenvergabe für deutsch- und englischsprachige Netzpublikationen ein erster Meilenstein in der Nutzung maschineller Verfahren erreicht werden konnte, folgte 2014 die maschinelle Schlagwortvergabe mit der GND für deutschsprachige Netzpublikationen und 2015 erstmals die maschinelle Vergabe von DDC-Kurznotationen für medizinische Publikationen der Reihe O. Letztere konnte inzwischen erfolgreich[15] auf andere Fächer ausgeweitet werden. Seit 2018 werden englischsprachige Publikationen der Reihe O maschinell mit Sachbegriffen der *Library of Congress Subject Headings* (LCSH) versehen kombiniert mit Schlagwörtern der GND für Individualbegriffe.

Die Erfahrungen und Ergebnisse der maschinellen Inhaltserschließung in der DNB ließen es denkbar erscheinen, auch körperliche Medienwerke mit digitalisierten Inhaltsverzeichnissen mit maschinell erzeugten Schlagwörtern und Notationen zu versehen.

Das in der Folge entwickelte Konzept[16] sieht vor allem zwei Maßnahmen vor:

- Die intellektuelle Beschlagwortung von Kinder- und Jugendliteratur sowie belletristischer Werke wird generell aufgegeben.
- Die Klassierung von Publikationen der Reihen B und H mit vollständigen DDC-Notationen wird zugunsten der maschinellen Vergabe von Schlagwörtern aus der GND eingestellt.

Es enthält außerdem die Aussage, dass Verfahren zur maschinellen Inhaltserschließung perspektivisch flächendeckend anstelle intellektueller Vergabe von Schlagwörtern und Notationen zum Einsatz kommen sollen.

Über dieses Konzept informierte die DNB kooperierende Einrichtungen und Kund:innen im Frühsommer 2017, angewandt wurde es ab September 2017.

4 Reaktionen auf das Erschließungskonzept 2017 und aktuelle Anpassungen

Diese Maßnahmen fanden in der bibliothekarischen Öffentlichkeit ein gemischtes Echo und führten u. a. zu dem in der Einleitung erwähnten Artikel von Klaus Ceynowa in der FAZ. Kritik wurde insbesondere daran geübt, dass die Ergebnis-

---

15 Die Inbetriebnahme der maschinellen Vergabe von DDC-Kurznotationen für ein Fachgebiet ist abhängig davon, dass der Algorithmus anhand einer ausreichenden Menge an Dokumenten so trainiert werden kann, dass ein F-Wert von 0,65 erreicht wird.

16 Das Konzeptpapier ist abrufbar unter https://www.dnb.de/SharedDocs/Downloads/DE/Professionell/Erschliessen/konzeptWeiterentwicklungInhaltserschliessung.pdf (4.12.2020).

se, die über maschinelle Verfahren erzielt werden, unzureichend seien und damit die Ablösung der intellektuellen Inhaltserschließung durch maschinelle Verfahren insbesondere für körperliche Medienwerke der Reihe A nicht vertretbar sei.

Die DNB reagierte einerseits mit einem Papier, das die getroffenen Entscheidungen nochmals erläuterte,[17] andererseits wurde vom Standardisierungsausschuss eine Initiativgruppe *Kooperative Erschließung und Informationsversorgung im DACH-Raum am Beispiel der Inhaltserschließung* eingerichtet. Diese Arbeitsgruppe erarbeitete zusammen mit der DNB ein sogenanntes Übergangskonzept zur Inhaltserschließung. Es sieht vor, dass die DNB zwar am Primat der maschinellen Verfahren festhält, jedoch zusichert, dass für Publikationen der Reihe A eine intellektuelle Inhaltserschließung (Schlagwörter, DDC-Vollnotationen, Sachgruppen) vorgenommen wird, solange maschinelle Verfahren keinen adäquaten Ersatz liefern. Diese Garantie bezieht sich auf wissenschaftliche Literatur in sogenannten buchaffinen Fächern; das sind im Wesentlichen die Geistes- und Sozialwissenschaften sowie das Ingenieurswesen.[18] Am grundsätzlichen Ziel des Einsatzes maschineller Erschließungsverfahren auch für körperliche Medienwerke wird festgehalten.

Auch die Öffentlichen Bibliotheken meldeten sich zu Wort. Bereits die Einstellung der Schlagwortvergabe für Ratgeber, Reiseführer und Hobbyliteratur sowie Schulbücher hatte ihren Widerspruch hervorgerufen. Die Nicht-Erschließung von Belletristik und insbesondere von Kinder- und Jugendliteratur war aus Sicht dieser Gruppe von Bibliotheken nicht akzeptabel, da diese Gattung bei ihren Nutzer:innen besonders nachgefragt wird und eine gute inhaltliche Erschließung aus Sicht der Öffentlichen Bibliotheken für eine qualifizierte Beratung und Auskunftserteilung erforderlich ist.

Die DNB bot daraufhin an, zusammen mit Vertretungen der Öffentlichen Bibliotheken in einer gemeinsamen Arbeitsgruppe an Alternativen zu arbeiten. Im Fokus stand dabei die Nachnutzung von Inhaltserschließungsdaten des Buchhandels und ihre Umwandlung in GND-Schlagwörter. Seit Herbst 2020 läuft ein entsprechendes Verfahren für Kinder- und Jugendliteratur im Produktivbetrieb, weitere Gruppen von Medienwerken sollen folgen.[19]

Mit dem Übergangskonzept im Juli 2019 wurde auch die maschinelle Schlagwortvergabe für Publikationen der Reihe B wieder aufgegeben, da der hohe Anteil sozialwissenschaftlicher Publikationen mit wenig spezifischem

---

17 Vgl. Junger, Schwens 2017.
18 Das Konzept ist abrufbar unter https://www.dnb.de/SharedDocs/Downloads/DE/Professionell/Erschliessen/veraenderungenInhaltserschliessungDnbJuli2019.pdf (4.12.2020).
19 Ausführliche Informationen finden sich bei Mödden u. a. 2020.

Vokabular und ein hoher Anteil an inhaltstragenden Individualbegriffen wie Körperschaften bei nichtwissenschaftlichen Publikationen wie z. B. Ortsführern zu einer hohen Quote an Erschließungsfehlern führte. Zudem wären Verbesserungen nur durch fortlaufende, aufwendige Modifikationen des eingesetzten Wörterbuches, das für die maschinelle Schlagwortvergabe verwendet wird, zu erreichen gewesen. Aufrechterhalten wird jedoch die maschinelle Schlagwortvergabe für Dissertationen der Reihe H, da hier die Ergebnisse akzeptabel sind. Dies ist vermutlich auch darauf zurückzuführen, dass die Inhaltsverzeichnisse wissenschaftlicher Schriften oft ein detailliertes spezifisches Vokabular aufweisen, das den maschinellen Verfahren eine gute Ausgangsbasis bietet.

Reihe H (2017) Verteilung der Bewertungen

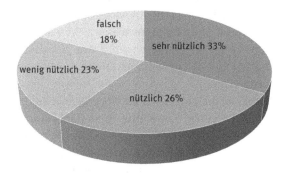

Abb. 2: Auswertungsergebnisse für die maschinelle Schlagwortvergabe für Publikationen der Reihe H

5 Zur Frage der Qualität maschineller Inhaltserschließung

Die Auseinandersetzung um die Frage, was Qualität ist und wie man sie misst, begleitet die Entwicklung und den Einsatz maschineller Erschließungsverfahren von Beginn an. Es ist zu konstatieren, dass es keinen einfachen Qualitätsbegriff etwa in Form einer allgemein akzeptierten Maßzahl für die Bewertung der Ergebnisse (maschineller) inhaltlicher Erschließung gibt, auf den zurückgegriffen werden kann.

Im Folgenden wird beschrieben, welche Maße und Kriterien bei der Entwicklung und Qualitätssicherung der in der DNB eingesetzten maschinellen

Erschließungsverfahren angewandt werden. Diese stellen die Grundlage für Aussagen zur Qualität dar:

1. Vergleiche von Erschließungsergebnissen, die auf unterschiedlichem Wege erzeugt wurden.
2. Bewertungen von Erschließungsergebnissen durch Personen.
3. Gütemaße, die im Information Retrieval Anwendung finden, konkret *recall* und *precision* sowie das daraus abgeleitete *F-Maß*.
4. Maße aus der Wahrscheinlichkeitsrechnung in Form von Konfidenzwerten, die im Prozess der Generierung maschineller Erschließungsdaten gebildet werden.

Eine vergleichende statistische Bewertung von Erschließungsergebnissen wird von der DNB in folgenden Kontexten durchgeführt: Bei der Klassierung werden zum einen intellektuell erschlossene Dokumente und deren maschinell bearbeitete digitale Parallelausgaben betrachtet, wobei maschinell vergebene Sachgruppen und Kurznotationen mit den intellektuell vergebenen abgeglichen werden. Zum anderen werden maschinell vergebene Sachgruppen und Kurznotationen im Zuge des laufenden stichprobenbasierten Qualitätsmanagements intellektuell bewertet. Intellektuell vergebene Sachgruppen und Kurznotationen fungieren dabei als Goldstandard, deren Richtigkeit als gesetzt betrachtet wird. Der Abgleich ergibt prozentuale Werte richtig und falsch zugewiesener Notationen. Bei der Schlagwortvergabe werden solche Abgleiche zwischen intellektuell und maschinell erschlossenen Parallelausgaben gleichfalls herangezogen.

Ein Hauptzweck bibliothekarischer Erschließung ist, Dokumente in Nachweissystemen zu finden. Bei einer weiteren Form der Qualitätskontrolle stehen daher Retrievalaspekte im Zentrum. Zur Beurteilung maschinell vergebener Schlagwörter wird eine intellektuelle Bewertung der Nützlichkeit eines Schlagworts für das Wiederauffinden eines Dokuments vorgenommen. Dabei trifft eine Person eine subjektive Aussage darüber, ob sie ein maschinell vergebenes Schlagwort für geeignet hält, ein Dokument im Rahmen einer thematischen Recherche finden zu können. Die dafür verwendete vierstufige Skala wurde von der DNB selbst festgelegt. Sie umfasst folgende Stufen (vgl. Abb. 2):

- sehr nützlich: Das einzelne Schlagwort beschreibt einen wichtigen Aspekt des Textes ausreichend und trifft absolut zu.
- nützlich: Das einzelne Schlagwort beschreibt einen wichtigen Aspekt des Textes aus einer weiteren (oder auch engeren) Perspektive und trifft zu.
- wenig nützlich: Das einzelne Schlagwort beschreibt einen wichtigen Aspekt des Textes nicht ausreichend, ist aber auch nicht völlig unzutreffend oder falsch.

– falsch: Das einzelne Schlagwort beschreibt keinen wichtigen Aspekt des Textes und ist falsch.

Beim stichprobenbasierten Qualitätsmanagement der DNB werden nicht nur einzelne maschinell erzeugte Schlagwörter entsprechend bewertet, sondern auch die Gesamtheit aller Schlagwörter zu einem Dokument.

Zu beachten ist dabei jedoch, dass das Ziel maschineller Schlagwortvergabe nicht die Erstellung eines Kurz-Abstracts des Inhalts eines Dokumentes ist, wie es etwa die verbale Inhaltserschließung nach den Regeln für die Schlagwortkatalogisierung leisten soll.[20] Vielmehr geht es um die Anreicherung mit thematischen Zugriffspunkten, die einen sachlich korrekten Bezug zum Textinhalt und das Auffinden eines Dokuments im Zuge einer thematischen Recherche ermöglichen sollen.

Die zusammenfassende Bewertung maschineller Erschließungsergebnisse basiert auf gängigen Maßen für die Güte des Information Retrieval, und zwar auf *recall* (d. h. der Anteil der vorhandenen Dokumente aus einem Korpus, die mit Hilfe eines Suchterms tatsächlich gefunden wird) und *precision* (d. h. der Anteil korrekter Dokumente im Suchergebnis).

Die DNB hat sich entschieden, das Mittel aus *recall* und *precision* als Gütemaß zu nutzen, das sogenannte *F-Maß*. F-Maße werden sowohl für maschinell vergebene Schlagwörter wie Notationen berechnet, auf der Grundlage größerer Dokumentmengen, etwa den Publikationen eines Jahrgangs der Deutschen Nationalbibliografie.

Im Zuge der maschinellen Bearbeitung von Dokumenten wird für alle maschinell erzeugten Erschließungsdaten ein Konfidenzwert ausgegeben, der sich zwischen 0 und 1 bewegt. Dieser intrinsische Wert kann aber nicht unmittelbar als Qualitätsmaß interpretiert werden, denn er gibt wieder, wie „sicher" der maschinelle Algorithmus ist, ein zutreffendes Ergebnis produziert zu haben. Eine intellektuelle Bewertung derselben Daten fällt möglicherweise anders aus. Indirekt kann der Konfidenzwert jedoch als Qualitätsmaß genutzt werden, indem nur solche maschinell erzeugten Daten in das Katalogisat übernommen werden, die einen festgelegten Schwellenwert überschreiten.

Alle Maße und Kriterien dienen einer laufenden Überwachung der Prozesse der maschinellen Inhaltserschließung und werden zudem genutzt, um Veränderungen bzw. Fortschritte bei der Weiterentwicklung der Verfahren einschätzen zu können.

---

20 Vgl. dazu RSWK § 13,1.

Für eine Diskussion um die Qualität (maschineller) Inhaltserschließung sollte neben der Frage, welches die richtigen Maße und Kriterien sind, vor allem das Verhältnis von *precision* und *recall* in den Blick genommen werden.

Maschinelle Verfahren ermöglichen es, auch Dokumente zu erschließen, die traditionell nicht im Fokus bibliothekarischer Erschließung stehen. So werden in der DNB auch digitale Zeitschriftenartikel maschinell erschlossen und damit die Menge an Dokumenten mit inhaltserschließenden Daten, die im Katalog der DNB recherchiert werden kann, erheblich ausgeweitet.

Bei maschineller Beschlagwortung kann etwa eine höhere *precision* bedeuten, dass zwar weniger falsche Schlagwörter vergeben werden, dafür aber auch weniger relevante; umgekehrt kann die Entscheidung für einen höheren *recall* zur Folge haben, dass eine höhere Ausbeute bei thematischen Recherchen erzielt werden kann, jedoch möglicherweise mehr falsche Schlagwörter in Kauf genommen werden müssen. Wie gehen Nutzer:innen bibliothekarischer Suchsysteme damit um? Kommt es nicht vor allem darauf an, dass Suchsysteme auf intelligente Weise inhaltserschließende Metadaten bündeln und thematische Pfade in einen Bestand legen?

Die DNB ist interessiert daran mitzuwirken, einschlägige und zielgerichtete Forschung in diesem Bereich zu unterstützen, beispielsweise bei Retrievalstudien mit Standardkorpora.

6 Was bringt die Zukunft – eine Skizze

Auch wenn die Umsetzung der Erschließungspolitik der DNB in den vergangenen zehn Jahren immer wieder unterschiedlich diskutiert wurde, so steht die DNB zu der grundsätzlichen Entscheidung, wo immer möglich maschinelle Erschließungsverfahren einzusetzen.

Eines der fünf strategischen Handlungsfelder der DNB[21] in den kommenden Jahren lautet dementsprechend *Digitale Erschließungsverfahren ausbauen* und umfasst die folgenden Ziele:

- Die Erschließungsprozesse basieren auf dem digitalen Objekt.
- Die Erschließungsprozesse sind für Kooperationen geöffnet.
- Eine differenzierte und anforderungsorientierte Erschließungspolitik ist gestaltet und kommuniziert.

---

21 Die Strategischen Prioritäten 2021–2024 sind abrufbar unter https://www.dnb.de/DE/Ueber-uns/Strategie/strategie_node.html#doc210304bodyText2 (11.1.2021).

– Es ist ein modulares System maschineller Erschließungsverfahren vorhanden.

Die Etablierung maschineller Erschließungsverfahren in der DNB war und ist kein einmaliger, abgeschlossener Vorgang. Vielmehr sind die laufende Fortentwicklung und Pflege maschineller Erschließungsverfahren zu neuen Daueraufgaben geworden. Wie alle Verfahren bibliothekarischen Arbeitens müssen sie regelmäßig auf den Prüfstand gestellt werden, auch, um neue (wissenschaftliche) Erkenntnisse aufzunehmen und umzusetzen. Aus diesem Grund führt die DNB derzeit ein größeres Vorhaben durch, um die maschinelle Inhaltserschließung auf eine veränderte methodische und technische Basis zu stellen und den Einsatz neuer Werkzeuge vorzubereiten. Das Schlagwortvokabular der GND und Notationen der DDC bleiben weiterhin Zielsysteme maschineller Inhaltserschließung, um Nutzer:innen einheitliche thematische Wege zum Bestand der DNB zu ermöglichen.

Eine inhaltliche Herausforderung kommender Jahre wird es sein, neben den Prozessen der Formalerschließung auch die Normdatenarbeit stärker durch maschinelle Verfahren zu unterstützen. Dazu gehört etwa das Etablieren eines Vorschlagssystems für neue Schlagwörter auf der Basis maschineller Erschließungsverfahren.

Die DNB verfolgt das Ziel, Hauptakteurin eines Kompetenznetzwerks für maschinelle Erschließungsverfahren im Bibliotheks- und Informationswesen zu werden. Die Kooperation mit anderen Einrichtungen und Personen aus dem Kultursektor sowie in Wissenschaft und Forschung, aber auch einschlägigen Unternehmen der Wirtschaft sind ein zentraler Baustein dafür. Der Aufbau eines Netzwerks *Maschinelle Erschließungsverfahren* soll u. a. durch jährliche, von der DNB organisierte Tagungen gefördert werden.

Kooperationen im Feld (Inhalts-)Erschließung waren und bleiben ein zentrales Thema für die DNB. Der Aufbau von Trainingsdatenbanken, die Neu- oder Weiterentwicklung von Tools, der Aufbau (verteilter) Testumgebungen für die Evaluierung der Werkzeuge und vieles andere mehr lässt sich nur in Kooperationen dauerhaft gut bewältigen. Transparenz und Offenheit sind essenzielle Voraussetzungen, um Vertrauen und Arbeitsteilung zu erreichen. Als Beispiel für einen offenen Datenaustausch seien hier die frei zugänglichen Datensammlungen des 2020 neu eingerichteten *DNBLabs* genannt.[22] Beispiele für bestehende oder entstehende Kooperationen sind u. a. die Fortsetzung der Zusammen-

---

22 Nähere Informationen sind zu finden unter https://www.dnb.de/DE/Professionell/Services/WissenschaftundForschung/DNBLab/dnblab.html?nn=578704 (4.12.2020).

arbeit mit den Öffentlichen Bibliotheken und der MVB GmbH[23], Absprachen mit der Gruppe der TU9-Bibliotheken[24] zu einer verteilten Inhaltserschließung von Publikationen aus Naturwissenschaften und Technik, aber auch die Evaluation des Konzeptes zur Inhaltserschließung mit der Initiativgruppe *Kooperative Erschließung und Informationsversorgung im DACH-Raum am Beispiel der Inhaltserschließung* des Standardisierungsausschusses.

Die DNB zieht nach einem Jahrzehnt maschineller Inhaltserschließung eine insgesamt positive Bilanz. Maschinelle Verfahren können erfolgreich für die Erschließung bibliothekarischer Sammlungen eingesetzt werden. Die DNB ist zuversichtlich, dass Fortschritte in den Feldern Künstliche Intelligenz und Text-and-Data-Mining zunehmend für die Anwendung in Bibliotheken fruchtbar gemacht werden können und solche Entwicklungen dazu beitragen, dass Bibliotheken ihre Dienstleistungen verbessern und sich grundlegend enger mit Wissenschafts- und Kultureinrichtungen vernetzen und verbinden können.

7 Literaturverzeichnis

Alex, Heidrun: Die Dewey-Dezimalklassifikation (DDC). In: Klassifikationen in Bibliotheken. Hrsg. von Heidrun Alex, Guido Bee und Ulrike Junger (=Bibliotheks- und Informationspraxis Bd. 53). Berlin/Boston: De Gruyter Saur 2018. S. 65–110.

Deutsche Nationalbibliothek, Arbeitsstelle für Standardisierung (Hrsg.): Regeln für die Schlagwortkatalogisierung. 4. vollst. überarb. Aufl. Frankfurt a. M.: Deutsche Nationalbibliothek 2017. https://nbn-resolving.org/urn:nbn:de:101-2017011305 (4.12.2020).

Gömpel, Renate, Ulrike Junger und Elisabeth Niggemann: Veränderungen im Erschließungskonzept der Deutschen Nationalbibliothek. In: Dialog mit Bibliotheken (2010) H. 1. S. 19–22. https://nbn-resolving.org/urn:nbn:de:101-2011012858 (14.6.2021).

Junger, Ulrike und Ute Schwens: Die inhaltliche Erschließung des schriftlichen kulturellen Erbes auf dem Weg in die Zukunft. In: Dialog mit Bibliotheken (2017) H. 1. S. 4–7. https://d-nb.info/1140661434/34 (4.12.2020).

Mödden, Elisabeth: Inhaltserschließung im Zeitalter von Suchmaschinen und Volltextsuche. In: b.i.t.online (2018) Bd. 21 Nr. 1. S. 47–51. https://www.b-i-t-online.de/heft/2018-01-interview-moedden.pdf (4.12.2020).

Mödden, Elisabeth: Weiterentwicklung der Inhaltserschließung, In: Dialog mit Bibliotheken (2020) H.1. S. 35–37. https://nbn-resolving.org/urn:nbn:de:101-20200326148 (4.12.2020).

---

23 Mödden u. a. 2020.
24 Siehe https://www.ub.uni-stuttgart.de/ubs/kooperationen/Flyer_TU9-Bibliotheken_de.pdf (4.12.2020).

Mödden, Elisabeth, Christa Schöning-Walter und Sandro Uhlmann: Maschinelle Inhaltserschließung in der Deutschen Nationalbibliothek. In: BuB (2018) H. 1. S. 30–35. https://
b-u-b.de/wp-content/uploads/2018-01.pdf (4.12.2020).
Mödden, Elisabeth und Katrin Tomanek: Maschinelle Sachgruppenvergabe für Netzpublikationen Vom Projekt PETRUS in die Praxis. In: Dialog mit Bibliotheken (2012) H. 1. S. 17–24.
https://nbn-resolving.org/urn:nbn:de:101-2012100834 (4.12.2020).
Mödden, Elisabeth, Anne Dreger, Klaus Peter Hommes, Letitia Mölck, Loredana Pinna und
Daniela Sitte-Zöllner: Der Weg zur Gründung der AG Erschließung ÖB-DNB und die Ent-
wicklung eines maschinellen Verfahrens zur Verschlagwortung der Kinder- und Jugendli-
teratur mit GND-Vokabular. In: o-bib. Das offene Bibliotheksjournal (2020) Bd. 7 Nr. 4.
S. 1–9. https://doi.org/10.5282/o-bib/5637.
Schöning-Walter, Christa: PETRUS: Prozessunterstützende Software für die digitale Deutsche
Nationalbibliothek. In: Dialog mit Bibliotheken (2020) H. 1. S. 15–18. https://nbn-re
solving.org/urn:nbn:de:101-2011012844 (4.12.2020).
Uhlmann, Sandro: Automatische Beschlagwortung von deutschsprachigen Netzpublikationen
mit dem Vokabular der Gemeinsamen Normdatei (GND). In: Dialog mit Bibliotheken (2013)
H. 2. S. 26–36. https://nbn-resolving.org/urn:nbn:de:101-20140305238 (4.12.2020).

Lydia Pintscher, Peter Bourgonje, Julián Moreno Schneider,
Malte Ostendorff, Georg Rehm

Wissensbasen für die automatische Erschließung und ihre Qualität am Beispiel von Wikidata

1 Einführung

Wikidata[1] ist eine freie Wissensbasis, die allgemeine Daten über die Welt zur Verfügung stellt. Sie wird von Wikimedia entwickelt und betrieben, wie auch das Schwesterprojekt Wikipedia. Die Daten in Wikidata werden von einer großen Community von Freiwilligen gesammelt und gepflegt, wobei die Daten sowie die zugrundeliegende Ontologie von vielen Projekten, Institutionen und Firmen als Basis für Applikationen und Visualisierungen, aber auch für das Training von maschinellen Lernverfahren genutzt werden. Wikidata nutzt MediaWiki[2] und die Erweiterung Wikibase[3] als technische Grundlage der kollaborativen Arbeit an einer Wissensbasis, die verlinkte offene Daten für Menschen und Maschinen zugänglich macht.

Ende 2020 beschreibt Wikidata über 90 Millionen Entitäten (siehe Abb. 1) unter Verwendung von über 8 000 Eigenschaften, womit insgesamt mehr als 1,15 Milliarden Aussagen über die beschriebenen Entitäten getroffen werden. Die Datenobjekte dieser Entitäten sind mit äquivalenten Einträgen in mehr als 5 500 externen Datenbanken, Katalogen und Webseiten verknüpft, was Wikidata zu einem der zentralen Knotenpunkte des Linked Data Web macht. Mehr als 11 500 aktiv Editierende[4] (siehe Abb. 2) tragen neue Daten in die Wissensbasis ein und pflegen sie. Diese sind in Wiki-Projekten organisiert, die jeweils bestimmte Themenbereiche oder Aufgabengebiete adressieren. Die Daten werden in mehr als der Hälfte der Inhaltsseiten in den Wikimedia-Projekten genutzt und unter anderem mehr als 6,5 Millionen Mal am Tag über den SPARQL-Endpoint[5] abgefragt, um sie in externe Applikationen und Visualisierungen einzubinden.

---

1 https://www.wikidata.org (17.12.2020).
2 https://www.mediawiki.org (17.12.2020).
3 https://wikiba.se (17.12.2020).
4 Aktiv Editierende sind Editierende, die in den letzten 30 Tagen fünf oder mehr Änderungen vorgenommen haben.
5 https://query.wikidata.org (17.12.2020).

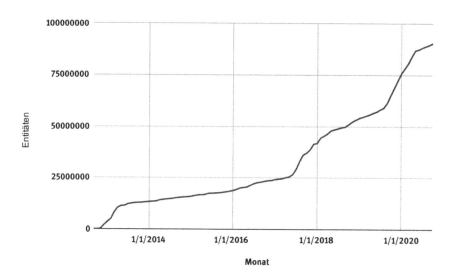

Abb. 1: Entwicklung der Anzahl der in Wikidata beschriebenen Entitäten

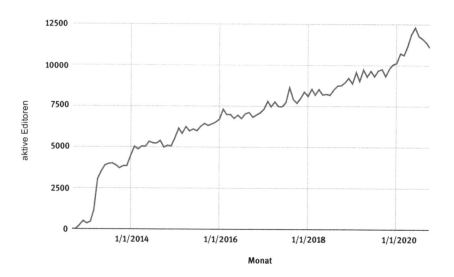

Abb. 2: Entwicklung der Anzahl der aktiv Editierenden in Wikidata

Wikidata wurde 2012 ins Leben gerufen. Das primäre Ziel war, die Wikipedia durch die zentrale Verwaltung der Links zu unterschiedlichen Sprachversionen der Wikipedia[6] und durch die Pflege allgemeiner Daten an einem zentralen Ort zu verbessern (Vrandečić und Krötzsch 2014). Bis zu diesem Zeitpunkt pflegte jede Sprachversion der Wikipedia ihre Daten eigenständig und unabhängig. Dies führte zu zahlreichen Inkonsistenzen und Benachteiligungen kleinerer Wikipedien. Wenig später wurden auch die anderen Wikimedia-Projekte[7] unterstützt. Gleichzeitig wuchs das Interesse an Wikidata auch außerhalb der Wikimedia-Projekte, und die Daten wurden von Projekten, Institutionen und Firmen – von kleinen Betrieben bis hin zu großen Technologie-Unternehmen – in einer Vielzahl von Anwendungsfällen genutzt. Durch diese Erweiterung der Zielgruppen von Wikidata erweiterte sich auch dessen Inhalt. Anfangs war er sehr stark am enzyklopädischen Inhalt von Wikipedia ausgerichtet, wurde dann durch die Inhalte der anderen Wikimedia-Projekte erweitert (Daten zu Mediendateien sowie Sprachdaten) und später erneut ausgebaut, geprägt durch die Bedürfnisse von externen Nutzenden der Daten nach einer noch breiteren Abdeckung. Aber nicht alle Inhalte können in Wikidata gespeichert werden. Dies wäre durch die Wikidata-Community nicht beherrschbar und auch technisch nicht wünschenswert. Als Lösung wurde Wikibase, die technische Basis von Wikidata, auch für Dritte nutzbar gemacht. Die Vision dabei ist, dass ein mit Wikidata eng verknüpftes Netzwerk von Wikibase-Installationen entsteht, die jeweils spezialisierte Daten vorhalten. Innerhalb dieses als *Wikibase Ecosystem* bezeichneten Netzwerks können Daten untereinander leicht verlinkt und ausgetauscht werden.

1.1 Funktionsweise von Wikidata

Eine Gemeinschaft von Freiwilligen sammelt in und für Wikidata Daten, die strukturiert, verknüpft, multilingual und maschinenlesbar sind, wobei Wikidata eng mit den anderen Wikimedia-Schwesterprojekten[8] verknüpft ist. Viele Daten werden inzwischen zentral in Wikidata gespeichert, wo sie über eine grafische Schnittstelle angereichert und verlinkt werden können. Die Daten in Wikidata sind aber nicht nur für die Wikimedia-Projekte verfügbar, sondern sie werden an vielen anderen Stellen weiterverwendet.

---

6 Verlinkung zwischen Artikeln zum gleichen Thema in unterschiedlichen Sprachversionen eines Wikimedia-Projekts.

7 Beispielsweise Wikivoyage, Wikiquote, Wikimedia Commons und Wikisource.

8 https://wikimediafoundation.org/our-work/wikimedia-projects/ (17.12.2020).

1.2 Besonderheiten von Wikidata

Wikidata ist mit der Vision verbunden, mehr Menschen mehr Zugang zu mehr Wissen zu geben. Zur Erreichung dieses Ziels bietet Wikidata eine Plattform, die es Menschen aus aller Welt erlaubt, ihre Daten zu teilen, anzureichern, zu verlinken und auch unmittelbar weiterzuverwenden, wobei der Zugang sowohl für Menschen als auch Maschinen möglich sein soll. Aus dieser Zielsetzung ergeben sich verschiedene essenzielle Anforderungen.

Frei: Die Daten von Wikidata werden unter CC0[9] veröffentlicht, d. h. sie sind für jede Person und für jeden Zweck frei verfügbar.

Kollaborativ: Die Inhalte von Wikidata werden gemeinschaftlich von einer weltweiten Community gesammelt und gepflegt. Um diese Kollaboration zu ermöglichen und bestmöglich zu unterstützen, stehen diverse Werkzeuge zur Verfügung, wie etwa Diskussionsseiten und Versionshistorien.

Breite Themenabdeckung: Wikidata ist keine Spezialwissensbasis, sondern deckt vor allem ein breites Themenspektrum von allgemeinen Daten über die Welt ab. Der genaue Zuschnitt der Daten ist dabei stark von den Bedarfen der Wikimedia-Projekte und ihrer Partner geprägt.

Enge Verbindung zu Wikipedia: Wikidata ist ein eigenständiges Projekt, profitiert aber von seiner engen Verbindung zu Wikipedia, sowohl inhaltlich als auch in den überlappenden Communitys der jeweils Editierenden.

Flexibles Datenmodell: Wikidata liegt ein flexibles und mächtiges Datenmodell (siehe Abb. 3) zugrunde. Es ermöglicht, Datenobjekten Bezeichnungen in vielen Sprachen zu geben, um den Inhalt jeder Person zugänglich zu machen, unabhängig von der gesprochenen Sprache. Zu jeder Entität können Aussagen gemacht werden. Jede Aussage kann außerdem qualifiziert werden, um sie in ihrem jeweiligen Kontext einzuordnen. Ferner kann jede Aussage referenziert werden, um sie zu belegen. Dies ist besonders wichtig, da Wikidata eine sekundäre Wissensbasis ist, also in erster Linie Daten enthält, deren Primärquelle sich an anderer Stelle befindet. Da sich unterschiedliche Primärquellen widersprechen können, ermöglicht es das Datenmodell, auch widersprüchliche Aussagen einzutragen. Die Komplexität der Welt kann dadurch in einem Maße abgebildet werden, das einem globalen Projekt gerecht wird. Die Ontologie von Wikidata ist emergent, das heißt sie entsteht aus Beziehungen, die in die Aussagen eingetragen werden (zum Beispiel *ist ein* oder *Unterklasse von*), die für spezifische Datenobjekte gelten.

---

9 https://creativecommons.org/publicdomain/zero/1.0/ (17.12.2020).

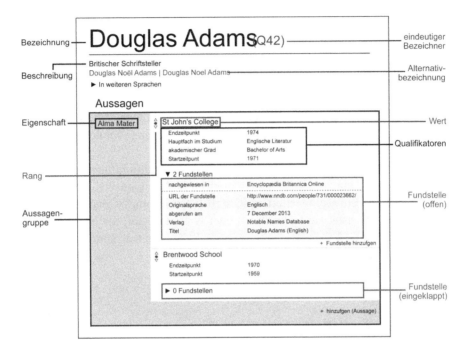

Abb. 3: Das Datenmodell von Wikidata an einem Ausschnitt des Datenobjekts zu Douglas Adams

1.3 Beispielanwendungen von Wikidata

Die Daten in Wikidata werden bereits jetzt auf verschiedenste Art und Weise genutzt. Nachfolgend werden schlaglichtartig einige Beispiele aufgeführt.

– Als Quelle von strukturiertem Grundlagenwissen: Infoboxen in Wikipedia, digitale persönliche Assistenten und andere Anwendungen nutzen Wikidata als Quelle strukturierten Grundlagenwissens, um z. B. Faktenfragen zu beantworten wie beispielsweise nach der Anzahl der Einwohner:innen einer Stadt.

– Als Entitätsprovider und Schlagwortvokabular: Die persistenten IDs für eine Vielzahl von Datenobjekten in Wikidata werden vielseitig genutzt, um Entitäten eindeutig und sprachunabhängig zu referenzieren. Dies wird unter anderem in Verfahren zur automatischen Eigennamenerkennung sowie bei der Verschlagwortung von Inhalten (Nachrichtenartikel, Bilder etc.) ge-

nutzt, um sie leichter auffindbar und durchsuchbar zu machen, z. B. bei Institutionen wie dem finnischen Radio- und Fernsehsender YLE.[10]

– Als Übersetzungsgrundlage: MapBox und andere Institutionen verwenden
die Bezeichnungen der Datenobjekte von Wikidata, um z. B. Namen von
Städten in ihren Anwendungen in verschiedenen Sprachen und Schriftsys-
temen anzeigen zu können.

– Als Ontologieprovider: Die Ontologie von Wikidata wird von Quora[11] und
anderen Online-Plattformen genutzt, um ihre eigene Ontologie anzureichern und zu verbessern.

– Als Hub: Wikidata ist durch seine zahlreichen Verknüpfungen zu anderen
Datenbanken ein zentraler Knotenpunkt im Linked Data Web. Dies macht
sich z. B. die Browsererweiterung EntityExplosion zunutze. Beim Besuch einer Webseite listet sie Links zu anderen Webseiten auf, die eine Seite zur
gleichen Entität haben, und gibt auf diese Weise den Nutzenden Zugang zu
mehr Informationen.

2 Datenqualität in Wikidata

2.1 Bedeutung der Datenqualität in Wikidata

Das tägliche Leben von immer mehr Menschen wird grundlegend von Informationstechnologie beeinflusst – von Infografiken über Suchmaschinen bis hin zu
digitalen persönlichen Assistenten. Wikidata liegt die Überzeugung zugrunde,
dass die Daten, die die Basis für diese Technologien darstellen, frei und offen
für alle sein müssen – und zwar sowohl der Zugang zu als auch die Bearbeitung
der Daten. Je mehr Wikidata in und von derartigen Technologien genutzt wird,
umso wichtiger wird es, dass die Daten in Wikidata von hoher Qualität sind. Mit
steigender Durchdringung und Nutzung von Wikidata steigt aber auch das Interesse und die Motivation von böswilligen Agierenden, die Daten in ihrem Interesse zu beeinflussen (Oboler et al. 2010). Dies kann sich unter anderem in
Vandalismus und der gezielten Streuung von Misinformation ausdrücken. Hinzu kommt, dass die Menge der Inhalte in Wikidata signifikant schneller wächst
als die Community der Editierenden, was zur Folge hat, dass jede:r Editierende
theoretisch für mehr und mehr Inhalt verantwortlich ist. Damit steigt die Ver-

---

10 https://yle.fi (17.12.2020).
11 https://www.quora.com (17.12.2020).

antwortung der Wikidata-Community und gleichzeitig wird die Aufgabe, die Datenqualität hoch zu halten, immer schwieriger.

2.2 Aspekte der Datenqualität in Wikidata

Datenqualität in Wikidata hat verschiedene Aspekte. Piscopo et al. (2019) fassen diese Qualitätsaspekte in ihrer Literaturübersicht in vier Gruppen zusammen:
- *Intrinsische Aspekte:* Diese beinhalten den Daten inhärente Eigenschaften wie Richtigkeit (sind die Daten korrekt?), Vertrauenswürdigkeit (kann ich den Daten vertrauen?) und Konsistenz (sind die Daten konsistent modelliert und eingetragen?).
- *Kontextuelle Aspekte:* Diese beinhalten Eigenschaften, die vom Kontext der Nutzung abhängen. Dazu gehören Relevanz (sind alle für mich wichtigen Daten vorhanden?), Vollständigkeit (sind die Daten, die ich brauche, komplett?) und Aktualität (sind die Daten für meinen Zweck aktuell genug?).
- *Aspekte der Repräsentation:* Diese betreffen die Form, in der die Daten verfügbar sind. Dazu gehören die Verständlichkeit der Darstellung (können sowohl Menschen wie auch Maschinen die Daten leicht und eindeutig interpretieren?) und die Interoperabilität (kann ich die Daten leicht in andere Systeme integrieren?).
- *Aspekte der Zugänglichkeit:* Diese Aspekte betreffen die Zugänglichkeit auch von Linked Data (verknüpfte Daten). Dazu gehören die Abrufbarkeit (sind die Daten schnell und persistent verfügbar?), Grad der Vernetzung (sind die Entitäten mit äquivalenten Einträgen anderer Datenquellen verlinkt?) und Fragen der Lizenzierung (darf ich die Daten in verbundenen Datenquellen für meine Zwecke einsetzen?).

2.3 Arten von Qualitätsproblemen in Wikidata

Angelehnt an die in Abschnitt 2.2 aufgeführten Qualitätsaspekte lassen sich Probleme in den Daten von Wikidata beschreiben und wie folgt klassifizieren:
- *Inkorrekte Daten:* Daten, die allgemein als nicht korrekt angesehen werden und berichtigt oder um Kontext ergänzt werden sollten.
- *Unbelegte Daten:* Daten, für die keine Quellenangabe vorliegt und die damit weder nachvollziehbar noch prüfbar sind.

– *Inkonsistente Modellierung:* Identische Typen von Daten, die auf verschiedenen Datenobjekten unterschiedlich modelliert werden und damit die Prüfung und Nachnutzung erschweren.
– *Ontologieprobleme:* Klassenhierarchien, die lokal sinnvoll erscheinen, aber global zu sinnfreien Beziehungen führen und damit die Nachnutzung erschweren.
– *Unvollständige Daten:* Daten, die teilweise oder gar vollständig fehlen und damit für Nachnutzende nur einen Teil der Realität widerspiegeln.

Diese Probleme können entweder absichtlich (Vandalismus) oder unabsichtlich (Versehen) entstehen. Unabsichtlich entstehen diese Probleme in den Daten durch Unkenntnis von Wikidata, fehlende Grundlagen der Wissensmodellierung oder fehlendes Wissen im speziellen Themengebiet der Daten.

2.4 Besonderheit der Datenqualität in Wikidata

Die Besonderheit von Wikidata liegt in der inhärenten Offenheit, die von der Wikimedia-Bewegung als hohes Gut betrachtet wird (sichtbar z. B. in der Projektvision „Stell dir eine Welt vor, in der jeder einzelne Mensch frei an der Summe allen Wissens teilhaben kann. Das ist unsere Verpflichtung."[12]). Jeder Person soll es möglich sein, etwas beizutragen und somit die Wissensbasis vollständiger, akkurater und insgesamt nützlicher zu machen. Gleichzeitig macht es die Offenheit böswilligen Agierenden einfacher, die Datenqualität durch Vandalismus und falsche Aussagen zu beeinträchtigen. Es müssen also Werkzeuge und Prozesse entwickelt werden, die es der Editierenden-Community ermöglichen, die hohe Qualität der Daten in Wikidata zu erhalten, ohne die Offenheit zu kompromittieren.

Diese Offenheit als Grundprinzip von Wikipedia funktioniert bereits seit zwanzig Jahren. Wikipedia macht sich außerdem das Viele-Augen-Prinzip zunutze. Es besagt, dass es umso wahrscheinlicher ist, dass Fehler gefunden und behoben werden, je mehr Menschen sich etwas anschauen (Brändle 2005). Die weltweite Nutzendenschaft der Wikipedia hilft tagtäglich, Fehler zu beheben, die sie zufällig beim Lesen eines Wikipedia-Artikels bemerken. Dies lässt sich allerdings nicht ohne Weiteres auf Wikidata übertragen. Für Wikidata kommt erschwerend hinzu, dass ein Großteil der Menschen, die mit Daten aus Wikidata in Berührung kommen, nicht weiß, dass diese Daten aus Wikidata stammen. Die Daten von Wikidata sind unter CC0 frei verfügbar und auch für Drittanbie-

---

12 https://meta.wikimedia.org/wiki/Vision/de (17.12.2020).

tende frei nutzbar – ohne Verpflichtung, Wikidata als Quelle zu nennen. Daraus folgt, dass viele dieser Drittanbietenden ihre Nutzenden nicht in die Lage versetzen, gefundene Fehler in Wikidata zu beheben.

Als Lösung können den Nachnutzenden der Daten einfach zu implementierende Werkzeuge und Prozesse angeboten werden, die Fehlerkorrekturen und Ergänzungen ermöglichen. Abb. 4 zeigt 1) den bidirektionalen Kommunikationsfluss aus Informationen und Änderungen bei Wikipedia, 2) den bislang nur unidirektionalen Kommunikationsfluss bei der Nachnutzung von Wikidata sowie 3) den angestrebten zukünftigen Zustand.

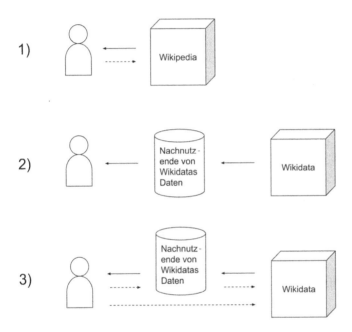

Abb. 4: Informations- und Änderungsfluss zwischen Wikidata und den Nutzenden der Daten aus Wikidata

Auf der anderen Seite kommt Wikidata zugute, dass es aus strukturierten Daten besteht. Hierdurch sind automatisierte Prüfungen und Fehlerbehebungen deutlich leichter möglich als zum Beispiel in den unstrukturierten Freitexten der Wikipedia.

2.5 Werkzeuge und Prozesse zum Finden und Beheben von Qualitätsproblemen in Wikidata

2.5.1 Grundprinzipien

Allen Qualitätswerkzeugen und -prozessen für Wikidata liegen verschiedene Prinzipien zugrunde. Diese werden nachfolgend verdeutlicht.

Qualität messbar machen: Qualität muss messbar sein, um einschätzen zu können, wo Wikidata aktuell steht und wie sich die Qualität über die Zeit verändert. Um ein umfassendes Bild zu erhalten, muss dies für einzelne Datenobjekte (zum Beispiel Marie Curie), für bestimmte Teilbereiche der Daten (zum Beispiel alle niederländischen Maler des 19. Jahrhunderts) sowie für Wikidata insgesamt möglich sein. Angesichts der Größenordnung von Wikidata mit derzeit mehr als 90 Millionen Datenobjekten ist eine manuelle Qualitätsbestimmung unmöglich, stattdessen muss sie automatisiert erfolgen.

Fehler automatisch finden und sichtbar machen: Viele Fehler in den Daten können automatisiert gefunden und sichtbar gemacht werden. Hierzu können Regeln und Heuristiken sowie maschinelle Lernverfahren eingesetzt werden. Um nicht versehentlich ungewöhnliche, aber legitime Änderungen zu verbieten, sollte dies allenfalls in Ausnahmefällen dazu führen, dass Änderungen bereits bei der Eingabe komplett verboten werden. Der beste Einsatzzweck ist vielmehr, Editierenden und Datennachnutzenden das Auffinden und Beheben von Fehlern zu erleichtern. Die ultimative Entscheidung sollte bei einem Menschen bleiben.

Mehr Augen auf die Daten lenken: Je mehr Menschen Daten aus Wikidata begegnen, umso wahrscheinlicher ist es, dass Fehler bemerkt und behoben werden. Dies geschieht nur zu geringem Maße in Wikidata selbst, sondern bisher vor allem in Wikipedia und den anderen Wikimedia-Schwesterprojekten, sowie mit Hilfe einer Vielzahl von Anwendungen und Visualisierungen außerhalb von Wikimedia. Zukünftig sollten auch bei Nachnutzenden geeignete Rückkanäle zu Wikidata aufgebaut werden.

Daten referenzieren, verlinken und vergleichen: Die Daten in Wikidata sollten mit Referenzen belegt und mit anderen Datenquellen verlinkt werden. Später können diese Referenzen und Verlinkungen dann genutzt werden, um Daten händisch oder automatisiert zu vergleichen und Diskrepanzen aufzuzeigen.

Hochqualitative Daten hervorheben: Daten, die bereits eine besonders hohe Qualität haben, sollten positiv hervorgehoben werden. Dies kann unter anderem durch die prominente Platzierung von Listen mit hochwertigen Inhalten, durch das Teilen von besonders vollständigen Abfrageergebnissen in sozialen

Medien oder die Nutzung der Daten in besonders wichtigen und weit verbreiteten Applikationen geschehen. Dadurch entstehen Anreize, andere Daten weiter zu verbessern und ebenfalls auf ein hohes Qualitätsniveau zu bringen.

2.5.2 Existierende Werkzeuge und Prozesse

Basierend auf diesen Prinzipien wurden bereits verschiedene Werkzeuge und Prozesse mit unterschiedlichem Reifegrad entwickelt, um die Datenqualität in Wikidata zu verbessern und hochzuhalten. Im Folgenden wird eine Auswahl vorgestellt.

Beobachtungsliste, Letzte Änderungen und Versionshistorie: Als Wiki-System umfasst MediaWiki standardmäßig eine Reihe von Werkzeugen, um Änderungen an den Inhalten leicht nachvollziehbar zu machen. Jeder Änderung einer Seite wird in der dazugehörigen Versionshistorie festgehalten und es ist erkennbar, welche Änderungen wann und von wem vorgenommen wurden. Editierende können einzelne Seiten auf eine Beobachtungsliste setzen, um leichter verfolgen zu können, welche Änderungen an Seiten, die sie interessieren, vorgenommen wurden. Zusätzlich werden auf der Seite *Letzte Änderungen* alle Änderungen der letzten Tage im Wiki aufgelistet, um einen globalen Überblick zu ermöglichen. Wikidata stellt all diese Funktionen zur Verfügung, hat aber mittlerweile eine Größe erreicht, bei der diese Standardwerkzeuge nicht mehr gut funktionieren und überdacht werden müssen.

Missbrauchsfilter: MediaWiki bietet auch bei Wikidata die Möglichkeit, Regeln zu definieren, aufgrund derer jede neue Änderung geprüft wird. Es ist unter anderem möglich, solche Änderungen mit einem Schlagwort zu versehen, um sie leichter auffindbar zu machen, die Änderung abzulehnen oder die Editiergeschwindigkeit der Nutzenden zu beschränken. Dies ist zum Beispiel hilfreich, um das Auffinden potenziell destruktiver Änderungen von unerfahrenen Nutzenden zu vereinfachen.

Automatisierte Einschätzung einzelner Änderungen: Für alle Änderungen in Wikidata wird mit Hilfe des Wikimedia-eigenen maschinellen Lernsystems ORES (Sarabadani et al. 2017) prognostiziert, wie hoch die Wahrscheinlichkeit ist, dass es sich um Vandalismus handelt. Diese Einschätzung wird genutzt, um die Aufmerksamkeit der Editierenden besonders auf solche Änderungen zu lenken, die eine hohe Vandalismuswahrscheinlichkeit haben, damit dieser zeitnah wieder rückgängig gemacht werden kann. Dies geschieht zum Beispiel in der Beobachtungsliste. Die vergleichsweise kleinteiligen Änderungen auf Wikidata mit wenig Kontext erschweren allerdings bisher gute Prognosen.

Automatisierte Qualitätsbewertung von Datenobjekten: Auch die Qualität aller Datenobjekte in Wikidata wird mit Hilfe von ORES bewertet. Sie werden dabei automatisiert in eine von fünf Qualitätsklassen von A (enthält alle relevanten Inhalte und Belege) bis E (ohne jegliche Inhalte und Belege) eingestuft. Diese Einstufung wird verwendet, um die Qualitätsentwicklung von Wikidata als Ganzes oder auch von Teilbereichen zu beobachten, sowie gezielt Datenobjekte mit niedriger Qualität zu finden und zu verbessern. Wichtige Qualitätsaspekte wie die Richtigkeit der Inhalte liegen jedoch außerhalb der Fähigkeiten von ORES.

Arbeitslisten: Die Editierenden von Wikidata können basierend auf einer Abfrage (meist in SPARQL formuliert) Arbeitslisten erstellen. Diese beinhalten entweder eine Datenmenge, die vervollständigt bzw. berichtigt werden muss (z. B. Nobelpreisträger:innen und zugehörige Portraitfotos, um fehlende Bilder zu ergänzen) oder eine Aufstellung von inkonsistenten Daten, die berichtigt werden müssen (z. B. Menschen, die gestorben sind, bevor sie geboren wurden, und die keine Zeitreisenden sind). Diese Arbeitslisten werden dann auch unter Hinzunahme der Versionskontrolle von MediaWiki über die Zeit auf ungewollte Veränderungen hin beobachtet, um einmal verbesserte Daten leichter in einem guten Zustand zu halten.

Visualisierung von Lücken und Tendenzen: Visualisierungen haben sich als besonders hilfreich erwiesen, um Lücken und Tendenzen in Wikidata sichtbar zu machen und Editierende in die Lage zu versetzen, Gegenmaßnahmen zu ergreifen. Erfolgreiche Beispiele hierfür sind Kartendarstellungen, die die geografische Verteilung der Datenobjekte visualisieren, sowie detaillierte Statistiken zur Geschlechterverteilung über die Datenobjekte (aufgeschlüsselt nach Beruf, Geburtsdekade, Land etc.). Diese helfen den Editierenden, konkrete Ansatzpunkte zu finden, um unerwünschte Lücken und Tendenzen zu beheben. Visualisierungen sollten auf weitere Bereiche ausgeweitet werden.

Constraint-Checks: Mit Hilfe von Constraint-Checks ist es den Editierenden auf Wikidata möglich, bestimmte Regeln für Eigenschaften zu definieren. Verletzungen dieser Regeln werden im Anschluss anderen Editierenden in der grafischen Oberfläche angezeigt, um sie auf eventuelle Fehler aufmerksam zu machen. Die Regeln können eine Vielzahl von Fällen abdecken. Mit ihnen kann man z. B. festlegen, dass es in Wikidata einen bestimmten Wert für eine ID in einer anderen Datenbank nur einmal geben sollte, um Duplikate leichter auffinden zu können. Oder man kann festlegen, dass eine Eigenschaft symmetrisch sein soll, um fehlende Verlinkungen aufzuzeigen. Des Weiteren kann man festlegen, dass bestimmte Eigenschaften nur mit Werten aus einem kontrollierten Vokabular genutzt werden sollten oder eine Eigenschaft nur bei Instanzen bestimmter Klassen verwendet werden sollte.

Schemata: Editierende können in Wikidata mit Hilfe der Strukturschema-Sprache Shape Expressions (ShEx) Schemata für Klassen festlegen.[13] Sie können somit einzelne Datenobjekte oder Teilbereiche von Wikidata gegen ein Schema prüfen und eventuelle Modellierungsfehler aufdecken. Dies hilft den Editierenden Teilbereiche von Wikidata konsistent zu modellieren und Abweichungen zu finden. Schemata können in ihrem Geltungsbereich überlappen und müssen nicht universell gültig sein. Die Nutzenden eines Schemas müssen allerdings immer den jeweiligen Kontext verstehen und es entsprechend anwenden. Deshalb werden Strukturschemata als Prüfwerkzeug verstanden, aber nicht zur automatisierten Verhinderung von Änderungen verwendet.

2.5.3 Zukünftige Werkzeuge und Prozesse

Mit dem fortschreitenden Wachstum von Wikidata müssen auch die Prozesse und Werkzeuge mitwachsen sowie neue entwickelt werden. Es folgt ein Ausblick auf wünschenswerte zukünftige Entwicklungen im Gebiet der Datenqualitätssicherung und -verbesserung.

Vergleiche mit anderen Datenbanken: Ein Großteil der Datenobjekte in Wikidata ist mit anderen Datenbanken, Katalogen und Webseiten verlinkt. Diese Links können genutzt werden, um die Daten in Wikidata mit den dort vorhandenen Daten zu vergleichen und eventuelle Diskrepanzen aufzuzeigen.

Feedbackschleifen mit Datennachnutzenden: Es muss den Nutzenden der Daten ermöglicht werden, Fehler zu melden oder direkt zu beheben. Das bedeutet, dass die Barriere zwischen der Person, die die Daten am Ende konsumiert (z. B. in einer Visualisierung auf einer Webseite), und Wikidata aufgebrochen werden muss. Dies wird abhängig von der Nachnutzung auf drei Wegen geschehen:

1. Nachnutzende leiten einen sinnvollen Teil der Fehlermeldungen, die sie von ihren Nutzenden erhalten, an Wikidata weiter, wo sie von den Editierenden bearbeitet werden. Dies hat den Vorteil, dass Fehlermeldungen gefiltert und priorisiert werden können, um die Editierenden nicht zu überlasten. Dieser Ansatz hat den Nachteil, dass er Personen, die Fehler finden, keinen leichten Pfad aufzeigt, selbst zur bzw. zum Editierenden zu werden. Die eigentliche Editierenden-Community vergrößert sich dadurch also nicht.

2. Nachnutzende machen Wikidata als Quelle ihrer Daten sichtbarer, um ihren Nutzenden zu ermöglichen, Fehler an der Quelle selbst zu beheben.

---

13 http://shex.io (17.12.2020).

Das hat den Vorteil, potenzielle neue Editierende direkt zu Wikidata zu führen. Dieser Ansatz hat den Nachteil, dass er potenziell viele Menschen ohne
Erfahrung mit Wissensmodellierung oder offenem kollaborativem Arbeiten
direkt zu Wikidata führt und die bestehende Community im schlimmsten
Fall überwältigt.

3. Nachnutzende erlauben ihren Nutzenden über eine in das Produkt integrierte grafische Oberfläche, Wikidata zu bearbeiten. Der Vorteil dabei ist,
dass Nachnutzende die volle Kontrolle über das Editieren und ihren speziellen Themenbereich haben und hilfreiche dedizierte grafische Oberflächen
entwickeln können, die das Editieren stark vereinfachen. Der Nachteil ist,
dass den Nutzenden dieser Oberflächen der weitere Kontext für ihre Änderung in Wikidata fehlt und ihnen kein leichter Pfad aufgezeigt wird, selbst
zur bzw. zum Editierenden zu werden. Auch hier vergrößert sich die eigentliche Editierenden-Community also nicht.

Automatisierte Prüfung von Belegen: Jede Aussage in Wikidata kann mit einer Quellenangabe versehen werden, um sie zu belegen. Im Laufe der Zeit kann
sich entweder ein Inhalt in Wikidata ändern oder der Inhalt der zugehörigen
Quelle. Ein neues System könnte es erlauben, Inhalte regelmäßig und automatisiert daraufhin zu prüfen, ob sie immer noch durch die angegebene Quelle belegt werden. Dies würde einem unbegründeten Vertrauen in falsche Belege ent-
gegenwirken und gleichzeitig helfen, veraltete Daten aufzufinden.

Signierte Aussagen: Für einen Teil der Aussagen in Wikidata gibt es Organisationen, die als autoritative Quelle für diese Daten fungieren. Dies sind z. B.
Identifier in Normdatenbanken. Wenn diese in Wikidata eingetragen werden,
könnten sie inklusive ihrer Quellenangabe signiert werden. Änderungen in den
Daten, die die Signatur brechen, könnten den Editierenden angezeigt werden,
um zu bewerten, ob die Änderung gerechtfertigt war und neu signiert werden
muss oder zurückgesetzt werden sollte. Die Signatur würde Nachnutzenden der
Daten außerdem einen weiteren Anhaltspunkt für die Vertrauenswürdigkeit der
Daten geben.

Auffinden von Lücken und Tendenzen: Bisherige Analysen und Visualisierungen der Daten in Wikidata konzentrieren sich auf Lücken und Tendenzen in
Bezug auf geografische Abdeckung und Geschlechterrepräsentation. Dies kann
und sollte auf weitere Dimensionen ausgeweitet werden. Detaillierte und akti-
onsfokussierte Visualisierungen und Applikationen sollten den Editierenden
zur Verfügung stehen, um unerwünschte Lücken und Tendenzen gezielt bearbeiten zu können.

Arbeitslistensystem: Es gibt eine Vielzahl an Werkzeugen innerhalb und außerhalb von Wikidata, die Probleme in den Daten finden. Dies führt dazu, dass

Editierende oft nur einen Bruchteil davon im Blick haben, und gleichzeitig erschwert es die Integration und Verbreitung von neuen Werkzeugen. Es sollte also in Zukunft ein zentrales System geben, das aus verschiedenen Quellen mit Datenproblemen befüllt wird und diese dann verschiedenen anderen Werkzeugen zentral zur Verfügung stellt. Eine Forscherin oder ein Forscher könnte dann z. B. einen neuen Algorithmus entwickeln, der eine bestimmte neue Art von Fehler entdeckt und diese in das System speisen. Die Fehler könnten dann von verschiedenen anderen Werkzeugen genutzt werden, um die Abarbeitung dieser Fehler zu vereinfachen.

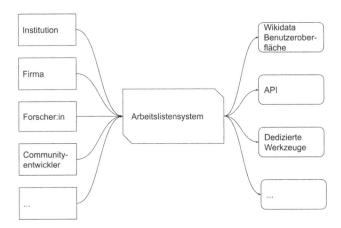

Abb. 5: Aufbau des zukünftigen Arbeitslistensystems für Wikidata, das aus verschiedenen Quellen Aufgaben (potenzielle Fehler, etc.) aufnehmen kann und diese in verschiedenen Werkzeugen für die Editierenden zugänglich macht

3 Praxisbeispiel: Erfahrungen bei der Nachnutzung von Wikidata durch das Deutsche Forschungszentrum für Künstliche Intelligenz (DFKI)

Die automatische Erkennung von Eigennamen (Named Entity Recognition, NER) ist eine wichtige Komponente zahlreicher Anwendungen im Bereich Natural Language Processing, Sprachtechnologie und Information Retrieval. Sie stellt für viele Downstream-Anwendungen eine wichtige Grundlage dar (wie

z. B. Suchmaschinen und Information Retrieval einschließlich automatischer Erschließung, Chatbots, automatische Textzusammenfassung, maschinelle Übersetzung, Sentimentanalyse und viele mehr).

Als sehr große und frei verfügbare Datensätze mit allgemeinem Weltwissen werden Wikidata sowie auch Wikipedia oft benutzt, um Systeme auf eine Eigennamenerkennung zu trainieren und deren Ergebnisse zu evaluieren (Nothman et al. 2013; Ghaddar und Langlais 2017; Li et al. 2019). Wir verfolgen ebenfalls diesen Ansatz, wobei wir ihn speziell für diesen Beitrag mit Fragen bzgl. der Datenqualität verbunden haben. Zu diesem Zweck haben wir fünf unterschiedliche Systeme für die Erkennung von Eigennamen in englischsprachigen Texten auf Basis der fünf ORES-Qualitätsklassen trainiert (A–E, siehe Abschnitt 2.5.2). Der Qualitäts-Score bezieht sich dabei auf die Wikidata-Datenobjekte. Systeme für Eigennamenerkennung müssen mit Fließtexten trainiert werden, bei denen die Eigennamen in den Texten explizit annotiert sind (Rehm 2020). Dafür nutzen wir jeweils den Fließtext des Wikipedia-Artikels, der dem Wikidata-Datenobjekt des Qualitäts-Scores zugeordnet ist.

Für jeden der fünf Qualitäts-Scores liegt eine Liste von Wikidata-Datenobjekten vor, die den entsprechenden Qualitäts-Score besitzen. Anhand dieser fünf Listen erstellen wir fünf Sammlungen, die die zugehörigen Wikipedia-Artikel umfassen. Diese fünf Sammlungen von Wikipedia-Artikeln werden im Anschluss benutzt, um jeweils ein Modell für die Eigennamenerkennung zu trainieren und zu evaluieren. Die Grundidee dabei ist es zu überprüfen, ob die Qualität eines Wikidata-Datenobjekts mit der Performanz des zugehörigen NER-Modells korreliert, ob sich also ein geringer Qualitäts-Score in einer eher niedrigen Performanz des NER-Modells manifestiert. Es handelt sich demnach um eine Art extrinsische Evaluation des Wikidata Qualitäts-Scores.

3.1 Technische Umsetzung

Basierend auf jeder der fünf Sammlungen von Wikipedia-Artikeln trainieren wir ein Modell, das vier unterschiedliche Typen von Eigennamen erkennen kann: Personen (PER), Organisationen (ORG), Orte (LOC) und Sonstiges (MISC). Der allgemeine Ansatz basiert auf BERT (Devlin et al. 2019), einem Transformer-basierten neuronalen Sprachmodell, das derzeit in einer Reihe von NLP-Standard-Tasks den Stand der Forschung definiert. Die Implementierung unseres Systems ist frei zugänglich.[14]

---

14 https://gitlab.com/qurator-platform/dfki/srv-bertner-en (17.12.2020).

Wir benutzen die Qualitäts-Scores von September 2020[15] und verknüpfen die ID des jeweiligen Wikidata-Datenobjekts mit dem jeweils entsprechenden Wikipedia-Artikel. Die Inhalte der Wikipedia-Seite erfassen wir dann wiederum mit einer Python-Bibliothek[16], die gleichzeitig die Verknüpfungen im Fließtext verarbeiten kann. Wir überprüfen den Typ einer jeden Verknüpfung mittels einer SPARQL-Anfrage: Wenn es sich um eine http://dbpedia.org/ontology/Person, http://dbpedia.org/ontology/Organisation oder http://dbpedia.org/ontology/Location handelt, annotieren wir im Fließtext jeweils eine PER-, ORG- oder LOC- Instanz, die anschließend für das Training der NER-Modelle verwendet werden und zwar jeweils für die fünf unterschiedlichen Qualitäts-Scores.

Der Vorteil dieses Verfahrens, das auch als *distantly supervised machine learning* bezeichnet wird, ist, dass wir in relativ kurzer Zeit viele annotierte Trainingsdaten erhalten. Der entscheidende Nachteil ist, dass die Daten nicht von Menschen überprüft wurden und evtl. fehlerhafte Annotationen enthalten. Deswegen benutzen wir für die Evaluation der fünf Modelle eine Teilmenge des englischen Datensatzes von Nothman et al. (2013), weil diese bereits überprüft und validiert worden sind. Wir evaluieren die fünf NER-Modelle jeweils anhand der ersten 50 000 Instanzen des Datensatzes und berechnen die Anzahl korrekt klassifizierter Entitäten.

3.2 Datenanalyse

Die Wikidata-Datenobjekte sind bzgl. ihrer jeweiligen Anzahl in den fünf Qualitätsklassen (von A bis E) sehr unterschiedlich verteilt. Um den Effekt dieser Ungleichverteilung auf die Performanz zu minimieren, begrenzen wir die Anzahl der Instanzen pro Qualitätsklasse auf 15 000 (siehe Tabelle 1). Somit erreichen wir eine balancierte Verteilung bzgl. der fünf Qualitätsklassen, jedoch bleibt eine geringe Diskrepanz zwischen den Entitätsklassen erhalten. Die PER- und LOC-Klassen besitzen eine ähnliche Anzahl Instanzen, während die Anzahl Instanzen für die ORG-Klasse sehr klein ist (siehe Tabelle 1, letzte Zeile).

---

15 https://analytics.wikimedia.org/published/datasets/wmde-analytics-engineering/Wikidata/WD_QualitySnapshots/wikidata_quality_snapshot_202009.tsv.gz (17.12.2020).
16 https://pypi.org/project/wikipedia/ (17.12.2020).

Tab. 1: Anzahl der Entitäten, aufgeteilt nach Qualitäts- und Entitätsklassen.

Qualitätsklasse	PER	ORG	LOC	Anzahl Instanzen (Qualitätsklasse)
A	9 119	2 842	3 039	15 000
B	5 205	3 560	6 235	15 000
C	4 648	3 521	6 831	15 000
D	5 352	3 017	6 631	15 000
E	5 192	2 902	6 906	15 000
Anzahl Instanzen (Entitätsklasse)	29 516	15 842	29 642	

3.3 Experimentelle Ergebnisse

Basierend auf den Daten (siehe Abschnitt 3.2) haben wir fünf NER-Modelle trainiert. Tab. 2 stellt die Ergebnisse dar. Die Ergebnisse des Experiments legen keinen Zusammenhang zwischen Wikidata-Qualitätsklassen und der Genauigkeit der Eigennamenerkennung nahe. Alle Klassen erzielen eine vergleichbar hohe Genauigkeit von etwa 88 %.

Tab. 2: Genauigkeit der Eigennamenerkennung pro Qualitätsklasse

Qualitätsklasse	Genauigkeit (*accuracy*) in Prozent
A	87,95
B	88,05
C	88,07
D	88,03
E	88,11

Für eine weitere Analyse betrachten wir die Verteilung der Trainingsdaten nicht in Bezug auf die Anzahl der Instanzen pro Qualitätsklasse, sondern bezüglich der verfügbaren Wörter in den Trainingsdaten. Zwar haben wir durch die Vorverarbeitung eine Gleichverteilung auf Qualitätsklassenebene erreicht, jedoch bleibt die Anzahl der Wörter davon unberührt. Gleichwohl kann die Wortmenge die Performanz beeinflussen. Tab. 3 stellt die Verteilung der Wörter pro Qualitätsklasse dar.

Tab. 3: Verteilung der Wörter pro Qualitätsklasse

Qualitätsklasse	Wörteranzahl
A	729 779
B	1 083 633
C	674 798
D	671 038
E	770 544

Die gleiche Anzahl von Entitäten verteilt über eine große Anzahl von Wörtern bedeutet entweder eine geringe Anzahl von im Text verlinkten Entitäten, die ihren eigenen Wikipedia-Artikel haben, oder viele Entitäten sind nicht als solche im Text verlinkt. Auf Basis dieser Zahlen lässt sich dies nicht abschließend beurteilen. Eine aufwendige manuelle Analyse wäre notwendig.

Sollten viele Verlinkungen zu Entitäten fehlen, spräche dies dafür, dass viele Annotationen im Datensatz nicht vollständig sind. Fehlende Annotationen beeinflussten den Trainingsprozess und die Performanz insofern, dass die Falsch-Negativ-Fehlerquote erhöht wäre. Diese Vermutung wird jedoch nicht von den empirischen Ergebnissen bestätigt. Die Qualitätsklasse B hat die meisten Wörter, während D die wenigsten hat. Gleichzeitig ist die Performanz für B und D vergleichbar (88,05 % und 88,03 % Genauigkeit). Des Weiteren können wir keinen Anstieg im Vergleich zwischen der höchsten (A) und der niedrigsten (E) Qualitätsklasse in Bezug auf die Qualität und die Wahrscheinlichkeit für fehlende Annotationen feststellen.

Insgesamt zeigt unser Experiment keinen Zusammenhang zwischen den Wikidata-Qualitätsklassen und der Performanz der NER-Modelle, die mit Wikipedia-Artikeln und entsprechenden Annotationen trainiert wurden. Bei dem Experiment sollte aber beachtet werden, dass wir es auf einem Silberstandard[17] trainiert und ausgewertet haben. Die zugrundeliegenden Daten wurden also nicht intellektuell kuratiert, sondern automatisch erzeugt. Diese Vorgehensweise hat den Nachteil einer potenziell hohen Falsch-Negativ-Fehlerquote, die durch unvollständige Verlinkung von Entitäten verursacht werden kann. Ferner haben wir eher geringe Mengen von Daten für das Training der Modelle verwendet. Abschließend kann beobachtet werden, dass nicht alle Faktoren, die sich positiv auf die Wikidata-Qualitätsklassen auswirken (z. B. Multilingualität, d. h. Verlinkung von Wikidata-Datenobjekten mit korrespondierenden Wikipedia-Ar-

---

17 In vergleichbaren Experimenten konnte anstatt von 88 % eine Genauigkeit von 95 % erzielt werden, vorausgesetzt die Modelle werden nach Nothman et al. (2013) trainiert und ausgewertet.

tikeln in unterschiedlichen Sprachen), zugleich einen Einfluss auf die Verwendung von Wikidata-Daten für das Training maschineller Verfahren besitzen, d. h. es existiert zumindest für die automatische Erkennung von Eigennamen gerade *keine* Korrelation zwischen der Datenqualität von Wikidata und der Performanz von Modellen, die mit Wikidata-Daten trainiert wurden.

4 Zusammenfassung

Wissensbasen sind der Grundpfeiler einer Vielzahl technologischer Anwendungen wie persönlicher digitaler Assistenten oder Suchmaschinen. Wissensbasen stellen systematisch gepflegte Sammlungen von Entitäten bzw. semantischen Konzepten zur Verfügung, wobei die Qualität der Wissensbasis von entscheidender Bedeutung für die Qualität der Inhaltserschließung ist.

Weil sie von Freiwilligen betrieben und gepflegt wird, ist die Bemessung und Sicherstellung der Datenqualität bei Wikidata eine große Herausforderung. In diesem Beitrag erläutern wir aktuelle Verfahren zur Qualitätsmessung, die bei Wikidata eingesetzt werden, welche Aspekte bei der Qualität berücksichtigt werden und inwiefern die Datenqualität für nachgelagerte Anwendungen eine Rolle spielt. Bei der Messung der Qualität wird zum einen auf die Community und deren Feedback vertraut, zum anderen werden aber auch automatische Verfahren genutzt. Des Weiteren zeigen wir auf, welche Maßnahmen zukünftig eingesetzt werden könnten, um eine weitere Verbesserung der Datenqualität zu erreichen.

Neben der Wikimedia-Sicht betrachten wir die Datenqualität von Wikidata auch aus der Anwendungssicht. In einem Experiment untersuchen wir empirisch den Zusammenhang zwischen der Datenqualität und der Performanz von Eigennamenerkennung (NER) als einem sprachtechnologischen Anwendungsbeispiel. Wir trainieren ein NER-Modell auf einem speziell für dieses Experiment erzeugten Datensatz, der Wikipedia-Artikel in fünf unterschiedliche Klassen gruppiert und zwar auf Basis der korrespondierenden Wikidata-Qualitätsklasse. Anschließend wird die Performanz des Modells auf Basis eines kuratierten Goldstandards gemessen. Die empirischen Ergebnisse zeigen keinen unmittelbaren Zusammenhang zwischen den Wikidata-Qualitätsklassen und der Performanz der Eigennamenerkennung, was insbesondere an den Kriterien liegt, die an *intellektuell* kuratierte Wissensbasen einerseits und *maschinell* trainierte Verfahren andererseits gelegt werden, denn diese unterscheiden sich in fundamentaler Weise. Während für die von Freiwilligen gepflegte Wissensbasis Wikidata Verlinkungen, Evidenzen und Kontextualisierungen eine große Rolle spielen, ist für den Einsatz von Wikidata in einem maschinellen Lernverfahren lediglich die Kategorisierung eines Datenobjekts sowie die Menge annotierter Beispiele von Bedeutung Dieses Spannungsfeld zwischen der *intellektuellen* Bewertung der Datenqualität von Wikidata-Datenobjekten und der Nutzung von Wikidata-Daten für *maschinelle* Lernverfahren werden wir im Rahmen von zukünftigen Arbeiten genauer untersuchen.

5 Danksagung

Dieser Beitrag wurde im Rahmen des vom Bundesministerium für Bildung und Forschung (BMBF) geförderten Projektes QURATOR (Unternehmen Region, Wachstumskern, Projektnr. 03WKDA1A) erstellt.

6 Literaturverzeichnis

Brändle, Andreas: Zu wenig Köche verderben den Brei: eine Inhaltsanalyse der Wikipedia aus Perspektive der journalistischen Qualität, des Netzeffekts und der Ökonomie der Aufmerksamkeit. Lizentiatsarbeit. Universität Zürich 2005.

Devlin, Jacob, Ming-Wei Chang, Kenton Lee und Kristina Toutanova: BERT: Pre-training of Deep Bidirectional Transformers for Language Understanding. In: Proceedings of the 2019 Conference of the North American Chapter of the Association for Computational Linguistics: Human Language Technologies, Volume 1 (Long and Short Papers). Minneapolis, Minnesota: Association for Computational Linguistics 2019. S. 4171–4186. http://dx.doi.org/10.18653/v1/N19-1423.

Ghaddar, Abbas und Phillippe Langlais: WiNER: A Wikipedia Annotated Corpus for Named Entity Recognition. In: Proceedings of the Eighth International Joint Conference on Natural Language Processing (Volume 1: Long Papers). Asian Federation of Natural Language Processing 2017. S. 413–422. https://www.aclweb.org/anthology/I17-1042 (4.1.2021).

Li, Maolong, Qiang Yang, Fuzhen He, Zhixu Li, Pengpeng Zhao, Lei Zhao und Zhigang Chen: An Unsupervised Learning Approach for NER Based on Online Encyclopedia. In: Web and Big Data. Third International Joint Conference, APWeb-WAIM 2019, Proceedings Part I. Hrsg. v. Jie Shao, Man Lung You, Masashi Toyoda, Dongxiang Zhang, Wei Wang und Bin Cui. Cham: Springer 2019. S. 329–344. https://doi.org/10.1007/978-3-030-26072-9_25.

Nothman, Joel, Nicky Ringland, Will Radford, Tara Murphy und James R. Curran: Learning multilingual named entity recognition from Wikipedia. In: Artificial Intelligence (2013) Bd. 194. S. 151–175. https://doi.org/10.1016/j.artint.2012.03.006.

Oboler, Andre, Gerald Steinberg und Rephael Stern: The Framing of Political NGOs in Wikipedia through Criticism Elimination. In: Journal of Information Technology & Politics (2010) Bd. 7 H. 4. S. 284–299. https://doi.org/10.1080/19331680903577822.

Piscopo, Alessandro und Elena Simperl: What we talk about when we talk about Wikidata quality: a literature survey. In OpenSym '19: Proceedings of the 15th International Symposium on Open Collaboration. New York, NY: Association for Computing Machinery 2019. https://doi.org/10.1145/3306446.3340822.

Rehm, Georg: Observations on Annotations. In: Annotations in Scholarly Edition and Research. Functions, Differentiation, Systematization. Hrsg v. Julia Nantke und Frederik Schlupkothen. Berlin, Boston: De Gruyter 2020. S. 299–324. https://doi.org/10.1515/9783110689112-014.

Sarabadani, Amir, Aaron Halfaker und Dario Taraborelli: Building automated vandalism detection tools for Wikidata. CoRR abs/1703.03861, 2017. http://arxiv.org/abs/1703.03861.

Vrandečić, Denny und Markus Krötzsch: Wikidata: a free collaborative knowledgebase. In: Communications of the ACM (2014) Bd. 57 Nr. 10. S. 78–85. https://doi.org/10.1145/2629489.

Esther Scheven

Qualitätssicherung in der GND

1 Einleitung

1.1 GND?

Was mag das Akronym GND bedeuten? Lassen wir der Fantasie freien Lauf,
kommen wir auf Auflösungen wie *Golfer nehmen Datteln, Gerne noch Details,
Glück nach Dauerstress, Größter Nutzen Deutschlands* und vieles mehr. Eine
ernsthaftere Recherche führt zur *Gesamtnutzungsdauer* oder auf einen Sachverhalt der Elektrotechnik: Die von einer Stromquelle bereitgestellte Spannung bezieht sich stets auf ein Grundniveau. Dieses Grundniveau wird auf Deutsch als
Masse, im Englischen aber als *ground* oder GND bezeichnet. Techniker kennen
das Schaltzeichen dafür: $\perp$ [1].

Für den informationswissenschaftlichen Bereich steht dagegen GND für die
Gemeinsame Normdatei. Auch sie hat (seit 2020) ein Zeichen: ⊙ [2].

Da die Gemeinsame Normdatei (im weiteren Text nur noch GND) auch ein
Instrument der Inhaltserschließung ist, beeinflussen ihre Stärken und Schwächen die Qualität der Inhaltserschließung. Deshalb widmet sich dieser Artikel
der Qualitätssicherung in der GND.

1.2 Allgemeines zur GND

Die Gemeinsame Normdatei ist eine *Normdatei*. D. h. sie ist ein Verzeichnis von
Datensätzen für Begriffe oder individuelle Entitäten zur Verwendung als Deskriptoren für die Erschließung von Ressourcen. Es handelt sich um ein kontrolliertes Vokabular, das nach festgelegten Regeln erfasst und gepflegt wird. Dabei
lassen sich Regeln im Sinne von Anweisungen aus den benutzten Regelwerken
sowie Regeln für die gemeinschaftliche Redaktion der Normdatensätze unterscheiden; beide zusammen bilden die GND-Regeln.

Mit der GND erschließen vorrangig Bibliotheken ihre Bestände. Sie wird
schwerpunktmäßig in der Formal- und Sacherschließung eingesetzt. Sie enthält
alle Kategorien von Normdatentypen, die in diesen Bereichen gebraucht

---

[1] https://www.grund-wissen.de/elektronik/bauteile/leitung.html (7.1.2021).
[2] https://wiki.dnb.de/x/Vbt5Bw (7.1.2021). https://gnd.network/Webs/gnd/DE/Home/home_node.html (11.6.2021).

werden. Das sind im Rahmen der Formalerschließung einmal die Entitäten, die als *creator* im weitesten Sinne[3] für eine zu katalogisierende Ressource gebraucht werden, sowie die Produkte, die von ihnen erstellt wurden. In dem Datenmodell *Functional Requirements for Bibliographic Records* (FRBR)[4] hat man sich darüber Gedanken gemacht, welche Elemente die bibliografische Beschreibung ausmachen und wie sie zueinander in Beziehung stehen. Es wurden drei Gruppen von Entitäten definiert. Gruppe 1 beinhaltet die Produkte[5] oder Ergebnisse von intellektuellen und künstlerischen Tätigkeiten; in Gruppe 2 sind die Verantwortlichen[6] für die geschaffenen Entitäten der Gruppe 1 zusammengefasst. Die Entitäten in den Gruppen 1 und 2 sind die Normdatentypen der Formalerschließung. In der Sacherschließung dagegen geht es um die Themen von intellektuellen oder künstlerischen Produkten. Das können Entitäten der Gruppen 1 und 2 sein, aber darüber hinaus werden weitere gebraucht. Deshalb gibt es nach FRBR noch zusätzlich die Gruppe 3, in der vier Entitäten zusammengefasst sind: *Begriff, Gegenstand, Ereignis* und *Ort*. Diese Kategorisierung ist in der praktischen Anwendung sehr schwierig. Ist beispielsweise eine Sprache ein *Begriff* oder ein *Gegenstand*? Ist eine Epoche wie die Aufklärung ein *Ereignis*? Über diese Zuordnungsproblematik wurde intensiv nachgedacht, diskutiert und publiziert. Die Diskussion brachte als Ergebnis die *Functional Requirements for Subject Authority Data* (FRSAD).[7] Dort gibt es keine Kategorisierung mehr für die Entitäten, die in der Sacherschließung gebraucht werden. Es gibt nur noch eine „Überentität" *Thema*, die alle genannten Entitäten der Gruppen 1 und 2 sowie alle weiteren Sachverhalte, die durch Sacherschließungssysteme ausgedrückt werden, umfasst. Da sich FRSAD zu stark von dem ursprünglichen Modell wegentwickelt hatte, wurde nach einer Harmonisierung und Aktualisierung gesucht und diese in dem neuen Modell *IFLA Library Reference Model* (IFLA LRM)[8] gefunden. IFLA

---

3 Gemeint sind alle Verantwortlichen für eine zu katalogisierende Ressource.
4 Deutsche Übersetzung: Funktionelle Anforderungen an bibliografische Datensätze, 2006. http://d-nb.info/981794572 (7.1.2021). Englisches Original: http://www.ifla.org/files/cataloguing/frbr/frbr_2008.pdf (7.1.2021).
5 Gruppe 1 von FRBR besteht aus den vier Entitätentypen: Werk, Expression, Manifestation, Exemplar
6 Gruppe 2 von FRBR besteht aus den zwei Entitätentypen: Person, Körperschaft (damit sind auch Konferenzen und Gebietskörperschaften gemeint); in der Weiterentwicklung von FRBR zu FRAD (Functional Requirements for Authority Data) wurde noch die Entität Familie hinzugefügt.
7 IFLA: Functional Requirements for Subject Authority Data (FRSAD). 2010. https://www.ifla.org/files/classification-and-indexing/functional-requirements-for-subject-authority-data/frsad-final-report.pdf (7.1.2021).
8 IFLA: Library Reference Model (LRM). https://www.ifla.org/publications/node/11412 (7.1.2021).

LRM kennt die Entitäten der Gruppen 1 und 2 sowie eine neue Entität *Zeitspanne* und die Überentität *res*. Letztere fasst alle Entitäten zusammen und enthält alle weiteren Sachverhalte, die in der Sacherschließung gebraucht werden. Die GND beinhaltet alles (Sachbegriffe, Personen, Körperschaften, Orte, Werktitel) und ist damit das Erschließungsinstrument der Sacherschließung.

Die unterschiedlichen Normdatentypen werden in der GND durch verschiedene Satztypen[9] dargestellt. Insgesamt hat die GND zurzeit einen Datenbestand von ca. 9 Mio. Datensätzen.

Stand Oktober 2020 sind folgende Satztypen enthalten:[10]
– Personen (einschließlich Familien): 5 629 514
– Körperschaften (ohne Gebietskörperschaften): 1 688 275
– Konferenzen: 857 384
– Werke: 452 498
– Geografika (Gebietskörperschaften und andere Geografika): 351 527
– Sachbegriffe: 216 368

Die Satztypen werden noch einmal durch speziellere Entitätencodes[11] unterteilt; zum Beispiel gehören zu den Geografika als ortsfesten Einrichtungen Bauwerke; sie haben einen speziellen Code und können so selektiert werden.

Der Name *Gemeinsame Normdatei* ist Programm. Es ist eine *gemeinsame* Normdatei für ganz unterschiedliche Anwendungsgruppen. Üblicherweise pflegen unterschiedliche Anwendungsgruppen eigene Normdateien, zugeschnitten auf ihre spezifische Anwendung. Die GND vereinigt alle Datensatztypen, die gebraucht werden könnten, und stellt sie den unterschiedlichen Anwendungsgruppen zur Verfügung.

2 Wie kam es zur GND?

Die größte Herausforderung einer Normdatei ist es, mit dem steten Wandel der Welt Schritt zu halten und dennoch für Kontinuität zu sorgen. Dies führt notge-

---

9 https://www.dnb.de/gndgeneraltype (7.1.2021).
10 Die aktuelle Statistik wird auf den Iltis-Seiten angeboten: https://wiki.dnb.de/x/XwiYAg (7.1.2010).
11 https://www.dnb.de/gndspecifictype (7.1.2021).

drungen auch immer zu Kompromissen und Inkonsistenzen. Ein Blick in die Historie der GND hilft, ihre speziellen Brüche besser zu verstehen.[12]

Die GND ging aus vier Vorgängerdateien hervor, die in der Bibliothekscommunity der Erschließung dienten. Drei von ihnen wurden kooperativ geführt. Am 19. April 2012 wurde die GND freigeschaltet und ist damit seit achteinhalb Jahren im Betrieb. Im Folgenden werden die Vorgängerdateien chronologisch aufgeführt und kurz charakterisiert.

Gemeinsame Körperschaftsdatei (GKD): Beginn 1973; beinhaltete Körperschaften, Gebietskörperschaften und Konferenzen. Grundlage für die Erfassung war das Regelwerk *Regeln für die alphabetische Katalogisierung* (RAK). Die GKD wurde in der Formalkatalogisierung verwendet und umfasste 2012 ca. 1,6 Mio. Datensätze. Gemäß RAK wurden die verzeichneten Namen in der Originalsprache notiert, also italienische in Italienisch, russische in Russisch aber transliteriert in lateinische Buchstaben etc.

Einheitssachtitel-Datei (EST-Datei) des Deutschen Musikarchivs: Beginn 1984; in der Datei wurden die Einheitssachtitel des Deutschen Musikarchivs verzeichnet, erfasst nach den *Regeln für die alphabetische Katalogisierung von Ausgaben musikalischer Werke* (RAK-Musik). Sie hatte 2012 einen Umfang von ca. 100 000 Datensätzen.

Schlagwortnormdatei (SWD): Beginn 1986; sie enthielt das verbindliche Vokabular für die Schlagwortvergabe nach den *Regeln für den Schlagwortkatalog* (RSWK). Die SWD umfasste Körperschaften, Konferenzen, Gebietskörperschaften und weitere Geografika wie naturräumliche Einheiten oder Bauwerke, Personen, Datensätze für Werke sowie Sachbegriffe. Die Regeln waren auf die verbale Sacherschließung abgestimmt, d. h. es galt bei Körperschaften, Konferenzen und Gebietskörperschaften nicht der originalsprachliche Name, sondern, so vorhanden, der im Deutschen gebräuchliche Name. Vor dem Umstieg auf die GND hatte die SWD einen Datenbestand von ca. 600 000 Datensätzen.

Personennamendatei (PND): Beginn 1994 bzw. 1998 (Anfangs- und Endjahr des PND-Projekts); sie entstand aus dem Zusammenspiel von verschiedenen Personendatenbeständen. Die PND verzeichnete alle Personen (individualisierte Datensätze) und Personennamen (nur Namen, keine individualisierten Datensätze), die im Rahmen der Formal- und Sachkatalogisierung gebraucht wurden. Für die verschiedenen Anwendungen in der Formal- und Sacherschließung wurden die unterschiedlichen Formen in einem Datensatz zusammengehalten.

---

12 Die digitale Aufbereitung einer Ausstellung zur Geschichte der GND (ursprünglich anlässlich der GNDCon 2018) findet sich unter https://nbn-resolving.org/urn:nbn:de:101:1-2019 090308451473318582 (7.1.2021) oder https://prezi.com/p/i86nojr2q6rs/geschichte-der-gnd/ (7.1.2021) (nicht mit dem Internet Explorer).

Die PND hatte 2012 einen Umfang von ca. 7,1 Mio. Datensätzen; davon waren ca. 2,6 Mio. individualisiert und ca. 4,5 Mio. nur Namen. Die nicht-individualisierten Personennamendatensätze wurden im Juni 2020 aus der GND gelöscht.[13]

Alle vier Normdateien wurden technisch an der Deutschen Nationalbibliothek (DNB) vorgehalten und betreut. Zwischen den Normdateien gab es Redundanzen. Das sah der Standardisierungsausschuss (STA), das zentrale Entscheidungsgremium für die kooperativ organisierte bibliothekarische Erschließungspraxis der deutschsprachigen Bibliothekslandschaft, kritisch. Die Dateien sollten unter Vermeidung von Redundanzen zusammengeführt werden. Man versprach sich davon insgesamt weniger Pflegeaufwände und verbesserte Retrievalmöglichkeiten. Allerdings sollte nach einem Beschluss des STA von 2001 das Regelwerk der Formalerschließung RAK nicht mehr weiterentwickelt, sondern stattdessen auf internationale Regeln umgestiegen werden. Da es sich abzeichnete, dass die geplante Überarbeitung der *Anglo-American Cataloguing Rules* (AACR2) länger dauern und in ein neues Regelwerk münden würde, wurde das Projekt zur Zusammenführung der Normdateien unabhängig vom Zeitpunkt des Regelwerkumstiegs für die Formalerschließung geplant. Das GND-Projekt (2009–2012) war ein Kooperationsprojekt zwischen allen deutschsprachigen Bibliotheksverbünden und der Deutschen Nationalbibliothek.

Die Datensätze der Vorgängerdateien waren nicht nur nach unterschiedlichen Regelwerken erfasst, sondern auch in unterschiedlichen Datenformaten strukturiert. Beides war und ist bis heute für die GND eine Herausforderung. Denn mit Einführung der GND wurde ein neues Datenformat verwendet; es verwirklicht ein *Entity-Relationship*-Modell, d. h. Entitäten werden zueinander in Beziehung gesetzt und die Art der Beziehung codiert. Das GND-Datenformat entspricht weitgehend dem internationalen Datenformat *MARC 21 Authority*, aber die Umwandlung der Inhalte aus den Vorgängerdateien in diese Beziehungsfelder war nur begrenzt möglich.

3 Heterogenität der Daten in der GND

3.1 Ursachen für die Heterogenität der Daten

Da die GND aus umfangreichen etablierten Dateien hervorging, ist zum jetzigen Zeitpunkt der größte Teil ihrer Datensätze[14] nach heute nicht mehr gültigen Re-

---

13 https://wiki.dnb.de/x/aJDOC (7.1.2021).
14 Von den ca. 9 Mio. GND-Datensätzen sind 4,9 Mio. aus den Vorgängerdateien.

gelwerken erfasst. Das heißt nicht unbedingt, dass alle Datensätze nicht den heutigen Regeln entsprechen – unterschiedliche Regelwerke können gleiche oder ähnliche Regeln haben, die im Ergebnis zu den gleichen Erfassungen führen –, aber jeder Datensatz aus dem Altbestand muss auf den heutigen Regelstand überprüft und ggf. angepasst werden.

Doch auch für genuine GND-Datensätze ab 2012 gab es eine Herausforderung: Zum Zeitpunkt des GND-Umstiegs war das neue Regelwerk für die Formalerschließung, *Resource Description and Access* (RDA), noch in weiter Ferne aber schon angekündigt. RDA sollte die AACR2 ablösen und verwirklicht das Datenmodell FRBR. Für die in der GND nun von Formal- und Sacherschließung gemeinsam genutzten Datensätze – das sind nach FRBR die Datensätze der Gruppe 1 (= Normdatensätze für Werktitel) und der Gruppe 2 (= Normdatensätze für Personen, Familien, Körperschaften, Gebietskörperschaften und Konferenzen) – mussten Regeln bis zum RDA-Umstieg geschaffen werden. Diese Übergangsregeln wurden gleichzeitig mit der aufwendigen technischen Zusammenführung der Normdateien kooperativ erarbeitet und abgestimmt. Dabei versuchte man sich soweit wie möglich an den zukünftigen Regeln zu orientieren und das FRBR-Modell zu berücksichtigen. Dennoch entsprechen die Datensätze, die nach Übergangsregeln erfasst wurden, oft nicht dem heutigen Regelstand. 2014 wurde die GND auf die RDA-Regeln umgestellt; das sollte zu mehr Kontinuität und weniger Regelbrüchen führen.

Der Anspruch von RDA war zunächst, Regeln für alle Bereiche des FRBR-Modells anzubieten. Das RDA-Toolkit ist entsprechend den FRBR-Gruppen und Entitätentypen gegliedert. Schnell stellte sich jedoch heraus, dass sich die definierten Entitätentypen der Gruppe 3 allgemein gültigen Regeln für unterschiedlichste Sacherschließungssysteme entziehen (siehe oben). Deshalb sind weiterhin die RSWK das Regelwerk für die verbale Schlagwortkatalogisierung im deutschsprachigen Raum. Sie wurden gründlich überarbeitet und an das Datenformat der GND angepasst.[15] International wurde intensiv an dem RDA zugrundeliegenden Datenmodell weitergearbeitet und ein abgewandeltes Datenmodell, das *Library Reference Model* (IFLA LRM),[16] entwickelt. Das hatte Auswirkungen auf das RDA-Toolkit. Im Juni 2018 hat es einen Relaunch erfahren und ist mit einer neuen Oberfläche erschienen. Dieser beinhaltet ein Rede-

---

15 Die vierte Auflage der RSWK heißt nun *Regeln für die Schlagwortkatalogisierung*; sie wurde 2017 als reine Netzpublikation veröffentlicht, https://nbn-resolving.org/urn:nbn:de:101-2017011305 (7.1.2021).
16 IFLA: Library Reference Model (LRM). https://www.ifla.org/publications/node/11412 (7.1.2021).

sign der Toolkit-Oberfläche und die inhaltliche Anpassung des Standards RDA an das LRM.

Mitte 2018 erschien eine Beta-Version des neuen RDA-Toolkits in englischer Sprache. Für die Anwendungsgemeinschaften der RDA begann hiermit eine Übergangszeit, in der vorhandene Regelungen der Anwendungsgemeinschaften an die neue Struktur und die neuen Inhalte angepasst werden müssen. Die deutschsprachige Community wird dies in einem eigenen 3R-DACH-Projekt[17] für Bibliotheken durchführen. Mitte Dezember 2020 wurde die Betaversion des Toolkits zur offiziellen Ausgabe. Das ursprüngliche Toolkit bleibt bis auf Weiteres erhalten. Ebenfalls bleibt es die Grundlage für die Katalogisierung in der Praxis bis zum Abschluss der Anpassungsarbeiten. Die Auswirkungen des neuen Datenmodells auf die GND sind noch nicht abzusehen. Die Entitäten sind nämlich nicht mehr vollständig die gleichen. Der vorliegende Artikel beschäftigt sich nicht mit dieser neuen Herausforderung.

Nicht nur die GND, auch ihre Vorgängerdateien wurden und werden von einer immer größeren Anwenderschaft benutzt. Diese neuen Nutzungsgruppen stellten ihre eigenen Systeme auf das kooperative System GND um. Dadurch gab es immer wieder sehr große Dateneinspielungen. Solche Dateneinspielungen werden zwar soweit wie möglich maschinell den gültigen Regeln und dem Datenformat angepasst, aber es bleiben dennoch Defizite, die bei Aufgreifen im Rahmen der Katalogisierung intellektuell korrigiert werden müssen.[18]

Da die GND kooperativ geführt wird, werden die Daten von sehr unterschiedlichen Einrichtungen und Personen erfasst. Die Kenntnisse der Regeln und auch die technischen Gegebenheiten sind verschieden und erzeugen Datensätze unterschiedlicher Qualität und inhaltlicher Gewichtung. Um die Qualität der Datensätze besser einschätzen zu können, einigte man sich auf verschiedene Kennzeichnungen:

3.2 Katalogisierungslevel eines Datensatzes

Alle Datensätze haben ein Katalogisierungslevel. Maschinell eingespielte Datensätze haben immer das Level 6 oder 7 und gelten damit als potenziell weniger qualitätsvoll als die übrigen. Datensätze, die regelgerecht von anerkannten Institutionen erfasst wurden, haben das Level 1. Dabei ist zu bedenken, dass die Datensätze mit Level 1 aus den Vorgängerdateien auch als Level-1-Datensätze in

---

17 Mehr Informationen hier https://wiki.dnb.de/x/v5jpBw (7.1.2021).
18 Die Importe in die GND werden auf einer freizugänglichen Wiki-Seite dokumentiert: https://wiki.dnb.de/x/vRTVCg (7.1.2021).

die GND eingespielt wurden, aber oft nicht mit den heute gültigen GND-Regeln übereinstimmen und auch bis heute nicht angepasst wurden.

GND-Anwendenden wird gemäß ihrer redaktionellen Kenntnis ein Katalogisierungslevel mit entsprechenden Befugnissen und Aufgaben zugewiesen, aus denen sich der redaktionelle Geschäftsgang ableitet. Das Katalogisierungslevel wird maschinell aus der Zugangskennung bei Neuerfassungen eines GND-Normdatensatzes entsprechend der Zuordnung zum Anwendenden erzeugt, kann aber von jedem manuell herabgesetzt werden, wenn der Normdatensatz nicht den Anforderungen für das maschinell gesetzte Level entspricht. Einzelheiten sind in der Redaktionsanleitung[19] sowie im Erfassungsleitfaden[20] für das betreffende GND-Feld festgelegt.

Durch die kooperative Pflege der GND kann grundsätzlich jede Person mit der entsprechenden Befugnis jeden Datensatz korrigieren. Manchmal müssen Datensätze vor Korrekturen geschützt werden, z. B. wenn aufgrund von Persönlichkeitsrechten Angaben, die üblicherweise erfasst werden, auf Wunsch der Person nicht erfasst werden dürfen. Daneben gibt es Datensätze, die mit einer besonders großen Anzahl von Ressourcen verknüpft sind. Ändert man sie, ändert sich die Indexierung dieses Datensatzes, was auch für die verknüpften Ressourcen gilt. Das wird von den benutzten Bibliothekssoftwaresystemen unterschiedlich umgesetzt. Bei einem weitverbreiteten Softwaresystem kommt es bei zu vielen gleichzeitigen Änderungen zu Fehlern und Systemabstürzen. Deshalb wurde 2019 ein neues Level z eingeführt, das diese Datensätze schützt. Änderungen können nur noch auf Antrag von der DNB durchgeführt werden. Die Änderung darf nur dann erfolgen, wenn der Gesamtbetrieb der GND gerade geringer ist; das ist in der Regel freitags ab 16.00 Uhr der Fall.

3.3 Angabe des Regelwerks

Das Regelwerk, nach dem ein Datensatz erfasst wurde, wird notiert. Wenn Datensätze aus den Vorgängerdateien den neuen Regeln gemäß aufgearbeitet wurden, wird dies durch die Angabe *rda* festgehalten.

---

19 Deutsche Nationalbibliothek: GND-Redaktionsanleitung.Version 2.3, Stand: 22. Oktober 2019. https://wiki.dnb.de/download/attachments/90411323/Redaktionsanleitung.pdf (7.1.2021).
20 GND-Erfassungsleitfaden für das Format. Stand: 15.10.2020. https://wiki.dnb.de/download/attachments/50759357/005.pdf (7.1.2021).

3.4 Weitere Kennzeichnungen zum redaktionellen Stand des Datensatzes

Es gibt weitere Kennzeichnungen, die den Stand der Aufarbeitung dokumentieren; sie hatten besonders in der Interimszeit zwischen GND-Freischaltung und dem Umstieg auf das Regelwerk RDA eine wichtige Bedeutung.

Die parallelen Datensätze der ehemaligen GKD und SWD (Körperschaften, Konferenzen und Gebietskörperschaften) wurden, wenn möglich, maschinell zusammengeführt; das wurde ebenfalls gekennzeichnet. Eine intellektuelle Zusammenführung hatte eine weitere, davon unterschiedene Kennzeichnung.

Die Überschrift des dritten Abschnittes lautet *Heterogenität der Daten in der GND*. In einer Normdatei sollen alle Einträge der Norm entsprechen, daher ist Heterogenität die größte Herausforderung für diesen Anspruch.

4 Maßnahmen zur Reduzierung der Heterogenität in der GND

Die Maßnahmen zur Reduzierung der Heterogenität sind vielfältig. Es gibt ein durchdachtes organisatorisches Gefüge mit unterschiedlichen Gremien und Rollen. Dieses wird im Folgenden vorgestellt.

4.1 Organisation der GND

4.1.1 GND-Ausschuss

Für die GND als zentrales Erschließungswerkzeug aller Bibliotheken gibt es ein Gremium, das sich mit strategischen und politischen Fragen zur GND, ihrer Pflege und Weiterentwicklung beschäftigt. Es ist der GND-Ausschuss. Er ist direkt dem Standardisierungsausschuss unterstellt und die Leitung der *Arbeitsstelle für Standardisierung* an der DNB führt den Vorsitz. Das Gremium ist paritätisch mit Vertreterinnen und Vertretern aus den beteiligten Verbundsystemen besetzt. Man trifft sich regelmäßig über Telefonkonferenzen, arbeitet gemeinsam über ein Wiki und strebt eine Präsenzsitzung einmal im Jahr an.

4.1.2 GND-Kooperative

Die zentrale GND wird technisch an der DNB geführt. Inhaltlich sind aber alle, die Daten erfassen und Daten in die GND liefern, für sie verantwortlich. Das sind in erster Linie die Bibliotheksverbundsysteme aus Deutschland, Österreich und der Schweiz. Die Zusammenarbeit zwischen ihnen ist historisch gewachsen; es gab keine verbindlichen Absprachen für alle, welche Rechte und Pflichten mit der Teilhabe an der GND verbunden sind. Da weitere Einrichtungen aus dem Kultursektor an der GND partizipieren möchten, wurde es notwendig, formale Absprachen festzulegen und zu dokumentieren. Im Herbst 2017 wurde die GND-Kooperative gegründet und die gemeinsame Kooperationsvereinbarung im August 2020 veröffentlicht.[21] Sie schärft die Rollen der an der GND partizipierenden Einrichtungen in ihrem Zusammenspiel mit dem GND-Ausschuss, der Zentrale an der DNB und den Agenturen (das sind zurzeit die Verbundzentralen). Für die Qualitätssicherung in der GND sind folgende Regeln der Zusammenarbeit besonders wichtig:

– Jede kooperierende Einrichtung hat die Pflicht, Verantwortung für die Pflege der Daten zu übernehmen.
– Jede kooperierende Einrichtung informiert die anderen Einrichtungen über geplante Aktivitäten mit Bezug zur GND (Projekte, Präsentationen und Kooperationen).

Diese Festlegungen sollen dazu führen, dass Einspielungen und Projekte mit der GND besser gemeinsam abgestimmt werden.

4.1.3 Telefonkonferenz der GND-Anwendenden zu redaktionellen Fragen

Immer wieder tauchen bei den Anwendenden der GND Fragen zur Auslegung des Regelwerks auf oder auch nach der korrekten Erfassung von gewünschten Informationen in den Datenstrukturen der GND. In der kooperativ geführten GND müssen dafür gemeinsame Antworten gefunden werden. Als GND-Zentrale bietet die DNB eine Telefonkonferenz für die Mitarbeitenden der GND-Redaktionen an; die Fragen werden in einem Ticketsystem gesammelt und können von allen beantwortet werden; die DNB moderiert die Telefonkonferenz und trägt

---

21 https://www.dnb.de/SharedDocs/Downloads/DE/Professionell/Standardisierung/gndKo operationsvereinbarung.pdf (7.1.2021).

die für alle relevanten Ergebnisse im öffentlichen GND-Redaktions-Wiki[22] unter *Aktuelles und Wichtiges zur GND-Anwendung*[23] ein.

4.1.4 Arbeitsteam zur Behebung von Qualitätsproblemen in der GND

Im GND-Ausschuss wurde die *Qualität* der GND immer wieder thematisiert; die wichtigsten Probleme wurden gesammelt. Es war schnell klar, dass sich ein Team mit Vertretungen aus allen Verbünden mit der praktischen Behebung der gelisteten Probleme beschäftigten müsste. Dieses Team wurde einberufen und besteht seit Oktober 2019. Die Verfasserin des Artikels leitet dieses Team. Im Zeitraum Oktober 2019 bis Dezember 2020 hat sich das Team in sieben Telefonkonferenzen getroffen, um Problembereiche zu identifizieren, zu priorisieren und Maßnahmen zu deren Behebung zu vereinbaren.

4.1.5 Gesprächsreihe zur Öffnung der GND

Zurzeit ist die GND vorrangig ein Werkzeug für den bibliothekarischen Bereich. Seit einiger Zeit wird die Öffnung der GND für nicht-bibliothekarische Anwendende diskutiert. Mit Archiven und Museen entstehen allerdings neue Anforderungen, denen in der GND Rechnung getragen werden muss. In dem von der DFG-geförderten Projekt GND4C[24] sollen die Bedürfnisse von nicht-bibliothekarischen Kultureinrichtungen exemplarisch an Fallbeispielen erarbeitet werden. Das hat Auswirkungen auf die bestehenden Regeln und Konventionen zur Erfassung von Normdatensätzen. Lösungen müssen mit der bestehenden GND-Community abgestimmt werden. Dazu dient das Angebot einer Gesprächsreihe, an der alle, die mit der GND arbeiten, teilnehmen und sich an der Diskussion beteiligen können.

Jede neue Kooperationseinrichtung, die an der GND partizipiert, möchte vorzugsweise Daten, die sie selbst verwendet, in die GND einbringen. Deshalb hatte der erste Termin der Gesprächsreihe zur Öffnung der GND Eignungskriterien für Dateneinspielungen zum Thema.

Unterschiedliche Nutzungsgruppen haben unterschiedliche Bedürfnisse. Zwar verfügt die GND bereits jetzt über zahlreiche Möglichkeiten, diese zu kenn-

---

22 https://wiki.dnb.de/x/O5FjBQ (7.1.2021).
23 https://wiki.dnb.de/x/MZnOC (7.1.2021).
24 https://wiki.dnb.de/x/Vbt5Bw (7.1.2021), Unterseite zum Projekt: https://wiki.dnb.de/x/dIf9Bw (7.1.2021).

zeichnen, aber sie reichen nicht aus. Das angesprochene Thema wurde am 25. November 2020 diskutiert (Titel: *Kennzeichnung von Datensätzen und Feldern bezüglich spezifischer Anwendungskontexte und Konventionen*).

4.1.6 Datenkonzeption der GND und Unterlagen

Bereits bei der Planung der Erstellung der GND hat man darauf geachtet, dass die GND leicht zu pflegen ist. Deshalb erfasst man z. B. bei Werken mit einem *creator* den Titel und den *creator* immer in getrennten Feldern, die zueinander in Beziehung stehen. Ändert sich die Vorzugsbenennung des *creator* aufgrund einer Änderung der Regel, wird das automatisch an alle mit dieser Entität in Beziehung stehenden Ressourcen weitergereicht.

In der GND wird überwiegend mit Unterfeldern und nicht mit Deskriptionszeichen gearbeitet; Unterfelder lassen sich bei maschinellen Korrekturen präziser ansprechen. Pflichtfelder wurden validiert; für die Katalogisierenden gibt es Skripte und Datenmasken, die die Erfassung erleichtern und Fehler verhindern. Eine umfangreiche Dokumentation für jedes Datenfeld der GND sowie für viele weitere Informationen steht allen in einem öffentlichen Wiki[25] zur Verfügung.

Auf dem Bibliothekartag in Frankfurt 2017 habe ich die eingesetzten Mittel der Qualitätssicherung in der GND vorgestellt.[26] An dieser Stelle soll auf die Arbeit des Teams zur Behebung von Qualitätsproblemen in der GND sowie auf die Themen der Gesprächsreihe tiefer eingegangen werden.

4.2 Aus der Arbeit des Teams zur Behebung von Qualitäts- problemen in der GND

Im Team sind die Bayerische Staatsbibliothek, die Staatsbibliothek zu Berlin, die Schweizer Nationalbibliothek, die Deutsche Nationalbibliothek (Leitung) und die Bibliotheksverbünde[27] vertreten; entsprechend der Kooperationsvereinbarung nenne ich diese Einrichtungen im weiteren Text *GND-Partner*.

---

25 https://wiki.dnb.de/x/O5FjBQ (7.1.2021).

26 Scheven, Esther: Qualitätsmanagement in der GND. 106. Deutscher Bibliothekartag in Frankfurt a. M. 2017. https://nbn-resolving.org/urn:nbn:de:0290-opus4-31794.

27 Bibliotheksverbünde: BVB – BibliotheksVerbund Bayern; BSZ – Bibliotheksservice-Zentrum Baden-Württemberg; GBV – Gemeinsamer Bibliotheksverbund der Länder Bremen, Hamburg, MecklenburgVorpommern, Niedersachsen, Sachsen-Anhalt, Schleswig-Holstein, Thüringen und der Stiftung Preußischer Kulturbesitz; HeBis – Hessisches BibliotheksInformationsSystem; hbz – Hochschulbibliothekszentrum des Landes Nordrhein-Westfalen; IDS – In-

Ein Ziel des Teams war, dass die benannten Qualitätsprobleme *gemein-schaftlich* behoben werden, d. h., dass die beteiligten Institutionen auch Korrekturen in der GND übernehmen. Prinzipiell können die meisten beteiligten GND-Partner auch maschinelle Korrekturen in der GND als Ganzes durchführen. Sie müssen es mit ihrem technischen Support in ihren Häusern absprechen und brauchen einen angemessenen zeitlichen Vorlauf. Bei umfangreichen Korrekturarbeiten ist es notwendig, dass die Mitarbeitenden des Teams von ihren Routinearbeiten zugunsten dieser Aufgaben von ihrer Institution freigestellt werden. Bibliotheken, die die Bibliothekssoftware Alma einsetzen, können leider keine größeren Korrekturen in der GND anstoßen; sie nutzen die GND eher passiv. Im Laufe der Arbeit stellte sich dann jedoch heraus, dass viele der gewünschten Datenmanipulationen nur zentral von der DNB durchgeführt werden können. Damit müssen sie in den engen Gesamtplan der IT-Aktivitäten der DNB eingepasst werden; die Bearbeitung dauert entsprechend länger.

Als Einstieg in die Arbeit dienten die vom GND-Ausschuss gesammelten Problembereiche; sie wurden ergänzt und für die Bearbeitung gewichtet. Leider gibt es in der GND aktuell eine große Anzahl von Dubletten – ihre Herkunft ist vielfältig: Dateneinspielungen und parallele Datensätze aus der Migration. Diese zu reduzieren wurde als wichtiges Ziel benannt. Die GND umfasst einige Datenkontingente im fünf- bis sechsstelligen Bereich von sehr geringer Qualität; auch sie stammen aus Dateneinspielungen. Der weitere Umgang mit solchen Datenkontingenten wurde als ebenso prioritär angesehen. Für ein Kontingent wurde bereits folgende Absprache erzielt: Die Ts7-Datensätze[28] wurden nach gründlicher Prüfung und Aufarbeitung einzelner, von den Verbünden verwendeter Datensätze Anfang 2021 gelöscht. Es betraf ca. 10 000 Datensätze. Ein weiterer wichtiger Sachverhalt sind fehlende Pflichtfelder in den Normdatensätzen, ohne deren Ergänzung man bei einer manuellen Korrektur den Datensatz nicht absenden kann. Es handelt sich um die Entitätencodes und Ländercodes bei Körperschaften und Konferenzen. Beide können für einen sehr großen Datenbestand maschinell nachgetragen werden. Die Vorgaben wurden gemeinsam abgestimmt; die Datenmanipulation wird von der DNB vorgenommen. Das maschinelle Nachtragen der Ländercodes bei Körperschaften und Konferenzen gemäß der Angabe des Ortssitzes der Körperschaft bzw. des Veranstaltungsortes von Konferenzen ist für 2021 geplant; auf diese Weise können ca. 30 000 Daten-

---

formationsverbund Deutschschweiz (bis Ende 2020) bzw. SLSP – Swiss Library Service Platform (ab Anfang 2021); KOBV – Kooperativer Bibliotheksverbund Berlin-Brandenburg, Zuse Institut Berlin; OBV – OBVSG/Österreichischer Bibliothekenverbund.

28 Das sind rudimentäre Datensätze mit dem Satztyp *s = Sachbegriff* in Ermangelung weiterer Merkmale; oft sind es keine Sachbegriffe. Sie wurden 2011 von dem Hochschulbibliothekszentrum des Landes Nordrhein-Westfalen (hbz) in die SWD eingespielt.

sätze um Pflichtfelder ergänzt und in ihrer Qualität verbessert werden. Die Anweisungen für das Korrigieren und Nachtragen von Entitätencodes bei Körperschaften sind komplexer. Es sind über 100 000 Datensätze betroffen. Eine technische Umsetzung ist noch nicht terminiert.

Das Thema Dubletten beschäftigt das Team intensiv. Dubletten entstanden, wie bereits erwähnt, einmal aus der Migration und zum anderen aus Einspielungen in die GND. Gemeinschaftlich wurden Möglichkeiten gesucht, diese Dubletten zu reduzieren. Ziel ist nicht eine sofortige maschinelle Zusammenführung, sondern die Kennzeichnung möglicher Matches (das sind Datensätze, die potenziell dublett sind und zusammengeführt werden sollten) als Kandidaten für eine Zusammenführung. Über ein skriptunterstütztes Verfahren[29] werden sie intellektuell zusammengeführt oder entkoppelt. Das stellt sicher, dass nicht fälschlich Datensätze zusammengeführt werden, die sich zwar ähneln, aber doch verschieden sind. Dieses Verfahren gibt es seit einigen Jahren und wurde bei neueren Dateneinspielungen eingesetzt. Um herauszufinden, wie viel Zeit für die Aufarbeitung von Kandidaten gebraucht wird, wurde innerhalb des Teams eine Statistik über alle Datensätze mit Kandidatenkennzeichnung erstellt. Im Mai 2020 waren es insgesamt 24 497 Datensätze (Körperschaften, Konferenzen, Personen, Werke[30]), Mitte November 2020 dagegen nur noch 7 678.[31] Damit war der Beweis erbracht, dass mittels der Kandidatenkennzeichnung und der Skriptunterstützung in kurzer Zeit große Datenmengen bearbeitet werden können.

Im zweiten oder dritten Quartal 2021 sollen ein Teil der Vorschläge zur Dublettenreduzierung von der DNB in der GND umgesetzt und die möglichen Matches als Kandidaten für eine Zusammenführung gekennzeichnet werden, beginnend mit potenziell dubletten Konferenzfolgen; es handelt sich um einen Datenbestand von ca. 23 000 Datensätzen.

Zu jedem Feld von einem GND-Normdatensatz gibt es eine Handreichung für die Erfassung.[32] Dort sind die getroffenen Festlegungen dokumentiert, z. B. welche Codes zur Kennzeichnung der Beziehungen bei verknüpften Entitäten vergeben werden dürfen. Leider werden diese Handreichungen nur unzureichend konsultiert und es kommt zu vielen Erfassungsfehlern in der GND. Es wurde angeregt, mit Hilfe von umfangreichen Validationen solche Erfassungsfehler zu vermeiden. Die Programmierung erfordert IT-Kapazitäten und kann

---

29 Anweisung zur Kandidatenbearbeitung: https://wiki.dnb.de/x/tAbeBg (7.1.2021).

30 Hier sind die exakten Zahlen: Körperschaften: 9 515; Konferenzen: 1 462; Personen: 12 607; Werke: 913.

31 Verteilt auf die Satztypen: Körperschaften: 576; Konferenzen: 1 433; Personen: 4 906; Werke: 763.

32 Erfassungsleitfaden, siehe https://wiki.dnb.de/x/vYYGAw (7.1.2021).

nicht flächendeckend für alle Vorgaben erfolgen; an einem gemeinsamen Verständnis der wichtigsten Validationen wird gearbeitet, die dann umgesetzt werden sollen.

Nach einem Jahr Teamarbeit ist die gezogene Bilanz ausgesprochen positiv. Alle Teammitglieder beteiligen sich aktiv und sind sehr motiviert. Dass die meisten Korrekturen nur zentral von der DNB vorgenommen werden können, verzögert die Prozesse und zeigt, dass die DNB für ihre Aufgaben als GND-Zentrale personell besser ausgestattet sein müsste.

4.3 Themen aus der Gesprächsreihe anlässlich der Öffnung der GND

Neue Anwendungsgruppen bringen neue Herausforderungen, die mit der jetzigen GND-Gemeinschaft diskutiert werden. Das soll über das Angebot einer Gesprächsreihe erfolgen, in dem aktuell drei Termine geplant sind. Der erste Termin widmete sich den Eignungskriterien von Dateneinspielungen in die GND. Sechs Leitlinien wurden erarbeitet, die da lauten:
– Es besteht ein berechtigter Bedarf und die Daten dienen dem Zweck der GND.
– Die Daten stehen unter freier Lizenz.
– Die Daten sind verlässlich.
– Die Daten entsprechen den aktuell gültigen Regelungen der GND.
– Die Pflege der Daten ist nachhaltig gewährleistet.
– Die betrieblichen und technischen Rahmenbedingungen sind gegeben.

Jede Leitlinie wurde inhaltlich weiter ausdifferenziert und ist im GND-Wiki veröffentlicht.[33] Für die Qualitätssicherung in der GND ist die Garantie einer nachhaltigen Pflege der eingespielten Daten besonders wichtig. Nur wenn ein Datenset den genannten Eignungskriterien entspricht, kann es eingespielt werden. Man hat sich auf einen Workflow für das Einspielen von neuen Datensets geeinigt. Er umfasst vier Schritte:
1. *Anfrage:* Eine Einrichtung möchte Daten in die GND einbringen und wendet sich mit diesem Wunsch an die GND-Zentrale oder die zuständige GND-Agentur. Die Einrichtung stellt eine Beschreibung der Daten und Beispieldaten zur Verfügung.
2. *Erste Prüfung:* Die GND-Zentrale bzw. GND-Agentur prüft anhand der Eignungskriterien die Eignung der Daten für das Einbringen in die GND.

---

33 https://wiki.dnb.de/x/OxZVCw (11.6.2021).

3. *Detailanalyse und Absprache:* Erscheinen die Daten prinzipiell geeignet, werden die Rahmenbedingungen für ein Einbringen der Daten abgesprochen. In diesem Schritt werden je nach Art und Umfang der Daten in Zusammenarbeit mit der datengebenden Einrichtung und der zuständigen Agentur auch Analysen an der gesamten Datenmenge vorgenommen.

4. *Einplanung der Einspielung:* Sollten alle Voraussetzungen für ein Einbringen gegeben sein (u. a. liegen die Daten vollständig in einer abgestimmten Form vor), wird die konkrete Einspielung eingeplant. Die Information über die Planung der zu importierenden Daten (Entitätstypen, Umfang, voraussichtliches Datum des Imports etc.) erfolgt aktuell im GND-Wiki.[34] Die Verbundpartner werden spätestens vier Wochen vor dem produktiven Import per E-Mail informiert. Sofern die von den GND-Partnern festgelegten Beschränkungen für neue Datensätze und Änderungen an bestehenden Datensätzen pro Tag[35] nicht eingehalten werden können, müssen die Termine mit den Verbundpartnern im Detail abgesprochen werden.

Die vorgestellten Eignungskriterien wurden von allen Teilnehmenden der Gesprächsreihe gut aufgenommen; sie gewährleisten qualitativ hochwertige Einspielungen und verhindern bereits gemachte negative Erfahrungen.

Als nächstes Thema will man sich in der Gesprächsreihe mit der Kennzeichnung von Datensätzen und Feldern bezüglich spezifischer Anwendungskontexte und Konventionen beschäftigen. Die GND hat bereits jetzt viele Möglichkeiten, Anwendungskontexte herzustellen. Dazu gehören Teilbestandskennzeichen, die redaktionellen Hinweise oder die Möglichkeiten, abweichende Namensformen zur speziellen Verwendung einer bestimmten Anwendungsgruppe zu kennzeichnen. Die vorhandenen Möglichkeiten müssen ausgebaut und stärker standardisiert werden; allerdings dürften sie wohl noch nicht ausreichen und müssen durch weitere Konzepte erweitert werden.

4.4 Sacherschließungsspezifische Sachverhalte

Dieser Artikel erscheint in einem Sammelband zur Qualität in der Inhaltserschließung. Da die GND das zentrale Instrument für die verbale Inhaltserschließung ist, beeinflusst die Qualität der GND auch die Qualität der verbalen Inhaltserschließung mit der GND. Der Artikel hat die Anstrengungen oder Bemühungen um die Qualitätssicherung in der GND als Ganzes beleuchtet. Vie-

---

34 Importe in die GND und Datenmanipulationen: https://wiki.dnb.de/x/vRTVCg (7.1.2021).
35 Obergrenzen für Batch-Änderungen, https://wiki.dnb.de/x/fRjVCg (7.1.2021).

le der betroffenen Entitäten haben für die Inhaltserschließung nicht sofort unmittelbare Bedeutung. Wenn alle Entitätencodes und Ländercodes soweit wie möglich maschinell bereinigt und Dubletten weitgehend reduziert sind, gibt es in der GND weiterhin zahlreiche Datensätze aus dem Teilbestand Sacherschließung mit formalen oder inhaltlichen Mängeln.

Zu den inhaltlichen Mängeln gehört, dass, obwohl seit der 3. Auflage der RSWK die Einbindung der Sachbegriffe in das semantische Netz mit Ober- und Unterbegriffen gefordert ist, dies bis heute nur unzureichend umgesetzt worden ist. Im Rahmen der Globalisierung hat der Zugang in anderen Sprachen einen immer höheren Stellenwert. Die Anreicherung häufig verwendeter Sachschlagwörter mit fremdsprachigen Deskriptoren zur Erhöhung der Interoperabilität sollte weiter ausgebaut werden. Zurzeit gibt zu ca. 41 000 Sachbegriffen eine Verknüpfung zu den englischen Deskriptoren der Library of Congress Subject Headings und den französischen der Normdatei RAMEAU. Diese Verknüpfungen gehen auf das Projekt MACS[36] zurück. Die DNB plant aktuell, durch ein internes Projekt die Abdeckung zu verbessern sowie die Datenpflege zu vereinfachen. In dem Projekt CrissCross[37] wurden die Datensätze (nur Sachschlagwörter und Geografika) der damaligen SWD mit Notationen der Dewey-Dezimalklassifikation angereichert; heute haben 2,7 Mio. Datensätze eine DDC-Notation. Man könnte sich überlegen, ob man die Vergabe der Notationen ausweitet auf Körperschaften, Konferenzen, Werktitel und Personen. Das erfordert Absprachen mit allen, die an diesen Daten Interesse haben und kann nur kooperativ geleistet werden.

Zu mehr formalen Mängeln gehören die folgenden Sachverhalte:

Ca. 2 000 Datensätze nehmen in den Bemerkungsfeldern Bezug auf die RSWK; es sind überwiegend Datensätze aus der Vorgängerdatei SWD, für die die RSWK bis zur 3. Auflage galt. Mit der 4. Auflage der RSWK haben sich viele Regeln grundsätzlich geändert. Für Körperschaften, Gebietskörperschaften, Konferenzen, Personen und Werktitel ist RDA das maßgebliche Regelwerk. Wahrscheinlich treffen die Hinweise auf RSWK in den ca. 2 000 Datensätzen heute nicht mehr zu und müssten alle intellektuell überarbeitet werden.

Mit GND-Einführung wollte man für jede Entität, auch wenn sie möglicherweise keinen spezifischen Eigennamen hatte, einen eigenen Datensatz erfassen. Nur so ist sichergestellt, dass im Rahmen von *Linked Data* die Entitäten miteinander in Beziehung gesetzt werden können. Bis zur 3. Auflage der RSWK wurden Entitäten ohne spezifische Namen wie Grabdenkmäler u. ä. durch Verknüpfungen von Einzelschlagwörtern in der Schlagwortfolge wiedergegeben. Zur

---

36 Landry (2004).
37 Hubrich (2008).

Rechercheführung wurden in der SWD Hinweissätze auf diese Schlagwortfolgen verankert. Mit Einführung der GND waren solche Hinweissätze nicht mehr zulässig; es sollten für die jeweiligen Entitäten immer ein eigener Datensatz erfasst werden. Hinweissätze gibt es seit dem GND-Umstieg und mit der 4. Auflage der RSWK nur noch bei Sachbegriffen im Rahmen der Zerlegungskontrolle. Hinweissätze sind Datensätze für Nicht-Deskriptoren, die auf die genutzten Deskriptoren verweisen. Vom Nicht-Deskriptor *Betonkorrosion* wird auf die beiden Schlagwörter *Beton* und *Korrosion* verwiesen (vgl. RSWK §8,5). Leider gibt es nach jetzigem Stand immer noch über 6000 falsche Hinweissätze aus der ehemaligen SWD-Praxis; in der Regel hat so eine Entität mehrere Hinweissätze. Für das Grabmal der Erzherzogin Marie Christine in Wien wurden sieben Hinweissätze angelegt, die auf die benutzte Schlagwortkombination verweisen. Es ist aufwendig, sie aufzuarbeiten. Dennoch ist es notwendig, gerade wenn die GND sich für weitere Anwendungsgruppen öffnet.

Hinweissätze für das Grabmal:
- http://d-nb.info/gnd/7512929-2: Augustinerkirche (Wien) / Canova, Antonio / Grabmal der Erzherzogin Marie Christine
- http://d-nb.info/gnd/7512930-9: Canova, Antonio / Grabmal der Erzherzogin Marie Christine[38]
- http://d-nb.info/gnd/7512931-0: Augustinerkirche (Wien) / Marie Christine (Sachsen-Teschen, Herzogin) / Grabmal / Canova, Antonio
- http://d-nb.info/gnd/7512932-2: Canova, Antonio / Marie Christine (Sachsen-Teschen, Herzogin) / Grabmal / Augustinerkirche (Wien)[39]
- http://d-nb.info/gnd/7512933-4: Canova, Antonio / Augustinerkirche (Wien) / Grabmal der Erzherzogin Marie Christine[40]
- http://d-nb.info/gnd/7512934-6: Augustinerkirche (Wien) / Canova, Antonio / Grabmal / Marie Christine (Sachsen-Teschen, Herzogin)
- http://d-nb.info/gnd/7512935-8: Augustinerkirche (Wien) / Grabmal der Erzherzogin Marie Christine

Zu benutzende Schlagwortkombination:
```
Marie Christine, Sachsen-Teschen, Herzogin AND Grabmal AND Augustiner
kirche (Wien)
```

Die Abteilung Inhaltserschließung der DNB arbeitet zwar immer wieder an den genannten Themen, kann aber die systematische Aufarbeitung für alle Datensätze nicht allein leisten. Wie in allen anderen Problembereichen, ist auch hier

---

38 Der Hinweisdatensatz wird im Portal der DNB fehlerhaft angezeigt.
39 Der Hinweisdatensatz wird im Portal der DNB fehlerhaft angezeigt.
40 Der Hinweisdatensatz wird im Portal der DNB fehlerhaft angezeigt.

die Verbesserung der Qualität eine gemeinsame Aufgabe, ganz im Sinne des *G* in GND. Die DNB als GND-Zentrale wird daher künftig höhere Aufwände in die Anregung und Koordination von Qualitätsaktivitäten stecken. Ein Ziel wird der Aufbau eines eingespielten Netzwerks von erfahrenen Personen in der GND-Redaktion und in der Inhaltserschließung sein, die nach einem vereinbarten Zeitplan systematische Korrekturen in der GND durchführen. Auch wird deren Expertise benötigt, um den Anwendungsgruppen und Gremien beratend zur Seite zu stehen. Diese Diskussionsprozesse sind oft mühselig, aber unbedingt notwendig. Nur im beständigen Austausch und auf Grundlage eines geteilten Verständnisses zu Problemen und Zielen ist die Qualität einer *Norm*datei gewährleistet.

5 Literaturverzeichnis

American Library Association et al. (Hrsg.): Resource description & access: RDA. Dt. Übers. Arbeitsstelle für Standardisierung der Deutschen Nationalbibliothek. 1. Aufl. Berlin, Boston, Mass.: De Gruyter Saur 2013.

American Library Association und The Library of Congress (Hrsg.): Anglo-American Cataloguing Rules (AACR2). London: The Library Association 1967.

Deutsche Bibliothek et al. (Hrsg.): Regeln für die alphabetische Katalogisierung in wissenschaftlichen Bibliotheken: RAK-WB. 2. überarb. Aufl. (Losebl.-Ausg. – Grundwerk) Leipzig, Frankfurt a. M., Berlin: Die Deutsche Bibliothek 1993.

Deutsche Bibliothek et al.: Regeln für die alphabetische Katalogisierung von Ausgaben musikalischer Werke: RAK-Musik. Rev. Ausg. Leipzig, Frankfurt a. M., Berlin: Die Deutsche Bibliothek 2003.

Deutsche Nationalbiblitohek (Hrsg.): GND-Redaktionsanleitung: Befugnisse und Aufgaben der GND-Anwendergruppen. Version 2.3 Stand: 22. Oktober 2019. https://wiki.dnb.de/down load/attachments/90411323/Redaktionsanleitung.pdf (5.1.2021).

Deutsche Nationalbibliothek: Kooperationsvereinbarung zur Gemeinsamen Normdatei. Stand: 13.08.2020. https://www.dnb.de/SharedDocs/Downloads/DE/Professionell/Standardi sierung/gndKooperationsvereinbarung.pdf (7.1.2021).

Deutsche Nationalbibliothek et al. (Hrsg.): Regeln für den Schlagwortkatalog: RSWK. 3., überarbeitete und erweiterte Auflage (Losebl.-Ausg. – Grundwerk: 1998; 7. Ergänzungslieferung: Mai 2010). Leipzig, Frankfurt a. M., Berlin: Deutsche Nationalbibliothek 1998–2010.

Deutsche Nationalbibliothek (Hrsg.): Regeln für die Schlagwortkatalogisierung: RSWK. 4., vollständig überarbeitete Auflage. Frankfurt am Main: Deutsche Nationalbibliothek 2017. https://nbn-resolving.org/urn:nbn:de:101-2017011305 (7.1.2021).

Hubrich, Jessica: Crisscross: SWD-DDC-Mapping. In: Mitteilungen der VÖB (2008) Bd. 61 Nr. 3, S. 50–58. https://www.univie.ac.at/voeb/publikationen/voeb-mitteilungen/ voeb-mitt-61-2008-3/ (7.1.2021).

International Federation of Library Associations and Institutions: IFLA Library Reference Model (IFLA LRM). 2017. https://www.ifla.org/publications/node/11412 (7.1.2021).

International Federation of Library Associations and Institutions, Study Group on the Functional Requirements for Bibliographic Records (Hrsg.): Functional Requirements for Bibliographic Records. Final Report. As amended and corrected through February 2009. 2009. http://www.ifla.org/files/cataloguing/frbr/frbr_2008.pdf (7.1.2021).

International Federation of Library Associations and Institutions, Study Group on the Functional Requirements for Bibliographic Records und Arbeitsstelle für Standardisierung, Deutsche Nationalbibliothek (Hrsg.): Funktionelle Anforderungen an bibliografische Datensätze. Abschlussbericht der IFLA Study Group on the Functional Requirements for Bibliographic Records. Übers. v. Susanne Oehlschläger. Leipzig, Frankfurt a. M., Berlin: Deutsche Nationalbibliothek 2006. https://nbn-resolving.org/urn:nbn: de:1111-20040721195.

International Federation of Library Associations and Institutions, Working Group on the Functional Requirements for Subject Authority Records: Functional requirements for subject authority data (FRSAD): a conceptual model. 2010. http://www.ifla.org/files/classification-and-indexing/functional-requirements-for-subject-authority-data/frsad-final-report.pdf (7.1.2021)

Landry, Patrice: Multilingual Subject Access: The Linking Approach of MACS. In: Cataloging & Classification Quarterly (2004) Bd. 37 H. 3–4. S. 177–191. https://doi.org/10.1300/J104v37n03_11.

RDA Steering Committee: Resource description & access. 2020. Neueste Fassung nur als lizenzierte Web-Veröffentlichung: https://access.rdatoolkit.org (7.1.2021).

Scheven, Esther: Qualitätsmanagement in der GND. (Konferenzveröffentlichung) Frankfurt a. M. 2017 (106. Deutscher Bibliothekartag). https://nbn-resolving.org/urn:nbn: de:0290-opus4-31794 (7.1.2021).

Scheven, Esther: Die Geschichte der GND: aufgearbeitet und dokumentiert anlässlich der GNDCon Dezember 2018 in einer analogen Ausstellung. Als Webanwendung aufbereitet von Maike Ohde. Frankfurt a. M.: Deutsche Nationalbibliothek 2019. https://nbn-resolving.org/urn:nbn:de:101:1-2019090308451473318582 (7.1.2021).

Expertenteam RDA-Anwendungsprofil
für die verbale Inhaltserschließung

Qualitätskriterien und Qualitätssicherung in der inhaltlichen Erschließung – Thesenpapier des *Expertenteams RDA-Anwendungsprofil für die verbale Inhaltserschließung* (ET RAVI)

Vorbemerkung

In der Folge eines Arbeitsauftrags des Standardisierungsausschusses wurde im Herbst 2017 das Expertenteam *RDA-Anwendungsprofil für die verbale Inhaltserschließung* (ET RAVI) eingerichtet. Dieses ist der Fachgruppe Erschließung zugeordnet und beschäftigt sich seither mit der Weiterentwicklung der verbalen Inhaltserschließung.

Eines der zu bearbeitenden Themen war die „Definition allgemeiner verfahrensunabhängiger Qualitätskriterien und ggf. Verfahren zur Qualitätssicherung".[1] Auf einem eintägigen Workshop diskutierte die Gruppe die beiden Leitfragen *Welche Dimensionen von Qualität gibt es?* und *Welche Anwendungsszenarien können unterschieden werden?* Die Überlegungen wurden in mehreren Telefonkonferenzen vertieft. Einige Mitglieder des Expertenteams bearbeiteten weitere Details und erstellten ein Thesenpapier, das dem Standardisierungsausschuss vorgelegt wurde. Die Ergebnisse wurden außerdem bei verschiedenen Gelegenheiten einem breiteren Fachpublikum vorgestellt.[2]

Das Ende 2019 dem Standardisierungsausschuss vorgelegte Thesenpapier wird hier in einer im Januar 2021 leicht redigierten Form vorgelegt. Folgende Personen waren an der Erarbeitung beteiligt (die Verfasser:innen des Thesenpapiers sind mit einem Sternchen gekennzeichnet): Regine Beckmann* (Staatsbibliothek zu Berlin – Preußischer Kulturbesitz), Cyrus Beck (Zentralbibliothek

---

1 Vgl. Protokoll der 34. Sitzung des Standardisierungsausschusses vom 10. Dezember 2018, TOP 8c, S. 13, https://www.dnb.de/SharedDocs/Downloads/DE/Professionell/Standardisie rung/Protokolle/Standardisierungsausschuss/pSta20181211Abg.pdf (18.1.2021).
2 Fortbildungsveranstaltung des VDB-Hessen *Im Fokus: Inhaltserschließung* am 2. September 2019 in Fulda; Sitzung der österreichischen Kommission für Sacherschließung am 9. September 2019 in Graz; Tagung *Netzwerk maschinelle Erschließung* am 10./11. Oktober 2019 in der DNB in Frankfurt a. M. im Rahmen des Knowledge Cafés *Inhaltserschließung im digitalen Zeitalter für Wissenschaft von heute und morgen.*

Zürich), Urs Frei (Schweizerische Nationalbibliothek Bern), Michael Franke-Maier* (Universitätsbibliothek der Freien Universität Berlin), Werner Holbach (Bayerische Staatsbibliothek), Armin Kühn (Bibliotheksservice-Zentrum), Bettina Kunz (Niedersächsische Staats- und Universitätsbibliothek Göttingen), Julijana Nadj-Guttandin* (Deutsche Nationalbibliothek Frankfurt am Main), Sarah Pielmeier (Universitäts- und Landesbibliothek Münster), Esther Scheven (Deutsche Nationalbibliothek Frankfurt am Main), Christoph Steiner* (Österreichische Nationalbibliothek), Heidrun Wiesenmüller (Hochschule der Medien Stuttgart), Barbara Wolf-Dahm* (Universitätsbibliothek Augsburg).

Allgemeine verfahrensunabhängige Kriterien und Maßnahmen zur Qualitätssicherung

1 Ausgangslage

In den vergangenen Jahren haben sich die Rahmenbedingungen für die bibliothekarische Kernaufgabe der Inhaltserschließung deutlich verändert und erweitert. Die zunehmende Menge von Materialien und Publikationsformen und die Heterogenität der Daten bergen zahlreiche immanente Möglichkeiten, aber auch Notwendigkeiten für die Entwicklung und den Einsatz neuer Erschließungsverfahren. Im selben Maße sind die Anforderungen an die inhaltliche Aufbereitung von Ressourcen und die Anwendungsbereiche gewachsen. Regelwerke und Normdateien öffnen sich für Anwendungsgruppen und Nutzungsszenarien jenseits der Bibliotheken. Die traditionelle intellektuelle Sacherschließung nach den Regeln für die Schlagwortkatalogisierung (RSWK) oder nach einem Klassifikationssystem ist nur noch ein Teil in einem Nebeneinander verschiedener Verfahren und Erschließungssysteme. In erheblichem Umfang sind Bestände nicht inhaltlich erschlossen und entziehen sich der thematischen Auffindbarkeit in der Menge der erschlossenen Bestände. Dementsprechend ist die aktuelle Fachdiskussion über zukunftsfähige Verfahren zur Inhaltserschließung geprägt von unterschiedlichen Sichtweisen auf die Bedeutung, den Nutzen und die Relevanz von Regelwerken und kontrollierten Vokabularen. In diesem vielschichtigen Kontext spielt der Qualitätsbegriff eine zentrale Rolle. Damit unterschiedliche Verfahren zukünftig nicht nur nebeneinander existieren, sondern unter optimaler Ausnutzung ihrer Stärken zusammenwirken können, bedarf es der Konsolidierung der Qualitätskriterien, die der inhaltlichen Erschließung zugrunde liegen. Ziel ist die Ablösung bisher hilfsweise herangezogener Bewertungskategorien wie z. B. „gut", „schlecht", „nützlich", „falsch", „präzise", „grob" durch verlässliche und operationalisierbare Definitionen.

Verfahrensunabhängige Qualität besteht nicht in der Angleichung der Inhalte und Erschließungsregeln unterschiedlicher Wissensorganisationssysteme, sondern in der Verbindlichkeit von Standards für die Gestaltung von Wissensorganisationssystemen. Damit wird Interoperabilität heterogener Systeme und in heterogenen Umgebungen ermöglicht.

Die Qualität inhaltlicher Erschließung umfasst mindestens die folgenden Qualitätsdimensionen: Sie resultiert aus den übergeordneten Grunddimensionen *Transparenz* und *Verlässlichkeit*, aus der *regelbasierten Produktion von Normdaten*, aus *Verwendungsregeln für die Ressourcenbeschreibung*, aus der *transparenten Auswertung für Retrieval und Anzeige* und aus der *Öffnung der Daten für die Nachnutzung in anderen Wissenschaftskontexten jenseits des klassischen Retrievals*.

2 Grunddimensionen: Verlässlichkeit und Transparenz

Als Grunddimensionen von Qualität gelten generell die Anforderungen *Verlässlichkeit* und *Transparenz*. Dabei versteht sich Verlässlichkeit im Sinne von Konsistenz der Daten, der Regeln und des Retrievals. Transparenz beinhaltet die Offenlegung von Regeln und Standards, die genaue Herkunftskennzeichnung von Daten (Erschließungsmethode, Erschließungslevel, Konfidenz) sowie das Verdeutlichen von Erschließungslücken und heterogenen Erschließungssituationen. Durch die optimale Nutzung der Stärken der unterschiedlichen Erschließungssysteme und -methoden wird ein hohes Maß an Benutzungsfreundlichkeit erzeugt. Differenzierte Recherchemöglichkeiten verbessern die *discoverability* von Bibliotheksbeständen. Weiterhin dienen die beiden Grunddimensionen in zunehmendem Maße auch der Nachnutzung dieser Daten in anderen Wissenschaftskontexten jenseits des klassischen Retrievals, wie z. B. für die Digital Humanities, oder als Grundlage für lernende Verfahren.

3 Qualitätsdimension I: Regelbasierte Produktion von Normdaten

Voraussetzung für eine qualitativ hochwertige inhaltliche Erschließung, sei sie intellektuell oder maschinell, sind Normdateien, Thesauri, Klassifikationen und Ontologien. Gegenüber einer reinen Verstichwortung hat die Nutzung solcher

Wissensorganisationssysteme Vorteile, z. B. die Herstellung von Kontext. Insofern bedarf es einer Regelung für die Erstellung und Verwendung von Normdaten.

Dabei sind Anforderungen an Qualität:

- eindeutige Bestimmung des Begriffsumfangs der einzelnen Konzepte
- Disambiguierung im Verhältnis zu anderen Konzepten
- spezifisch für die Gemeinsame Normdatei (GND): Kritische Überarbeitung der Zerlegungskontrolle, vor allem für solche Normdatensätze, welche mit Verfahren der Named Entity Recognition exakt zugeordnet werden können
- konsistente terminologische Kontrolle und Anreicherung durch Synonyme
- Relationierung und Hierarchisierung der Datensätze
- Gebräuchlichkeit der Terminologie, die beim Retrieval sowohl den Bedarfen von Lai:innen im jeweiligen Fach auf der einen Seite bis hin zu Expert:innen auf der anderen Seite gerecht wird
- Aktualität und Wissenschaftsnähe der Terminologie
- Ausrichtung an internationalen Standards, wie z. B. der Thesaurus-Norm ISO 25964 oder Resource Description and Access (RDA)
- Maschinenlesbarkeit aller Attribute der einzelnen Normdatensätze und geeignete Aufbereitung für das Semantic Web
- Verknüpfung mit anderen Normdaten (Linked Data, semantische Dichte), um logische Schlussfolgerungen durch Mensch und Maschine sowie die Navigation in den Daten zu ermöglichen

4 Qualitätsdimension II: Verwendungsregeln für die Ressourcenbeschreibung

In einem kooperativen Erschließungskontext sind unterschiedliche Bibliothekstypen (Spezialbibliotheken, Universalbibliotheken, öffentliche Bibliotheken), Bibliotheksverbünde und ggf. nicht-bibliothekarische Agierende aktiv, die untereinander Daten austauschen. Ein gewinnbringender Datenaustausch ist dann möglich, wenn sich die einzelnen Mitwirkenden des Netzwerks auf gemeinsame Standards für die inhaltliche Ressourcenbeschreibung einigen. Weiterhin werden z. T. konsortiale Softwarelösungen großer Firmen zur Recherche eingesetzt, die sich für die Optimierung der Suchwerkzeuge an klaren Vorgaben ausrichten sollten.

Anforderungen an die Inhaltserschließung können unterschiedlich sein – in Abhängigkeit einerseits von der Fachdomäne, der Institution und den Benutzer:innen, andererseits vom Dokumenttyp. Verwendungsregeln für die Ressourcenbeschreibung sind vor diesem Hintergrund zu flexibilisieren, um den unterschiedlichen Bedürfnissen gerecht zu werden.

Für das Gelingen dieser Flexibilisierung und den optimalen Einsatz der besonderen Stärken der unterschiedlichen Verfahren und Systeme für Retrieval, Anzeige, Facettierung und Nachnutzung der Daten bedarf es im Sinne der Grunddimension *Transparenz* einer standardisierten und maschinenlesbaren Kennzeichnung. Die eingesetzten Verfahren und Wissensorganisationssysteme sowie die Erschließungstiefe sind idealerweise aus den einzelnen Datensätzen auslesbar.

Anforderungen an Verwendungsregeln sind:

– Verständlichkeit
– gut nachvollziehbare Gliederung und übersichtliche Gestaltung des Richtlinientextes
– Ermöglichung einer flexiblen Handhabung für unterschiedliche Szenarien durch die Einführung von abgestuften Erschließungsleveln mit unterschiedlichen Präzisionsgraden unter Berücksichtigung eines Minimalstandards
– Einsatz international anerkannter, sich weiterentwickelnder Wissensorganisationssysteme (GND, Dewey-Dezimalklassifikation, Regensburger Verbundklassifikation, Basisklassifikation etc.)
– präzise inhaltliche Beschreibung einer Ressource in ihrer Gesamtheit
– Ermöglichung der Beschreibung von Teilaspekten (*minor terms*)
– Ermöglichung einer weniger granularen Beschreibung (*broader terms*), die ggf. auch maschinell aus der präzisen inhaltlichen Erschließung erzeugt werden kann
– maschinenlesbare Kennzeichnung der Erschließungstiefe
– Ausrichtung der Verwendungsregeln auch an der Eignung der Ergebnisse als Trainingsdaten für maschinelle Verfahren

5 Qualitätsdimension III: Transparente Auswertung für Retrieval und Anzeige

Ziel der Inhaltserschließung ist unter Orientierung an den Bedarfen unterschiedlicher Zielgruppen die optimale Auffindbarkeit von Ressourcen im Zusammenspiel von *recall* und *precision*. Metadaten der Inhaltserschließung sind dabei die Grundlage für die thematische Suche mit iterativer Herangehensweise. Differenzierte Recherche- und Navigationsmöglichkeiten der Suchinstrumente verbessern die *discoverability* der Bestände.

Insofern bedarf es einer benutzungsfreundlichen Visualisierung sowie der Offenlegung und der nachvollziehbaren Dokumentation der Erschließungssituation auch im Suchwerkzeug. Informationen zum Einsatz unterschiedlicher Wissensorganisationssysteme, zu Erschließungslücken sowie zu unterschiedlichen Erschließungstiefen müssen auch für Nutzer:innen einsehbar sein. Qualitätsanforderungen für die Gestaltung von Suchwerkzeugen sind:

- Überschaubarkeit, Vollständigkeit, Präzision von Treffermengen
- Verständlichkeit der Anzeige inhaltlicher Metadaten
- Orientierung an den IFLA LRM User tasks
- sinnvolle Normalisierung und Indexierung
- Auswertung von Cross-Konkordanzen und Relationierungen zur Homogenisierung der Vielzahl unterschiedlicher inhaltlicher Metadaten (z. B. in Discovery-Systemen)
- optimale Auswertung inhaltlicher Metadaten für das Relevanz-Ranking
- kontextsensitive Ergebnismengen auf Basis von User-Profilen bzw. fachlichen Bedarfen
- Einbindung alternativer inhaltlicher Erschließungselemente (Links zu Klappen- und Volltexten, Inhaltsverzeichnissen etc.)
- Angebot von weiterführenden Funktionalitäten auf Basis inhaltlicher Metadaten: Suchausweitung mit Hilfe von Oberbegriffsrelationen oder verwandten Begriffen, Verlinkung in Drittsysteme wie Wikipedia oder andere Referenzwerke
- Anzeige der Relationen als Graph, Themenkarte o. Ä. und Ermöglichung einer Navigation über Beziehungen innerhalb der Normdaten
- einfach zu nutzende thematische Sucheinstiege jenseits des Google-Schlitzes (z. B. Browsen, Karte, Zahlenstrahl, Warenkorb für Suchbegriffe),
- sinnvolle Anordnung und Abfolge der vorhandenen Facetten sowie Entwicklung neuer Facetten auf Basis von zeitlichen und geografischen Angaben in Metadaten
- gute Usability und kontextsensitive Hilfe

6 Qualitätsdimension IV: Öffnung der Daten für die Nachnutzung in anderen Wissenschaftskontexten jenseits des klassischen Retrievals

Inhaltsbeschreibende Normdaten bzw. Metadaten sind nicht nur für das klassische Retrieval im bibliografischen Kontext interessant. Die Vernetzung der GND mit anderen Wissensorganisationssystemen, z. B. mit den Library of Congress Subject Headings (LCSH), dem Virtual International Authority File (VIAF) oder mit Wikidata, und die Nachnutzung der GND im Bereich von Forschungsprojekten und Digital Humanities nimmt zu. Gleichzeitig kann das in Metadaten abgelegte vernetzte Wissen selbst zum Forschungsobjekt werden oder die Bearbeitung von Forschungsfragen unterstützen. Die im Kontext von Forschungsdaten entstandenen FAIR-Prinzipien[3] können ein Ausgangspunkt für die Definition von Anforderungen dieser Dimension sein. Für die Öffnung der bibliothekarischen Datenwelt und die Bereitstellung von *Linked Open Library Data* sowie für die Vernetzung in der *Linked Open Data Cloud* sind die genannten Anforderungen an Qualität daher ebenfalls von Relevanz.

7 Messbarkeit

Nachweisbare Qualität liegt dann vor, wenn der Erfüllungsgrad von Anforderungen objektiv messbar ist. Die Messbarkeit von Qualität der Inhaltserschließung hängt davon ab, ob geeignete Metriken entwickelt werden können, um die Umsetzung der hier angestellten Überlegungen zu überprüfen.
Ansatzpunkte für die Messung der Qualität können sein:
– Grad der Abdeckung inhaltlich erschlossener Medien in bibliografischen Metadaten-Pools
– Anteil der Datensätze mit eindeutiger Kennzeichnung der Erschließungsmethode etc.
– Zahl der Relationierungen zwischen Normdatensätzen im selben Wissensorganisationssystem, Zahl der Beziehungen zwischen dem eigenen System und anderen Systemen
– Anteil der tatsächlich in der Recherche genutzten Informationen in Normdatensätzen im Vergleich zu den dort enthaltenen Informationen (ohne Berücksichtigung solcher Informationen, die nur für Erschließer:innen von Bedeutung sind)

---

3 GO FAIR Initiative: FAIR-Principles: https://www.go-fair.org/fair-principles/ (18.1.2020).

- Nachvollziehbarkeit des Zustandekommens von Ergebnissen bzw. Treffern nach einer Recherche
- Auswertung von Sucherfolgen im Kontext thematischer Suchanfragen (z. B. Auslösen von Aktionen wie Ausleihe, Aufruf von Volltexten, Download bibliografischer Daten) oder Nachnutzung der angezeigten inhaltlichen Metadaten für weiterführende Suchen
- im Bereich der maschinellen Erschließung werden klassische Maße wie *recall*, *precision* und F-Maß berechnet
- Nachnutzbarkeit und Nachnutzung inhaltlicher Norm- oder Metadaten für die Entwicklung und den Einsatz darauf aufbauender IT-Verfahren in anderen Wissenschaftskontexten (Metadaten als Grundlage für Forschung oder für Digital Humanities).

Literaturverzeichnis

Arbeitsstelle für Standardisierung: Protokoll der 34. Sitzung des Standardisierungsausschusses vom 10. Dezember 2018. https://www.dnb.de/SharedDocs/Downloads/DE/Professionell/Standardisierung/Protokolle/Standardisierungsausschuss/pSta20181211Abg.pdf (18.1.2021).
International Organization for Standardization: ISO 25964: Information and documentation – Thesauri and interoperability with other vocabularies. Geneva: ISO.
International Federation of Library Associations: IFLA Library Reference Model (LRM). https://www.ifla.org/publications/node/11412 (18.1.2020).
GO FAIR Initiative: FAIR-Principles: https://www.go-fair.org/fair-principles/ (18.1.2020).

Uma Balakrishnan, Stefan Peters, Jakob Voß

coli-conc – Eine Infrastruktur zur Nutzung und Erstellung von Konkordanzen

1 Einleitung

coli-conc[1] ist eine Dienstleistung der Verbundzentrale des Gemeinsamen Bibliotheksverbundes (VZG). Sie stellt webbasierte Dienste für einen effektiveren Austausch von Wissensorganisationssystemen und für die effiziente Erstellung und Wartung von Mappings zur Verfügung. Der Schwerpunkt liegt auf den im deutschsprachigen Raum verbreiteten bibliothekarischen Klassifikationen und Normdateien, vor allem den bedeutenden Universalklassifikationen wie Dewey Dezimalklassifikation (DDC), Regensburger Verbundklassifikation (RVK), Basisklassifikation (BK) und den Sachgruppen der Deutschen Nationalbibliografie (SDNB). Dieser Bericht beschreibt den Hintergrund, die Architektur und die Funktionalitäten von coli-conc sowie das Herzstück der Infrastruktur – das Mapping-Tool *Cocoda*. Außerdem wird auf Maßnahmen zur Qualitätssicherung eingegangen und ein Einblick in das neue Mapping-Verfahren mit dem Konzept-Hub gewährt.

2 Hintergrund

Die Sacherschließungslandschaft des deutschsprachigen Raums ist von einer Vielzahl von Klassifikationen, Thesauri und Normdateien (zusammengefasst kurz KOS für *Knowledge Organization Systems*) geprägt. Bemühungen in den letzten Jahrzehnten, ein einheitliches System zu etablieren, blieben erfolglos. Allerdings haben die Nutzung und der Austausch von Wissensorganisationssystemen in der bibliothekarischen Welt in den vergangenen Jahren durch Entwicklung geeigneter Standards und Werkzeuge deutlich zugenommen. Zudem hat die Standardisierung des *Simple Knowledge Organization Systems* (SKOS) im Rahmen von *Linked Open Data* (LOD) dazu beigetragen, dass Wissensorganisationssysteme zunehmend frei zur Verfügung stehen (Hanke 2014). Darüber hinaus wurden in den letzten Jahren mehrere Programme zur Verwaltung und Bereitstellung von KOS entwickelt (iQvoc, Poolparty, VocBench, OpenSKOS, Skosmos, xTree, etc.) sowie mehrere Portale zur Sammlung und Publikation

---

1 https://coli-conc.gbv.de (28.12.2020).

https://doi.org/10.1515/9783110691597-008

vorhandener KOS aufgebaut (Voß, Ledl und Balakrishnan 2016). Die einzelnen KOS oder Teile davon werden dabei idealerweise zum Download und über eigene APIs bereitgestellt.

Diese Entwicklungen haben ermöglicht, KOS vermehrt zur strukturierten Erschließung von Dokumenten und Daten anzuwenden. Jedoch ist die Situation bei Konkordanzen (auch bekannt als Cross-Konkordanzen oder Terminologie-Mappings), die Begriffe unterschiedlicher KOS aufeinander abbilden (Mayr 2010; Keil 2012), anders. Konkordanzen zwischen verschiedenen Systemen sind sehr begrenzt verfügbar. Dabei sind sie unabdingbar für die Überwindung der Heterogenität in mehrsprachigen Datenquellen und für die Verbesserung des Information Retrievals.

Generell ist die Konkordanzerstellung durch ein rein intellektuelles Verfahren sehr aufwendig und zeitintensiv und stößt angesichts der Tiefe, Größe und kontrastiven Natur verschiedener KOS insbesondere bei fein gegliederten Klassifikationssystemen wie z. B. der DDC mit etwa 49 000 Klassen und der RVK mit etwa 850 000 Klassen an ihre praktischen Grenzen. Gleichzeitig ist aber eine vollständige Konkordanz speziell zwischen diesen bedeutenden Systemen (Hermes 1998) und eine einheitliche Erschließung mit mehreren KOS ein langjähriges Desiderat der Expert:innen-Community.

Aufgrund der ersichtlichen Schwierigkeiten bei der Konkordanzerstellung, trotz vieler Konkordanz-Projekte seit 2000 wie z. B. MACS (seit 1997), Renardus (1999–2002), CrissCross (2006–2010) und KoMoHe (2004–2007), fehlten vollständige Konkordanzen zwischen den im deutschsprachigen Raum aktiv genutzten Wissensorganisationssystemen (Balakrishnan 2013).

Automatische Verfahren waren Gegenstand der Forschung (siehe OAEI Library Track, 2012–2014[2] und z. B. Pfeffer 2013), aber diese Verfahren waren unvollständig und eher für Mapping-Vorschläge geeignet (Lauser 2008; Reiner 2010). Vorhandene, manuell erstellte Konkordanzen decken oft lediglich einen kleinen Teil der von ihnen gemappten KOS ab. Vor allem im Bereich bibliothekarischer Klassifikationen gab es weder Werkzeuge noch etablierte Verfahren für die Erstellung von Konkordanzen. Bislang existierte keine Übersicht vorhandener Konkordanzen und Konkordanz-Projekte, weil die Ergebnisse der Konkordanz-Projekte meist nur intern genutzt wurden und öffentlich nicht zugänglich waren (Balakrishnan 2013). Zudem lagen die vorhandenen Konkordanzen zu großen Teilen in nicht-standardisierten Formaten vor, ohne genauere Angaben über Methodik und Aktualität. Zu den wenigen Ausnahmen frei zugänglicher Konkordanzen gehören das Projekt VIAF von OCLC (OCLC 2014), eine Sammlung von Konkordanzen der Zentralbibliothek Wirtschaft (ZBW) und das Projekt

---

2 http://oaei.ontologymatching.org/2014/library/ (28.12.2020).

Wikidata der Wikimedia Foundation (Voß 2014, Vrandečić 2014). Das Potential offener Community-Projekte wie Wikidata für die Erstellung von Konkordanzen ist zwar groß (vgl. Hanke 2014 und Soergel 2011) und die in diesen Projekten erarbeiteten Folksonomies lassen sich auf etablierte KOS abbilden (Voß 2007; 2012) – offen bleibt jedoch auch hier die Qualität der so erstellten Konkordanzen. Die geringe Verfügbarkeit von Konkordanzen hat auch zur Folge, dass sich bisher, trotz Bemühungen zur Standardisierung (siehe SKOS, ISO 25964-2, Keil 2012, Soergel 2011), weder Austauschformate noch Verfahren für die nachhaltige Pflege und Bereitstellung durchgesetzt haben.

coli-conc identifiziert und schließt diese Lücke, indem es ermöglicht, mit der Entwicklung einer Infrastruktur, eines neuen Datenformats und unter Zusammenarbeit mit Fachexpert:innen, die Komplexität dieser Aufgabe zu bewältigen.

Die Hauptgründe für die Entwicklung der coli-conc Dienste waren:
– Effektivere Erstellung und Pflege von Konkordanzen zwischen bibliothekarischen KOS
– Verbesserung der Qualität von Konkordanzen
– Förderung des Austauschs und der Nutzung von Konkordanzen und KOS
– Unterstützung der Fachreferent:innen bei der Sacherschließungsaufgabe

Die Ziele umfassten:
– Entwicklung frei kombinierbarer Open-Source-APIs und Nutzung dieser für webbasierte Dienste, um einen einheitlichen Zugriff auf KOS und KOS-Zuordnungen sowie Tools zur Erstellung computergestützter intellektueller Mappings zwischen vielen KOS in mehreren Sprachen zu bieten
– Sammeln und Verwalten von KOS-Daten und Konkordanzen in einer einheitlichen Struktur (JSKOS-Format) auf einer zentralen Plattform
– Erarbeitung von Best Practices gemeinsam mit Sacherschließungsexpert:innen zur Qualitätssicherung von KOS und Mappings
– Unterstützung bei der Nachnutzung vorhandener KOS-Daten und -Mappings für verschiedene Dienste, einschließlich:
  – Wissensbasis für automatische bzw. semi-automatische Sacherschließung, wie z. B. Digitaler Assistent
  – Integration in bzw. Verlinkung zu Katalogisierungssoftware, wie z. B. WinIBW
  – Wissensbasis zum Durchsuchen von Hierarchien und/oder für automatisierte oder computergestützte Erweiterung der Recherche durch Hinzufügen von Synonymen und verwandten Begriffen in den Katalogen

- Anreicherung von Daten, Ermöglichung von Interoperabilität und Abfragen zwischen verschiedenen Research-Systemen
- Weiterentwicklung sowie Verbesserung von KOS

3 Die coli-conc-Architektur

Für den Aufbau der Infrastruktur von coli-conc (s. Abb. 1) wurden existierende Programme (KOS-Software, KOS-Portale, Mapping-Anwendungen und -Algorithmen, Katalogisierungssoftware, etc.) evaluiert, ausgewählt bzw. erweitert und neue Komponenten insbesondere für die Speicherung, Bereitstellung und Analyse von Konkordanzen erstellt. Die Systemarchitektur ist sehr modular, sodass verschiedene Komponenten unabhängig voneinander genutzt und vorhandene Programme in die Infrastruktur eingebunden werden können. Grundlage hierfür ist das gemeinsame Datenformat JSKOS und die JSKOS-API. Alle im Rahmen des Projekts entwickelten Bestandteile werden als Open Source veröffentlicht.[3]

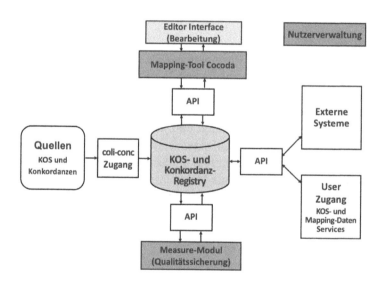

Abb. 1: coli-conc-Architektur

---

3 https://coli-conc.gbv.de/publications/#software (28.12.2020).

3.1 Das JSKOS-Format

Das Datenformat JSKOS[4] wurde für eine einheitliche Darstellung von KOS und KOS-Daten in coli-conc, die aus unterschiedlichen Quellen stammen, entwickelt (Voß, Ledl & Balakrishnan 2016; Voß 2017). Das Format basiert im Wesentlichen auf SKOS und JSON-LD. Unterstützt werden neben KOS und KOS-Konzepten auch KOS-Verzeichnisse, Mappings, Konkordanzen, Mapping-Bewertungen und Daten zur Verwendung von Konzepten (*Concept Occurrences*). Die in reinem SKOS nur rudimentär abbildbaren Mapping-Daten werden in JSKOS erweitert um:

- Mappings zwischen KOS-Konzepten als eigenständige Objekte mit Metadaten wie Provenienz
- Mappings mit mehreren Konzepten (1-zu-n Beziehungen)
- Null-Mappings, falls keine passenden Konzepte in einem KOS existieren
- erweiterbare Beziehungstypen, die über die Standard-Thesaurus-Relationen für Hierarchien und Assoziationen hinausgehen
- Konfidenzlevel für die Mappings
- eine strenge Definition der Codierung wiederholbarer und nicht wiederholbarer Felder

Konvertierungen von und nach JSKOS sind mit anderen RDF-Serialisierungen, mit dem MARC-21-Format für Klassifikationen (Heggø 2017) sowie eingeschränkt mit CSV-Daten möglich. JSKOS ist vorwiegend für Webanwendungen konzipiert, es kann aber auch als internes Format für NoSQL-Datenbanken wie MongoDB genutzt werden.

```json
{
  "type": [ "http://www.w3.org/2004/02/skos/core#narrowMatch" ],
  "fromScheme": { "uri":"http://dewey.info/scheme/edition/e22/" },
  "toScheme": { "uri":"http://bartoc.org/en/node/454" },
  "from": {
    "memberSet": [ {
      "uri": "http://dewey.info/class/387/e22/",
      "notation": ["387"],
      "preflabel": { "en": "Water, air, space transportation" }
    } ]
  },
  "to": {
    "memberSet": [ {
      "uri": "http://id.loc.gov/authorities/subjects/sh85121579",
      "preflabel": { "en": "Shipping" }
    } ]
  }
}
```

Abb. 2: Ein Mapping im JSKOS-Format

---

4 https://gbv.github.io/jskos/ (28.12.2020).

3.2 JSKOS-API

Für einen bequemen und direkten Zugriff auf KOS-Daten (Notationen, Konzepte, Begriffe und Beziehungen) verschiedener Quellen sind Webdienste erforderlich. Einige Systeme stellen KOS-Daten über APIs zur Verfügung (Voß und Balakrishnan 2016), aber die Abdeckung und Qualität der Terminologiedienste unterscheiden sich stark. Zur einheitlichen Abfrage von KOS-Daten aus verschiedenen Terminologiediensten wurde nach Analyse bestehender KOS-APIs die JSKOS-API entwickelt. Die API ist für die zentrale Datenbankkomponente JSKOS-Server, als API-Wrapper für vorhandene Terminologiedienste wie Skosmos und lobid[5] sowie für den Terminologiedienst DANTE[6] umgesetzt (Dührkoph 2017). KOS-Daten aus all diesen Quellen können somit einheitlich im Web abgerufen werden. Zur weiteren Vereinfachung des Zugriffs gibt es außerdem eine JavaScript-Bibliothek.[7]

3.3 Die coli-conc-Datenbank

Zur Speicherung von KOS-Daten und Mappings aus verschiedenen Quellen und Projekten wird die Datenbankanwendung JSKOS-Server eingesetzt.[8] Die coli-conc-Datenbank ist eine zentrale Instanz von JSKOS-Server, in der die KOS- und Mapping-Daten im JSKOS-Format eingespeist und zur Verfügung gestellt werden.[9] Dabei wird jeder Datensatz mit Metadaten (importierte KOS, Konkordanzen, Creator, Datum, ...) beschrieben. Inhaltlich lässt sich die Datenbank in die zwei Verzeichnisse KOS-Registry und Konkordanz-Registry aufteilen:
- Die *KOS-Registry* enthält verschiedene KOS und deren Metadaten. Die beschreibenden Metadaten wie Kurzbeschreibung, Herausgeber:innen und Aktualität bilden einen Teil des Terminologieverzeichnis BARTOC.[10] Diese Registry unterstützt die Suche und Filterung nach KOS-Typ, Sprache, Lizenz, etc. und ermöglicht das Herunterladen von KOS-Metadaten in verschiedenen Formaten.
- Die *Konkordanz-Registry* enthält Mappings und Konkordanz-Informationen, die im Rahmen des coli-conc-Projektes gesammelt oder erstellt werden. Die

---

5 https://lobid.org (28.12.2020).
6 http://api.dante.gbv.de (28.12.2020).
7 https://github.com/gbv/cocoda-sdk (28.12.2020).
8 https://github.com/gbv/jskos-server (28.12.2020).
9 https://coli-conc.gbv.de/api/ (28.12.2020).
10 Das an der Universitätsbibliothek Basel entwickelte *Basic Register of Thesauri, Ontologies & Classifications* wird seit Ende 2020 von der VZG betrieben: https://bartoc.org (28.12.2020).

Mappings in der *Konkordanz-Registry* können einzeln nach Systemen, Konzepten, Notationen und Autor:innen durchsucht und exportiert werden. Zudem bietet diese Registry eine Übersicht aller Konkordanzen in einzelnen Bereichen oder Systemen, die auch in JSKOS oder als CSV-Datei zum Herunterladen bereitgestellt sind.

From	To	Description	Creator	Date	Download	Mappings
DDC	RVK	DDC 1000er-Klassen	VZG	2013	JSKOS CSV	2,033
RVK	BK	Recht	ULB Tirol	2013	JSKOS CSV	15,034
DDC	BK	Full DDC up to three digits	VZG		JSKOS CSV	1,223
RVK	DDC	TA-TD Allgemeine Naturwissenschaft	GESIS		JSKOS CSV	68
DDC	BK	Chemie	TUB Hamburg-Harburg		JSKOS CSV	99
DDC	RVK	Mathematik	Philipp Zumstein	2016	JSKOS CSV	40
RVK	BK	Germanistik	ULB Tirol	2013	JSKOS CSV	10,882
RVK	DDC	Chemie und Pharmazie	GESIS		JSKOS CSV	771
RVK	DDC	U Physik	GESIS		JSKOS CSV	1,335
DDC	RVK	Bibliotheks- und Informationswissenschaften	HdM Stuttgart	2009	JSKOS CSV	376
RVK	GND	GND-Indexterme der RVK	UB Regensburg	2015	JSKOS CSV	93,430
DDC	IXTHEO	DDC zu IxTheo-Klassifikation	Timotheus Chang Whae Kim	2018	JSKOS CSV	573
RVK	BK	Wirtschaft	ULB Tirol	2013	JSKOS CSV	732
DDC	BK	Politikwissenschaft	SUB Hamburg		JSKOS CSV	655
DDC	RVK	Philosophie und Psychologie (1--)	VZG		JSKOS CSV	1,046
DDC	RVK	Medizin und Gesundheit	VZG	2011	JSKOS CSV	2,777
GND	LCSH	project macs	DNB	2016	JSKOS CSV	43,396
STW	GND	Ausschnitt mit 1-zu-1 Mappings	ZBW		JSKOS CSV	15,239
RVK	DDC	CL-CZ Psychologie	Manuela Queitsch		JSKOS CSV	407
RVK	DDC	TE-TZ Geologie und Paläontologie	GESIS		JSKOS CSV	1,162
RVK	DDC	W Biologie	GESIS		JSKOS CSV	5,347
RVK	DDC	SA-SP Mathematik	GESIS		JSKOS CSV	227
GND	DDC	CrissCross-SWD-DDC-Mapping	DNB		JSKOS CSV	170,638
RVK	DDC	Ethik	VZG	2015	JSKOS CSV	23
RVK	DDC	Philosophie und Psychologie	VZG	2016	JSKOS CSV	357
DDC	RVK	Recht	VZG	2012	JSKOS CSV	2,190
DDC	RVK	DDC 100er-Klassen	VZG	2013	JSKOS CSV	738

27 Concordances · Total: 370,798

Abb. 3: Konkordanz-Registry

3.4 Das Mapping-Tool Cocoda

Das Kernstück der coli-conc-Infrastruktur ist das Mapping-Tool *Cocoda*.[11] Die Webanwendung unterstützt und vereinfacht das intellektuelle Mapping-Verfahren und erhöht die Effizienz der Erstellung von Mappings. Die erstellten

---

11 https://coli-conc.gbv.de/cocoda/ (28.12.2020).

Mappings sind über die Konkordanz-Registry grundsätzlich öffentlich verfügbar, außer sie werden lokal im eigenen Browser gespeichert. Cocoda besteht unter anderem aus Modulen für folgende Funktionen.

3.4.1 KOS-Browsing und -Anzeige

Das Modul *KOS-Browsing und -Anzeige* erlaubt die Suche von und in KOS mit Anzeige von Hierarchien und Konzeptbeziehungen zum Browsen und zur Anzeige aller Informationen zu einem ausgewählten Konzept. Links und rechts der Cocoda-Anwendung stehen Quell- und Ziel-Vokabular zur Auswahl. Derzeit sind 170 Vokabulare in Cocoda eingebunden und lassen sich für das Mapping auswählen. Unter den wichtigsten Systemen sind DDC Deutsch, RVK, BK, die Gemeinsame Normdatei (GND), Wikidata, Iconclass, die Hessische Systematik, die Oberbegriffsdatei (OBG), die Bremer Online Systematik (BOS), die DFG-Fachsystematik, die Sachgruppen der DNB und die THEMA-Klassifikation des Buchhandels. Die Einbindung weiterer Vokabulare ist nach Festlegung von URIs für die einzelnen KOS und nach Vergabe einer freien Lizenz möglich. So wurde beispielsweise die Klassifikation der Internationalen Bibliographie für Theologie und Religionswissenschaft (IxTheo) hinzugefügt, um sie auf DDC zu mappen. Das KOS-Browsing-Modul ermöglicht es, in einem einzelnen Vokabular einen bestimmten Begriff für das Mapping durch Browsen auszuwählen und auch direkt nach einem Begriff oder nach Notationen zu suchen. Bei Klassifikationen wird die Baumansicht der Hierarchie angezeigt. Der Zugriff auf verschiedene Vokabulare erfolgt über den Normdatendienst DANTE und über die eigene coli-conc-Datenbank.

3.4.2 Mapping-Anzeige und -Vorschläge

Dieses Modul bietet die Suche und Bewertung vorhandener Mappings und die Auswahl von Mapping-Vorschlägen aus verschiedenen Quellen. Dies beinhaltet:
- *Existierende Mappings:* Zum einen werden Mappings aus der zentralen Konkordanz-Registry geladen, in die bestehenden Konkordanzen importiert sowie von Nutzer:innen generierte Mappings gespeichert werden. Zum anderen besteht eine Anbindung zu Wikidata, durch die die in Wikidata gespeicherten Mappings angezeigt und nach Verknüpfung mit einem Wikidata-Account auch erstellt, bearbeitet und gelöscht werden können.
- *Mapping Generator:* Cocoda setzt verschiedene Algorithmen für Vorschläge passender Mappings ein.
- *Implizite Mappings:* Diese Funktion leitet automatisch Zuordnungen aus Kookkurrenzen in den Katalogen ab und bietet diese als Mapping-Vorschläge an.

3.4.3 Bearbeitung von Mappings

Das Bearbeitungsmodul erlaubt, vorhandene Mappings zu bearbeiten und neue Mappings zu erstellen. Es bietet zudem die Möglichkeit, die Mapping-Vorschläge im Quell- und Ziel-KOS zu überprüfen, um eine bessere Übereinstimmung zu finden. Die Bedienoberfläche gestattet mehreren Personen gleichzeitig an dem Tool zu arbeiten und die Qualität der Mappings zu bestimmen.

3.4.4 Statistiken zur Qualitätssicherung

Das bislang nur eigenständig nutzbare Measure-Modul[12] erzeugt Statistiken über KOS-Arten, Häufigkeit der Nutzung der KOS und einzelner Begriffe, Informationen über Mappings pro KOS, pro Fachbereich, deren Häufigkeit, neue Einträge, Lücken in den Mappings und den Status der Mapping-Arbeit in einzelnen KOS. Die Einbindung des Moduls in Cocoda ist vorgesehen.

Abb. 4: Mapping-Tool Cocoda

---

12 https://github.com/gbv/jskos-metrics (28.12.2020).

3.5 Accountverwaltung

Zur Accountverwaltung vergibt oder speichert Cocoda keine Passwörter, sondern greift auf vorhandene Identity Provider zurück (Single Sign-on). Zur Mitarbeit bei der Erstellung und Pflege von Konkordanzen mit Cocoda reichen beispielsweise eine eigene ORCID, ein Account bei einem Projekt der Wikimedia Foundation (z. B. Wikipedia oder Wikidata) oder bei GitHub. Lediglich für erweiterte Funktionen wie die Freigabe von Mappings zur Kataloganreicherung müssen vorhandene Accounts freigeschaltet werden.

4 Anbindung an externe Systeme

Wie oben erwähnt sind KOS und KOS-Mappings für die strukturierte Erschließung von Dokumenten sehr nützlich. Katalogisierungssysteme und Sacherschließungssoftware können diese Daten verfügbar machen. Die modulare Softwarearchitektur des Mapping-Tools *Cocoda* und weiterer im Rahmen von coli-conc entwickelter Anwendungen vereinfachen sowohl die unabhängige Nachnutzung einzelner Dienste und der gewonnenen Daten als auch die Anbindung der Infrastruktur an externe Systeme. Diese Anbindung wird durch die frei zugänglichen Softwarekomponenten und die öffentlichen APIs ermöglicht. So konnten unter anderem der Normdatendienst DANTE, das Erschließungswerkzeug easyDB, das Mapping-Tool CCMapper, der Vokabular-Browser Skosmos und die Wissensdatenbank Wikidata eingebunden werden. Auch die Authentifizierung von Personen geschieht gegen externe Identity Provider wie ORCID, Wikidata und GitHub u. a. mittels des OAuth-Protokolls.

5 Maßnahmen zur Qualitätssicherung

Die im Rahmen von coli-conc entwickelten Standards und Werkzeuge bilden eine gute Grundlage zur Sammlung, Pflege und Bereitstellung von Mappings. Um deren Qualität zu gewährleisten, wurden weitere Maßnahmen ergriffen und eingeführt:

- Einbindung der Fachcommunity durch die coli-conc-Expertengruppe
- Ausbau von Kooperationen mit dem Normdatendienst DANTE und BARTOC (VZG), der Wikimedia Foundation (Wissensdatenbank Wikidata) und den Herausgeber:innen von Erschließungssystemen wie der RVK (Universitäts-

bibliothek Regensburg), DDC (OCLC) und mit der European DDC Users Group (EDUG)
– Funktionen zur Bewertung, Prüfung und Korrektur von Mappings
– Einbindung von Vorschlägen für Mappings auf der Grundlage verschiedener Verfahren und Quellen
– Dokumentation von Standards zur Beschreibung von Mappings
– Entwicklung einer offenen Registry zur Speicherung, Verwaltung und Zugriff auf Konkordanzen und Wissensorganisationssysteme in einem einheitlichen Format sowie
– Entwicklung von Verfahren zur Erzeugung von Statistiken über die Vollständigkeit, Aktualität und Korrektheit von Mappings und KOS.

Darüber hinaus wird die Integration weiterer Systeme an die coli-conc-Infrastruktur vorangetrieben. Dies beinhaltet:
– Katalogisierungs- und Sacherschließungssoftware, wie WinIBW und den Digitalen Assistenten (DA), um die direkte Nutzung und Verbesserung von Mappings bei der Katalogisierung zu gewährleisten
– Mapping-Provider wie <sameAs>[13] und Hub[14]
– Authentifizierung via DFN-AAI (Shibboleth)
– Systeme zur Publikation von Wissensorganisationssystemen wie Skosmos, Skohub und Linked Open Vocabularies (LOV)

Auch die Weiterentwicklung des Import- und Update-Verfahrens für KOS und Mappings, von Schnittstellen wie coli-rich für automatische Anreicherung der Verbund- und Online-Kataloge, und Discovery-Systeme sind vorgesehen.[15] In Entwicklung ist außerdem die weitere Auswertung von impliziten Mappings aus den Kookkurrenzen im K10plus-Verbundkatalog sowie die Integration der Bestandteile automatisch zerlegter DDC-Notationen des Projektes coli-ana[16] in das Tool Cocoda.

---

13 http://sameas.org/ (28.12.2020).
14 https://hub.toolforge.org/ (28.12.2020).
15 https://coli-conc.gbv.de/coli-rich/ (28.12.2020).
16 https://coli-conc.gbv.de/coli-ana/ (28.12.2020).

6 Entwicklung eines Mapping-Verfahrens mit dem Konzept-Hub

Im Rahmen eines Pilotprojektes wurde ein weiteres Mapping-Verfahren *Konzept-Hub* als Ergänzung zu bisherigen Verfahren prototypisch entwickelt, umgesetzt und die abgeleiteten Beziehungen mit verifizierten Beziehungen in der coli-conc Datenbank verglichen (Balakrishnan, Soergel und Helfer 2020).

Mit dem Konzept-Hub können sowohl das Mapping zwischen KOS als auch die Festlegung von Konzeptbeziehungen innerhalb eines KOS einfacher und besser erzielt werden (s. Abb. 5) (Soergel 2011). Im Hub werden Konzepte durch Kombinationen von Elementkonzepten ausgedrückt, genauer gesagt durch Formeln der Beschreibungslogik (description logic, DL) (Bechhofer und Goble 2001). Zwei Begriffe mit derselben DL-Formel bezeichnen wahrscheinlich dasselbe Konzept. Wenn dies nicht der Fall ist, müssen das System der Elementkonzepte und/oder das System der syntagmatischen Beziehungen, die im DL verwendet werden, verfeinert werden. Wenn die beiden Begriffe von unterschiedlichen KOS stammen, erstellt der Hub eine Zuordnung. Wenn sie aus demselben KOS stammen, sind die beiden Begriffe Synonyme.

Der Vorteil dieses Ansatzes ist, dass die Beziehungen zwischen DL-Formeln und damit auch zwischen den entsprechenden Konzepten abgeleitet werden können. Dies kann verwendet werden, um die Struktur eines KOS zu elaborieren und die Konkordanz-Beziehungen präziser und auf multilateraler Ebene zu bestimmen. Die Weiterentwicklung des Mapping-Algorithmus mittels Konzept-Hub auf einer größeren Datenmenge dient damit auch zur Qualitätssicherung.

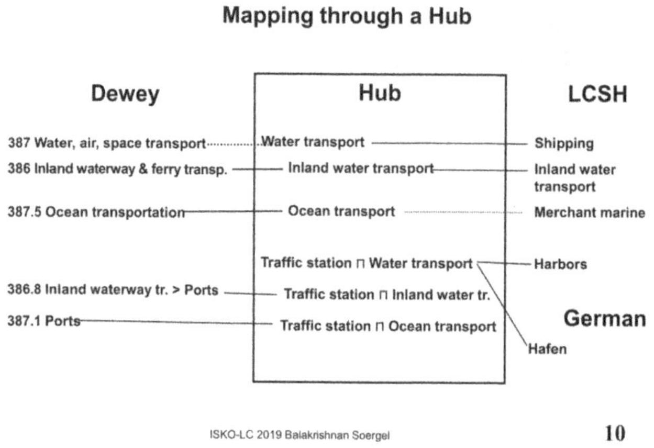

Abb. 5: Mapping mit dem Konzept-Hub

7 Literaturverzeichnis

Balakrishnan, Uma: Das Projekt coli-conc: Ein Bericht zur semi-automatischen Erstellung von Konkordanzen zur Dewey Dezimalklassifikation. In: VZG Aktuell (2013) Nr. 1. S. 12–16. https://www.gbv.de/Verbundzentrale/Publikationen/broschueren/vzg-aktuell/vzg_ak tuell_2013_01.pdf (28.12.2020).

Balakrishnan, Uma, Jakob Voß und Dagobert Soergel: Towards integrated systems for KOS management, mapping, and access. Coli-conc and its collaborative computer-assisted KOS mapping tool Cocoda. In: Challenges and Opportunities for Knowledge Organization in the Digital Age. Proceedings of the Fifteenth International ISKO Conference 9–11 July 2018 Porto. Hrsg. von Fernanda Ribeiro und Maria Elisa Cerveira. Baden-Baden: Ergon 2018. S. 693–701. https://doi.org/10.5771/9783956504211-693.

Balakrishnan, Uma: Infrastruktur für Erstellung, Austausch und Pflege zwischen Wissensorganisationssystemen in Anwendung auf bibliothekarische KOS, Berliner Bibliothekswissenschaftliches Kolloquium 2017. https://rs.cms.hu-berlin.de/bbk/pages/view.php?ref=177 (14.12.2020).

Balakrishnan, Uma und Dagobert Soergel: Concept mapping through a hub: Coli-conc pilot study. ISKO-LC 2019, Brüssel 2019. https://doi.org/10.5281/zenodo.3257136.

Balakrishnan, Uma, Dagobert Soergel und Olivia Helfer: Representing Concepts through Description Logic Expressions for Knowledge Organization System (KOS) Mapping. In: Proceedings of the Sixteenth International ISKO Conference, 2020 Aalborg, Denmark. Hrsg. Von Marianne Lykke, Tanja Svarre, Mette Skov und Daniel Martínez-Ávila. Baden-Baden: Ergon 2020. S. 455–459. https://doi.org/10.5771/9783956507762-455.

Bechhofer, Sean und Carole Goble: Thesaurus construction through knowledge representation. In: Data & Knowledge Engineering (2001) Bd. 37 H. 1. S. 25–45.

Hanke, Mirko: Bibliothekarische Klassifikationssysteme im semantischen Web: Zu Chancen und Problemen von Linked-Data-Repräsentationen ausgewählter Klassifikationssysteme. In: Perspektive Bibliothek (2014) Bd. 3 Nr. 2. S. 91–119.

Hermes, Hans-Joachim: Die Konkordanz von Klassifikationen – Hat sie eine Chance? In: Erschließen, Suchen, Finden. Vorträge aus den bibliothekarischen Arbeitsgruppen der 19. und 20. Jahrestagungen (Basel 1995/1996) der Gesellschaft für Klassifikation. Hrsg. v. Hans-Joachim Hermes und Hans-Joachim Wätjen. Oldenburg: Bis 1996. S. 83–101. http://oops.uni-oldenburg.de/675/73/herwae96.pdf (06.012021).

Heiner-Freiling, Magdha: Einführung und Nutzung der Dewey Decimal Classfication (DDC) im deutschen Sprachraum. Frankfurt a. M. u. Leipzig: Deutsche Bibliothek 2000. https://www.yumpu.com/de/document/view/8659280/einfuhrung-und-nutzung-der-dewey-deci mal-ddc-deutsch (14.12.2020).

International Organization for Standardization: ISO 25964-2:2013 Information and documentation – Thesauri and interoperability with other vocabularies – Part 2: Interoperability with other vocabularies. https://www.iso.org/standard/53658.html (6.1.2021).

Keil, Stefan: Terminologie Mapping: Grundlagen und aktuelle Normungsvorhaben. In: Information – Wissenschaft und Praxis (2012) Bd. 63 Nr. 1. S. 45–55. https://doi.org/10.1515/iwp-2012-0004.

Koch, Traugott, Heike Neuroth und Michael Day: DDC mapping report. Renardus projekt D7.4. 2001. http://www.ukoln.ac.uk/metadata/renardus/wp7/ddc-mapping/d74-v01.pdf (6.1.2021).

Lauser, Boris, Gudrun Johannsen, Caterina Caracciolo, Johannes Keizer, Willem Robert van Hage und Philipp Mayr: Comparing human and automatic thesaurus mapping approaches in the agricultural domain. In: Proc. Int'l Conf. on Dublin Core and Metadata Applications 2008. https://arxiv.org/abs/0808.2246 (14.12.2020).

Mayr, Philipp und Viven Petras: Building a terminology network for search: the KoMoHe project 2008. In: Proc. Int'l Conf. on Dublin Core and Metadata Applications 2008. https://arxiv.org/abs/0808.0518 (14.12.2020).

Mayr, Philipp: Information Retrieval-Mehrwertdienste für Digitale Bibliotheken: Crosskonkordanzen und Bradfordizing. Bonn: GESIS 2010. https://doi.org/10.21241/ssoar.26122.

OCLC: Annual Report to VIAF Council. August 2014. https://www.oclc.org/content/dam/oclc/viaf/OCLC-2014-VIAF-Annual-Report-to-VIAF-Council.pdf (14.12.2020).

Pfeffer, Magnus: Automatic creation of mappings between classification systems. Workshop on Classification and Subject Indexing in Library and Information Science (LIS 2013), Luxemburg (Vortrag). https://nbn-resolving.org/urn:nbn:de:swb:90-357776 (14.12.2020).

Reiner, Ulrike: Automatische DDC-Klassifizierung bibliografischer Titeldatensätze der Deutschen Nationalbibliografie. In: Dialog mit Bibliotheken (2010) H. 1. S. 23–29. https://nbn-resolving.org/urn:nbn:de:101-2011012860 (14.12.2020).

Reiner, Ulrike: Bewertung von automatisch DDC-klassifizierten Titeldatensätzen der Deutschen Nationalbibliothek (DNB). In: VZG-Colibri-Bericht 1/2008, VZG. https://coli-conc.gbv.de/publications/colibri05.pdf (8.1.2021).

Reiner, Ulrike: DDC-based Search in the Data of the German National Bibliography. In: New Perspectives on Subject Indexing and Classification. Essays in Honour of Magda Heiner-Freiling. Red. von Kristina Knull-Schlomann. Leipzig und Frankfurt a. M.: Dt. Nationalbibliothek 2008. S. 121–129.

Soergel, Dagobert: Conceptual foundations for semantic mapping and semantic search. In: Concepts in context. Proceedings of the Cologne Conference on Interoperability and Semantics in Knowledge Organization, July 19th–20th, 2010. Hrsg. von Felix. Boteram, Winfried Gödert und Jessica Hubrich. Würzburg: Ergon 2011. S. 13–35.

Voß, Jakob: Linking Folksonomies to Knowledge Organization Systems. In: Metadata and Semantics Research. MTSR 2012. Hrsg. von Juan Manuel Dodero, Manuel Palomo-Duarte und Pythagoras Karampiperis. Berlin, Heidelberg: Springer 2012. S. 89–97. https://doi.org/10.1007/978-3-642-35233-1_9 (14.12.2020).

Voß, Jakob: Tagging, Folksonomy & Co – Renaissance of Manual Indexing? In: 10th International Symposium for Information Science. Hrsg. von Achim Osswald, Maximilian Stempfhuber und Christian Wolff. Konstanz 2007. S. 243–254.

Voß, Jakob: JSKOS data format for KOS. https://gbv.github.io/jskos/jskos.html (14.12.2020).

Voß, Jakob: Classification of Knowledge Organization Systems with Wikidata. In: Proceedings of the 15th European Networked Knowledge Organization Systems Workshop (NKOS 2016). Hrsg. von Philipp Mayr, Douglas Tudhope, Koraljka Golub, Christian Wartena und Ernesto William De Luca. CEUR 2016. S. 15–22. http://ceur-ws.org/Vol-1676/paper2.pdf (14.12.2020).

Voß, Jakob, Andreas Ledl und Uma Balakrishnan: Uniform description and access to Knowledge Organization Systems with BARTOC and JSKOS. Terminology & Ontology: Theories and applications (TOTh), Chambéry, 9–10 June 2016. https://doi.org/10.5281/zenodo.438019.

Vrandečić, Denny und Markus Krötzsch: Wikidata: A Free Collaborative Knowledgebase. In: Communications of the ACM (2014), Bd. 57 Nr. 10. S. 78–85. https://doi.org/10.1145/2629489.

Clemens Neudecker, Karolina Zaczynska, Konstantin Baierer,
Georg Rehm, Mike Gerber, Julián Moreno Schneider

Methoden und Metriken zur Messung von OCR-Qualität für die Kuratierung von Daten und Metadaten

1 Einleitung

Durch die systematische Digitalisierung der Bestände in Bibliotheken und Archiven hat die Verfügbarkeit von Bilddigitalisaten historischer Dokumente rasant zugenommen. Das hat zunächst konservatorische Gründe: Digitalisierte Dokumente lassen sich praktisch nach Belieben in hoher Qualität vervielfältigen und sichern. Darüber hinaus lässt sich mit einer digitalisierten Sammlung eine wesentlich höhere Reichweite erzielen, als das mit dem Präsenzbestand allein jemals möglich wäre. Mit der zunehmenden Verfügbarkeit digitaler Bibliotheks- und Archivbestände steigen jedoch auch die Ansprüche an deren Präsentation und Nachnutzbarkeit. Neben der Suche auf Basis bibliothekarischer Metadaten erwarten Nutzer:innen auch, dass sie die Inhalte von Dokumenten durchsuchen können.

Im wissenschaftlichen Bereich werden mit maschinellen, quantitativen Analysen von Textmaterial große Erwartungen an neue Möglichkeiten für die Forschung verbunden. Neben der Bilddigitalisierung wird daher immer häufiger auch eine Erfassung des Volltextes gefordert. Diese kann entweder manuell durch Transkription oder automatisiert mit Methoden der *Optical Character Recognition* (OCR) geschehen (Engl et al. 2020). Der manuellen Erfassung wird im Allgemeinen eine höhere Qualität der Zeichengenauigkeit zugeschrieben. Im Bereich der Massendigitalisierung fällt die Wahl aus Kostengründen jedoch meist auf automatische OCR-Verfahren.

Die Einrichtung eines massentauglichen und im Ergebnis qualitativ hochwertigen OCR-Workflows stellt Bibliotheken und Archive vor hohe technische Herausforderungen, weshalb dieser Arbeitsschritt häufig an dienstleistende Unternehmen ausgelagert wird. Bedingt durch die Richtlinien für die Vergabepraxis und fehlende oder mangelhafte Richtlinien der digitalisierenden Einrichtungen bzw. entsprechender Förderinstrumente führt dies jedoch zu einem hohen Grad an Heterogenität der Digitalisierungs- bzw. Textqualität sowie des Umfangs der strukturellen und semantischen Auszeichnungen. Diese Heterogenität erschwert die Nachnutzung durch die Forschung, die neben einheitlichen

Mindeststandards für die Textqualität vor allem verlässliche Angaben bzgl. Qualität und Umfang der Struktur- und Texterfassung voraussetzt. Eine systematische Qualitätskontrolle findet bei der Massendigitalisierung auf Grund der großen Textmengen allenfalls stichprobenartig statt. Strukturelle Auszeichnungen werden manuell vorgenommen und stehen noch nicht in Verbindung mit von der OCR identifizierten Strukturen. Auf Grund mangelnder ausgereifter Verfahren zur automatischen Qualitätssicherung bleibt Bibliotheken und Archiven nur die Möglichkeit, ausgewählte Dokumente manuell als *Ground Truth* (GT) zu erfassen und mit den OCR-Ergebnissen zu vergleichen, was für die Massendigitalisierung nicht leistbar ist.

Im Folgenden möchte dieser Beitrag zunächst einen Überblick über die für die Bestimmung der OCR-Qualität vorliegenden gängigsten Methoden und Metriken (Abschnitt 2) bieten. Zwei Beispiele illustrieren die Heterogenität der Aussagekraft diverser Metriken und leiten die Diskussion der Vor- und Nachteile der Verfahren ein. Zudem werden alternative Ansätze für eine Qualitätsbestimmung betrachtet, bevor Abschnitt 3 die Relevanz der OCR-Qualität und Metriken aus der Perspektive dreier typischer Anwendungsfälle diskutiert und bewertet. Abschließend werden die gewonnenen Erkenntnisse kurz zusammengefasst und es wird ein Ausblick auf die Möglichkeiten einer Dokumentenanalyse gegeben, die sich durch eine zunehmend stärkere Verflechtung von Verfahren für die OCR, Layoutanalyse und sprachwissenschaftliche Methoden andeutet.

2 OCR-Evaluierung: Methoden und Metriken

Die effiziente und aussagekräftige Bewertung der Qualität von OCR-Ergebnissen ist in mehrerlei Hinsicht problematisch. Zum einen erfordern etablierte Verfahren das Vorliegen geeigneter GT-Daten, die als Referenz für die gewünschte Ergebnisqualität dienen. Vor dem Hintergrund der Massendigitalisierung ist dies jedoch weder sinnvoll noch leistbar. Die Erstellung von GT für historische Dokumente ist zum einen äußerst zeitintensiv, zum anderen würde gerade durch die Erstellung von GT in der Form von Transkriptionen die eigentliche OCR überflüssig gemacht. Es soll aber gerade darum gehen, eine hochqualitative manuelle Transkription durch eine vollautomatisierte OCR-Erkennung zu ersetzen. Wie lässt sich also auf kosten- und zeiteffiziente Weise die Qualität der OCR-Ergebnisse für Millionen von Seiten diverser historischer Dokumente ermitteln, ohne diese in vollem Umfang bereits vorab transkribieren zu müssen?

Hier schließt sich eine weitere Schwierigkeit bei der Bewertung von OCR-Resultaten an – Standards und etablierte Richtlinien, die für die GT-Erstellung klare und einheitliche Vorgaben machen, sind bisher nur in Teilen vorhanden. Insbesondere bei historischen Dokumenten ergibt sich noch ein weites Feld bislang nicht hinreichend spezifizierter Fälle, die bei der Bewertung der OCR-Qualität auftreten können. Als Beispiele seien hier exemplarisch Ligaturen[1] genannt, die entweder als einzelne Zeichen oder als Zeichenkombination erkannt werden können, oder die Kodierung von historischen Sonderzeichen[2] wie z. B. Umlauten oder Abkürzungen, die noch nicht im Unicode-Standard enthalten sind und bei denen auf Erweiterungen wie die Medieval Unicode Font Initiative[3] oder sogar die *Private Use Area*[4] zurückgegriffen werden muss. Ein erster Versuch, hier zwischen der OCR-Community und den Anforderungen der Wissenschaft an OCR-Ergebnisse zu vermitteln und entsprechende Grundlagen zu fixieren, stellen die *OCR-D Ground Truth Guidelines*[5] dar (Boenig et al. 2018, Boenig et al. 2019). Weitere Fragen ergeben sich bei der praktischen Implementierung: So existieren bislang keinerlei standardisierte Vorgaben, wie mit technischen Details beispielsweise der Zählung von Interpunktion und Leerzeichen bzw. Zeichen, die sich nicht mit einem einzelnen Codepoint[6] darstellen lassen, im Zuge der Qualitätsmessung zu verfahren ist.

Da es sich bei der zu verarbeitenden Menge an digitalisierten und noch zu digitalisierenden historischen Dokumenten um Millionen von Titeln handelt, ist es naheliegend, zunächst auf Verfahren und Methoden zurückzugreifen, die z. B. anhand von Stichproben oder über statistische Verfahren versuchen, Einblicke in die Qualität der OCR zu gewinnen. So liefert die OCR-Software zumeist eine Selbsteinschätzung des Algorithmus in Form eines Konfidenzwertes, der angibt, wie „sicher" der OCR-Algorithmus ist, ein Zeichen richtig erkannt zu haben. Doch wie verlässlich ist diese Angabe im Vergleich zur GT? Hierzu fehlen noch entsprechend aussagekräftige Studien und Auswertungen. Bei der Auswahl von Stichproben ist auf die Verwendung geeigneter Verfahren für Repräsentativität zu achten (siehe unten zum Bernoulli-Experiment und Wernersson 2015), jedoch kann so zumindest die für eine aussagekräftige Bewertung benötigte Menge an GT reduziert werden.

Eine noch vielschichtigere Perspektive auf die OCR-Qualität ergibt sich, wenn man auch die Qualität der Layoutanalyse (bzw. Segmentierung) im angemessenen Maße mitberücksichtigt, da sie ihrerseits einen wichtigen Teil des

---

1 Vgl. https://ocr-d.de/en/gt-guidelines/trans/trLigaturen2.html (1.12.2020).
2 Vgl. https://ocr-d.de/en/gt-guidelines/trans/trBeispiele.html (1.12.2020).
3 Vgl. https://folk.uib.no/hnooh/mufi/ (1.12.2020).
4 Vgl. The Unicode Standard, Chapter 23: Special Areas and Format Characters. https://www.unicode.org/versions/Unicode13.0.0/ch23.pdf (1.12.2020).
5 Vgl. https://ocr-d.de/en/gt-guidelines/trans/ (1.12.2020).
6 Vgl. https://de.wikipedia.org/wiki/Codepoint (1.12.2020).

OCR-Erkennungsprozesses darstellt und insbesondere bei Dokumenten mit komplexem Layout eine eigene Betrachtung erforderlich macht. Beispielhaft sei hier die Digitalisierung und OCR von Zeitungen genannt, bei denen die Einhaltung der korrekten Reihenfolge von Abschnitten innerhalb von Artikeln im Zuge der OCR aufgrund des komplexen, zumeist mehrspaltigen Layouts von Zeitungen nur durch eine akkurate Layoutanalyse gewährleistet werden kann. Zudem erfordern Methoden für die Texterkennung, die auf tiefen neuronalen Netzen basieren und momentan die beste OCR-Qualität liefern, bereits segmentierte Textzeilen (Neudecker et al. 2019). Dafür ist es erforderlich, dass im OCR-Workflow vor der Texterkennung mittels Layoutanalyse Textbereiche und einzelne Zeilen in der richtigen Reihenfolge erkannt werden.

Zusammenfassend lässt sich festhalten, dass bislang zwar grundlegende Verfahren und Metriken für die GT-basierte Qualitätsbestimmung von OCR-Ergebnissen existieren, diese aber auch für viele Detailfragen noch keine zufriedenstellenden Antworten geben. Zudem ist eine GT-basierte Evaluierung über große, im Kontext von Massendigitalisierung entstehende Bestände nicht effizient durchführbar. Inwieweit Konfidenzwerte und auf Stichproben beruhende statistische Auswertungen imstande sind, belastbare Aussagen zu liefern, muss zudem noch systematisch untersucht werden.

2.1 Stand der Technik

Unterschiedlichste Metriken liegen inzwischen in der Form wissenschaftlicher Beiträge sowie teilweise auch in Implementierungen vor, liefern aber jeweils nur eine Teilperspektive auf die Qualität der OCR. Im folgenden Abschnitt werden häufig genutzte Metriken diskutiert. Anschließend wird mit zwei Beispielen illustriert, inwieweit die sich aus den jeweiligen Metriken ergebenden Aussagen zur Qualität bei Anwendung auf unterschiedliche Dokumentarten und Anforderungen voneinander abweichen bzw. welche Aspekte von Qualität sie jeweils besonders gut oder weniger gut abbilden.

Die grundlegenden und in der wissenschaftlichen Community am weitesten verbreiteten Methoden für die Qualitätsbestimmung von Texterkennungssystemen gehen auf die Doktorarbeit von Stephen V. Rice aus dem Jahre 1996 zurück (Rice 1996). Die Bestimmung der OCR-Qualität wird hier als eine Manipulation von Zeichenketten anhand eines Editieralgorithmus aufgefasst. Rice unterscheidet dabei *character accuracy* (Zeichengenauigkeit) und *word accuracy* (Wortgenauigkeit) wobei Sonderfälle wie *non-stopword accuracy* (Wortgenauigkeit ohne Berücksichtigung von Stoppwörtern) oder *phrase accuracy* (Genauigkeit über eine Sequenz von k Wörtern) bereits berücksichtigt sind. Aus Effizienzgründen empfiehlt Rice für die Berechnung der jeweiligen Metriken Ukkonens Algorithmus (Ukkonen 1995), eine für lange Zeichenketten optimierte Version der Levenshtein-Distanz. Die Levenshtein-Distanz (Levenshtein 1966) ist eine oft verwendete Metrik, die die Distanz zwischen zwei Zeichenketten, meist Wörtern, bemisst. Sie wird bei der Rechtschreibprüfung und als Suchalgorithmus zur Bildung von Kandidaten bei der Rechtschreibkorrektur angewandt. Die Levenshtein-Distanz gibt die geringste Anzahl an Editieroperationen für eine Zeichenkette an, die notwendig ist, um diese in eine Zielzeichenkette umzuwandeln. Für die vom *Information Science Research Institute* (ISRI) der University of Nevada, Las Vegas 1992–1996 jährlich durchgeführten OCR-Evaluierungen wurden die von Rice vorgestellten Methoden in Form der *ISRI Evaluation Tools*[7] (Rice und Nartker 1996) implementiert, die seitdem das am häufigsten verwendete Werkzeug für die Qualitätsbestimmung von OCR im Rahmen von wissenschaftlichen Artikeln und Wettbewerben darstellen. Zwischen 2015 und 2016 wurden die *ISRI Evaluation Tools* aktualisiert, u. a. durch die Unterstützung des Unicode-Zeichensatzes und die Veröffentlichung des Quellcodes[8] (Santos 2019).

Erste systematische Studien der OCR-Qualität im Kontext von Massendigitalisierung stellen die Arbeiten von Tanner et al. (2009) und Holley (2009) dar. Tanner et al. (2009) untersuchen die OCR-Qualität des digitalisierten Zeitungsarchivs der British Library. Dabei bedienen sie sich der Metriken *character error rate* (CER) und *word error rate* (WER), die den Anteil inkorrekter Buchstaben bzw. Wörter im OCR-Ergebnis im Verhältnis zur GT angeben. Zusätzlich schlagen sie eine *significant word error rate* vor, in der ausschließlich die Anzahl signifikanter Wörter unter den nicht korrekt erkannten Beachtung findet, also der Wörter, die relevant für die Erfassung des Dokumentinhalts sind. Dabei darf die Qualität der Originaltexte nicht außer Acht gelassen werden, denn laut Klijn (2008) sagt die Qualität der mit OCR verarbeiteten Texte oft mehr über die Qualität der Digitalisierung aus als über das verwendete OCR-Verfahren (dies gilt insbesondere für historische Dokumente). Holley (2009) präsentiert eine Untersuchung der OCR-Qualität für das *Australian Newspaper Digitisation Program*. Neben einer Analyse der wichtigsten Einflussfaktoren für die OCR-Qualität werden auch Hinweise gegeben, wie sich diese potenziell verbessern lässt, z. B. durch die Integration von Lexika für unterrepräsentierte Sprachvariationen wie Dialekte. Ein Sprachmodell könnte ebenfalls zur Verbesserung der Ergebnisse führen, indem Wörter bevorzugt werden, die bezüglich ihres Kontextes wahrscheinlicher an dieser Stelle im Satz auftauchen als andere. Der Einsatz frequenzbasierter Sprachmodelle in der OCR wurde jedoch durch den Einzug

---

7 Vgl. https://code.google.com/archive/p/isri-ocr-evaluation-tools/ (1.12.2020).
8 Vgl. https://github.com/eddieantonio/ocreval (1.12.2020).

sprachunabhängiger tiefer neuronaler Netze im Bereich der OCR weitestgehend verdrängt, auch weil neuere Klassifikationsmodelle durch frequenzbasierte Sprachmodelle sogar an Qualität einbüßen können (Smith 2011). Letzteres ist insbesondere bei historischer Sprache, wo entsprechend robuste und zugleich spezifische Sprachmodelle noch nicht im benötigten Ausmaß zur Verfügung stehen, ein limitierender Faktor.

Das von der Europäischen Kommission geförderte Projekt IMPACT[9] (Improving Access to Text, 2008–2012) stellt den bislang ambitioniertesten Versuch dar, bessere, schnellere und effizientere OCR für historische Dokumente zu entwickeln. Dazu wurden zahlreiche technologische Innovationen erarbeitet, mit dem Ziel, den Zugang zu historischen Dokumenten zu verbessern und die Volltextdigitalisierung deutlich voranzutreiben. Im Laufe des Projekts entstanden auch mehrere Verfahren für die OCR-Evaluierung, darunter das *NCSR Evaluation Tool*,[10] welches auf den *ISRI Evaluation Tools* beruht und diese um Unterstützung von UTF-8, UTF-16 und die Metrik *figure of merit* erweitert. Die *figure of merit* ist eine für das IMPACT-Projekt definierte Metrik, die versucht, den Aufwand für eine manuelle Nachkorrektur der OCR zu beschreiben (Kluzner et al. 2009). Dafür werden Ersetzungen um einen Faktor 5 höher gewichtet als Löschungen, da sie entsprechend aufwendiger zu erkennen und korrigieren sind. Darüber hinaus entstanden die Werkzeuge *INLWordAccuracyTool*[11] und *ocrevalUAtion*[12] sowie eine Anleitung[13] zur Messung von OCR-Qualität. Das Werkzeug *ocrevalUAtion* erlaubt den Vergleich zwischen Referenztext und OCR-Ergebnissen sowie zwischen verschiedenen OCR-Ergebnissen für einen Referenztext und wertet die OCR-Fehler statistisch aus. Dabei werden neben PAGE-XML[14] auch andere OCR-Formate wie ABBYY-XML[15], das in Bibliotheken gebräuchliche ALTO,[16] das in den Digital Humanities favorisierte TEI[17] oder unformatierter Text unterstützt.

Wesentliche Beiträge für die OCR-Evaluierung wurden von der Forschungsgruppe PRImA (Pattern Recognition & Image Analysis Research Lab) der Universität Salford, Greater Manchester erarbeitet. Schon früh wurden dort mehrere

9 Vgl. http://www.impact-project.eu/ (1.12.2020), grant agreement ID 215064.
10 Vgl. https://users.iit.demokritos.gr/~bgat/OCREval/ (1.12.2020).
11 Vgl. https://github.com/JessedeDoes/INLWordAccuracyTool (1.12.2020).
12 Vgl. https://github.com/impactcentre/ocrevalUAtion (1.12.2020).
13 Vgl. https://sites.google.com/site/textdigitisation/home (1.12.2020).
14 Vgl. https://ocr-d.de/en/gt-guidelines/trans/trPage (1.12.2020).
15 Vgl. https://web.archive.org/web/20200924054833/https://abbyy.technology/en:features:ocr:xml. (6.7.2021).
16 Vgl. https://www.loc.gov/standards/alto/ (1.12.2020).
17 Vgl. https://tei-c.org/(1.12.2020).

Standards für die Auszeichnung und die Evaluierung von OCR-Daten entwickelt. Das Format PAGE (Page Analysis and Ground-Truth Elements) ist ein XML-basierter Standard für die Auszeichnungen von GT (Pletschacher und Antonacopoulos 2010). Mit ihm können granulare Informationen für die Bildmerkmale (Bildränder, Verzerrungen und entsprechende Korrekturen, Binarisierung etc.) sowie zur Struktur des Layouts und des Inhalts festgehalten werden. Softwarewerkzeuge[18] für eine einheitliche Evaluierung von OCR-Dokumenten wurden dort u. a. für die Layoutanalyse (Clausner et al. 2011) und die Evaluierung der Lesereihenfolge (*reading order*, Clausner et al. 2013) entwickelt sowie eine Methode zur Evaluation der CER, wenn die Lesereihenfolge nicht korrekt erkannt wurde (Clausner et al. 2020).

Der Standardisierungsprozess und die Etablierung von vergleichbaren Metriken für die Layoutanalyse von historischen Dokumenten wurde durch verschiedene Wettbewerbe und *shared tasks* im Rahmen des IAPR-TC11 vorangetrieben, z. B. für die Erkennung von komplexem Layout, wie in der *Competition on Recognition of Documents with Complex Layouts* (Antonacopoulos et al. 2015, Clausner et al. 2017, Clausner et al. 2019), oder für historische Dokumente, wie in den *shared tasks* zu *Historical Newspaper Layout Analysis* (Antonacopoulos 2013), *Historical Book Recognition* (Antonacopoulos 2013) und der *Historical Document Layout Analysis Competition* (Antonacopoulos et al. 2011).

Neuere Arbeiten evaluieren die Leistung der einzelnen Arbeitsschritte eines kompletten OCR-Workflows (Pletschacher et al. 2015, Clausner et al. 2016), wie er für das Projekt Europeana Newspapers (2012–2015, Neudecker und Antonacopoulos 2016) angewandt wurde, wobei in dem Projekt mehr als 8 Millionen historische Zeitungsseiten mit OCR und zusätzliche 2 Millionen Seiten mit Artikelsegmentierung verarbeitet wurden. Vor dem Hintergrund derartiger Massendigitalisierungsprojekte entwickelten Clausner et al. (2016) Methoden für die Vorhersage der zu erwartenden OCR-Qualität auf der Grundlage geringer Mengen von GT und der Ermittlung von Merkmalen in Dokumenten, die in einer Abhängigkeit zur erwartbaren Güte der Texterkennung stehen.

Im Rahmen des QURATOR-Projekts[19] (Rehm et al. 2020) entstand an der Staatsbibliothek zu Berlin – Preußischer Kulturbesitz (SBB) das Werkzeug *dinglehopper*.[20] Es dient zur transparenten und standardisierten GT-basierten Evaluierung von OCR-Qualität mittels CER/WER und bietet eine Visualisierung von fehlerhaft erkannten Zeichen anhand eines *side-by-side*-Vergleichs von GT und OCR-Ergebnis. Die Software interpretiert Texte als Aneinanderreihungen

---

18 Vgl. https://www.primaresearch.org/tools/PerformanceEvaluation (1.12.2020).
19 Vgl. https://qurator.ai/ (1.12.2020).
20 Vgl. https://github.com/qurator-spk/dinglehopper/ (1.12.2020).

von Graphem-Clustern[21] – Zeichen im Sinne des Unicode-Standards – die zunächst anhand ihrer Gemeinsamkeiten aligniert und anschließend verglichen werden. Die Visualisierung erlaubt die manuelle Inspektion von OCR-Fehlern, so dass Probleme in Kodierung, Normalisierung, Layoutanalyse oder gar GT einfach erkennbar sind.

Schließlich sei hier noch auf das Bernoulli-Experiment[22] eingegangen, welches das von den DFG-Praxisregeln *Digitalisierung*[23] (Stand 1.12.2020) empfohlene und für alle Drucke ab 1850 verpflichtende Verfahren zur Qualitätsmessung für Digitalisierungsvorhaben mit OCR darstellt. Da im Allgemeinen keine GT zur Verfügung steht, um die OCR-Qualität umfassend zu messen, werden in einem Experiment eine gewisse Zahl von Stichproben manuell untersucht und so der Fehler statistisch ermittelt. Ein Vorteil dieser Methode ist, dass die Berechnung anhand von randomisierten Stichproben eine statistisch belastbare Aussage über die Qualität erlaubt und es somit eine gewisse Sicherheit gibt, die durch eine manuelle und somit durch Selektionsbias verzerrte Auswahl von exemplarisch geprüften Seiten nicht gegeben wäre. Ein Nachteil dieser Methode liegt jedoch darin, dass die manuelle Kontrolle einzelner Zeichen und damit der manuellen Suche von Textkorrespondenzen im Original nahezu keine Aussage über die Qualität einer Layoutanalyse zulässt, da Fehler in der Lesereihenfolge nicht auffallen. So wird am Ende lediglich eine CER ohne Beachtung einer Lesereihenfolge ermittelt. Zudem kann die randomisierte Stichprobe auch nachteilig sein, da nicht jeder Aspekt eines digitalisierten Werkes gleich bedeutsam ist: Ein fehlerhafter Titel eines Zeitungsartikels ist womöglich schwerwiegender zu bewerten als ein Fehler innerhalb einer Zeitungsannonce.

2.2 Beispiele

An dieser Stelle sollen zwei Beispiele zur Illustration dienen inwieweit die gebräuchlichsten der hier aufgeführten Methoden und Metriken für die OCR-Evaluierung in ihrer Bewertung der Ergebnisse übereinstimmen und inwieweit sie voneinander abweichen. Dabei soll insbesondere der Blick für die Auswirkungen der (Nicht-)Berücksichtigung von Lesereihenfolge im Zuge der Layoutanalyse geschärft werden.

---

21 Vgl. Unicode Standard, Annex #29: Unicode Text Segmentation. https://www.unicode.org/reports/tr29/tr29-37.html (1.12.2020).
22 Vgl. https://en.wikipedia.org/wiki/Bernoulli_trial (1.12.2020).
23 Vgl. DFG-Praxisregeln *Digitalisierung* [12/16], S. 34 ff.

Für das Beispiel wurden für zwei Seiten aus dem digitalisierten Bestand der SBB GT erstellt und die Digitalisate mit der OCR-Software *Tesseract*[24] verarbeitet. Dabei wurde einmal eine Seite aus einer Monografie aus dem VD16 gewählt, die als Besonderheit Marginalien enthält. Kontrastiert wird diese mit einer Seite der Beilage einer Berliner Tageszeitung vom 1. Mai 1930. So wird die Bedeutung der bei Zeitungen und anderen mehrspaltigen Dokumenten bedeutenden Lesereihenfolge besser ersichtlich. Die OCR-Ergebnisse wurden anschließend mit mehreren der oben dargestellten Metriken (sowie je nach Methode unter Hinzuziehung von GT) ausgewertet (siehe Tab. 1).

Auch wenn es sich hier nur um einzelne und zudem ausgewählte Beispiele handelt, so ist die Diversität der Aussagen im Hinblick auf die erzielte Qualität doch enorm. Welche Fehler sind hier im OCR-Prozess aufgetreten, die von den jeweiligen Metriken besser oder weniger gut erfasst wurden?

Betrachten wir zunächst Beispiel (a), ein monografisches Druckwerk aus dem 16. Jahrhundert, wie sie im Rahmen der umfangreichsten von der Deutschen Forschungsgemeinschaft (DFG) geförderten Digitalisierungskampagne, den Verzeichnissen der im deutschen Sprachraum erschienenen Drucke des 16./17./18. Jahrhunderts (VD16,[25] VD17,[26] VD18[27]), in erheblichem Umfang (ca. 106 000 Titel in VD16, 303 000 in VD17 und mindestens 600 000 in VD18) im Entstehen sind. Neben der hier verwendeten Schwabacher[28] treten als Herausforderung für die OCR in erster Linie Marginalien auf, wie sie ebenfalls in den Drucken des 16.–18. Jahrhundert prominent vertreten sind. Laut den *OCR-D GT Guidelines* bilden Marginalien[29] einen Bestandteil der Lesereihenfolge[30] und sind demnach ihrem semantischen Bezug zu den jeweils zugehörigen Absätzen entsprechend zu erfassen. Die in Abb. 1a dargestellte GT erfordert hiernach die Wiedergabe der Sequenz der Textbereiche in der durch den Pfeil visualisierten Lesereihenfolge.

---

24 Vgl. https://github.com/tesseract-ocr/tesseract (1.12.2020).
25 Vgl. http://www.vd16.de/ (1.12.2020).
26 Vgl. http://www.vd17.de/ (1.12.2020).
27 Vgl. http://www.vd18.de/ (1.12.2020).
28 Vgl. https://de.wikipedia.org/wiki/Schwabacher (1.12.2020).
29 Vgl. https://ocr-d.de/en/gt-guidelines/trans/lyMarginalie.html (1.12.2020).
30 Vgl. https://ocr-d.de/en/gt-guidelines/trans/lyLeserichtung.html (1.12.2020).

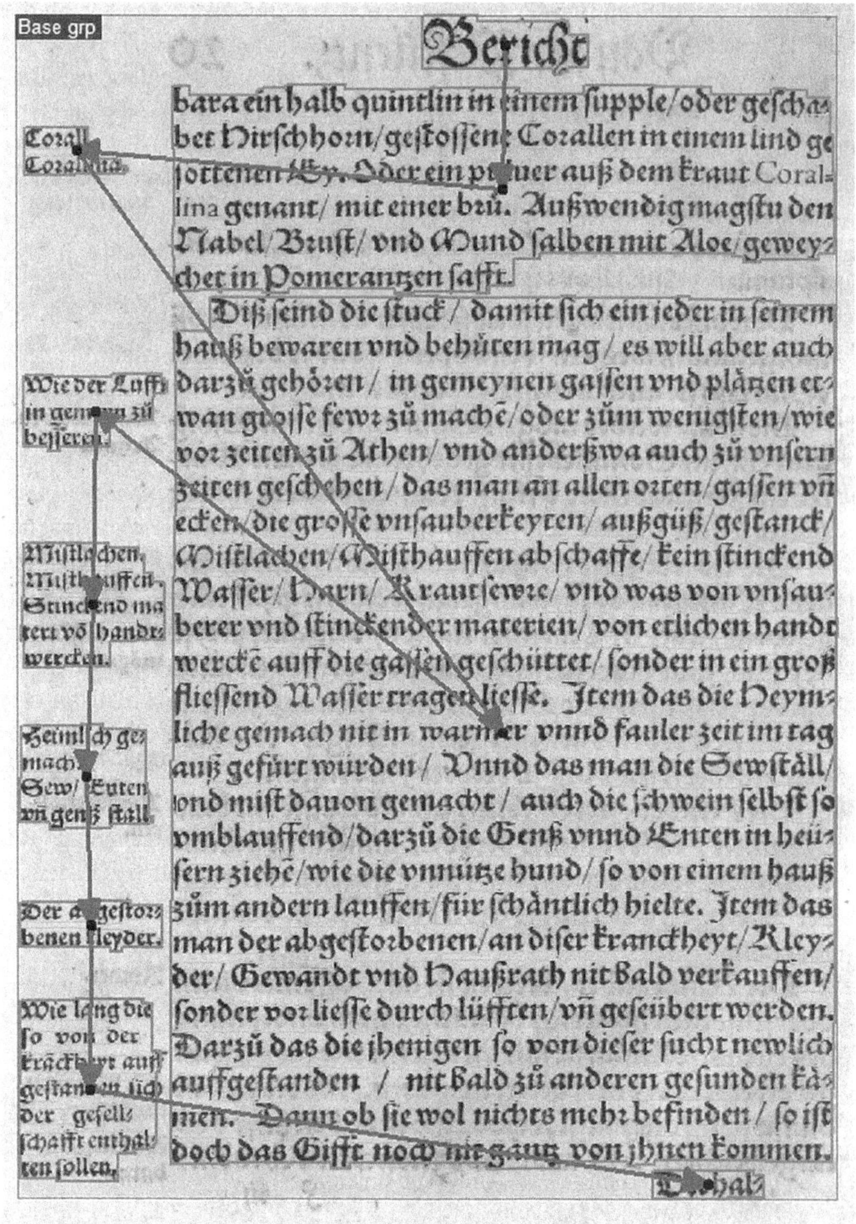

Bericht

bara ein halb quintlin in einem supple/oder geschabet Hirschhorn/gestossen Corallen in einem lind gesottenen Ey. Oder ein pulver auß dem kraut Corallina genant/ mit einer brü. Außwendig magstu den Nabel/Brust/vnd Mund salben mit Aloe/geweychet in Pomerantzen safft.

Diß seind die stuck / damit sich ein jeder in seinem hauß bewaren vnd behüten mag / es will aber auch darzů gehören / in gemeynen gassen vnd plätzen etwan grosse fewr zů machē/oder zům wenigsten/wie vor zeiten zů Athen/ vnd anderßwa auch zů vnsern zeiten geschehen / das man an allen orten/gassen vñ ecken/die grosse vnsauberkeyten/ außgüß/gestanck/ Mistlachen/Misthauffen abschaffe/ kein stinckend Wasser/ Harn/ Krautsewre/ vnd was von vnsauberer vnd stinckender materien/ von etlichen handtwerckē auff die gassen geschüttet/ sonder in ein groß fliessend Wasser tragen liesse. Item das die Heymliche gemach nit in warmer vnnd fauler zeit im tag auß gefürt würden / Vnnd das man die Sewställ/ vnd mist dauon gemacht / auch die schwein selbst so vmblauffend/darzů die Genß vnnd Enten in heüsern ziehē/wie die vnnütze hund/ so von einem hauß zům andern lauffen/für schäntlich hielte. Item das man der abgestorbenen/an diser kranckheyt/ Kleyder/ Gewandt vnd Haußrath nit bald verkauffen/ sonder vor liesse durch lüfften/vñ geseübert werden. Darzů das die jhenigen so von dieser sucht newlich auffgestanden / nit bald zů anderen gesunden kämen. Dann ob sie wol nichts mehr befinden / so ist doch das Gifft noch nit gantz von jhnen kommen.

Corall. Corallina.

Wie der Lufft in gemeyn zů besseren.

Mistlachen. Misthauffen. Stinckend materi vō handtwercken.

Heimlich gemach. Sew/ Enten vñ genß ställ.

Der abgestorbenen kleyder.

Wie lang die so von der kranckheyt auffgestanden sich der gesellschafft enthalten sollen.

Abb. 1a: Visualisierung der Ground Truth für zwei ausgewählte Beispiele
Winther, Johannes. Bericht und Ordnung in diesen sterbenden Läufen der Pestilenz. 1564. VD16 ZV 1311

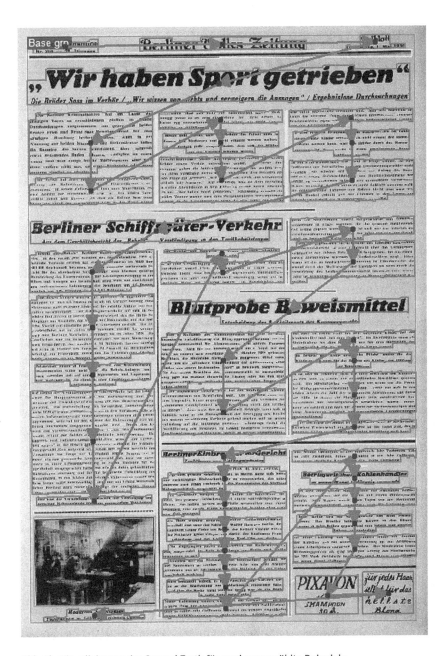

Abb. 1b: Visualisierung der Ground Truth für zwei ausgewählte Beispiele
Berliner Volkszeitung. 1. Mai 1930. Morgen-Ausgabe. Beiblatt. ZDB 27971740

Tab. 1: Vergleich der Metriken[*] für zwei ausgewählte Beispiele

	Konfidenz	CER	WER	BOW	RO	Bernoulli
(a) Monografie	82.87 %	44.29 %	79.20 %	50.07 %	24.87 %	94.2 %
(b) Zeitung	60.85 %	62.19 %	87.63 %	55.73 %	69.27 %	89.0 %

[*] Erläuterung: Konfidenz = Konfidenzwerte des OCR-Algorithmus über die Seite gemittelt; CER: *character error rate*; WER: *word error rate*; BOW: *bag-of-words word index success rate*; RO: *F1 score reading order*; Bernoulli: Genauigkeit Bernoulli-Experiment mit Stichprobe von 500 randomisierten Zeichen. Berechnung der CER/WER/BOW mit PRImA Text Eval v.1.5, Berechnung des *F1 score* mit *reading order* mit PRImA Layout Eval v.1.9 und Evaluationsprofil: *document structure*, vgl. https://www.primaresearch.org/tools/PerformanceEvaluation (1.12.2020).

Bei Abb. 1b handelt es sich um ein Beiblatt einer vom Mikrofilm digitalisierten Tageszeitung aus dem frühen 20. Jahrhundert. Auch im Bereich der Zeitungsdigitalisierung soll mit DFG-geförderten Programmen die Menge im Volltext digital verfügbarer historischer Zeitungen massiv erhöht werden. Eine vorab durchgeführte OCR-Evaluierung ist dabei für die Antragstellung verpflichtend.[31] Das Beispiel veranschaulicht typische Schwierigkeiten für die OCR bei Zeitungen – neben einem mehrspaltigen Layout sind die Erkennung von Abbildungen und Zwischenüberschriften sowie Separatoren für die Ermittlung der korrekten Lesereihenfolge entscheidend (die GT ist erneut durch den Pfeil visualisiert).

Betrachten wir nun die Evaluierungsergebnisse unter Zuhilfenahme der verschiedenen Metriken, so können wir zunächst feststellen, dass die Bewertung anhand des Bernoulli-Experiments gemäß DFG-Praxisrichtlinien *Digitalisierung* zur optimistischsten Einschätzung kommt. Die anhand des Bernoulli-Experiments ermittelten Aussagen liegen dabei sogar noch deutlich über den Konfidenzwerten des verwendeten OCR-Algorithmus. Beide Verfahren kommen zu einer prinzipiell positiven Bewertung der OCR-Qualität in dem Sinne, dass mehr Zeichen richtig als falsch erkannt wurden. Die für die inhaltliche Qualität wesentliche WER liegt deutlich über der CER, da sich einzelne Zeichenfehler auf mehrere der vorkommenden Wörter verteilen. Anhand der BOW-Metrik kommt man in beiden Fällen zu der Einschätzung einer durchschnittlichen Qualität. Betrachtet man die WER genauer, so ergibt sich eine mehr oder weniger drastisch negative Bewertung, der zufolge nur 20 % (a) bzw. 12 % (b) der Wörter von der OCR korrekt erkannt wurden. Zieht man zusätzlich Kriterien wie die Lesereihenfolge für die Layoutanalyse heran, so ergibt sich ein nochmals heterogeneres Bild. Vor allem überrascht die deutlich positivere Bewertung von (b) mit

---

31 Vgl. https://www.dfg.de/foerderung/info_wissenschaft/2018/info_wissenschaft_18_08/ (1.12.2020).

einem *F1 score* von 69 %, was (b) wiederum eine erhebliche bessere Qualität als die in (a) erreichten 25 % bescheinigt. Dies lässt sich dadurch erklären, dass in Beispiel (a) die Marginalien im Zuge der Layoutanalyse mit den Zeilen des Fließtextes vermischt wurden. Dadurch wird an den jeweiligen Stellen die Lesereihenfolge inhaltlich unterbrochen, was sich gravierend auf diejenigen Metriken auswirkt, welche alignierte Inhalte erfassen.

Im Ergebnis der Layoutanalyse für Beispiel (b) wurden Separatoren überwiegend gut erkannt und der Vorgabe der GT im Hinblick auf die Sequenz der Textbereiche und -zeilen besser entsprochen. Während inhaltliche und typografische Kriterien bei der Festlegung der Lesereihenfolge in Beispiel (a) eindeutig sind, so kann für Beispiel (b) zu Recht hinterfragt werden, inwieweit sich eine GT für die Lesereihenfolge einer Zeitung objektiv definieren lässt. Hierfür bietet das PAGE-XML Format die flexiblen Konzepte *OrdererdGroup* (geordnete Gruppe) und *UnorderedGroup* (ungeordnete Gruppe) an, die auch miteinander kombiniert bzw. verschachtelt werden können. So kann z. B. die Reihenfolge der Artikel einer Zeitungsseite in einer *UnorderedGroup* abgebildet werden, wohingegen die korrekte Abfolge der Absätze innerhalb einzelner Artikel, dazugehörige Illustrationen oder Tabellen und dergleichen in einer strikt festgelegten Lesereihenfolge einer *OrderedGroup* repräsentiert wird. Hierbei entstehende Fehler sind entsprechend komplex und damit nur schwer in einer einzelnen Metrik darzustellen. Nur die Evaluierung nach *F1 score reading order* kann hier ein entsprechend differenziertes Bild liefern. Somit ist die Aussagekraft aller anderen Metriken als gering einzustufen, sobald die korrekte Erfassung der inhaltlichen Zusammenhänge auf Satz- und Abschnittsebene für die Weiterverwendung der OCR-Ergebnisse von Bedeutung ist.

Mit ebenso großer Vorsicht müssen die Konfidenzwerte des OCR-Algorithmus betrachtet werden. Da die OCR-Konfidenzen im Zuge des OCR-Prozesses automatisch entstehen, ist jedoch zumindest eine Bereitstellung dieser Information in den Metadaten empfehlenswert. Liegt z. B. der über alle Seiten eines Dokuments gemittelte Konfidenzwert unter 50 %, über 70 % oder gar über 90 %, so kann dies bereits hilfreich für die Zusammenstellung von Datensätzen für die Forschung sein (Padilla et al. 2019).

2.3 Alternative Ansätze

Nachdem in unserer bisherigen Betrachtung die gängigen Verfahren für die OCR-Evaluierung allesamt noch Defizite bei der differenzierten Ergebnisbewertung aufweisen und zudem GT benötigen, sollen in diesem Kapitel alternative Ansätze diskutiert werden. Lassen sich andere Wege und (z. B. heuristische oder sprachwissenschaftliche) Verfahren für eine Qualitätsbewertung von (historischen) Volltexten finden, die hochgradig automatisierbar sind und dennoch belastbare Aussagen treffen?

Alex und Burns (2014) entwickelten eine GT-freie Heuristik zur Bestimmung der Textqualität der OCR englischsprachiger wirtschaftlicher Fachliteratur des 19. Jahrhunderts anhand der relativen Häufigkeit von Ziffern und Wörtern in einem Lexikon. Dazu schlagen sie einen *simple quality* (SQ) *score* vor, der sich aus dem Verhältnis der Anzahl von „guten" Wörtern (Wörtern, die in einem Lexikon vorkommen) zu allen Wörtern berechnet. Ein Problem mit diesem Ansatz im Kontext von historischen Dokumenten ist jedoch, dass keine geeigneten historischen Wörterbücher zur Verfügung stehen, durch die im Zuge der OCR korrekt erkannte, valide historische Schreibweisen in die Kategorie „guter" Wörter eingeordnet werden könnten. Im eMOP-Projekt[32] (2012–2014) wurde eine Methode gewählt, die durch die Layoutanalyse generierte *bounding boxes* heranzieht (Gupta et al. 2015). Die zugrundeliegende Annahme ist, dass für Dokumente mit guter OCR-Qualität vor allem solche *bounding boxes* vorliegen, die Text enthalten, während diese im Falle schlechter OCR-Qualität vor allem Rauschen (Pixel) enthalten. Auf dieser Grundlage wurde ein Klassifikator entwickelt, der mit einer Genauigkeit von 93 % *bounding boxes*, die Text enthalten, von denjenigen mit Rauschen unterscheiden kann. Baumann (2014) schlägt vor, die Spracherkennungsbibliothek *langid*[33] (Lui und Baldwin 2012) zu nutzen, um die Qualitätsmessung von OCR-Ergebnissen zu automatisieren. Diese Bibliothek gibt zusätzlich zur erkannten Sprache für jede Zeile eines Dokuments einen Konfidenzwert an, also eine numerische Einschätzung, wie sicher sich das Modell bei der Vorhersage ist. Die Idee ist, dass in Texten mit mehr OCR-Fehlern mehr dem Sprachmodell unbekannte Wörter enthalten sind und damit der Konfidenzwert sinkt. Ein Vorteil an diesem Verfahren ist, dass das Sprachmodell von *langid* einfach neu auf unbekannte Sprachen trainiert werden kann. Ein Ansatz für eine GT-freie Evaluierung der Bildvorverarbeitung ist derjenige von Sing, Vats und Anders (2017), welcher verschiedene Verfahren aus dem Bereich des maschinellen Lernens kombiniert, um aus einer geringen Menge von GT (Bild und Bewertung) Modelle abzuleiten, die dann auf neue Daten übertragbar sind. Diese Methode wäre prinzipiell auch auf die OCR-Qualitätsbewertung übertragbar, indem z.B. prozessrelevante technische Metadaten (Komprimierung, Bildgröße und Auflösung, Farbtiefe etc.), etwaige Bildstörungen, die die OCR-Qualität negativ beeinflussen, und relevante Merkmale (verwendete Schriftart, ein- bzw. mehrspaltiges Layout, Dokumentart etc.) herangezogen

---

32 Vgl. https://emop.tamu.edu/ (1.12.2020).
33 Vgl. https://github.com/saffsd/langid.py (1.12.2020).

werden, um dafür regelbasierte Heuristiken zu entwickeln oder aus den Daten ein Modell für die Qualitätsbestimmung zu trainieren.

Springmann et al. (2016) schlagen zwei Metriken für eine GT-freie OCR-Evaluierung vor: Zum einen betrachten sie Konfidenzwerte des OCR-Algorithmus unter einer Studentschen t-Verteilung[34], zum anderen Lexikalität unter Verwendung von dokumentspezifischen Sprachprofilen wie sie Reffle und Ringlstetter (2013) verwenden und in denen auch historische Schreibvarianten Berücksichtigung finden. Bei der OCR-Verarbeitung von historischen Korpora können die darin enthaltenen Dokumente einen großen Zeitraum und damit verschiedene Schreibvarianten (bezüglich der Schreibweise und verwendeten Lexik) ein und derselben Sprache beinhalten. Reffle und Ringlstetter (2013) stellen eine Evaluierungs- und Korrekturmethode ohne GT vor, bei der ein Profiler[35] für historische Dokumente statistische Sprachprofile errechnet und für die jeweiligen Profile Muster für historische Schreibvarianten, Vokabeln, Worthäufigkeiten sowie für typische OCR-Fehler verwendet werden. In ihren Experimenten zeigen sie eine starke Korrelation zwischen der Verteilung von Schreibvarianten und OCR-Fehlern auf und demonstrieren beispielhaft, wie die Profile OCR-Systeme bei der Nachkorrektur verbessern. Diese Schreibvarianten können bei der Volltextsuche ebenfalls ein Problem darstellen, weshalb die Sprachprofile auch für eine Annäherung von Suchanfrage und in Dokumenten befindliche Lexik genutzt werden. Fink et al. (2017) verbessern die Methode, indem sie die Möglichkeit hinzufügen, adaptiv auf Feedback (z. B. durch manuelle Korrekturen) zu reagieren, sowie durch das Hinzufügen zusätzlicher historischer Schreibvarianten und die Behandlung nicht interpretierbarer Token als vermutete Fehler.

Mehrere Forschungsgebiete in der automatischen Sprachverarbeitung (*Natural Language Processing*, NLP) beschäftigen sich mit der Analyse und Weiterverarbeitung von nicht wohlgeformter Sprache. Dies geschieht insbesondere in Bezug auf die Anwendungsbereiche maschinelle Übersetzung, automatische Erstellung von Textzusammenfassungen und Frage-Antwort-Systeme. Für maschinell erstellte Zusammenfassungen basieren Evaluierungen meist auf zwei eng verwandten Metriken, BLEU (Papineni et al. 2002) und ROUGE (Lin 2004). Beide messen die lexikalische Überschneidung zwischen einer oder mehreren Referenz-Zusammenfassungen und dem maschinell erstellten Text. Eine weitere Evaluierungsmethode ist METEOR (Banerjee und Lavie 2005), welche zusätzlich die Wörter auf ihre Stammform zurückführt (*Stemming*) und unter Verwendung von Wörterbüchern und Wissensbasen Synonyme beim Vergleich zum Referenztext mit in Betracht zieht.

---

34 Vgl. https://de.wikipedia.org/wiki/Studentsche_t-Verteilung (1.12.2020).
35 Vgl. https://github.com/cisocrgroup/Profiler (1.12.2020).

Auch für die maschinelle Übersetzung oder für Frage-Antwort-Systeme werden diese Metriken benutzt, die jedoch alle vom Vorhandensein von GT-Daten abhängig sind. Diese NLP-Bereiche grenzen sich insofern von einer OCR-Evaluierung ab, als hier jeweils mindestens eine, oft jedoch auch *mehrere* Übersetzungen oder Zusammenfassungen bzw. *mehrere* korrekte Antworten auf eine Frage möglich sind – so enthalten Texte linguistische und lexikalische Variationen sowie verschiedene Wortstellungen. Zusätzlich sollte der generierte Ausgabetext idealerweise auch auf der semantischen Ebene evaluiert werden, zum Beispiel im Hinblick auf Informationsgehalt, Kohärenz und ob der Inhalt des dahinterliegenden Textes adäquat und korrekt wiedergegeben wird. Dies macht eine einheitliche Beurteilung schwierig und ist noch eine offene Frage in der Forschung.

Einen Schritt hin zu einer Evaluierung, die zur Einschätzung der Qualität zahlreiche unterschiedliche Aspekte in Betracht zieht, stellt MQM (Lommel et al. 2013) dar. MQM, *Multidimensional Quality Metrics*, ist ein Framework zur Bewertung der Übersetzungsqualität, mit dem Nutzer:innen ihre eigenen Bewertungsmetriken anpassen können. Hierbei werden, im Gegensatz zu den oben genannten Metriken, verschiedene Klassen von Fehlertypen definiert, die sich an die Ansprüche der Nutzer:innen an den übersetzten Text richten. Ein möglicher Fall wäre eine inkonsistente Terminologie innerhalb einer Übersetzung, in der zum Beispiel dieselbe Entität als *PC* in einem Satz und als *Computer* in einem anderen Satz übersetzt wurde. Dies würde in einem Referenzhandbuch als Fehler gesehen werden, in einem Zeitungsartikel aber kann diese Variation durchaus akzeptabel sein, vielleicht sogar bevorzugt werden. Die Übersetzungsqualität ist somit immer relativ zu dem beabsichtigten kommunikativen Zweck und Kontext des Textes zu sehen (Burchardt et al. 2016). Die formale Spezifikation sowie unterschiedliche Gewichtung von Fehlerklassen, wie sie durch MQM ermöglicht wird, kann dazu dienen, die Qualitätseinschätzung der automatischen Übersetzung zu verbessern. Weitere Forschungsarbeiten werden zeigen müssen, ob Metriken wie z. B. BLEU, ROUGE, METEOR und MQM in sinnvoller und zielführender Weise für die Evaluation von OCR-Qualität eingesetzt werden können.

So kann man feststellen, dass zwar verschiedene alternative, auch GT-freie Ansätze für die OCR-Evaluierung existieren, diese sich jedoch in den meisten Fällen vorhandene Sprachressourcen zunutze machen. Sind die Sprachressourcen oder Methoden aber nicht auf die besonderen Anforderungen historischer Sprache zugeschnitten, so ist deren Anwendbarkeit für die OCR-Evaluierung begrenzt oder noch nicht systematisch untersucht. Inwieweit eine anwendungsbezogene Perspektive auf die OCR-Ergebnisse den Blick für die Qualität weiter zu schärfen vermag, wird im folgenden Abschnitt ausgeführt.

3 Anwendungsbezogene Perspektiven auf OCR-Qualität

Vor dem Hintergrund der bislang dargestellten Methoden, Metriken und Ansätze stellt sich nun erneut die Frage, wie Qualität am besten messbar ist. Kann eine Metrik überhaupt genug Aussagekraft für sämtliche Anforderungen haben? Und unter Beachtung der prohibitiven Kosten für die GT-Erstellung und der eingeschränkten Leistungsfähigkeit alternativer Ansätze: Kann die Erwartung einer replizierbaren und belastbaren Methode für die OCR-Qualitätsmessung ohne GT und für unterschiedliche Dokumenttypen überhaupt aufrechterhalten werden? Oder müssen nicht viel eher konkrete Anwendungsfälle für die OCR unterschieden und für den jeweiligen Fall die bedeutsamsten und praktikabelsten Verfahren angewendet werden? Während für die Indexierung in einer Suchmaschine für eine Keyword-Suche die Reihenfolge von Wörtern in einem OCR-Ergebnis keine bzw. nur eine sehr untergeordnete Rolle spielt, so ist die Einhaltung der korrekten Lese-, Satz- und Wortreihenfolge für die semantische Analyse und Weiterverarbeitung der OCR-Ergebnisse mit NLP oder den in den Digital Humanities verwendeten Methoden von besonderer Bedeutung. Dementsprechend werden hier drei typische Anwendungsfälle für die Nutzung von OCR-Ergebnissen kurz dargestellt und es wird diskutiert, welche der vorgestellten Methoden und Metriken für die jeweiligen Anwendungsfälle besonders geeignet sind bzw. welche Aspekte der OCR-Qualitätsbewertung aus der Perspektive der Anwendungsfälle momentan noch nicht oder nur unzureichend durch die vorgestellten Metriken abgedeckt werden.

3.2 Natural Language Processing

Named Entity Recognition (NER), die automatische Erkennung von Eigennamen in Texten, stellt eine Schlüsseltechnologie für den Zugriff auf die Inhalte digitaler Bibliotheksbestände dar, da die Suchbegriffe der Nutzeranfragen häufig Personen- oder Ortsnamen sowie Zeitangaben beinhalten (Crane und Jones 2006)[36]. Bislang stellt die Anreicherung von OCR-Ergebnissen in Bibliotheken mit NER jedoch noch einen Sonderfall dar. Lediglich im Bereich der Zeitungsdigitalisierung sind auf Projektbasis größere Bestände einer NER unterzogen worden (Neudecker et al. 2014, Mac Kim und Cassidy 2015). Grund dafür war die meist

---

36 Siehe hierzu auch *Named Entity Linking mit Wikidata und GND – Potenzial handkuratierter und strukturierter Datenquellen für die semantische Anreicherung von Volltexten* (in diesem Band).

als zu gering eingeschätzte Erfolgsrate auf Basis bereits unzufriedenstellender OCR-Ergebnisse (Kettunen et al. 2017, Kettunen und Pääkkönen 2016). Demnach werden *Named Entities* auch noch nicht in nennenswertem Umfang in die digitalen Sammlungen, Suchmaschinen und Bibliothekskataloge integriert.

Gleichzeitig ist NER ein klassischer Anwendungsfall innerhalb der automatischen Sprachverarbeitung. Für die Genauigkeit der Eigennamenerkennung spielt die OCR-Qualität der Texte eine entscheidende Rolle. Hamdi et al. (2019) erstellten einen Datensatz zur Eigennamenerkennung und integrierten darin verschiedene Klassen von OCR-Fehlern. Sie beobachteten ein Absinken der Genauigkeit des NER-Modells, das auf Basis eines neuronalen Netzes mit Long Short-Term Memory und einer Conditional Random Field-Schicht (LSTM-CRF) trainiert wurde, von 90 % auf 60 %, wenn die Fehlerrate der Worterkennung von 1 % auf 7 % bzw. die Fehlerrate der Zeichenerkennung von 8 % auf 20 % erhöht wurde. Eine Evaluierung der eingereichten Systeme des *shared task HIPE* (*Identifying Historical People, Places and other Entities*) kam zu ähnlichen Ergebnissen bezüglich der Abhängigkeit zwischen NER-Ergebnissen und der OCR-Qualität für historische Texte (Ehrmann et al. 2020). Der *shared task* wurde 2020 im Rahmen der elften Conference and Labs of the Evaluation Forum (CLEF2020)[37] organisiert und untersucht NER in historischen Zeitungen (auf Deutsch, Französisch und Englisch). Wie schon erwähnt ist der Umgang mit einer größeren Sprachvarietät eine Herausforderung bei diachronen historischen Korpora. Deshalb ist ein Ziel des *shared task*, die Robustheit von NER-Systemen auch für Eingaben außerhalb der Standardsprache zu stärken. Zudem soll eine Vergleichbarkeit der Performance von NER-Verfahren für historische Digitalisate ermöglicht werden. Ein längerfristiges Ziel ist eine inhaltliche Erschließung der in Dokumenten vorkommenden Eigennamen, die die Auffindbarkeit der Dokumente für Suchanfragen verbessern könnte. Die Evaluierung der Systeme ergab u. a., dass Verfahren, die tiefe Netze sowie vortrainierte Modelle nutzten (insbesondere BERT, Devlin et al. 2019), zu besseren Ergebnissen kamen als symbolische oder musterbasierte Verfahren.

Zusätzlich zur Erkennung von Eigennamen kann die Verlinkung dieser in Wissensbasen (*Named Entity Linking*, NEL) zur Disambiguierung von mehrdeutigen Eigennamen genutzt werden, um so Inhaltserschließung und Suchergebnisse zu optimieren. Hier spielt die OCR-Qualität ebenso eine bedeutende Rolle (Pontes et al. 2019). Auch für andere Aufgabenbereiche des NLP ist eine gute OCR-Qualität entscheidend (Mieskes und Schmunk 2019, van Strien et al. 2020). Eine Hoffnung liegt in vortrainierten Transformer-Modellen, die sich aufgrund

---

[37] Vgl. https://impresso.github.io/CLEF-HIPE-2020/ und https://clef2020.clef-initiative.eu/ (1.12.2020).

der größeren Datengrundlage, auf der sie trainiert wurden und der Subword-Tokenisierung, die sie benutzen, als robuster gegenüber OCR-Fehlern erweisen sollten. Es fehlen jedoch noch Studien, die dies bestätigen bzw. den erreichbaren Mehrwert evaluieren.

Zusammenfassend kann festgehalten werden, dass trotz des großen Einflusses, den OCR-Fehler auf die Sprachverarbeitung haben, nur wenige Arbeiten versucht haben, diesen Einfluss systematisch zu evaluieren (van Strien et al. 2020, Smith und Cordell 2018). Denkbar wären z. B. mit Alex und Burns (2014) Empfehlungen für Qualitätsschwellenwerte von OCR, bei denen man noch zufriedenstellende Ergebnisse für weitere Prozessierungsschritte erwarten kann. Die Verbesserung und Einbeziehung sprachtechnologischer Methoden für historische Dokumente ist auch für Bibliotheken und Archive erstrebenswert, da Ergebnisse aus einer Informationsextraktion für die Erstellung von Metadaten und die automatische Inhaltserschließung genutzt werden können.

3.2 Digital Humanities

Die Digital-Humanities-Forschung nutzt computergestützte Tools und Methoden für Anwendungszwecke in den Geistes- und Kulturwissenschaften und erforscht zudem, welche Bedeutung und Konsequenzen digitale Werkzeuge für die Methoden und die Forschung in den Geisteswissenschaften haben.

Entsprechende Forschungsarbeiten können von digitalisierten Archiven insofern profitieren, weil diese leichter verfügbar sind und auf den Texten quantitative Methoden angewandt werden können, um Forschungsfragen zu bearbeiten. Damit OCR-Fehler jedoch nicht zu verfälschten Ergebnissen führen, sind Forscher von qualitativ hochwertigen Digitalisaten abhängig, bei denen gegebenenfalls auftretende Fehler auch transparent nachvollzogen werden können. Eine qualitative Studie, die mit Historikern durchgeführt wurde, zeigt, dass gerade dieser Aspekt in der Praxis ein großes Problem darstellt (Traub et al. 2015). Drei der vier Befragten gaben an, ihre quantitativen Studien auf Grundlage von digitalisierten Dokumenten nicht zu publizieren, weil sie potenziell nicht vertrauenswürdig seien und die Ergebnisse angezweifelt werden könnten. In einer quantitativen Studie von Hill und Hengchen (2019) wirkte sich die Qualität der OCR zwar nicht so signifikant auf das *Topic Modeling* aus, dafür aber auf andere statistische Verfahren, die in den Digital Humanities typischerweise benutzt werden wie Kollokationsanalyse und Stilometrie (insbesondere bei einer OCR-Genauigkeit unter 70 %–75 %).

In den von Traub et al. (2015) evaluierten digitalen Dokumenten waren die Konfidenz-Angaben für die OCR-Resultate in die ALTO-Metadaten integriert, jedoch sei es nicht möglich gewesen herauszufinden, wie diese berechnet wurden. Hinzu kommt, dass eine Evaluierung der Nachkorrektur der Dokumente durch das OCR-Tool nicht möglich war, da die ursprünglichen Volltexte vor der Nachkorrektur nicht mehr vorhanden waren. Dies macht die Nachvollziehbarkeit der Ergebnisse unmöglich und erschwert die Arbeit derjenigen Zweige der Digital Humanities, die quantitative Methoden auf OCR-prozessierte Dokumente anwenden wollen.

Ein wichtiger Gegenstand der Digital Humanities sind Forschungsdaten, die im Zuge einer wissenschaftlichen Tätigkeit entstehen. Es geht dabei um die Aufbereitung, Verarbeitung und Verwaltung der Daten, auch Forschungsdatenmanagement genannt. Ziel ist es, die Daten langfristig für die Nachnutzung zugänglich zu machen und nachprüfbar zu halten, und das unabhängig von der Quelle der Daten. Die digitalen Objekte sind oft auch digitale Texte, weshalb viele Fragen, die in diesem Kapitel behandelt wurden, auch wichtig für die Digital Humanities sind. Erwähnt sei hier beispielhaft *NFDI4Culture*,[38] das mit verschiedenen universitären Einrichtungen und Kulturinstitutionen eine nationale Forschungsinfrastruktur für Kulturdaten vorantreiben will.

In Zukunft könnte die Frage nach der weiteren Entwicklung von Metadaten bzw. der Relevanz bestimmter Metadaten für die Digitalisate auch davon abhängig sein, welche Anforderungen innerhalb der Digital Humanities an digitale Archive ausgearbeitet werden (Smith und Cordell 2018). Diese Anforderungen betreffen Aspekte der Standardisierung von Metadaten sowie inhaltliche Aspekte, also die Überlegung, welche Metadaten dabei helfen können, Forschungsfragen in den Digital Humanities zu beantworten.

3.3 Information Retrieval

Betrachten wir hingegen Szenarien aus dem Bereich des Information Retrieval wie z. B. eine klassische Schlagwortsuche (Keyword-Suche), so spielt die Lesereihenfolge dafür kaum eine Rolle. Im Zuge der Indexierung werden Wörter typischerweise einzeln verarbeitet, zudem wird häufig noch eine Tokenisierung sowie teilweise auch *Stemming* durchgeführt (für Inhalte des Feldes *TextField* in Lucene ist z. B. per Default Tokenisierung vorgesehen). OCR-Fehler wirken sich daher vor allem auf das Ranking der Treffer aus (van Strien et al. 2020).

Bis zu einem gewissen Grad existieren auch in den gängigen Suchmaschinen bereits Funktionen, die die Auffindbarkeit fehlerhafter OCR-Daten verbessern können, wie z. B. *Fuzzy Search*. Damit können Wörter, die durch OCR-

---

38 Vgl. https://nfdi4culture.de/ (1.12.2020).

Fehler in einzelnen Zeichen von dem gesuchten Schlagwort abweichen, trotzdem gefunden werden. Hier sind Metriken für die OCR-Qualität auf Wortebene zumeist ausreichend, insbesondere BOW, *significant word error rate* und *flexible character accuracy measure* bieten sich an. Für eine Phrasensuche, die mehrere Wörter im Zusammenhang zu finden versucht, bestehen hingegen bereits höhere Anforderungen an OCR-Ergebnisse. Denkbar wäre hier z. B. die Verwendung von Metriken, die auf *n*-Gramme zurückgreifen.

Perspektivisch kann aber auch das klassische Information Retrieval von der Einbindung durch OCR erzeugter Merkmale und Metadaten profitieren, indem diese z. B. für alternative Browsing-Einstiege oder die Facettierung genutzt werden. Für historische Schreibvarianten kann z. B. *Query Expansion* (Ernst-Gerlach und Fuhr 2007, Traub et al. 2016) angewandt werden, um Nutzer:innen bei der Formulierung von Suchanfragen zusätzlich historische Schreibvarianten anzubieten.

4 Zusammenfassung & Ausblick

Blicken wir auf die vorangegangenen Betrachtungen zurück, so zeigt sich, dass bei der Bewertung von OCR-Qualität viele Dimensionen berücksichtigt werden müssen. Unterschiedliche Metriken haben unterschiedliche Perspektiven auf und Aussagekraft über verschiedene Aspekte der OCR-Qualität. Insbesondere der Einfluss der Layoutanalyse auf die OCR-Ergebnisse wird bislang durch die meisten gängigen Metriken nicht in ausreichendem Maße abgebildet. Dies hat damit zu tun, dass sich geeignete Konzepte und Standards noch nicht im benötigten Umfang etabliert bzw. durchgesetzt haben, weil sie eine komplexe Auseinandersetzung mit den vielschichtigen Qualitätsaspekten erfordern. OCR beinhaltet neben Texterkennung immer auch eine Layoutanalyse, also die Unterteilung des Dokuments in Abschnitte wie bspw. Text, Abbildungen und Tabellen, und definiert die Begrenzungen auf Pixel-Ebene (*Document Layout Analysis*). Ein weiterer Schritt ist das Identifizieren von logischen Bereichen von Dokumenten, bei dem die semantische Funktion von Textabschnitten ausgezeichnet wird, z. B. Titel, Einleitung, Haupttext oder Zitate. Die Erfassung bzw. (Re-)Konstruktion seitenübergreifender Strukturen wie Inhaltsverzeichnissen oder Registern sind weitere Beispiele. Dies wäre ein Schritt hin zu einem *Document Understanding System*, das eine umfassende automatische Informationsextraktion aus Dokumenten ermöglicht, die nicht nur auf Textebene arbeitet, sondern in der Prozessierung auch visuelle Informationen des Dokuments mit einbezieht.

Andererseits sind die Anforderungen an die OCR-Qualität je nach Anwendungsfall sehr unterschiedlich. Während die Qualität der Layoutanalyse für die Schlagwortsuche kaum eine Bedeutung hat, so ist sie für die semantische Verarbeitung der OCR-Resultate entscheidend. Einen Ausweg können für spezifische Anwendungsfälle individuell definierte Profile für die Evaluierung darstellen, die auf standardisierte und transparente Metriken zurückgreifen bzw. diese kombinieren. Um auch die Nachvollziehbarkeit der Ergebnisse zu gewährleisten, werden zusätzliche freie Referenzdatensätze mit GT sowie quelloffene und gut dokumentierte Implementierungen der Evaluierungsmethoden und Metriken benötigt, so dass die verschiedenen Communities sich auf eine gemeinsame Grundlage für optimale Verfahren verständigen können. Erste Datensätze und Methoden entstehen derzeit primär für stark konventionalisierte Textsorten, z. B. wissenschaftliche Artikel, bei denen Layout-Informationen bereits in XML oder im LaTeX-Format neben den gerenderten PDF-Dateien vorliegen und als GT herangezogen werden können (Zhong et al. 2019). Für andere Textsorten sowie insbesondere historische Dokumente besteht allerdings noch eine große Lücke.

Eine vielversprechende Perspektive stellen Verfahren für die Qualitätsvorhersage dar, die auf vergleichsweise kleinen, aber repräsentativ ausgewählten Stichproben, für die GT erstellt wird, mit Dokumentmerkmalen und relevanten Metadaten trainiert werden. So kann zumindest die Menge an benötigten GT-Daten für die Evaluierung deutlich reduziert werden, ohne damit die Qualitätsmessung auf zu unsichere Methoden zu stützen.

Für die Inhaltserschließung können somit durch die OCR-Evaluierung relevante Informationen zur Qualität der durch die OCR erstellten Texte gewonnen werden, um z. B. die automatisierte Verschlagwortung oder Indexierung zu unterstützen. Für eine weitergehende inhaltliche Erschließung, wie etwa die Anreicherung mit semantischen Informationen oder die Verknüpfung mit Wissensbasen müssen im Zuge der OCR-Evaluierung immer auch die Ergebnisse der Layoutanalyse Betrachtung finden, da nur so die Qualität der inhaltlichen Ebene adäquat bewertet werden kann.

Aber auch für die Metadatenanreicherung von Bibliotheksdaten ist eine Layoutanalyse mit der Auszeichnung von semantischen Funktionen von Abschnitten sinnvoll, da Informationen wie Titel, Autor:innen oder Abschnitte die Suche und Arbeit mit Digitalisaten erleichtern. Bereits jetzt können Qualitätsmerkmale und Metadaten aus dem OCR-Prozess für die Kataloganreicherung genutzt werden. Selbst die wenig verlässlichen und zudem schon vorliegenden OCR-Konfidenzen stellen für Nutzer:innen einen Mehrwert dar. Detaillierte Metadaten zur technischen Provenienz, wie der für die OCR verwendeten Software, Version sowie benutzter Modelle und Konfigurationsparameter erlauben es, den Entstehungsprozess der in den Digital Humanities als Forschungsdaten verwendeten OCR-Daten transparent nachvollziehbar zu machen. Mittelfristig sind dabei auch entsprechende technische Konzepte für die granulare und persistente Zitierbarkeit und Versionierung von OCR-Ergebnissen zu berücksichtigen.

Zuletzt sei hier noch auf aktuelle Forschungsarbeiten zu einer hybriden Dokumenterkennung verwiesen. Während es für Menschen normal ist, Informationen aus Dokumenten auch anhand von Layout-Aspekten zu extrahieren (Größe als Hinweis auf Wichtigkeit eines Satzteiles, Einrückungen und Kursivsetzungen für Zitate etc.), wurde dieser Aspekt lange Zeit in der Forschung außen vorgelassen. Diese Zusatzinformationen können jedoch ein wichtiger Bestandteil für verschiedene Bereiche des NLP sein, wie die Erkennung relevanter Segmente für eine automatische Zusammenfassung von Texten oder für die Übersetzung von Text in *Leichte Sprache*. Inzwischen gibt es mehrere Methoden, die einen hybriden Ansatz für die Dokumenterkennung verfolgen. Einerseits werden dabei mathematische Abbildungen von Textmerkmalen (sogenannte *Text Embeddings*), wie sie in der NLP-Forschung genutzt werden, und andererseits Abbildungen auf Pixel-Ebene, wie sie im Bereich der *Computer Vision* genutzt werden, dazu verwendet, hybride Modelle zu trainieren. Erste vielversprechende Ergebnisse sieht man in Xu et al. 2019 und Garncarek et al. 2020. Umgekehrt können OCR und Layoutanalyse von sprachwissenschaftlichen Methoden und Modellen profitieren. Ein Beispiel dafür stellt die Artikelsegmentierung und Überprüfung sowie ggf. Korrektur der im Zuge der Layoutanalyse ermittelten Lesereihenfolge mit multimodalen Modellen dar (Barman et al. 2020). Auch die großen Technologieunternehmen (z. B. Microsoft *OneOCR*,[39] Google *Cloud Vision OCR*,[40] Baidu *PaddlePaddle*[41]) setzen schon seit einigen Jahren verstärkt auf *End-to-End*-Systeme für die Dokumenterkennung. Diese Entwicklungen gilt es aufmerksam zu beobachten und ggf. erzielte Fortschritte auf den Bereich der Digitalisierung historischer Dokumente und Kulturdaten zu übertragen.

5 Danksagung

Dieser Beitrag wurde im Rahmen des vom Bundesministerium für Bildung und Forschung (BMBF) geförderten Projektes QURATOR (Unternehmen Region,

---

39 Vgl. https://icdar2019.org/keynote-speakers/ (1.12.2020).
40 Vgl. Ashok Popat: OCR for Most of the World's Languages. 3. September 2015. https://ewh. ieee.org/r6/scv/sps/20150903AshokPopat.pdf (1.12.2020).
41 Vgl. https://github.com/PaddlePaddle/PaddleOCR (1.12.2020).

Wachstumskern, Projektnr. 03WKDA1A) und des von der Deutschen Forschungsgemeinschaft (DFG) geförderten Projektes SoNAR (IDH) (Projektnr. 414792379) erstellt.

6 Literaturverzeichnis

Alex, Beatrice und John Burns: Estimating and rating the quality of optically character recognised text. In: Proceedings of the First International Conference on Digital Access to Textual Cultural Heritage (2014), S. 97–102. https://doi.org/10.1145/2595188.2595214.

Baierer, Konstantin und Philipp Zumstein: Verbesserung der OCR in digitalen Sammlungen von Bibliotheken. In: 0.27 Zeitschrift für Bibliothekskultur (2016) Bd.4 Nr. 2. S. 72–83. https://doi.org/10.12685/027.7-4-2-155.

Banerjee, Satanjeev und Alon Lavie. METEOR: An automatic metric for MT evaluation with improved correlation with human judgments. In: Proceedings of the ACL workshop on intrinsic and extrinsic evaluation measures for machine translation and/or summarization. Hrsg. v. Jade Goldstein, Alon Lavie, Chin-Yew Lin, Clare Voss. Ann Arbor, Michigan: Association for Computational Linguistics 2005. S. 65–72. https://www.aclweb.org/anthology/W05-0909 (1.12.2020).

Barman, Raphaël, Maud Ehrmann, Simon Clematide, Sofia Ares Oliveira und Frédéric Kaplan: Combining visual and textual features for semantic segmentation of historical newspapers. arXiv preprint arXiv:2002.06144. (2020). https://arxiv.org/abs/2002.06144 (1.12.2020).

Boenig, Matthias, Konstantin Baierer, Volker Hartmann, Maria Federbusch und Clemens Neudecker: Labelling OCR Ground Truth for Usage in Repositories. In: Proceedings of the 3rd International Conference on Digital Access to Textual Cultural Heritage (DATeCH2019). New York, NY: Association for Computing Machinery 2019. S. 3–8. https://doi.org/10.1145/3322905.3322916.

Boenig, Matthias, Maria Federbusch, Elisa Herrmann, Clemens Neudecker und Kay-Michael Würzner: Ground Truth: Grundwahrheit oder Ad-Hoc-Lösung? Wo stehen die Digital Humanities? In: Konferenzabstracts, Digital Humanities im deutschsprachigen Raum (2018). Hrsg. v. Georg Vogeler. S. 219–223. http://dhd2018.uni-koeln.de/wp-content/uploads/boa-DHd2018-web-ISBN.pdf#page=221 (1.12.2020).

Burchardt, Aljoscha, Kim Harris, Georg Rehm und Hans Uszkoreit: Towards a systematic and human-informed paradigm for high-quality machine translation. In: Proceedings of the LREC 2016 Workshop – Translation evaluation: From fragmented tools and data sets to an integrated ecosystem. Hrsg. v. Georg Rehm, Aljoscha Burchardt, Ondrej Bojar, Christian Dugast, Marcello Federico, Josef van Genabith, Barry Haddow, Jan Hajič, Kim Harris, Philipp Köhn, Matteo Negri, Martin Popel, Lucia Specia, Marco Turchi und Hans Uszkoreit. 2016. S. 35–42. http://www.lrec-conf.org/proceedings/lrec2016/workshops/LREC2016Workshop-MT%20Evaluation_Proceedings.pdf#page=45 (1.12.2020).

Clausner, Christian, Stefan Pletschacher und Apostolos Antonacopoulos: Scenario Driven In-Depth Performance Evaluation of Document Layout Analysis Methods. In: Proceedings of the 11th International Conference on Document Analysis and Recognition. 2011. S. 1404–1408. https://doi.org/10.1109/ICDAR.2011.282.

Clausner, Christian, Stefan Pletschacher und Apostolos Antonacopoulos: The Significance of Reading Order in Document Recognition and its Evaluation. In: Proceedings of the 12th International Conference on Document Analysis and Recognition. 2013. S. 688–692. https://doi.org/10.1109/ICDAR.2013.141.

Clausner, Christian, Stefan Pletschacher und Apostolos Antonacopoulos: Flexible character accuracy measure for reading-order-independent evaluation. In: Pattern Recognition Letters (2020) Bd. 131. S. 390–397. https://doi.org/10.1016/j.patrec.2020.02.003.

Clausner, Christian, Stefan Pletschacher und Apostolos Antonacopoulos: Quality Prediction System for Large-Scale Digitisation Workflows. In: Proceedings of the 12th IAPR International Workshop on Document Analysis Systems. 2016. https://doi.org/10.1109/DAS. 2016.82.

Crane, Gregory und Alison Jones: The challenge of Virginia Banks: an evaluation of named entity analysis in a 19th-century newspaper collection. In: Proceedings of the 6th ACM/ IEEE-CS joint conference on Digital libraries (JCDL'06). New York, NY: Association for Computing Machinery 2006. S. 31–40. https://doi.org/10.1145/1141753.1141759.

Ehrmann, Maud, Matteo Romanello, Alex Flückiger und Simon Clematide: Extended overview of CLEF HIPE 2020: named entity processing on historical newspapers. In: Working Notes of CLEF 2020 – Conference and Labs of the Evaluation Forum. Hrsg. v. Linda Cappellato, Carsten Eickhoff, Nicola Ferro und Aurélie Névéol. 2020. CEUR Bd. 2696. http://ceur-ws. org/Vol-2696/paper_255.pdf (1.12.2020).

Engl, Elisabeth, Matthias Boenig, Konstantin Baierer, Clemens Neudecker und Volker Hartmann: Volltexte für die Frühe Neuzeit. Der Beitrag des OCR-D-Projekts zur Volltexterkennung frühneuzeitlicher Drucke. In: Zeitschrift für Historische Forschung (2020) Bd. 47 H. 2. S. 223–250. https://doi.org/10.3790/zhf.47.2.223.

Ernst-Gerlach, Andrea und Norbert Fuhr: Retrieval in text collections with historic spelling using linguistic and spelling variants. In: Proceedings of the 7th ACM/IEEE-CS joint conference on Digital libraries (JCDL'07). New York, NY: Association for Computing Machinery 2007. S. 333–341. https://doi.org/10.1145/1255175.1255242.

Federbusch, Maria, Christian Polzin und Thomas Stäcker: Volltext via OCR. Möglichkeiten und Grenzen. In: Beiträge aus der Staatsbibliothek zu Berlin – Preußischer Kulturbesitz (2013) Bd. 43. https://staatsbibliothek-berlin.de/fileadmin/user_upload/zentrale_Seiten/histo rische_drucke/pdf/SBB_OCR_STUDIE_WEBVERSION_Final.pdf (1.12.2020).

Fink, Florian, Klaus U. Schulz und Uwe Springmann: Profiling of OCR'ed Historical Texts Revisited. In: Proceedings of the 2nd International Conference on Digital Access to Textual Cultural Heritage (DATeCH2017). New York, NY: Association for Computing Machinery 2017. S. 61–66. https://doi.org/10.1145/3078081.3078096.

Garncarek, Łukasz, Rafał Powalski, Tomasz Stanisławek, Bartosz Topolski, Piotr Halama und Filip Graliński: LAMBERT: Layout-Aware language Modeling using BERT for information extraction. arXiv preprint arXiv:2002.08087. (2020). https://arxiv.org/abs/2002.08087 (1.12.2020).

Geyken, Alexander, Susanne Haaf, Bryan Jurish, Matthias Schulz, Christian Thomas und Frank Wiegand: TEI und Textkorpora: Fehlerklassifikation und Qualitätskontrolle vor, während und nach der Texterfassung im Deutschen Textarchiv. In: Jahrbuch für Computerphilologie (2012). http://computerphilologie.digital-humanities.de/jg09/geykenetal.pdf (1.12.2020).

Gupta, Anshul, Ricardo Gutierrez-Osuna, Matthew Christy, Boris Capitanu, Loretta Auvil, Liz Grumbach, Richard Furuta, und Laura Mandell: Automatic assessment of OCR quality in historical documents. In: Proceedings of the Twenty-Ninth AAAI Conference on Artificial Intelligence (AAAI'15). AAAI Press 2015. S. 1735–1741. https://psi.engr.tamu.edu/wp-content/uploads/2018/01/gupta2015aaai.pdf (1.12.2020).

Hamdi, Ahmed, Axel Jean-Caurant, Nicolas Sidere, Mickaël Coustaty und Antoine Doucet: An analysis of the performance of named entity recognition over OCRed documents. In: Proceedings. 2019 ACM/IEEE Joint Conference on Digital Libraries. 2019. S. 333–334. https://doi.org/10.1109/JCDL.2019.00057.

Hill, Mark J. und Simon Hengchen: Quantifying the impact of dirty OCR on historical text analysis: Eighteenth Century Collections Online as a case study. In: Digital Scholarship in the Humanities (2019) Bd. 34 H. 4. S. 825–843. https://doi.org/10.1093/llc/fqz024.

Holley, Rose: How good can it get? Analysing and improving OCR accuracy in large scale historic newspaper digitisation programs. In: D-Lib Magazine (2009). Bd. 15 Nr. 3/4. http://www.dlib.org/dlib/march09/holley/03holley.html (1.12.2020).

Jurish, Bryan und Henriette Ast: Using an alignment-based lexicon for canonicalization of historical text. In: Historical Corpora. Challenges and Perspectives. Hrsg. v. Jost Gippert und Ralf Gehrke. (2015), S. 197–208.

Kettunen, Kimmo und Tuula Pääkkönen: Measuring Lexical Quality of a Historical Finnish Newspaper Collection – Analysis of Garbled OCR Data with Basic Language Technology Tools and Means. In: Proceedings of the 10th International Conference on Language Resources and Evaluation (LREC'16). European Language Resources Association 2016. S. 956–961. https://www.aclweb.org/anthology/L16-1152/ (1.12.2020).

Kettunen, Kimmo, Eetu Mäkelä, Teemu Ruokolainen, Juha Kuokkala und Laura Löfberg: Old Content and Modern Tools-Searching Named Entities in a Finnish OCRed Historical Newspaper Collection 1771–1910. In: Digital Humanities Quarterly (2017) Bd. 11 Nr. 3. http://www.digitalhumanities.org/dhq/vol/11/3/000333/000333.html (1.12.2020).

Kluzner, Vladimir, Asaf Tzadok, Yuval Shimony, Eugene Walach und Apostolos Antonacopoulos: Word-based adaptive OCR for historical books. In: 10th International Conference on Document Analysis and Recognition. IEEE 2009. S. 501–505. https://doi.org/10.1109/ICDAR.2009.133.

Levenshtein, Vladimir I.: Binary codes capable of correcting deletions, insertions, and reversals. In: Soviet physics–doklady (1966) Bd. 10 Nr. 8. S. 707–710. https://nymity.ch/sybilhunting/pdf/Levenshtein1966a.pdf (1.12.2020).

Lin, Chin-Yew: Rouge: A package for automatic evaluation of summaries. In: Text summarization branches out. Association for Computational Linguistics 2004. S. 74–81. https://www.aclweb.org/anthology/W04-1013/ (1.12.2020).

Lui, Marco und Timothy Baldwin: langid.py: An off-the-shelf language identification tool. In: Proceedings of the ACL 2012 system demonstrations. Association for Computational Linguistics 2012. S. 25–30. https://www.aclweb.org/anthology/P12-3005/ (1.12.2020).

Mac Kim, Sunghwan und Steve Cassidy: Finding names in Trove: named entity recognition for Australian historical newspapers. In: Proceedings of the Australasian Language Technology Association Workshop 2015. 2015. S. 57–65. https://www.aclweb.org/anthology/U15-1007/ (1.12.2020).

Mieskes, Margot und Stefan Schmunk: OCR Quality and NLP Preprocessing. In: Proceedings of the Workshop on Widening NLP 2019. 2019. S. 102–105. https://www.winlp.org/wp-content/uploads/2019/final_papers/176_Paper.pdf (1.12.2020).

Neudecker, Clemens, Lotte Wilms, Willem Jan Faber und Theo van Veen: Large-scale refinement of digital historic newspapers with named entity recognition. In: Proceedings of the IFLA

Newspapers/GENLOC Pre-Conference Satellite Meeting 2014. 2014. https://www.ifla.org/files/assets/newspapers/Geneva_2014/s6-neudecker_faber_wilms-en.pdf (1.12.2020).

Neudecker, Clemens, Konstantin Baierer, Maria Federbusch, Kay-Michael Würzner, Matthias Boenig, Elisa Hermann und Volker Hartmann: OCR-D: An end-to-end open-source OCR framework for historical documents. In: Proceedings of the 3rd International Conference on Digital Access to Textual Cultural Heritage (DATeCH2019). New York NY: Association for Computing Machinery 2019. S. 53–58. https://doi.org/10.1145/3322905.3322917.

Neudecker, Clemens und Apostolos Antonacopoulos: Making Europe's Historical Newspapers Searchable. In: 2016 12th IAPR Workshop on Document Analysis Systems. IEEE 2016. S. 405–410. https://doi.org/10.1109/DAS.2016.83.

Padilla, Thomas, Laurie Allen, Hannah Frost, Sarah Potvin, Elizabeth Russey Roke und Stewart Varner: Final Report – Always Already Computational: Collections as Data. 2019. http://doi.org/10.5281/zenodo.3152935.

Papineni, Kishore, Salim Roukos, Todd Ward und Wei-Jing Zhu: BLEU: a method for automatic evaluation of machine translation. In: Proceedings of the 40th annual meeting of the Association for Computational Linguistics (ACL'02). Association for Computational Linguistics 2002. S. 311–318. https://doi.org/10.3115/1073083.1073135.

Pletschacher, Stefan und Apostolos Antonacopoulos: The PAGE (Page Analysis and Ground-Truth Elements) Format Framework. In: Proceedings of the 20th International Conference on Pattern Recognition 2010. IEEE 2010. S. 257–260. https://doi.org/10.1109/ICPR.2010.72.

Pletschacher, Stefan, Christian Clausner und Apostolos Antonacopoulos: Europeana Newspapers OCR Workflow Evaluation. In: Proceedings of the 4th Workshop on Historical Document Imaging and Processing (HIP'15). New York, NY: Association for Computing Machinery 2015. S. 39–46. https://doi.org/10.1145/2809544.2809554.

Pontes, Elvys Linhares, Ahmed Hamdi, Nicolas Sidere und Antoine Doucet: Impact of OCR Quality on Named Entity Linking. In: Digital Libraries at the Crossroads of Digital Information for the Future. 21st International Conference on Asia-Pacific Digital Libraries (ICADL 2019). Cham: Springer 2019. S. 102–115. https://doi.org/10.1007/978-3-030-34058-2_11.

Reffle, Ulrich und Christoph Ringlstetter: Unsupervised Profiling of OCRed Historical Documents. In: Pattern Recognition (2013) Bd. 46, H. 5. S. 1346–1357. https://doi.org/10.1016/j.patcog.2012.10.002.

Rehm, Georg, Peter Bourgonje, Stefanie Hegele, Florian Kintzel, Julián Moreno Schneider, Malte Ostendorff, Karolina Zaczynska, Armin Berger, Stefan Grill, Sören Räuchle, Jens Rauenbusch, Lisa Rutenburg, André Schmidt, Mikka Wild, Henry Hoffmann, Julian Fink, Sarah Schulz, Jurica Seva, Joachim Quantz, Joachim Böttger, Josefine Matthey, Rolf Fricke, Jan Thomsen, Adrian Paschke, Jamal Al Qundus, Thomas Hoppe, Naouel Karam, Frauke Weichhardt, Christian Fillies, Clemens Neudecker, Mike Gerber, Kai Labusch, Vahid Rezanezhad, Robin Schaefer, David Zellhöfer, Daniel Siewert, Patrick Bunk, Lydia Pintscher, Elena Aleynikova und Franziska Heine: QURATOR: Innovative Technologies for Content and Data Curation. In: QURATOR 2020 – Conference on Digital Curation Technologies. Proceedings of the Conference on Digital Curation Technologies, Berlin 2020. Hrsg. v. Adrian Paschke, Clemens Neudecker, Georg Rehm, Jamal Al Qundus und Lydia Pintscher. CEUR Bd. 2535. http://ceur-ws.org/Vol-2535/paper_17.pdf (1.12.2020).

Rice, Stephen V: Measuring the Accuracy of Page-Reading Systems. UNLV Retrospective Theses & Dissertations, 3014. Las Vegas: University of Nevada 1996. https://doi.org/10.25669/hfa8-0cqv.

Rice, Stephen V. und Thomas A. Nartker: The ISRI analytic tools for OCR evaluation. In: UNLV/ Information Science Research Institute (1996), TR-96-02. Version 5.1. https://citeseerx. ist.psu.edu/viewdoc/download?doi=10.1.1.216.9427&rep=rep1&type=pdf (4.1.2021).

Santos, Eddie Antonio: OCR evaluation tools for the 21st century. In: Proceedings of the 3rd Workshop on the Use of Computational Methods in the Study of Endangered Languages. Bd. 1: Papers. Association for Computational Linguistics 2019. S. 23–27. https://www.acl web.org/anthology/W19-6004/ (1.12.2020).

Schlarb, Sven und Clemens Neudecker: A heuristic measure for detecting influence of lossy JP2 compression on Optical Character Recognition in the absence of ground truth. In: Proceedings of the Archiving Conference 2012. Society for Imaging Science and Technology 2012. S. 250–254. https://www.ingentaconnect.com/contentone/ist/ac/2012/00002012/ 00000001/art00055 (1.12.2020).

Singh, Prashant, Ekta Vats und Anders Hast: Learning surrogate models of document image quality metrics for automated document image processing. In: 13th IAPR International Workshop on Document Analysis Systems 2018. IEEE 2018. S. 67–72. https://doi.org/10. 1109/DAS.2018.14.

Smith, David und Ryan Cordell: A Research Agenda for Historical and Multilingual Optical Character Recognition. Final report and supporting materials for a 2017–2018 project supported by the Andrew W. Mellon Foundation. 2018. http://hdl.handle.net/2047/ D20296774 (1.12.2020).

Smith, Ray: Limits on the application of frequency-based language models to OCR. In: Proceedings of the International Conference on Document Analysis and Recognition 2011. IEEE 2011. S. 538–542. https://research.google/pubs/pub36984.pdf (1.12.2020).

Springmann, Uwe, Florian Fink und Klaus U. Schulz: Automatic quality evaluation and (semi-) automatic improvement of OCR models for historical printings. arXiv preprint arXiv:1606.05157. (2016). https://arxiv.org/abs/1606.05157 (1.12.2020).

Stollwerk, Christoph: Machbarkeitsstudie zu Einsatzmöglichkeiten von OCR Software im Bereich „Alter Drucke" zur Vorbereitung einer vollständigen Digitalisierung deutscher Druckerzeugnisse zwischen 1500 und 1930. In: DARIAH-DE Working papers (2016) Nr. 16. http://nbn-resolving.de/urn:nbn:de:gbv:7-dariah-2016-2-8 (1.12.2020).

Tanner, Simon, Trevor Muñoz und Pich Hemy Ros: Measuring mass text digitization quality and usefulness. In: D-lib Magazine (2009) Bd. 15, Nr. 7/8. http://www.dlib.org/dlib/july09/ munoz/07munoz.html (1.12.2020).

Traub, Myriam C., Jacco Van Ossenbruggen und Lynda Hardman: Impact analysis of OCR quality on research tasks in digital archives. In: Research and Advanced Technology for Digital Libraries. 19th International Conference on Theory and Practice of Digital Libraries (TPDL 2015). Cham: Springer 2015. S. 252–263. https://doi.org/10.1007/ 978-3-319-24592-8_19.

Traub, Myriam C., Thaer Samar, Jacco van Ossenbruggen, Jiyin He, Arjen de Vries und Lynda Hardman: Querylog-based Assessment of Retrievability Bias in a Large Newspaper Corpus. In: Proceedings of the 16th ACM/IEEE-CS on Joint Conference on Digital Libraries (JCDL'16). New York, NY: Association for Computing Machinery 2016. S. 7–16. https://doi. org/10.1145/2910896.2910907.

Ukkonen, Esko: On-line construction of suffix trees. In: Algorithmica (2015) Bd. 14 Nr. 3. S. 249–260. https://doi.org/10.1007/BF01206331.

van Strien, Daniel, Kaspar Beelen, Mariona Coll Ardanuy, Kasra Hosseini, Barbara McGillivray und Giovanni Colavizza: Assessing the Impact of OCR Quality on Downstream NLP Tasks.

In: Proceedings of the 12th International Conference on Agents and Artificial Intelligence (ICAART 2020). Hrsg. v. Ana Rocha, Luc Steels und Jaap van den Herik. Bd.1. S. 484–496. https://doi.org/10.5220/0009169004840496.

Wernersson, Maria: Evaluation von automatisch erzeugten OCR-Daten am Beispiel der Allgemeinen Zeitung. In: ABI Technik (2015) Bd. 35 Nr. 1. S. 23–35. https://doi.org/10.1515/abitech-2015-0014.

Xu, Yiheng, Minghao Li, Lei Cui, Shaohan Huang, Furu Wei und Ming Zhou: LayoutLM: Pre-training of text and layout for document image understanding. In: Proceedings of the 26th ACM SIGKDD International Conference on Knowledge Discovery & Data Mining (KDD'20). New York, NY: Association for Computing Machinery 2020. S. 1192–1200. https://doi.org/10.1145/3394486.3403172.

Zhong, Xu, Jianbin Tang und Antonio Jimeno Yepes: PubLayNet: largest dataset ever for document layout analysis. In: Proceedings of the International Conference on Document Analysis and Recognition (ICDAR 2019). IEEE 2019. S. 1015–1022. https://doi.org/10.1109/ICDAR.2019.00166.

Jakob Voß
Datenqualität als Grundlage qualitativer Inhaltserschließung

1 Einleitung

Spätestens mit Beginn des 21. Jahrhunderts findet die inhaltliche Erschließung von Dokumenten praktisch ausschließlich in digitaler Form statt. Dies gilt sowohl für die fachliche Inhaltserschließung durch Bibliotheken und andere Dokumentationseinrichtungen als auch für die verschiedensten Formen inhaltlicher Beschreibung in Datenbanken – von Produktbeschreibungen im Internethandel bis zum Social Tagging. Selbst dort, wo analoge Ursprünge vorhanden sind, beispielsweise handschriftliche Notizen oder retrokonvertierte Findmittel, liegt die Sacherschließung am Ende in Form von Daten vor.

Für die konkrete Ausprägung dieser Daten gibt es allerdings viele verschiedene Möglichkeiten. Der vorliegende Beitrag soll einen Überblick darüber geben, wie unterschiedliche Praktiken der Datenverarbeitung die Qualität von Inhaltserschließung beeinflussen und wie die Qualität von Erschließungsdaten beurteilt werden kann. Der Fokus liegt also nicht auf den Inhalten von Erschließungsdaten, sondern auf ihrer Form. Die Form von Daten ist keine rein technische Nebensächlichkeit, sondern durchaus relevant: So ist eine inhaltlich hervorragende Erschließung unbrauchbar, wenn die Erschließungsdaten aufgrund inkompatibler Datenformate nicht verwendet werden können. Zur qualitativen Einschätzung von Inhaltserschließung ist es daher notwendig, sich auch darüber im Klaren zu sein, wie und in welcher Form die Erschließungsdaten verarbeitet werden.

Nach der Klärung grundlegender Begriffe rund um Datenqualität werden Faktoren dargelegt, die die Qualität auf formaler Ebene beeinflussen. Eine zentrale Rolle spielen dabei Datenformate und Anwendungen. Aus den Einflussfaktoren gehen Anforderungen hervor, um den qualitativen Umgang mit Erschließungsdaten beurteilen und sicherstellen zu können.

2 Datenqualität und ihre Dimensionen

Im Rahmen des Qualitätsmanagements bezieht sich Qualität auf die „Eignung, festgelegte und vorausgesetzte Erfordernisse zu erfüllen" (ISO 8402) beziehungsweise auf den „Grad, in dem ein Satz inhärenter Merkmale Anforderungen erfüllt" (ISO 9000). Qualität ist also kein Selbstzweck, sondern muss immer danach beurteilt werden, welche Anforderungen erfüllt werden sollen. Eine umfassende Beurteilung von Datenqualität in der Inhaltserschließung erfordert also die genauere Bestimmung dessen, was mit Inhaltserschließung erreicht werden soll – kurz gesagt, die Frage nach dem Sinn von Inhaltserschließung. Um dieser durchaus berechtigten Frage aus dem Weg zu gehen, setzen wir voraus, dass Inhaltserschließung gewisse sinnvolle Zwecke erfüllen kann, die damit zusammenhängen, Dokumente gezielt aufzufinden (Retrieval) und sich einen Überblick über ihre Inhalte zu verschaffen (Bertram 2005; Gödert, Lepsky und Nagelschmidt 2012).

2.1 Datenqualität als Grundlage von Informationsqualität

Wie gut die Zwecke der Inhaltserschließung erreicht werden können, ist weniger eine Frage der Daten- als der Informationsqualität. Beide Begriffe werden trotz gelegentlicher Differenzierungsversuche meist synonym verwendet (Hildebrand u. a. 2018, Kap. 5). Deshalb ist an dieser Stelle eine genauere Eingrenzung des Datenbegriffs notwendig: Daten lassen sich aus verschiedener Perspektive als Fakten, Beobachtungen oder Dokumente auffassen (Voss 2013a). Im Rahmen dieser Untersuchung wird letztere Auffassung vertreten, nach der Daten in erster Linie digitale Dokumente sind. Daten lassen sich daher anders als Informationen unabhängig vom konkreten Inhalt in Form von Strukturen untersuchen (Voss 2013b). Die hier untersuchte Form von Datenqualität kann daher auch als *formale Datenqualität* oder *strukturelle Datenqualität* bezeichnet werden. Die Relevanz dieser Betrachtungsweise für die Datenqualität lässt sich anhand eines Datensatzes illustrieren, der eine Liste von Schlagwörtern enthält:

- Niedrige Informationsqualität ist gegeben, wenn die Schlagwörter nicht zum Dokument passen oder bessere Schlagwörter möglich wären.
- Niedrige Datenqualität ist gegeben, wenn die Schlagwörter nicht den formalen Regeln des Datenformats entsprechen, beispielsweise weil keine Liste erkennbar ist oder weil die Schlagwortliste Elemente enthält, die keine Schlagwörter sind.

Datenqualität ist demnach kein hinreichendes Kriterium für qualitative Inhaltserschließung, sondern deren notwendige Grundlage. Viele Merkmale von Datenqualität sind nicht nur für Inhaltserschließungsdaten, sondern auch für andere Anwendungen relevant; ihre Beschreibung ist deshalb auch ein allgemeiner Beitrag zur Data Literacy. Zusammengefasst beschäftigt sich Datenqualität nicht mit dem Inhalt, sondern mit der Form. Die angestrebten Anforderungen an Daten betreffen vor allem die Lesbarkeit und Verarbeitbarkeit. Dazu ist es weniger relevant, was in den Daten ausgedrückt ist, sondern wie die Daten erstellt und verarbeitet werden.

2.2 Dimensionen der Datenqualität

Zur gezielten Erfassung und Verbesserung von Aspekten der Informations- bzw. Datenqualität werden in der Literatur verschiedene Dimensionen wie Vollständigkeit, Fehlerfreiheit, Konsistenz und Aktualität genannt. Eine einheitliche Einteilung nach Dimensionen existiert jedoch nicht (Floridi und Phyllis 2014; Batini und Scannapieco 2016).

Unter den von Franke-Maier (2018) genannten Qualitätsdimensionen im Bereich der Inhaltserschließung sind für die Datenqualität konkret die „Qualität der digitalen Werkzeuge", die „Qualität des Datentauschs" und die „Qualität der Suchwerkzeuge" relevant. Unter den von Hildebrand u. a. (2018) formulierten allgemeinen Dimensionen lässt sich für Daten im engeren Sinne lediglich deren Konsistenz bestimmen: Diese basiert auf einer Menge von Konsistenzregeln, die jeweils erfüllt oder verletzt werden können. So könnte beispielsweise für bibliografische Daten festgelegt werden, dass eine Publikation keine ISBN haben darf, wenn ihr Erscheinungsjahr vor 1965 liegt.[1] Für die Sacherschließung sind solche Konsistenzregeln allerdings nur schwer anzugeben. Stattdessen haben einzelne Erschließungssysteme eigene Regeln, wie zum Beispiel die Bildungsregeln für syntaktisch korrekte Notationen der Dewey-Dezimalklassifikation (Reiner 2007).

Bei vorgeschriebener paralleler Verwendung mehrerer Erschließungssysteme (beispielsweise, wenn jeder Datensatz sowohl mit der Basisklassifikation als auch mit der Regensburger Verbundklassifikation erschlossen sein muss) und vollständig vorhandenen Normdaten-Mappings zwischen diesen Systemen[2] könnte eine Konsistenzregel darin bestehen, dass die gewählten Notationen beider Systeme zumindest indirekt durch ein Mapping verbunden sein müssen.

---

1 Das Standard Book Numbering System, britischer Vorläufer der ISBN, wurde 1965 von Gordon Foster entwickelt.
2 Siehe dazu die Sammlung und Werkzeuge zu Normdaten-Mappings unter https://coli-conc. gbv.de/ (17.6.2021).

3 Einflussfaktoren auf die Datenqualität

Die Faktoren, die die Datenqualität in der Inhaltserschließung beeinflussen, stammen aus drei unabhängigen Bereichen, welche in wechselseitiger Beziehung stehen. Die Bereiche beziehen sich auf unterschiedliche Aspekte von Daten in ihrer statischen Form, in ihrer dynamischen Verarbeitung und in ihrem praktischen Einsatz.

3.1 Standards und Regeln

Standards und Regeln legen fest, wie Daten idealerweise aussehen sollen. Diese präskriptiven Faktoren finden sich insbesondere in Form von Datenformaten. Für die Inhaltserschließung sind drei Gruppen von Datenformaten relevant:
- *Normdatenformate* wie SKOS, JSKOS und das MARC-21-Format für Normdaten dienen dem Austausch von Erschließungssystemen.[3] Ihr Einsatz beeinflusst, wie gut konkrete Klassifikationen, Thesauri und andere Wissensorganisationssysteme genutzt werden können.
- *Bibliografische Metadatenformate* wie Dublin Core, DataCite und das PICA-Format des K10plus enthalten oft unter anderem Felder oder Attribute zur Inhaltserschließung. Die Formate beeinflussen, welche Erschließungsarten in welchem Umfang in Daten vorgesehen sind.
- Schließlich können Datenformate beider Arten mit Hilfe von *Schemaformaten* wie JSON Schema, reguläre Ausdrücke und Shape Expressions (ShEx) definiert werden. Schemata beeinflussen, wie gut sich die Einhaltung von Datenformaten kontrollieren lässt.

Die Übersicht von Wissensorganisationsystemen im Verzeichnis BARTOC[4] zeigt, dass viele Erschließungssysteme nicht in einem offenen, standardisierten Normdatenformat vorliegen, sodass die Qualität ihres Einsatzes nur unzureichend überprüft werden kann. Bibliografische Daten sind eher verfügbar, allerdings bleibt ihre konkrete Ausgestaltung für die Inhaltserschließung oft in informellen Anwendungsregeln verborgen. Grund dafür ist auch der eher seltene Einsatz von formalen Schemas.[5]

---

3 Siehe https://format.gbv.de/application/authority (17.6.2021) für eine fortlaufend erweiterte Übersicht von Normdatenformaten.
4 Siehe https://bartoc.org/ (17.6.2021).
5 So ist beispielsweise das Katalogformat des K10plus erst seit 2020 auch als maschinenlesbares Schema verfügbar: https://format.k10plus.de/avram.pl (17.6.2021).

3.2 Anwendungsprogramme

Anwendungsprogramme bestimmen, wie Daten verarbeitet werden. Diese Faktoren sind durch Algorithmen und Schnittstellen implementiert und legen fest, welche Form Daten tatsächlich annehmen können. Für die Datenqualität relevant sind praktisch alle Programme, die Erschließungsdaten verwenden, insbesondere:

- Programme oder Funktionen zur Beschreibung von Dokumenten (Dokumentenserver, Tagging-Systeme, Katalogisierungssoftware etc.)
- Programme zur automatischen Erzeugung von Erschließungsdaten
- Programme zum Retrieval oder zur Visualisierung aufbauend auf Erschließungsdaten

Der Einfluss von Anwendungsprogrammen auf die Datenqualität, insbesondere durch Usability und das Vorhandensein bzw. Fehlen von Funktionalitäten, kann nicht unterschätzt werden. So verzichten beispielsweise viele Systeme auf eine Autocomplete-Funktion, obwohl dadurch die Erschließungsqualität verbessert werden kann (Holstrom 2020). Auch wirkt die Art der Nutzung von Inhaltserschließung auf die Daten zurück: Werden beispielsweise die Daten beim Retrieval für Facettierung und Drill-Down eingesetzt, fallen Lücken und Fehler eher auf und es gibt einen Anreiz, die Qualität der Daten zu verbessern.

3.3 Praktische Faktoren

Die praktischen Faktoren ergeben sich daraus, wie Daten in der Praxis tatsächlich eingesetzt werden. Im Gegensatz zu normativen Regeln und Programmen, die lediglich eine Möglichkeit vorgeben, besteht die Datenpraxis darin, wie Menschen auf unterschiedliche Art mit Regeln und Programmen umgehen. Neben individuellen Eigenheiten gehören zu diesen Faktoren institutionelle Anforderungen und Zwänge, sowie nicht zuletzt die sogenannte Macht der Gewohnheit.

Die Einflussfaktoren auf die Datenqualität führen in den verschiedenen Bereichen oft eine Art Eigenleben: Regeln müssen erst mit Leben gefüllt werden, Implementierungen setzen eigene Beschränkungen und Möglichkeiten und aus der Praxis entstehen neue Anforderungen. Nur durch fortwährende Überprüfung kann sichergestellt werden, dass Standards, Programme und Praxis so gut wie möglich übereinstimmen und Datenqualität messbar wird. Welche Anforderungen dazu erfüllt werden müssen, ist Gegenstand des folgenden Abschnitts.

4 Anforderungen an den qualitativen Umgang mit Erschließungsdaten

Durch die Betrachtung von Faktoren, die die Qualität von Erschließungsdaten beeinflussen, lassen sich einige allgemeine Anforderungen an den Umgang mit Erschließungsdaten identifizieren.

4.1 Datenqualität erfordert Regeln

Erstens muss es Regeln geben, an denen die Datenqualität gemessen werden kann. So ist beispielsweise die formale Qualität eines Datenfeldes *Schlagwörter* nicht bestimmbar, wenn genauere Angaben dazu fehlen, in welcher Form welche Art von Schlagwörtern in diesem Feld eingetragen werden sollen. Selbst Freitextfelder beinhalten bei genauerer Betrachtung meist Regeln zu erlaubten Zeichen und Längen. Zwar können Menschen Daten oft auch ad-hoc auf Grundlage von Erfahrungswerten einschätzen; zur Sicherstellung einer einheitlichen Datenqualität ist die subjektive Bewertung von Einzelfällen jedoch nicht geeignet. Stattdessen können Expert:innen durch ihre Einschätzungen dazu beitragen, sich möglicher Anforderungen an die Datenqualität bewusst zu werden und so zu konkreten Regeln zu kommen.

4.2 Datenqualität erfordert Dokumentation

Zweitens müssen die Regeln, denen qualitative Daten folgen sollen, auch dokumentiert sein. Insbesondere müssen implizite Annahmen und Praktiken (*tritt sowieso nie auf, wurde schon immer so gemacht* etc.) explizit gemacht werden. Implizite Regeln finden sich oft im praktischen Umgang mit Daten und versteckt in Anwendungsprogrammen zur Erfassung und Verarbeitung von Erschließungsdaten. Werden beispielsweise in einem Eingabefeld mehrere Schlagwörter durch Kommata getrennt, ergibt sich daraus vermutlich die Regel, dass einzelne Schlagwörter kein Komma beinhalten können. Die Notwendigkeit einer Dokumentation ist umso höher, wenn Daten zwischen verschiedenen Einrichtungen oder Systemen ausgetauscht werden. Dabei sollte die Dokumentation nicht nur für diejenigen zugänglich sein, die Erschließung betreiben, sondern auch für all jene, die Daten nutzen oder an einer Nutzung interessiert sein könnten.

Die Anforderungen an eine gute Dokumentation für Datenregeln entsprechen in etwa den allgemeinen Anforderungen an gute technische Dokumentation (Juhl 2015). Die Regeln zur Datenqualität sollten zudem leicht auffindbar publiziert sein und Informationen zu Herausgeber:innen, Gültigkeit und Änderungen beinhalten, idealerweise mit Versionierung.

4.3 Datenqualität erfordert Validierung

Datenstandards sind Abmachungen, sie können eingehalten oder gebrochen werden. Zur Sicherstellung von Qualität müssen Regeln, nach denen Daten aufgebaut werden, auch überprüft werden. Die Überprüfung muss als automatisierte *Validierung* möglich sein. Zum einen werden Regeln damit objektivierbar und zum anderen kann ihre Einhaltung dadurch nicht nur sporadisch, sondern systematisch in großem Maßstab, wiederholt und dauerhaft überprüft werden.

Prinzipiell kann Validierung durch automatische Tests in einer beliebigen Programmiersprache umgesetzt werden. Soweit möglich sollten Regeln jedoch mit Hilfe formaler Schemasprachen ausgedrückt werden.[6] Schemasprachen dienen der Exaktheit von Regeln, helfen dabei, dass die Validierung tatsächlich das prüft, was geprüft werden soll, und ermöglichen eine Validierung unabhängig von einzelnen Anwendungsprogrammen. Ohne Schemata kommt es nämlich dazu, dass alle Daten, die vom jeweils benutzen Programm nicht explizit als Fehler erkannt werden, fälschlicherweise für korrekt erachtet werden, statt die Daten an den dokumentierten Regeln zu messen.

Die Wahl der Schemasprache hängt insbesondere von der Datenstrukturierungssprache des zu überprüfenden Datenformats ab. So gibt es zum Beispiel JSON Schema für JSON-Formate, XML Schema für XML-Formate und ShEx für RDF-Formate. Für die feldbasierten Bibliotheksdatenformate MARC und PICA gibt es seit 2018 die Schemasprache Avram.[7] Die meisten Schemasprachen verwenden zur Einschränkung einzelner Datenfelder Datentypen und reguläre Ausdrücke – zumindest auf diese beiden Hilfsmittel sollte bei der Umsetzung der Validierung von Erschließungsdaten zurückgegriffen werden.

---

6 Siehe https://format.gbv.de/schema/language für eine Übersicht von Schemasprachen (17.6.2021).
7 Siehe https://format.gbv.de/schema/avram/specification (17.6.2021).

4.4 Exkurs: Grundlegende Strukturierungsprinzipien

Die formale Definition eines Datenformates und die Angabe von Validierungsregeln mittels einer Schemasprache sind zwei Seiten einer Medaille: Beide beschäftigen sich mit den charakteristischen Strukturen von Daten. Grundsätzlich können Daten auf vielfältige Art und Weise in einzelne Elemente strukturiert und miteinander in Beziehung gesetzt werden. In der Praxis gibt es allerdings einige typische Gestaltungsmuster, die unabhängig von der konkreten Technik immer wieder verwendet werden (Voss 2013b). Zum Verständnis von Datenformaten und Standards hilft es, insbesondere auf folgenden Festlegungen für potenzielle Regeln und Schemata zu achten:

1. Einteilung in Datenelemente: Welche Bestandteile von Daten sind die elementaren Einheiten und wo sind stattdessen Binnenstrukturen vorhanden? Beispielsweise können Namen je nach Erfassungsregeln entweder atomar sein oder weiter in Vor- und Nachnamen unterteilt werden.

2. Relevanz und Normalisierung: Welche Bestandteile sind für den Inhalt der Daten relevant und welche Abweichungen können ohne Bedeutungsverlust unterschiedlich gehandhabt werden (z. B. die Verwendung von Leerzeichen)? Gibt es eine normalisierte Form ohne jede Form irrelevanter Abweichungen?

3. Vorgeschriebene und erlaubte Bestandteile: Welche Datenelemente *müssen* und welche *dürfen* vorhanden sein? So könnte ein Erfassungssystem beispielsweise vorschreiben, dass jedes Objekt mit einer geografischen Koordinate versehen sein muss oder dass die Bedeutung von Schlagwörtern mit Qualifikatoren genauer eingegrenzt werden darf. Zur Vermeidung von Missverständnissen werden Anforderungen in formalen Standards idealerweise nach RFC 2119 (Bradner und Bradner 1997) bzw. nach DIN 820-2 (DIN 820) mit groß geschrieben Modalverben angegeben:
   - MUST (MUSS) gibt an, dass ein Element zwingend notwendig ist.
   - MUST NOT (DARF NICHT) gibt an, dass ein Element verboten ist.
   - MAY oder OPTIONAL (DARF oder KANN) geben an, dass ein Element erlaubt ist, aber auch weggelassen werden kann.
   - SHOULD (SOLLTE) und SHOULD NOT (SOLLTE NICHT) geben an, dass ein Element empfohlen wird, aber in begründeten Ausnahmefällen auch weggelassen werden kann.

4. Wiederholbarkeit: Welche Bestandteile sind wiederholbar und welche können maximal einmal in einem Datensatz vorkommen?

5. Reihenfolge: Wo spielt die Reihenfolge von Elementen eine Rolle und welche Bedeutung hat sie (beispielsweise die Gewichtung innerhalb von Schlagwortfolgen)?

6. Identifikatoren: Welche Datenelemente dienen als Identifikatoren? Neben offensichtlichen Verweisen auf externe Datenbanken sind auch einfache Listen von erlaubten Werten kleine kontrollierte Vokabulare und ihre Werte damit Identifikatoren.

4.5 Datenqualität erfordert Praxisbezug

Schließlich muss die formale Überprüfung von Datenqualität realistische Auswirkungen auf die Praxis haben. Wenn Regelverstöße keine Konsequenzen nach sich ziehen, ist davon auszugehen, dass das Ergebnis der Validierung im Zweifelsfall ignoriert wird. Welche Konsequenzen angemessen sind (einfache Mitteilungen, Aufforderung zur Korrektur, automatische Ablehnung invalider Daten etc.) hängt von Aufwand und Nutzen der Qualitätsverbesserung ab. Wenn die Überprüfung eines Qualitätsmaßes nicht geleistet werden kann oder ihr Verletzen keine Auswirkungen hat, kann es auch in der Inhaltserschießung sinnvoll sein die Maßstäbe etwas niedriger anzusetzen und statt unrealistischer Vorstellungen nur zu verlangen, was auch tatsächlich umsetzbar ist.

Grundsätzlich sollte Datenqualität nicht als rein technische Angelegenheit gesehen werden: Keine Regel ist frei von Interessen, sozialen Implikationen und möglichen Konflikten. Hier hilft es, sich nicht nur über den praktischen Einsatz der Daten (Anwendungen, Hilfsmittel, Umfang etc.), sondern auch über Aspekte wie Agierende, Interessen und Abhängigkeiten klar zu werden.

5 Zusammenfassung

Gute Sacherschließung lässt sich letztendlich nur inhaltlich und abhängig von ihrem Einsatz beurteilen. Gleichwohl können auf formaler Ebene Anforderungen identifiziert werden, deren Erfüllung für gute Datenqualität notwendig ist. Die Anforderungen ergeben sich aus den Dimensionen und Einflussfaktoren der Datenqualität, insbesondere aus Standards, Anwendungsprogrammen und der Datenpraxis. Vor allem ist Datenqualität nur mit expliziten Regeln möglich. Diese Regeln müssen angemessen dokumentiert sein und durch Validierung überprüft werden. Idealerweise geschieht die Validierung mittels formaler Schemata, in denen grundlegende Strukturierungsprinzipien der gewünschten Daten explizit gemacht werden. Dass mit diesen Mitteln auch große Mengen von Daten einer Qualitätskontrolle unterzogen werden können, zeigt die Analyse von Király (2019) auf Grundlage eines Avram Schemas für MARC 21.

6 Literaturverzeichnis

Batini, Carlo und Monica Scannapieco: Data and Information Quality. Dimensions, Principles and Techniques. Cham: Springer International Publishing 2016.

Bertram, Jutta: Einführung in die inhaltliche Erschließung. Grundlagen – Methoden – Instrumente. Würzburg: Ergon 2005.

Bradner, S.: Key words for use in RFCs to Indicate Requirement Levels. IETF 1997 (RFC 2119). https://tools.ietf.org/html/rfc2119 (17.6.2021).

Floridi, Luciano und Phyllis Illari (Hrsg.): The Philosophy of Information Quality. Cham: Springer International Publishing 2014.

Franke-Maier, Michael: Anforderungen an die Qualität der Inhaltserschließung im Spannungsfeld von intellektuell und automatisch erzeugten Metadaten. In: ABI Technik (2018) Bd. 38 Nr. 4. S. 327–331. https://doi.org/10.1515/abitech-2018-4005.

Gödert, Winfried, Klaus Lepsky und Matthias Nagelschmidt: Informationserschließung und Automatisches Indexieren: Ein Lehr- und Arbeitsbuch. Berlin, Heidelberg: Springer 2012.

Hildebrand, Knut, Marcus Gebauer, Holger Hinrichs, und Michael Mielke (Hrsg.): Daten- und Informationsqualität. 4. Aufl. Wiesbaden: Springer Vieweg 2018.

Holstrom, Chris: The effects of suggested tags and autocomplete features on social tagging behaviors. In: Proceedings of the Association for Information Science and Technology (2020) H. 57, Nr. 1. https://doi.org/10.1002/pra2.263.

Juhl, Dietrich: Technische Dokumentation: praktische Anleitungen und Beispiele. 3. Aufl. Berlin, Heidelberg: Springer Vieweg 2015.

Király, Péter: Validating 126 million MARC records. In: Proceedings of the 3rd International Conference on Digital Access to Textual Cultural Heritage, ACM 2019. S. 161–168. https://doi.org/10.1145/3322905.3322929.

ISO 8402: Quality management and qualtity assurance – Vocabulary. 2. Aufl. International Organization for Standardization 1994.

DIN 820: Normungsarbeit. International Organization for Standardization 2012.

ISO 9000: Quality management systems – Fundamentals and vocabulary. International Organization for Standardization 2015.

Reiner, Ulrike: Automatic Analysis of Dewey Decimal Classification Notations. In: Data Analysis, Machine Learning and Applications. Berlin, Heidelberg: Springer 2007. S. 697–704. https://doi.org/10.1007/978-3-540-78246-9_82.

Voß, Jakob (2013a): Was sind eigentlich Daten? In: LIBREAS (2013) H. 23. S. 4–11. https://doi.org/10.18452/9038.

Voß, Jakob (2013b): Describing Data Patterns. Dissertation Humboldt-Universität zu Berlin 2013. http://aboutdata.org/ (17.6.2021).

Rudolf Ungváry und Péter Király

Bemerkungen zu der Qualitätsbewertung von MARC-21-Datensätzen

1 Einführung

Király (2019a) beschreibt eine neuartige Methodologie der systematischen Analyse der Bewertung der Qualität von MARC-21-Datensätzen. In seiner Forschungsarbeit untersucht er die Gesamtkataloge von 16 wichtigen National- und Forschungsbibliotheken. Die Ergebnisse beleuchten einige typische Probleme und liefern hilfreiche Messgrößen für das Verständnis von qualitätsentscheidenden Strukturmerkmalen eines Katalogs. In dieser weiterführenden Studie wollen wir eine tiefergehende Analyse einer kleineren Menge von Katalogen durchführen.

Dies sind unsere Forschungsfragen:

(a) Was sind jeweils die Hauptmerkmale der Katalogisierungspraxis in jeder der Bibliotheken?
- In welchem Umfang werden die MARC-21-Felder und -Unterfelder genutzt (z. B.: Wird das Feld 648 *Zeitschlagwort*[1] verwendet?)?
- Wie vollständig werden Unterfelder verwendet (z. B.: Wie oft kommen die Unterfelder $0 *Identifikations- oder Standardnummer des Datensatzes* oder $1 *Persistenter Link zum Datensatz*[2] in einer Titelaufnahme vor?)?
- Besteht Stimmigkeit zwischen verwandten Unterfeldern (z. B. Wie verhalten sich die Unterfelder $a *Benennung* und $2 *Quelle* zueinander?)?
- In welchem Umfang werden die für den lokalen Gebrauch reservierten 9XX-Felder und die $9-Unterfelder verwendet?
- Wie oft kommen im MARC-21-Standard nicht enthaltene Felder und Unterfelder vor?

---

1 Die Übersetzung der Feldbezeichnungen richtet sich nach der Feldbeschreibung der Titeldaten der Deutschen Nationalbibliothek und der Zeitschriftendatenbank im Format MARC 21, Version 3.3 mit Stand 9. November 2020, https://d-nb.info/1220864196/34 (22.12.2020), sowie nach dem MARC21 – Handbuch in deutscher Sprache der Schweizerischen Nationalbibliothek, https://ead.nb.admin.ch/web/marc21/dmarceinl2.htm (22.12.2020). Dort, wo es keine deutsche Entsprechung gab, wurde eigens übersetzt.
2 Im Engl. *real world object URI*.

(b) Welche Schlussfolgerungen können im Hinblick auf das verwendete Katalogisierungssystem (z. B. inwieweit die Eingabe fehlerhafter Werte toleriert wird) sowie auf die bei der Sacherschließung verwendeten kontrollierten Vokabulare (Schlagwörter, Thesauri, Klassifikationen, Taxonomien) gezogen werden?

(c) Last but not least: Können die Kataloge der einzelnen Bibliotheken im Hinblick auf die jeweilige Katalogisierungspraxis miteinander verglichen werden (z. B. im Hinblick darauf, in welchen Fällen geografische Koordinaten in Feld 034 *Kodierte kartografische mathematische Angaben*; bzw. in Feld 653 *Indexierungsterme – nicht normiert* für Deskriptoren, die nicht einem kontrollierten Vokabular entnommen sind, eingegeben oder nicht eingegeben werden)?

Da die Katalogdatensätze keine direkte Information über alle Details des Katalogisierungsprozesses enthalten (eingesetzte Software, lokale Katalogisierungsregeln und -gewohnheiten sowie Änderungen derselben), können wir nur begrenzte Schlussfolgerungen ziehen. Tatsächlich können nur die Spezialist:innen der jeweiligen Bibliothek stimmige Schlussfolgerungen ziehen, weil es Fälle geben kann, in denen nur sie die Hintergründe für ein bestimmtes Merkmal oder einen Fehler kennen. Die daraus gewonnenen Schlüsse sind allerdings innerhalb der Bibliothekswelt geläufig.

Gegenstand dieser Studie sind nur die inhaltsbezogenen Datenelemente (043 *Code für geografische Gebiete*, 044 *Ländercode der veröffentlichenden/herstellenden Stelle*, 045 *Zeitabschnitt der Eintragung*, 052 *Geografischer Klassifikationscode*, 072 *Schlagwortkategoriecode*, 080 *Notation nach der Universal Decimal Classification*, 082 *Notation nach der Dewey Decimal Classification*, 084 *Andere Notation*, 085, 6XX-*Feldergruppe für Schlagworteintragungen*) sowie einige andere damit verwandte Datenelemente (008 *Datenelemente mit fester Länge zur physischen Beschreibung*, 034 *Kodierte kartografische mathematische Angaben*, 041 *Sprachcode*). Verglichen wurden die Katalogdaten der Deutschen Nationalbibliothek (DNB), der Universitätsbibliothek Gent (GENT), der Bibliothek der Ungarischen Akademie der Wissenschaften (MTAK), der Universitätsbibliothek Szeged (SZTE) und des Ungarischen Verbunds (MOKKA). Die Daten sind entweder offen zugänglich,[3] oder sie wurden uns für Forschungszwecke zur Verfügung gestellt. Gelegentlich beziehen wir auch die Széchényi-National-

---

3 Wir pflegen eine Liste von Open-Access-Katalogen auf Github: https://github.com/pkiraly/metadata-qa-marc (22.12.2020).

bibliothek (die Ungarische Nationalbibliothek, NSZL) und die Finnische Nationalbibliothek in die Betrachtung mit ein.

Bei der Nennung von MARC-21-Datenelementen wenden wir die folgende Konvention an: 010$a *Kontrollnummer der Library of Congress*, wobei *010* die Feldnummer (*tag*) ist, *a* der Code für das Unterfeld und *Kontrollnummer der Library of Congress* die Benennung des Datenelements. Bei Kontrollfeldern schreiben wir 008/18–21 *Illustrationen*, um ein Datenelement in Feld 008 zwischen der 18. und 21. Zeichenposition zu bezeichnen.

1.1 Methodologie

Die Analyse wurde mit dem Forschungssoftwarepaket QA Catalogue durchgeführt. Seine Code-Funktionen wurden in Király (2019a) beschrieben, die Programmoberfläche in Király (2020). Es handelt sich um Open-Source-Software, die über Github[4] zugänglich ist. Das Programm deckt alle Kontrollfelder und Datenfelder sowie deren Indikatoren und Unterfelder ab (also alle Datentypen und Werte). Die Anzahl der in den einzelnen Feldern und Unterfeldern vorhandenen Datenelemente wird berechnet und ihr Verhältnis mit dem aller Titelaufnahmen des Katalogs verglichen. Die Nutzer:innen des Programms können Listen der in den Datenelementen vorhandenen Werte mitsamt der Angabe, in welchen Katalogdatensätzen sie vorkommen, ausgeben.

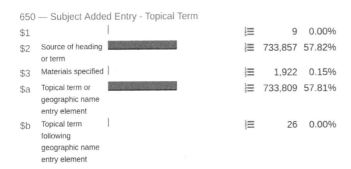

Abb. 1: Einige Unterfelder von Feld 650 *Schlagworteintragung – Sachschlagwort:* Wenn die blauen Codes für die Unterfelder in der ersten Spalte *location* angeklickt werden, wird eine Liste aller Titelaufnahmen angezeigt, in denen das jeweilige Unterfeld vorkommt. In der zweiten Spalte *label* stehen die Benennungen der Felder und Unterfelder. In der Spalte *terms* ste-

---

4 Github: https://github.com/pkiraly/metadata-qa-marc (22.12.2020).

hen Links zu den Listen der Werte (Zahlen, Code-Ausdrücke,[5] Ausdrücke natürlicher Sprache
und Texte), die in den Unterfeldern erscheinen – wobei jeder Wert mit den Aufnahmen verlinkt
ist, in denen er vorkommt. Die Datensätze können sowohl in lesefreundlichem Format als auch
als MARC-21-Aufnahme angezeigt werden. Die Spalte *count* zeigt an, in wie vielen Titelaufnahmen das Unterfeld vorkommt, während die letzte Spalte den prozentualen Anteil der Titelaufnahmen an der Gesamtzahl der Titelaufnahmen im jeweiligen Katalog anzeigt.

Für die Kontrollfelder (00X-Felder) werden auch die Werte der einzelnen Positionen – bei denen es sich theoretisch nur um feststehende (einem kontrollierten Vokabular entnommene) Ausdrücke handeln kann – aufgeführt (Abb. 2).

path	message	url	instances	records
control subfield level issues			3,656,937	363,434
control subfield: invalid code (158 variants)			4,807	4,556
[+]				
008/18-21 (tag008book18)	'r' in 'ar '	**i**	3,392	3,392
008/18-21 (tag008book18)	'r' in 'arb '	**i**	292	292
008/18-21 (tag008book18)	'r' in 'r '	**i**	45	45
008/18-21 (tag008book18)	'r' in 'arf '	**i**	28	28

Abb. 2: Fehleranzeigedetails für die 00X-Felder. Wird das blaue [+] angeklickt, so werden alle
Positionen mit Problemen angezeigt. In der Spalte message stehen die eigentlichen Probleme.
Das blaue i ist ein Link zu der entsprechenden Seite des MARC-21-Standards. Die letzten bei-
den Spalten zeigen die Häufigkeiten und die Anzahl der betroffenen Aufnahmen an.

2 Vergleich von Fehlern in Kontrollfeldern und Unterfeldern im vorgeschriebenen Format

Die Analyse hebt auch Fehler in Kontrollfeldern (00X) hervor. Es gibt nur wenige Zeichenwerte in diesen Feldern, die einem kontrollierten Vokabular entnommen sind und sie müssen in bestimmten Zeichenpositionen des 00X-Felds stehen. Fehler in vorgeschriebenen Unterfeldern mit numerischem Format (z. B.
ISBN) und in Unterfeldern zur Verknüpfung (*linkage*) mit vorgeschriebenem
Format (z. B. $6) werden ebenfalls angezeigt.

Das Feld 008 *Datenelemente mit fester Länge zur physischen Beschreibung*
enthält eine Folge von 40 Zeichen, die in positiongebundene Datenelemente un-

---

5 Code-Ausdrücke (in der bibliothekarischen Praxis in der Regel Notationen) sind die in symbolischer Sprache geschriebenen Elemente kontrollierter Vokabulare, während der Code selbst
das Sprachsystem des Vokabulars ist.

terteilt ist. Fehler in diesem Feld sind besonders schwerwiegend. Die Werte in diesem Feld sind mit der inhaltlichen Suche eng verbunden.[6] Die positionge-bundenen Werte mit fester Länge (wenige Zeichen lang) bezeichnen Typ und Genre des Dokuments, was in Verbindung mit den Deskriptoren der 6XX-Felder-gruppe (aber im Prinzip auch in Verbindung mit den Werten jedes anderen Felds) zur Suchverfeinerung nützlich sein kann. In anderen Worten: Der Doku-mententyp ist bei der Einengung einer Suche ein sehr wichtiger Aspekt. Im Ver-gleich zur Bedeutsamkeit seiner Datenelemente bekommt das Feld 008 nicht die Aufmerksamkeit, die es eigentlich verdient, obwohl die Codes für die For-mate, die in jeder Position eingetragen werden können, früh festgelegt wurden (in den 1970ern) und aus der Warte der Erschließungstheorie nicht als wirklich kohärentes System angesehen werden können.

Obwohl die positionsgebundenen Formatcodierungen manchmal lokal mo-difiziert wurden,[7] ist die Typologie in MARC 21 selbst dieselbe geblieben und sie wurde nie grundsätzlich reorganisiert, um die Codierungen theoretisch stimmi-ger zu machen. Das Hauptproblem generell ist aber, dass Bibliothekssysteme den Nutzer:innen keine Möglichkeit anbieten, sie für die Suche zu nutzen.

In den 00X-Feldern sind der numerische Wert (z. B. Datum) sowie die Form und Zeichen für die Datenelemente streng geregelt. Die positionsgebundenen Zeichen werden kontrollierten Vokabularen entnommen, die Teil von MARC 21 sind. Im Verhältnis zu den betreffenden Regeln sind die Anzahl und die Art der Fehler auffällig hoch. Auch ist das nicht nur bei einzelnen Bibliotheken so, son-dern fällt generell auf. Wir nehmen an, dass das nicht in erster Linie mit Sorg-falt und Katalogisierungsqualität, sondern eher mit einer unterwickelten Fehler-erkennung der jeweiligen Katalogisierungssoftware zu tun hat. Selbst eine sehr sorgfältige intellektuelle Eingabe dieser nicht natürlichsprachigen Werte kann Fehler nicht vermeiden.

---

6 Dies scheint wenig bekannt zu sein. In der Spezifikation von MOKKA, dem gemeinsamen ungarischen Verbundkatalog, werden beispielsweise nur 6XX-Felder als inhaltsbezogene Fel-der angesehen. Aber die Frage des Dokumententyps lässt sich von der Suche nach Themen und Notationen nicht trennen, da sie selten nur für einen Dokumententyp allein gesucht werden. Die Suche mit Hilfe eines Dokumententyp ist jedoch überwiegend mit Schlagwörtern anderen Typs verbunden. Man sucht sehr selten nur mit einem Form- bzw. Genreschlagwort.

7 Die Wichtigkeit der Modifikationen wird in einer einzigen ungarischen Quelle, bei Bilicsi (2018), erwähnt – in Verbindung damit, dass die Typologie für den internen Gebrauch verbes-sert wurde: „This can be observed in more structured fields (especially 007, 008) and in the expanded possibilities of physical description of new media; media can be better put into the categories that are most relevant of them, their main characteristics can be specified more pre-cisely." Diese Quelle macht auch Angaben zu anderen Änderungen bei MARC-21-Feldern, -Un-terfeldern, und Indikatoren, die hauptsächlich zum Zweck der Anpassung an RDA vorgenom-men wurden.

Tab. 1: Positions- und Unterfeldfehler

MARC-21-Daten-element		DNB	GENT	MTAK	SZTEK	MOKKA
Probleme in Kontrollfeldern						
ungültige Werte[I]	Anzahl	11 238	864 505	281 454	3 656 937	20 317 130
	Sätze	3 889	333 635	110 011	363 434	5 240 827
Probleme in anderen Feldern						
mehrfache Verwendung von Feldern, die nur einmal erlaubt sind	Anzahl	740	67	8	240	4 705
	Sätze	740	65	8	240	4 698
undefinierte Felder[II]	Anzahl	–	–	308 347	2 884	1 115 714
	Sätze	–	–	268 696	2 626	479 623
Indikatorprobleme	Anzahl	53 161	5 066	192 690	5 015	3 541 444
	Sätze	8 066	1 303	178 461	4 271	2 298 715
Unterfeldprobleme[III]	Anzahl	2 368 900	529 103	87	31 197	34 759 334
	Sätze	2 483 725	430 833	57	26 900	8 864 772
– undefinierte Unterfelder[IV]	Anzahl	2 478 770	520 863	520 863	11 417	33 465 038
	Sätze	2 365 446	429 314	429 314	8 048	8 861 086
– 65X	Anzahl	728	7	13	75[V]	682
	Sätze	768	7	10	60	624
– mehrfache Verwendung von Unterfeldern, die nur einmal erlaubt sind	Anzahl	–	–	6 452	1 900	881 787
	Sätze	–	–	3 867	1 857	776 565

I Meistens im Feld 008 im Datenelement *Art des Inhalts* in Position 24–27.
II Meistens lokal definierte Felder, deren Benennung *9* enthält.
III Falsche oder beschädigte ISBN-/ISSN-Werte, mehrfache Verwendungen von Unterfeldern, die nur einmal erlaubt sind, undefinierte Unterfelder, ungültige Werte.
IV Inklusive lokal definierter $9-Unterfelder von unterschiedlichen Feldern.
V Alle im Feld 653 *Indexierungsterm – nicht normiert*!

In Zeile 5, *mehrfache Verwendung von Feldern, die nur einmal erlaubt sind,* fällt besonders auf, dass es sich formal um eine sehr einfache Art von Fehler handelt.

Zu Zeile 6: Ein eher kleiner Teil der undefinierten Felder und Unterfelder mag für lokale Zwecke eingesetzt worden sein, aber in den meisten Fällen zeigen die Werte eine so hohe Inkonsistenz (Rauschen), dass wir meinen, dass das

Vorhandensein dieser Unterfelder im Katalog wohl eher mit Tippfehlern als mit speziell entwickelten lokalen Definitionen zu tun hat.

Im Fall der beiden ungarischen wissenschaftlichen Bibliotheken können HUNMARC-Felder und -Unterfelder eine Rolle spielen, die von QA Catalogue nicht erkannt werden. Es ist auch möglich, dass solche Fehler beim Import von Titelaufnahmen externer Bibliotheken entstanden sind.

Die Werte dieser Datenelemente sowie die Felder, Unterfelder und die vor-geschriebenen Ein-Zeichen-Indikatoren sind so strukturiert, dass ihre formale Überprüfung relativ einfach ist. Insofern wäre es leicht, ihre Kontrolle in das Katalogisierungssystem zu integrieren. Es ist wahrlich keine schwierige Pro-grammieraufgabe, die Eingabe ungültiger Datenelementwerte, die mehrfache Verwendung von Feldern, die nur einmal erlaubt sind, die Verwendung undefi-nierter Felder, Unterfelder, Indikatoren usw. zu verhindern oder solche Fehler nachträglich zu erkennen. Selbst bei Bibliotheken mit einem sehr guten Ruf kommen solche Fehler manchmal millionenfach vor. (Beispielsweise wird in der DNB mit PICA katalogisiert, die MARC-21-Aufnahmen werden durch einen Konversionsprozess und für Datenaustauschzwecke erzeugt, so dass die fast zweieinhalb Millionen undefinierten Unterfelder auch auf Konversionsfehler zu-rückgehen können).

Die kompletten bibliografischen Daten wurden mit einer Filterung in den Verbundkatalog MOKKA migriert. Es ist auffällig, wie viele Fehler trotzdem transferiert wurden. Wer das Problem kennt, weiß, dass das Administrieren von Filterprogrammen und lokalen Feldern sowie deren Dokumentation normaler-weise nicht perfekt läuft und die Dokumentation schwer zugänglich ist. Das mag auch bei MOKKA der Fall sein: Nur die Filterspezifikation der Széchényi-Nationalbibliothek ist verfügbar.[8] Die Spezifikationsdokumente werden auf den MOKKA-Webseiten bereitgestellt, aber keine davon enthält die Konversionsspe-zifikation für die bibliografischen Daten der einzelnen Lieferbibliotheken.[9]

Es wäre hilfreich, wenn es in Katalogisierungssystemen bei der Definition lokaler Felder und Unterfelder die Möglichkeit gäbe, diese nicht nur zu benen-nen, weil die Benennungen wegen ihrer Kürze nicht informativ genug sind. Es sollten auch längere Erklärungen und Definitionen angefügt werden können, die sich im System speichern und als Online-Hilfe nutzen ließen.

---

8 Szabó (2003) hat die Fehler der NSZL analysiert. Diese Analyse ist auf den MOKKA-Seiten nicht zu finden (http://www.mokka.hu/web/guest/katalogizalasi-szabalyok, 23.12.2020), son-dern nur die Katalogisierungsregeln und die von Szabó bereitgestellte Anleitung.
9 Natürlich heißt das nicht, dass es keine Dokumente, die die Kriterien und Anforderungen für jedes Filterprogramm enthalten, gibt. Eher muss vermutet werden, dass es sich um fehlende oder unveröffentlichte Manuskripte handelt.

Es folgen einige beispielhafte Fehler aus dem SZTE-Katalog. Ähnliche kommen in anderen Katalogen vor.

Tab. 2: Einige Fehlertypen aus dem Bestand der SZTE

Fehlertyp	Fehlerbeispiel	Sätze	Anzahl
Fehler in Kontrollfeld 008 (720 Varianten)		3 656 937	363 434
Code-Probleme (158 Varianten)		4 807	4 556
008/18–21	Im Datenelement kommt undefiniertes r vor.	3 392	3 392
Wertprobleme (562 Varianten)		3 652 130	359 259
008/00–05	Wert 2002 widerspricht dem Datenformat YYMMDD.	13	13
008/29	Wert [köz] ist in dieser Position nicht erlaubt.	225 388	225 388
008/06	Wert x ist in dieser Position nicht erlaubt.	1	1
Indikatorprobleme		333	332
65$ind1	Der erste Indikator sollte leer sein, enthält aber 1.	33	33
Unterfeldprobleme		31 197	26 900
080$6	. , und) sind in diesem Unterfeld ungültige Zeichen. Die $6-Verknüpfung ist ein besonderes Unterfeld, um Repräsentationen verschiedener Schriftsysteme für dieselbe Information zu verbinden. Hier sollte ein bestimmtes Format eingehalten werden, um Schriftsysteme entsprechend einem kontrollierten Vokabular laut MARC 21 Appendix A[*] zu bezeichnen (z. B. Na = kyrillische Schrift). Punkt, Komma und schließende Klammer sind hier nicht erlaubt.	8	8
Subfield: ISBN-Probleme (10 348 Varianten)		13 115	13 012
020$a	Wert 0238-3349(fűzött) ist keine ISBN.	8	8

[*] https://www.loc.gov/marc/bibliographic/ecbdcntf.html (23.12.2020).

Kurz gesagt: Fehler in Datenelementen, die numerische Werte enthalten, welche vorwiegend in vorgeschriebenem Format oder als einem einfachen, kontrollierten Vokabular entnommene Zeichenwerte anzugeben sind, könnten vermieden werden, wenn die Katalogisierungssysteme selbst es erlaubten, Eingaben systematisch zu prüfen. Das setzt natürlich voraus, dass Katalogisierer:innen auch in der Lage sind, ihren Fehlererkennungsbedarf akkurat zu kommunizieren, wenn solche Systeme ausgewählt werden. Weiterhin wäre es gut, wenn man sie in der Ausbildung darauf auch vorbereiten würde.

3 01X–09X Feldergruppe Nummern und Codes

Das Verhältnis der Anzahl der Werte in Feld 040 *Katalogisierungsquelle* zur Anzahl anderer Identifier und Feldbelegungen in Titelaufnahmen gibt einen Eindruck von der Vollständigkeit der Katalogisierung. Darüber hinaus enthält die Feldergruppe Sprach- und Länderkennungen (*codes*), die bei der inhaltlichen Suche eine Rolle spielen. Die Geokoordinaten in Feld 034 *Kodierte kartografische mathematische Angaben* sind für geografische Quellen wichtig, weil sie es ermöglichen, bei Suchen nach geografischen Namen sie auf Landkarten anzuzeigen.[10] Schließlich enthält die Feldergruppe sieben Felder für die inhaltliche Suche, sie sind für Notationen ausgewählter Klassifikationssysteme gedacht. Die meisten Felder dieser Gruppe können also bei der vergleichenden Analyse berücksichtigt werden.

3.1 Identifier im bibliografischen Datensatz

Man kann sich denken, dass eine Nationalbibliothek (wie die DNB) kaum einmal einen Datensatz von einer anderen großen Bibliothek erhält, der das Feld 010$a *Kontrollnummer der Library of Congress* (LoC) enthält. Daher sind die 0,03 % DNB-Sätze mit LoC-Kontrollnummer eher Ausnahmen. Mehr davon gibt es offenbar in GENT (14,56 %). Also muss vielleicht erklärt werden, warum es wissenschaftliche Bibliotheken mit einer vernachlässigbaren Menge an LoC-Sätzen (oder damit identischen Sätzen) gibt, obwohl man vermuten kann, dass eine größere Menge davon übernommen wurde.

---

10 Darüber hinaus sind die Geokoordinaten einzelner Siedlungen, bewohnter Orte, geomorphologischer Formationen (Berge, Hügel, Gewässer usw.) in Ortslexika und -verzeichnissen (*gazetteers*) erfasst (z. B. in *Geonames* oder in Publikationen nationaler Statistikbehörden). Das Herunterladen der Geokoordinaten von in Katalogen erfassten Orten sollte also ohne besondere Schwierigkeiten möglich sein.

Tab. 3: Datensatz-IDs in Feldergruppe 01X–09X

MARC-21-Datenelement	DNB	%	GENT	%	MTAK	%	SZTE	%	MOKKA	%
010$a Kontrollnummer der Library of Congress	5 894	0,03	256 940	14,56	1	0,00	161	0,01	56 668	0,64
015 Nummer der National-bibliografie										
$2 Quelle	11 345 731	59,63	26 219	1,18	–	–	4	0,00	598	0,01
$a Nummer der National-bibliografie	11 345 731	59,63	71 517	1,49	–	–	7	0,00	6 291	0,07
$z Gelöschte / Ungültige Nummer der Nationalbi-bliografie	1 995 499	10,49	637	0,04	–	–	–	–	12	0,00
016 Kontrollnummer der nationalbibliografischen Agentur										
$2 Quelle	19 Mio.	100	31 802	1,80	–	–	5	0,00	843	0,01
$a Datensatzkontrollnum-mer	19 Mio.	100	32 155	1,82	–	–	6	0,00	847	0,01
019$a lokal definiertes Datenelement	–	–	2	0,00	–	–	–	–	–	–

Das Feld 016 *Kontrollnummer der nationalbibliografischen Agentur* ist für die Deutsche Nationalbibliothek natürlich vollständig. Das lässt sich auch daran ablesen, dass seine Häufigkeit (19 Millionen) mit der Häufigkeit in Feld 040 *Katalogisierungsquelle* übereinstimmt (wie in Tab. 5 gezeigt) – was übrigens im Vergleich zu anderen Bibliotheken ein Beleg für einen sehr sorgfältigen Katalogisierungsprozess ist. Ein weiteres Indiz dafür ist die hohe Anzahl gelöschter Nummern.

In anderen Bibliotheken kommt das Feld 016 mit nationalbibliografischen Identifiern kaum und das Feld 019mit lokalen Identifiern fast gar nicht vor. Die Situation ähnelt der beim Feld 015 *Nummer der Nationalbibliografie.* Im Fall der DNB sind 59,63 % der Katalogdatensätze in der Nationalbibliografie enthalten. Im Fall der Ungarischen Nationalbibliothek (die in dieser Untersuchung nicht berücksichtigt wird), beträgt die Erfassungsrate der Bücher ca. 65 %, was von Jahr zu Jahr aber schwanken kann. Auch bei anderen Bibliotheken ist diese Kennung praktisch nicht in den Datensätzen enthalten. Die Erklärung für das halbe Dutzend Ausnahmen ist vielleicht der reine Zufall, wahrscheinlich handelt es sich aber um importierte Aufnahmen. Es ist erwähnenswert, dass der ungarische Verbundkatalog MOKKA keine bibliografischen Identifier der Nationalbibliothek enthält. Die Erklärungen und Interpretation von den Expert:innen der einzelnen Bibliotheken wären nicht nur interessant, sondern könnten auch fachlich sehr hilfreich sein.

3.2 Internationale Standardnummern (ISBN, ISSN)

Die undefinierten Unterfelder der beiden Standardnummern und ihre Werte stehen stellvertretend für etliche Probleme. Obwohl die absolute Zahl der Aufnahmen, die diese Art von Fehler enthalten, vernachlässigbar ist, so kann keine allgemeine Schlussfolgerung im Hinblick auf die Qualität der betreffenden Kataloge gezogen werden, viel mehr ist dies ein deprimierender Beweis für die Unfähigkeit von Katalogisierungssoftware, Fehler zu prüfen.

Solch ein Rauschen kam fast ausschließlich in ungarischen Katalogen vor und war sonst eher rar. Wahrscheinlich liegt die Ursache dafür hauptsächlich in der Qualität der Katalogisierungssoftware. Leider hat es meistens finanzielle Gründe, wenn keine bessere Software eingesetzt wird. Infolgedessen sind nicht nur die Möglichkeiten der Software begrenzt und es stehen keine Mittel für Verbesserungen zur Verfügung, sondern die finanzielle Knappheit führt auch dazu, dass ausgebildete Fachkräfte die Fachrichtung wechseln.

Tab. 4: ISBN und ISSN

MARC-21-Datenelement	DNB	%	GENT	%	MTAK	%	SZTE	%	MOKKA	%
020 Internationale Standardbuchnummer (ISBN)										
$a ISBN	5 721 373	30,07	621 661	35,24	217 607	20,68	645 528	50,86	2 814 100	31,66
$c Bezugsbedingungen*	7 044 386	37,02	9 950	0,56	45	0,00	25 153	1,98	31 914	0,36
$q qualifizierende Zusatzinformation	–	–	87 028	4,93	8 095	0,77	6	0,00	4 529	0,05
$z Gelöschte / ungültige ISBN	85 751	0,45	8 869	0,50	1 187	0,11	4 283	0,34	49 487	0,56
$6 Verlinkung	–	–	68	0,00	2	0,00	12	0,00	794	0,01
$8 Feldverknüpfung und Reihenfolge	–	–	3	0,00	–	–	6	0,00	38	0,00
$9 lokal definiertes Unterfeld	5 759 980	30,27	–	–	–	–	91	0,01	22	0,00
Unterfelder, die nur in HUNMARC verfügbar sind										
$d Preisabweichung	–	–	–	–	–	–	28	0,00	973	0,01
$h zusätzliche Information	–	–	–	–	–	–	2	0,00	1 331	0,01
$i Notiz	–	–	–	–	–	–	25	0,00	5 443	0,06
$j Einband	–	–	–	–	–	–	283	0,00	1 155	0,01
unbekannte Unterfelder										
$-	–	–	–	–	–	–	–	–	2	0,00
$0	–	–	–	–	–	–	25	0,00	45	0,00
$1	–	–	–	–	–	–	9	0,00	146	0,00
$2	–	–	–	–	2	0,00	18	0,00	80	0,00

Fortsetzung **Tab. 4:** ISBN und ISSN

MARC-21-Datenelement	DNB	%	GENT	%	MTAK	%	SZTE	%	MOKKA	%
$3	–	–	–	–	1	0,00	21	0,00	94	0,00
$4	–	–	–	–	2	–	3	0,00	31	0,00
$5	–	–	–	–	–	–	3	0,00	30	0,00
$7	–	–	–	–	1	0,00	1	0,00	16	0,00
$C	–	–	–	–	–	–	–	–	3	0,00
$b	–	–	–	–	2	0,00	23	0,00	415	0,00
$e	–	–	–	–	–	–	1	0,00	12	0,00
$f	–	–	–	–	–	–	–	–	2	0,00
$g	–	–	–	–	–	–	55	0,00	58	0,00
$k	–	–	–	–	–	–	–	–	1	0,00
$l	–	–	–	–	–	–	2	0,00	2	0,00
$n	–	–	–	–	–	–	1	0,00	–	–
$r	–	–	–	–	–	–	–	–	2	0,00
$s	–	–	–	–	–	–	3	0,00	5	0,00
$t	–	–	–	–	–	–	2	0,00	1	0,00
022 Internationale Standardseriennummer (ISSN)										
$a ISSN	1,65 Mio.	8,68	427	0,02	19 357	1,84	69 743	5,49	139 375	1,57
$c price (nicht mehr gültiges Unterfeld)	1 343	0,01	–	–	–	–	28	0,00	906	0,01
$l ISSN-L	40 582	0,21	50	0,00	6	0,00	4	0,00	3	0,00
$m Gelöschte ISSN-L	–	–	–	–	–	–	–	–	–	–
$y Falsche ISSN	–	–	–	–	10	0,00	119	0,02	247	0,00
$z Gelöschte ISSN	42	0,00	15	0,00	47	0,00	212	0,02	154	0,00
$2 Quelle	–	–	42	0,00	2	0,00	–	0,00	3	0,00

Fortsetzung **Tab. 4**: ISBN und ISSN

MARC-21-Datenelement	DNB	%	GENT	%	MTAK	%	SZTE	%	MOKKA	%
$6 Verlinkung	–	–	–	–	1	0,00	–	–	5	0,00
$8 Feldverknüpfung und Reihenfolge	–	–	–	–	–1	0,00	–	–	–	–
Unterfelder, die nur in HUNMARC verfügbar sind										
$i Notiz	–	–	–	–	30	0,00	–	–	67	0,00
$j Einband	–	–	–	–	–	–	–	–	83	0,00
unbekannte Unterfelder										
$-	–	–	–	–	1	0,00	–	–	–	–
$0	–	–	–	–	3	0,00	2	0,00	21	0,00
$1	–	–	–	–	2	0,00	1	0,00	7	0,00
$3	–	–	–	–	1	0,00	–	–	–	–
$4	–	–	–	–	1	0,00	–	–	1	0,00
$5	–	–	–	–	–	–	1	0,00	–	–
$7	–	–	–	–	1	0,00	–	–	–	–
$S	–	–	–	–	1	0,00	–	–	–	–
$b	–	–	–	–	–	–	–	–	1	0,00
$f	–	–	–	–	–	–	3	0,00	–	–
$g	–	–	–	–	–	–	1	0,00	5	0,00
$s	–	–	–	–	–	–	–	–	7	0,00
$t	–	–	–	–	–	–	–	–	1	0,00
$w	–	–	–	–	–	–	–	–	1	0,00
$x	–	–	–	–	–	–	–	–	59	0,00

* In HUNMARC: *Preis.*

Die unbekannten Unterfelder, die in den beiden ungarischen Bibliothekskatalogen und in MOKKA vorkommen, enthalten entweder nicht nachvollziehbare Werte, besondere ISBN- oder ISSN-Werte oder den Preis, da es in HUNMARC ein gesondertes Unterfeld $c *Preis* sowohl für das ISBN- als auch für das ISSN-Feld gibt. Nach MARC 21 werden allerdings im ISBN-Unterfeld $c die *Bezugsbedingungen* angegeben und es existiert kein ISSN-Unterfeld $c. Als externe Betrachter wissen wir zu wenig über die Katalogisierungspraxis in den beiden hier behandelten ungarischen wissenschaftlichen Bibliotheken, aber wir sind sicher, dass sich viele unbekannte Unterfelder erklären lassen. Bei den untersuchten nicht-ungarischen Bibliotheken gibt es jedoch – zumindest was die internationalen Standardnummern betrifft – keine solchen Zweifelsfälle.

An sich ist es merkwürdig, dass es überhaupt möglich ist, Unterfelder einzufügen, die im Standard nicht existieren, und ihnen einen Wert zuzuweisen, ohne dass das zumindest zu einer Fehlermeldung führt. Katalogisierungssysteme sollten sicherstellen, dass bei Veränderungen des Standards kompetente und autorisierte Anwender:innen neue Felder und Unterfelder definieren können, damit diese auch verifiziert werden können. Eines ist sicher: Bei geeigneten Fehlerprüfungsfunktionalitäten der Katalogisierungssysteme wären solche Fehler signifikant seltener, selbst wenn die finanziellen Mittel für eine Generalrevision nicht vorhanden sind.

Die Abbildungen 3 und 4 zeigen Beispiele von Unterfeldern, die nicht existieren, mit uneinheitlichen Inhalten.

Terms

0201 Isbn 1

200 Ft (1)
250,- Ft (1)
480 Ft (1)
56662 347 2 (1)
600 Ft (1)
67,- Ft (1)
85278 116 5 (1)
890,-Ft (1)
963 00 2061 0 (1)

Abb. 3: Unterfeld $1 in SZTE

Terms

020b Isbn b

2.köt. (1)
963-05-2628-X (1)

Abb. 4: Unterfeld $b in MTAK

3.3 Einige weitere spezielle Identifier und Kennung der Katalogisierungsquelle

Auch Unterfelder mit speziellen Identifikatoren könnten indirekt inhaltsbezogene Sortierungen erlauben. Leider wird dies in Katalogsystemen noch lange nicht nutzungsfreundlich angeboten. Es ist eigentlich nicht möglich, dem System die simple Suchanfrage zu stellen, ob Ergebnisse zu bestimmten Schlagwörtern z. B. eine Kennung eines Musikverlages haben oder nicht. Nicht nur bei der Entwicklung von zukünftigen Bibliothekssystemen sollten erfahrene Katalogisierer:innen einbezogen werden, sondern sie sollten auch befähigt sein zu erkennen, welche Qualitätsprüfungsmechanismen in der täglichen Katalogisierungsarbeit gebraucht werden.

Es ist bemerkenswert, dass nur der Katalog der DNB Eintragungen von Geokoordinatenwerten (034$d) – in vernachlässigbarer Menge im Verhältnis zum Gesamtbestand – hat, obwohl diese wesentlich für eine Darstellung der Orte auf einer Karte im Netz außerhalb des Katalogs sind. Ihr Fehlen ist allerdings in diesem Fall überhaupt nicht durch die Katalogisierungssoftware bedingt.

Die Summe aller belegten Felder 040 entspricht der Anzahl aller verarbeiteten Titelaufnahmen. Im Prinzip sollten die anderen Unterfelder von Feld 040, $a, $b, $c denselben Wert enthalten – außer $d *Bearbeitungsstelle* und $e *Beschreibungsfestlegungen*. Dass dies möglich ist, zeigt die nummerische Übereinstimmung der DNB-Werte. Auch für die MTAK-Werte ist dies annähernd erreicht. Für GENT ist nur 040$a *Original-Katalogisierungsstelle* belegt. Vielleicht meinte man, dass Interessierte sich die Unterfeldeinträge im Katalog der jeweiligen Ursprungsinstitution anschauten?

Die wenigen Eintragungen in Feld 040$e *Beschreibungsfestlegungen* stehen in engem Zusammenhang mit dem Ein-Zeichen-Wert an der 18. Position der Satzkennung (*leader*), der die Form der Formalerschließung bezeichnet. Dieser Wert ist von entscheidender Bedeutung dafür, ob bei der Programmierung von Konversionssoftware das Augenmerk z. B. auf das Vorkommen von Interpunktionszeichen in einem der Datenfelder wie etwa 245$a *Titel* gelenkt wird.

Es stellt sich die Frage, warum in anderen Bibliothekskatalogen diese Einheitlichkeit fehlt? Kann es sein, dass das Unterfeld $b *Katalogisierungssprache* nicht obligatorisch ist? Oder kann das Katalogisierungssystem etwa nicht prüfen, ob die Werte in 040$b *Katalogisierungssprache* zu den Werten in Position 35–37 des Kontrollfelds 008 *Sprache* passen? (Weiterhin kann es sich natürlich auch immer um importierte Titelaufnahmen handeln.)

Tab. 5: Spezielle Identifier und Katalogisierungsquelle

MARC-21-Datenelement	DNB	%	GENT	%	MTAK	%	SZTE	%	MOKKA	%
024$a Andere Standardnummer oder Code	8 479 Mio.	44,56	103 619	5,87	1 644	0,16	867	0,07	115 987	1,30
028$a Verlegernummer	1 408	7,40	7 391	0,42	–	–	–	–	256 322	2,88
030$a CODEN	6 386	0,03	37	0,00	–	–	12 108	0,95	58	0,00
032$a Postregistrierungsnummer	813	0,00	10	0,00	–	–	1	0,00	1	0,00
034$d Koordinaten – westlichster Längengrad	55 880	0,29	46	0,00	–	–	–	–	12	0,00
035$a System-Kontrollnummer	19 Mio.	100	283 252	16,06	774 923	73,64	864 342	68,10	8 888 923	99,99
040 Katalogisierungsquelle										
$a Original-Katalogisierungsstelle	19 Mio.	100	1 764 209	100	1 052 265	100	1 268 276	100	8 889 434	100,00
$b Katalogisierungssprache	19 Mio.	100	–	–	1 052 286	99,99	972 901	76,65	588	0,01
$c Übertragungsstelle	19 Mio.	100	–	–	1 052 202	99,99	4 470	0,35	223	0,00
$d Bearbeitungsstelle	19 Mio.	100	–	–	119 379	11,34	237 527	18,71	235 425	2,65
$e Beschreibungsfestlegungen	606 123	3,19	–	–	22	0,00	10	0,00	4	0,00

3.4 Sprachcodes

Ähnlich wie bei den beiden *Internationalen Standardnummern* gibt es einige unbekannte Unterfelder zu Feld 041 *Sprachcode* in ungarischen Bibliotheken, die in MARC 21 und HUNMARC nicht vorgesehen sind und die als Werte zumeist Sprachcodes enthalten. Dabei mag es sich um lokal definierte Unterfelder handeln (die hoffentlich dokumentiert sind, auch wenn externe Forscher:innen das mangels Zugänglichkeit der Dokumentation nur schwer herausfinden können); es könnten aber auch Eingabefehler sein. Oder sind auch für dieses Problem importierte Titelaufnahmen der Grund? Falls dies der Fall sein sollte, stellt sich die Frage, warum das datenerhaltende Katalogisierungssystem die Fehler nicht herausfiltern konnte?

Keiner der Kataloge gibt die Sprache in allen Titelaufnahmen an und es ist auffällig, dass im GENT- und im SZTE-Katalog sehr wenige Aufnahmen Sprachcodes enthalten. Die DNB hat den höchsten Anteil an sprachlichen Kennungen, allerdings ist die DNB ja auch eine Nationalbibliothek. Nach Erfahrungswerten eines der Autoren ist dieser Anteil bei der Ungarischen Nationalbibliothek ähnlich dem der DNB.

Nach MARC 21 sind die ersten drei Zeichen sowohl in Feld 040$b *Katalogisierungssprache* als auch in Feld 041$a *Sprachcode* üblicherweise dieselben wie die Positionen 35–37 des Feldes 008 *Sprache*. Es fragt sich, wie das in der Praxis erreicht wird und, wenn nicht, warum nicht.

Tab. 6: Sprachcodes

MARC-21-Datenelement	DNB	%	GENT	%	MTAK	%	SZTE	%	MOKKA	%
041 Sprachcode										
$a Sprachcode des Textes/der Tonspur oder des separaten Titels	15,7 Mio.	82,58	101 564	5,76	993 704	94,43	148 840	11,73	4 898 948	55,11
$b Sprache der Zusammenfassung oder des Abstracts	–	–	4 791	0,27	14 261	1,36	15 930	1,26	103 089	1,16
$d Sprachcode von gesungenem oder gesprochenem Wort	–	–	19	0,27	2	0,00	237	0,02	15 407	0,17
$e Sprachcode von Operntexten	–	–	15	0,00	25	0,00	80	0,01	4 439	0,05
$f Sprachcode des Inhaltsverzeichnisses	–	–	100	0,01	1 095	0,10	1 680	0,13	12 193	0,14
$g Sprachcode von Begleitmaterial mit Ausnahme von Operntexten	–	–	119	0,01	2 439	0,23	3 212	0,25	32 333	0,36
$h Sprachcode der Original- und/oder Zwischenübersetzung des Textes	569 679	2,99	12 014	0,68	55 266	5,25	70 562	5,56	380 844	4,28
$j Sprachcode der Untertitel oder Beschriftung	–	–	25	0,00	18	0,00	2	0,00	32	0,00
$k Sprachcode der Zwischenübersetzung	–	–	9	0,00	41	0,00	1	0,00	23	0,00
$m Sprachcode von Begleitmaterialien mit Ausnahme von Operntexten	–	–	9	0,00	11	0,00	1	0,00	7	0,00

Fortsetzung **Tab. 6:** Sprachcodes

MARC-21-Datenelement	DNB	%	GENT	%	MTAK	%	SZTE	%	MOKKA	%
$n Sprachcode der Original-sprache von Operntexten	–	–	2	0,00	1	0,00	12	0,00	23	0,00
$2 Quelle	–	–	–	–	–	–	1	0,00	2	0,00
$6 Verlinkung	–	–	–	–	1	0,00	–	–	1	0,00
$8 Feldverknüpfung und Reihenfolge	42 000	0,22	–	–	–	–	–	–	–	–
unbekannte Unterfelder										
$0	–	–	–	–	1	0,00	–	–	1	0,00
$1	–	–	–	–	–	–	–	–	1	0,00
$3	–	–	–	–	1	0,00	–	–	–	–
$4	–	–	–	–	–	–	–	–	3	0,00
$7	–	–	–	–	1	0,00	–	–	–	–
$c	–	–	–	–	–	–	6	0,00	31	0,00
$i	–	–	–	–	2	0,00	6	0,00	13	0,00
$l	–	–	–	–	9	0,00	29	0,00	60	0,00
$p	–	–	–	–	1	0,00	4	0,00	6	0,00
$q	–	–	–	–	–	–	–	–	1	0,00
$r	–	–	–	–	1	0,00	8	0,00	41	0,00
$s	–	–	–	–	2	0,00	3	0,00	21	0,00
$t	–	–	–	–	2	0,00	2	0,00	10	0,00
$u	–	–	–	–	3	0,00	1	0,00	2	0,00
$v	–	–	–	–	–	–	–	–	1	0,00
$x	–	–	–	–	–	–	16	0,00	11	0,00

3.5 Die inhaltsbezogenen Felder der Feldergruppe 01X–09X mit Ausnahme der 08X-Felder

Die Werte in den Feldern 043–052 stammen aus kontrollierten Vokabularen. Auch für diese gilt, dass sie die Suche und Auswahl nach Themen ermöglichen. Beispielsweise könnte man mit einer einfachen Abfrage in nutzungsfreundlichem Format den Wert eines beliebigen dieser Felder mit einem beliebigen Schlagwort aus 6XX kombinieren – etwa einen Deskriptor aus Feld 651 *Schlagworteintragung – Geografischer Name* mit einem *Ländercode der veröffentlichenden/herstellenden Stelle* aus 044. Sagen wir *651$aPilisborosjenő AND 044$bDE-BW* (wobei *Pilisborosjenő* ein ungarisches Dorf mit teilweise deutscher Bevölkerung ist und *DE-BW* der Code für Baden-Württemberg nach ISO 3166-2:DE[11]). Solche Kombinationen mögen aus heutiger Sicht nicht nach einer sehr realistischen Aufgabe klingen, aber in dem Maß, wie sich die Informationsmengen im Netz, inklusive in Online-Katalogen, mit der Zeit vervielfältigen, wird das Herausfiltern von Rauschen wichtiger werden denn je.

Bei den vier ausgewählten Bibliotheken und in MOKKA spielen diese Felder mit wenigen Ausnahmen eine untergeordnete Rolle. Vermutlich ist es kaum bekannt, dass sie auch für die Suche verwendet werden könnten.

Es ist bemerkenswert, dass 044$a *MARC-Ländercode* in MOKKA häufig vorkommt, obwohl seine Verwendung für Ungarn untypisch ist. Zugleich ist $c *ISO-Ländercode* normalerweise leer, obwohl die Verwendung des Feldes in Ungarn obligatorisch ist. Wahrscheinlich lässt sich das damit erklären, dass das Unterfeld $c für die ISO 3166-1- und ISO 3166-2-Ländercodes im Jahr 2001 als neues Unterfeld in MARC 21 eingeführt wurde und $a seither für MARC-Ländercodes reserviert bleibt. Da es vermutlich zumindest für diesen Fall keine nachträgliche Übertragung der Inhalte in das neue Unterfeld gab, blieben die ISO-Ländercodes im Unterfeld $a stehen und wurden so bei einer Datenübernahme nach MOKKA transferiert.

Im DNB-Katalog wurde offenbar eine Datenanpassung der ISO-Ländercodes vorgenommen, denn fast 100 % der Titelaufnahmen enthalten das Feld 044$c *ISO-Ländercode*. Leider haben wir keinen Zugang zu den NSZL-Daten, aber soweit wir wissen, wurde auch dort eine Datenanpassung vorgenommen. Eine andere Frage ist es, ob die Werte in Feld 044$c *ISO-Ländercode* zu denen in Position 15–17 von Feld 008 *Ort der Veröffentlichung, Herstellung oder Realisierung* passen. In anderen Worten: Wird das von Katalogisierungssystemen geprüft?

---

11 Internationale Organisation für Normung: ISO 3166-2:2020. Codes for the representation of names of countries and their subdivisions – Part 2: Country subdivision code. https://www.iso.org/standard/63546.html (25.12.2020).

Tab. 7: Inhaltliche Identifier der Feldergruppe 01X–09X mit Ausnahme der 08X-Felder

MARC-21-Datenelement	DNB	%	GENT	%	MTAK	%	SZTE	%	MOKKA	%
043 Code für geografische Gebiete										
$a Code für geografische Gebiete	–	–	91 420	5,18	–	–	14	0,00	8 144	0,09
$b lokaler Code für geografische Gebiete	–	–	28	0,00	–	–	–	–	1	0,00
$c ISO-code	536 976	2,82	84	0,00	–	–	14	0,00	–	–
$2 Quelle des lokalen Codes für geografische Gebiete	–	–	2	0,00	–	–	–	–	–	–
unbekannte Unterfelder										
$d	–	–	–	–	–	–	–	–	13	0,00
$x	–	–	–	–	–	–	3	0,00	–	–
044 Ländercode der veröffentlichenden/herstellenden Stelle										
$a MARC-Ländercode	–	–	–	–	3	0,00	18	0,00	963 690	10,84
$b lokaler Code für eine Untereinheit	–	–	556	0,03	–	–	1	0,00	2	0,00
$c ISO-Ländercode	18,8 Mio.*	98,76	1 328	0,08	–	–	–	–	30	0,00
$9 lokal definiertes Unterfeld	–	–	–	–	3	0,00	18	0,00	–	–
unbekannte Unterfelder										
$d	–	–	–	–	–	–	–	–	1	0,00
$f	–	–	–	–	–	–	1	0,00	–	–

Fortsetzung **Tab. 7:** Inhaltliche Identifier der Feldergruppe 01X–09X mit Ausnahme 08X-Felder

MARC-21-Datenelement	DNB	%	GENT	%	MTAK	%	SZTE	%	MOKKA	%
$h	–	–	–	–	–	–	1	0,00	2	0,00
052 Geografischer Klassifikationscode										
$a Gebietscode nach geografischer Klassifikation	–	–	185	0,01	–	–	–	–	31	0,00
$b Untergebietscode nach geografischer Klassifikation	–	–	42	0,00	17 625	1,67	–	–	25	0,00
$2 Quelle	–	–	13	0,01	–	–	–	–	–	–
072 Schlagwortkategoriecode										
$a Schlagwortkategoriecode	–	–	5 949	0,34	17 625	1,67	3	0,00	3 581	0,04
$x Schlagwortkategoriecode – Untereinheit	–	–	453	0,03	–	–	–	–	–	–
$2 Quelle	–	–	5 581	0,32	17 423	0,66	–	–	28	0,00
090 [lokal definiertes Feld]										
$6	–	–	–	–	–	–	1	0,00	–	–
$7	–	–	–	–	–	–	1	0,00	–	–
$a	–	–	–	–	–	–	11 370	16	–	–
$b	–	–	–	–	–	–	16	0,00	–	–
$i	–	–	–	–	–	–	4	0,00	–	–
$a	–	–	–	–	–	–	1	0,00	–	–
$b	–	–	–	–	–	–	1	0,00	–	–

* Die hohe Zahl (nahezu 100 %) zeugt eventuell davon, dass die vollständige Nutzung der MARC-Felder etwas ernster genommen wurde.

3.6 Felder für Klassifikationen in 08X

Die Werte in den Feldern 080, 082, 083, 084 und 085 sind Notationen klassischer Klassifikationssysteme. Die ersten drei Felder werden für die Universelle Dezimalklassifikation (UDK) und die Dewey-Dezimalklassifikation (DDC) verwendet; 084 kann für jedes beliebige hierarchische oder aufzählende System und 085 für die Abbildung von Elementen synthetisierender Klassifikationssysteme verwendet werden.

In Ungarn nutzen die meisten Bibliotheken die UDK, einige die DDC; wahrscheinlich werden die Werte in den anderen beiden Feldern nicht aktiv während des eigenen Katalogisierungsprozesses erfasst, sondern entstehen wohl durch den Import von Titelaufnahmen.

Die DNB setzt nur die DDC ein; ein signifikanter Anteil der Titelaufnahmen enthält entsprechende Notationen. Die Praxis der DNB dürfte sich nur mit der NSZL vergleichen lassen. Die Verwendung anderer und synthetisierter Klassifikationen ist auch für die DNB (und die Finnische Nationalbibliothek) typisch. Alles in allem scheinen nicht-ungarische Bibliotheken etwas mehr Gebrauch von Klassifikationssystemen zu machen als die ungarischen Bibliotheken.

All das legt nahe, dass diese klassischen, mit Kunstsprache operierenden Klassifikationssysteme im Bibliothekswesen immer noch von eminenter Bedeutung sind. Wäre es nicht eine Idee, wenn bei einer Suchanfrage mit einem bestimmten Schlagwort Nutzer:innen die Option hätten, weitere Titel der Trefferliste hinzuzufügen, welche mit einer UDK- oder sonstigen Notation erschlossen sind und wobei Klassenbenennung und Suchwort übereinstimmen? Zweifellos ist das bisher noch ein Traum, obwohl eine technische Implementierung nicht zu schwer erscheint.[12]

---

12 Es gab einmal – und gibt wahrscheinlich immer noch einen hochrangigen ungarischen Bibliotheksleiter, der die UDK nicht mehr einsetzen will. Noch schlimmer ist die Absicht, die „einfachere" Version der UDK einzusetzen. Dies bedeutet ein grundlegendes Fehlverstehen der UDK. Hoffentlich werden mit kommenden Generationen von Bibliothekssoftware, in denen sich einfacher mit UDK suchen lässt, solche unprofessionellen Vorstellungen verschwinden.

Tab. 8: Inhaltliche Identifier in der Feldergruppe 01X–09X

MARC-21-Datenelement	DNB	%	GENT	%	MTAK	%	SZTE	%	MOKKA	%
080 Notation nach der Universellen Dezimalklassifikation										
$a Notation	–	–	100 245	5,68	535 691	50,91	1 038 987	81,85	3 786 644	42,60
$b individualisierender Notationszusatz	–	–	5	0,00	3	0,00	14	0,00	1 235	0,01
$x Elemente einer Hilfstafel	–	–	26	0,00	6	0,00	81	0,01	184	0,00
$0 IDN des Normdatensatzes	–	–	–	–	6	0,00	58	0,00	124	0,00
$1 Persistenter Link zum Datensatz	–	–	–	–	1	0,00	28	0,00	92	0,00
$2 Ausgabenummer	–	–	–	–	3	0,00	127	0,01	613	0,01
$6 Verlinkung	–	–	–	–	1	0,00	93	0,01	271	0,00
$8 Feldverknüpfung und Reihenfolge	–	–	2	0,00	16	0,00	126	0,01	553	0,01
$9 (lokal definiert)	–	–	–	–	13	0,00	53	0,00	62	0,00
unbekannte Unterfelder										
$A	–	–	–	–	4	0,00	–	–	12	0,00
$	–	–	–	–	2	0,00	–	–	–	–
$#	–	–	–	–	–	–	–	–	160	0,00
$!	–	–	–	–	1	0,00	–	–	–	–
$c	–	–	–	–	–	–	8	0,00	466	0,01
$d	–	–	–	–	–	–	40	0,00	116	0,00
$e	–	–	–	–	–	–	1	0,00	3	0,00

Fortsetzung **Tab. 8:** Inhaltliche Identifier in der Feldergruppe 01X–09X

MARC-21-Datenelement	DNB	%	GENT	%	MTAK	%	SZTE	%	MOKKA	%
$g	–	–	–	–	–	–	12	0,00	17	0,00
$h	–	–	–	–	–	–	–	–	10	0,00
$i	–	–	–	–	1	0,00	–	–	1	0,00
$j	–	–	–	–	–	–	–	–	1	0,00
$l	–	–	–	–	–	–	–	–	5	0,00
$m	–	–	–	–	–	–	2	0,00	–	–
$n	–	–	–	–	–	–	2	0,00	5	0,00
$p	–	–	–	–	–	–	2	0,00	3	0,00
$q	–	–	–	–	–	–	2	0,00	5	0,00
$r	–	–	–	–	–	–	2	0,00	1	0,00
$s	–	–	–	–	–	–	16	0,00	53	0,00
$t	–	–	–	–	–	–	–	–	7	0,00
$v	–	–	–	–	–	–	–	–	22	0,00
$w	–	–	–	–	–	–	1	0,00	–	–
$y	–	–	–	–	–	–	–	–	4	0,00
$z	–	–	–	–	–	–	–	–	2	0,00
$3	–	–	–	–	1	0,00	126	0,01	453	0,01
$4	–	–	–	–	1	0,00	–	–	13	0,00
$5	–	–	–	–	–	–	49	0,00	4 362	0,05
$7	–	–	–	–	–	–	–	–	157	0,00
082 Notation nach der Dewey Decimal Classification										
$a Notation	7 365 118	38,71	192 905	10,39	1	0,00	745	0,06	86 932	0,98

Fortsetzung **Tab. 8:** Inhaltliche Identifier in der Feldergruppe 01X–09X

MARC-21-Datenelement	DNB	%	GENT	%	MTAK	%	SZTE	%	MOKKA	%
$b individualisierender Notationszusatz	–	–	4 082	0,23	–	–	1	0,00	75	0,00
$q Vergabestelle	–	–	493	0,03	–	–	–	–	8	0,00
$2 Ausgabenummer	7 365 077	38,70	112 572	6,38	–	–	50	0,00	39 051	0,44
$8 Feldverknüpfung und Reihenfolge	–	–	264	0,01	–	–	–	–	4	0,00
unbekannte Unterfelder										
$d	–	–	–	–	–	–	–	–	7	0,00
$v	–	–	–	–	1	0,00	–	–	–	–
$x	–	–	769	0,04	–	–	–	–	–	–
$0	–	–	–	–	–	–	–	–	2	0,00
$3	–	–	–	–	–	–	–	–	2	0,00
$5	–	–	–	–	–	–	–	–	1	0,00
$7	–	–	–	–	–	–	–	–	1	0,00
083 Zusätzliche DDC-Notation										
$a Notation	–	–	582	0,03	–	–	7	0,00	21	0,00
084 Andere Notation										
$a Notation	4 602 135	24,18	52 588	2,98	1	0,00	5 136	0,40	87	0,00
085 Synthetische Notation und ihre Bestandteile										
$a Nummer, unter der sich die Anweisungen befinden – einzelne Nummer oder Anfangsnummer des Bereichs	1 348 402	7,09	–	–	–	–	3	0,00	9	0,00

Die Kultur der UDK-Erschließung in ungarischen Bibliotheken hat eine fast hundertjährige Tradition, was ihre signifikante Verwendung sowohl in der Nationalbibliothek als auch in wissenschaftlichen Bibliotheken erklärt. Bei den MTAK-Daten passen die 080-Werte in den Unterfeldern $0 *IDN des Normdatensatzes*, $1 *Persistenter Link zum Datensatz*, $b und $x *Elemente einer Hilfstafel* entweder überhaupt nicht zum erwarteten Inhalt oder sie sind häufig unzulässig. Ähnlich sieht es bei Feld 080 in den SZTE-Daten aus. Auch die unbekannten Unterfelder enthalten überwiegend irgendeine Art an Notationen. Bei HUNMARC passen die Inhalte der Unterfelder $c und $d von Feld 080 normalerweise auch nicht zum erwarteten Inhalt dieser HUNMARC-Unterfelder. Das Eigenartige am SZTE-Lokalfeld 090 ist, dass die zwei Unterfelder, $a und $b, jeweils mit verschiedenen Werten gibt. Es ist bei Betrachtung der Daten ebenfalls interessant, dass ein signifikanter Anteil der SZTE-Daten in Feld 084 nicht in MOKKA vorhanden ist. $!-Werte wurden von MTAK nicht nach MOKKA importiert, $#-Werte wurden aus anderen Quellen übernommen. Natürlich kann das mit der Qualität des beim Import verwendeten Kontrollprogramms zusammenhängen, worüber den Autoren keine Informationen vorliegen. All das ist von relativ geringer Bedeutung, andererseits ist es doch insgesamt enttäuschend und hängt, wie wir schon angedeutet haben, in erster Linie nicht an den Katalogisierungssystemen, sondern an ungenügenden Datenvalidierungsfähigkeiten der jeweiligen Katalogisierungssoftware.

4 Die Feldergruppe 6XX für Schlagwort-eintragungen

4.1 Feld 600 Schlagworteintragung – Personenname

Bei den für Schlagwörter vorgesehenen Feldern vergleichen wir nur die Felder 600, 651, 653 *Indexierungsterm – nicht normiert* und 655 *Indexierungsterm – Genre/Formschlagwort*. Die Eigennamenfelder 610 *Schlagworteintragung – Körperschaftsname*, 611 *Schlagworteintragung –Kongressname*, und 630 *Schlagworteintragung – Einheitstitel* haben ähnliche Eigenschaften. Die Felder 647 *Historisches Einzelereignis* und 654 *Facettierte Sachbegriffe* werden in den untersuchten Bibliotheken nicht verwendet.

Tab. 9: Verwendung von Feld 600 im Vergleich

MARC-21-Datenelement	DNB	%	GENT	%	MTAK	%	SZTE	%	MOKKA	%
600 Schlagworteintragung –Personenname										
$a Personenname	433 676	2,28	79 207	4,49	172 001	16,35	64 228	5,06	632 725	7,12
$b Zählung	88 640	0,05	4 343	0,25	5 582	0,53	3 788	0,30	30 695	0,35
$c Titulaturen und andere Ordnungsnamen	39 799	0,21	16 501	0,94	29 909	2,84	8 245	0,65	173 296	1,95
$d Mit dem Namen verknüpfte Daten	351 243	1,85	61 884	3,51	139 159	13,22	6 592	0,52	490 838	5,52
$e Funktionsbezeichnung	–	–	67	0,00	23 725	2,25	2	0,00	845	0,01
$f Erscheinungsjahr eines Werkes	82	0,00	15	0,00	2	0,00	–	–	61	0,00
$g Sonstige Informationen	292	0,00	80	0,00	722	0,07	3	0,00	3 118	0,04
$h Medium	–	–	–	–	1	0,00	–	–	–	–
$j Zuschreibungsvermerk	–	–	–	–	6	0,00	–	–	2 328	0,03
$k Formales Unterschlagwort*	–	–	36	0,00	–	–	–	–	9	0,00
$l Sprache eines Werkes	–	–	61	0,00	1	0,00	–	–	35	0,00
$m Medium der Musikaufführung**	212	0,00	15	0,00	238	0,02	–	–	416	0,00
$n Zählung des Teils/der Abteilung eines Werkes	819	0,000	186	0,01	4	0,00	1	0,00	19	0,00
$o Angabe des Musikarrangements	–	–	–	–	11	0,00	–	–	–	–

Fortsetzung **Tab. 9:** Verwendung von Feld 600 im Vergleich

MARC-21-Datenelement	DNB	%	GENT	%	MTAK	%	SZTE	%	MOKKA	%
$p Titel eines Teils/einer Abteilung eines Werkes	478	0,00	147	0,01	–	–	–	–	28	0,00
$q Vollständigere Namensform	–	–	2 297	0,13	3	0,00	–	–	43	0,00
$s Version	21	0,00	6	0,00	2	0,00	2	0,00	33	0,00
$t Titel eines Werkes	36 496	0,19	9 398	0,53	10 790	1,03	50	0,00	21 474	0,24
$0 IDN des Normdatensatzes	378 007	1,99	3 860	0,22	3	0,00	1	0,00	12	0,00
$1 URI	–	–	1	0,00	–	–	–	–	6	0,00
$2 Quelle der Ansetzung oder des Terms	433 870	2,27	79 207	4,49	1	0,00	63 060	4,97	75 881	0,85
$3 Materialspezifikation	–	–	1	0,00	–	–	81	0,01	487	0,01
$4 Funktionsbezeichnung	–	–	49	0,00	3	0,00	–	–	575	0,01
$6 Verlinkung	–	–	280	0,00	164	0,01	–	–	19	0,00
$8 Feldverknüpfung und Reihenfolge	18 733	0,10	–	–	1	0,00	–	–	4	0,00
unbekannte Unterfelder										
$#	–	–	–	–	–	–	–	–	447	0,01
$D	–	–	–	–	–	–	–	–	2	0,00
$M	–	–	–	–	–	–	–	–	2	0,00
$i	–	–	–	–	–	–	–	–	3	0,00
$'	–	–	–	–	–	–	–	–	1	0,00

* Nicht dasselbe wie 655 Indexierungsterm – Genre/Formschlagwort.
** In HUNMARC *Verwandtschaftszusatz*.

Die Werte in den mit Großbuchstaben bezeichneten Unterfeldern in MOKKA stellen unverständliches Rauschen dar.

Das relativ neue Element $0 *IDN des Normdatensatzes* kommt in ungarischen Katalogen kaum vor. Bei der DNB hingegen haben die meisten Personennamen bereits eine ID eines Autoritätsdatensatzes und sind in der Gemeinsamen Normdatei (GND) enthalten, die folglich auch als $2 *Quelle* der meisten Einträge in Feld 600 fungiert. Die Situation ist wohl bei GENT ähnlich. Für die in SZTE katalogisierten normierten Personennamen werden als Quellen die bibliografischen Aufnahmen der eigenen Bibliothek angegeben.

Das neue Element $1 *Persistenter Link zum Datensatz* wird in keinem Katalog verwendet. Zugegebenermaßen sind beide Unterfelder ziemlich neu in MARC 21, und es ist nicht sicher, ob die untersuchten Bibliotheken sie in ihre Katalogisierungssysteme aufnehmen können. Die Systeme wurden möglicherweise so aufgesetzt, dass Felddefinitionen „fest verdrahtet" sind und von der jeweiligen Bibliothek nicht modifiziert werden können.

Dasselbe trifft auch auf die anderen thematischen 6XX-Felder zu. Weiterhin wird $0 von der DNB am häufigsten verwendet, und diese Praxis sollte nur mit einer anderen Nationalbibliothek wie der NSZL verglichen werden. Es ist merkwürdig, dass $2 *Quelle* bei der DNB etwas öfter vorkommt als $a *Personenname*. In den betreffenden 273 Titelaufnahmen fehlt der Personenname, die Normdateieinträge können jedoch über das vorhandene Feld $0 *IDN des Normdatensatzes* identifiziert werden. Auch für diese Unstimmigkeit könnte vielleicht die Software verantwortlich sein, wenn sie dies zulässt, ohne die Katalogisierer:innen zu warnen. Personennamen werden üblicherweise nicht anhand von Namens- oder Schlagwortlisten, sondern anhand der zu erschließenden Ressource erfasst (natürlich in einheitlich standardisierter Form). In solchen Fällen fehlt der Nachweis einer externen Quelle, so dass die Anzahl der Quellenwerte üblicherweise geringer ist als die Anzahl der Namenwerte.

Bei MTAK ist die Verwendung des Personennameneintrags verhältnismäßig am höchsten ($a kommt auf 16,35 %). Diese Bibliothek liegt auch mit einigen anderen Unterfeldern über dem Durchschnitt (mit dem Namen verknüpfte $c *Titularien* und $d *Daten*). Darüber hinaus sind die Werte in $2 *Quelle* im Vergleich am konsistentesten. Übrigens werden $c und $d in ungarischen Bibliotheken intensiv verwendet. Solche Auffälligkeiten sind interessant und es stellt sich die Frage, wie sie sich zur Katalogisierungspraxis der jeweiligen Bibliothek verhalten.

4.2 Feld 648 Schlagworteintragung – Zeitschlagwort

Die separate Erschließung mit Zeitschlagwörtern (Jahr, Jahrzehnt, Jahrhundert, Jahrtausend usw.) steht in engem Zusammenhang mit 045 *Zeitabschnitt der Eintragung* und 046 *Speziell kodierte Datumsangaben* sowie deren koordiniertem Gebrauch.

Tab. 10: Verwendung von Feld 648 im Vergleich

MARC-21-Datenelement	DNB	%	GENT	%	MTAK	%	SZTE	%	MOKKA	%
648 Schlagworteintragung – Zeitschlagwort										
$0 IDN des Normdatensatzes	–	–	147	0,01	–	–	–	–	–	–
$2 Quelle der Ansetzung oder des Terms	439 379	2,31	4 976	0,28	–	–	–	–	2	0,00
$a Zeitschlagwort	439 379	2,31	4 976	0,28	–	–	–	–	472	0,01

Die Verwendung dieses Felds ist in der DNB und der Finnischen Nationalbibliothek, die in dieser Untersuchung nicht berücksichtigt wird, ungefähr gleich. Die Unterfelder $2 und $a werden gleichermaßen befüllt. Die Verwendung ist für nicht-ungarische wissenschaftliche Bibliotheken nicht typisch und für ungarische noch weniger, was damit zusammenhängt, dass sie das Unterfeld $y *chronologischer Unterbereich* in den anderen Schlagworteintragungen verwenden. Die Werte in MOKKA stammen aus einer Forschungsbibliothek mit historischem Schwerpunkt. Bei der NSZL müssen die Zeitschlagwörter aus dem Universalthesaurus *Köztaurusz* entnommen werden, wo sie von vornherein als Zeitschlagwörter qualifiziert sind, somit müssen sie zwangsweise in Feld 648 erfasst werden.

Vielleicht liegt der Grund für diese geringe Verwendung darin, dass Katalogisierer:innen Zeitschlagwörter nicht separat behandeln, sondern sie mit anderen Schlagwörtern kombinieren. Oder das Katalogisierungswerkzeug lässt möglicherweise diese Unterscheidung nicht zu.

Mit Ausnahme der Finnischen Nationalbibliothek, bei der neben 648$a *Zeitschlagwort* auch das Feld 045 *Zeitabschnitt der Eintragung* relativ signifikant verwendet wird (4,9 %), fehlen in den hier untersuchten Katalogen sowohl das

Feld 045 als auch das Feld 046 *Speziell kodierte Datumsangaben* ganz und gar. Dabei wären diese Elemente für die inhaltliche Suche sehr wichtig.

Die fehlende separate Erfassung der Schlagwörter in 648 *Zeitschlagwort* und in 647 *Historisches Einzelereignis* sowie die sehr seltene Verwendung von 045 *Zeitabschnitt der Eintragung* liegt in erster Linie nicht daran, dass die zu erschließenden Ressourcen keine zeitlichen Aspekte beinhaltet haben. Vermutlich mangelte es bisher an Sensibilität gegenüber den Möglichkeiten des MARC-21-Formats, chronologische Einordnungen vorzunehmen, natürlich nur, falls auch zeitliche Aspekte in den zu erschließenden Ressourcen vorliegen. Darauf deutet auch die Tatsache hin, dass Zeitschlagwörter mit IDNs der Normdatensätze nur bei GENT vorkommen.

Das gänzliche Fehlen von Einträgen in 647 *Historisches Einzelereignis* lässt ebenfalls darauf schließen, dass der zeitlichen Dimension bei der Sacherschließung keine besondere Bedeutung beigemessen wird. Auch die Einschränkung von Suchergebnissen nach Schlagwortkategorien ist auch bei der Suche nützlich. Da im Laufe der Zeit die automatischen Erschließungssysteme merklich verbessert werden, wird den Zeitaspekten und damit den Zeitschlagwörtern eine bedeutendere Rolle zukommen.

4.3 Feld 650 Schlagworteintragung – Sachschlagwort

Dieses Feld ist das zentrale Element der Sacherschließung. An ihm lässt sich über ihre Qualität eine Menge ablesen. Es ist von seiner Bedeutung her vergleichbar mit den 1XX-Feldern für die Formalerschließung, die in dieser Untersuchung nicht behandelt wird.

Tab. 11: Verwendung von Feld 650 im Vergleich

MARC-21-Datenelement	DNB	%	GENT	%	MTAK	%	SZTE	%	MOKKA	%
650 Schlagworteintragung – Sachschlagwort										
$a Sachschlagwort oder geografischer Name als Eintragungselement	3 612 054	18,98	689 532	39,08	140 030	13,31	733 809	57,82	3 658 732	41,16
$b Sachbegriff, der auf ein Schlagwort folgt, das einen geografischen Namen enthält	–	–	50	0,00	12	0,00	26	0,00	17 231	0,19
$c Ort des Ereignisses	–	–	2 690	0,15	13	0,00	17	0,00	9 057	0,10
$d Zeitraum	–	–	3 363	0,19	126	0,00	35	0,00	3 503	0,04
$e Funktionsbezeichnung	–	–	9	0,00	4	0,00	3	0,00	22	0,00
$g Sonstige Informationen	208 211	1,09	29	0,00	1	0,00	22	0,00	56	0,00
$0 IDN des Normdatensatzes	2 844 292	14,95	67 743	3,84	–	–	–	–	81	0,00
$1 Persistenter Link zum Datensatz	–	–	–	–	–	–	–	–	54	0,00
$2 Quelle der Ansetzung oder des Terms	3 612 054	18,98	689 532	39,08	64	0,01	733 857	57,82	1 709 757	19,23
$3 Spezifizierte Materialien	–	–	–	–	–	–	1 922	0,15	8 952	0,10
$4 Funktionsbezeichnung (Code)	–	–	–	–	–	–	–	–	196	0,00
$6 Verlinkung	–	–	337	0,02	–	–	–	–	2	0,00
$8 Feldverknüpfung und Reihenfolge	209 766	1,10	2	0,00	–	–	–	–	–	–

Fortsetzung **Tab. 11:** Verwendung von Feld 650 im Vergleich

MARC-21-Datenelement	DNB	%	GENT	%	MTAK	%	SZTE	%	MOKKA	%
undefinierte Unterfelder										
$#	–	–	–	–	–	–	–	–	7 891	0,09
$$	–	–	–	–	–	–	–	–	5	0,00
$5	–	–	–	–	–	–	–	–	10	0,00
$7	–	–	–	–	–	–	–	–	2	0,00
$A	–	–	–	–	–	–	–	–	1	0,00
$B	–	–	–	–	–	–	–	–	2	0,00
$H	–	–	–	–	–	–	–	–	1	0,00
$M	–	–	–	–	–	–	–	–	1	0,00
$P	–	–	–	–	–	–	–	–	1	0,00
$S	–	–	–	–	–	–	–	–	5	0,00
$T	–	–	–	–	–	–	–	–	6	0,00
$V	–	–	–	–	–	–	–	–	2	0,00
$X	–	–	–	–	–	–	–	–	1	0,00
$Z	–	–	–	–	–	–	–	–	3	0,00
$f	–	–	–	–	3	0,00	7	0,00	36	0,00
$h	–	–	–	–	–	–	–	–	11	0,00
$i	–	–	–	–	–	–	2	0,00	40	0,00
$j	–	–	–	–	1	0,00	1	0,00	12	0,00
$k	–	–	–	–	–	–	9	0,00	58	0,00
$l	–	–	–	–	–	–	5	0,00	43	0,00
$m	–	–	–	–	–	–	1	0,00	31	0,00

Fortsetzung **Tab. 11:** Verwendung von Feld 650 im Vergleich

MARC-21-Datenelement undefinierte Unterfelder	DNB	%	GENT	%	MTAK	%	SZTE	%	MOKKA	%
$n	–	–	–	–	–	–	3	0,00	33	0,00
$o	–	–	–	–	1	0,00	2	0,00	4	0,00
$p	–	3	0,00	–	–	–	6	0,00	49	0,00
$r	–	–	–	–	–	–	6	0,00	16	0,00
$s	–	3	0,00	–	–	–	5	0,00	43	0,00
$t	–	1	0,00	–	–	–	26	0,00	108	0,00
$u	–	–	–	–	–	–	–	–	5	0,00

Bei der DNB hat das Unterfeld 650$0 *IDN des Normdatensatzes* häufiger einen Wert (14,95 %) als das Feld 600$0. Das trifft auch für $a *Sachschlagwort oder geografischer Name als Eintragungselement* zu, dessen Werte vollständig mit denen im Unterfeld $2 *Quelle der Ansetzung oder des Terms* übereinstimmen. Dies hängt sicherlich mit der Zuständigkeit der DNB für die Gemeinsame Normdatei zusammen. Die Unterfelder $b–$e sind dagegen völlig leer.

Mit Ausnahme von MTAK passen die Werte der Unterfelder $2 *Quelle der Ansetzung oder des Terms* vollständig zu denen in $a *Sachschlagwort oder geografischer Name als Eintragungselement*. Nach unserer Erfahrung wird in der NSZL die Konsistenz dieser Unterfelder durch das Katalogisierungssystem gewährleistet, da alle thematischen Deskriptoren obligatorisch dem *Köztaurusz* und geografische Namen einer seiner Komponenten, dem *Geotaurusz*, entnommen werden. Dieser Universalthesaurus wird auch in vielen anderen ungarischen Bibliotheken eingesetzt.

Es ist erwähnenswert, dass für SZTE die Anzahl der Werte sowohl in 080$a *Universelle Dezimalklassifikation* als auch in 650$a *Sachschlagwort oder geografischer Name als Eintragungselement* relativ hoch ist (81,85 % bzw. 57,82 %). All das deutet auf eine sorgfältige Sacherschließung hin. Diese kann in der Finnischen Nationalbibliothek und unserer Erfahrung nach in der NSZL beobachtet werden.

Dagegen enttäuschen die hohe Anzahl unverständlicher Unterfelder im Falle von SZTE und MOKKA, und dafür gibt es sicherlich nachvollziehbarere Erklärungen als Unaufmerksamkeit und Zufall.

4.4 Feld 651 Schlagworteintragung – Geografischer Name

Bei der Suche werden Sachschlagwörter oft mit geografischen Schlagwörtern ergänzt.

Was wir zu Feld 650 beschrieben haben, trifft auch auf Feld 651 grob zu. Jedoch besteht weder für MTAK noch für SZTE Konsistenz zwischen $2 *Quelle der Ansetzung oder des Terms* und $a *Geografischer Name*. Bzgl. NSZL können wir bekräftigen, dass sich der Gebrauch von Köztaurusz auf die Felder 648, 650 und 651 gleichermaßen auswirkt, da für jedes dieser Felder Schlagwörter aus Köztaurusz verpflichtend sind.

Das bei HUNMARC vorkommende Unterfeld $c *Zusatzelement* dient der Unterscheidung zwischen homonymen Deskriptoren und homonymen geografischen Namen (was in MARC21 nicht vorgesehen ist). Das Unterfeld wird in der NSZL verwendet.

Tab. 12: Verwendung von Feld 651 im Vergleich

MARC-21-Datenelement	DNB	%	GENT	%	MTAK	%	SZTE	%	MOKKA	%
651 Schlagworteintragung – Geografischer Name										
$a Geografischer Name	1 114 929	5,86	84 056	4,76	7 325	0,70	50 893	4,01	882 109	9,92
$b Geografischer Name einer Ortsangabe folgend (nicht mehr gültig)	–	–	4	0,00	4	0,00	8	0,00	4 190	0,05
$e Funktionsbezeichnung	–	–	–	–	4	0,00	–	–	1	0,00
$g Sonstige Informationen	78 322	0,41	19	0,00	124	0,01	–	–	1	0,00
$0 IDN des Normdatensatzes	984 088	5,17	12 199	0,69	–	–	–	–	12	0,00
$1 Persistenter Link zum Datensatz	–	–	1	0,00	–	–	–	–	8	0,00
$2 Quelle der Ansetzung oder des Terms	1 114 929	5,86	84 056	4,76	1	0,00	35 122	2,77	68 448	0,77
$3 Spezifizierte Materialien	–	–	–	–	–	–	113	0,01	1 563	0,02
$4 Funktionsbezeichnung (Code)	–	–	–	–	–	–	–	–	64	0,00
$6 Verlinkung	–	–	57	0,00	–	–	–	–	1	0,00
$8 Feldverknüpfung und Reihenfolge	41 490	0,22	–	–	–	–	–	–	7	0,00
unbekannte Elemente										
$5 Institution, die dieses Feld verwendet	–	–	–	–	–	–	–	–	3	0,00

Fortsetzung **Tab. 12:** Verwendung von Feld 651 im Vergleich

MARC-21-Datenelement	DNB	%	GENT	%	MTAK	%	SZTE	%	MOKKA	%
$7	–	–	–	–	–	–	–	–	1	0,00
$9	728	0,00	–	–	–	–	–	–	–	–
$@	–	–	–	–	–	–	–	–	2	0,00
$M	–	–	–	–	–	–	–	–	2	0,00
$c Zusatzelement	–	–	–	–	6	0,00	2	0,00	13 244	0,15
$d	–	–	–	–	2	0,00	2	0,00	19	0,00
$f	–	–	–	–	–	–	1	0,00	1	0,00
$h	–	–	–	–	–	–	–	–	1	0,00
$i	–	–	–	–	–	–	1	0,00	2	0,00
$k	–	–	1	0,00	–	–	1	0,00	8	0,00
$l	–	–	–	–	–	–	–	–	4	0,00
$m	–	–	–	–	–	–	3	0,00	5	0,00
$n	–	–	–	–	1	0,00	–	–	–	–
$p	–	–	–	–	–	–	–	–	1	0,00
$s	–	–	–	–	–	–	–	–	2	0,00
$t	–	–	–	–	–	–	–	–	23	0,00

4.5 Feld 653 Indexierungsterm – nicht normiert

In diesem Feld können Indexierungsterme frei hinzugefügt werden ohne jegliche terminologische Kontrolle und uneinheitlich innerhalb des Katalogs. Mit anderen Worten, Schlagwörter eines kontrollierten Vokabulars, wie z. B. bei der NSZL dem Köztaurusz, dürfen nicht in 653$a *Indexierungsterm – nicht normiert* erfasst werden. In der Praxis erfassen Katalogisierer:innen in diesem Feld natürlich Deskriptoren auf Grundlage irgendeines Handbuchs, vielleicht einem Verschlagwortungsschema, aber die Verwendung einer bestimmten Quelle ist extrem beliebig, die Quelle nicht wirklich entscheidend. Daher hat dieses Feld nur ein wichtiges Unterfeld, $a.

Tab. 13: Verwendung von Feld 653 im Vergleich

MARC-21-Datenelement	DNB	%	GENT	%	MTAK	%	SZTE	%	MOKKA	%
653 Indexierungsterm – nicht normiert										
$a Nicht-normierter Term	6 116 045	32,14	–	–	68 550	6,51	22	0,01	331 743	3,73
$6 Verlinkung	–	–	–	–	307	0,03	–	–	–	–
undefinierte Felder										
$0 IDN des Normdatensatzes[*]	–	–	–	–	–	–	4	0,00	2	0,00
$2 Quelle	–	–	–	–	–	–	4	0,00	5	0,00
$3	–	–	–	–	1	0,00	–	–	15	0,00
$A	–	–	–	–	1	0,00	–	–	1	0,00
$c	–	–	–	–	1	0,00	–	–	1	0,00
$d	–	–	–	–	1	0,00	–	–	2	0,00
$j	–	–	–	–	3	0,00	–	–	–	–
$l	–	–	–	–	1	0,00	–	–	2	0,00
$m	–	–	–	–	1	0,00	–	–	1	0,00
$n	–	–	–	–	1	0,00	–	–	1	0,00
$t	–	–	–	–	1	0,00	–	–	1	0,00
$x	–	–	–	–	1	0,00	–	–	344	0,00
$y	–	–	–	–	1	0,00	–	–	2	0,00
$z	–	–	–	–	1	0,00	–	–	5	0,00

* Wie können Identifier von Normdatensätzen und Quelle (z. B. kontrolliertes Vokabular, Verschlagwortungsschema usw.) für einen unkontrollierten Ausdruck angegeben werden?

Angesichts der vorangegangenen Bemerkungen ist es unverständlich, dass ein solches Element einen Identifier einer Normdatei (da es keine Normdaten sind), eine Quellenangabe usw. haben kann – ganz zu schweigen von den weiteren unverständlichen Unterfeldern. Wenn ein Deskriptor einem Schlagwortschema entnommen wird, welches von einer anderen Institution gepflegt wird, dann muss er in den Feldern 650, 651 oder 655 erfasst werden, wobei die Quelle im Unterfeld $2 *Quelle* gekennzeichnet werden muss. Natürlich könnten solche thematischen Angaben dann auch ein Unterfeld $0 *IDN des Normdatensatzes* haben.

4.6 Feld 655 Indexierungsterm – Genre/Formschlagwort

In Feld 655 werden Indexierungsterme erfasst, die das Genre, die Art und die Form von Dokumenten beschreiben. Somit können die Werte in Feld 008 eine wichtige, wenn nicht sogar eine noch wichtigere Bereicherung der inhaltlichen Suche sein. Zweifelsohne sind die Codewörter im Feld 008 sprachunabhängig codiert, jedoch einerseits sehr allgemein und andererseits aus klassifikatorischer Sicht milde gesagt sehr oberflächlich zusammengebastelt. Demgegenüber können im Feld 655 ganz spezielle Formschlagwörter bzw. -angaben erfasst werden (Einführung, Konferenzschrift, usw.).

Es gibt Ausnahmen, darunter eine bemerkenswerte: In der LoC wurden über eine lange Zeit mit formalen Aspekten verbundene Deskriptoren nicht von thematischen unterschieden – vielleicht gerade mit der Begründung, sie seien gleich wichtig.

Die Feldverwendung zeigt ein ausgeglicheneres Bild; nur bei MTAK – wie wir es bei Unterfeld $2 *Quelle des Terms* im Zusammenhang mit anderen 6XX-Feldern bereits beobachtet haben – stimmen in Feld 655 die Werte von $a *Genre/Form oder fokussierter Term* und $2 *Quelle* wieder nicht überein.

Tab. 14: Verwendung von Feld 655 im Vergleich

MARC-21-Datenelement	DNB	%	GENT	%	MTAK	%	SZTE	%	MOKKA	%
655 Indexierungsterm – Genre/Formschlagwort										
$a Genre/Form oder fokussierter Term	5 098 603	26,80	197 768	11,21	19 226	1,83	1 493	0,12	595 078	6,69
$b Nicht-Fokusbegriff	–	–	3	0,00	–	–	–	–	1	0,00
$c Facette/Hierarchische Bezeichnung	–	–	4	0,00	–	–	–	–	4	0,00
$0 IDN des Normdatensatzes	5 087 226	16,74	15 908	0,85	–	–	–	–	6	0,00
$2 Quelle des Terms	5 098 459	26,80	197 768	11,21	62	0,01	1 493	0,12	367 537	4,13
$3 Spezifizierte Materialien	–	–	–	–	–	–	–	–	1	0,00
undefinierte Unterfelder										
$4	–	–	–	–	1	0,00	–	–	1	0,00
$i	–	–	–	–	–	–	–	–	12	0,00
$s	–	–	–	–	–	–	–	–	10	0,00
$t	–	–	–	–	–	–	–	–	4	0,00

5 Zusammenfassung

5.1 Katalogisierungscharakteristika

5.1.1 Verwendung von Feldern und Unterfeldern

Es gibt Felder wie 045 *Zeitabschnitt der Eintragung*, 046 *Speziell kodierte Datumsangaben* und 648 *Schlagworteintragung – Zeitschlagwort*, die entweder gar nicht oder nur in sehr geringem Umfang verwendet werden. Eine Überprüfung dieser Praxis würde sich lohnen.

Falsche Unterfelder bei 653 *Indexierungsterm – nicht normiert* zeigen vielleicht an, dass es Missverständnisse im Hinblick auf die Verwendung dieser Deskriptoren gibt. Solche Deskriptoren stammen im Prinzip nicht aus einer Quelle – denn wenn es doch so wäre, sollten sie in einem anderen für Schlagworteintragungen vorgesehenen Feld (und mit Angabe der jeweiligen Quelle) erfasst werden.

Die Verwendung der Unterfelder $0 *IDN des Normdatensatzes* und $1 *Persistenter Link zum Datensatz* wird künftig immer wichtiger werden. Die einzelnen Kataloge unterscheiden sich in etlichen Fällen recht deutlich darin, ob und in welcher Menge bestimmte Unterfelder vorkommen. Die Gründe dafür sind am besten den Expert:innen der jeweiligen Bibliotheken bekannt.

5.1.2 Unterfeldprobleme

Die Gründe für das Auftreten von Problemen mit Unterfeldern werden unten in Abschnitt 5.2 zur Qualität von Katalogisierungssystemen diskutiert. Wir möchten hier erwähnen, dass bei MTAK beim Umstieg von HUNMARC zu MARC 21 sehr sorgfältig gearbeitet wurde und dazu ein eindrucksvolles Dokument erstellt wurde (Bilicsi 2018). Den Expert:innen ist es sicherlich nachvollziehbar, warum trotzdem noch falsche Unterfelder und falsche Werte in 008 vorkommen.

5.1.3 Vollständigkeit der Felder und Unterfelder

In manchen Katalogen ist der Vollständigkeitsgrad bei Feldern und Unterfeldern auffällig uneinheitlich. Die Unterschiede lassen sich nicht getrennt von der etablierten Praxis und den Traditionen der Länder und der einzelnen Bibliotheken betrachten. Selbst in anscheinend präzisen formalisierten Fällen, wie der Praxis der Normierung von Personennamen, kann es zu ziemlich großen Unterschieden kommen. Davon kann man sich leicht überzeugen, indem man in VIAF, wo bislang nur Personennamen verzeichnet werden, die Ansetzungsformen für Victor Hugo in den einzelnen nationalen Systemen vergleicht.[13]

Tatsächlich hat das Problem auch viel mit den Eigenschaften der jeweiligen Landessprache zu tun. Dies zeigt sich besonders deutlich bei den Benennungen der Begriffe für die Sacherschließung. Der inhaltliche Umfang der Benennungen ist nicht in allen Sprachen genau gleich. Insofern wird ihre Harmonisierung in mehrsprachigen Suchmaschinen der Zukunft also eine schwierige Aufgabe sein.

5.1.4 Kohärenz verwandter Unterfeldern

Die Gründe für Fehler in diesem Bereich werden im Abschnitt zur Qualität von Katalogisierungssystemen diskutiert.

5.1.5 Verwendung lokal definierter Unterfelder

Die Seltenheit lokal definierter Unterfelder ist auffällig. Außerdem ist pro Feld immer nur ein lokales $9-Unterfeld zulässig, obwohl oftmals mehr als eins gebraucht wird. Bei einem Datenaustausch sollten sie außer Acht gelassen werden. Dies wird dadurch erschwert, dass außer $9 weitere lokale Unterfelder definiert wurden (z. B. $7), deren Verwendung zudem nicht öffentlich gemacht wird.

5.1.6 Felder und Unterfelder, die in MARC 21 und in Versionen von MARC nicht definiert sind

Nicht-definierte Felder und Unterfelder kommen relativ häufig vor. Viele sind wahrscheinlich durch Fehler entstanden, die sich durch eine Katalogisierungssoftware mit Funktionalitäten zur Qualitätsprüfung vermeiden ließen. Die kontinuierliche binäre Anzeige von MARC 21 ist ebenfalls ein IT-Problem, da ein falsches Unterfeldzeichen erzeugt werden kann, wenn ein Zeichen beim Lesen während der Konvertierung verrutscht, oder z. B. ein $-Zeichen im Text vorkommt.

---

13 http://viaf.org/viaf/9847974/ (27.12.2020).

Es ist aber auch möglich, dass es sich bei einem kleinen Teil davon tatsächlich um lokale Unterfelder handelt. Lösungen für diese noch verborgenen Bedarfe zu finden, ist eine Aufgabe für die Weiterentwicklung von MARC 21. Die Veröffentlichungen der Dokumentation lokal definierter Datenelemente könnte die Interpretation der Kataloge verbessern.

5.2 Qualität des jeweiligen Katalogisierungssystems

Die meisten und die größten Probleme haben ihre Ursachen in der jeweils eingesetzten Software. Einige Datenelemente, die Feldnummern und Unterfeldcodes sowie die vorgeschriebenen Ein-Zeichen-Indikatoren können formal und weitestgehend vollständig überprüft werden. Auch sollten vollständigere Beschreibungen der lokal definierten Felder und Unterfelder in der Software nachgehalten werden. Die Software sollte es autorisierten Katalogisierer:innen erlauben, neue standardisierte Felder, Unterfelder, Indikatoren und Berechtigungen einzufügen – ohne dass dafür weitreichende IT-Kenntnisse benötigt werden, da sich das MARC-21-Format ändert. Wie inhaltsbezogene Datenelemente aus Kontrollfeld 008 und aus der Feldergruppe 01X–09X in Kombination mit Schlagwörtern der Feldergruppe 6XX für Nutzer:innen bei der Suche ausgewertet werden können, ist eine bislang kaum beantwortete Frage. Dasselbe trifft auf die Datenelemente aus 008 in Abhängigkeit vom Dokumententyp zu. Ebenso verhält es sich mit der Kunstsprache der Notationen von Klassifikationssystemen (UDK, DDC, usw.): Die Suche danach ist nicht mit der natürlich-sprachigen Suche nach verbalen Deskriptoren koordiniert. Das heißt, dass ein Abgleich der von Menschen lesbaren Benennungen der Notationen der UDK, der DDC usw. mit verbalen Deskriptoren fehlt. Wichtig ist, dass etliche dieser Klassifikationen nicht als Open-Access-Ressourcen verfügbar sind, was die Entwickler:innen von Open-Source-Software daran hindert, ihre Werkzeuge in dieser Hinsicht zu verbessern. Einige Katalogisierungssysteme sind nicht so beschaffen, dass die Stimmigkeit zwischen verwandten Feldern und Unterfeldern adäquat geprüft werden kann (beispielsweise zwischen den Werten in 008/35-37 *Sprache* und 041$a *Sprache*). Die Aufzählung ist bei weitem nicht vollständig.

5.3 Vergleich ausgewählter Kataloge

Es zeigt sich, dass die Anzahl undefinierter Unterfelder bei ungarischen Bibliotheken am höchsten ist. Der Hauptgrund dafür ist nicht eine weniger solide Ausbildung der ungarischen Expert:innen, sondern vielmehr die im vorherigen

Abschnitt diskutierten Defizite der Katalogisierungssoftware, und last but not least, wie wir meinen, die finanzielle Situation.

6 Ein allgemeiner Ausblick für MARC 21

Jason Thomale (2010) und anschließend Karen Coyle (2011) haben ihrem Verständnis nach in kritischen und in die Tiefe gehenden Analysen von MARC 21 gezeigt, dass es einige Merkmale des Standards gibt, die für jede Form automatisierter Weiterverwendung von Katalogdatensätzen Probleme verursachen. Wir können nicht so ins Detail und in die Tiefe gehen, wie das die beiden genannten Arbeiten charakterisiert. Wir wollen nur einen, den auffälligsten, Atavismus erwähnen, der eigentlich mittlerweile völlig überflüssig geworden ist: In wichtigen Datenfeldern wie den Titelfeldern werden Interpunktionszeichen noch intellektuell erfasst!

Interpunktion bei der physischen Beschreibung:

    300$a 303 pages : $b illustrations (chiefly color) ; $c 26 cm

Interpunktion bei historischen Einzelereignissen (hier: Bunker Hill Battle near Boston):

    647$a Bunker Hill, Battle of $c (Boston, Massachusetts : $d1775) $2
    fast $0 (OCoLC) fst01710024

Bei der Anzeige im ISBD-Format werden natürlich die Interpunktionszeichen aus den MARC-Feldern und -Unterfeldern verwendet; deren Übertragung in getrennte Unterfelder ist also formal gewährleistet. In 040$e können Katalogisierer:innen Beschreibungskonventionen eingeben, woraus (im Prinzip) hervorgeht, ob mit Interpunktionszeichen gerechnet werden muss oder nicht. Eine andere Frage ist aber, wie sorgfältig dieses Datenelement erfasst wird. Beispielsweise werden in SZTE Interpunktionszeichen verwendet.

Es ist problematisch, dass für das Merkmal *Form der Formalerschließung* (Position 18 im *Leader*) nur eine begrenzte Menge von erlaubten Werten definiert wurde (*non-ISBD, AACR 2, ISBD*) und zusätzliche Werte (*ISBD Interpunktion ausgelassen, ISBD Interpunktion einbezogen, nicht-ISBD Interpunktion ausgelassen, unbekannt*), die mehr Flexibilität bringen, erst in den letzten zehn Jahren eingeführt wurden und normalerweise auf ältere Titelaufnahmen nicht angewandt worden sind. Anhand von Position 18 im *Leader* und 040$e sollten Programmierer:innen erkennen können, was bei der Weiterverwendung der Daten zu erwarten ist, also ob mit Interpunktionszeichen zu rechnen ist oder nicht und falls ja, wo.

Wenn Programmierer:innen ohne Bibliothekserfahrung versuchen, MARC-Daten formal zu bearbeiten, werden sie sofort auf dieses Problem stoßen. Es ist besonders verwirrend, wenn die Daten außerhalb ihres Ursprungskontexts, z. B. eines Bibliothekssystems, gebraucht werden (etwa in der LOD-Cloud, in Wikidata, bei Zitierformaten, in Europeana usw.). Sogar im Fall von MOKKA (oder von anderen Verbundkatalogen) stellt sich die Frage, ob bei der Anzeige einer Titelaufnahme Position 18 des *Leader* berücksichtigt wird, bei dem die Regeln streng einzuhalten sind. Dabei ist nicht einmal klar, ob die Eingaben überhaupt zutreffen und die Aufnahme tatsächlich der angegebenen Form der Formalerschließung folgt.

Die Interpunktionspraxis, deren Geschichte in angelsächsische „Urzeiten" zurückreicht, steht eigentlich im Widerspruch zum zentralen MARC-Prinzip, alle Datenelemente separat im Rahmen der Feld-Unterfeld-Indikator-Struktur zu behandeln. Dass es zu dieser Praxis überhaupt kommen konnte, lässt vermuten, dass Bibliothekar:innen selbst das Prinzip nicht wirklich verstanden haben. Henriette Avram (1975) erwähnt in ihrem Werk über die frühe Geschichte des MARC-Formats, dass es ursprünglich darum ging, Katalogkarten zu bedrucken. Dem würden wir hinzufügen, dass, wie üblich, die Praxis die Prinzipien überlagert hat und spätestens als die ersten Online-Kataloge auf den Bildschirmen erschienen, diese Praxis zum Standard wurde.

Mit HUNMARC wurde diese Praxis in den 1990ern vollständig aufgegeben. Darüber hinaus hat es in neuerer Zeit weitere starke Abschaffungsbemühungen gegeben (Király und Büchler 2018). MARC 21 wird immer noch weiterentwickelt und so sind im letzten Jahrzehnt eine Reihe neuer Datenelemente eingeführt worden (Ungváry 2011). Hinsichtlich seiner Möglichkeiten zur Datenhaltung ist es ein wunderbares Format. Diese Tatsache wird wahrscheinlich in Zukunft noch mehr geschätzt werden, wenn Titelaufnahmen mit reichhaltigen Daten genauere Suchen ermöglichen.

Aus einem anderen Problem ergibt sich eine größere Aufgabe: Das MARC-Format verfügt nicht über ein Qualitätssicherungssystem. Wir gehen hier darauf nicht weiter ein, obwohl es eine längere Diskussion wert wäre und es sich dabei nicht um ein unlösbares Problem handelt.

Wegen dieser wenigen Probleme wird oft die ganze Existenzberechtigung von MARC in Frage gestellt. Ein Beispiel dafür ist Roy Tennants Artikel *MARC must die* (Tennant 2012), in dem er schrieb: „The very nature of the MARC record is, to some degree, an anachronism." Obwohl Tennant einige stichhaltige Argumente anführt, halten wir sein Urteil für unberechtigt. Die Feld-Unterfeld-Indikator-Struktur ist eine klassische logische Struktur, die für IT-Lai:innen relativ leicht zu verstehen ist. Ein Compiler oder eine Schnittstelle können auf diese logische Struktur aufgesetzt werden, um MARC in eine für Programmierungszwecke besser geeignete Struktur zu überführen. Letztlich sind die XML-Version bzw. die JSON-Version von MARC genau das.

Zudem meint Tennant (2012): „[M]etadata situations like this are completely indefensible in the world of the web." So sei MARC für gewisse (triviale und weniger triviale) Anwendungsfälle heute nicht geeignet und bräuchte dazu einen anderes Metadatenformat. Das ist genau das Schnittstellensystem, das die besagte logische Struktur von MARC umwandelt. Weder MARC 21 noch die Katalogisierer:innen haben damit etwas zu tun; es ist ein reines IT-Problem, wie wir meinen.

Übrigens wird schon seit zwanzig Jahren darüber nachgedacht, wie MARC durch Aufhebung der binären Form verbessert werden könnte. Die Veröffentlichungen von Coyle (2011) und Thomale (2010) belegen das. Aber wie ein zukünftiges MARC++ auch immer aussehen könnte, es muss immer noch ein logisches Text-Format haben, welches die anwendenden Bibliothekar:innen verstehen und im Rahmen ihres Nicht-IT-Berufs interpretieren können. Mit anderen Worten: Sie müssen die Datenelemente in ihren Zusammenhängen verstehen können, also auch die Beziehung zwischen übergeordneten und untergeordneten Datenelementen, wie sie sich aktuell in der logischen Feld-Unterfeld-Struktur von MARC 21 widerspiegelt. Dies ist das logische Niveau und Format, das Katalogisierer:innen in Zukunft brauchen werden. Und das lässt sich erreichen.

Die wirklich großen Probleme verursachen die Bibliotheksanwendungen. Selbst die exzellentesten Bibliotheken (Library of Congress, Harvard, Deutsche Nationalbibliothek usw.) arbeiten nicht fehlerfrei. Das ist eine schockierende Erfahrung. Unsere vergleichende Analyse zeigte, dass der Grund für die Probleme nicht an der Struktur von MARC liegen, sondern zum einen an den Schwächen seiner praktischen Anwendung, zum anderen – und das ist ein viel größeres Problem –, überwiegend an den Katalogisierungssystemen, die mit MARC arbeiten.

7 Ausblick

In diesem Beitrag haben wir uns mit einfachen Metriken zur Messung der Vollständigkeit beschäftigt. Es gibt andere komplexere Metriken, die wir hier nicht diskutiert haben, von denen wir aber zwei erwähnen wollen:
– Delsey (2002) hat ein Mapping zwischen zwölf in FRBR-Dokumenten definierten Funktionen (wie *search, identify, sort, display* usw.) und ungefähr 2 000 MARC-Datenelementen erarbeitet. Ausgehend von den Faktoren der Vollständigkeit dieser Datenelemente und des Auftretens von Problemen in

ihnen (diskutiert in Abschnitt 2) können wir berechnen, wie ein Katalog diese Funktionen unterstützt.

– Es gibt Modelle, die Datenelemente je nach ihrer Wichtigkeit unter bestimmten Blickwinkeln unterschiedlich gewichten. Carlstone (2017) legte den Fokus darauf, die besten Aufnahmen für elektronische Reihen zu finden, Thompson und Traill (2017) die besten Titelaufnahmen für e-Books, während Booth (2020), ausgehend von einer Umfrage, bei der sie die Einschätzung von 50 Bibliotheken im Vereinten Königreich einholte, ein allgemeines Wichtigkeits-Ranking für Metadatenelemente aufstellte. Die Gewichtungsfaktoren können in derselben Weise wie das FRBR-Funktionsmapping dazu verwendet werden, eine komplexe Messgröße für einzelne Titelaufnahmen sowie für ihre Verteilung über einen bestimmten Katalog zu berechnen.

Wir können uns einen Katalog auch als Graph vorstellen, wobei übereinstimmende Werte (z. B. dasselbe Erscheinungsjahr) die Aufnahmen miteinander verbinden. Besonders spannend ist eine solche Vorstellung im Fall der Sacherschließung, die in der Regel mit kontrollierten Vokabularen oder anderen Wissensorganisationssystemen (*Knowledge Organisation Systems*, KOS) operiert. Es liegen KOS-Kategorisierungen vor, die sich meistens auf intrinsische Eigenschaften, z. B. auf die Komplexität ihrer Struktur, auf die Typen von Beziehungen zwischen den Deskriptoren, und auf ihre „Aussagestärke" beziehen. In den letzten 20 Jahren hat die Netzwerkforschung eine solide Methodologie sowie Metriken geliefert, die für die Beschreibung und das Verständnis der Eigenschaften von Netzwerken hilfreich sind. Zuletzt stellen Wills (2017) und Phillips (2020) herausragende Beispiele für die Anwendung dieser Methodologie im Bibliothekswesen vor, ohne aber dabei MARC-21-Daten zu analysieren. Auf der anderen Seite hat die KOS-Community einige Vorschläge für die Bewertung kontrollierter Vokabulare zu bieten. Wir präsentieren (Király 2019b) einige Details, wie wir diese Forschungsrichtungen gern im Rahmen der Forschung zu Bibliothekskatalogen miteinander kombinieren würden.

Für einen allgemeinen Forschungsüberblick zu der Thematik empfehlen wir die *Metadata Assessment Bibliography*.[14]

---

14 https://www.zotero.org/groups/488224/metadata_assessment (25.12.2020).

8 Literaturverzeichnis

Avram, Henriette D.: MARC, its history and implications. Washington: Library of Congress 1975. https://babel.hathitrust.org/cgi/pt?id=mdp.39015034388556 (24.12.2020).

Bilicsi, Erika: A MARC21 szerinti katalogizálás bevezetése az MTA könyvtár és információs központban. Budapest: Könyvtár és Információs Központ 2018. https://doi.org/10.14755/MTAKIK.KOZL.2018.MARC21.

Booth, Emma: Quality of Shelf-Ready Metadata. Analysis of survey responses and recommendations for suppliers. Pontefract (UK): National Acquisitions Group, 2020. https://nag.org.uk/wp-content/uploads/2020/06/NAG-Quality-of-Shelf-Ready-Metadata-Survey-Analysis-and-Recommendations_FINAL_June2020.pdf (25.12.2020).

Carlstone, Jamie: Scoring the Quality of E-Serials MARC Records Using Java. In: Serials Review (2017) Bd. 43 Nr. 3–4. S. 271–277. https://doi.org/10.1080/00987913.2017.1350525.

Coyle, Karen: MARC21 as Data: A Start. In: Code4Lib Journal (2011) Bd. 14. https://journal.code4lib.org/articles/5468 (24.12.2020).

Delsey, Tom: Functional analysis of the MARC 21 bibliographic and holdings formats. Updated and Revised by the Network Development and MARC Standards Office Library of Congress: April 6, 2006. Washington DC: Library of Congress 2002. https://www.loc.gov/marc/marc-functional-analysis/functional-analysis.html (25.12.2020).

Harper, Corey et al.: Metadata assessment. Group Library. 2016–. https://www.zotero.org/groups/488224/metadata_assessment (25.12.2020).

HUNMARC. A bibliográfiai rekordok adatcsere forkmátuma. KSZ 4/1. Budapest: Széchényi Könyvtár 2002. https://ki.oszk.hu/sites/default/files/dokumentumtar/hunmarc.pdf (24.12.2020).

Internationale Organisation für Normung: ISO 3166-2:2020. Codes for the representation of names of countries and their subdivisions – Part 2: Country subdivision code https://www.iso.org/standard/63546.html (25.12.2020).

Király, Péter: QA catalogue – a metadata quality assessment tool for MARC records. Source code. 2017–. https://github.com/pkiraly/metadata-qa-marc (25.12.2020).

Király, Péter: QA catalogue for analysing library data [Web interface]. http://gent.qa-catalogue.eu/metadata-qa/. (25.6.2021).

Király, Péter und Marco Büchler: Measuring completeness as metadata quality metric in Europeana. In: Proceedings: 2018 IEEE International Conference on Big Data (Big Data). Seattle, WA: 2018. S. 2711–2720. https://doi.org/10.1109/BigData.2018.8622487.

Király, Péter (2019a). Validating 126 million MARC records. In: Proceedings of the 3rd International Conference on Digital Access to Textual Cultural Heritage (DATeCH2019). New York, NY: Association for Computing Machinery 2019. S. 161–168. https://doi.org/10.1145/3322905.3322929.

Király, Péter (2019b): Measuring subject term usage in bibliographic records. 2019. http://pkiraly.github.io/2019/10/30/measuring-subject-term-usage-in-bibliographic-records/ (25.12.2020).

Király, Péter: Empirical evaluation of library catalogues. In: Europeana Tech (2020) Nr. 15. https://pro.europeana.eu/page/issue-15-swib-2019#empirical-evaluation-of-library-catalogues (25.12.2020).

Library of Congress: MARC21 Format for Bibliographic data. Washington DC: Library of Congress 1999 Edition, Update No. 1 (October 2000) through Update No. 31 (December 2020). https://www.loc.gov/marc/bibliographic/ (25.12.2020).

Phillips, Mark Edward: Exploring the use of metadata record graphs for metadata assessment. Dissertation. Texas: University of North Texas 2020. https://digital.library.unt.edu/ark:/67531/metadc1707350/ (25.12.2020).

PCC Standing Committee on Applications: Draft PCC Guidelines for Minimally Punctuated MARC Bibliographic Records. Prepared by PCC Standing Committee on Applications. Approved by PCC Policy Committee, Sept. 2019. http://www.loc.gov/aba/pcc/docu ments/PCC-Guidelines-Minimally-Punctuated-MARC-Data-draft.docx (24.12.2020).

Szabó, Julianna: MOKKA inicializálás. Az OSZK rekordok szintaktikai ellenőrzése. Egykötetes és többkötetes közös adatokat leíró rekordok. 07.02.2003 [Manuskript].

Tennant, Roy: MARC must die. In: Library Journal (2010). https://www.libraryjournal.com/?detailStory=marc-must-die (25.12.2020).

Thomale, Jason: Interpreting MARC: Where's the Bibliographic Data? In: Code4Lib Journal (2010) Bd. 11. https://journal.code4lib.org/articles/3832 (25.12.2020).

Thompson, Kelly und Stacie Traill: Implementation of the scoring algorithm described in Leveraging Python to improve ebook metadata selection, ingest, and management. In Code4Lib Journal (2017) Bd. 38. http://journal.code4lib.org/articles/12828 (25.12.2020).

Ungváry, Rudolf: A besorolási adatcsere-formátum bővülése. A legutóbbi két évtized fejleményei. [Erweiterung des Formats MARC-21 für Normdaten. Entwicklungen der letzten zwei Jahrzehnte] In: Tudományos és Műszaki Tájékoztatás (2011) Jg. 58 Nr. 9. S. 371–386. https://tmt.omikk.bme.hu/tmt/article/view/868/10649 (25.12.2020).

Ungváry, Rudolf: Besorolási, szabványosított, normatív vagy „autorizált". [Normdaten, standardisierte Daten, oder „autorisierte Daten"?] In: Tudományos és Műszaki Tájékoztatás (2019) Jg. 66 Nr. 6. S. 328–342. https://tmt.omikk.bme.hu/tmt/article/view/12309/14064 (25.12.2020).

Ungváry, Rudolf: MARC21 tartalmi adatmezők használata jelentősebb nagykönyvtárakban. Egy elemzés tanulságai. [Verwendung von MARC-21-Inhaltsdatenfeldern in großen Bibliotheken. Lehren aus einer Analyse] Hungarnet, Networkshop 2020. szeptember 2–4. Pécsi Tudományegyetem, (Online) konferencia előadásainak közleményei. http://real.mtak.hu/119192/1/ungvary.pdf (13.1.2021).

Ungváry, Rudolf: Ismeretszervező-könyvtári rendszerek tartalmi feltárásának összehasonlító vizsgálata MARC21 környezetben. [Vergleichende Untersuchung zur inhaltlichen Erforschung von Wissensorganisationssystemen in der MARC-21-Umgebung]. In: Tudományos és Műszaki Tájékoztatás (2020) Jg. 67. Nr. 11. S. 655–680. https://tmt.omikk.bme.hu/tmt/article/view/12776 (13.1.2021).

Wills, Josh: Analyzing co-occurrence networks with GraphX. In: Ryza, Sandy, Uri Laserson, Sean Owen and Josh Wills: Advanced Analytics with Spark. 2. Aufl. O'Reilly 2017. S. 141–171.

Sina Menzel, Hannes Schnaitter, Josefine Zinck, Vivien Petras, Clemens Neudecker, Kai Labusch, Elena Leitner, Georg Rehm

Named Entity Linking mit Wikidata und GND – Das Potenzial handkuratierter und strukturierter Datenquellen für die semantische Anreicherung von Volltexten

1 Einführung

Named Entities[1] (benannte Entitäten) – wie Personen, Organisationen, Orte, Ereignisse und Werke – sind wichtige inhaltstragende Komponenten eines Dokuments und sind daher maßgeblich für eine gute inhaltliche Erschließung. Die Erkennung von Named Entities, deren Auszeichnung (Annotation) und Verfügbarmachung für die Suche sind wichtige Instrumente, um Anwendungen wie z. B. die inhaltliche oder semantische Suche in Texten, dokumentübergreifende Kontextualisierung oder das automatische Textzusammenfassen zu verbessern. Inhaltlich präzise und nachhaltig erschlossen werden die erkannten Named Entities eines Dokuments allerdings erst, wenn sie mit einer oder mehreren Quellen verknüpft werden (Grundprinzip von Linked Data, Berners-Lee 2006), die die Entität eindeutig identifizieren und gegenüber gleichlautenden Entitäten disambiguieren (vergleiche z. B. *Berlin* als Hauptstadt Deutschlands mit dem Komponisten *Irving Berlin*). Dazu wird die im Dokument erkannte Entität mit dem Entitätseintrag einer Normdatei oder einer anderen zuvor festgelegten Wissensbasis (z. B. Gazetteer für geografische Entitäten) verknüpft, gewöhnlich über den persistenten Identifikator der jeweiligen Wissensbasis oder Normdatei. Durch die Verknüpfung mit einer Normdatei erfolgt nicht nur die Disambiguierung und Identifikation der Entität, sondern es wird dadurch auch Interoperabilität zu anderen Systemen hergestellt, in denen die gleiche Normdatei benutzt wird, z. B. die Suche nach der Hauptstadt Berlin in verschiedenen Datenbanken bzw. Portalen. Die Entitätenverknüpfung (*Named Entity Linking*, NEL) hat zudem den Vorteil, dass die Normdateien oftmals Relationen zwischen Entitäten enthalten, sodass Dokumente, in denen Named Entities erkannt wurden, zusätzlich auch im Kontext einer größeren Netzwerkstruktur von Entitäten verortet und suchbar gemacht werden können (z. B. die Ausweitung einer Suche

---

[1] Wir verwenden in diesem Beitrag nicht den deutsch- (*Entitys*), sondern den englischsprachigen Plural (*Entities*).

von der Hauptstadt Berlin auf andere Städte in Deutschland über die Hierarchiebeziehung *Berlin → Deutschland*). Damit ist das Named Entity Linking eine Methode zur Inhaltserschließung von Volltexten und ermöglicht neben der semantisch strukturierten Volltextsuche nach bestimmten Entitäten oder Entitätentypen (z. B. nur Personen) in einer Sammlung auch die Verknüpfung von Volltextinhalten mit anderen Systemen mit identischen Normdatensätzen für eine sammlungsübergreifende, netzwerk- oder graphbasierte Suche.

Eine erfolgreiche und damit qualitativ hochwertige Entitätenverknüpfung hängt im Wesentlichen davon ab, wie viele der erkannten Entitäten korrespondierenden Normdatensätzen zugewiesen werden können (Abdeckung oder *recall*) und ob – dies ist besonders bei automatischen, computerlinguistischen Verfahren ohne intellektuelle Kontrolle entscheidend – lexikalische Ambiguitäten überwunden werden können, um die Disambiguierung und eine exakte und korrekte Identifikation der Entität zu gewährleisten (Genauigkeit oder *precision*). Dies hängt einerseits von der zur Verknüpfung benutzten Normdatei und andererseits von den eingesetzten maschinellen Disambiguierungsverfahren ab.

In diesem Beitrag präsentieren wir eine Studie zur Entitätenerkennung und -verknüpfung in historischen, retrodigitalisierten Zeitungstexten, die die Abdeckung und Verknüpfungsqualität zweier verschiedener Normdateien für die inhaltliche Suche miteinander vergleicht: die im deutschsprachigen Raum verwendete bibliothekarische Normdatei Gemeinsame Normdatei (GND) und die globale Wissensdatenbank Wikidata. Die stark qualitätskontrollierte GND ist insbesondere auf Entitäten fokussiert, die publizierend tätig waren, auch wenn die Normdatei mittlerweile stark erweitert wird (Balzer et al. 2019). Wikidata enthält dagegen eine sehr viel größere Anzahl von *Objekten* (so benannt in Wikidata), unterliegt aber bislang einer weniger ausgeprägten Qualitätskontrolle.[2] Es ist unklar, welche Normdatei besser für eine Verknüpfung geeignet ist. In experimentellen Ansätzen der Sprachverarbeitung wird Wikidata, ähnlich wie z. B. auch DBpedia, oft wegen seiner großen Abdeckungsrate der Vorzug gegeben, in der bibliothekarischen Erschließung bevorzugt man die GND, insbesondere aufgrund ihrer qualitätsgeprüften Angaben und Relationen (Hochstein 2011; Piscopo und Simperl 2019; Voß et al. 2014). Die vorliegende Studie fokussiert insbesondere auf eine Fehleranalyse, um die Herausforderungen der Entitätenverknüpfung mit den beiden Quellen aufzuzeigen.

Der Beitrag ist wie folgt strukturiert: In Abschnitt 2 wird der aktuelle Forschungsstand zu Verfahren der Entitätenverknüpfung sowie aktuelle Evaluati-

---

2 Vgl. dazu den Beitrag *Wissensbasen für die automatische Erschließung und ihre Qualität am Beispiel von Wikidata* in dem vorliegenden Band.

onsansätze zur Messung der Ergebnisqualität, einschließlich typischer Fehlerkategorien beschrieben. Abschnitt 3 gibt einen Überblick über die GND und Wikidata, wobei auch die verwendeten Entitätenkategorien (Typen) sowie die Bereinigungsprozesse zur Verarbeitung der Wissensbasen für die Entitätenverknüpfung dargestellt werden. Abschnitt 4 beschreibt das Projekt *SoNAR*, in dem die Studie durchgeführt wurde, und stellt die eingesetzten Textkorpora und Algorithmen für die Entitätenerkennung und -verknüpfung vor. Der Evaluationsabschnitt 5 beschreibt das Forschungsdesign der Studie zum Vergleich beider Quellen und legt die intellektuell evaluierten Resultate vor, wobei besonders Fehlerkategorien beschrieben werden. Abschnitt 6 zieht ein Fazit und diskutiert das Potenzial beider Quellen für die Inhaltserschließung von Entitäten in historischen Zeitungstexten.

2 Named Entity Linking – Stand der Forschung

2.1 Verfahren des Named Entity Linking

Named Entity Linking (NEL) beschreibt den Prozess der Verknüpfung von Entitäten mit dem korrespondierenden Datensatz einer Normdatei oder, allgemeiner, einer Wissensbasis (*Knowledge Base*, Balog 2018: 148 f.). Die Entitäten müssen zuvor in einem gegebenen Text identifiziert werden (*Named Entity Recognition*, NER). Die einzelnen Normdatensätze sind dabei in der Regel mit persistenten Identifikatoren referenzierbar. Der Verknüpfungsprozess führt über die Disambiguierung hin zur Identifizierung des korrespondierenden Normdatensatzes unter den wahrscheinlichsten Kandidaten und schließlich zur Verknüpfung der Zeichenkette der Entität, wobei jedoch nicht bei allen NEL-Ansätzen eine Disambiguierung stattfindet.

Konkrete NEL-Ansätze unterscheiden sich bzgl. der angewandten Techniken, Textgenres/-arten, Kategorien der ausgezeichneten Entitäten und verwendeten Wissensbasen (Rao et al. 2013; Shen 2015; Sevgili 2020). Nach derzeitigem Stand erzielen Ansätze, die auf neuronalen Netzen aufbauen (*Deep Learning*), bessere Ergebnisse als Ansätze, die auf klassischen maschinellen Lernverfahren basieren. Neuronale Netze werden dabei für alle Verarbeitungsschritte verwendet, d. h. Erkennung sowie Disambiguierung, einschließlich Kandidatenauswahl und Bestimmung der wahrscheinlichsten Rangfolge der Kandidaten. *Word Embeddings* und *Entity Embeddings* (Ganea 2017) spielen eine wichtige Rolle für die erzielte Erkennungsleistung. Kolitsas et al. (2018) beschreiben ein neuronales Netzwerk-Modell, das sowohl lokale als auch globale Kontextinformation in Form von *Word, Entity* und *Mention Embeddings* benutzt und Entitätenerkennung mit Entitätenverknüpfung kombiniert. Für zeitgenössische Texte legen Yamada et al. (2020) mit einem BERT-Modell (Devlin et al. 2019) führende Ergebnisse vor, das kontextualisierte *Embeddings* der Wörter und Entitäten lernt.

Historische Texte, die im Projekt *SoNAR* im Vordergrund stehen (vgl. Abschnitt 4), enthalten im Vergleich zu zeitgenössischen Texten viele Herausforderungen für NEL. Sie liegen ursprünglich in gedruckter Form vor, wobei Bibliotheken seit einiger Zeit große Mengen dieser Texte mithilfe von *Optical Character Recognition* (OCR) sowie weiteren NLP-Verfahren, speziell für die Erschließung, digitalisieren. Diese Vorverarbeitungsschritte arbeiten nicht perfekt und erzeugen somit Fehler, ferner sind in historischen Texten Schreibweisen weniger standardisiert. Zudem unterliegen beispielsweise die Bezeichnungen von Orten und Organisationen einem stetigen Wandel. Um neue und insbesondere neuronale NER- und NEL-Verfahren für historische Zeitungstexte zu testen und die Ergebnisse systematisch zu evaluieren, wurde der Wettbewerb *Identifying Historical People, Places and other Entities* (HIPE)[3] im Rahmen der *Conference and Labs of the Evaluation Forum* (CLEF) 2020 organisiert. Hierbei wurden zwei unterschiedliche NEL-Problemstellungen betrachtet, einerseits *End-to-End*-NEL, d. h. inklusive NER, oder NEL-*only* wobei die zu verknüpfenden Entitäten bereits im Text markiert waren (Ehrmann et al. 2020).

Die besten Ergebnisse im Rahmen des HIPE-Wettbewerbs erzielte das L3i-System (Boros et al. 2020). Es besteht aus folgenden Komponenten:

1. Erzeugung von Wissensbasen für die englische, französische und deutsche Sprache
2. Erkennung der Entitäten mit einem verbesserten BERT-Modell
3. Erstellung von *Entity Embeddings* basierend auf dem Ansatz von Ganea (2017)
4. Disambiguierung der Entitäten mit einem *End-to-End*-Modell von Kolitsas (2018)
5. Kandidatenfilterung

Zusätzlich gibt es ein Modul für die Vorverarbeitung, das einen negativen Einfluss der Eingabetexte minimieren soll, denn je mehr OCR-bedingte Fehler existieren, desto schlechter sind die NER- und NEL-Ergebnisse (Ehrmann et al. 2020).

Insgesamt wurden drei Systeme entwickelt, die NEL in deutschsprachigen historischen Zeitungstexten realisieren: L3i (Boros et al. 2020), SBB (Labusch 2020) und UVA.ILPS (Provatorova et al. 2020), wobei letzteres *End-to-End*-NEL

---

3 https://impresso.github.io/CLEF-HIPE-2020/

arbeitet; L3i und SBB können sowohl für *End-to-End-* als auch für NEL-*only*-Problemstellungen verwendet werden. Der beste F1-Wert[4] für *End-to-End*-NEL liegt bei 0,534 mit einem strikten Maß[5] und bei 0,557 mit einem unscharfen Maß. Die besten F1-Werte für NEL-*only* sind mit 0,582 (strikt) sowie 0,602 (unscharf) etwas höher. Diese Ergebnisse stammen von L3i. Die zweitbesten F1-Werte konnte das Team der SBB erzielen. Für *End-to-End*-NEL erreicht das System F1-Werte von 0,389 und 0,403 und für NEL-*only* 0,445 und 0,461. Im Vergleich zum Französischen und Englischen sind die Ergebnisse für das Deutsche am niedrigsten. Dieser Umstand lässt sich dadurch erklären, dass weniger Trainingsdaten für das Deutsche als für das Französische existieren. Das *Interannotator Agreement* für Wikidata-Identifikatoren (genannt QID) ist mit 0,69 hier niedriger als bei anderen Sprachen.

2.2 Evaluationsansätze und Fehlertypen in der Entitätenverlinkung

Um die Güte von automatisiert erzeugten NEL-Ergebnissen insgesamt zu messen, ist der Vergleich mit menschlichen Annotationen (Gold-Standards) notwendig.

Hachey et al. (2013) empfehlen für die NEL-Evaluation eine Unterteilung in Kandidatensuche und Disambiguierung. Sie untersuchen dazu drei wegweisende NEL Systeme (Bunescu und Pasca 2006, Cucerzan 2007, und Varma et al. 2009) anhand einer Methodik, die zwischen den Schritten *Eigennamenextraktion aus Text*, *Kandidatensuche* und *Disambiguierung* unterscheidet. Bei dieser differenzierteren Betrachtung stellen sie erhebliche Unterschiede zwischen der Performanz der drei Systeme auf den verschiedenen Ebenen fest und schlagen daher detaillierte Metriken für die jeweiligen Aufgaben vor. Dabei betonen sie insbesondere die große Bedeutung der Kandidatensuche für die nachfolgenden Schritte, während gängige Metriken zumeist nur die Disambiguierung und das Ranking der Kandidaten angemessen betrachten. Zuletzt weisen sie auch auf die Dynamik von Änderungen in Wikipedia (gleiches gilt für Wikidata) als Wissensbasen hin, die eine Vergleichbarkeit der Evaluationsergebnisse von NEL über einen längeren Zeitraum schwierig machen.

---

4 Das F1-Maß kombiniert die *precision* und den *recall* mithilfe des gewichteten harmonischen Mittels.

5 Bei dem strikten (genannt *strict*) F1-Maß existiert eine richtige Verknüpfung, die als korrekt erkannt bewertet wird. Bei dem unscharfen (genannt *fuzzy*) F1-Maß wird eine Menge von verwandten Verknüpfungen als korrekt erkannt bewertet (Ehrmann et al. 2020).

Für den CLEF-HIPE-2020 Wettbewerb (Ehrmann et al. 2020) wurde für die Evaluierung ein *Scorer* implementiert, der auf der NER-Evaluation von Batista 2014 beruht. Die Verknüpfung einer Entität wird als Label interpretiert. Um also als korrekt gezählt zu werden, benötigt die Systemantwort nur ein überlappendes Link-Label mit dem Goldstandard. Wörtliche und metonymische Verknüpfungen werden getrennt bewertet. Die strikte NEL-Metrik berücksichtigt nur die am höchsten gerankte Vorhersage des Systems, während die Fuzzy-Metrik die Systemantworten um eine Reihe von historisch verwandten Entitäts-QIDs erweitert.

Ling et al. (2015) merken an, dass für die Annotation von Entitäten-Verlinkungen – anders als für die Annotation von Entitäten selbst – kaum Richtlinien existieren. Sie unterscheiden für die Evaluierung der automatisierten Verlinkung von Entitäten sechs Fehlertypen (Ling et al. 2015: 325 f.):

– Typ 1 Metonymie: Bei metonymischem Gebrauch einer Entität kann es vorkommen, dass die Voraussage, auf der die automatisierte Verlinkung basiert, stattdessen eine bzw. die nicht-metonymische Entität am höchsten rankt.

  Beispiel:
  Falsch „Der [Kreml]LOC hat entschieden."
  → Verlinkung auf Festungsgebäude
  Richtig „Der [Kreml]ORG hat entschieden."
  → Verlinkung auf russ. Staatsmacht

– Typ 2 Falscher Entitätentyp: Die Ursache dieses Fehlers liegt nicht im Schritt der Verlinkung von Entitäten, sondern in der vorangehenden Auszeichnung von Entitäten. Wird hier der falsche Typ zugeordnet, werden falsche Verlinkungen wahrscheinlicher.

  Beispiel:
  Falsch „Wir wohnen an der [Ostsee]ORG"
  → Verlinkung auf Ostsee-Sparkasse Rostock
  Richtig „Wir wohnen an der [Ostsee]LOC"
  → Verlinkung auf Ostsee (als Gewässer)

– Typ 3 Koreferenz: Umfasst Fehler in der Disambiguierung von Koreferenzen auf dieselbe Entität.

  Beispiel:
  Falsch „[Davids]PER Vater heißt auch [David]PER."
  → Verlinkung auf dieselbe Entität

– Typ 4 Kontextfehler: Dieser Typ fasst Fehler zusammen, die durch Homonymie entstehen, die trotz bestehendem Kontext nicht aufgelöst wurde.

  Beispiel:

Falsch „[Winston Churchill]PER verließ die [Downing Street]LOC im Jahr
1955.“

→ Verlinkung auf den US-amerikanischen Schriftsteller

Richtig „[Winston Churchill]PER verließ die [Downing Street]LOC im Jahr
1955.“

→ Verlinkung auf den britischen Premierminister

-   Typ 5 Spezifität: Da die Einträge in Wissensbasen hierarchische Strukturen
    (Taxonomien) besitzen, kann es passieren, dass eine Verlinkung auf eine
    zu tiefe Hierarchieebene und damit auf einen zu spezifischen Eintrag er-
    folgt.

Beispiel:

„[Paris]LOC ist im Herbst am schönsten.“

→ Verlinkung auf „Arrondissement du Louvre“ als Stadtteil von Paris.

-   Typ 6 Sonstige: Falsche Verlinkungen, die keinem der anderen Typen zuge-
    ordnet werden können.

In dieser Studie wurden auch die Qualität der Wissensbasen sowie des vorliegenden Textkorpus als signifikante Fehlerquellen identifiziert (vgl. Abschnitt 5).

3 Verwendete Datenquellen

3.1 Gemeinsame Normdatei (GND)

Die Gemeinsame Normdatei (GND) hat über 8,6 Mio. Datensätze, die Personen,
Körperschaften, Konferenzen, Geografika, Sachbegriffe und Werke beschreiben.
Insgesamt werden 50 Entitätentypen (Satzarten) verwendet. Jede Entität besitzt
einen eindeutigen Bezeichner (GND-ID), eine bevorzugte Namensform und
Merkmale, die sich je nach Entitätentyp unterscheiden, wie z. B. Veranstal-
tungsort und -datum bei Konferenzen, Erscheinungsort und -datum bei Werken
etc. Zusätzlich sind Entitäten untereinander verknüpft und diese Verknüpfungen werden mit Merkmalen detailliert beschrieben. Laut Online-Dienst lobid-
gnd[6] existieren in der GND 1 152 856 Einträge, die auch über einen Wikidata-
Identifizierer verfügen.

Der Linked-Data-Service der Deutschen Nationalbibliothek (DNB) stellt Datensätze frei unter einer CC0 1.0-Lizenz[7] in den Formaten RDF, Turtle und

---

6 https://lobid.org/gnd
7 https://creativecommons.org/publicdomain/zero/1.0/deed.de

JSON-LD zur Verfügung.[8] Auf einzelne Datensätze der GND kann man auch über den Katalog der DNB[9] zugreifen und die Datensätze in den Formaten MARC 21 XML und RDF herunterladen.

Abb. 1 stellt einen GND-Datensatz dar, der die Person *Douglas Adams* beschreibt. Der Entitätentyp wird durch *piz* kodiert. Die Entität besitzt einen Geburts- und einen Sterbeort, die ihrerseits über Links mit den korrespondierenden geografischen Entitäten verknüpft sind. Die Entität besitzt auch Merkmale wie Geschlecht, andere Namensformen, Beruf etc.

GND	
Link zu diesem Datensatz	http://d-nb.info/gnd/119033364
Person	Adams, Douglas
Geschlecht	männlich
Andere Namen	Adams, Douglas Noeˮl
Quelle	Bibliogr. Lex. der utop.-phantast. Lit.
Zeit	Lebensdaten: 1952-2001
Land	Großbritannien (XA-GB); USA (XD-US)
Geografischer Bezug	Geburtsort: Cambridge Sterbeort: Santa Barbara, Calif.
Beruf(e)	Science-fiction-autor
Systematik	12.2p Personen zu Literaturgeschichte (Schriftsteller)
Typ	Person (piz)

Autor von	157 Publikationen
	
	1. *Per Anhalter ins All*
	   Adams, Douglas. - Leipzig : Deutsche Nationalbibliothek, 2020
	2. *[Doctor Who and the Krikkitmen]*
	   Doctor Who und die Krikkit-Krieger
	   Adams, Douglas. - Köln : Bastei Entertainment, 2019, 1. Auflage 2019
	3. ...

Beteiligt an	39 Publikationen
	
	1. *[The restaurant at the end of the universe]*
	   Das Restaurant am Ende des Universums
	   Leipzig : Deutsche Nationalbibliothek, 2020
	2. *Dirk Gently's holistic detective agency*
	   Leipzig : Deutsche Nationalbibliothek, 2020
	3. ...

Abb. 1: Ein beispielhafter GND-Datensatz (http://d-nb.info/gnd/119033364

8 https://data.dnb.de/opendata/
9 https://portal.dnb.de/

Das Projekt *SoNAR* (s. Abschnitt 4) arbeitet mit einem GND-Datendump im Format MARC 21 XML, der für den Import zu einer Graphdatenbank transformiert wurde.

3.2 Wikidata

Wikidata ist eine sprachunabhängige Wissensbasis für strukturierte Daten, die in Wikipedia, Wikivoyage, Wiktionary, Wikisource usw. Verwendung finden. Die Daten sind nach Objekten (*Items*), Eigenschaften (*Properties*) und Aussagen (*Statements*) strukturiert. Im Jahr 2020 umfasst Wikidata 90 440 252 Objekte und 8 056 Eigenschaften. Wikidata wird in den Formaten JSON, RDF und XML zur Verfügung gestellt.[10] Die zentrale Einheit in Wikidata ist das *Item*. Ein Item-Identifizierer besteht aus dem Präfix Q und einer numerischen ID. *Q42* ist die ID des Items für *Douglas Adams* (siehe Abb. 2). Items umfassen ein oder mehrere sprachspezifische Einträge, in denen ein Name, eine Kurzbeschreibung und Alternativnamen zusammengefasst sind. Das Beispiel *Q42* wird zudem mit weiteren Attribut-Wert-Paaren beschrieben, z. B. besuchte Bildungseinrichtung. Um gleichrangige Aussagen näher zu beschreiben, werden Qualifikatoren eingesetzt (Endzeitpunkt, Hauptfach im Studium, akademischer Grad und Startzeitpunkt). Einige Items aus Wikidata werden über die Property P227 mit der GND verknüpft. Über eine SPARQL-Abfrage[11] kann man die Anzahl verknüpfter GND-IDs ermitteln: 1 182 217. Der Beitrag *Wissensbasen für die automatische Erschließung und ihre Qualität am Beispiel von Wikidata* in diesem Band liefert weitere Details zur globalen Wissensbasis Wikidata.

---

10 https://www.wikidata.org/wiki/Wikidata:Database_download
11 https://query.wikidata.org

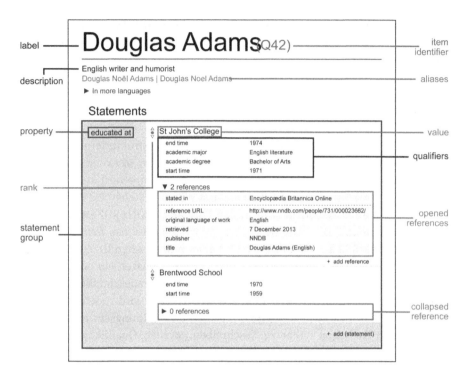

Abb. 2: Ein beispielhafter Wikidata-Datensatz (https://www.mediawiki.org/wiki/Wikibase/DataModel/Primer, 10.11.2020)

4 Named Entity Recognition und Named Entity Linking im Projekt *SoNAR*

Das Projekt *Interfaces to Data for Historical Social Network Analysis and Research* – kurz: *SoNAR* (IDH)[12] – beschäftigt sich damit, vorhandene Daten aus Gedächtnisinstitutionen wie Archiven und Bibliotheken speziell angepasst auf die Bedürfnisse der Historischen Netzwerkanalyse (HNA) aufzubereiten und auf dieser Basis das Konzept einer allgemeinen Forschungsinfrastruktur zu erarbeiten. Die in diesen Daten implizit und explizit enthaltenen Beziehungsinformationen werden dabei modelliert, analysiert und visualisiert (Bludau et al. 2020; Leitner et al. 2020).

---

12 https://sonar.fh-potsdam.de

Das Projekt nutzt eine Datenbasis von ca. 8 Mio. Normdatensätzen, ca. 22 Mio. Metadatensätzen und ca. 2 Mio. Volltextseiten, u. a. aus Datenbeständen des Kalliope-Verbundes, der Zeitschriftendatenbank und der GND. Die Metadaten beschreiben Ressourcen (Werke, Zeitungen, Akten u. ä.), die Normdaten beschreiben Entitäten sechs verschiedener Klassen (Personen, Geografika, Körperschaften, Konferenzen, Sachbegriffe und Werke). Die Volltexte stellen als direkte Repräsentanten der Ressourcen die Basis der semantischen Module im Projekt dar, zu denen das in diesem Artikel beschriebene Entity Linking gehört.

4.1 Korpora

Das Volltextkorpus besteht aus 2 078 127 digitalisierten Zeitungsseiten aus historischen Beständen der Staatsbibliothek zu Berlin – Preußischer Kulturbesitz (SBB). Die Publikationsorte konzentrieren sich stark auf das Königreich (und später den Freistaat) Preußen, alle Titel sind in Deutschland publiziert worden. Die Digitalisate sind zum überwiegenden Teil öffentlich über das Zeitungsinformationssystem (ZEFYS)[13] zugänglich. Die Zeitungen umfassen Jahrgänge des späten 19. und frühen 20. Jahrhunderts (vgl. Tab. 1). Die Sprache ist – bis auf wenige Ausnahmen auf Artikelebene – fast ausschließlich Deutsch und weist normierte Orthografie auf.[14] Schriften und Seitenanordnung variieren dennoch stark, sowohl zwischen den einzelnen Zeitungstiteln, als auch innerhalb der Titel über die Jahrzehnte. Sowohl Antiqua- als auch Frakturdrucke sind vorhanden.

Tab. 1: Korpus mit Zeitungsvolltexten im Projekt *SoNAR* (IDH)

Titel	Zeitspanne	Anzahl der Dokumente	Anteil in %
Berliner Börsenzeitung	1872–1931	642 480	30,92
Berliner Tageblatt	1877–1939	489 983	23,58
Berliner Volkszeitung	1890–1930	142 403	6,85
Deutsches Nachrichtenbüro	1936–1940	7 429	0,36
Neueste Mittheilungen	1882–1894	1 322	0,06
Norddeutsche Allgemeine Zeitung	1878–1918	120 362	5,79
Provinzial-Correspondenz	1863–1884	1 087	0,05
Teltower Kreisblatt	1856–1896	25 819	1,24
Vossische Zeitung	1857–1917	647 242	31,15

---

13 http://zefys.staatsbibliothek-berlin.de
14 Typisch für deutschsprachige Periodika nach 1850, vgl. Labusch et al. 2019: 3.

Aus dem Volltextkorpus wurde eine repräsentative Stichprobe zur manuellen Erstellung von Goldstandards gezogen, die im Zuge des Projektes fortlaufend annotiert wird. Der hier untersuchte Datensatz bezieht sich auf diese Stichprobe und wird in Abschnitt 5.2 beschrieben.

4.2 Verarbeitungsschritte

Das Volltextkorpus wurde an der SBB mit einem aktuell im Rahmen des DFG-Projekts OCR-D[15] sowie des BMBF-Projekts *QURATOR*[16] in Entwicklung befindlichen Workflows erstellt. Dieser setzt sich aus zahlreichen einzelnen Verarbeitungsschritten zusammen und soll perspektivisch für alle in der SBB digitalisierten Dokumente zur Anwendung kommen.[17]

4.2.1 Bildvorverarbeitung

Die der Erstellung von Volltexten zugrundeliegenden Bilddigitalisate von historischen Zeitungen wurden aus Kosten- und Effizienzgründen von Mikroverfilmungen der Papieroriginale erstellt. Dies ermöglicht eine hochgradig automatisierte Digitalisierung, bringt aber auch zusätzliche Anforderungen an die Weiterverarbeitung mit sich. So werden z. B. im Zuge der Mikroverfilmung Aufnahmen von Doppelseiten erstellt, die in einem ersten Schritt in Einzelseiten separiert werden müssen (*Cropping*). In zahlreichen Fällen sind die Mikrofilmaufnahmen nicht perfekt ausgerichtet, d. h. die Aufnahmen der Zeitungsseiten sind um einige Grad rotiert. Dies beeinträchtigt die Erkennung und Trennung von Spalten ungemein und kann zu dem unerwünschten Effekt führen, dass mehrere Spalten (und ggf. Artikel) im Zuge der Texterkennung fälschlicherweise zusammengefügt werden. Derlei Defekte sind so zu korrigieren, dass sämtliche Textzeilen nicht von der Horizontalen abweichen (*De-skewing*). Zu guter Letzt ergibt sich durch die Mikroverfilmung häufig ein sehr geringer Kontrast zwischen dem unbedruckten Hintergrund (insbesondere. bei Zeitungspapier) und den gedruckten Inhalten, was die Analyse der Seite und die Texterkennung erheblich negativ beeinflusst. Daher wird noch ein weiterer Schritt ausgeführt, in

---

15 https://ocr-d.de
16 https://qurator.ai, siehe Rehm et al.
17 Im Rahmen von *QURATOR* werden zudem Konzepte erarbeitet, derartige Verarbeitungsketten mittels eines Workflow-Managers in flexibler Form zu orchestrieren (Moreno-Schneider et al. 2020).

dem sämtliche Pixel in entweder weiß (Hintergrund) oder schwarz (Vorder-grund) umgewandelt werden, um den Kontrast deutlich zu erhöhen (*Binarisie-rung*). Entsprechende Verfahren wurden von der SBB im Projekt *QURATOR* ent-wickelt und basieren auf neuronalen Netzwerken, die in Keras[18] implementiert und mit denen entsprechende Modelle[19] trainiert wurden.

4.2.2 Segmentierung/Textzeilenerkennung

Im nächsten Schritt werden die vorverarbeiteten Digitalisate einer Segmentie-rung unterzogen. Hierbei werden diejenigen Bereiche im Bild, die Text enthalten, von denjenigen unterschieden, die z. B. Abbildungen, Tabellen oder Strukturele-mente (Separatoren, Verzierungen usw.) darstellen. Anschließend werden die bedruckten Bereiche in einzelne Zeilen aufgetrennt. Erneut kommen Methoden des Deep Learning zum Einsatz[20], die zudem mit Heuristiken ergänzt werden.

4.2.3 Texterkennung

Die einzelnen Zeilen stellen schließlich die benötigte Eingabe für die Erkennung der Zeichen und Texte (OCR) dar. Hierzu kommt die Open-Source-OCR-Software Tesseract[21] zum Einsatz, die seit Version 4 ebenfalls auf Deep Learning beruht. In diesem Fall wurde auf der Grundlage des Datensatzes GT4HistOCR[22] ein Mo-dell[23] (Springmann et al. 2020) trainiert. Als Teil der Texterkennung werden die in einer Textzeile enthaltenen Wörter aufgetrennt, was bei einer späteren On-line-Präsentation und Volltextsuche ermöglicht, die entsprechenden Treffer im Digitalisat farblich hervorzuheben.

4.2.4 Transformation von PAGE-XML nach TSV

Für die anschließenden Bearbeitungsschritte muss die im Zuge der Texter-kennung erstellte PAGE-XML-Datei[24] in ein *tab-separated-values*-Format (TSV-

---

18 https://keras.io
19 https://github.com/qurator-spk/sbb_binarization
20 https://github.com/qurator-spk/sbb_textline_detection
21 https://github.com/tesseract-ocr/tesseract
22 https://zenodo.org/record/1344132
23 https://github.com/tesseract-ocr/tesstrain/wiki/GT4HistOCR
24 https://github.com/PRImA-Research-Lab/PAGE-XML

Format) überführt werden, das die Basis sowohl für die automatische Anreicherung als auch für die manuelle Annotation mit Named Entities darstellt.[25] Das verwendete TSV-Format[26] baut auf dem Format des GermEval 2014 *Named Entity Recognition Shared Task*[27] auf, ergänzt dies aber in einigen Bereichen wie z. B. für überlappende Entitäten oder zur Integration von Metadaten für die Annotation.

4.2.5 Tokenisierung

Bevor die Texte mit einer automatisierten NER verarbeitet werden können, müssen sie tokenisiert werden (Textzerlegung in Wörter). Hierfür wird SoMaJo[28] eingesetzt.

4.2.6 Named Entity Recognition (NER)

Für die NER wird eine an der SBB im Projekt *QURATOR* entwickelte Software verwendet, die ein BERT-Modell (Devlin et al. 2019) verwendet. Ziel der Entwicklung war es, ein NER-System zu implementieren, das mit OCR-Fehlern behaftete historische Volltexte in den häufigsten Sprachen der digitalisierten Sammlungen verarbeiten kann. Hierzu haben wir ein multilinguales, von Google auf den 100 umfangreichsten Wikipedien (basierend auf natürlichen Sprachen) vortrainiertes BERT-Modell an die OCR-Volltexte der digitalisierten Sammlungen der SBB, die neben historischen Sprachvarianten auch zahlreiche OCR-Fehler enthalten, adaptiert. Dabei verwendeten wir einen Datensatz bestehend aus rund 2,3 Mio. Seiten[29] der digitalisierten Sammlungen der SBB für ein unüberwachtes Training. Die finale Optimierung für die NER-Aufgabe erfolgte mittels überwachtem Lernen unter Verwendung eines Korpus von 47 000 Token manuell für NER annotierter historischer Daten (Neudecker 2016) sowie unter Verwendung verschiedener zeitgenössischer NER-*Groundtruth*-Korpora (CONLL, GermEval). Weitere Details finden sich bei Labusch et al. (2019) sowie im Readme des veröffentlichten Quellcodes.[30]

---

25 https://github.com/qurator-spk/page2tsv
26 https://github.com/qurator-spk/neat/blob/master/README.md#22-data-format
27 https://sites.google.com/site/germeval2014ner/data
28 https://github.com/tsproisl/SoMaJo
29 https://zenodo.org/record/3257041
30 https://github.com/qurator-spk/sbb_ner

4.2.7 Named Entity Disambiguation und Linking

Die automatisierte Disambiguierung und Verlinkung der im Zuge der NER erkannten Entitäten erfolgt mittels einer weiteren an der SBB in *QURATOR* entwickelten Software. Diese verwendet ebenfalls ein BERT-Modell. Die zugrundeliegende Wissensbasis besteht aus mehreren Tabellen, in denen alle Personen, Orte und Organisationen aufgelistet sind, die das System kennt. Diese Tabellen entstehen durch rekursives Traversieren geeigneter Kategorien der deutschsprachigen Wikipedia. So ergibt sich die Tabelle der Personen z. B. durch alle Wikipedia-Artikel die den Kategorien *Frau* oder *Mann* angehören. Die Wissensbasis enthält nur diejenigen Wikipedia-Artikel, die auch einer Wikidata-ID zugeordnet werden können. Die Verknüpfung einer erkannten Entität zu einer oder mehreren Wikidata-IDs erfolgt in mehreren Schritten:

I.   Zunächst werden mögliche Kandidaten durch eine *nächste-Nachbarn*-Suche (*k-Nearest-Neighbour, kNN*) in einem Embedding-Raum bestimmt, der durch BERT-Embeddings definiert ist. Hierzu wurde ein BERT-Modell auf Satzpaaren der Wikipedia trainiert, so dass es entscheiden kann, ob zwei gegebene Sätze die gleiche Entität enthalten. Dies wird durch die Verlinkungen ermöglicht, die durch die Wikipedia-Editoren erstellt werden.

II. Im nächsten Schritt werden für jeden Kandidaten Satzpaare erstellt, die jeweils aus einem Satz des Zieltextes und einem Satz der Wikipedia bestehen, in dem der jeweilige Kandidat referenziert wird. Das BERT-Modell bestimmt für alle Satzpaare jeweils die Wahrscheinlichkeit, dass in dem Satzpaar die gleiche Entität referenziert wird.

III. Im letzten Schritt wird durch ein Bewertungsmodell eine globale Rangfolge auf Basis aller Satzpaarwahrscheinlichkeiten bestimmt. Hierbei handelt es sich um ein klassisches Modell des maschinellen Lernens (*Random Forest*).

Das System erstellt somit eine Liste von Wikidata-IDs, die absteigend nach Trefferwahrscheinlichkeit sortiert sind. Falls kein Kandidat eine Trefferwahrscheinlichkeit oberhalb von 0.2 hat, ist die Liste leer, siehe Labusch et al. (2020) für weitere Details.

Im Rahmen von *SoNAR* haben wir die automatisiert erkannten Entitäten und ihre Verlinkung stichprobenartig intellektuell überprüft und erweitert. Diese intellektuelle Überprüfung dient als Vergleichsbasis für diese Untersuchung und wird im Folgenden beschrieben.

5 Evaluation der Verlinkung

5.1 Korpus-Stichprobe

Für die Studie wurde aus den in Abschnitt 4 digitalisierten Zeitungen eine zufällige Stichprobe von 10 Zeitungsseiten entnommen, um eine breite Abdeckung unterschiedlicher Zeitungen und Jahrgänge zu erhalten. Die Zeitungsseiten wurden im Zeitraum von 1868 bis 1936 veröffentlicht, wodurch beispielsweise mehrere Staatsformen und Hoheitsgebiete Deutschlands abgedeckt sind. Die Zeitungsseiten in der Stichprobe enthielten zwischen 1 109 und 5 924 Tokens (meist Wörter). Eine der Seiten wurde vollständig intellektuell auf Verlinkungen überprüft, bei den restlichen neun Seiten wurden jeweils die ersten 1 000 Tokens betrachtet. Von den 34 062 Tokens in den 10 Zeitungsseiten wurden 13 824 – also 40,6 % der Tokens – intellektuell überprüft.

Die durch das System automatisch erkannten Entitäten (NER) wurden auf Basis von im Projekt erstellten Annotationsrichtlinien für Entitätentypen[31] intellektuell überprüft und verbessert. Dieser Goldstandard von Zeitungsseiten mit korrekt annotierten Entitäten und ihren jeweiligen Typen wurde anschließend automatisch disambiguiert und mit Wikidata Datensätzen verlinkt. Eine Entität kann dabei aus einem oder mehreren Tokens bestehen. So kann die Entität Kaiser Wilhelm II (Q2677) als einzelne Token wie *Kaiser* oder *Kaisers* oder als die aufeinanderfolgenden *Kaiser* und *Wilhelm* im zugrundeliegenden Text auftauchen. Die Stichprobe enthält 791 Named Entities, deren Verlinkung überprüft wurde.

5.2 Forschungsdesign

Die automatisch verlinkten Entitäten wurden ebenfalls einer manuellen Annotation unterzogen, um einen Goldstandard nicht nur für die Entitätentypen, sondern auch für deren Verlinkung zu erstellen. Hierbei wurde jede tokenisierte Zeitungsseite bzw. die in ihnen enthaltenen Entitäten mit ihren Verlinkungen in mehreren Schritten überprüft und angepasst. Die automatische Entitätenverlinkung resultierte zunächst in einer Datei, in der die schon korrekt erkannten Entitäten entweder verlinkt oder nicht verlinkt waren. Waren Entitäten verlinkt, dann hat das System mehrere Wikidata-Entitäten als Kandidaten in einer nach Relevanz gerankten Reihenfolge vorgeschlagen. Für die Studie wurden nur die

---

31 https://github.com/qurator-spk/neat/blob/master/Annotation_Guidelines.pdf

erstgerankten Entitätenverlinkungen berücksichtigt. Dies entspricht dem realistischen Szenario, dass im Zeitungskorpus erkannte Entitäten mit derjenigen Entität verlinkt sind, die vom System als die vielversprechendste ausgewählt wurde.

Da die automatische Entitätenverlinkung mit Wikidata als Wissensbasis arbeitete, konnte die Entitätenverlinkung mit der GND nur durch eine manuelle Überprüfung simuliert werden. Folgende Evaluationsschritte wurden durchgeführt:

1. *Überprüfung der Korrektheit der Verlinkung:* Die verlinkte Wikidata-Entität wurde auf ihre Korrektheit gemäß unserer Annotationsrichtlinien überprüft, d. h. es wurde intellektuell evaluiert, ob die verlinkte Entität in Wikidata der erwähnten Entität in der Stichprobe entspricht.

2. *Recherche der falsch oder nicht verlinkten Entitäten in Wikidata:* Für alle fehlerhaft oder gar nicht verlinkten Entitäten in der Stichprobe wurde recherchiert, ob die Entitäten in Wikidata vorhanden sind, d. h. es wurde überprüft, ob der Algorithmus eine korrekte Entität hätte identifizieren können.

3. *Recherche aller Entitäten in der GND:* Alle Entitäten in der Stichprobe wurden ebenfalls in der GND recherchiert, um zu verifizieren, wie viele Entitäten durch eine automatische Entitätenverlinkung identifiziert hätten werden können. War die Entität in Wikidata vorhanden, wurde zunächst überprüft, ob der Wikidata-Eintrag mit der GND verlinkt (Voß et al. 2014) und die im Wikidata-Eintrag vorhandene GND-ID ausgewählt war. War eine GND-ID nicht im Wikidata-Eintrag vorhanden oder die Entität selbst existierte nicht in Wikidata, wurde sie im OGND-Portal des Bibliotheksservicezentrums Baden-Württemberg[32] recherchiert.

4. *Kategorisierung der Verlinkungsfehler bzw. -probleme:* Auftretende Fehler und Probleme in der Verlinkung wurden dokumentiert und kategorisiert. Im Gegensatz zu den von Ling et al. (2015) aufgestellten sechs Fehlertypen (s. Abschnitt 2.2) wurden im Projekt weitere Fehlerkategorien als aussagekräftig identifiziert: (a) Qualität der Wissensbasis, (b) Qualität des Korpus und (c) Fehler in der Disambiguierung.

Tab. 2 beschreibt die potenziellen Fälle in der evaluierten Stichprobe. Sie unterscheidet zwischen der Existenz der Entität in der entsprechenden Wissensbasis (wenn diese grundsätzlich vorhanden ist, könnte diese durch einen Algorithmus gefunden werden) und der Korrektheit der vom Algorithmus identifizierten bzw. verlinkten Entität. Inkorrekt verlinkte Entitäten können im Gegensatz zu nicht verlinkten Entitäten die Qualität der Inhaltserschließung noch stärker

---

32 http://ognd.bsz-bw.de

schmälern, da sie zu nicht-relevanten Suchergebnissen führen könnten. Die Korrektheit der Verlinkung konnte nur mit Wikidata-Verlinkungen überprüft werden, da der Algorithmus nur auf Wikidata-Daten arbeitete. Fälle A und F zeigen die Menge der korrekt identifizierten Entitäten in Wikidata, Fälle E und J zeigen die Menge der korrekt nicht verlinkten Entitäten in Wikidata (weil die Entität selbst nicht vorhanden war). Dies sind die korrekt vorgenommenen Verlinkungen bzw. Entscheidungen des Verlinkungsalgorithmus. Alle anderen Fälle stellen Fehlerfälle dar. Die Unterscheidung für die GND erlaubt uns die Aussage, ob in der GND andere Entitäten verlinkbar wären als in Wikidata und erlaubt so indirekt eine Aussage über das Abdeckungspotenzial beider Wissensbasen für die Entitätenverlinkung des SoNAR-Zeitungskorpus.

Tab. 2: Fallmatrix zur Evaluation

Entität in	Wikidata korrekt	Wikidata inkorrekt, aber vorhanden	Wikidata inkorrekt, nicht vorhanden	Wikidata nicht verlinkt, aber vorhanden	Wikidata nicht verlinkt, nicht vorhanden
GND vorhanden	A	B	C	D	E
GND nicht vorhanden	F	G	H	I	J

5.3 Vollständigkeit der Wissensbasen

Insgesamt wurden in den 13 824 Token 791 Entitäten maschinell erkannt. Um diese vollständig und korrekt zu verlinken, müssen diese in der Wissensbasis eine Entsprechung besitzen und die maschinelle Erkennung muss diese identifizieren. Die Entsprechung wurde durch intellektuelle Recherche überprüft und wird nachfolgend genauer dargestellt. Die Korrektheit der Verknüpfungen wird in Abschnitt 5.4 beschrieben.

5.3.1 Abdeckung der Entitäten in GND und Wikidata

Um herauszufinden, wie viele der vom Text benötigten Datensätze in den Wissensbasen vorhanden sind, betrachten wir zuerst die 791 Entitäten, ohne Dopplungen herauszufiltern (Tab. 3). Dazu zählen wir, wie oft eine Verlinkung in Wikidata bzw. zur GND möglich wäre und wie oft nicht.

Tab. 3: Abdeckungsrate der Wissensbasen für die 791 identifizierten Entitäten der Stichprobe

	GND	Wikidata
Datensatz ist nicht vorhanden	252	241
Datensatz ist vorhanden	539	550
Abdeckungsrate (setzbare Links / Entitäten im Text)	68,1 %	69,5 %

In der Stichprobe finden sich viele Dopplungen in den erkannten Entitäten, z. B. wird die Stadt Berlin mehr als einmal erwähnt. Daher wurde überprüft, wie viele eineindeutige Datensätze es bräuchte, um die Entitäten in der vorliegenden Stichprobe korrekt zu verlinken und wie viele davon jeweils in Wikidata und in der GND existieren. Dazu wurden die analysierten Entitäten intellektuell dedupliziert. Wenn mehrere Entitäten intellektuell gleichbehandelt wurden, also mit dem gleichen Link versehen wurden, dann zählen diese als die gleiche Entität. Entitäten, die nicht verlinkt werden konnten, weil kein Datensatz existierte, wurden ebenfalls intellektuell dedupliziert. Insgesamt befinden sich 434 individuelle Entitäten in der Stichprobe. Tab. 4 zeigt die Abdeckung der deduplizierten eindeutigen Entitäten in den Wissensbasen. In der GND wurden durch die intellektuelle Recherche Nachweise für 225 Entitäten gefunden. Hierunter sind 14 Entitäten, die nicht in Wikidata auffindbar sind. Wikidata zeigt mit 235 verlinkbaren Entitäten die etwas bessere Abdeckung der möglichen Nachweise in beiden Normdatenbanken, wobei hier 24 Entitäten verzeichnet sind, die nicht in der GND verfügbar sind.

Tab. 4: Abdeckungsrate der Wissensbasen für die 434 deduplizierten identifizierten Entitäten der Stichprobe

	GND	Wikidata
Datensatz ist nicht vorhanden	209	199
Datensatz ist vorhanden	225	235
Abdeckungsrate (vorhandene Datensätze/benötigte)	51,8 %	54,1 %

Beide Wissensbasen enthalten knapp die Hälfte der in der Stichprobe identifizierten Entitäten. Dies impliziert, dass historische Korpora für eine inhaltliche Erschließung herausfordernder sind, da die Wissensbasen trotz ihres Umfangs nicht alle relevanten Entitäten enthalten. Trotz des ungleich größeren Umfangs

von Wikidata (Abschnitt 5) weisen für den untersuchten Korpus beide Wissensbasen eine ähnliche Abdeckung auf, wobei Wikidata etwas mehr benötigte
Nachweise enthält. Tab. 4 enthält eine Übersicht der abgedeckten Entitäten kategorisiert nach Entitätentyp.

Tab. 5: Abdeckungsrate der Wissensbasen für die 434 deduplizierten identifizierten Entitäten
der Stichprobe kategorisiert nach Entitätentyp

	GND		Wikidata		nicht vorhanden	Gesamt
Ereignis	2	11,1 %	3	16,7 %	15	18
Lokation*	104	81,3 %	117	91,4 %	10	128
Organisation	60	46,5 %	53	41,1 %	63	129
Person	54	37,2 %	57	39,3 %	88	145
Werk	5	35,7 %	5	35,7 %	9	14

* Eine Lokation kann beispielsweise ein Ort wie *Hannover* oder ein Gebiet wie *Österreich-
Ungarn* sein.

Beide Wissensbasen decken vor allem Lokationen gut ab (Wikidata: 91,4 %;
GND: 81,3 %). Die GND enthält mehr Datensätze für benannte Organisationen in
der Stichprobe. Für Ereignisse sind beide Wissensbasen nur schlecht geeignet.
Das liegt aber auch an den erkannten Ereignis-Entitäten, unter denen beispielsweise auch Veranstaltungen wie *die am 15. d. M. stattgefundene Sitzung des Aufsichtsrathes der Aktien-Zuckerfabrik Bauerwitz* zu finden sind. Die nur mittelmä
ßige Abdeckung bei Organisationen und Personen lässt sich durch deren
relative geschichtliche Unbedeutsamkeit erklären. Auch wenn zum Zeitpunkt
des Erscheinens einer Zeitung die Organisation *Gebrüder Scheller* oder eine Person namens *Conradi* für das Zeitgeschehen wichtig waren, so sind sie dies (zum
jetzigen Zeitpunkt) nicht mehr und würden nur in Wissensbasen mit historischem Fokus aufgenommen werden.

5.3.2 Überlappung zwischen GND und Wikidata

Wikidata und die GND decken für die betrachtete Stichprobe mehrheitlich die
gleichen Entitäten ab, können also nicht als komplementäre Wissensbasen betrachtet werden. Die GND enthält 13 Organisationen und eine Lokation mehr,
die nicht in der Wikidata zu finden sind. Wikidata hingegen enthält Nachweise
für ein Ereignis, 14 Lokationen, 6 Personen und 3 Organisationen, die nicht in
der GND verzeichnet sind (Tab. 6).

Tab. 6: Überlappung der Datensätze in beiden Wissensbasen sowie die jeweils nur in einer der Basen existierenden Datensätze nach Eventtyp

	in beiden Wissensbasen verzeichnet		nur GND	nur Wikidata
Ereignis	2	11,1 %	0	1
Lokation	103	80,5 %	1	14
Organisation	47	36,4 %	13	6
Person	54	37,2 %	0	3
Werk	5	35,7 %	0	0
Gesamt	211	48,6 %	14	24

Die Datensätze in Wikidata sind mehrheitlich mit den passenden Datensätzen in der GND verknüpft, welches aufgrund der entsprechenden Initiativen nicht überrascht (Ohlig 2018). So enthalten, basierend auf einer groben Auswertung, 80–90 % der maschinell korrekt verlinkten Wikidata-Einträge ihrerseits einen Verweis auf den entsprechenden GND-Eintrag.

5.4 Automatische Verlinkung zu Wikidata

Um die Qualität der automatischen Verlinkung zu bestimmen, wurden die erkannten Entitäten einzeln überprüft. Jedes Mal, wenn eine als Entität erkannte Zeichenfolge auftritt, wird maschinell entschieden, ob es einen passenden Eintrag in der Wissensbasis gibt und welcher der möglichen Einträge am besten passt. Dabei wird der textliche Kontext berücksichtigt, weswegen die gleiche Zeichenfolge an unterschiedlichen Positionen im Text unterschiedlich verlinkt werden könnte. Die maschinelle Verlinkung fand bis zu 46 Wikidata-Einträge pro Entität. Der Durchschnitt maschinell gefundener Verlinkungen pro Entität in der Stichprobe lag bei 3,72. Für 213 Entitäten (von 791) wurde genau ein Eintrag in der Wissensbasis gefunden. Intellektuell wurde nur jeweils die erste maschinell gefundene Verlinkung überprüft und gegebenenfalls verbessert.

In Tab. 7 sind die möglichen Kategorien aufgelistet, wie die automatische Verlinkung intellektuell bewertet wurde. Kategorie A beinhaltet all jene maschinell gefundenen Links, die intellektuell als korrekt bewertet wurden. Kategorie B beinhaltet jene, bei denen maschinell ein falscher Link gesetzt wurde, ein anderer Link jedoch korrekt gewesen wäre. Kategorie C wiederum beinhaltet die Fälle, in denen ein Link gesetzt wurde, obwohl es nach der intellektuellen Überprüfung keinen passenden Eintrag in der Wissensbasis gibt. In Kategorie D sind alle Vorkommen gesammelt, für die ein Eintrag in der Wissensbasis existieren würde, der aber nicht automatisch gefunden wurde. Und in Kategorie E wurden diejenigen Entitäten aufgeführt, für die maschinell kein Link gefunden wurde und für die es auch tatsächlich keinen Eintrag in der Wissensbasis gibt.

Die *precision* (Korrektheit) ist der Anteil der maschinell korrekt verlinkten Entitäten aus allen, die maschinell verlinkt wurden. Der *recall* (Abdeckung) ist der Anteil der maschinell korrekt verlinkten Entitäten aus allen Entitäten, die basierend auf ihrem Vorkommen in Wikidata korrekt verlinkt sein könnten. Für die gesamte Stichprobe lag die *precision* bei 37,9 % und der *recall* bei 38,5 %. Dies bedeutet, dass 37,9 % der automatisch verlinkten Entitäten korrekt verlinkt wurden und dass 38,5 % der potenziell verlinkbaren Entitäten korrekt verlinkt wurden.

Die Kategorisierung nach Entitätentyp zeigt ein differenziertes Bild (Tab. 7). Da die automatische Erkennung Ereignisse und Werke nicht verlinkte, konnte für diese auch keine *precision* berechnet werden und der *recall* liegt bei 0. Auch hier zeigt sich die oben beschriebene besonders hohe Abdeckung der Wissensbasis für Orte, während Personen und Organisationen weniger effektiv behandelt werden. So liegen für den Entitätentyp *Ort* die *precision* mit 55,5 % und der *recall* mit 46,0 % weit über den Werten für alle anderen Entitäten. Wenn man die automatische Verlinkung ohne intellektuelle Evaluation für die inhaltliche Erschließung einsetzen wollte, ist insbesondere zu beachten, dass mehr automatische Links falsch gesetzt wurden (Kategorien B und C) als korrekt. Die über 60 % automatischen inkorrekten Verlinkungen werden daher die Erschließung ineffektiver machen. Die Evaluation konnte allerdings nicht untersuchen, ob in den vorgeschlagenen Verlinkungen (hier wurde nur der erstgerankte Vorschlag untersucht) auch die korrekte Entität verlinkt wurde, welches zu einem Mehrwert führen könnte, falls man z. B. einem Suchenden alle Möglichkeiten zur Auswahl vorlegen könnte.

Tab. 7: Anzahl der Entitäten nach Typ in jeder Fehlerkategorie sowie die daraus resultierenden precision-, recall- und F1-Werte

	A korrekt verlinkt	B falscher Link	C fälschlicherweise Link	D fälschlicherweise kein Link	E richtigerweise kein link	Summe der Fälle A-E	precision A/(A+B +C)	recall A/ (A+B+D)	F1
gesamt	212	202	146	136	95	791	37,9 %	38,5 %	0,382
Ereignis	0	0	0	4	19	23	-	0	-
Lokation	157	120	6	64	6	353	55,5 %	46,0 %	0,503

	A korrekt verlinkt	B falscher Link	C fälsch- licher- weise Link	D fälsch- licher- weise kein Link	E richti- gerweise kein link	Summe der Fälle A-E	precision A/(A+B +C)	recall A/ (A+B+D)	F1
Organi- sation	22	44	82	33	18	199	14,9 %	22,2 %	0,178
Person	33	38	55	28	40	194	26,2 %	33,3 %	0,293
Werk	0	0	0	7	11	18	-	0	-

5.5 Herausforderungen und Fehlerquellen

Die manuelle Evaluation der Verlinkung ermöglichte ebenfalls eine Kategorisierung von unterschiedlichen Fehlertypen, die bei der automatischen Entitätenverlinkung auftraten. Dabei wurden neben den Herausforderungen in der Disambiguierung von Entitäten, die die Mehrheit der Fehlertypen bei Ling et al. (2015) ausmachen und die auf den Verlinkungsalgorithmus zurückzuführen sind, auch die Qualität der Wissensbasis und des zu verlinkenden Textkorpus als signifikante Fehlerquellen identifiziert. Sonstige Fehler tauchen in zu vernachlässigenden Mengen auf, so dass sie hier nicht weiter beschrieben werden.

5.5.1 Qualität der Wissensbasis

Wenn Entitäten in einer Wissensbasis inkorrekt oder unvollständig angelegt oder beschrieben sind, entstehen auch Fehler in der Entitätenverlinkung, da die Entitäten schwerer zu identifizieren sind. Dies ist nicht einer Schwachstelle im Algorithmus zuzuschreiben, sondern eher den Qualitätsproblemen, die in der Wissensbasis an sich auftreten. Beispiele dafür sind:
- Entitäten sind in der Wissensbasis nicht enthalten (z. B. Fokus auf Autor:innen in der GND, während Zeitungstexte oft Personen des öffentlichen Lebens referenzieren).
- Für dieselbe Entität existieren mehrere Einträge in der Wissensbasis (z. B. *Q60685764* und *Q311124* für *Lüneburger Heide* in Wikidata).
- Für fast äquivalente Entitäten existieren mehrere Datensätze in der Wissensbasis (z. B. existieren für *Reichstag* eine Vielzahl an Einträgen, s. *Q20007287* und *Q29053853*, wobei es zu Überschneidungen kommt).

- Datensätze sind unvollständig, enthalten aber Namen von Entitäten, die ein Algorithmus findet (z. B. *Q72391398*).
- In Einträgen fehlen Varianten von Entitätennamen (z. B. finden sich unterschiedliche Schreibweisen in Zeitungstexten nicht in der Wissensbasis wieder).

Ein Sonderfall für historische Texte entsteht durch das Problem, dass Entitäten, die über einen langen Zeitraum existieren, verschiedene Ausprägungen annehmen, die in den Wissensbasen nicht vollständig nachvollzogen bzw. korrekt voneinander getrennt werden. Länder ändern bspw. ihre Grenzen, Behörden, Gremien und Organisationen ihre Namen und Befugnisse. Eine Herausforderung für die Entitätenverlinkung ist die Frage, ob die aktuelle Version eines Orts oder einer Organisation verlinkt werden sollte, insbesondere wenn verschiedene historische Ausprägungen der gleichen Entität in der Wissensbasis existieren. Für den Reichstag enthält Wikidata z. B. Datensätze für die verschiedenen historischen Ausprägungen: *Q321246* für 1867–1870, *Q160208* für 1871–1918, *Q637829* für 1919–1945 und *Q878525* für 1933–1945. Für Preußen existieren dagegen überlappende Datensätze. So umschließt z. B. *Preußen* (*Q38872*) (1525–1947) die Wikidata-Entität *Königreich Preußen* (*Q27306*) (1701–1918) ebenso wie das *Herzogtum Preußen* (*Q153091*) (1525–1618) oder den *Freistaat Preußen* (*Q161036*) (1918–1947) zeitlich. Welche dieser Entitäten sollte der Algorithmus verlinken, die umfassendste, die zeitlich am nächsten stehende oder nur die vollständig übereinstimmende Version?

5.5.2 Qualität des Korpus

Da die Verlinkung anhand einer Stichprobe von manuell korrigierten Gold-Standards der Entitätenauszeichnung (NER) durchgeführt wurden, war zwar eine geringere Fehlerrate im Korpus zu erwarten, diese ist aber nicht null, welches auch die Herausforderungen einer manuellen Annotation (NER) deutlich macht. Fehler im Korpus führen zu Folgefehlern in der automatischen Verlinkung. Beispiele für Korpusfehler sind:

- Inkorrekte Entitätenerkennung (Fehlertyp 2 in Ling et al. 2015) (z. B. inkorrekte Annotation des Tokens *Krone* als Organisation, welche in der Verlinkung nicht identifiziert wird)
- OCR-Fehler (z. B. erschwert die inkorrekte Erkennung von J und I in Fraktur-Texten die automatische Verlinkung)

5.5.3 Fehler in der Disambiguierung

Disambiguierungsfehler entstehen immer dann, wenn Entitäten semantisch schwer voneinander unterscheidbar sind. Beispiele für Disambiguierungsfehler sind:

- Koreferenzfehler durch Homonymie (Fehlertyp 3 in Ling et al. 2015) (z. B. Straßen mit identischen Namen in der Wissensbasis, die vom Verlinkungsalgorithmus auf die gleiche Entität verlinkt werden)
- Kontextfehler durch Homonymie (Fehlertyp 4 in Ling et al. 2015) (z. B. inkorrekte Verlinkung des hessischen Großherzogs *Q57507* als Badischer Großherzog *Q57483*)
- Spezifität (Fehlertyp 5 in Ling et al. 2015) (z. B. Verlinkung des Bezirks *Friedrichshain-Kreuzberg*, wenn im Text die Entität *Berlin* benannt ist)
- Wortformen (z. B. fehlende Verlinkung von *Französisch* zur Entität *Frankreich*)

6 Zusammenfassung

Die Studie zeigt, dass einerseits ein Potenzial für die inhaltliche Erschließung von Named Entities in historischen Texten vorhanden ist, denn immerhin sind über die Hälfte der in der Stichprobe genannten Entitäten auch vorhanden. Andererseits zeigt sie gleichermaßen, dass sowohl die Abdeckung als auch die Korrektheit der Verlinkung durchaus noch verbessert werden kann. Eine Ausnahme bilden Orte, die sowohl für die Abdeckung in beiden Wissensbasen als auch in der Korrektheit der Verlinkung signifikant bessere Ergebnisse zeigen als die anderen Entitätentypen. Ein überraschendes Ergebnis dieser Untersuchung war, dass sich die Wissensbasen GND und Wikidata, obwohl sehr verschieden in der Größe, in der Abdeckung der historischen Entitäten im untersuchten Korpus gleichen. Ein Grund dafür kann sein, dass die umfangreiche deutschsprachige Wikipedia auch in Wikidata repräsentiert ist und damit deutsche Entitäten – wie sie aus der Stichprobe deutscher Zeitungen zu erwarten sind – auch überdurchschnittlich oft in der globalen Wissensbasis vorkommen. Die GND, die für Personen ursprünglich auf Urheber:innen von publizierten Texten fokussiert war, steht der Wikidata mit einem allgemeinen Fokus allerdings auch für Personen für die untersuchte Stichprobe nicht hinterher.

Was die vorliegende Studie nicht vermochte, war die automatische Verlinkung mit beiden Wissensbasen zu vergleichen. Die durchschnittliche *precision* für die automatische Verlinkung mit Wikidata lag bei unter 40 %, was u. a. auch an Qualitätsproblemen der Wissensbasis, also der Erfassung von Informationen in Wikidata, erklärt werden konnte (s. Abschnitt 5.5). Eine interessante, zu überprüfende Theorie ist, dass einige dieser Fehlerquellen in der intellektuell kuratierten GND nicht auftauchen würden und damit die automatische Verlinkung verbessert werden könnte. Andererseits enthalten Wikidata-Datensätze oftmals mehr und andere Informationen, die wiederum einem Algorithmus bei der korrekten Verlinkung durch ihren Kontext unterstützen könnten.

Ein anderer Aspekt, der die Qualität der inhaltlichen Erschließung durch Verlinkungen mit Wissensbasen beeinflusst, ist sowohl die Beschreibungstiefe und -qualität als auch das interne Beziehungsnetzwerk von Datensätzen innerhalb der Wissensbasis. Wenn man von einer Entität in einem digitalisierten Text auf die entsprechende Beschreibung der Entität in einer Wissensbasis weitergeleitet wird, wie viele Informationen enthält der entsprechende Datensatz in der Wissensbasis und mit wie vielen anderen Datensätzen ist er verlinkt? Auch diese Art der Untersuchung wartet auf zukünftige Analysen.

7 Danksagung

Die Erstellung dieses Beitrags wurde unterstützt mit Mitteln des von der Deutschen Forschungsgemeinschaft (DFG) geförderten Projekts *SoNAR (IDH)* (Projektnr. 414792379) sowie des vom Bundesministerium für Bildung und Forschung (BMBF) geförderten Projekts *QURATOR* (Unternehmen Region, Wachstumskern, Projektnr. 03WKDA1A).

8 Literaturverzeichnis

Balog, Krisztian: Entity Linking. In: Entity-Oriented Search. Hrsg. v. Krisztian Balog. Cham: Springer International Publishing 2018. S. 147–188. https://doi.org/10.1007/978-3-319-93935-3_5.

Balzer, Detlev, Barbara K. Fischer, Jürgen Kett, Susanne Laux, Jens M. Lill, Jutta Lindenthal, Mathias Manecke, Martha Rosenkötter und Axel Vitzthum: Das Projekt „GND für Kulturdaten“; (GND4C). In: o-bib. Das Offene Bibliotheksjournal (2019) Bd. 6 Nr. 4. S. 59–97. https://doi.org/10.5282/o-bib/2019H4S59-97.

Batista, David S.: Named-Entity evaluation metrics based on entity-level. 2018. http://www.davidsbatista.net/blog/2018/05/09/Named_Entity_Evaluation/.

Berners-Lee, Tim: Linked Data. W3C 2006. https://www.w3.org/DesignIssues/LinkedData.html.

Bludau, Mark-Jan, Marian Dörk, Heiner Fangerau, Thorsten Halling, Elena Leitner, Sina Menzel, Gerhard Müller, Vivien Petras, Georg Rehm, Clemens Neudecker, David Zellhöfer und Julián Moreno Schneider: SoNAR (IDH): Datenschnittstellen für historische Netzwerkanalyse. In: DHd 2020 Spielräume: Digital Humanities zwischen Modellierung und Interpretation. Konferenzabstracts. Tagung des Verbands Digital Humanities, March 2–6, Paderborn, Germany. Verband Digital Humanities im deutschsprachigen Raum e. V. Hrsg. v. Christof Schöch. 2020. S. 360–362. https://doi.org/10.5281/zenodo.3666690.

Bruce, Thomas und Diane I. Hillmann: Metadata Quality in a Linked Data Context. In: VoxPopuLII. New voices in legal information. 2013. https://blog.law.cornell.edu/voxpop/2013/01/24/metadata-quality-in-a-linked-data-context/.

Bunescu, Razvan und Marius Pasca: Using Encyclopedic Knowledge for Named entity Disambiguation. In: 11th Conference of the European Chapter of the Association for Computational Linguistics. Hrsg. v. Diana McCarthy und Shuly Wintner. Association for Computational Linguistics 2006. S. 9–16. https://www.aclweb.org/anthology/E06-1002.

Cucerzan, Silviu: Large-scale named entity disambiguation based on Wikipedia data. In: Proceedings of the 2007 joint conference on empirical methods in natural language processing and computational natural language learning (EMNLP-CoNLL). Hrsg. v. Jason Eisner. Association for Computational Linguistics 2007. S. 708–716. https://www.aclweb.org/anthology/D07-1074.

Devlin, Jacob, Ming-Wei Chang, Kenton Lee und Kristina Toutanova: BERT: Pre-training of deep bidirectional transformers for language understanding. In: Proceedings of the 2019 Conference of the North American Chapter of the Association for Computational Linguistics: Human Language Technologies, Volume 1 (Long and Short Papers). Association for Computational Linguistics 2019. S. 4171–4186. http://dx.doi.org/10.18653/v1/N19-1423.

Ehrmann, Maud, Matteo Romanello, Alex Flückiger und Simon Clematide: Extended overview of CLEF HIPE 2020: named entity processing on historical newspapers. In: CLEF 2020 Working Notes. Conference and Labs of the Evaluation Forum. CEUR-WS 2020. http://dx.doi.org/10.5281/zenodo.4117566.

Ganea, Octavian-Eugen und Thomas Hofmann: Deep joint entity disambiguation with local neural attention. In: Proceedings of the 2017 Conference on Empirical Methods in Natural Language Processing. Hrsg. v. Martha Palmer, Rebecca Hwa und Sebastian Riedel. Association for Computational Linguistics 2017. S. 2619–2629. https://www.aclweb.org/anthology/D17-1277.

Hachey, Ben, Will Radford, Joel Nothman, Matthew Honnibal und James R. Curran: Evaluating Entity Linking with Wikipedia. In: Artificial Intelligence (2013) Bd. 194. S. 130–150. https://doi.org/10.1016/j.artint.2012.04.005.

Hochstein, Juliane: „Ihr Bibliothekare habt doch jetzt …". Ein Jahr „Gemeinsame Normdatei". In: Theke aktuell 2013 Bd. 20 Nr. 1. S. 19–23. https://journals.ub.uni-heidelberg.de/index.php/ThekeAkt/article/download/11337/5198.

Kolitsas, Nikolas, Octavian-Eugen Ganea und Thomas Hofmann: End-to-end neural entity linking. In: Proceedings of the 22nd Conference on Computational Natural Language Learning. 2018. S. 519–529. https://arxiv.org/abs/1808.07699.

Labusch, Kai, Clemens Neudecker und David Zellhöfer: BERT for Named Entity Recognition in Contemporary and Historic German. In: Proceedings of the 15th Conference on Natural Language Processing (KONVENS 2019). 2019. https://konvens.org/proceedings/2019/papers/KONVENS2019_paper_4.pdf.

Labusch, Kai und Clemens Neudecker: Named Entity Disambiguation and Linking Historic Newspaper OCR with BERT. In: CLEF 2020 Working Notes. Working Notes of CLEF 2020 – Conference and Labs of the Evaluation Forum. Hrsg. v. Linda Capellato, Carsten Eikhoff, Nicola Ferro und Aurélie Névéoll. CEUR-WS 2020. http://ceur-ws.org/Vol-2696/paper_ 163.pdf.

Leitner, Elena, Julián Moreno-Schneider, Georg Rehm, Sina Menzel, Vivien Petras, Mark-Jan Bludau und Marian Dörk: Graphtechnologien für die Analyse historischer Netzwerke mit heterogenen Datenbeständen. In: Proceedings of Graph Technologies in the Humanities 2020, February 21–22, Vienna, Austria. Hrsg. v. T. Andrews, F. Diehr, T. Efer, A. Kuczera und J. v. Zundert. Verband Digital Humanities im deutschsprachigen Raum e. V 2020.

Ling, Xiao, Sameer Singh und Daniel S. Weld: Design Challenges for Entity Linking. In: Transactions of the Association for Computational Linguistics (2015) Bd. 3. S. 315–328. https:// doi.org/10.1162/tacl_a_00141.

Linhares Pontes, Elvys, Ahmed Hamdi, Nicolas Sidere und Antoine Doucet: Impact of OCR Quality on Named Entity Linking. In: Digital Libraries at the Crossroads of Digital Information for the Future. ICADL 2019. Lecture Notes in Computer Science, Bd, 11853. Hrsg. v. Adam Jatowt, Akira Maeda und Sue Yeon Syn. Cham: Springer 2019. S. 102–115. https:// doi.org/10.1007/978-3-030-34058-2_11.

Moreno-Schneider, Julián, Peter Bourgonje, Florian Kintzel und Georg Rehm: A Workflow Manager for Complex NLP and Content Curation Pipelines. In: Proceedings of the 1st International Workshop on Language Technology Platforms (IWLTP 2020, co-located with LREC 2020), Marseille, France, 2020. Hrsg. v. Georg Rehm, Kalina Bontcheva, Khalid Choukri, Jan Hajic, Stelios Piperidis und Andrejs Vasiljevs. 2020. S. 73–80. https://arxiv.org/abs/ 2004.14130.

Neudecker, Clemens: An open corpus for named entity recognition in historic newspapers. In: Proceedings of the Tenth International Conference on Language Resources and Evaluation (LREC'16). European Language Resources Association 2016. S. 4348–4352. https://www. aclweb.org/anthology/L16-1689.

Neudecker, Clemens, Konstantin Baierer, Maria Federbusch, Kay-Michael Würzner, Matthias Boenig, Elisa Herrmann und Volker Hartmann: OCR-D: An end-to-end open-source OCR framework for historical documents. In: Proceedings of the 3rd International Conference on Digital Access to Textual Cultural Heritage (DATeCH2019), Brüssel 09.05.2019. New York, NY: Association for Computing Machinery 2019. S. 53–58. https://doi.org/10.1145/ 3322905.3322917.

Ohlig, Jens: Gemeinsam wieder Neuland betreten: Die Deutsche Nationalbibliothek und Wikimedia Deutschland. Wikimedia Blog 2018. https://blog.wikimedia.de/2018/11/02/ gemeinsam-wieder-neuland-betreten-die-deutsche-nationalbibliothek-und-wikimedia-deutschland/.

Piscopo, Alessandro und Elena Simperl: What we talk about when we talk about Wikidata quality: a literature survey. In: Proceedings of the 15th International Symposium on Open Collaboration (OpenSym '19). New York, NY: Association for Computing Machinery 2019. S. 1–11. https://doi.org/10.1145/3306446.3340822.

Provatorova, Vera, Svitlana Vakulenko, Evangelos Kanoulas, Koen Dercksen und Johannes M. van Hulst: Named Entity Recognition and Linking on Historical Newspapers: UvA.ILPS & REL at CLEF HIPE 2020. In: CLEF 2020 Working Notes. Working Notes of CLEF 2020 – Conference and Labs of the Evaluation Forum. Hrsg. v. Linda Capellato, Carsten Eikhoff, Nicola Ferro und Aurélie Névéoll. CEUR-WS 2020. http://ceur-ws.org/Vol-2696/paper_209.pdf.

Rao, Delip, Paul McNamee und Mark Dredze: Entity linking: Finding extracted entities in a knowledge base. In: Multi-source, multilingual information extraction and summarization. Hrsg. v. Thierry Poibeau, Horacio Saggion, Jakub Piskorski und Roman Yangarber. Berlin, Heidelberg: Springer 2013. S. 93–115. https://doi.org/10.1007/978-3-642-28569-1_5.

Rehm, Georg, Peter Bourgonje, Stefanie Hegele, Florian Kintzel, Julián Moreno Schneider, Malte Ostendorff, Karolina Zaczynska, Armin Berger, Stefan Grill, Sören Räuchle, Jens Rauenbusch, Lisa Rutenburg, André Schmidt, Mikka Wild, Henry Hoffmann, Julian Fink, Sarah Schulz, Jurica Seva, Joachim Quantz, Joachim Böttger, Josefine Matthey, Rolf Fricke, Jan Thomsen, Adrian Paschke, Jamal Al Qundus, Thomas Hoppe, Naouel Karam, Frauke Weichhardt, Christian Fillies, Clemens Neudecker, Mike Gerber, Kai Labusch, Vahid Reza-nezhad, Robin Schaefer, David Zellhöfer, Daniel Siewert, Patrick Bunk, Lydia Pintscher, Elena Aleynikova und Franziska Heine: QURATOR: Innovative Technologies for Content and Data Curation. In: Qurator 2020 – Conference on Digital Curation Technologies. Proceedings of the Conference on Digital Curation Technologies, Berlin, 2020. Hrsg. v. Adrian Paschke, Clemens Neudecker, Georg Rehm, Jamal Al Qundus und Lydia Pintscher. CEUR Workshop Proceedings. Bd. 2535. 2020. http://ceur-ws.org/Vol-2535/paper_17.pdf

Sevgili, Ozge, Artem Shelmanov, Mihhail Arkhipov, Alexander Panchenko und Chris Biemann: Neural Entity Linking: A Survey of Models based on Deep Learning. 2020. https://arxiv.org/abs/2006.00575.

Shen, Wei, Jianyong Wang und Jiawei Han: Entity linking with a knowledge base: Issues, techniques, and solutions. In: IEEE Transactions on Knowledge and Data Engineering (2014) Bd. 27 H. 2. S. 443–460. https://doi.org/10.1109/TKDE.2014.2327028.

Springmann, Uwe, Christian Reul, Stefanie Dipper und Johannes Baiter: Ground Truth for training OCR engines on historical documents in German Fraktur and Early Modern Latin. Journal for Language Technology and Computational Linguistics (2018) Bd. 33 H. 1. S. 97–114. https://jlcl.org/content/2-allissues/2-heft1-2018/jlcl_2018-1_5.pdf.

Tamper, Minna, Eero Hyvönen und Petri Leskinen: Visualizing and Analyzing Networks of Named Entities in Biographical Dictionaries for Digital Humanities Research. In: Proceedings of the 20th International Conference on Computational Linguistics and Intelligent Text Processing (CICling 2019). Germany: Springer-Verlag 2019. Preprint: https://easychair.org/publications/preprint_download/7xBL.

Varma, Vasudeva, Vijay Bharat, Sudheer Kovelamudi, Praveen Bysani, Santosh GSK, Kiran Kumar N, Kranthi Reddy, Karuna Kumar und Nitin Maganti: IIIT Hyderabad at TAC 2009. https://www.researchgate.net/publication/242545144_IIIT_Hyderabad_at_TAC_2009.

Voß, Jakob, Susanna Bausch, Julian Schmitt, Jasmin Bogner, Viktoria Berkelmann, Franziska Ludemann, Oliver Löffel, Janna Kitroschat, Maiia Bartoshevska und Katharina Seljuzki: Normdaten in Wikidata – Handbuch. Version 1.0 (2014). https://hshdb.github.io/normdaten-in-wikidata/.

Yamada, Ikuya, Koki Washio, Hiroyuki Shindo, und Yuji Matsumoto: Global Entity Disambiguation with Pretrained Contextualized Embeddings of Words and Entities. 2019. https://arxiv.org/abs/1909.00426.

Elektronische Quellen zuletzt geprüft am 08.06.2021.

Fabian Steeg und Adrian Pohl

Ein Protokoll für den Datenabgleich im Web am Beispiel von OpenRefine und der Gemeinsamen Normdatei (GND)

1 Einordnung

1.1 Normdaten und die Qualität der Inhaltserschließung

Normdaten spielen speziell im Hinblick auf die Qualität der Inhaltserschließung bibliografischer und archivalischer Ressourcen eine wichtige Rolle. Ein konkretes Ziel der Inhaltserschließung ist z. B., dass alle Werke über Hermann Hesse einheitlich zu finden sind. Hier bieten Normdaten eine Lösung, indem z. B. bei der Erschließung einheitlich die GND-Nummer 11855042X für Hermann Hesse verwendet wird. Das Ergebnis ist eine höhere Qualität der Inhaltserschließung vor allem im Sinne von Einheitlichkeit und Eindeutigkeit und, daraus resultierend, eine bessere Auffindbarkeit.

Werden solche Entitäten miteinander verknüpft, z. B. Hermann Hesse mit einem seiner Werke, entsteht ein *Knowledge Graph,* wie ihn etwa Google bei der Inhaltserschließung des Web verwendet (Singhal 2012). Die Entwicklung des *Google Knowledge Graph* und das hier vorgestellte Protokoll sind historisch miteinander verbunden: OpenRefine wurde ursprünglich als Google Refine entwickelt, und die Funktionalität zum Abgleich mit externen Datenquellen (Reconciliation) wurde ursprünglich zur Einbindung von Freebase entwickelt, einer der Datenquellen des *Google Knowledge Graph.* Freebase wurde später in Wikidata integriert. Schon Google Refine wurde zum Abgleich mit Normdaten verwendet, etwa den Library of Congress Subject Headings (Hooland et al. 2013).

1.2 Reconciliation als Teil der Inhaltserschließung

Bei der Verwendung der GND zur Inhaltserschließung findet bei den Erfassenden ein Abgleich zwischen den vorliegenden Daten (z. B. der Zeichenkette *Hermann Hesse*) und den Normdaten statt. Über ein System zum Abfragen der GND wird etwa der Eintrag zum Schriftsteller und Nobelpreisträger (11855042X), zum russischen Staatsrat und Arzt (137565259), oder zur Hesse-Biografie von Hugo Ball (4592695-5) zur Verknüpfung ausgewählt. In diesem Sinn ist hier der

Begriff des Datenabgleichs bzw. der Reconciliation zu verstehen: als Abgleich von Namen (einer Person, eines Ortes, eines Schlagworts etc.) mit jeweils einem Identifikator innerhalb einer Normdatei.

Der Prozess der Reconciliation selbst kann so als Form oder Teil der Inhaltserschließung gesehen werden. Die Werkzeugunterstützung, Automatisierung und Standardisierung dieses manuellen Schrittes ist Gegenstand dieses Beitrags. Dabei wird dargestellt, wie Prozesse des manuellen Abgleichs (z. B. die Disambiguierung von Hermann Hesse als Schriftsteller) beim automatischen Verfahren formal kodiert werden, etwa durch strukturierte Zusatzinformationen zu Beruf und Lebensdaten.

So erweitert sich der beschriebene Anwendungsbereich über die manuelle Erschließung (gedruckter) bibliografischer und archivalischer Ressourcen in den Bereich der halb- oder vollautomatischen Erschließung mittels Batch-/Stapelverarbeitung, etwa von elektronischen Ressourcen, digitalen Editionen oder sonstigen Forschungsdaten. Ziel des in diesem Beitrag beschriebenen Protokolls ist in diesem Sinn also auch, Normdaten als zentrales Element der Inhaltserschließung für neue Anwendungsfälle zugänglich zu machen.

1.3 Terminologie und Abgrenzung

Die beschriebenen Konzepte sollen im Folgenden kurz von verwandten Begriffen und Verfahren abgegrenzt werden. Es handelt sich bei der Reconciliation im engeren Sinn wie oben beschrieben um das Identifizieren eindeutiger Entitäten in einer Wissensbasis (Knowledge Base) durch die Ermittlung von Identifikatoren für vorliegende Eigennamen. Die identifizierten Entitäten selbst haben Attribute, die sie zum Teil wiederum mit weiteren Entitäten verbinden (wenn diese Attribute als Werte Identifikatoren enthalten, in der GND z. B. die Verbindung von Hermann Hesse mit seinem Geburtsort *Calw*). In diesem Sinn handelt es sich bei der Reconciliation um die Verortung, und damit Disambiguierung, von Daten in einem Knowledge Graph.

Im Kontext von maschineller Sprachverarbeitung und Information Retrieval spricht man innerhalb des weiten Feldes der Informationsextraktion von der Eigennamenerkennung (Named Entity Recognition). Für den über die bloße Erkennung eines Eigennamens (z. B. *Hermann Hesse* ist ein Name) hinausgehenden Fall der Verknüpfung mit Normdaten (z. B. *Hermann Hesse* ist 11855042X) hat sich der Begriff *(Named) Entity Linking* etabliert. Durch die eindeutige Verknüpfung mit einer Entität handelt es sich bei dieser zugleich um eine Form von Wortsinndisambiguierung (Word Sense Disambiguation), hier z. B. von *Hermann Hesse* als Schriftsteller und Nobelpreisträger (11855042X) gegenüber anderen Bedeutungen wie dem russischen Staatsrat und Arzt (137565259) oder dem Werk von Hugo Ball (4592695-5). Daher wird hier auch von *Named Entity Disambiguation* (Slawski 2015) oder *Named Entity Normalization* (Khalid, Jijkoun und Rijke 2008) gesprochen. Hier schließt sich der Kreis zur bibliothekarischen Terminologie: Das im Folgenden beschriebene Protokoll dient zur Normalisierung von Entitäten mittels Normdaten.

1.4 Protokolle und Standards

Sowohl in klassischen Bibliothekssystemen als auch im Web spielen standardisierte Datenformate und Protokolle eine zentrale Rolle. Formate wie MAB oder MARC und Protokolle wie Z39.50 ermöglichen einen institutions- und systemübergreifenden Datenaustausch und damit die Nachnutzung und Zusammenführung, etwa in Verbundkatalogen. Formate wie HTML oder JSON und Protokolle wie HTTP ermöglichen den weltweiten Datenaustausch im Web. So ist es erstrebenswert, den hier beschriebenen Datenabgleich über ein standardisiertes Protokoll durchzuführen bzw. ein solches zu entwickeln (Delpeuch et al. 2020), um institutionsübergreifend einheitlich auf zentrale Normdaten zuzugreifen. In diesem Sinn werden im nächsten Abschnitt die Details des Protokolls für den Datenabgleich im Web am Beispiel von OpenRefine und der GND dargestellt. Der verwendete Reconciliation-Dienst von lobid-gnd (Steeg, Pohl und Christoph 2019) basiert auf den als RDF publizierten GND-Daten der Deutschen Nationalbibliothek (Hauser 2014).

2 Protokoll

Der folgende Abschnitt beschreibt die einzelnen Elemente des Protokolls für den Datenabgleich im Web und ihre Verwendung am Beispiel von OpenRefine und der GND. Das Protokoll hat seinen Ursprung in der Implementierung der Netzwerkkommunikation in OpenRefine. Ausgehend davon soll es im Rahmen des W3C standardisiert werden (Delpeuch et al. 2020). Dies hat gegenüber dem umgekehrten Ansatz (zuerst wird ein Protokoll standardisiert, dann wird es implementiert) den Vorteil, dass das Protokoll erwiesenermaßen praxistauglich ist. Es entspricht in diesem Aspekt auch der in der Internet Engineering Task Force (IETF) entstandenen pragmatischen Grundhaltung der Internet-Standardisierung (Alvestrand und Lie 2009). Die folgende Beschreibung des Protokolls kann anhand der Implementierung in lobid-gnd (Steeg, Pohl und Christoph 2019) praktisch nachvollzogen werden.[1]

2.1 JSON

Das im Folgenden beschriebene Protokoll basiert auf JSON, dem bereits ab 2005 sehr populären und spätestens nach seiner Standardisierung 2013 weit etablierten Format für Web-basierten Datenaustausch (Target 2017). Grundelement von JSON ist eine Attribut-Wert Zuordnung, z. B.:

```
{
  "Attribut_1": "Wert_1",
  "Attribut_2": "Wert_2"
}
```

Die Metadaten, Anfragen und Antworten dieses Protokolls werden mit JSON formuliert.

2.2 Service

Ein *reconciliation service*[2] beschreibt sich selbst in einem *service manifest*. Dieses JSON-Dokument definiert mindestens einen Namen in name, ein Präfix zur Identifikation der gelieferten Entitäten (z. B. zur Identifikation einer GND-Nummer wie 118624822 als https://d-nb.info/gnd/118624822) in identifierSpace und den Typ der gelieferten Entitäten (und damit die Ontologie samt verfügbaren Properties für die Entitäten) in schemaSpace:

```
{
  "name": "GND reconciliation for OpenRefine",
  "identifierSpace": "https://d-nb.info/gnd/",
  "schemaSpace": "https://d-nb.info/standards/elementset/gnd#AuthorityResource"
}
```

---

1 Eine Dokumentation der API von lobid-gnd findet sich unter https://lobid.org/gnd/api (4.12.2020).
2 Die Beschreibung des Protokolls verwendet die englischen Begriffe (kursiv gesetzt) aus dem Spezifikationsentwurf (Delpeuch et al. 2020).

2.3 Reconciliation queries

Ein Dienst mit einem solchen *service manifest* kann in einem *reconciliation client* eingebunden werden und steht dann für *reconciliation queries* zur Verfügung (s. Abb. 1). Das *service manifest* kann weitere, optionale Hilfsdienste und Unterstützung für *data extension* deklarieren (s. unten).

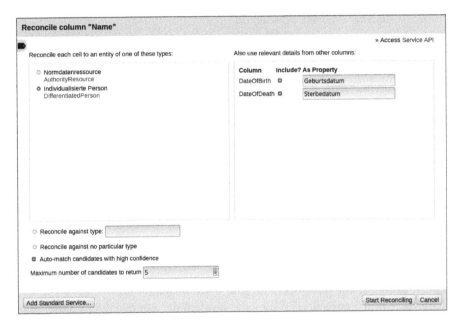

Abb. 1: Der Reconciliation-Dialog mit zahlreichen Konfigurationsmöglichkeiten in OpenRefine

2.3.1 Einfache Anfragen

In der einfachsten Form werden nur Namen an den Dienst geschickt. Dies erfolgt für alle abzugleichenden Werte in einer einzigen Anfrage. Auf Ebene der OpenRefine-Oberfläche bedeutet dies die Auswahl der entsprechenden Spalte (z. B. *Name* in Abb. 1).

Auf Ebene des Protokolls handelt es sich um ein JSON-Objekt, bei dem jeder Wert durch einen eindeutigen Schlüssel (hier q1 und q2) identifiziert wird. Der Wert eines Attributs muss selbst keine Zeichenkette sein (wie "Wert_1" im ersten JSON-Beispiel oben), sondern kann selbst wieder JSON sein, z. B.

{ "query": "Hans-Eberhard Urbaniak" }. So kann mit JSON eine geschachtelte Struktur ausgedrückt werden.

Für eine Spalte bzw. Anfrage mit zwei Werten stellt sich eine minimale Anfrage dann so dar:

```
{
  "q1": { "query": "Hans-Eberhard Urbaniak" },
  "q2": { "query": "Ernst Schwanhold" }
}
```

Eine solche minimale *reconciliation query* lässt sich etwa mit folgender URL im Browser durchführen:

```
https://lobid.org/gnd/reconcile/?queries={"q1":{"query":"Twain, Mark"}}
```

Die im Browser ausgelieferte Antwort ist ein JSON-Dokument. Zur komfortableren Anzeige im Browser, etwa mit Syntax-Coloring und einklappbaren Unterabschnitten, existieren diverse JSON-Browser-Plugins. Auf der Kommandozeile können die Daten etwa mit dem vielseitigen Werkzeug jq verarbeitet werden:[3]

```
curl --data 'apo;queries={"q1":{"query":"Twain, Mark"}}' \
https://lobid.org/gnd/reconcile/ | jq
```

Die Antwort besteht aus einer Reihe von Vorschlägen (in JSON als Array innerhalb von [und] ausgedrückt) für jedes Element der Anfrage (hier gekürzt: nur q1 und die ersten zwei Vorschläge):

```
{
  "q1": {
    "result": [
      {
        "id": "118624822",
        "name": "Twain, Mark",
        "score": 84.15378,
        "match": true,
        "type": [{"id": "DifferentiatedPerson", "name": "Individualisierte
        Person"}]
      },
```

---

[3] Für Details und weitere Beispiele siehe https://shapeshed.com/jq-json/ (4.12.2020).

```
{
  "id": "1045623490",
  "name": "Bezirkszentralbibliothek Mark Twain. Schreibwerkstatt",
  "score": 78.29902,
  "match": false,
  "type": [{"id": "CorporateBody", "name": "Körperschaft"}]
}
]
}
}
```

Als erster Vorschlag erscheint hier also Mark Twain selbst (118624822, Typ Individualisierte Person), als zweiter Vorschlag eine Körperschaft mit dem Identifikator 1045623490. Die Eindeutigkeit der Identifikatoren ergibt sich durch den im *service manifest* angegebenen identifierSpace (s. Abschnitt *Service*). Der gemeinsame Namensraum https://d-nb.info/gnd/ für GND-Nummern ermöglicht so die Interoperabilität verschiedener Dienste auf Basis der GND.

Neben Identifikator und Typ enthalten die Vorschläge die Felder name, score und match als Details zum jeweiligen Vorschlag. Score ist ein Maß des Dienstes für die Übereinstimmung des Vorschlages mit der Anfrage (d. h. je höher der score, desto besser der Vorschlag) und match drückt per Wahrheitswert aus, ob der Vorschlag nach internen Kriterien des Dienstes als Treffer zu dem Vorschlag bewertet wird.

Diese Vorschläge können den Nutzenden im *reconciliation client* angezeigt werden (s. Abb. 2, pro Name sehen wir die entsprechenden Vorschläge, bzw. den Namen in Fett bei der automatisch als Treffer gewerteten Entität).

2.3.2 Weitere Metadaten

Dadurch, dass mit jedem Element der Anfrage (z. B. q1 oben) wieder JSON assoziiert ist, können jedem Element der Anfrage zusätzlich zum Namen weitere Metadaten hinzugefügt werden, etwa der gesuchte Entitätstyp in type oder eine Begrenzung der vom Dienst gelieferten Vorschläge in limit:

```
{
  "q0": {
    "query": "Christel Hanewinckel",
    "type": "DifferentiatedPerson",
    "limit": 5
```

```
    },
  "q1": {
    "query": "Franz Thünnes",
    "type": "DifferentiatedPerson",
    "limit": 5
  }
}
```

Diese können in einem *reconciliation client* bei der Nutzung konfiguriert werden (s. Abb. 1, Typauswahl oben links: *Reconcile each cell to an entity of one of these types*, Beschränkung unten links: *Maximum number of candidates to return*).

Für eine höhere Transparenz der oben beschriebenen Bewertung in der Antwort (score, match) kann ein *reconciliation service* für jedes result auch spezifische features zurückgegeben, die eine differenziertere Bewertung der Vorschläge durch den *reconciliation client* ermöglichen, z. B. eine separate Bewertung der Übereinstimmung des Namens (in name_tfidf) bzw. des angeforderten Typs (in type_match):

```
"features": [
  {
    "id": "name_tfidf",
    "value": 334.188
  },
  {
    "id": "type_match",
    "value": 13.78
  }
]
```

Auf dieser Basis könnte ein *reconciliation client* neben der Auswertung des match-Wertes (s. Abb. 1, links unten: *Auto-match candidates with high confidence*) selbst entscheiden, ob etwa eine Übereinstimmung beim angeforderten Typ (d. h. ein hoher Wert für type_match) eine geringere Übereinstimmung des Namens (d. h. einen niedrigen Wert für name_tfidf) ausgleicht und doch als Treffer zu werten ist.

2.3.3 Zusätzliche Daten

Neben dem abzugleichenden Namen und den oben beschriebenen Metadaten können weitere Daten mitgeschickt werden, um die Qualität des Abgleichs zu erhöhen, d. h. um mit höherer Wahrscheinlichkeit den korrekten Identifikator vom Dienst angeboten zu bekommen. Dies können bei Personen etwa Lebensdaten oder Berufe sein. Auf Ebene der OpenRefine-Oberfläche sind diese weiteren Daten zusätzliche Spalten der Tabelle (z. B. Spalten Beruf, Geburtsjahr, Sterbejahr; s. Abb. 1, oben rechts: *Also use relevant details from other columns*). Auf Ebene des Protokolls werden diese als properties abgebildet:[4]

```
"properties": [
  {
    "pid": "professionOrOccupation",
    "v": "Politik*"
  },
  {
    "pid": "affiliation",
    "v": "http://d-nb.info/gnd/2022139-3"
  }
]
```

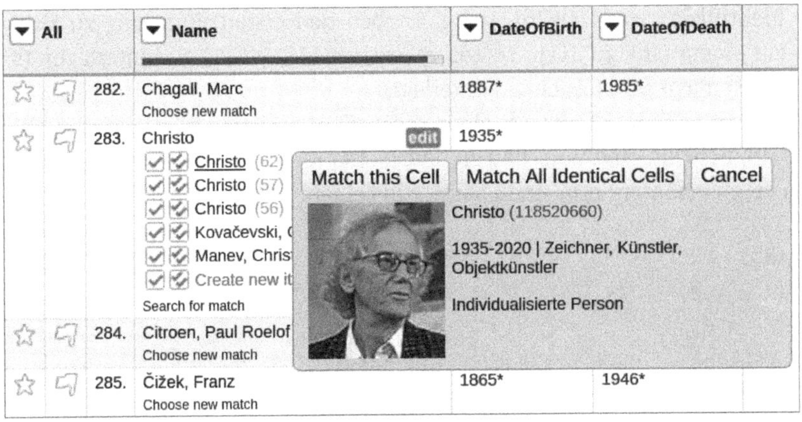

Abb. 2: Ergebnisse der Reconciliation mit Vorschlägen und Vorschau zur Auswahl von Kandidaten

---

4 Details zu diesem Beispiel finden sich unter https://blog.lobid.org/2019/09/30/openrefine-e xamples.html#occupations-and-affiliations (4.12.2020).

2.4 Hilfsdienste

Neben der zentralen Funktionalität der *reconciliation queries* kann ein *reconciliation service* weitere Dienste anbieten. Dies sind zum einen Hilfsdienste, die die Kernfunktionalität erweitern, insbesondere in Form von Vorschauen und Vorschlägen, sowie zum anderen Dienste zur Verwendung der abgeglichenen Entitäten zur Datenanreicherung der lokalen Datensätze (*data extension*).

2.4.1 Anzeige

Im Wesentlichen gibt es zwei Dienste zur Anzeige von Entitäten. Zum einen kann der *reconciliation service* in seinem *service manifest* deklarieren, wo Entitäten auf Basis eines Identifikators angezeigt werden können. Dies erfolgt über einen Eintrag `view` mit einer URL, die einen Platzhalter für den Identifikator enthält, z. B.:

```
"view": {
  "url": "https://lobid.org/gnd/{{id}}"
}
```

Ein *reconciliation client* kann damit einen Link zu einer Entität erzeugen, indem in `https://lobid.org/gnd/{{id}}` die Zeichenkette `{{id}}` durch den eigentlichen Identifikator ersetzt wird, um z. B. oben den ersten Vorschlag zu Mark Twain mit einem Link zu `https://lobid.org/gnd/118624822` zu hinterlegen (s. Abb. 2, Vorschläge sind mit Links hinterlegt).

Für eine engere Integration in einen *reconciliation client* gibt es darüber hinaus die Möglichkeit, eine Vorschau zu liefern. Der *reconciliation service* definiert dazu in vergleichbarer Form einen Service in seinem *service manifest*:

```
"preview": {
  "height": 100,
  "width": 320,
  "url": "https://lobid.org/gnd/{{id}}.preview"
}
```

Im Unterschied zum `view` wird hier eine Größe definiert, so dass der Client einen entsprechend großen Vorschaubereich erzeugen kann. Hier liefert der Dienst wie bei `view` HTML, das direkt angezeigt werden kann, allerdings muss dafür bei `preview` keine neue Seite verlinkt werden, sondern die Vorschau kann etwa in einem Popup angezeigt werden (s. Abb. 2, Vorschau für Kandidaten mit Bild, Lebensdaten, Beruf und Typ).

2.4.2 Vorschläge

Die suggest-Hilfsdienste dienen zur Anzeige von Vorschlägen an verschiedenen Stellen des Datenabgleichs in einem *reconciliation client*. Vorgeschlagen werden können Entitäten, Properties und Typen. Dazu wird jeweils im *service manifest* der eigentliche Vorschlagsdienst, sowie analog zum preview oben, ein soge-nannter Flyout-Dienst für kleine, integrierte Darstellungen deklariert:

```
"suggest": {
  "property": {
    "service_url": "https://lobid.org/gnd/reconcile",
    "service_path": "/suggest/property",
    "flyout_service_path": "/flyout/property?id=${id}"
  },
  "entity": {
    "service_url": "https://lobid.org/gnd/reconcile",
    "service_path": "/suggest/entity",
    "flyout_service_path": "/flyout/entity?id=${id}"
  },
  "type": {
    "service_url": "https://lobid.org/gnd/reconcile",
    "service_path": "/suggest/type",
    "flyout_service_path": "/flyout/type?id=${id}"
  }
}
```

Alle Vorschlagsdienste erwarten einen Query-Parameter prefix, in dem die bis-her von den Nutzenden eingegebene Zeichenkette übergeben wird. Dies dient im Client etwa dazu, vorzuschlagen, mit welcher GND-Property mitgeschickte Daten assoziiert werden (s. oben, Zusätzliche Daten). Wird im Client etwa an der entsprechenden Stelle beruf eingegeben, wird intern folgende Anfrage an den property-Hilfsdienst gesendet:

```
https://lobid.org/gnd/reconcile/suggest/property?prefix=beruf
```

Die Antwort zu dieser Anfrage lautet (kann wie oben im Browser oder über das Kommandozeilenwerkzeug `curl` nachvollzogen werden):

```
{
  "code": "/api/status/ok",
  "status": "200 OK",
  "prefix": "beruf",
  "result": [
    {
      "id": "professionOrOccupation",
      "name": "Beruf oder Beschäftigung"
    },
    {
      "id": "professionOrOccupationAsLiteral",
      "name": "Beruf oder Beschäftigung (Literal)"
    },
    {
      "id": "professionalRelationship",
      "name": "Berufliche Beziehung"
    }
  ]
}
```

Die drei gelieferten `properties` können dann den Nutzenden zur Auswahl vorgeschlagen werden (s. Abb. 1, rechts oben: *Also use relevant details from other columns* sowie Abb. 3, links: *Add Property*). Analog kann vor dem Abgleich ein spezifischer Typ vorgeschlagen werden (type-Suggest-Dienst, s. Abb. 1, unten links: *Reconcile against type*), oder nach dem Abgleich gezielt nach einem Treffer gesucht werden (*entity suggest service*, s. Abb. 2, unterhalb der Vorschläge: *Search for match*).

2.5 Data Extension

Das Protokoll zur *data extension* ermöglicht eine Datenanreicherung auf Basis der abgeglichenen Treffer. Es besteht aus zwei wesentlichen Teilen: erstens der Kommunikation über die zur Datenanreicherung verfügbaren *properties* (s. Abb. 3, linker Bereich) und zweitens der eigentlichen Anreicherung mit den Werten der ausgewählten *properties* (s. Abb. 3, rechter Bereich).

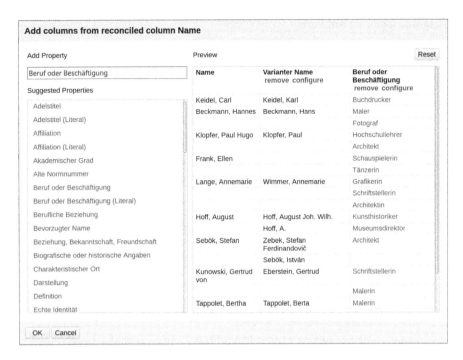

Abb. 3: Dialog zur *data extension* mit verfügbaren *properties* und Vorschau für ergänzte Spalten

2.5.1 Property-Vorschläge

Zunächst muss wieder das *service manifest* die Unterstützung für Property-Vorschläge deklarieren:

```
"propose_properties": {
  "service_url": "https://lobid.org",
  "service_path": "/gnd/reconcile/properties"
}
```

Ein solcher Dienst liefert die für einen bestimmten Typ (z. B. Work) verfügbaren *properties*:

```
https://lobid.org/gnd/reconcile/properties?type=Work
```

Hier eine gekürzte Antwort:

```json
{
  "type": "Work",
  "properties": [
    {
      "id": "abbreviatedNameForTheWork",
      "name": "Abgekürzter Name des Werks"
    },
    {
      "id": "firstAuthor",
      "name": "Erste Verfasserschaft"
    },
    {
      "id": "preferredName",
      "name": "Bevorzugter Name"
    },
    {
      "id": "relatedConferenceOrEvent",
      "name": "In Beziehung stehende Konferenz oder Veranstaltung"
    }
  ]
}
```

Aus diesen *properties* können dann von Nutzenden diejenigen ausgewählt werden, die zur eigentlichen Datenanreicherung verwendet werden sollen (s. Abb. 3, links: *Suggested Properties*).

2.5.2 Extension-Anfragen

In der einfachsten Form werden bei der eigentlichen Anfrage zur *data extension* die Identifikatoren der zu verwendenden Entitäten sowie die gewünschten *properties* geschickt, z. B.:

```json
{
  "ids": [
    "1081942517",
    "4791358-7"
  ],
```

```
  "properties": [
    {"id": "preferredName"},
    {"id": "firstAuthor"}
  ]
}
```

Als vollständige Anfrage etwa:

```
https://lobid.org/gnd/reconcile/?extend={"ids":
["1081942517","4791358-7"],"properties":[{"id":"preferredName"},
{"id":"firstAuthor"}]}
```

Die Antwort liefert die entsprechenden Daten:

```
{
  "meta": [
    {"id": "preferredName", "name": "Bevorzugter Name"},
    {"id": "firstAuthor", "name": "Erste Verfasserschaft"}
  ],
  "rows": {
    "1081942517": {
    "preferredName": [{"str": "Autobiography of Mark Twain"}],
    "firstAuthor": [{"id": "118624822", "name": "Twain, Mark"}]
    },
    "4791358-7": {
      "preferredName": [{"str": "Die größere Hoffnung (1960)"}],
      "firstAuthor": [{"id": "118501232","name": "Aichinger, Ilse"}]
    }
  }
}
```

Es erscheinen zunächst, unter meta, Informationen zu den angereicherten Daten: die Identifikatoren und Namen für die angereicherten Properties. Dies ist vergleichbar mit der Header-Zeile einer Tabelle (s. Abb. 3, rechts, fett gedruckte Kopfzeile). Im Folgenden erscheinen die einzelnen Datensätze in rows, jeweils unter dem Identifikator der Entität (hier das Werk), z. B. 1081942517, die jeweiligen Properties (hier preferredName und firstAuthor). Die Struktur der Werte unterscheidet sich, da die Ansetzungsformen aus preferredName einfache Zeichenketten sind, während in firstAuthor GND-Entitäten enthalten sind, die jeweils wieder einen Identifikator und einen Namen haben. Diese Daten können dann im *reconciliation client* den lokalen Daten hinzugefügt werden (s. Abb. 3, rechts).

Neben dieser Definition von Properties allein über ihre Identifikatoren (z. B. oben {"id":"preferredName"}) besteht die Möglichkeit, Properties zu konfigurieren. So kann etwa die Zahl der Werte für ein bestimmtes Feld bei der Anreicherung eingeschränkt werden, wenn z. B. nicht alle, sondern nur die ersten fünf Namensvarianten zurückgegeben werden sollen. Die Unterstützung für eine solche Konfiguration deklariert der Dienst zunächst etwa so:

```
"property_settings": [
  {
    "name": "limit",
    "label": "Limit",
    "type": "number",
    "default": 0,
    "help_text": "Maximum number of values to return per row (0 for no limit)"
  }
]
```

Neben der freien Eingabe soll die Konfiguration oft auch mit festen Werten erfolgen. So können für bestimmte Felder in der GND etwa Identifikatoren oder Namen geliefert werden. Damit Nutzende dies je nach Bedarf im *reconciliation client* auswählen können, definiert der Dienst zusätzlich zu den Werten oben choices, z. B.:

```
"property_settings": [
  {
    "name": "content",
    "label": "Content",
    "type": "select",
    "default": "literal",
    "help_text": "Content type: ID or literal",
    "choices": [
      { "value": "id", "name": "ID" },
      { "value": "literal", "name": "Literal" }
    ]
  }
]
```

Die in choices beschriebenen Optionen können dann in einem *reconciliation client* bei der Auswahl und Konfiguration der zur Datenanreicherung zu verwendenden Properties angezeigt werden, z. B. in Form eines Auswahlmenüs für die oben im *service manifest* deklarierten Werte (s. Abb. 3, rechts, jeweils: *configure* öffnet einen Konfigurationsdialog).

Bei der entsprechenden *data extension* Anfrage wird die jeweilige Konfiguration dann mitgeschickt, z. B.:

```
{
  "ids": [
    "10662041X",
    "1064905412"
  ],
  "properties": [
    {
      "id": "variantName",
      "settings": {
        "limit": "5"
      }
    },
    {
      "id": "professionOrOccupation"
    },
    {
      "id": "geographicAreaCode",
      "settings": {
        "limit": "1",
        "content": "id"
      }
    }
  ]
}
```

Hier werden für zwei Entitäten jeweils drei Properties angefordert: erstens variantName (konfiguriert mit einem limit von 5), zweitens professionOrOccupation (ohne Konfiguration) und schließlich drittens geographicAreaCode mit einem limit von 1 und als content den Identifikator (über die im *service manifest* deklarierte Option mit value: id). Hier werden die Daten also mit maximal fünf Namensvarianten, allen verfügbaren Berufen und einem Ländercode angereichert.

3 Ausblick

Auf Basis dieser Darstellung des Protokolls und seiner Verwendung in *OpenRefine* sollen die folgenden zwei Abschnitte einen Ausblick auf die Arbeiten der Entity Reconciliation Community Group des World Wide Web Consortiums (W3C) und das weitergehende Ökosystem rund um die Reconciliation-API geben.

3.1 W3C Community Group

Aufgabe der *W3C Entity Reconciliation Community Group* ist die Entwicklung einer Web-API, mit der Datenanbietende einen Abgleich von Drittdaten mit den eigenen Identifikatoren ermöglichen können. Ausgangspunkt der Community Group bildet die beschriebene Implementierung in OpenRefine. Diese API soll zunächst dokumentiert und dann auf Basis ihrer Nutzung (s. Delpeuch 2019) zu einem Standard weiterentwickelt werden.[5] Als ein Beispiel sei hier eine Diskussion zur Frage der Nachvollziehbarkeit von Algorithmen zur Bewertung (*Scoring*) von Reconciliation-Kandidaten genannt,[6] die anschließend zu einer Erweiterung des Protokolls geführt hat.[7]

Diese Entwicklung einer Web-API durch die Community Group umfasst die Arbeit an den eigentlichen Spezifikationen, der Satzung der Gruppe, einer Webanwendung zum Testen von Reconciliation-Diensten sowie der Erfassung des Reconciliation-Ökosystems aus Diensten, Clients und sonstiger Software rund um die Reconciliation-API. Die konkrete Arbeit findet innerhalb einer GitHub-Organisation[8] statt. Der Aufgabenbereich der Gruppe schließt neben den etablierten Anwendungsfällen des Zusammenführens von Daten aus verschiedenen Quellen auch ähnliche Anwendungsfälle wie die Deduplizierung von Daten aus einer einzigen Quelle ein. Die Gruppe steht allen Interessierten offen und freut sich über jegliche Art von Mitarbeit und Unterstützung.

---

5 Die vollständige Charter der Gruppe findet sich unter https://reconciliation-api.github.io/charter/ (4.12.2020).
6 https://lists.w3.org/Archives/Public/public-reconciliation/2020Jul/0000.html (4.12.2020).
7 https://github.com/reconciliation-api/specs/pull/38 (4.12.2020).
8 https://github.com/reconciliation-api (4.12.2020).

3.2 Reconciliation-Ökosystem

Die *Reconciliation service test bench*, eine Webanwendung zum Testen von Reconciliation-Diensten, ist zugleich ein Werkzeug für die Entwicklung eines eigenen Reconciliation-Dienstes und in Form einer zentralen Instanz[9] eine Übersicht der in Wikidata verzeichneten[10] Reconciliation-Dienste mit ihren jeweils unterstützten Features.

Über diese Übersicht der Dienste hinaus, gibt es im Rahmen der Community Group eine Erfassung des Reconciliation-Ökosystems von Diensten, Clients und sonstiger Software rund um die Reconciliation-API.[11] Hier findet sich etwa eine Übersicht alternativer Clients, die statt OpenRefine mit einem Reconciliation-Dienst kommunizieren, z. B. das Mapping-Tool Cocoda (Balakrishnan 2016) oder die Alma-Refine-App[12] mit GND-Integration.[13]

Im Reconciliation-Ökosystem finden sich also reichlich Dokumentation, Werkzeuge und Beispiele für die Entwicklung eigener Reconciliation-Dienste. Über einen solchen Dienst können Datenanbietende, die eigene Identifikatoren prägen, ihre Daten über eine einheitliche API zur Integration durch Dritte zur Verfügung stellen. So wird, auch über den Bereich der Inhaltserschließung hinaus, durch das beschriebene Protokoll eine einheitliche Erfassung von Entitäten ermöglicht, ohne dass diese in allen vorliegenden Datenquellen einheitlich identifiziert sein müssen.

4 Literaturverzeichnis

Alvestrand, Harald Tveit und Håkon Wium Lie: Development of Core Internet Standards: The Work of IETF and W3C. In: Internet Governance – Infrastructure and Institutions. Hrsg. von Lee A. Bygrave und Jon Bing. S. 126–146. Oxford University Press 2009. http://dblp. uni-trier.de/db/books/collections/BB2009.html#AlvestrandL09 (4.12.2020).

Balakrishnan, Uma: DFG-Projekt Coli-Conc: Das Mapping Tool „Cocoda". In: o-bib. Das Offene Bibliotheksjournal/Herausgegeben vom VDB (2016) Bd. 3 Nr. 1. S. 11–16. https://doi.org/ 10.5282/o-bib/2016H1S11-16.

---

9 https://reconciliation-api.github.io/testbench/ (4.12.2020).

10 https://reconciliation-api.github.io/census/services/#how-to-add-a-service-to-the-test-bench (4.12.2020).

11 https://reconciliation-api.github.io/census/ (4.12.2020).

12 https://developers.exlibrisgroup.com/blog/how-to-install-and-use-the-alma-refine-cloud-app-2-2/ (4.12.2020).

13 https://developers.exlibrisgroup.com/blog/how-to-use-the-alma-refine-cloud-app-for-service-gnd/ (4.12.2020).

Delpeuch, Antonin: A survey of OpenRefine reconciliation services. 2019. arXiv:1906.08092. http://arxiv.org/abs/1906.08092.

Delpeuch, Antonin, Adrian Pohl, Fabian Steeg, Thad Guidry Sr. und Osma Suominen: Draft: Reconciliation Service API – a Protocol for Data Matching on the Web. https://reconciliation-api.github.io/specs/latest/ (4.12.2020).

Hauser, Julia: Der Linked Data Service der Deutschen Nationalbibliothek. Dialog mit Bibliotheken (2014) H. 1. S. 38–42. https://d-nb.info/1118655494/34 (4.12.2020).

Hooland, Seth van, Ruben Verborgh, Max De Wilde, Johannes Hercher, Erik Mannens und Rik Van de Walle: Evaluating the Success of Vocabulary Reconciliation for Cultural Heritage Collections. In: Journal of the Association for Information Science and Technology (2013) Bd. 64 Nr. 3. S. 464–479. https://doi.org/10.1002/asi.22763.

Khalid, Mahboob A., Valentin Jijkoun und Maarten de Rijke: The Impact of Named Entity Normalization on Information Retrieval for Question Answering. In: Advances in Information Retrieval. 30th European Conference on Information Retrieval (ECIR 2008). Hrsg. v. Craig Macdonald, Iadh Ounis, Vassilis Plachouras, Ian Ruthven und Ryen W. White. Berlin, Heidelberg: Springer 2008. S. 705–710. https://doi.org/10.1007/978-3-540-78646-7_83.

Singhal, Amit: Introducing the Knowledge Graph: Things, Not Strings. 2012. https://www.blog.google/products/search/introducing-knowledge-graph-things-not/ (4.12.2020).

Slawski, Bill: How Google Uses Named Entity Disambiguation for Entities with the Same Names. 2015. https://www.seobythesea.com/2015/09/disambiguate-entities-in-queries-and-pages/ (4.12.2020).

Steeg, Fabian, Adrian Pohl und Pascal Christoph: lobid-gnd – Eine Schnittstelle zur Gemeinsamen Normdatei für Mensch und Maschine. In: Informationspraxis (2019) Bd. 5 Nr. 1. https://doi.org/10.11588/ip.2019.1.52673.

Target, Sinclair: The Rise and Rise of JSON. 2017. https://twobithistory.org/2017/09/21/the-rise-and-rise-of-json.html (4.12.2020).

Heidrun Wiesenmüller

Verbale Erschließung in Katalogen und Discovery-Systemen – Überlegungen zur Qualität

1 Einleitung

Beschäftigt man sich mit Inhaltserschließung, so sind zunächst zwei Dimensionen zu unterscheiden – die Wissensorganisationssysteme selbst (z. B. Normdateien, Thesauri, Schlagwortsprachen, Klassifikationen und Ontologien) und die Metadaten für Dokumente, die mit diesen Wissensorganisationssystemen erschlossen sind. Beides steht in einer Wechselwirkung zueinander: Die Wissensorganisationssysteme sind die Werkzeuge für die Erschließungsarbeit und bilden die Grundlage für die Erstellung konkreter Erschließungsmetadaten. Die praktische Anwendung der Wissensorganisationssysteme in der Erschließung wiederum ist die Basis für deren Pflege und Weiterentwicklung. Zugleich haben Wissensorganisationssysteme auch einen Eigenwert unabhängig von den Erschließungsmetadaten für einzelne Dokumente, indem sie bestimmte Bereiche von Welt- oder Fachwissen modellartig abbilden.

Will man nun Aussagen über die Qualität von inhaltlicher Erschließung treffen, so genügt es nicht, den *Input* – also die Wissensorganisationssysteme und die damit generierten Metadaten – zu betrachten. Man muss auch den *Output* betrachten, also das, was die Recherchewerkzeuge daraus machen und was folglich bei den Nutzer:innen konkret ankommt. Im vorliegenden Beitrag werden Überlegungen zur Qualität von Recherchewerkzeugen in diesem Bereich angestellt – gewissermaßen als Fortsetzung und Vertiefung der dazu im Thesenpapier des Expertenteams RDA-Anwendungsprofil für die verbale Inhaltserschließung (ET RAVI) gegebenen Hinweise.[1] Im Zentrum steht die verbale Erschließung nach den *Regeln für die Schlagwortkatalogisierung* (RSWK)[2], wie

---

[1] Qualitätskriterien und Qualitätssicherung in der inhaltlichen Erschließung – Thesenpapier des Expertenteams RDA-Anwendungsprofil für die verbale Inhaltserschließung (ET RAVI), veröffentlicht im vorliegenden Band, S. 113–120, im Folgenden zitiert als Thesenpapier. Als Mitglied des Expertenteams war die Verfasserin an den Vorarbeiten und der Diskussion über das Papier beteiligt, hat dieses aber nicht selbst mitverfasst. Relevant sind insbesondere Abschnitt 2 *Grunddimensionen: Verlässlichkeit und Transparenz* und Abschnitt 5 *Qualitätsdimension III: Transparente Auswertung für Retrieval und Anzeige*.

[2] Arbeitsstelle für Standardisierung (Hrsg.): Regeln für die Schlagwortkatalogisierung – RSWK. 4. Aufl. Im Folgenden zitiert als RSWK.

sie sich in Bibliothekskatalogen manifestiert – gleich, ob es sich dabei um herkömmliche Kataloge oder um Resource-Discovery-Systeme (RDS) handelt.

Ein Nachdenken über den Output ist umso wichtiger, als solche Systeme nicht von denselben Personen designt werden, die die Wissensorganisationssysteme konzipiert haben oder aktiv mit diesen arbeiten. Vielfach fehlt den Software-Architekt:innen ein tieferes Verständnis der Metadaten und der zugrunde liegenden Wissensorganisationssysteme, ohne dass sie sich dessen überhaupt bewusst sind. Umgekehrt sind die Expert:innen für inhaltliche Erschließung zu lange davon ausgegangen, es würde genügen, ein gut durchdachtes und qualitativ hochwertiges Wissensorganisationssystem vorzulegen – dann wäre das Umsetzen in den Recherchewerkzeugen ein Selbstläufer.[3] Im Vertrauen darauf heißt es beispielsweise in § 20,1 der RSWK in einer seit vielen Jahren unveränderten Formulierung: „Die Gestaltung des Retrievals von Schlagwörtern und ihrer Anzeige im Online-Katalog wird durch das vorliegende Regelwerk nicht normiert, sondern ist Aufgabe des jeweiligen Online-Katalogs", weshalb man sich auf „einzelne Hinweise" beschränke. Dass diese Strategie nicht erfolgreich war, sieht man nicht zuletzt daran, dass die danach aufgeführten Punkte in den meisten Katalogen nicht oder nur suboptimal umgesetzt sind (vgl. Abschnitt 3.2). So soll der Katalog verschiedene Suchmodi im Bereich der verbalen Erschließung unterstützen, denn: „Eine Suchanfrage kann entweder auf die GND und Beziehungen innerhalb des Erschließungsvokabulars (Thesaurusrelationen), auf einzelne Schlagwörter oder auf Schlagwortfolgen gerichtet sein." U. a. wird erwartet, dass „[i]n Beziehung stehende Schlagwörter [...] gemeinsam mit Vorzugsbenennungen und abweichenden Benennungen wie auch in getrennten Suchfragen angezeigt werden können" und dass zumindest ein Teil der „Codierungen, Notationen und Indikatoren [...] getrennt suchbar" ist.

2 Vorüberlegungen

Als Hintergrund für die Überlegungen sei zunächst dargestellt, welche Funktionen Inhaltserschließung grundsätzlich erfüllen soll und für welche Zielgruppen sie von Nutzen ist.

---

3 Diese Einsicht verdankt die Verfasserin einem Gespräch mit Dörte Braune-Egloff (ehemals Universitätsbibliothek der Freien Universität Berlin) ca. 2010 am Rande einer Sitzung der damaligen Expertengruppe Sacherschließung.

2.1 Funktionen von Inhaltserschließung

Im eben zitierten Passus aus den RSWK werden bereits zwei zentrale Funktionen von Inhaltserschließung angesprochen – einerseits das Retrieval, also das Recherchieren von Dokumenten unter thematischen Kriterien, andererseits die Anzeige von Informationen zum Inhalt. Auch Jutta Bertram sieht die „Bestimmung" der inhaltlichen Erschließung darin, „den Nutzern *Zugang* zu und *Orientierung* über Dokumentinhalte zu verschaffen".[4] Ähnlich nennt Klaus Gantert „zwei Ziele: zum einen das erfolgreiche *Information Retrieval*, also das verlässliche Auffinden aller einschlägigen Dokumente zu einem Thema, und zum anderen die *aussagekräftige Information über den Inhalt eines gefundenen Dokuments*".[5]

Bei der Zugangsfunktion von inhaltlicher Erschließung – also dem Retrieval – lassen sich drei Ausprägungen unterscheiden: erstens die präzise Recherche, d. h. die punktuelle Suche nach einem speziellen Thema, zweitens die Überblicksrecherche, d. h. die umfassende Suche zu einem größeren Themenbereich, und drittens das Filtern, d. h. das Eingrenzen einer Treffermenge nach inhaltlichen Kriterien. Die präzise Recherche ist die Stärke von verbalen Systemen wie RSWK, wohingegen Klassifikationen besser für eine Überblicksrecherche geeignet sind. Im Optimalfall kommt deshalb sowohl ein klassifikatorisches als auch ein verbales Erschließungsverfahren zur Anwendung. Für das Filtern können neben Notationen, Schlagwörtern und Schlagwortfolgen theoretisch auch verschiedene systematische Elemente aus Normdatensätzen (z. B. Ländercode, Entitätencode) verwendet werden.

Zentral für die Orientierungsfunktion ist die Anzeige von inhaltlichen Informationen im jeweiligen Katalogisat. Dies ist ein nicht zu unterschätzender Wert, da die Titel allein oft nicht ausreichend sind, um die in den Dokumenten behandelten Themen zu erfassen. Denn bei der Benennung eines Werks spielt ja nicht nur der Inhalt eine Rolle. Titel sollen vielfach Aufmerksamkeit erregen, ästhetisch oder verkaufsfördernd sein – und dürfen natürlich auch nicht zu lang werden. Nicht selten fehlen deshalb wichtige inhaltliche Aspekte (z. B. eine geografische oder zeitliche Eingrenzung) oder das Verständnis wird durch mehrdeutige oder metaphorische Formulierungen erschwert. Bei fremdsprachiger Literatur oder komplexer Sprache kommen unter Umständen noch sprachliche Hürden dazu. Demgegenüber geht man davon aus, dass es gerade die verbale Erschließung mit gebräuchlichen Schlagwörtern ermöglicht, rasch zu

---

4 Bertram, J.: Einführung in die inhaltliche Erschließung, S. 19 (Kursivsetzungen im Original).
5 Gantert, K.: Bibliothekarisches Grundwissen, S. 197 (Kursivsetzungen im Original).

verstehen, worum es im jeweiligen Dokument geht – ohne dass z. B. noch der Klappentext oder das Inhaltsverzeichnis konsultiert werden müssen.

Dies unterstützt die Entscheidung, ob ein Dokument für das jeweilige Informationsbedürfnis relevant ist oder nicht und erfüllt damit im besten Sinne eins der bekannten *Five laws of library science* von S. R. Ranganathan: „Save the time of the reader."[6] Umso erstaunlicher ist es, dass die Orientierungsfunktion im Bewusstsein von Bibliothekar:innen meist überhaupt nicht präsent ist und auch in einschlägigen Handbüchern öfter nicht einmal erwähnt wird.[7] Man kann sie deshalb als die unterschätzte Funktion der inhaltlichen Erschließung charakterisieren. So ist es auch kein Wunder, dass ihr bei der Gestaltung von Recherchewerkzeugen oft nicht die nötige Aufmerksamkeit geschenkt wird (vgl. Abschnitt 3.3).

Leicht übersehen wird außerdem die Exploration als dritte zentrale Funktion der inhaltlichen Erschließung. Gemeint sind damit das Navigieren, Browsen und Entdecken von Nützlichem – oft ohne ein von vornherein festgelegtes Ziel (Serendipität). Dies ist grundsätzlich auch als erster Schritt möglich (*explorierende Suche*); meist handelt es sich aber eher um weiterführende Angebote, die von einer bereits erfolgten Recherche oder einem gefundenen Dokument ausgehen. Eine Möglichkeit ist die Navigation innerhalb des Wissensorganisationssystems selbst, indem man sich z. B. Informationen aus Normdatensätzen anzeigen lässt, zu übergeordneten, untergeordneten oder verwandten Begriffen springt oder sich in einer Klassifikation bewegt. Inhaltserschließung hat hier, wie es in der DIN 32705 zu Klassifikationssystemen heißt, auch eine „erkenntnisvermittelnde Aufgabe", nämlich die „Aufhellung von Zusammenhängen anhand geordneten Wissens".[8] Aus einer derartigen Navigation können sich Anschlussrecherchen ergeben, z. B. nach einem verwandten Begriff oder einer benachbarten Klasse. Häufig werden außerdem direkt Optionen angeboten, um inhaltlich verwandte Dokumente zu finden, z. B. durch die Weitersuche mit Schlagwörtern und Notationen oder über eine Anzeige ähnlicher Titel (*more like this*), die zumeist auf einer Auswertung der Inhaltserschließung beruht.[9] Aber auch Verknüpfungen zwischen mehreren Systemen können zur Exploration an-

---

6 Ranganathan, S. R.: The five laws of library science, S. 337.
7 So z. B. bei Chan, L. M.: Cataloging and classification, S. 195; Taylor, A. G.: Introduction to cataloging and classification, S. 307; Svenonius, E.: The intellectual foundation of information organization, Kap. 8, 1. Abschnitt „Nature and purpose of subject languages" (zitiert nach der Kindle-Ausgabe).
8 DIN 32705:1987-1 Klassifikationssysteme; Erstellung und Weiterentwicklung von Klassifikationssystemen, Abschnitt 3.1 Allgemeines.
9 Ähnliche Titel können auch mit anderen Methoden generiert werden, z. B. auf der Basis des Verhaltens von Nutzenden (z. B. Recommendersystem BibTip) oder von Zitationsbeziehungen.

geboten werden, z. B. über Verlinkungen zur Wikipedia oder zu biografischen Nachschlagewerken oder durch die Anzeige passender Dokumente aus anderen Datenpools.

Die hier vorgeschlagene Unterteilung in drei Funktionen – Zugang, Orientierung, Exploration – findet sich in ganz ähnlicher Weise bei Gerhard Stumpf, der von der „Suchbarkeit von Inhalten", der „Beschreibung von Inhalten" und der „Verlinkung zwischen Themen, Entitäten und Ressourcen" spricht.[10] Es ist interessant, diese drei Funktionen nun mit den fünf *user tasks* – d. h. den Aktionen, die Endnutzer:innen zur Erfüllung ihrer Informationsbedürfnisse ausführen können sollen – gemäß dem *IFLA Library Reference Model* (LRM)[11] abzugleichen. Zu beachten ist dabei, dass *resource* in den folgenden Definitionen in einem ganz breiten Sinn verstanden wird: Es meint nicht nur Dokumente, sondern kann auf jede beliebige Entität im LRM bezogen sein (also z. B. auch auf Personen, Geografika oder etwas, das unter die Entität *Res* fällt, wie z. B. ein konkreter Gegenstand oder ein abstraktes Konzept).

- „Find: To bring together information about one or more resources of interest by searching on any relevant criteria"[12]
- „Identify: To clearly understand the nature of the resources found and to distinguish between similar resources"
- „Select: To determine the suitability of the resources found, and to be enabled to either accept or reject specific resources"
- „Obtain: To access the content of the resource"
- „Explore: To discover resources using the relationships between them and thus place the resources in a context"

Eine simple 1:1-Beziehung zwischen Funktionen und *user tasks* lässt sich nirgends herstellen: Für die Recherche ist nicht nur *find* relevant, sondern auch *identify* und *select* (wenn geeignete Schlagwörter oder Notationen für die Suche identifiziert und ggf. ausgewählt werden). Die Orientierungsfunktion assoziiert man am ehesten mit *identify* und *select*, da die Themen von Dokumenten verstanden und relevante Dokumente selektiert werden müssen. Der Exploration entspricht nicht nur das naheliegende *explore*, sondern auch *obtain*. Denn die

---

10 Stumpf, G.: „Kerngeschäft" Sacherschließung in neuer Sicht, S. 4.
11 Riva, P., P. Le Boeuf und M. Žumer.: IFLA Library Reference Model. Im Folgenden zitiert als LRM.
12 Dieses und die folgenden Zitate stammen aus dem LRM, S. 15. Im Original stehen die Begriffe und Erläuterungen in zwei Tabellenspalten; hier sind sie durch einen Doppelpunkt getrennt dargestellt. Vgl. die zusätzlichen Erläuterungen ebd., S. 16, sowie die beispielhaften „use cases" ebd., S. 97–99.

Ressource kann beispielsweise auch ein Normdatensatz sein, dem Informationen entnommen werden.[13]

2.2 Zielgruppen für die Inhaltserschließung

Für welche Zielgruppen wird Inhaltserschließung eigentlich gemacht, für wen hat sie einen Wert? Die gerade angesprochenen Nutzungsanforderungen des LRM beziehen sich ausschließlich auf Endnutzer:innen. Diese sind sicher die wichtigste, wenn auch nicht die einzige Zielgruppe bibliothekarischer Inhaltserschließung. *Die* Endnutzerin bzw. *den* Endnutzer gibt es natürlich nicht, sondern eine Vielzahl unterschiedlicher Typen. Dennoch kann man sie – ganz grob und zwangsläufig stark vereinfachend – in Normalnutzer:innen einerseits und Expert:innen andererseits unterteilen (gemeint nicht per se, sondern stets bezogen auf ein spezielles Themengebiet).

Normalnutzer:innen haben Interesse an einem Thema, ohne viele Vorkenntnisse mitzubringen. Sie benötigen eher einführende, allgemeinere Literatur. Ein wichtiges Charakteristikum ist, dass sie wenig alternative Möglichkeiten haben, sich über relevante Literatur zu informieren (wenn man von einer einfachen Google-Suche einmal absieht). Diese Gruppe ist daher bei Zugang und Orientierung in besonderem Maße auf die von Bibliotheken gebotene Inhaltserschließung angewiesen.

Im Unterschied dazu verfügen Expert:innen über viel Vorwissen und benötigen in erster Linie spezialisierte Literatur. Zum Finden relevanter Dokumente und Erfassen von deren Inhalt brauchen sie oft keine Bibliothek mehr, sondern informieren sich anderweitig. Beispielsweise verfolgen sie regelmäßig einschlägige Zeitschriften, besuchen relevante Konferenzen, sind über persönliche Kontakte und/oder soziale Medien in geeignete Communities eingebunden und vernetzen sich auf Plattformen wie ResearchGate. Allerdings besteht dabei auch die Gefahr, relevante Publikationen zu übersehen, deren Autor:innen vielleicht nicht auf den Konferenzen in Erscheinung treten oder nicht an naheliegenden Orten publizieren. Eine bibliothekarische Inhaltserschließung, die mit Blick auf solche Faktoren neutral ist, kann hier ein wichtiges Korrektiv sein.

Explorationsangebote sind für alle Arten von Endnutzer:innen von Bedeutung. Dies gilt auch dann, wenn – wie seit vielen Jahren beklagt wird – der Bibliothekskatalog überwiegend für *known-item searches* nach Dokumenten

---

13 Vgl. das Beispiel LRM, S. 99: „To obtain information about an entity itself from the information recorded in authority data", z. B. „obtain date and location of birth and death of a person from the authority data" oder „confirm the country in which a city is located".

genutzt wird, die auf anderem Weg ermittelt worden sind. Es geht dann nur noch darum festzustellen, ob die Bibliothek einen Zugang dazu bieten kann. Wird jedoch an dieser Stelle eine weiterführende entdeckende Suche angeboten, stellt der Bibliothekskatalog auch in solchen Fällen einen echten Mehrwert dar.[14]

Aber nicht nur Endnutzer:innen haben etwas davon, wenn Inhaltserschließung betrieben und in überzeugender Weise in den Recherchewerkzeugen zur Verfügung gestellt wird. Man sollte auch an Informationsspezialist:innen denken, die dies zur Erfüllung ihrer Aufgaben benötigen – etwa der Unterstützung von Endnutzer:innen bei der Informationssuche in einer Bibliothek oder der Durchführung von Rechercheaufträgen in der Informationsabteilung einer Firma, aber auch bei anderen Aufgaben (z. B. im Erwerbungsbereich). Leistungen für die eigene Berufsgruppe zu erbringen, ist keineswegs zirkulär oder unangemessen, sondern eine legitime und wichtige Aufgabe. Dass Informationsspezialist:innen zum Teil differenziertere Bedürfnisse als Endnutzer:innen haben und zugleich eine höhere Kompetenz bei der Bedienung von Recherchewerkzeugen mitbringen, liegt auf der Hand.

Bibliotheken und andere Informationseinrichtungen profitieren darüber hinaus auch deshalb von Inhaltserschließung, weil diese den Wert des Bestands steigert und ihn sozusagen „veredelt". Eine stärkere Nutzung der Medien aufgrund ihrer inhaltlichen Erschließung verbessert die Effizienz und erhöht damit die Wirtschaftlichkeit. Deshalb sollte Inhaltserschließung nicht – wie es leider allzu oft geschieht – nur als Kostenfaktor betrachtet werden.

Schließlich nützt Inhaltserschließung auch den Autor:innen und Verlagen, die natürlich daran interessiert sind, dass ihre Werke bei einschlägigen Suchen gefunden werden. Die Recherche nach inhaltlichen Kriterien ist dabei umso wichtiger, je weniger bekannt man auf dem jeweiligen Gebiet ist. Darüber hinaus haben die Produzent:innen der Dokumente einen Anspruch darauf, dass die behandelten Themen zutreffend und nicht irreführend abgebildet werden.[15]

---

14 Vgl. beispielsweise Wiesenmüller, H.: Zwischen Wunsch und Wirklichkeit: Bibliotheksdaten und Bibliothekskataloge, S. 22–23.
15 Letzteres kommt bei rein maschinellen Verfahren durchaus nicht selten vor, vgl. beispielhaft Wiesenmüller, H.: Maschinelle Indexierung am Beispiel der DNB.

3 Qualitätsaspekte in Katalogen

3.1 Grunddimensionen

Im Thesenpapier des ET RAVI wurden zwei Grunddimensionen herausgearbeitet, die sich durch alle betrachteten Bereiche ziehen: *Verlässlichkeit* und *Transparenz*. Verlässlichkeit wird charakterisiert als „Konsistenz der Daten, der Regeln und des Retrievals". Zur Transparenz heißt es, sie beinhalte „die Offenlegung von Regeln und Standards, die genaue Herkunftskennzeichnung von Daten (Erschließungsmethode, Erschließungslevel, Konfidenz) sowie das Verdeutlichen von Erschließungslücken und heterogenen Erschließungssituationen".[16]

Bezogen auf Kataloge bedeutet Verlässlichkeit zunächst, dass Rechercheergebnisse nicht willkürlich sein dürfen, sondern der jeweiligen Suchanfrage entsprechen müssen. Dazu gehört auch die im Thesenpapier genannte „Vollständigkeit" und „Präzision von Treffermengen".[17] Ein weiterer Aspekt von Verlässlichkeit ist, dass gängige Funktionalitäten entsprechend der Erwartung der Nutzer:innen umgesetzt sind und nicht in völlig unkonventioneller Weise – dass man sich also darauf verlassen kann, dass das System sich *normal* verhält. Dies entspricht auch dem Grundsatz der „Erwartungskonformität" bei der Mensch-System-Interaktion, wie er in der DIN EN ISO 9241-110 festgelegt ist: „Das Verhalten des interaktiven Systems ist vorhersehbar, basierend auf dem Nutzungskontext und allgemein anerkannten Konventionen in diesem Kontext."[18]

Als Beispiel für eine höchst ungewöhnlich umgesetzte Schlagwortrecherche kann der aDIS-Katalog dienen. Dieser überrascht zunächst dadurch, dass die Schlagwörter in der erweiterten Suche auf mehrere Indizes verteilt sind: In der Implementierung der Universitätsbibliothek Stuttgart[19] gibt es neben dem mit *Schlagwort* bezeichneten Suchfeld ein weiteres für Körperschaftsschlagwörter (*Über Institution*) und eins für Personenschlagwörter (*Über Person*).[20] Dies zu verstehen und korrekt anzuwenden, dürfte die meisten Nutzer:innen bereits vor

---

16 Thesenpapier, Abschnitt 2.
17 Thesenpapier, Abschnitt 5.
18 DIN EN ISO 9241-110:2020-10 Ergonomie der Mensch-System-Interaktion – Teil 110: Interaktionsprinzipien, Abschnitt 5.3.1.
19 Alle hier und im Folgenden als Beispiel verwendeten Kataloge bzw. RDS sind im Anhang inkl. URL aufgelistet. Die Darstellung entspricht dem Stand von Januar 2021.
20 In der Implementierung der Württembergischen Landesbibliothek Stuttgart sind es sogar vier unterschiedliche Schlagwortfelder: *Schlagwort Sache, Geo, Form, Zeit*; *Schlagwort Körperschaft*; *Schlagwort Person*; *Schlagwort Titel*.

erhebliche Probleme stellen. Die Gefahr eines Scheiterns erhöht sich aber noch aufgrund einer kuriosen Indexierung: Will man mehrere Schlagwörter desselben Typs in einer Recherche kombinieren, so darf man diese nicht entsprechend dem normalen Usus in dasselbe Schlagwortfeld eintragen – z. B. ergibt die Sucheingabe *organische chemie lehrbuch* bei der UB Stuttgart null Treffer. Stattdessen muss man zwei mit UND kombinierte Schlagwortfelder verwenden und in das eine *organische chemie* und in das andere *lehrbuch* eintragen; dies führt zu derzeit 99 Treffern.[21] Ganz unabhängig von der Frage, ob es sich dabei nun um einen *bug* oder um ein *feature* handelt,[22] kann eine derart eigenwillig umgesetzte Schlagwortsuche nur als unbrauchbar bezeichnet werden.

Mit Blick auf die Grunddimension Transparenz bedarf es laut des Thesenpapiers „der Offenlegung und der nachvollziehbaren Dokumentation der Erschließungssituation auch im Suchwerkzeug".[23] Ein gutes Beispiel dafür ist der *Drill-Down* mit Hilfe von Facetten. In den allermeisten Systemen werden nur die tatsächlich vorhandenen Werte angezeigt, ohne zu verdeutlichen, bei wie vielen Dokumenten aus der Treffermenge das Attribut gar nicht besetzt ist. Die Anwendung der Facette führt in diesen Fällen potenziell zum Verlust relevanter Dokumente. Ein Positivbeispiel stellt der HEIDI-Katalog der Universitätsbibliothek Heidelberg dar, der nicht nur die Zahl der Dokumente ohne das Attribut prominent an erster Stelle in der Facette anzeigt, sondern es auch ermöglicht, diese gezielt auszuwählen (Abb. 1).

Transparenz heißt aber auch, dass ein Recherchevorgang keine Blackbox sein darf. Beispielsweise sollte es für die Nutzenden offensichtlich sein, wenn automatische Sucherweiterungen greifen (z. B. Stemming, mehrsprachige Suche, Einbezug untergeordneter Begriffe oder Mappings auf andere Wissensorganisationssysteme). Ebenso sollte nachvollziehbar sein, warum ein Dokument überhaupt in der Ergebnismenge erscheint. Wichtig ist es außerdem, die bei der

---

21 Über die technischen Details kann man nur spekulieren. Die Verfasserin hatte zunächst den Verdacht, die Schlagwörter seien phrasen- statt stichwortindexiert. Dies stimmt aber nicht, denn es ist egal, ob man z. B. *organische chemie* oder *chemie organische* eingibt. Evtl. werden mehrere für ein Dokument vergebene Schlagwörter nicht in denselben Stichwortindex aufgenommen.

22 Die eigentümliche Indexierung der Schlagwörter besteht nach Kenntnisstand der Verfasserin seit dem Release vom Frühjahr 2019; davor verhielt sich der Katalog an dieser Stelle normal. Dass die Änderung bisher nicht rückgängig gemacht wurde, könnte darauf hinweisen, dass die systemherstellende Firma dies nicht für einen zu korrigierenden Fehler hält. Die Differenzierung nach Schlagworttyp existierte schon vor diesem Release.

23 Thesenpapier, Abschnitt 5.

Erschließung angewendeten Verfahren offenzulegen – beispielsweise zu kennzeichnen, wenn Schlagwörter maschinell generiert wurden.[24]

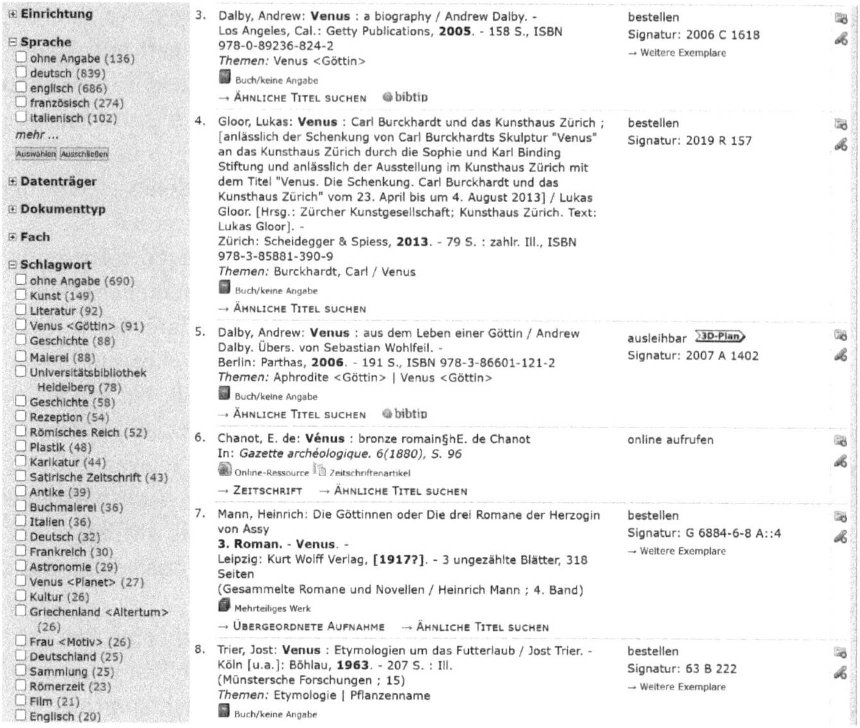

Abb. 1: Ausschnitt aus der Anzeige des HEIDI-Katalogs bei einer freien Suche nach *Venus*

Die Verfasserin schlägt an dieser Stelle zwei weitere Grunddimensionen vor: *Verständlichkeit* und *Angemessenheit*. Beides kommt im Thesenpapier an verschiedenen Stellen explizit oder implizit vor, sollte aber als umfassenderes Prinzip verstanden werden, das für alle betrachteten Bereiche von Relevanz ist. Mit Blick auf Recherchewerkzeuge bezieht sich Verständlichkeit beispielsweise auf die für Suchfelder und Anzeigeelemente verwendeten Bezeichnungen sowie auf die Darstellung der Erschließungsinformationen, aber auch auf sämtliche Inter-

---

24 Nicht erfüllt ist dies etwa im RDS der Universitätsbibliothek Frankfurt, wo maschinell und intellektuell generierte Schlagwörter nicht zu unterscheiden sind. Vgl. z. B. die Darstellung unter https://hds.hebis.de/ubffm/Record/HEB424521105 (16.1.2021) mit der Anzeige desselben Titels im hebis-Verbund unter http://cbsopac.rz.uni-frankfurt.de/DB=2.1/PPNSET? PPN=424521105 (16.1.2021) – dort gibt es eine explizite Kennzeichnung.

aktionsmöglichkeiten: Im optimalen Fall verstehen die Nutzenden bereits vor der Ausführung einer Aktion (z. B. dem Anklicken eines Links), was damit ausgelöst wird. Die Verständlichkeit kann auch als ein Aspekt der Usability betrachtet werden. Angemessenheit meint mit Blick auf Kataloge in erster Linie, dass diese beim Retrieval, der Anzeige und der Exploration auf die Prinzipien oder Techniken des zugrunde liegenden Wissensorganisationssystems abgestimmt sind.

Im Folgenden wird anhand von ausgewählten Beispielen die Umsetzung der Zugangsfunktion, der Orientierungsfunktion und der Explorationsfunktion in Katalogen unter verschiedenen Qualitätsaspekten näher betrachtet.

3.2 Zugangsfunktion

Seit vielen Jahren gibt es ein relativ fixes Paradigma dafür, welche Suchoptionen Kataloge bieten – und welche nicht. Die letzten umwälzenden Neuerungen waren die Einführung von Suchmaschinentechnologie und facettiertem Browsing ab ca. 2006 und das Aufkommen der RDS ab ca. 2010. Wir sind an die Funktionalitäten in einer Weise gewöhnt, die es schwer macht, mit einem unvoreingenommenen Blick darauf zu schauen – dennoch soll dies hier versucht werden.

An den Anfang gestellt sei eins der Beispiele für die *identify*-Aufgabe aus dem LRM: „To identify a subject term that corresponds to the *res* sought, even though the term searched by the user has homonyms in natural language."[25] Diese relativ simple Aufgabe ist in gängigen Katalogen nur schwer zu bewältigen. Am ehesten funktioniert es über einen Phrasenindex der Schlagwörter. Dort sieht man dann z. B., dass es sowohl *Venus <Göttin>* als auch *Venus <Planet>* gibt (sofern die identifizierenden Zusätze überhaupt angezeigt werden, was nicht immer der Fall ist; vgl. Abschnitt 3.3). Im deutschsprachigen Raum bieten jedoch viele Kataloge gar keine Register an oder sie sind schwer zu finden und zu bedienen. Besser ist es deshalb, wenn während einer Eingabe im Suchfeld automatisch der passende Indexausschnitt aufgeblättert wird wie im HEIDI-Katalog. Ist nur eine direkte Suche nach *Venus* möglich, hat man evtl. noch die Chance, die Homonyme in der Schlagwortfacette der Trefferliste zu erkennen (Abb. 1). Ansonsten kann die Existenz von zwei unterschiedlichen Schlagwörtern nur beim Betrachten einzelner Titel auffallen, d. h. in der Regel erst in der Detailanzeige. Da die Unterscheidung von gleichnamigen Konzepten

---

25 LRM, S. 98.

ein Grundprinzip jedes Thesaurus ist, ist eine derartige Umsetzung gewiss nicht angemessen.

Dieses Problem und manche anderen wären gelöst, wenn die Kataloge eine direkte Suche in der – für RSWK sozusagen systemimmanenten – Gemeinsamen Normdatei (GND) anbieten würden.[26] Mit der im Südwestdeutschen Bibliotheksverbund (SWB) entwickelten Online-GND (OGND), der WebGND der Firma Eurospider und der vom Hochschulbibliothekszentrum NRW (hbz) angebotenen lobid-gnd gibt es bereits gelungene Online-Umsetzungen.[27] Diese bieten differenzierte Suchmöglichkeiten (bei der WebGND sogar mit Filtern über alle systematischen Elemente der Datensätze), ermöglichen die Navigation über die Thesaurusrelationen und lassen sich auch an Titelbestände koppeln. Damit käme man der Anforderung aus dem Thesenpapier „Anzeige der Relationen als Graph, Themenkarte o. Ä. und Ermöglichung einer Navigation über Beziehungen innerhalb von Normdaten"[28] schon sehr nahe. Man könnte die vorhandenen Tools ohne Weiteres als zusätzlichen Sucheinstieg direkt auf den Katalogoberflächen verankern, anstatt sie nur separat anzubieten.

Ein drittes Beispiel für eine nicht angemessene Umsetzung in vielen Katalogen ist das Prinzip der RSWK, Dokumente mit einem möglichst präzisen Schlagwort zu erschließen. Für das Retrieval bedeutet das, dass z. B. bei einer Suche nach *Umweltverschmutzung* auch Dokumente interessant sein können, die mit *Luftverschmutzung, Wasserverschmutzung* etc. verschlagwortet wurden. Die Lösung der RSWK ist das Erfassen der hierarchischen Beziehungen in den Normdatensätzen – entsprechend sollte dies für die Recherche nutzbar gemacht werden. Beispielsweise könnten die Unterbegriffe aufgelistet und für eine Sucherweiterung angeboten werden. In den allermeisten Systemen wird jedoch das Problem – relevante Dokumente werden unter Umständen nicht gefunden, weil sie mit einem präziseren Schlagwort erschlossen wurden – schlicht ignoriert: Es werden nur die Treffer ausgegeben, die genau mit dem eingegebenen Schlagwort versehen sind. Einige wenige Kataloge haben zumindest eine erweiterte Indexierung implementiert, bei der die Unterbegriffe automatisch mitberücksichtigt werden – so der HEIDI-Katalog (mit entsprechend niedrigerem Ranking) und der K10plus-Katalog.[29]

---

26 Nach dem Kenntnisstand der Verfasserin ist dies nur im Rechercheportal der Deutschen Nationalbibliothek (DNB) möglich, indem man im Reiter *Standorte/Kataloge* auf die Normdaten einschränkt.
27 OGND: https://ognd.bsz-bw.de/ (16.1.2021); WebGND: http://gnd.eurospider.com/s (16.1.2021); lobid-gnd: https://lobid.org/gnd (16.1.2021).
28 Thesenpapier, Abschnitt 5.
29 Für den K10plus-Katalog wurde hier die langjährige Praxis des SWB übernommen; dabei werden auch verwandte Begriffe mitberücksichtigt. Hilfreich wäre es, wenn man die erweiterte

Versucht man, das Potenzial der verbalen Erschließung durch neue Facetten besser zu nutzen, wie es auch das Thesenpapier fordert,[30] ist eine gut verständliche Umsetzung mitunter nicht einfach. Ein Beispiel dafür ist die geografische Facette auf der Basis der GND-Ländercodes, die vor über zehn Jahren im HEIDI-Katalog und im Primo-RDS der Universitätsbibliothek Mannheim implementiert wurde; in letzterem ist sie nicht mehr aktiv.[31] Die Facette funktioniert hervorragend und verbessert den Recall erheblich, setzt allerdings voraus, dass die Nutzenden bei ihrer Suche zunächst noch kein Land als Wort mit eingegeben haben. Bedienungsfreundlicher wäre es, das gewünschte Geografikum am Beginn der Suche aus einer Dropdown-Liste oder über eine Kartendarstellung auszuwählen.[32]

In Katalogen mit Suchmaschinentechnologie ist auch das Relevanz-Ranking eine zentrale Suchfunktionalität. Das Thesenpapier fordert dafür zum einen die „optimale Auswertung inhaltlicher Metadaten" und zum anderen „kontextsensitive Ergebnismengen auf Basis von User-Profilen bzw. fachlichen Bedarfen".[33] Mustergültig ist hier wiederum der HEIDI-Katalog: Hier können Nutzende in ihrem Profil ein bevorzugtes Fachgebiet festlegen, damit entsprechende Treffer höher gerankt werden.[34] Wünschenswert wäre außerdem die Integration eines Relevanz-Feedbacks.[35] Beispielsweise könnten Nutzende einige Dokumente in der Ausgangstrefferliste mit *gut*, *schlecht* oder *weiß nicht* markieren. Dies könnte nicht nur für eine Optimierung beim Ranking der bestehenden Trefferliste verwendet werden, sondern auch für eine automatische Anschlussrecherche, um weitere ähnliche Treffer aus dem gesamten Datenpool ans Licht zu fördern.

Eine wichtige, aber besonders schwierig zu realisierende Anforderung aus dem Thesenpapier schließlich sind „einfach zu nutzende thematische Sucheinstiege jenseits des Google-Schlitzes (z. B. Browsen, Karte, Zahlenstrahl, Waren-

---

Indexierung bei Bedarf auch ausschalten könnte, zumal es hier – anders als im HEIDI-Katalog – kein Ranking gibt.

30 Vgl. Thesenpapier, Abschnitt 5: „Entwicklung neuer Facetten auf Basis von zeitlichen und geografischen Angaben in Metadaten".

31 Vgl. Wiesenmüller, H., L. Maylein und M. Pfeffer: Mehr aus der Schlagwortnormdatei herausholen. Implementierung einer geographischen Facette in den Online-Katalogen der UB Heidelberg und der UB Mannheim.

32 Für die Suche könnten dann sowohl verbale Bezeichnungen als auch Ländercodes berücksichtigt werden.

33 Thesenpapier, Abschnitt 5.

34 Vgl. Maylein, L. und A. Langenstein: Neues vom Relevanz-Ranking im HEIDI-Katalog der Universitätsbibliothek Heidelberg, S. 195–196.

35 Allgemein zu Relevanz-Feedback vgl. z. B. Manning, Christopher D., Prabhakar Raghavan und Hinrich Schütze: Introduction to information retrieval, S. 162–172.

korb für Suchbegriffe)".[36] Hier muss man ernüchtert feststellen, dass es in den letzten 10 bis 15 Jahren zwar immer wieder Ansätze für neuartige thematische Zugänge zu Katalogdaten – etwa über eine explorierende visuelle Suche – gab, die aber nirgends über Prototypen hinausgekommen sind. Ein Beispiel aus jüngerer Zeit ist der Demo-Einsatz der finnischen Software Etsimo an der Technischen Informationsbibliothek Hannover (TIB).[37] Das Projekt konnte die Erwartungen nicht erfüllen und wurde deshalb nicht weiterverfolgt. Für das künftige Katalogportal der DNB ist ein neuartiger visueller Einstieg vorgesehen, bei dem die thematische Dimension eine wichtige Rolle spielen soll.[38] Man darf gespannt sein, ob es der DNB gelingen wird, eine wirklich innovative Alternative zu den bisherigen textbasierten Suchparadigmen zu realisieren.

3.3 Orientierungsfunktion

Betrachten wir als nächstes die Orientierungsfunktion, so überrascht zunächst, wie wenig prominent die Inhaltserschließungsinformationen in den Katalogen dargestellt werden. Unabhängig von der Art der Suchanfrage sehen die Trefferlisten, bei denen die einzelnen Dokumente in einer Kurzdarstellung präsentiert werden, immer gleich aus. Dies ist prinzipiell nachvollziehbar, da sich in Online-Katalogen – anders als im Zettelkatalog – nicht leicht feststellen lässt, ob eine *known-item search* oder eine thematische Suche durchgeführt wurde. Umso wichtiger wäre es deshalb, in der Kurzanzeige auch das inhaltliche Suchinteresse zu berücksichtigen. Zusätzlich zu Haupttitel und Titelzusätzen sieht man jedoch in der Regel nur Angaben aus der Formalerschließung wie Person(en), Ausgabebezeichnung, Erscheinungsvermerk und monografische Reihe.

Schlagwörter scheinen hingegen als weniger wichtig eingeschätzt zu werden, obwohl sie bei thematischen Anfragen für die Relevanzentscheidung von zentraler Bedeutung sind. Angezeigt werden sie üblicherweise nur in der Vollanzeige eines Dokuments – und auch dort erst hinter den formalen Angaben, also relativ weit unten auf dem Bildschirm. In manchen Fällen wird die Inhaltserschließung sogar noch mehr „versteckt": Beispielsweise sieht man in der Vollanzeige von HilKat, dem RDS der Universitätsbibliothek Hildesheim, die Inhaltserschließung erst nach einem Klick auf einen unauffälligen Link (*weitere Titelinformationen ...*).

---

36 Thesenpapier, Abschnitt 5.
37 Vgl. Koepler, O.: Ein Prototyp zur explorativen, visuellen Suche.
38 Vgl. Herseni, J. et al.: Die bibliografischen Daten der Deutschen Nationalbibliothek entfalten.

Zu den wenigen positiven Gegenbeispielen, die Schlagwörter bereits in der Trefferliste mit anzeigen, gehört außer dem HEIDI-Katalog (Abb. 1), dem TIB-Portal und dem RDS der Steiermärkischen Landesbibliothek in Graz auch der an verschiedenen Bibliotheken zum Einsatz kommende EBSCO Discovery Service (Abb. 2).[39] Dieser ermöglicht es überdies, das Präsentationsformat der Trefferliste individuell einzustellen: Unter *Seitenoptionen* lässt sich zwischen der in Abb. 2 gezeigten ausführlicheren Darstellung und einer kürzeren wählen, bei der man nur die Titel sieht. Die Anzeige von inhaltserschließender Information bereits in der Trefferliste (oder zumindest eine Option dafür) sollte in allen Recherchewerkzeugen zum Standard werden.

Abb. 2: Trefferliste im EBSCO Discovery Service der Bibliotheken der Ruhr-Universität Bochum

Ein weiteres Problem für die Orientierungsfunktion ist die bemerkenswert große Vielfalt in der Darstellung an allen relevanten Stellen, z. B. bei der verwendeten Terminologie, der Anzeige von bestimmten Schlagworttypen und der Präsentation mehrerer Schlagwörter (z. B. Trennzeichen innerhalb einer Folge, Trennung

---

39 Diese Erkenntnis beruht auf den Ergebnissen von Jessica Seidel in ihrer unveröffentlichten Bachelorarbeit: Eine Analyse der Darstellung von verbaler Erschließung in Bibliothekskatalogen des deutschsprachigen Raums, Stuttgart 2019, S. 25 und 89–94. Nur in sieben der von ihr analysierten 88 Kataloge und RDS werden Schlagwörter in der Trefferliste mit angezeigt.

mehrerer Folgen). Eine Untersuchung von 88 Bibliothekskatalogen des deutschsprachigen Raums im Jahr 2019 ergab nicht weniger als zehn Möglichkeiten für die Trennung zwischen den Schlagwörtern innerhalb einer Schlagwortfolge gemäß RSWK: Man findet Schrägstriche, Semikolons oder Kommas mit und ohne Leerzeichen,[40] Pipes, Größer-als-Zeichen, Checkboxen oder bloße Leerzeichen; die Schlagwörter können aber auch untereinander angeordnet sein. Selbst der Schrägstrich als die häufigste Variante findet sich nur in ungefähr einem Drittel der Kataloge.[41] Ein weiteres Beispiel: Für die Anzeige von Schlagwörtern mit identifizierendem Zusatz gibt es mindestens sechs Varianten: *Krebs <Medizin>*; *Krebs (Medizin)*; *Krebs / Medizin*; *Krebs, Medizin*; *Krebs Medizin* oder nur *Krebs*.[42] Von Verlässlichkeit kann bei einer solchen Variationsbreite nicht mehr die Rede sein. Auch sind einige dieser Darstellungen schlecht verständlich oder – wie im letzten, durchaus nicht selten anzutreffenden Fall – schlicht unvollständig.[43]

Verbesserungspotenzial gibt es bei den in den Katalogen verwendeten Bezeichnungen. So finden sich in ca. 85 % der Kataloge in der Vollanzeige die Bezeichnungen *Schlagwörter*, *Schlagworte* (grammatikalisch weniger gut passend[44]), *Schlagwort* oder *Schlagwort(e)*, während das für Endnutzer:innen vermutlich viel besser verständliche Wort *Thema* nur in gut 5 % der Kataloge verwendet wird.[45] Auch stärker erklärende Formulierungen bei den einzelnen Schlagwörtern (z. B. *Im Dokument behandelte Person*, *Im Dokument behandelter Zeitraum* etc.) könnten hilfreich sein. Besondere Verständnisprobleme sind außerdem zu erwarten, wenn es mehrere Schlagwortfolgen gibt. Dies ergab eine Untersuchung von 2012, bei der 14 Einzelinterviews geführt wurden. Studieren-

---

40 In der Darstellung der RSWK selbst werden die Schlagwörter mit *Leerzeichen Semikolon Leerzeichen* getrennt.

41 Vgl. Seidel, J.: Eine Analyse der Darstellung von verbaler Erschließung in Bibliothekskatalogen des deutschsprachigen Raums, S. 21.

42 In der Darstellung der RSWK selbst werden identifizierende Zusätze in runde Klammern gesetzt (dies orientiert sich an der angloamerikanischen Tradition). Früher wurden stattdessen spitze Klammern verwendet.

43 Vgl. Seidel, J.: Eine Analyse der Darstellung von verbaler Erschließung in Bibliothekskatalogen des deutschsprachigen Raums, S. 25, 74–78.

44 Bei der Beschlagwortung werden einzelne Deskriptoren vergeben, weshalb die Pluralform „Schlagwörter" bevorzugt wird. Der Plural „Worte" wird hingegen normalerweise bei zusammenhängenden Äußerungen verwendet (z. B. „Worte des Trostes").

45 Vgl. Seidel, J.: Eine Analyse der Darstellung von verbaler Erschließung in Bibliothekskatalogen des deutschsprachigen Raums, S. 22. Schon in einer auf Logfile-Analysen beruhenden Arbeit von 2004 wurde die Vermutung geäußert, dass viele Nutzer:innen den Begriff *Schlagwort* missverstehen: Weimar, A.: Inhaltserschließung und OPAC. Retrieval am Beispiel des OPAC der Universitätsbibliothek Heidelberg, S. 31.

de der Universität Stuttgart sollten Beispiele für Kataloganzeigen interpretieren – u. a. eins mit zwei Schlagwortfolgen. Die Bedeutung erschloss sich nur einem sehr kleinen Teil der Befragten.[46] Das Problem wäre vermutlich leicht zu lösen, wenn man die Schlagwortfolgen z. B. als *Thema 1*, *Thema 2* etc. bezeichnen würde.

3.4 Explorationsfunktion

Betrachten wir abschließend die dritte Funktion von Inhaltserschließung, die Explorationsfunktion. Das im Bereich der verbalen Erschließung am weitesten verbreitete Explorationsangebot ist die Weitersuche mit den Schlagwörtern eines bereits gefundenen Dokuments – typischerweise als Link umgesetzt. Allerdings besteht bei der Umsetzung wiederum eine erhebliche Bandbreite. In den meisten Katalogen kann man nur ein einziges Schlagwort anklicken, in einigen können auch mehrere für eine Anschlussrecherche ausgewählt werden (so z. B. im hebis-Verbundkatalog und im Suchportal der Universitätsbibliothek Frankfurt). Im K10plus-Verbundkatalog kann man außerdem ins Register der Schlagwortfolgen springen. In einigen Katalogen – z. B. den aDIS-Katalogen und dem DNB-Katalog – löst das Anklicken eines Schlagworts entgegen der Erwartung keine Anschlussrecherche mit dem entsprechenden Schlagwort aus, sondern führt zunächst über den Normdatensatz – dann wird ein weiterer Klick benötigt, um die zugehörigen Treffer zu erhalten.

Die Anzeige der Normdatensätze ist eine weitere Explorationsmöglichkeit, die allerdings seit der Einführung der RDS immer stärker zurückgegangen ist und in vielen verbreiteten Produkten fehlt, beispielsweise in Instanzen des EBSCO Discovery Service (z. B. Universitätsbibliothek Bochum) oder in den meisten Primo-Implementierungen (z. B. Universitätsbibliothek der Freien Universität Berlin).[47] Wo es sie noch gibt wie im K10plus-Katalog, ist die Anzeige des Normdatensatzes in der Regel nicht nur informativ, sondern kann auch für Anschlussrecherchen genutzt werden.[48]

---

46 Dies war eins der Ergebnisse von Sabrina Stutz in ihrer unveröffentlichten Bachelorarbeit: Verbale Sacherschließung in Bibliothekskatalogen – wie wird sie von Nutzern verstanden und interpretiert? Stuttgart 2013, S. 20–24.

47 Es ist aber durchaus auch in einem RDS möglich, Normdatensätze anzuzeigen, wie z. B. der Katalog der Kantonsbibliothek Thurgau in Frauenfeld (Schweiz) zeigt. Auch die Primo-Implementierung von swisscovery (z. B. ETH-Bibliothek @ swisscovery) bietet die Normdatensätze an, allerdings nur über einen Link in den DNB-Katalog.

48 Im K10plus-Katalog führt der Klick auf das Symbol neben dem Schlagwort in die OGND. Neben dem klassischen, auf Pica beruhenden Katalog wird inzwischen allerdings auch eine

Ansonsten trifft man öfter auf eine Anzeige bzw. Anzeigemöglichkeit von ähnlichen Titeln. Beruht dies auf Inhaltserschließung, so handelt es sich meistens recht simpel um eine Anschlussrecherche nach einer für das jeweilige Dokument vergebenen Notation. In manchen Katalogen (z. B. HEIDI-Katalog, Universitätsbibliothek Bochum und TIB-Portal) steht dahinter stattdessen ein komplexerer Algorithmus zur Ermittlung ähnlicher Dokumente.

Darüber hinausgehende Explorationsangebote findet man in den Katalogen kaum. Ein seltenes Beispiel ist die Elektronische Bibliothek (E-LIB) Bremen, die neben der Trefferliste u. a. eine „Tag Cloud Präsentation des begrifflichen Umfeldes einer Anfrage über computer-linguistische und statistische Analyse der Trefferliste" anbietet.[49] Auf der Suchmaske wird eine solche Tag Cloud – nicht sonderlich gut verständlich – als „Teilaspekte des Themas" bezeichnet.

Vorhandene Daten, die man leicht für das Explorieren nutzen könnte, sind bislang ungenutzt – etwa die aus dem CrissCross-Projekt stammenden Mappings von GND-Schlagwörtern zu Notationen der Dewey-Dezimalklassifikation (DDC). Darüber könnte man sowohl eine direkte Weitersuche mit der entsprechenden DDC-Klasse als auch einen Link an die passende Stelle in WebDewey Search realisieren.[50] Auch scheinen nur selten neue Ideen entwickelt zu werden. Jüngst wurde immerhin untersucht, inwieweit Indexbegriffe aus der Regensburger Verbundklassifikation (RVK) für verbale Anschlussrecherchen genutzt werden könnten.[51]

Noch bei weitem nicht ausgeschöpft sind außerdem die Möglichkeiten für die Vernetzung mit Fremdsystemen. In vielen Wikipedia-Einträgen sind GND-

---

RDS-Variante angeboten – in dieser fehlt die Funktionalität. Beispiele für rein informative Anzeigen sind der HEIDI-Katalog und das Portal der Kölner Universitäts- und Stadtbibliothek.

49 Vgl. Staats- und Universitätsbibliothek Bremen: Projektinformationen: Elektronische Bibliothek (E-LIB). https://m.suub.uni-bremen.de/infos/projektinformationen-e-lib/#mat (2.1.2021). Hier liegt also nicht die Inhaltserschließung eines einzelnen Dokuments zugrunde, sondern die der gesamten Treffermenge – insofern ist es vergleichbar mit einer Schlagwortfacette. Die Aufbereitung und die Darstellung sind jedoch recht unterschiedlich.

50 Die DDC-GND-Mappings werden nach dem Kenntnisstand der Verfasserin bisher nur als zusätzliche Registereinträge im WebDewey genutzt, d. h. sie kommen nur Bibliothekar:innen zugute, die mit der DDC erschließen. Vor einigen Jahren plante die DNB eine automatische Erweiterung von verbalen Suchanfragen um Treffer zu den gemappten DDC-Notationen, vgl. Maibach, C.: Die DDC auf neuen Wegen – verbale Sucheinstiege für klassifikatorisch erschlossene Titel. Dies wurde jedoch nicht weiterverfolgt, vermutlich weil eine unkontrollierte automatische Sucherweiterung zu viel Ballast ergab.

51 Vgl. Hasubick, J.: Einbindung von RVK-Registerbegriffen in die Katalogrecherche – eine Analyse des Potenzials und der Umsetzungsmöglichkeiten am Beispiel des K10plus.

Nummern erfasst.[52] Im Katalog der Wirtschaftsuniversität Wien wird beispielsweise bei Autor:innen, die einen Wikipedia-Eintrag besitzen, automatisch der Anfang des jeweiligen Artikels mit angezeigt.[53] Auch bei Schlagwörtern wäre dies nützlich. Gibt es keinen festen Link, so könnte auf Knopfdruck zumindest eine entsprechende Suche in der Wikipedia ausgelöst werden.[54] Dass noch viel mehr möglich ist, zeigt etwa die dynamische Kataloganreicherung über Linked Open Data im neuen Katalog ETH-Bibliothek @ swisscovery: Bei Personen werden u. a. Informationen aus der GND und Wikidata automatisch mit angezeigt sowie diverse Links in Lexika und biografische Nachschlagewerke angeboten.[55] Personen und Geografika eignen sich sicher besonders gut für derartige Vernetzungen, aber auch bei Sachbegriffen ließen sich viele interessante Verlinkungen herstellen.

4 Fazit

Die Betrachtung von aktuellen Katalogen mit Blick auf die drei Funktionen der Inhaltserschließung hat gezeigt, dass es in allen drei Bereichen erhebliche Defizite gibt. Insbesondere bei der Angemessenheit und Verständlichkeit sind die Systeme weit von dem entfernt, was möglich und nötig wäre. Dabei wären manche Verbesserungen sehr leicht zu realisieren, insbesondere bei der Anzeige von verbaler Erschließung. Besonders desillusionierend ist der Blick auf die vorhandenen Explorationsangebote. Früher geäußerte Erwartungen und Hoffnungen haben sich nicht erfüllt.[56] Es herrscht verblüffend wenig Fantasie; auch aktuell gehypte Entwicklungen wie Wikidata spielen an dieser Stelle bisher noch eine viel zu geringe Rolle. Dabei würde gerade diese Funktion einen Schlüssel dazu bieten, um Bibliothekskataloge für alle Arten von Nutzer:innen relevant zu halten.

---

52 Derzeit sind über 544 000 GND-Nummern in der Wikipedia erfasst, davon über 27 000 Sachbegriffe, vgl. https://de.wikipedia.org/wiki/Vorlage:NORMDATENCOUNT (16.1.2020).
53 Beispiel: https://permalink.obvsg.at/wuw/AC01688004 (16.1.2021).
54 Dies gibt es beispielsweise in den mit Visual Library betriebenen digitalen Sammlungen der Universitäts- und Landesbibliothek Düsseldorf, allerdings nur für Personen und Körperschaften aus der Formalerschließung. Beispiel: https://nbn-resolving.de/urn:nbn:de:hbz:061:1-580915 (16.1.2021).
55 Hier ein Beispiel, in dem sogar die Schüler:innen der Person aus Wikidata gezogen werden: https://eth.swisscovery.slsp.ch/permalink/41SLSP_ETH/112r8ma/alma990005117600205503 (16.1.2020). Vgl. zum Hintergrund Uttenweiler, B.: Graph based query expansion.
56 Vgl. beispielsweise Wiesenmüller, H.: Zwischen Wunsch und Wirklichkeit: Bibliotheksdaten und Bibliothekskataloge, S. 22–23.

Auch wenn in den RDS nur noch ein Teil der Dokumente mit bibliothekarischer Inhaltserschließung versehen ist und aus vielen Gründen eine steigende Heterogenität bei den Metadaten zu beobachten ist, so sollte dies kein Grund dafür sein, sich nicht für einen optimalen oder zumindest deutlich verbesserten Output der bibliothekarischen Erschließungsleistung einzusetzen. Denn zum einen handelt es sich bei diesen hochwertig erschlossenen Dokumenten um Kernbestände der Bibliotheken und Informationseinrichtungen. Zum anderen gebietet schon die Wirtschaftlichkeit, die in die Erschließungsarbeit investierten Ressourcen bestmöglich zu nutzen. Der Umgang mit heterogenen Metadaten und das Zusammenspiel von intellektuellen und maschinellen Erschließungsverfahren sind wichtige, jedoch davon getrennt zu bearbeitende Aufgabenbereiche.[57]

Dass die Frage der Qualität von Inhaltserschließung in jüngster Zeit auf großes Interesse stößt, ist sehr zu begrüßen. Dies könnte eine Chance dafür sein, die lange vernachlässigte Umsetzung der verbalen Erschließung in den Recherchewerkzeugen endlich ernsthaft anzugehen.

5 Literaturverzeichnis

Arbeitsstelle für Standardisierung (Hrsg.): Regeln für die Schlagwortkatalogisierung – RSWK. 4. Aufl. Leipzig; Frankfurt a. M.: Deutsche Nationalbibliothek 2017. https://nbn-resolving. de/urn:nbn:de:101-2017011305 (16.1.2021).
Bertram, Jutta: Einführung in die inhaltliche Erschließung. Grundlagen – Methoden – Instrumente. Würzburg: Ergon Verlag 2005 (Content and communication 2).
Chan, Lois Mai: Cataloging and classification. An introduction. 3. ed. Lanham, Maryland; Toronto; Plymouth, UK: Scarecrow Press 2007.
DIN 32705:1987-1 Klassifikationssysteme; Erstellung und Weiterentwicklung von Klassifikationssystemen.
DIN EN ISO 9241-110:2020-10 Ergonomie der Mensch-System-Interaktion – Teil 110: Interaktionsprinzipien.
Expertenteam RDA-Anwendungsprofil für die verbale Inhaltserschließung: Qualitätskriterien und Qualitätssicherung in der inhaltlichen Erschließung – Thesenpapier des Expertenteams RDA-Anwendungsprofil für die verbale Inhaltserschließung (ET RAVI). In: Qualität in der Inhaltserschließung. Hrsg. von Michael Franke-Maier, Anna Kasprzik, Andreas Ledl und Hans Schürmann. Berlin: De Gruyter 2021. S. 113–120.
Gantert, Klaus: Bibliothekarisches Grundwissen. 9. Aufl. Berlin; Boston: De Gruyter Saur 2016.
Hasubick, Julia: Einbindung von RVK-Registerbegriffen in die Katalogrecherche – eine Analyse des Potenzials und der Umsetzungsmöglichkeiten am Beispiel des K10plus. Bachelorar-

---

57 Für einige grundsätzliche Hinweise dazu vgl. Stumpf, G.: „Kerngeschäft" Sacherschließung in neuer Sicht, S. 9–13, und Pfeffer, M. und H. Wiesenmüller: Resource Discovery Systeme, S. 112–113.

beit. Stuttgart, Hochschule der Medien 2020. https://nbn-resolving.org/urn:nbn:de: bsz:900-opus4-65851 (18.6.2021).

Herseni, Johannes, Viktoria Brüggemann, Katja Dittrich, Marian Dörk, Jens Rauenbusch und Fidel Thomet: Die bibliografischen Daten der Deutschen Nationalbibliothek entfalten. In: Dialog mit Bibliotheken (2018) Nr. 1, S. 11–16. https://nbn-resolving.org/urn:nbn: de:101-2018030698 (16.1.2021).

Koepler, Oliver: Ein Prototyp zur explorativen, visuellen Suche. Beitrag im TIB-Blog vom 19.12.2017. https://blogs.tib.eu/wp/tib/2017/12/19/ein-prototyp-zur-explorativen-visuel len-suche/ (16.1.2021).

Maibach, Christiane: Die DDC auf neuen Wegen – verbale Sucheinstiege für klassifikatorisch erschlossene Titel. In: o-bib (2014) Bd. 1 Nr. 1. S. 205–219. https://doi.org/10.5282/ o-bib/2014H1S205-219.

Manning, Christopher D., Prabhakar Raghavan und Hinrich Schütze: Introduction to information retrieval. Cambridge u. a.: Cambridge University Press 2008.

Maylein, Leonhard und Annette Langenstein: Neues vom Relevanz-Ranking im HEIDI-Katalog der Universitätsbibliothek Heidelberg. In: B.I.T. online (2013) Bd. 16 Nr. 3. S. 190–200. http://nbn-resolving.de/urn=urn:nbn:de:bsz:16-heidok-151950 (16.1.2021).

Pfeffer, Magnus und Heidrun Wiesenmüller: Resource Discovery Systeme. In: Handbuch Informationskompetenz. Hrsg. von Wilfried Sühl-Strohmenger. 2. Auflage. Berlin: De Gruyter Saur 2016 (De Gruyter Reference). S. 105–114.

Ranganathan, Shiyali Ramamrita: The five laws of library science. Madras: Madras Library Association und London: Goldston 1931. https://catalog.hathitrust.org/Record/001661182 (16.1.2021).

Riva, Pat, Patrick Le Boeuf und Maja Žumer: IFLA Library Reference Model. A conceptual model for bibliographic information. As amended and corrected through December 2017. Den Haag: IFLA 2017. https://www.ifla.org/publications/node/11412 (16.1.2021).

Seidel, Jessica: Eine Analyse der Darstellung von verbaler Erschließung in Bibliothekskatalogen des deutschsprachigen Raums. Bachelorarbeit. Stuttgart, Hochschule der Medien 2019 (unveröffentlicht).

Stumpf, Gerhard: „Kerngeschäft" Sacherschließung in neuer Sicht. Was gezielte intellektuelle Arbeit und maschinelle Verfahren gemeinsam bewirken können. Augsburg 2015 (Textfassung eines Vortrags bei der VDB-Fortbildungsveranstaltung „Wandel als Konstante: neue Aufgaben und Herausforderungen für sozialwissenschaftliche Bibliotheken" am 22./ 23. Januar 2015 in Berlin). https://nbn-resolving.org/urn:nbn:de:bvb:384-opus4-30027 (16.1.2021).

Stutz, Sabrina: Verbale Sacherschließung in Bibliothekskatalogen – wie wird sie von Nutzern verstanden und interpretiert? Bachelorarbeit. Stuttgart, Hochschule der Medien 2013 (unveröffentlicht).

Svenonius, Elaine: The intellectual foundation of information organization. Cambridge, Massachusetts; London, England: MIT Press 2000.

Taylor, Arlene G.: Introduction to cataloging and classification. 10. ed. Westport, Connecticut; London: Libraries Unlimited 2006 (Library and information science text series).

Uttenweiler, Bernd: Graph based query expansion. A project of WD Hackdays 2019. Zürich: ETH-Bibliothek 2019. https://gitlab.com/ethlibrary/wd-hackdays-2019/graph-based-que ry-expansion/-/blob/02933816c8843d3b641ca287a6c10b2fe0921b1b/GraphBasedQuery Expansion_EN.pdf (16.1.2021).

Weimar, Alexander: Inhaltserschließung und OPAC. Retrieval am Beispiel des OPAC der Universitätsbibliothek Heidelberg. Diplomarbeit. Stuttgart: Hochschule der Medien 2004. http://nbn-resolving.de/urn:nbn:de:bsz:16-heidok-52790 (16.1.2021).

Wiesenmüller, Heidrun: Maschinelle Indexierung am Beispiel der DNB. Analyse und Entwicklungmöglichkeiten. In: o-bib (2018) Bd. 5 Nr. 4. S. 141–153. https://doi.org/10.5282/o-bib/2018H4S141-153.

Wiesenmüller, Heidrun, Leonhard Maylein und Magnus Pfeffer: Mehr aus der Schlagwortnormdatei herausholen. Implementierung einer geographischen Facette in den Online-Katalogen der UB Heidelberg und der UB Mannheim. In: B.I.T. online (2011) Bd. 14 Nr. 3. S. 245–252. https://doi.org/10.11588/heidok.00012555 (18.6.2021).

Wiesenmüller, Heidrun: Zwischen Wunsch und Wirklichkeit: Bibliotheksdaten und Bibliothekskataloge. Fünf Thesen. In: VDB-Mitteilungen (2012) H. 1. S. 20–24. https://www.vdb-online.org/publikationen/vdb-mitteilungen/vdb-mitteilungen-2012-1.pdf (16.1.2021).

Anhang: Verwendete Kataloge und RDS

Berlin, Universitätsbibliothek der Freien Universität: Bibliotheksportal Primo
    https://fu-berlin.hosted.exlibrisgroup.com/primo-explore/search?vid=FUB
Bochum, Bibliotheken der Ruhr-Universität (EBSCO Discovery Service)
    http://www.ub.ruhr-uni-bochum.de/ (*KatalogPLUS* auswählen)
Bremen, Staats- und Universitätsbibliothek: Elektronische Bibliothek, E-LIB (Eigenentwicklung)
    https://elib.suub.uni-bremen.de/
Düsseldorf, Universitäts- und Landesbibliothek: Digitale Sammlungen (Visual Library)
    http://digital.ub.uni-duesseldorf.de/
Frankfurt am Main/Leipzig, Deutsche Nationalbibliothek: DNB-Katalog (Eigenentwicklung)
    https://portal.dnb.de/opac.htm?method=showSearchForm
Frankfurt am Main, Universitätsbibliothek: Suchportal (hebis Discovery System)
    https://hds.hebis.de/ubffm/Discover/Home
Frauenfeld (Schweiz), Kantonsbibliothek Thurgau: Katalog (Netbiblio)
    https://netbiblio.tg.ch/kbtg/
Graz, Steiermärkische Landesbibliothek (VuFind)
    http://katalog.landesbibliothek.steiermark.at/
Hannover, Technische Informationsbibliothek: TIB-Portal (Eigenentwicklung)
    https://www.tib.eu/de/recherchieren-entdecken
hebis-Verbundkatalog (Pica)
    http://cbsopac.rz.uni-frankfurt.de/LNG=DU/DB=2.1/
Heidelberg, Bibliotheken der Universität: HEIDI-Katalog (Eigenentwicklung)
    https://www.ub.uni-heidelberg.de/helios/kataloge/heidi.html
Hildesheim, Universitätsbibliothek: HilKat (VuFind)
    https://hilkat.uni-hildesheim.de/vufind/
K10plus-Verbundkatalog: RDS-Variante (BOSS)
    https://k10plus.boss.bsz-bw.de/

K10plus-Verbundkatalog: Profi-Recherche (Pica)
    https://opac.k10plus.de/DB=2.299/
Köln, Universitäts- und Stadtbibliothek: USB-Portal
    https://www.ub.uni-koeln.de/suchen_ausleihen/index_ger.html
Konstanz, Kommunikations-, Informations-, Medienzentrum: KonSearch (Summon)
    https://konstanz.summon.serialssolutions.com/
Stuttgart, Universitätsbiblothek: aDIS-Katalog (Firma astec)
    https://stg.ibs-bw.de/aDISWeb/app
Stuttgart, Württembergische Landesbibliothek: aDIS-Katalog (Firma astec)
    https://wlb.ibs-bw.de/aDISWeb/app
Wien, Universitätsbibliothek der Wirtschaftsuniversität: WU-Katalog (Primo)
    https://katalog.wu.ac.at/primo-explore/search?vid=WUW
Zürich, ETH-Bibliothek: ETH-Bibliothek @ swisscovery (Primo)
    https://eth.swisscovery.slsp.ch/

Jan Frederik Maas
Inhaltserschließung für Discovery-Systeme gestalten

1 Einleitung

Bibliotheken und Informationseinrichtungen erfahren in den letzten Jahren einen Wandel in ihren Aufgaben. Die zunehmende digitale Vernetzung ermöglicht es den Agierenden des Publikations- und Informationswesens, verstärkt die eigene Rolle zu verlassen und in Bereichen tätig zu werden, die bisher nicht dem eigenen Kerngebiet entsprochen haben. So können z. B. Verlage und Autor:innen in Umgehung des Einzelhandels und der Bibliotheken ihre Werke direkt an die Kund:innen verkaufen und ausliefern und Bibliotheken können über Open-Access-Repositorien selbst Werke publizieren.

Dessen ungeachtet ist das Kerngeschäft der Bibliotheken weiterhin das Sammeln, Erschließen und Vermitteln von Werken[1] für ihr jeweiliges Publikum, ergänzt um zusätzliche Tätigkeiten. Diese klassische Auflistung der drei Aufgabengebiete suggeriert, dass die drei Tätigkeitsfelder unabhängig voneinander zu betrachten sind. Das ist aber nicht der Fall – das Vermitteln von Werken kann nur dann stattfinden, wenn das Werk in zugänglicher Form vorliegt (gesammelt wurde) und es durch Erschließung auffindbar gemacht wurde. Die Trennung der drei Aufgabenbereiche ist arbeitsorganisatorisch zunächst hilfreich, da Spezialist:innen für jeden der Bereiche separat ausgebildet und beschäftigt werden können. Auf der anderen Seite entsteht aber die Gefahr, dass durch mangelnde Abstimmung der Bereiche ineffizient gearbeitet wird – zum Beispiel, wenn in der Erschließung formalen Systemen entsprochen wird, deren Entwurfskriterien aber nicht zielführend für die Recherchesysteme sind, die den Vermittlungsprozess ermöglichen. Oder umgekehrt, wenn für ein spezielles Recherchesystem erschlossen wird, aber nach einem Wechsel der Software die Erschließung für das neue Produkt nicht mehr geeignet ist.

Ich möchte in diesem Beitrag dafür argumentieren, Tätigkeiten in Bibliotheken und Informationseinrichtungen – speziell Erschließung und das Entwickeln von Discovery-Systemen – konsequent in Bezug auf *Anwendungsfälle* zu denken und zu gestalten. Nur so lässt sich effektiv und effizient sowohl bei der Erschließung als auch bei der Gestaltung der die Erschließung nutzenden Systeme und Prozesse arbeiten. Zunächst möchte ich dafür in den folgenden Abschnitten Be-

---

1 Vgl. Hacker, Rupert: Bibliothekarisches Grundwissen. 7. Aufl. München: Saur 2000, S. 12–13.

rührungspunkte aufzeigen, um auf die vielfältigen Probleme aber auch Möglichkeiten im Zusammenspiel von (Inhalts-)Erschließung und Discovery-Systemen hinzuweisen.

2 Resource-Discovery-Systeme (RDS)

Resource-Discovery-Systeme (kurz: *Discovery-Systeme*) ersetzen in den letzten Jahren zunehmend klassische Online-Kataloge[2] in der Funktion als Recherchesysteme für bibliografische Metadaten, zum Beispiel als Bibliothekskataloge, Recherchesysteme für Forschungsinformationssysteme oder Forschungsdaten. Der Begriff *Discovery-System* wurde in den vergangenen Jahren unterschiedlich verwendet, daher möchte ich in diesem Beitrag folgende Definition verwenden:

Discovery-Systeme sind konkrete bibliothekarische Informationssysteme, die unter anderem aus einem webbasierten Nutzungsinterface und einem auf Suchmaschinentechnologie basierenden Index für bibliografische Metadaten und ggf. für Volltexte bestehen.

Diese an die Wikipedia[3] angelehnte Definition ignoriert bewusst, dass Discovery-Systeme ursprünglich das Ziel hatten, speziell entdeckendes Suchen zu fördern,[4] da unklar ist, ob dies bei den aktuellen Discovery-Systemen wirklich der Fall ist.[5]

---

2 Als klassische Online-Kataloge oder OPACs (Online Public Access Catalogue) bezeichne ich im Rahmen dieses Beitrags, wie im Folgenden geschildert, Bibliothekskataloge, die auf einem relationalen Datenmodell basieren, Boolesche Algebra bei der Anfragesprache unterstützen und nach dem *exact-match*-Paradigma arbeiten (vgl. Steilen, Gerald: Discovery-Systeme – die OPACs der Zukunft? Hamburg 2012; 101. Deutscher Bibliothekartag). Einer weiten, hier nicht vertretenen Auslegung des Begriffes nach können auch Discovery-Systeme als OPACs bezeichnet werden.

3 Siehe https://de.wikipedia.org/wiki/Discovery-System (12.6.2020).

4 Vgl. Blenkle, Martin: Inhaltserschließung als Navigationspunkte für den Suchprozess. eine Bibliothek gestaltet ihr Discovery System selbst... Bremen 2013 (Fachreferententagung Wirtschaftswissenschaft), S. 12.

5 Viele Discovery-Systeme bieten Funktionen für entdeckendes Suchen (z. B. *more-like-this*-Funktionen oder thematisches Browsing) nicht oder nur als nicht zentrale Funktion an. Auch die für Suchmaschinen typische unscharfe Suche fördert entdeckendes Suchen nicht automatisch besser als klassische OPACs. Insgesamt wird der Begriff *Discovery* in Bezug auf Discovery-Systeme seit einiger Zeit kontrovers diskutiert, vgl. u. a. Koster, Lukas: Discovery tools: a rearguard action? Palma de Mallocra 2012 (ELAG2012).

Der wichtigste technologische Unterschied von Discovery-Systemen und OPACs liegt in der Nutzung von Websuchmaschinentechnologie.[6] Während OPACs die exakte Suche mit Booleschen Operatoren in den Vordergrund stellen (*exact match*), sollen Discovery-Systeme auf Suchanfragen größere Ergebnismengen als OPACs liefern und diese nach einer möglichst guten Relevanzsortierung ausgeben (*best match*). Die Nutzung von Suchmaschinentechnologie ermöglicht so z. B. die Recherche in Volltexten, deren automatische Indexierung[7] oft zu extrem großen Treffermengen führt. Die Darstellung derselben ohne Relevanzsortierung – wie in OPACs üblich – erzeugt Trefferlisten, in denen die gesuchten Werke ggf. nur mühsam oder mit nicht vertretbarem Aufwand gefunden werden können.

3 Erschließung und Discovery-Systeme

Das Zusammenspiel von bibliothekarischer Erschließung und Discovery-Systemen ist komplex. Suchmaschinen sind im Kern darauf angelegt mit unstrukturierten oder schwach strukturierten Volltexten (in der Regel Webseiten) zu arbeiten. Bibliothekskataloge arbeiten dagegen seit langer Zeit mit Metadaten, die im Gegensatz zu Volltexten hochstrukturiert und deutlich kürzer sind. Um ein Beispiel zu nennen: Elementare Metriken der für Discovery-Systeme typischen Relevanzsortierung wie *term frequency* (tf) und *inverse document frequency* (idf) wurden ursprünglich für die Verarbeitung von nicht strukturierten Volltexten entwickelt. Auf reinen Metadaten ist zumindest die tf nur eingeschränkt aussagekräftig, was die Konfiguration der Relevanzsortierung von Discovery-Systemen erschwert. So kann zum Beispiel ein zentraler Begriff eines Werkes in den Metadaten nur einmal vorkommen (z. B. als Vorzugsbezeichnung eines Sachschlagworts[8]) was zu einer geringen tf führt, während der Begriff im Text des Werkes sehr häufig vorkommt (hohe tf).

Eine seit geraumer Zeit diskutierte Frage ist, ob Erschließung durch die automatische Indexierung von Volltexten grundsätzlich hinfällig ist, da die

---

6 Steilen, Gerald: Discovery-Systeme – die OPACs der Zukunft? Hamburg 2012 (101. Deutscher Bibliothekartag).

7 Der Begriff *Indexierung* wird im Rahmen dieses Beitrags für den technischen Prozess verwendet, der Daten in einen Suchindex speichert. Er wird nicht für Prozesse der intellektuellen oder automatischen Erschließung genutzt.

8 *Sachschlagwort* bezeichnet in diesem Beitrag i. d. R. einen Sachbegriff im Sinne der *Regeln für die Schlagwortkatalogisierung* (RSWK). Ggf. lassen sich die Aussagen des Beitrags aber fallbezogen auch auf Geografika, Personen, etc. ausweiten.

Suchmaschinentechnologie das Auffinden von Textinhalten anhand von Stich-wörtern, *snippets* und – z. B. bei Verwendung von automatischer Textstrukturer-kennung – Facetten bei vorhandenen Volltexten auch ohne intellektuelle Er-schließung ermöglicht.

Im Rahmen dieses Beitrags kann diese Frage nicht geklärt werden. Aus ver-schiedenen Gründen ist es aber naheliegend, dass intellektuelle Erschließung auch in Zeiten von automatischer Indexierung wichtig ist und somit auch in den kommenden Jahren eine Kernaufgabe von Bibliotheken sein wird:

1. Erschließung stellt auch in Zeiten der Suchmaschinentechnologie einen Mehrwert für die Informationssysteme dar.[9]
2. Es gibt einen signifikanten Anteil von Bibliotheksbeständen, die den Biblio-theken aus technischen, finanziellen oder rechtlichen Gründen nicht als maschinenlesbarer und indexierbarer Volltext vorliegen. Somit werden durch Erschließungsprozesse generierte Metadaten weiterhin benötigt.

Trotzdem ist es notwendig, dass sich beide Prozesse (Erschließung und die Ent-wicklung von Discovery-Systemen) aneinander annähern, um gut zusammenar-beiten zu können.

4 Technische und inhaltliche Anforderungen

Im Wesentlichen kommen Inhaltserschließungsmerkmale in den folgenden Be-reichen von Discovery-Systemen zur Anwendung:

4.1 Suche

In der Regel werden in Discovery-Systemen nicht-hierarchisch geordnete Meta-datenfelder definiert, die bei einer Suche auf das Vorkommen der eingegebenen Suchbegriffe überprüft werden. Kommen – je nach Konfiguration des Disco-very-Systems – mindestens ein, einige oder alle Suchbegriffe in den spezifizier-ten Feldern eines Datensatzes vor, wird der Datensatz zu der Ergebnismenge hinzugefügt. In Abhängigkeit von der Einstellung des Datenindex und des Dis-

---

9 Stumpf, Gerhard: „Kerngeschäft" Sacherschließung in neuer Sicht. Was gezielte intellektu-elle Arbeit und maschinelle Verfahren gemeinsam bewirken können. Augsburg: Universitäts-bibliothek 2015. S. 2; Wiesenmüller, Heidrun: Resource Discovery Systeme – Chance oder Ver-hängnis für die bibliothekarische Erschließung? Hildesheim 2012 (Jahrestagung der Deutschen Gesellschaft für Klassifikation).

covery-Systems sind auf bestimmten oder allen Feldern Trunkierungen und das Recherchieren ohne Beachtung von Groß- und Kleinschreibung möglich.

Gerade Inhaltserschließungsmerkmale können bei der Suche nach Werken sehr hilfreich sein, indem sie die Menge an gefundenen relevanten Katalogeinträgen erhöhen und somit den durchschnittlichen *recall* des Discovery-Systems verbessern. Dies geschieht z. B. durch die ergänzende Indexierung von (bevorzugten) Benennungen von Sachschlagwörtern, die noch nicht in den Datenfeldern für die Formalerschließung oder in den Volltextfeldern zu finden sind. Durch die Verwendung von kontrollierten Vokabularen mit entsprechenden Ergänzungen können so auch Synonyme oder Oberbegriffe gesucht und gefunden werden.

Discovery-Systeme bieten als wichtigsten Sucheinstieg meist einen einfachen Suchschlitz für eine reine Stichwortsuche an. Aus Sicht der Discovery-Systeme ergibt sich daher folgende Anforderung an die Katalogisierung von Sachschlagwörtern: Die indexierten Vorzugsbezeichnungen (Synonyme, etc.) sollten den Erwartungen bzw. der Wortwahl der Nutzer:innen für diese Form der Suche entgegenkommen. Ein Beispiel: Wenn in der Teildisziplin der Informatik, die sich mit maschinellem Lernen beschäftigt, meistens englische Begriffe verwendet werden (*machine learning*, *artificial intelligence*) sollten diese in den Inhaltserschließungsmerkmalen zu finden sein, damit die Nutzer:innen die relevanten Dokumente erfolgreich recherchieren können.

Die Erweiterung des Suchraums um Gattungsbegriffe, Oberbegriffe, Synonyme etc. kann je nach Anwendungsprofil ebenfalls Nutzen bringen – vor allem bei Synonymen und alternativen Schreibweisen. Suchmaschinen verfügen zwar über Funktionen wie Stemming, mit dem durch die Reduktion der Schlagwörter und Suchbegriffe auf den Wortstamm grammatische Eigenschaften entfernt werden, so dass auch z. B. flektierte Suchbegriffe gefunden werden können. Allerdings werden auf diese Weise sich im Wortstamm unterscheidende alternative Formen – wie z. B. *Apfelsine* und *Orange* – nicht gefunden. Techniken, die mit Hilfe von *machine learning* und/oder computerlinguistischen Verfahren solche Varianten identifizieren können, benötigen entweder umfangreiche Trainingsdatenmengen, die nicht immer vorhanden sind, oder Lexika, die intellektuell gepflegt werden müssen. Auch aus diesem Grund stellen gut inhaltserschlossene Katalogisate und gut gepflegte kontrollierte Vokabulare nach wie vor eine sinnvolle bis notwendige Ergänzung für Discovery-Systeme dar.

Probleme bei der Suche können insbesondere bei heterogener Erschließung entstehen.[10] Discovery-Systeme sind für diese besonders anfällig, da sie üblicherweise Metadaten aus mehreren unterschiedlich erschlossenen Quellen

---

10 Vgl. Wiesenmüller 2012.

zusammenführen. So kann die (absichtliche oder unabsichtliche) Suche nach Schlagwörtern aus einem Vokabular dazu führen, dass mit anderen Vokabularen oder gar nicht inhaltserschlossene Katalogisate nicht gefunden werden. Aus der Sicht der Discovery-Systeme ist daher eine möglichst homogene Erschließung mit hoher Abdeckung wünschenswert. In der Realität ist dieses Qualitätskriterium aufgrund von riesigen, heterogenen Indices und dem Wandel der Zeit unterlegenen Datenbeständen wohl nie vollständig zu erfüllen. Allerdings führt hier bereits eine schrittweise Verbesserung schon zu besseren Retrieval-Ergebnissen und die Anwendung von Cross-Konkordanzen und ähnlichen Techniken kann die Situation bestehender Datenmengen bereits deutlich verbessern.

4.2 Relevanzsortierung

Mittels Relevanzsortierungen sollen Datensätze innerhalb einer Trefferliste so sortiert werden, dass die für den Nutzenden relevantesten Datensätze am Anfang stehen.[11] In Technologien wie Apache Solr[12] wird dazu in Abhängigkeit von einer Suchanfrage pro Dokument ein numerischer Wert der Relevanz errechnet. Die Reihenfolge dieser Werte entspricht der Relevanzsortierung der Treffermenge.

Zur Ermittlung des Relevanzwerts werden komplexe Berechnungen angestellt, die von der verwendeten Suchmaschinentechnologie und der Konfiguration des Discovery-Systems abhängen. Es gibt verschiedene Parameter, die zur Einstellung der Relevanzberechnung herangezogen werden können. Im Folgenden eine kurze, keinesfalls vollständige Liste:

- tf (*term frequency*): Die Häufigkeit des Vorkommens eines Suchbegriffs in den Datensätzen erhöht den Relevanzwert des Datensatzes. Dies ist teilweise kritisch zu sehen, da tiefer erschlossene Werke auf diese Weise oft einen höheren Relevanzwert erhalten als andere, die aber ggf. relevanter sind.
- idf (*inverse document frequency*): Der Anteil der Dokumente, in denen ein Suchbegriff vorkommt, reduziert die positiven Auswirkungen des Suchbe-

---

11 Vgl. Lewandowski, Dirk: Web Information Retrieval. Technologien zur Informationssuche im Internet. Frankfurt a. M.: Deutsche Gesellschaft für Informationswissenschaft und Informationspraxis e. V. 2005 (DGI-Schrift (Informationswissenschaft) 7).

12 Apache Solr ist eine Open-Source-Suchmaschinentechnologie, die sehr performant mit sich selten ändernden Datenmengen arbeitet und die daher gut für bibliografische Metadaten geeignet ist. Sie kommt zum Beispiel in dem Open-Source-Discovery-Framework Vufind zum Einsatz. Das wichtigste quelloffene Konkurrenzprodukt ist aktuell Elasticsearch, das genau wie Apache Solr auf Basis der Programmbibliothek Lucene arbeitet. Vgl. https://lucene.apache.org/solr/ (24.7.2020).

griffs auf den Relevanzwert. Füllwörter (*und, oder, die,* etc.) werden meist zusätzlich über Negativlisten aus der Relevanzberechnung ausgeschlossen.

– Phrasenfelder: Treffer in spezifizierten Feldern (z. B. Titel, Körperschaftsbezeichnungen), in denen Suchbegriffe nahe beieinanderstehen, können zu einer Erhöhung des Relevanzwertes führen. Dies ist z. B. hilfreich, wenn im Rahmen einer *known item search* exakte Titel in der Suche eingegeben werden.

– Feld-Boosting: Einzelne Datenfelder können mit Boosting-Faktoren belegt werden, die auf Suchbegriffe angewandt werden, die in ihnen vorkommen. So kann z. B. bewirkt werden, dass Dokumente mit Suchbegriffen im Titel früher in der Ergebnisliste angezeigt werden als Dokumente, bei denen dieselben Suchbegriffe nur im Abstract vorkommen.

– Boosting-Funktionen: Es können Formeln spezifiziert werden, deren Ergebnisse zum Relevanzwert addiert werden. In Discovery-Systemen kann dies beispielsweise genutzt werden, um aktuellere Werke anhand ihres Erscheinungsjahres oder ihrer Auflage in den Trefferlisten weiter oben einzusortieren. Für diese und ähnliche Anwendungsfälle ist es jedoch nötig, dass die Werte maschineninterpretierbar sind – dass also z. B. die Auflagenkennzeichnung durch einen numerischen Wert angegeben ist.

Somit ist die konkrete Verwendung von (Inhalts-)Erschließungsmerkmalen für die Berechnung des Relevanzwertes abhängig von der individuellen Konfiguration des Discovery-Systems. Es ist naheliegend, mittels Feld-Boosting mindestens Felder wie Haupttitel, Autor:in und Felder mit bevorzugten Benennungen von Schlagwörtern in der Annahme zu begünstigen, dass Nutzer:innen bei Recherchen oft nach diesen Merkmalen recherchieren. Als Ergebnis wird dann z. B. bei einer Suche nach *Faust Goethe* Goethes *Faust* in der Trefferliste am Anfang stehen, während Werke, bei denen die beiden Begriffe nur im Volltext vorkommen, weiter unten angezeigt werden.

Inhaltserschließungsmerkmale spielen bei *known-item*-Suchen – also bei Suchen nach konkreten Werken, bei denen i. d. R. Titel und Autor:in bereits bekannt sind – üblicherweise keine Rolle. Sie werden aber umso wichtiger, wenn thematisch recherchiert wird.

Wenn über Erschließungsmerkmalen zusätzlich inhaltliche Boosting-Funktionen definiert werden, ist es nötig, dass die Merkmale nicht nur maschinenlesbar, sondern auch maschineninterpretierbar vorliegen (vgl. Abschnitt *Maschinenlesbarkeit und -interpretierbarkeit* weiter unten). Klassischerweise muss diese Anforderung vor allem von Formalerschließungsmerkmalen erfüllt werden, z. B. dem Erscheinungsjahr oder der Auflagenkennzeichnung.

Probleme bei der Verwendung speziell von Inhaltserschließungsmerkmalen für die Relevanzberechnung entstehen z. B. dann, wenn nur ein Teil der Katalogisate inhaltlich erschlossen ist und ggf. noch zusätzlich mehrere Vokabulare zum Einsatz kommen. Die nicht oder nicht mit allen Vokabularen erschlossenen Katalogisate können dann allein aufgrund der Erschließungssituation und nicht aufgrund inhaltlicher Kriterien als weniger oder gar nicht relevant für eine Suchanfrage eingestuft werden. Als Beispiel: Drei Aufsätze zum Thema Systemtheorie wurden unterschiedlich erschlossen. Bei Aufsatz A kommt das Wort *Systemtheorie* in den Metadaten überhaupt nicht vor, da dieser nicht inhaltserschlossen wurde und das Wort auch nicht in den Metadaten der Formalerschließung enthalten ist. Bei Aufsatz B kommt *Systemtheorie* nur in den Metadaten der Inhaltserschließung einmal als bevorzugte Bezeichnung vor. Bei Aufsatz C ist es über verschiedene Inhaltserschließungssysteme mehrfach in die Metadaten aufgenommen worden. Ein klassisch konfiguriertes Discovery-System würde bei einer Suche nach *Systemtheorie* Aufsatz C der Ergebnisliste oben anzeigen (aufgrund der tf), Aufsatz B an einer späteren Stelle (geringere tf) und Aufsatz A überhaupt nicht, obwohl die Aufsätze für den Recherchierenden eventuell gleich relevant sind. Selbst ein Verzicht auf die tf als Rankingkriterium würde das Problem nur teilweise lösen. Außerdem kann die Information, dass ein Schlagwort bei einer bestimmten Inhaltserschließung *nicht* vergeben wurde, für ein Ranking zumindest theoretisch ebenfalls wichtig sein. Discovery-Systeme können aber nicht von alleine zwischen einer absichtlichen Nichtvergabe und einer Nichtvergabe aufgrund von Personalknappheit, veränderter Erschließungspraxis, reduzierter Erschließungstiefe, o. ä. differenzieren.

Die planhafte Nichtanwendung von Regelwerken zur Inhaltserschließung auf bestimmte Literaturgattungen (z. B. die RSWK auf Belletristik) kann dieses Problem theoretisch auch verursachen, in der Praxis sind aber Fälle wie der oben geschilderte am problematischsten.

Ein oben schon angedeuteter Spezialfall dieses Problems entsteht durch heterogene Erschließung im zeitlichen Verlauf: Wenn z. B. neue Katalogisate aufgrund von veränderten Erschließungspraktiken sparsamer erschlossen werden, werden ggf. ältere, besser erschlossene Datensätze als relevanter einsortiert oder gar nicht gefunden. Dies ist besonders ärgerlich, wenn auf diese Weise ältere Auflagen desselben Werkes in der Ergebnisliste den neueren Auflagen vorangestellt werden.

Aus Sicht des Anwendungsfalls *Relevanzsortierung* ergibt sich also eine Qualitätsanforderung an die Inhaltserschließung: Eine möglichst homogene Inhaltserschließung mit möglichst hoher Abdeckung ist erstrebenswert.

4.3 Facettierung

Facettierung ist eine Standardfunktion in vielen Informationssystemen. Für die Facettierung wird i. d. R. ein einzelnes Metadatenfeld herangezogen, dessen häufigste Werte in der umgekehrten Reihenfolge ihrer Häufigkeit angezeigt werden. Die Werte werden dann oft zusammen mit der Anzahl der passenden Dokumente links oder rechts von der Ergebnisliste angezeigt. Ein Klick auf diese Werte (Facetten) führt dazu, dass eine neue Suchanfrage durchgeführt wird, bei der die schon vorhandene Treffermenge auf die passenden Dokumente eingeschränkt wird (*Drill-Down*). Das Auswählen mehrerer Facetten desselben Datenfeldes führt in manchen Informationssystemen zur Erweiterung der Treffermenge um die passenden Dokumente, in anderen zu einer weiteren Beschränkung der Treffermenge.

Die Vorzugsbezeichnungen von Schlagwörtern eignen sich oft nur eingeschränkt für die Facettierung, da Sachschlagwort-Datenfelder meistens eine sehr hohe Zahl von möglichen Merkmalen mit oft nur wenigen dazugehörigen Dokumenten besitzen. Aus Gründen der Performance und der Usability sollten aber initial nur wenige Facetten eines Datenfeldes angezeigt werden (z. B. 3–10), so dass bei Sachbegriffen die Gefahr groß ist, dass relevante Facetten nicht angezeigt werden. Dies gilt sowohl für freie Deskriptoren als auch für kontrollierte Vokabulare. Trotzdem können je nach Vokabular und Anwendungsfall auch Sachbegriff-Facetten hilfreich sein.

Klassifikatorische Inhaltserschließungsmerkmale – also zum Beispiel Klassen der DDC vor dem Dezimalpunkt oder Stellen der Basisklassifikation – können dagegen für die Facettierung nach Themengebieten von sehr großem Nutzen sein. So kann z. B. eine Suchanfrage nach *Java* mit einem Klick auf eine thematische Facette entweder auf die Insel oder die Programmiersprache eingeschränkt werden, indem das jeweils zugehörte Sachgebiet (z. B. *Angewandte Informatik*) ausgewählt wird. Leider gibt es verschiedene Einschränkungen, aus denen der Nutzen auch dieser Merkmale für die thematische Facettierung verringert werden kann:
- Geringe Abdeckung: Nutzer:innen erwarten, nach einem Klick auf z. B. die thematische Facette *Geschichte Griechenlands* alle Werke zu finden, die zu der bisherigen Suchanfrage und diesem Thema gehören. Wenn aber ein Teil der Katalogeinträge nicht thematisch erschlossen ist, können die dazugehörigen Werke über diese Facette auch nicht gefunden werden. Trotzdem suggeriert die Facette fälschlicherweise Vollständigkeit. Dies ist aus Sicht der Discovery-Systeme ein starkes Argument dafür, für die zur Facettierung

herangezogene klassifikatorische Inhaltserschließung Abdeckungen von ~100 % anzustreben.

- Hierarchieabhängige Bedeutungen: In manchen Klassifikationen erschließt sich die Bedeutung einer Stelle nur aus der übergeordneten Hierarchie. Ein Beispiel aus der Regensburger Verbundklassifikation (RVK): Die Bedeutung der Notation *AN 59100 Altertum* kann nur verstanden werden, wenn man weiß, dass sie *AN 59000 – AN 59600 Bibliotheksgeschichte* untergeordnet ist – es handelt sich also um die Bibliotheksgeschichte des Altertums, nicht um das Thema *Altertum* insgesamt. Streng genommen müssen auch alle weiteren darüber liegenden Knoten für die Interpretation herangezogen werden. Eine Facettenbezeichnung in einem Discovery-System müsste also alle Bezeichner aus einer Hierarchie anzeigen, damit Nutzer:innen verstehen, um welches Thema es geht. Leider sind Facettenbezeichnungen wie *A – Allgemeines; AN – Buch- und Bibliothekswesen, Informationswissenschaft; AN 50000 – AN 89900 Bibliothekswesen; AN 58000 – AN 64950 Biographie, Geschichte; AN 59000 – AN 59600 Bibliotheksgeschichte; AN 59100 Altertum* aber aus Gründen der Lesbarkeit völlig ungeeignet für eine Facette.
- Zu detailliert: Bei Sachklassifikationen, die in Bezug auf den jeweiligen Datensatz zu feingranular sind, kann das weiter oben bei Sachbegriffen erwähnte Problem auftreten.
- Mangelnde Aktualität: Auch bei Facetten aus Sachklassifikationen gilt, dass sie den Sucherwartungen der Nutzer:innen entsprechen sollten. Nicht oder schlecht gepflegte Klassifikationen verlieren daher mit der Zeit ihren Nutzen für den Einsatz als Facetten.

Trotz dieser möglichen Einschränkungen sind Sachklassifikationen eine sehr hilfreiche Facettierung in Discovery-Systemen. Wenn ein Discovery-System eine Facettierung ohne Angabe von Suchbegriffen zulässt und der Abdeckungsgrad durch die Sachklassifikation 100 % beträgt, lassen sich sogar alle Werke eines Themas im Discovery-System finden, was für wissenschaftliche Recherchen sehr nützlich sein kann.

Als Fazit ist für den Anwendungsfall *Thematische Facettierung* also eine klassifikatorische thematische Erschließung wünschenswert, die für die Nutzer:innen verständliche, kompakte Klassenbezeichnungen hat und die einen sehr hohen Abdeckungsgrad besitzt.

4.4 Darstellung und Vernetzung

Inhaltserschließungsmerkmale eines Datensatzes sind eine wichtige Information für Recherchierende. Aus diesem Grund sollten sie trivialerweise bei der Anzeige der Metadaten der jeweiligen Datensätze mit aufgeführt werden.

Über die reine Anzeige hinaus ist es sinnvoll, dass die Nutzer:innen verstehen, was sie angezeigt bekommen. Dies ist bei Vorzugsbezeichnungen und Textbeschreibungen (Inhalten) von Notationen von Sachklassifikationen normalerweise unproblematisch, bei Schlagwortfolgen oder reinen Angaben der Klassen dagegen schwieriger. Somit lässt sich aus Sicht der Discovery-Systeme die – zugegeben triviale – Anforderung ableiten, dass Bezeichnungen von Inhaltserschließungsmerkmalen für den jeweiligen Nutzendenkreis verständlich sind und dass weniger verständliche Informationen weggelassen oder mit verständlichen ergänzenden Informationen versehen werden.

Die Vernetzung anhand von Inhaltserschließungsmerkmalen geht über die reine Darstellung hinaus und kann sich individuell in Bezug auf das Discovery-System unterscheiden. Eine einfache Form der Vernetzung besteht z. B. darin, dass durch einen Klick auf ein angezeigtes Schlagwort alle Katalogeinträge präsentiert werden, die dieses Schlagwort besitzen. Komplexere Formen der Vernetzung bieten z. B. eine Navigation anhand von Ober- und Unterbegriffen an, verweisen auf eine detaillierte Beschreibungsseite des Merkmals oder verlinken in andere webbasierte Systeme.

Die Herausforderung bei der Vernetzung liegt vor allem darin, sowohl Aspekten der Nutzungsfreundlichkeit als auch den Eigenschaften des Inhaltserschließungssystems zu entsprechen. So kann ein kontrolliertes Vokabular paradigmatische Beziehungen in Form von Verknüpfungen zu Unter- und Oberbegriffen enthalten – aber ist es für die Nutzer:innen des Discovery-Systems hilfreich, diese zu sehen? Vielleicht sind solche Beziehungen auch nur für einen Teil der Nutzenden interessant und können hinter Ausklappmenus verborgen oder ganz weggelassen werden. Eine Kennzeichnung der semantischen Beziehungen durch Semantic-Web-Ausdrücke (geeignete RDF-Triples/Vokabulare) ermöglicht an dieser Stelle, allgemeingültige Festlegungen zu treffen, die dann alle verwendeten Vokabulare betreffen – also z. B. alle gefundenen Oberbegriffe aller verwendeten Erschließungssysteme anzuzeigen oder auszublenden.

Ein enger Austausch von Spezialist:innen aus IT-Entwicklung und Inhaltserschließung ist notwendig, um die vernetzte Darstellung von Inhaltserschließungsmerkmalen in Discovery-Systemen nutzungsfreundlich zu gestalten. Darin unterscheiden sich Discovery-Systeme nicht von klassischen OPACs. Der laufende Paradigmenwechsel vom OPAC zum Discovery-System macht es jedoch nötig, diesen Prozess der Darstellungsoptimierung erneut zu vollziehen, was ermüdend scheinen mag. Leider ist dieser Prozess aber notwendig. Strukturiert notierte Empfehlungen zur Präsentation von Inhaltserschließungsmerkmalen in Informationssystemen können dabei unterstützen, Teile dieses Vorgangs zu beschleunigen. Diese müssten aber in einem intellektuellen Prozess angefertigt werden, der wie oben beschrieben stark durch die Verwendung von Semantic-Web-Technologien unterstützt werden kann.

4.5 *Ähnliche Treffer*-Funktion

Ein Spezialfall der Vernetzung ist die *more-like-this-* oder *ähnliche-Treffer*-Funktion.[13] Hierfür werden bei der Detailanzeige eines Katalogeintrags andere *ähnliche* Einträge angezeigt, um Nutzer:innen zum Stöbern zu motivieren. Für diese Funktion werden im Discovery-System Indexfelder definiert, die sich gut für die Ermittlung von inhaltlicher Ähnlichkeit von Datensätzen eignen. Bei der Anzeige eines Katalogeintrags werden dann anhand von mathematischen Distanzmaßen andere Einträge gefunden, die mit dem angezeigten Eintrag in Bezug auf die spezifizierten Felder möglichst gut übereinstimmen.

Es liegt auf der Hand, für diese Ähnlichkeitsberechnung Inhaltserschließungsfelder hinzuzuziehen, ggf. ergänzt durch Titelfelder etc. Dies setzt allerdings wiederum voraus, dass diese Felder im Informationssystem einen hohen Abdeckungsgrad besitzen und hinreichend spezifisch sind, um die Ähnlichkeit gut ermitteln zu können. Unterschiedliche Vokabulare können den Nutzen von Inhaltserschließungsmerkmalen ebenfalls mindern, sofern keine Cross-Konkordanz zum Einsatz kommt.

4.6 Maschinenlesbarkeit und -interpretierbarkeit

Diese beiden Kriterien wurden weiter oben zwar schon erwähnt, sind aber wichtig genug, um sie noch einmal separat anzuführen: Für die Verarbeitung von Erschließungsmerkmalen ist es zum einen trivialerweise notwendig, dass die Daten maschinenlesbar vorliegen – also z. B. als Textfelder oder Zahlen in einer Datenbank. Zum anderen ist es aber für bestimmte Anwendungszwecke auch

---

13 Vgl. Apache Software Foundation: Apache Solr Reference Guide. MoreLikeThis. Version 8.4. https://lucene.apache.org/solr/guide/8_4/morelikethis.html (29.5.2020).

notwendig, dass die Daten maschineninterpretierbar sind, also dass auch ihre Bedeutung softwareseitig verarbeitet werden kann.

Dazu ist es zunächst sinnvoll, die Daten in so viele individuelle Datenfelder aufzutrennen, wie nötig – also möglichst auf Trennungen innerhalb von Feldern durch feldspezifische Trennzeichen wie Doppelpunkte zu verzichten. Die resultierenden Feldinhalte sollten idealerweise so gut wie möglich automatisch interpretierbar sein. Ein Beispiel aus der Formalerschließung wurde oben schon erwähnt: Auflagenkennzeichnungen, die Auswirkungen auf die Relevanzsortierung haben sollen, sollten nicht als (nur) Freitext notiert sein, sondern in einer numerischen Schreibweise vorliegen, oder so, dass die direkte Überführung in einen numerischen Wert möglich ist. Also z. B. statt *2. erg. Aufl.* *2* oder *2,5*. Wenn die umgangssprachliche Kennzeichnung notwendig ist, kann der numerische Wert in einem separaten Feld ergänzend notiert werden.

Semantische Bedeutungen von Daten und inhaltliche Beziehungen zwischen Daten oder Datenfeldern müssen als solche gekennzeichnet sein – z. B. mittels Semantic-Web-Technologien, also über RDF-Tripel und unter Einbeziehung geeigneter Vokabulare. Ein Beispiel hierfür ist die standardisierte Kennzeichnung von Sprachen anhand einer der Tabellen von ISO 639,[14] die Kennzeichnung, welche Tabelle verwendet wurde und die semantische Relation, in der der Sprachcode zu dem gekennzeichneten Dokument steht (Sprache des Titels, Sprache des Textes, etc.). Auf diese Weise lässt sich die Nachnutzbarkeit der Inhaltserschließung nicht nur für Discovery-Systeme, sondern auch für mögliche Nachfolgetechnologien sicherstellen.

---

14 International Organization for Standardization: Codes for the representation of names of languages. Part 1: Alpha-2 code (ISO 639-1:2002) 2002 (2002); International Organization for Standardization: Codes for the representation of names of languages. Part 2: Alpha-3 code (ISO 639-2:1998) 1998 (1998); International Organization for Standardization: Codes for the representation of names of languages. Part 3: Alpha-3 code for comprehensive coverage of languages (ISO 639-3:2007) 2007 (2007); International Organization for Standardization: Codes for the representation of names of languages. Part 4: Implementation guidelines and general principles for language coding (ISO 639-4:2010) 2010 (2010); International Organization for Standardization: Codes for the representation of names of languages. Part 5: Alpha-3 code for language families and groups (ISO 639-5:2008) 2008 (2008); International Organization for Standardization: Codes for the representation of names of languages. Part 6: Alpha-4 representation for comprehensive coverage of language variation (ISO 639-6:2009) 2009 (2009).

5 Abstimmungsprozesse gestalten

Im vorangegangenen Abschnitt bin ich auf verschiedene Anforderungen eingegangen, die sich aus der aktuellen Sicht des Betriebs und der Entwicklung von Discovery-Systemen an die Inhaltserschließung ergeben. Dabei handelt es sich aber lediglich um eine Momentaufnahme – sowohl die Weiterentwicklung der Suchmaschinentechnologie als auch ein grundsätzlicher Wechsel der Technologie hin zu einem neuen Paradigma kann viele dieser Anforderungen ändern, ablösen oder neue schaffen. Da die Komplexität sowohl auf technologischer Seite als auch im Bereich der Wissensorganisation mittelfristig nicht abnehmen wird, besteht auch weiterhin die Notwendigkeit, die Bereiche Erschließung und Entwicklung von bibliothekarischen Recherchesystemen inhaltlich und in Bezug auf Arbeitsprozesse aufeinander abzustimmen.

Als Grundlage dieses Austauschs möchte ich eine *zielorientierte* Kommunikation vorschlagen. Für moderne Bibliotheken muss gute Nutzbarkeit eine Selbstverständlichkeit sein, die sich bei webbasierten Systemen in guter Usability niederschlägt. Eine Verständigung auf gemeinsame, nutzungsorientierte Ziele ist daher eine sinnvolle Grundlage des Abstimmungsprozesses.

Welche Probleme für die Gestaltung eines solchen Prozesses gibt es und auf welcher Basis kann dieser dennoch umgesetzt werden?

5.1 Bewusstsein schaffen

Um einen gemeinsamen Abstimmungsprozess zu gestalten, ist es zunächst wichtig, die Notwendigkeit desselben zu kommunizieren. Es ist einfach, Inhaltserschließung ausschließlich anhand von theoretisch-wissensorganisatorischen Prinzipien zu betreiben oder IT-Entwicklung anhand der vorliegenden bibliografischen Daten aufzubauen, ohne die Möglichkeiten derselben auszuloten oder sogar gestaltend auf die Daten einzuwirken. Beides ist aber auf Dauer nicht zielführend, da Gestaltungspotential verschenkt wird. Als erster Schritt empfiehlt es sich daher, sich die Möglichkeiten und die Notwendigkeit von kooperativen Prozessen vor Augen zu führen, auch wenn diese auf den ersten Blick einen erhöhten Zeitaufwand benötigen.

5.2 Ressourcen

Eines der wichtigsten Alltagsprobleme an Bibliotheken ist zweifellos die Knappheit finanzieller oder personeller Ressourcen. Es ist daher notwendig, bei der Einführung neuer Services klar zu definieren, welche Leistung erwartet wird und welche Ressourcen dafür initial oder dauerhaft benötigt werden. Aufgrund der in diesem Beitrag dargestellten Verschränkung von Discovery-Systemen und Inhaltserschließung ist es nötig, Discovery-Projekte nicht als reine IT-Projekte zu verstehen, sondern die Bedeutung der Inhaltserschließung und die Aufwände für die notwendige Kommunikation zwischen den Expert:innen beider Bereiche deutlich zu machen.[15]

Interessanterweise wurde in beiden Bereichen in den vergangenen Jahren versucht, Synergieeffekte zur Reduzierung der Aufwände nutzbar zu machen. So wird schon seit Jahren innerhalb von Verbünden und auch über Verbundgrenzen hinaus kooperativ inhaltlich erschlossen. Die Entwicklung von Discovery-Systemen wird zentral von privatwirtschaftlichen Anbietern durchgeführt oder in Entwicklungsverbünden auf Basis von Open Source-Systemen wie z. B. VuFind, Lukida oder beluga core betrieben. Durch kooperative Strukturen oder Projekte wie finc oder das beluga-core-Konsortium lassen sich ebenfalls Entwicklungs- und Einrichtungsaufwände minimieren.

5.3 Gestaltung der Kommunikation

Selbst wenn ausreichend Ressourcen für den Abstimmungsprozess vorhanden sind und das Bewusstsein der Notwendigkeit desselben existiert, kann dieser dennoch fehlschlagen. Ein Grund hierfür kann sein, dass kein ausreichender expliziter oder zumindest impliziter inhaltlicher Konsens zwischen Erschließung und Produktentwicklung der Suchsysteme herrscht. Diese Probleme sind oft das Ergebnis separater professioneller Diskurse in der Inhaltserschließung und in der Entwicklung von Discovery-Systemen, oder werden durch diese zumindest verstärkt. Discovery-Systeme werden zumeist in IT-Abteilungen von Bibliotheken bzw. Verbünden oder von privatwirtschaftlichen Dienstleistern entwickelt. Die Inhaltserschließung findet dagegen in vielen Einrichtungen in anderen Abteilungen und Organisationseinheiten – zum Beispiel der Erwer-

---

15 Natürlich sind Discovery-Systeme auch mit zahlreichen anderen Arbeitsbereichen verknüpft, für die ebenfalls Ressourcen bereitgestellt werden müssen. In diesem Beitrag liegt der Fokus aber auf den Bereichen Inhaltserschließung und IT-Entwicklung von Discovery-Systemen.

bungsabteilung oder im Fachreferat – statt. Aus diesem Grund ist es nötig, zur Entwicklung von Discovery-Systemen in einen anhaltenden gemeinsamen Kommunikationsprozess zu treten. Dabei ist es zum einen wichtig, dass bei der Entwicklung von Discovery-Systemen die Besonderheiten von Inhaltserschließungssystemen berücksichtigt werden, wie weiter oben z. B. im Abschnitt *Darstellung und Vernetzung* skizziert wurde. Zum anderen müssen aber auch bei der Gestaltung von Inhaltserschließungssystemen die Möglichkeiten von Discovery-Systemen oder nachfolgenden Technologien berücksichtigt werden. Dies ist keine neue Idee – so war z. B. die Permutation von Schlagwortketten ein Mechanismus, der speziell für die Technologie der Zettelkataloge eingeführt wurde[16] und der mittlerweile weitestgehend seinen Zweck verloren hat.

Die Etablierung eines professionellen Diskurses zwischen Inhaltserschließung und IT-Entwicklung bei Discovery-Projekten ist leider nur eine notwendige, aber keine hinreichende Bedingung für den Erfolg. Es ist erforderlich, diesen aufgabenorientiert zu gestalten, so dass die Lösung konkreter Probleme angegangen und von den fachgebietsspezifischen Diskursen abstrahiert werden kann. Kurz gesagt: Es muss Konsens geschaffen werden über die zu erreichenden operativen Ziele und Anforderungen. Um dies zu erreichen möchte ich die Einführung eines gemeinsamen Anforderungsmanagements vorschlagen. Mangelndes Anforderungsmanagement ist die größte Gefahr für IT-Projekte im Allgemeinen,[17] daher ist auch für Discovery-Projekte ein solches sehr empfehlenswert. Die Ausweitung des Anforderungsmanagements auch auf den Diskurs Erschließung/IT-Entwicklung ist naheliegend.

6 Gemeinsames Anforderungsmanagement als Erfolgsfaktor

Wie kann ein Anforderungsmanagement, das Inhaltserschließung und die Entwicklung von Discovery-Systemen umfasst, gestaltet werden? Zunächst ist es sinnvoll, sich die klassischen Aufgabenbereiche des Anforderungsmanagements vor Augen zu führen und zu überprüfen, ob und wie diese berücksichtigt werden können. Diese sind[18]:

---

16 Gödert, Winfried: Verbale Sacherschließung und Probleme ihrer Koordination. In: Bibliothek. Forschung und Praxis 12 (1988). S. 325–336, S. 325.

17 The Standish Group: CHAOS Report 2015.

18 Grande, Marcus: 100 Minuten für Anforderungsmanagement. kompaktes Wissen nicht nur für Projektleiter und Entwickler. 2. Aufl. Wiesbaden: Springer Vieweg 2014, S. 7.

1. Ermitteln und Finden von Anforderungen
2. Dokumentieren von Anforderungen
3. Prüfen und Abstimmen von Anforderungen
4. Validieren von Anforderungen
5. Pflegen und Verwalten von Anforderungen
6. Pflegen der Anforderungsdokumente/Anforderungsdatenbasis
7. Beurteilen von Risiken
8. Arbeiten mit Werkzeugen für das Anforderungsmanagement

Die weiter oben geschilderte Notwendigkeit, eine gemeinsame kommunikative Basis zu gestalten, findet sich in dieser Auflistung höchstens mittelbar wieder. Dies mag darin begründet sein, dass klassisches Anforderungsmanagement auf personell und zeitlich klar abgegrenzte Projekte bezogen ist und den Fokus nicht auf teilweise über Jahre hinweg laufende Abstimmungen voneinander getrennter Arbeitsbereiche setzt. Es ist daher sinnvoll und nötig, diese klassischen Aufgaben zu erfüllen, aber darüber hinaus wie folgt zu erweitern:
1. Es müssen übergeordnete (strategische) Ziele definiert werden. Anhand dieser kann der Nutzen einzelner Anforderungen begründet und diese damit legitimiert werden.
2. Es müssen Werkzeuge und Techniken zum Einsatz kommen, die eine gemeinsame kommunikative Basis schaffen, anhand derer die einzelnen Anforderungen geprüft und diskutiert werden können.

Ein übergeordnetes Ziel muss die Nutzungsfreundlichkeit sein – diese ist ein erklärtes Interesse von Discovery-Systemen und sollte auch ein generelles Anliegen bei der Entwicklung bibliothekarischer Dienste für die Öffentlichkeit sein, unabhängig davon, ob diese auf der Basis von webbasierten Informationssystemen erfolgen oder nicht. Anforderungen, die kontrovers zwischen Erschließung und Entwicklung diskutiert werden, könnten auf Basis der Frage *Schafft die Umsetzung dieser Anforderung einen Mehrwert für die Usability?* bewertet werden. Natürlich sind auch andere übergeordnete Ziele denkbar und müssten ausgearbeitet und beschlossen werden.

Die Wahl der Werkzeuge ist nicht ganz einfach, allerdings wurden in den vergangenen Jahren zahlreiche vielversprechende Ansätze entwickelt. Ich möchte an dieser Stelle beispielhaft zwei gut miteinander kombinierbare Techniken vorstellen, die in den letzten Jahren in verschiedenen bibliothekarischen IT-Projekten erfolgreich eingesetzt wurden:[19] *Personas* und *Scenario Based*

---

19 Vgl. z. B. Wendt, Kerstin u. Matthias Finck: Scenario-based Design als Vorgehensmodell für Softwareentwicklung in Bibliotheken. Berlin 2018 (108. Deutscher Bibliothekartag); Siegfried,

Design. Beide Techniken erlauben es, Interessen von Nutzer:innen festzustellen und die Erfüllung derselben sowohl abstrakt als auch in Bezug auf reale Informationssysteme zu diskutieren.

6.1 Personas

Der Einsatz der Persona-Technik speziell in Bibliotheken wird z. B. von Viveca Nyström detailliert beschrieben.[20] Diese Technik kann beim Treffen strategischer Entscheidungen, für das Marketing aber auch bei der Entwicklung webbasierter Systeme von großem Nutzen sein.

Personas sind Charakterisierungen fiktiver Personen, die Nutzer:innen des jeweiligen Service oder Serviceangebotes sind. Personas können sehr detailliert ausgearbeitet oder nur grob als sogenannte Proto-Personas skizziert werden. Wichtige, zu definierende Eigenschaften der Proto-Personas sind beispielsweise der Name, das Aussehen (in Form eines Profilbildes), ein oder mehrere typische Aussagen oder Zitate, die grundsätzliche Motivation der Persona und spezifische Aspekte der Persönlichkeit.

Personas repräsentieren Nutzungsgruppen und sollten daher anhand von empirischen Daten erstellt werden, zum Beispiel auf Basis von Umfragen oder Nutzungsgruppenanalysen. Kontextbezogene Interviews von Nutzer:innen zu konkreten Tätigkeiten sind sehr hilfreich, um die Motivation zu verstehen.

In der Arbeit mit Personas kann man Entscheidungen treffen, die die Personas als konkrete Beispiele heranziehen. So kann z. B. die Frage, ob und wie die RVK im Discovery-System dargestellt werden soll, daran geprüft werden, ob die Persona *Jörg Müller*, 42, Industriedesigner, aus der vorgeschlagenen Darstellung einen Nutzen zieht oder sich sogar daran stört.

Personas helfen, die Anliegen verschiedener Nutzungsgruppen im Gedächtnis zu behalten. Die ausschließliche Optimierung von Services für kleine oder ggf. nicht bedeutende Nutzungsgruppen wird so verhindert. Sie bieten eine sehr gute Diskussionsgrundlage sowohl bei strategischen Entscheidungen als auch für konkrete Fragestellungen. Weiterhin sind sie hervorragend mit Szenarien und dem Verfahren des Scenario Based Design kombinierbar.

Doreen: Mit Personas Empathie für Bibliotheksnutzer/innen schaffen. Frankfurt a. M. 2017 (106. Deutscher Bibliothekartag); Siegfried, Doreen: Personas in der ZBW. Frankfurt a. M. 2017 (106. Deutscher Bibliothekartag).

20 Nyström, Viveca: An evaluation of the benefits and value of libraries. Oxford, UK: Chandos Pub 2012 (Chandos information professional series). S. 99 ff.

6.2 Scenario Based Design

Scenario Based Design (SBD) wurde initial von Rosson und Carroll beschrieben.[21] Es ist ein Prozessablauf zur Entwicklung von interaktiven Produkten. Solche Produkte können webbasierte Informationssysteme sein, aber auch z. B. Informationsservices einer Bibliothek. Das Ziel der Methode ist es, die Produkte über das tiefergehende Verständnis von Aktivitäten der Nutzenden schrittweise und gezielt zu verbessern (Transformation).

In der Anwendung von SBD notiert man im Gegensatz zu vergleichbaren Methoden keine abstrakten Beschreibungen von Anforderungen, sondern erstellt sogenannte Szenarien. Szenarien beschreiben erzählerisch die konkrete Nutzung eines Produktes aus der Perspektive eines Nutzenden.

Zunächst werden anhand eines Grundkonzeptes und empirischer Daten Problemszenarien entwickelt, die den Status quo beschreiben. Im Rahmen einer Claims Analysis werden die wesentlichen Aspekte erfasst, die positive oder negative Auswirkungen auf die User Experience des Produktes haben.

Im nächsten Schritt wird iterativ anhand verschiedener Szenarientypen die Vision entwickelt – also eine genaue Vorstellung davon, wie das zukünftige, optimierte System aussehen soll. Folgende Szenarien werden dazu modelliert:

1. Das *Activity Design*: In diesem Schritt werden die gewünschten Funktionen des Systems entwickelt. Dabei wird aufgrund der Komplexität von User Interfaces zunächst von Aspekten der Bedienoberfläche des Systems abstrahiert – es geht an dieser Stelle darum zu erfassen, welche Aktivitätsszenarien für die Nutzer:innen befriedigend sind und welche Funktionen das System dafür bereitstellen muss.
2. Das *Information Design*: Hierfür werden Szenarien erstellt, die die für die Interaktion bereitgestellten Informationen darstellen. Dabei kann es sich unter anderem um konkrete Boxen und Objekte der Bedienoberfläche handeln, um Texte, Bedienelemente und die mit ihnen verbundenen Aufgaben.
3. Das *Interaction Design*: Hier werden Interaktionsszenarien beschrieben, um sicherzustellen, dass Interaktionsverläufe flüssig und erfolgreich ablaufen können.

Alle drei Schritte werden durch eine *Claims Analysis* ergänzt und erweitert. Jeder der Schritte erfolgt iterativ, auch die jeweilige *Claims Analysis* kann zu einer Anpassung führen.

---

21 Rosson, Mary Beth u. John M. Carroll: Usability engineering. Scenario-based development of human-computer interaction. 1. Aufl. San Fancisco: Academic Press 2010 (Morgan Kaufmann series in interactive technologies).

Abschließend können auf der erarbeiteten Grundlage Prototypen entworfen werden, die durch Usability-Tests überprüft werden. Je nach Projektsituation können die Prototypen schließlich in den Produktivbetrieb übernommen oder erneut geprüft werden.

6.3 Anwendbarkeit der Techniken

Personas lassen sich aufgrund ihrer hohen Anschaulichkeit relativ einfach in einen Kommunikations- und Abstimmungsprozess aufnehmen. Somit erfüllen sie die oben definierte Anforderung, ein Werkzeug zu sein, auf dessen Grundlage man anschaulich das Erfüllen von Anforderungen diskutieren kann.

Aufgrund seiner Komplexität und des strukturierten Ablaufs ist Scenario Based Design etwas schwieriger in Abstimmungsprozesse aufzunehmen. Speziell bei der Entwicklung von Activity Designs und Information Designs können kooperativ Szenarien entwickelt werden, die das Fachwissen von Erschließung und IT-Entwicklung einbinden und in anschaulichen Beschreibungen (Szenarien) erfassen. Wie Abstimmungsprozesse im Detail zu gestalten sind, muss anhand der vorliegenden Situation und Organisationsform erfasst werden. Die beiden Techniken liefern aber eine spannende Grundlage für ein gemeinsames Anforderungsmanagement. Ihre leichte Erlernbarkeit und Anwendbarkeit im Kontext von Projekten an und mit Bibliotheken haben sie bereits unter Beweis gestellt, so dass sie einen guten Ausgangspunkt darstellen.

7 Fazit und Ausblick

Ich habe in diesem Beitrag argumentiert, dass Inhaltserschließung für die Entwicklung von Discovery-Systemen von großem Nutzen ist. Es besteht die Gefahr, dass beide Prozesse ohne die Verständigung auf gemeinsame Ziele nicht produktiv miteinander interagieren. Aus diesem Grund ist es sinnvoll, zunächst ein gemeinsames Bewusstsein dafür zu schaffen, dass eine Abstimmung Synergieeffekte freisetzt und eine notwendige Voraussetzung für das Verfügbarmachen von nutzungszentrierten Services darstellt.

Als nächstes müssen übergeordnete Ziele definiert werden, wobei das Ziel, Produkte und Services mit hoher Nutzungsfreundlichkeit anzubieten, eine zentrale Rolle spielen sollte. Um im Rahmen eines gemeinsamen Anforderungsmanagements Ziele aus Sicht der Nutzenden zu definieren und diese als Leitlinien für die Arbeit beider Geschäftsprozesse zu verwenden, können Techniken wie Personas oder Scenario Based Design dabei von großem Nutzen sein.

Die Qualität der Inhaltserschließung – gemessen an Homogenität, semantischer Vernetzung, Abdeckung, Qualität des Datentauschs etc. – wirkt sich dabei direkt auf die Nutzbarkeit derselben in Discovery-Systemen aus. Es ist trivial anzunehmen, dass dies auch für die Nutzung der Inhaltserschließung durch zukünftige Technologien gilt. Dies ist wichtig, da sich abzeichnet, dass Discovery-Systeme in der heutigen Form als vorherrschende Technologie für bibliothekarische Recherchesysteme abgelöst oder zumindest stark weiterentwickelt werden. Auch die Verwendung von alten Datenformaten wie MARC 21 oder MARC-XML sollte in absehbarer Zeit eingestellt werden – der Satz *MARC must die* von Roy Tennant ist trotz des Alters von bald 20 Jahren so wichtig wie nie zuvor. Mögliche Nachfolger sind Formate und Systeme auf der Basis von Semantic-Web-Datenmodellen wie BIBFRAME oder dem Open Research Knowledge Graph. Durch die Verwendung neuer Technologien und Datenmodelle entstehen neue Berührungspunkte von Inhaltserschließung und Informationssystemen, die die eingangs genannten Punkte ersetzen oder ergänzen. Eine Ausrichtung von Inhaltserschließung und der Entwicklung von Informationssystemen in Hinblick auf gemeinsame Ziele und die Optimierung der Kommunikation in beiden Prozessen wird daher auf unbestimmte Zeit eine wichtige Aufgabe sein.

8 Literaturverzeichnis

Apache Software Foundation: Apache Solr Reference Guide. MoreLikeThis. Version 8.4. https://lucene.apache.org/solr/guide/8_4/morelikethis.html (29.5.2020).

Blenkle, Martin: Inhaltserschließung als Navigationspunkte für den Suchprozess. eine Bibliothek gestaltet ihr Discovery System selbst... Bremen 2013 (Fachreferententagung Wirtschaftswissenschaft). https://m.suub.uni-bremen.de/uploads/cms/files/Martin_Blenkle_Inhaltserschliessung_als_Navigationspunkte_fuer_den_Suchprozess_Sep_2012.pdf (20.4.2020).

Gödert, Winfried: Verbale Sacherschließung und Probleme ihrer Koordination. In: Bibliothek. Forschung und Praxis (1988) Bd. 12 H. 3. S. 325–336. https://doi.org/10.1515/bfup.1988.12.3.325.

Grande, Marcus: 100 Minuten für Anforderungsmanagement. kompaktes Wissen nicht nur für Projektleiter und Entwickler. 2. Aufl. Wiesbaden: Springer Vieweg 2014.

Hacker, Rupert: Bibliothekarisches Grundwissen. 7. Aufl. München: Saur 2000.

International Organization for Standardization: Codes for the representation of names of languages. Part 2: Alpha-3 code (ISO 639-2:1998) 1998 (1998).

International Organization for Standardization: Codes for the representation of names of languages. Part 1: Alpha-2 code (ISO 639-1:2002) 2002 (2002).

International Organization for Standardization: Codes for the representation of names of languages. Part 3: Alpha-3 code for comprehensive coverage of languages (ISO 639-3:2007) 2007 (2007).

International Organization for Standardization: Codes for the representation of names of languages. Part 5: Alpha-3 code for language families and groups (ISO 639-5:2008) 2008 (2008).

International Organization for Standardization: Codes for the representation of names of languages. Part 6: Alpha-4 representation for comprehensive coverage of language variation (ISO 639-6:2009) 2009 (2009).

International Organization for Standardization: Codes for the representation of names of languages. Part 4: Implementation guidelines and general principles for language coding (ISO 639-4:2010) 2010 (2010).

Koster, Lukas: Discovery tools: a rearguard action? Palma de Mallocra 2012 (ELAG2012). https://www.slideshare.net/lukask/discovery-tools-a-rearguard-action (4.9.2020).

Lewandowski, Dirk: Web Information Retrieval. Technologien zur Informationssuche im Internet. Frankfurt a. M.: Deutsche Gesellschaft für Informationswissenschaft und Informationspraxis e. V. 2005 (=DGI-Schrift (Informationswissenschaft) 7).

Nyström, Viveca: An evaluation of the benefits and value of libraries. Oxford, UK: Chandos Pub 2012.

Rosson, Mary Beth und John M. Carroll: Usability engineering. Scenario-based development of human-computer interaction. 1. Aufl. San Fancisco: Academic Press 2010.

Siegfried, Doreen: Mit Personas Empathie für Bibliotheksnutzer/innen schaffen. Frankfurt a. M. 2017 (106. Deutscher Bibliothekartag). Abstract [Folien unveröffentlicht]. https://opus4.kobv.de/opus4-bib-info/frontdoor/index/index/year/2017/docId/2855 (6.1.2021).

Siegfried, Doreen: Personas in der ZBW. Frankfurt a. M. 2017 (106. Deutscher Bibliothekartag). https://www.zbw.eu/fileadmin/pdf/veranstaltungen/2017-bibtag-siegfried-personas.pdf (6.1.2021).

Steilen, Gerald: Discovery-Systeme – die OPACs der Zukunft? Hamburg 2012 (101. Deutscher Bibliothekartag). http://www.opus-bayern.de/bib-info/volltexte/2012/1188 (20.4.2020).

Stumpf, Gerhard: „Kerngeschäft" Sacherschließung in neuer Sicht. Was gezielte intellektuelle Arbeit und maschinelle Verfahren gemeinsam bewirken können. Augsburg: Universitätsbibliothek 2015. https://nbn-resolving.org/urn:nbn:de:bvb:384-opus4-30027 (31.12.2020).

The Standish Group: CHAOS Report 2015. https://www.standishgroup.com/sample_research_files/CHAOSReport2015-Final.pdf (31.12.2020).

Wendt, Kerstin u. Matthias Finck: Scenario-based Design als Vorgehensmodell für Softwareentwicklung in Bibliotheken. Berlin 2018 (108. Deutscher Bibliothekartag). https://nbn-resolving.org/urn:nbn:de:0290-opus4-35267 (29.5.2020).

Wiesenmüller, Heidrun: Resource Discovery Systeme – Chance oder Verhängnis für die bibliothekarische Erschließung? Hildesheim 2012 (Jahrestagung der Deutschen Gesellschaft für Klassifikation). https://doi.org/10.5445/IR/1000029081.

Christian Wartena und Koraljka Golub

Evaluierung von Verschlagwortung im Kontext des Information Retrievals

1 Einleitung

Dieser Beitrag möchte einen Überblick über die in der Literatur diskutierten Möglichkeiten, Herausforderungen und Grenzen geben, Retrieval als eine extrinsische Evaluierungsmethode für die Ergebnisse verbaler Sacherschließung zu nutzen. Die inhaltliche Erschließung im Allgemeinen und die Verschlagwortung im Besonderen können intrinsisch oder extrinsisch evaluiert werden. Die intrinsische Evaluierung bezieht sich auf Eigenschaften der Erschließung, von denen vermutet wird, dass sie geeignete Indikatoren für die Qualität der Erschließung sind, wie formale Einheitlichkeit (im Hinblick auf die Anzahl zugewiesener Deskriptoren pro Dokument, auf die Granularität usw.), Konsistenz oder Übereinstimmung der Ergebnisse verschiedener Erschließer:innen. Bei einer extrinsischen Evaluierung geht es darum, die Qualität der gewählten Deskriptoren daran zu messen, wie gut sie sich tatsächlich bei der Suche bewähren. Obwohl die extrinsische Evaluierung direktere Auskunft darüber gibt, ob die Erschließung ihren Zweck erfüllt, und daher den Vorzug verdienen sollte, ist sie kompliziert und oft problematisch. In einem Retrievalsystem greifen verschiedene Algorithmen und Datenquellen in vielschichtiger Weise ineinander und interagieren bei der Evaluierung darüber hinaus noch mit Nutzer:innen und Rechercheaufgaben. Die Evaluierung einer Komponente im System kann nicht einfach dadurch vorgenommen werden, dass man sie austauscht und mit einer anderen Komponente vergleicht, da die gleiche Ressource oder der gleiche Algorithmus sich in unterschiedlichen Umgebungen unterschiedlich verhalten kann. Wir werden relevante Evaluierungsansätze vorstellen und diskutieren, und zum Abschluss einige Empfehlungen für die Evaluierung von Verschlagwortung im Kontext von Retrieval geben.

Der Beitrag ist folgendermaßen aufgebaut: Zunächst schauen wir uns an, was der Zweck von Verschlagwortung ist und wie die Qualität von vergebenen Stich- und Schlagwörtern definiert werden kann. In Abschnitt 3 behandeln wir die Frage, inwieweit es möglich ist, die Qualität der Verschlagwortung indirekt zu bestimmen, also aufgrund von Suchergebnissen, die sich auf die Sacherschließung stützen. Dabei konzentrieren wir uns insbesondere auf Faktoren, die mit den Deskriptoren interagieren und die Auswirkungen auf die Ergebnisse haben könnten. In Abschnitt 4 stellen wir eine Auswahl von Studien vor, die

https://doi.org/10.1515/9783110691597-016

tatsächlich Retrievalszenarien für die Evaluierung von Sacherschließung nutzen. Wir schließen das Kapitel mit einigen allgemeinen Empfehlungen zur extrinsischen Evaluierung von Sacherschließung ab.

2 Schlagwörter

Inhaltsbeschreibende Terme können entweder direkt aus dem zu beschreibenden Text oder aus einem Erschließungsvokabular, das für die thematische Beschreibung von Dokumenten entwickelt worden ist, entnommen werden. Im ersten Fall werden die gewählten Terme üblicherweise Stichwörter genannt; im zweiten Fall sprechen wir einerseits von (kontrollierter) Verschlagwortung, wenn Wörter oder Wortgruppen aus einer natürlichen Sprache verwendet werden, die in einem Thesaurus oder in einer Normdatei organisiert sind, und andererseits von Klassierung,[1] wenn Notationen oder Klassen aus einem Klassifikationssystem genutzt werden. Zwischen Stichwörtern und kontrollierten Schlagwörtern können wir noch die freien Schlagwörter einordnen, die die gleiche Funktion wie kontrollierte Schlagwörter haben, aber weder aus dem zu erschließenden Text noch aus einem Vokabular entnommen werden müssen. Da (kontrollierte) Schlagwörter auch normale (deutsche oder anderssprachige) Wörter sind, ist es häufig der Fall, dass viele Schlagwörter genau wie Stichwörter verbatim im Text vorkommen. Da das Vorkommen im Dokument jedenfalls für längere Texte ein wichtiger Indikator für die Relevanz eines Begriffes ist, wird bei der maschinellen Verschlagwortung die Extraktion aus dem Text fast immer als Ausgangspunkt genommen. Andererseits können die Notationen in einem Klassifikationssystem auch natürlichsprachige Begriffe sein oder mit solchen verknüpft sein. Insbesondere wenn ein (hierarchisches) Klassifikationssystem sehr feingliedrig unterteilt ist, verschwimmen die Grenzen zwischen Klassierung und Verschlagwortung. Wenn dagegen eine grobkörnige Klassifikation oder die oberen Ebenen einer feingliedrigen Systematik verwendet werden, unterscheidet sich die Klassierung erheblich von der Verschlagwortung. Schließlich müssen wir noch die Volltextindexierung unterscheiden, die sämtliche inhaltstragenden Wörter eines Textes verzeichnet und die für die Volltextsuche gebraucht wird. Die Relevanz eines Begriffes für einen Text wird dann später in Abhängigkeit von der jeweiligen Abfrage bestimmt. Hierfür werden zum

---

1 In Anlehnung am englischen Wort *Classification* spricht man, vor allem in der Informatik, hier auch häufig von Klassifikation oder Klassifizieren.

Beispiel probabilistische Modelle genutzt, die wiederum Relevanzwahrscheinlichkeiten nutzen, um ein Ranking der Suchergebnisse zu ermöglichen.

Der Hauptzweck der Verschlagwortung ist es, das Auffinden eines Dokuments aus verschiedenen Perspektiven zu ermöglichen. Typischerweise werden drei bis zwanzig einzelne oder teilweise präkombinierte Schlagwörter pro Dokument vergeben. Ziel des Klassierens (also der Erschließung mit Notationen, die Klassifikationssystemen entnommen werden) ist die Gruppierung ähnlicher Dokumente, um deren Sichtung zu unterstützen: In der analogen Welt bedeutet das eine Sichtung von in Bibliotheksregalen aufgestelltem Bestand; in einer Online-Umgebung werden Trefferlisten gesichtet. Die Erschließung beschränkt sich beim Klassieren auf wenige thematische Aspekte in starker Präkombination, typischerweise auf eine einzige Klasse (siehe bezüglich der Ähnlichkeiten zwischen verbaler Erschließung und Klassierung auch Lancaster 2003: 20–21).

Schlagwortbasiertes Retrieval wird vor allem in sogenannten *Online Public Access Catalogs* (OPACs) in Bibliotheken angewandt, um Bücher und andere Medien zu finden, für die oft kein Volltext zur Verfügung steht, so dass die Suche vollständig auf das Vorhandensein von Metadaten angewiesen ist. Im Folgenden werden wir uns hauptsächlich auf schlagwortbasiertes Retrieval und OPACs beziehen, aber immer wieder auf die Volltextsuche schauen, um die hierfür entwickelten Methoden zu verstehen.

Verschlagwortung kann intellektuell[2] von Menschen ausgeführt werden, in automatischen Verfahren erfolgen oder in einem hybriden Prozess, bei dem entweder das menschliche Erschließen softwaregestützt erfolgt oder ein automatisierter Erschließungsprozess intellektuell gesteuert und korrigiert wird. Wir sind der Meinung, dass an jede Verschlagwortung dieselben Maßstäbe angelegt werden sollten, unabhängig davon, wie sie generiert wurde. Daher werden wir im Folgenden prinzipiell keinen Unterschied zwischen intellektueller und automatisch generierter Erschließung machen.

2.1 Sacherschließungsqualität

Die Sacherschließungsnorm ISO 5963:1985 (International Organization for Standardization 1985) gibt eine dreistufige dokumentorientierte Definition für die intellektuelle Sacherschließung: 1) thematische Erfassung des Dokuments, 2) begriffliche Analyse, um zu entscheiden, welche Aspekte des Inhalts dargestellt werden sollen, 3) Übersetzung dieser Begriffe oder Aspekte in ein kontrolliertes

---

2 In der Informatik und im Information Retrieval ist der Term *intellektuell* unüblich. Stattdessen wird das Adjektiv *manuell* verwendet.

Vokabular. Folgerichtig wird die Qualität der Verschlagwortung und der Sacherschließung im Allgemeinen in erster Linie über die Qualität des Erschließungsprozesses definiert. Der erste und zweite Schritt der ISO-Definition haben mit *aboutness* oder Thematik zu tun, also mit der Frage, was der Gegenstand oder die Themen des zu erschließenden Dokuments sind. Über *aboutness* und die Schwierigkeiten geeigneter Sacherschließung wurde bereits ausführlich diskutiert (für einen Überblick siehe Lancaster 2003: 13–19). Die Bestimmung der relevanten Aspekte eines Textes ist keine eindeutig definierte Aufgabe, da Texte ein komplexes kognitives und soziales Phänomen darstellen, und das kognitive Verstehen von Texten viele Wissensquellen einbezieht, verschiedene Schlussfolgerungen zulässt und mit individueller Interpretation einhergeht (Moens 2000: 7–10). Verschiedene Studien haben gezeigt, wie unterschiedlich Texte interpretiert werden können. Z. B. führte Morris (2010) ein Experiment durch, bei dem 26 Teilnehmer:innen drei Texte anhand lexikalischer Ketten (Gruppen semantisch verwandter Wörter) interpretieren sollten: Die Interpretationsergebnisse unterschieden sich um etwa 40 %.

Die zweite und dritte Stufe der ISO-Norm basieren auf spezifischen Vorentscheidungen bezüglich der Art des Bestands und der anvisierten Nutzer:innen (Schüler:innen, Lai:innen, Spezialist:innen usw.) z. B. im Hinblick auf Abdeckung (ein Erschließungsvorgang mit einer niedrigen Relevanzschwelle bei der Auswahl der Begriffe führt zu einer hohen Abdeckung) und Spezifität (die hierarchische Ebene, auf der erschlossen wird).

Anders als bei der dokumentorientierten Erschließung stehen bei der anfrageorientierten (problemorientierten, nutzungsorientierten) Erschließung (Brenner und Moers 1958; Soergel 1985; Fidel 1994) die potentiellen Nutzer:innen und Anwendungen im Vordergrund; die Aufgabe der Erschließer:innen ist es, den Text zu verstehen und dann vorherzusehen, für welche Themen oder Anwendungen dieser Text relevant werden könnte. Die abfrageorientierte Erschließung berücksichtigt also nicht nur die *aboutness*, sondern auch die erwartete Relevanz eines Texts im Hinblick auf Themen, Zwecke, Aufgaben und zu lösende Probleme, wodurch weitere Kontextabhängigkeit und Vielfalt ins Spiel kommen. Es mag für einzelne Erschließer:innen unmöglich sein, alle Ideen und Bedeutungen, die mit einem Text assoziiert werden könnten, zu identifizieren, da es immer weitere Ideen und Bedeutungen geben wird, die verschiedene Personen zu verschiedenen Zeiten und an verschiedenen Orten in dem Text finden können (vgl. z. B. Mai 2001: 606). Trotzdem sollten Erschließer:innen versuchen, sich in die Bedürfnisse der Zielgruppe hineinzudenken.

2.2 Evaluierung von Verschlagwortung

Da der (Haupt-)Zweck von Schlagwörtern die Unterstützung des Retrievals ist, liegt es nahe, die ausgewählten Terme indirekt zu bewerten, also nicht die Schlagwörter selbst zum Gegenstand der Betrachtung zu machen, sondern den extrinsischen Ansatz zu wählen und den Nutzen der vorhandenen Erschließung für die Suche in einem Retrievalsystem zu untersuchen. Wie wir im nächsten Abschnitt erörtern werden, ist dies nicht unproblematisch und nicht einfach zu bewerkstelligen. Beliebter sind daher die intrinsischen Methoden der Erschließungsevaluierung.

Eine der intrinsischen Methoden, die gern für die Evaluierung maschineller Verschlagwortung verwendet wird, ist der Vergleich von maschinell und intellektuell vergebenen Termen. Bei einem solchen Vergleich sollten aber immer die für den jeweiligen Bestand bestehenden Erschließungsvorgaben berücksichtigt werden. Ein Schlagwort, das in einer Umgebung korrekt ist, in der ein hoher Vollständigkeitsgrad erwartet wird, kann in einem System mit einer hohen Relevanzschwelle und niedrigerer Abdeckungsvollständigkeit fehl am Platz sein (Soergel 1994). Bei diesem Vergleich muss bedacht werden, dass auch eine intellektuelle Verschlagwortung fehlerhaft sein kann. Lancaster (2003: 86–87) listet folgende Arten von Erschließungsfehlern auf: Fehler im Zusammenhang mit dem angestrebten Abdeckungsgrad (wenn zu viele oder wenige Deskriptoren ausgewählt wurden), Fehler im Zusammenhang mit der Spezifität (was in der Regel bedeutet, dass der ausgewählte Deskriptor nicht der spezifischste verfügbare ist), Auslassung wichtiger Deskriptoren und die Zuweisung offensichtlich falscher Deskriptoren.

Zudem berichtet u. a. Hjørland (2016), dass verschiedene Personen, seien es Nutzer:innen oder professionelle Sacherschließer:innen, ein und denselben Text thematisch unterschiedlich einordnen. Ein Grund dafür sind Unterschiede in der Herangehensweise, die entweder von der rationalistischen Vorstellung ausgehen kann, es gebe genau eine korrekte Erschließung für einen Text, oder eben von der pragmatischen Vorstellung, dass für verschiedene Zwecke und Nutzer:innen jeweils eine unterschiedliche Erschließung erforderlich sein könne (Hjørland 2018). Daher können in einem Bestand vorgefundene Metadatensätze nicht ohne Weiteres „den Goldstandard" darstellen: Schlagwörter, die von einer Maschine vergeben wurden, aber nicht von einem Menschen, können falsch sein oder aber bei der intellektuellen Erschließung versehentlich oder aufgrund bestimmter Erschließungsziele ausgelassen worden sein. Als eine Möglichkeit, dieses Problem zumindest teilweise zu überwinden, schlagen Gazendam et al. (2009) eine weniger strikte Verwendung des Goldstandards bei der Bewertung automatisch vergebener Schlagwörter vor, bei der keine exakte Übereinstimmung, sondern eine semantische Nähe zu intellektuell ausgewählten Termen (gemessen an der Anzahl und Art der Relationen zwischen zwei Deskriptoren in einem Thesaurus) gefordert wird.

Ein weiterer häufig verwendeter Indikator für die Erschließungsqualität ist die Konsistenz zwischen Arbeitsergebnissen verschiedener Erschließer:innen (*inter-indexer consistency*) oder des- bzw. derselben Erschließer:in zu verschiedenen Zeiten (*intra-indexer consistency*) (für einen Überblick siehe Lancaster 2003: 68–82). Die Konsistenz kann entweder auf der Ebene der Begriffe oder auf der Ebene der Terme zur Bezeichnung der Begriffe gemessen werden. Markey (1984) vergleicht 57 Untersuchungen zur Erschließungskonsistenz und berichtet, dass der Übereinstimmungsgrad zwischen 4 % und 84 % liegt, wobei nur 18 Untersuchungen eine Übereinstimmung von über 50 % aufweisen. Es scheint dabei zwei Haupteinflussfaktoren zu geben: 1) je höher die Abdeckung und Spezifität der Erschließung ist, desto geringer wird die Konsistenz; das heißt, die Erschließer:innen wählen denselben ersten Deskriptor für das Hauptthema des Texts, aber die Übereinstimmung nimmt ab, je mehr Deskriptoren sie wählen; 2) je umfangreicher das Vokabular (je mehr Auswahlmöglichkeiten also die Erschließer:innen haben), desto geringer ist die Wahrscheinlichkeit, dass sie dieselben Deskriptoren wählen (Olson und Boll 2001: 99–101).

Lancaster (2003: 71) fügt weitere mögliche Faktoren hinzu: Sacherschließung auf der Grundlage unkontrollierten versus kontrollierten Vokabulars, Spezifität des Vokabulars, Merkmale des Fachgebiets und seiner Terminologie, individuelle Faktoren (z. B. Erfahrungsniveau), den Erschließer:innen zur Verfügung stehende Werkzeuge und der Umfang des zu erschließenden Dokumentes. Auch kann eine Erschließung sowohl konsistent schlecht als auch konsistent gut sein (Cooper 1969). Das bedeutet, dass eine hohe Konsistenz nicht unbedingt ein Zeichen für eine hohe Erschließungsqualität ist (Lancaster 2003: 91). Hohe Konsistenz ist eine notwendige, aber keine hinreichende Bedingung für Korrektheit, und daher sollte die Konsistenz nicht als Hauptindikator für Erschließungskorrektheit angesehen werden (Soergel 1994). Rolling (1981) zeigt außerdem, dass sich die Werte für Erschließungseinheitlichkeit, -qualität und -effektivität nicht unbedingt proportional zueinander verhalten. Er definiert Erschließungsqualität über die Frage, ob der Informationsgehalt eines erschlossenen Dokuments korrekt dargestellt wird (dokumentorientierte Definition), und den Erschließungserfolg über die Frage, ob ein erschlossenes Dokument jedes Mal, wenn es für eine Suche relevant ist, korrekt abgerufen wird (abfrageorientierte Definition). Trotz allem wird die Erschließungskonsistenz häufig als Maßstab für die Qualität eines Goldstandards und als Maßstab für die Erschließungsqualität in operativen Systemen ohne Bezug auf einen Goldstandard verwendet.

3 Extrinsische Evaluierung von Schlagwörtern

Wie bereits erwähnt, kann und sollte die Qualität verbaler Sacherschließung im Kontext eines Retrievalsystems untersucht werden, vorzugsweise unter Einbeziehung realer Suchanfragen und realer Nutzer:innen (siehe Lancaster 2003: 99). Auch die oben erwähnte ISO-Norm 5963 empfiehlt, die Qualität der Erschließung durch die Analyse von Suchergebnissen zu prüfen.

Das Testen eines Retrievalsystems weist viele Probleme auf, die Ergebnisse hängen von vielen Faktoren ab und die Qualität der Indexierung kann daher nicht isoliert betrachtet werden. Wenn ein System bei einer Suche nicht die relevanten Dokumente auswirft, kann das Problem bei den gewählten Indextermen, beim Retrievalsystem selbst oder bei der Interaktion zwischen Index und Retrievalalgorithmus liegen, worin verschiedene Annahmen über die Eigenschaften des Index einfließen, und der möglicherweise an bestimmte Erschließungsvorgaben angepasst werden muss.

Soergel (1994) legt eine logische Analyse der Auswirkungen von Erschließungsvorgaben auf den Retrievalerfolg vor. Er identifiziert Erschließungswerkzeuge, *viewpoint*-basierte und *importance*-basierte Erschließungsabdeckung, Spezifität, Korrektheit und Konsistenz als Faktoren, die sich auf das Retrieval auswirken. Er kommt zu dem Schluss, dass der Retrievalerfolg hauptsächlich davon abhängt, wie gut die Erschließung mit den Anforderungen der jeweiligen Suche zusammenpasst und wie gut bei der Abfrageformulierung die Merkmale des Retrievalsystems beachtet werden. Diese Komplexität muss beim Entwurf und bei der Evaluierung von Retrievalsystemen berücksichtigt werden, denn:

> indexing characteristics and their effects on retrieval are so complex that they largely defy study in artificial test situations. Most experiments fail to account for important interactions among factors as they occur in the real world, and thus give results that mislead more than they enlighten, results that have little meaning for the assessment or improvement of operational retrieval systems (Soergel 1994: 589).

In den folgenden Abschnitten werden wir einige Aspekte der Evaluierung von Retrievalsystemen diskutieren, insbesondere wenn sie für die extrinsische Evaluierung von Schlagwörtern relevant erscheinen.

3.1 Relevanz im Kontext des Retrievals

Es gibt viele mögliche Beziehungen zwischen einem Dokument und einer Such-anfrage – was Relevanz zu einer komplexen Sache macht. Die Relevanz eines Dokuments für ein Suchwort wird oft durch ein menschliches Urteil bestimmt, wodurch eine gewisse Subjektivität mitspielt. Borlund (2003) betont, dass Rele-vanz mehrdimensional und dynamisch ist: Nutzer:innen legen bei der Beurtei-lung von Relevanz viele verschiedene Kriterien an, und die Wahrnehmung von Relevanz kann sich bei derselben Person im Laufe der Zeit ändern. Es gibt ver-schiedene Klassen, Typen, Grade und Ebenen von Relevanz. Saracevic (2007a, 2007b) und Huang und Soergel (2013) geben einen kritischen Überblick über das Wesen, die Eigenschaften und Erscheinungsformen von sowie über Theori-en und Modelle für Relevanz.

Trotz der dynamischen und mehrdimensionalen Natur von Relevanz geht die Evaluierung von Systemen für das Information Retrieval in der Praxis oft nicht über die Verwendung bereits vorhandener Relevanzurteile hinaus. Die Cranfield-Tests (Cleverdon, Mills und Keen 1968) haben die vorherrschende Evaluierungsmethodik für das Information Retrieval etabliert, bei der ein Gold-standard eingesetzt wird: ein Testkorpus, das aus einer Menge von Dokumen-ten, einer Menge von *Topics* oder Anfragen und einer Menge von Relevanz-bewertungen besteht (Buckley und Voorhees 2000). Ein *Topic* ist eine Beschreibung der jeweils gesuchten Information. Relevanzbewertungen geben an, welche Dokumente als Treffer zu jedem *Topic* ausgefunden werden sollen; sie sind in der Regel binär und enthalten keine Angaben zu den verschiedenen Graden der Relevanz. Man kann zwar sagen, ob A für B relevant ist, aber es ist viel schwerer, genau anzugeben, auf welche Weise A für B relevant ist, und her-auszufinden, wie sich eine Information in die Gesamtstruktur eines Themas ein-fügt und welchen Beitrag sie zum Denken und Argumentieren der Nutzerin bzw. des Nutzers über das Thema leisten kann. Daher plädieren Huang und So-ergel (2013) dafür, bei der Konzeptualisierung von Relevanz den Fokus von Enti-täten hin zu Relationen zu verschieben. Sie fordern, die Erforschung verschiede-ner Arten von Relevanzbeziehungen mit einer hohen Priorität zu belegen, um die Tiefe und den Reichtum des Relevanzbegriffs voll zu durchdringen.

3.2 Einfluss von Suchszenarien und -anfragen

Suchszenarien und daraus resultierende Suchaufgaben beeinflussen sowohl Suchstrategien als auch Relevanzbewertungen. Beispielsweise würden die

Treffer einer Suche nach *Depression* von einer Ärztin, die sich über die neuesten Forschungsergebnisse zu Depressionen informieren möchte, und von einer medizinischen Forscherin, die einen umfassenden Übersichtsartikel über alle Aspekte der Depression vorbereitet, unterschiedlich bewertet werden. Daher müssen Suchszenarien und Suchaufgaben bei Retrievaluntersuchungen berücksichtigt werden (Liu und Belkin 2015).

Suchaufgaben werden üblicherweise nach ihrer Komplexität eingeteilt (vgl. z. B. Kim und Soergel 2005, und Belkin et al. 2014). Ingwersen und Järvelin (2005: 327) ordnen Arbeits- und Suchszenarien in ein Kontinuum von natürlich bis künstlich ein und verwenden sechs Dimensionen für die Beschreibung von Abfragen. Die Auswahl der Suchaufgaben spielt offensichtlich eine Rolle bei der Bewertung des Systems. Iivonen (1995) stellte fest, dass sich die Konsistenz der Ergebnisse zwischen verschiedenen Nutzer:innen und zwischen vier verschiedenen Arten von Suchaufgaben bei einem bzw. einer Nutzer:in signifikant unterschied. Kim (2008) zeigt, dass es erhebliche Auswirkungen auf das Suchverhalten hat, ob es um eine spezifische oder um eine allgemeine Aufgabe geht. Liu und Belkin (2015) führen ebenfalls verschiedene Studien an, in denen gezeigt wurde, dass es einen erheblichen Einfluss auf das Suchverhalten und die Evaluierung von Retrievalsystemen hat, wie vertraut die Nutzer:innen mit einem Thema sind.

Da der Vergleich zwischen zwei Systemen je nach Suchaufgabe zu unterschiedlichen Ergebnissen führen könnte, raten Golub et al. (2016) dazu, verschiedene Klassen von Suchaufgaben und Abfragen sowie verschiedene Nutzungsgruppen zur Evaluierung zu verwenden.

3.3 Einfluss von Retrieval und Rankingalgorithmus

Ein modernes Retrievalsystem ist nicht einfach ein Programm, das eine Trefferliste aller Texte ausgibt, in denen das Suchwort vorkommt. Vielmehr wurde in den letzten Jahrzehnten eine Reihe komplexer Algorithmen entwickelt, die die Qualität des Retrievals über einen einfachen Stringabgleich hinaus verbessern. Da diese Methoden alle für das Retrieval auf Basis eines Volltextindexes entwickelt wurden, ist es nicht von vornherein klar, ob diese Techniken auch auf OPACs angewandt werden können. Für die OPAC-Suche werden dagegen traditionell eine hohe Erschließungsqualität und sorgfältig formulierte Anfragen vorausgesetzt. Dennoch wird schon seit den 1980er Jahren untersucht (siehe z. B. Fox et al. 1993) und weiterhin diskutiert (siehe z. B. Yu und Young 2004 oder Antelman, Lynema und Pace 2006), wie sich Fortschritte aus dem Bereich des Information Retrievals auch auf OPACs übertragen lassen. OPACs, die für die

Suche im Internet entwickelte Techniken verwenden, werden manchmal als *Next-Generation*-OPACs oder WebPACs bezeichnet. Auch die sogenannten Resource-Discovery-Systeme, die meistens Ergebnisse aus mehreren Quellen einschließen, nutzen typischerweise Verfahren, die für die Volltextsuche entwickelt wurden.

Einige der Techniken, die für die unstrukturierte Volltextsuche entwickelt wurden, könnten auch für das Retrieval mit einem OPAC sehr relevant sein, da die meisten erschlossenen Bestände aus verschiedenen Gründen nicht so ideal erschlossen sind, wie wir es uns wünschen würden: 1) Es gibt Erschließungsfehler; 2) viele Sammlungen enthalten Deskriptoren aus verschiedenen Quellen, die nach unterschiedlichen Erschließungsregeln aus unterschiedlichen Vokabularen zugewiesen wurden; 3) es könnten Diskrepanzen zwischen Nutzer:innen und Erschließer:innen im Hinblick auf den Blickwinkel oder den erwarteten Grad der Erschließungsgranularität bestehen. Daher könnte man versuchen, mit Retrieval-Algorithmen Erschließungsfehler oder -schwächen auszugleichen. Tudhope et al. (2006) schlagen z. B. ein anspruchsvolles Matching vor, das, wie sie meinen, Inkonsistenzen aufgrund von Diskrepanzen in der Erschließungsspezifität oder von Erschließungsfehlern ausgleichen kann. Dasselbe könnte für viele andere Algorithmen gelten.

3.3.1 Termgewichtung

Probabilistische Modelle versuchen ausgehend von einigen einfachen und plausiblen Annahmen die Wahrscheinlichkeit zu schätzen, dass ein Dokument für eine bestimmte Anfrage relevant ist. Meistens stellt sich die resultierende Formel als eine Variation der tf.idf-Gewichtung dar. Die tf.idf-Gewichtung verbindet zwei grundlegende Ideen: Erstens ist es umso wahrscheinlicher, dass ein Text für eine Abfrage mit einem bestimmten Wort relevant ist, je häufiger dieses Wort in dem Text vorkommt. Bei dieser Komponente geht es also um die Wort- oder Termfrequenz (tf). Zweitens ist es umso wahrscheinlicher, dass ein Text für eine Abfrage mit einem bestimmten Wort relevant ist, wenn dieses Wort ein spezifisches Wort ist, das nur in wenigen Texten vorkommt. Das Maß für die Spezifität eines Wortes ist die inverse Dokumentfrequenz (idf).

Die Termfrequenz versucht das Problem zu lösen, dass ein Wort in einem Text zwar vorhanden, aber nicht relevant ist: Wenn ein Wort in einem Text häufig vorkommt, ist es unwahrscheinlich, dass es nur zufällig vorhanden ist. Wenn Nutzer:innen ein Wort suchen, das in vielen Texten vorkommt, kann die Termgewichtung darüber hinaus auch hilfreich sein, um die „relevantesten"

Dokumente[3] am Anfang der Trefferliste zu platzieren und um den Nutzer:innen zu helfen, eine kleine Auswahl aller relevanten Texte zu treffen. Für Schlagwörter kann dieses Maß nicht angewandt werden, denn es gibt in der Sacherschließung keine irrelevanten Deskriptoren (mit Ausnahme von Erschließungsfehlern), und jeder Deskriptor wird pro Dokument nur einmal vergeben.

Die idf-Komponente ist nur relevant, wenn die Suchanfrage mehr als ein Wort enthält. Bei einer Anfrage wie beispielsweise *Saxophon Geschichte* können wir vermuten, dass die Nutzer:innen Literatur über die Geschichte des Saxophons suchen. Wenn nun ein Text nur das Wort *Saxophon* enthält, das Wort *Geschichte* dagegen nicht, ist es mit hoher Wahrscheinlichkeit relevanter als ein Text, in dem nur *Geschichte* vorkommt. Dieser Ansatz ließe sich eventuell auch auf Schlagwörter übertragen, wenn häufig und selten verwendete Schlagwörter in einer Anfrage kombiniert werden.

3.3.2 Lemmatisierung

Bei Sprachen mit ausgeprägter Morphologie ist die Lemmatisierung ein wichtiger Aspekt der Termnormierung. In einem Volltextsuchsystem muss die Lemmatisierung sowohl für die Wörter im Text als auch für die Suchwörter durchgeführt werden, um den Abgleich in jeder Kombination zu gewährleisten. In einem auf verbaler Erschließung basierenden System wird in der Regel die Ansetzungsform (das *Lemma*) als Deskriptor verwendet, und die Nutzer:innen sollten dann möglichst nur Ansetzungsformen für die Abfrage verwenden (es sei denn, dass das Retrievalsystem eine korrekt funktionierende Lemmatisierung anwenden kann). Bei Substantiven werden jedoch in vielen Fällen Pluralformen verwendet. Hier hängen die Brauchbarkeit und die Qualität eines auf verbaler Erschließung basierenden Systems von der Klarheit der Regeln ab, in welchen Fällen Singularformen und in welchen Pluralformen zu verwenden sind.

Beim Information Retrieval wird oft anstelle der Lemmatisierung heuristisches Stemming angewandt. Heuristisches Stemming ist linguistisch nicht klar definiert und unterscheidet in der Regel nicht zwischen Ableitungs- und Flexionsmorphologie, so dass nicht nur Flexionsformen eines Wortes, sondern auch semantisch weit entfernte Wörter mit demselben Stamm zusammengeführt werden. Brandts (2004) sieht daher eine Überlagerung von positiven und negativen Effekten, die sich ungefähr ausgleichen. Singh und Gupta (2016) dagegen stellten fest, dass für verschiedene Datensätze und Sprachen die meisten Stemming-

---

3 Streng genommen unterscheiden probabilistische Modelle nicht zwischen mehr und weniger relevanten Ergebnissen.

algorithmen einen positiven Effekt auf die Retrievalqualität haben (bis zu 50 % Steigerung der durchschnittlichen Genauigkeit für bulgarische CLEF-Daten[4]). Auch bei Sing und Gupta (2016) gab es jedoch Fälle, in denen das heuristische Stemming die Retrievalergebnisse negativ beeinflusste.

3.3.3 Anfrageerweiterung

Viele Retrievalsysteme nutzen die Möglichkeit, einen Term durch andere Terme zu ersetzen, in der Regel durch Synonyme oder Ober- und Unterbegriffe (Hyperonyme und Hyponyme). Die Algorithmen und Systeme mit solchen Funktionalitäten sind wiederum meistens im Kontext von Verfahren zur Volltextsuche entwickelt worden, bei denen verschiedene Ausdrücke in einem Text oder einer Anfrage auf das gleiche Konzept verweisen können. Die Ersetzung von Ausdrücken kann entweder im Index oder bei der Bearbeitung der Anfrage erfolgen. Im ersten Fall werden, wenn ein Wort in einem Text gefunden wird, als synonym definierte Ausdrücke in den Index mit aufgenommen. Im zweiten Fall werden Synonyme der Suchwörter zur Anfrage hinzugefügt: Die Anfrage wird also um zusätzliche Terme erweitert. Die Anfrageerweiterung (bei der Volltextsuche) wird in der Regel mit einer Gewichtung kombiniert (Manning, Raghavan und Schütze 2008: 174), wobei die hinzugefügten Terme ein geringeres Gewicht erhalten. Relevante verwandte Begriffe können entweder einem Thesaurus oder einem Wörterbuch entnommen oder mit statistischen Methoden aus Textkorpora, Anfrageprotokollen usw. gewonnen werden. Der Fall, dass der indizierte Bestand selbst als Quelle für die Anfrageerweiterung genutzt wird, wird weiter unten in den Abschnitten zu Relevanzfeedback erörtert.

Es wird häufig berichtet, dass zusätzliche Ausdrücke die Trefferquote (*recall*), in vielen Fällen aber auch die Genauigkeit (*precision*) der höchst gerankten Ergebnisse verbessern, weil Texten, die sowohl den ursprünglich gesuchten Ausdruck als auch Synonyme davon enthalten, eine höhere Relevanzwahrscheinlichkeit zugewiesen wird. Wie Komarjaya, Poo und Kan (2004) betonen, ist das insbesondere dann der Fall, wenn häufige und allgemeine Ausdrücke in sehr kurzen Anfragen verwendet werden. Sie zeigten, dass die Genauigkeit für die Suche in einem OPAC durch eine Anfrageerweiterung um über 30 % verbessert werden konnte. Greenberg (2001) zufolge eignen sich für die automatische

---

4 CLEF (Cross-Language Evaluation Forum bzw. Conference and Labs of the Evaluation Forum) ist eine Initiative zur Evaluierung von Retrieval für Europäische Sprachen und eine Reihe von jährlich stattfindenden Workshops (seit 2000) mit gemeinsamen Aufgaben, die von verschiedenen Teams und Systemen gelöst werden.

Anfrageerweiterung engere Begriffe oder Hyponyme, während in einer interaktiven Suchumgebung auch andere verwandte Begriffe verwendet werden könnten. Eines der Hauptprobleme der Anfrageerweiterung ist die sogenannte *Query Drift* oder Anfrageverschiebung: Die Anfrage wird durch die zusätzlichen Begriffe nicht präziser oder vollständiger, sondern ein Aspekt erhält – womöglich nicht der Absicht der Anfrage entsprechend – ein zusätzliches Gewicht. Bei der Volltextsuche scheint die Anfrageerweiterung mit verwandten Ausdrücken aus einem intellektuell erstellten Thesaurus oder Wörterbuch nur für kurze Abfragen nützlich zu sein (Navigli und Velardi 2003). Azad und Deepak (2019) formulieren die noch stärker zugespitzte Aussage, dass das Ergebnis für gut formulierte Abfragen gar nicht, aber das für schlecht formulierte erheblich verbessert werde. Diese Verallgemeinerung scheint allerdings zu stark zu sein, da der Nutzen der Anfrageerweiterung von vielen Faktoren abhängt. Järvelin et al. (2001) berichten, dass in einem Experiment die Erweiterung mit Synonymen und spezifischeren Ausdrücken bei der Volltextsuche einen positiven Effekt hatte und dass gerade die Ergebnisse stark strukturierter Abfragen von der Erweiterung profitieren konnten. Neben anderen zeigen Navigli und Velardi (2003), dass der Nutzen dieser Art von Anfrageerweiterung gesteigert werden kann, wenn sie mit einer Disambiguierung auf der Ebene der Wortsemantik kombiniert wird. Raza et al. (2018) zufolge könnte speziell eine ontologiebasierte Anfrageerweiterung nützlich sein, wenn eine fachspezifische Ontologie verwendet wird – und zwar sowohl für die Genauigkeit (*precision*) als auch für die Trefferquote (*recall*).

Bei der intellektuellen Sacherschließung wird in der Regel nur der spezifischste Deskriptor gewählt, obwohl ein Text auch für einen allgemeineren Gegenstand relevant sein könnte. Angesichts der Tatsache, dass viele Vokabulare wie die Gemeinsame Normdatei (GND) oder die Library of Congress Subject Headings (LCSH) extrem spezifische Begriffe enthalten, würden wir erwarten, dass die Anfrageerweiterung mit spezifischeren Ausdrücken bei der Suche in OPACs nützlich sein könnte. Es gibt nur wenige Studien, die den Einsatz der Anfragerweiterung in OPACs systematisch evaluieren. Neben der oben erwähnten Arbeit von Komarjaya, Poo und Kan (2004) behandeln auch Vallet et al. (2005) ein System mit einem auf verbaler Sacherschließung basierenden Index, bei dem eine Anfrageerweiterung die Ergebnisse verbessern konnte. Alani, Jones und Tudhope (2000) und Tudhope et al. (2006) schlagen eine Art implizite Anfrageerweiterung vor, bei der der Matching-Algorithmus Suchbegriffe mit semantisch verwandten Indexbegriffen abgleichen kann. Es wurde jedoch keine zahlenmäßige Analyse der Leistung des Algorithmus bei einer großen Menge von Anfragen vorgelegt.

Schließlich scheint die Anfrageerweiterung in einem heterogenen Bestand unentbehrlich: Wenn verschiedene normierte Deskriptoren für denselben Begriff verwendet werden, was bei der Zusammenführung von Erschließungsdaten aus verschiedenen Quellen unvermeidlich ist, sind vollständige Ergebnisse nur möglich, wenn ein Suchwort um alle äquivalenten Ausdrücke oder um eng verwandte Ausdrücke aus den im Bestand verwendeten Erschließungssystemen ergänzt wird.

3.3.4 Relevanzfeedback

Wenn ein Retrievalsystem sich unsicher über die Intention der Anfrage ist, könnte es mit den Nutzer:innen interagieren. Es könnte z. B. einige Treffer auswerfen und fragen, welcher davon dem Sinn der Abfrage am besten entspricht, und dann weitere Ergebnisse liefern, die dem gewählten ähnlich sind. Diese Art des Feedbacks wurde in einem Retrievalsystem von Hancock-Beaulieu und Walker (1992) für einen OPAC implementiert, das den Nutzer:innen die Möglichkeit bot, weitere ähnliche Ergebnisse (*more like this*) anzufordern. In einer Studie mit Nutzer:innen stellten sie fest, dass in fast der Hälfte der Fälle, in denen diese Funktion genutzt wurde, mindestens ein weiteres relevantes Dokument gefunden wurde.

In vielen Systemen werden wieder und wieder dieselben Abfragen eingegeben. Das ermöglicht es, ohne Interaktion mit den Nutzer:innen ein implizites Relevanzfeedback aus deren Nutzungsverhalten zu gewinnen. Wird z. B. der zweite Treffer einer Liste angeklickt, aber nicht der erste, können wir davon ausgehen, dass die jeweiligen Anzeigedetails den zweiten Treffer im Sinne der Abfrage relevanter erscheinen lassen (Jung, Herlocker und Webster 2007). Bei der Volltextsuche kann ein implizites Relevanzfeedback insbesondere für die Verarbeitung mehrdeutiger Suchbegriffe, sehr allgemeiner Begriffe und unklarer Relationen zwischen Suchtermen nützlich sein. Es könnte auch darauf hindeuten, dass ein bestimmtes Dokument, obwohl es einen bestimmten Term enthält, für die entsprechende Anfrage nicht relevant ist.

Ob implizites Feedback für einen OPAC nützlich sein könnte, ist schwer zu sagen. Uns sind keine Studien zu diesem Thema bekannt.

3.3.5 Pseudo-Relevanzfeedback

Anstatt echtes Feedback zu verwenden, könnten wir auch einfach annehmen, dass ein Retrievalsystem im Wesentlichen gut funktioniert und alle weit obenstehenden Treffer relevant sind. Das System kann diesen obersten Treffern dann typische Ausdrücke entnehmen und die Abfrage im Hintergrund um diese erweitern (Manning, Raghavan und Schütze 2008: 171 f.). Ein solches Verfahren löst zwar nicht das Problem der Mehrdeutigkeit, aber es hilft, Texte zu finden, die für einen Suchterm relevant sind, diesen aber nicht enthalten. Wie bei der Abfrageerweiterung besteht bei dem Pseudo-Relevanzfeedback die Gefahr der Abfrageverschiebung.

Bei einem intellektuell mit normiertem Vokabular erschlossenen Bestand sollte kein Pseudo-Relevanzfeedback notwendig sein, da im Idealfall keine Synonyme fehlen. Hier würden wir erwarten, dass die negativen Auswirkungen der Abfrageverschiebung mögliche positive Effekte zunichtemachen. Bei einem heterogenen Bestand hingegen könnte Pseudo-Relevanzfeedback sehr wohl nützlich sein. Nehmen wir etwa an, unser Bestand enthielte einige Texte mit dem Deskriptor *Vögel* aus Thesaurus A und einige mit dem Deskriptor *Ornithologie* aus Thesaurus B. Bei einer ausreichend großen Schnittmenge wird das Pseudo-Relevanzfeedback ergeben, dass viele Texte, die bei der Suche nach *Ornithologie* gefunden wurden, auch mit *Vögel* erschlossen sind, und das System wird dann bei einer Abfrage mit *Ornithologie* auch Texte auswerfen, die nur den Ausdruck *Vögel* enthalten. Dieser Mechanismus könnte das Fehlen von Beziehungen zwischen Deskriptoren oder das Fehlen eines Mappings zwischen verschiedenen Vokabularen ausgleichen. Der Thesaurus, der von Komarjaya, Poo und Kan (2004) für die oben erwähnte Anfrageerweiterung verwendet wurde, wurde von genau dieser Idee ausgehend konstruiert, um für häufig verwendete Suchbegriffe entsprechende Library of Congress Subject Headings zu finden. Aus demselben Impetus heraus zeigen Lüschow und Wartena (2017), dass fehlende Schlagwörter automatisch ergänzt werden können. Sie betrachten einen Bestand, der hauptsächlich mit Medical Subject Headings (MeSH) erschlossen ist. Aus anderen Bibliotheken übernommene Datensätze enthalten jedoch in der Regel keine MeSH-Deskriptoren. Es wurde gezeigt, dass viele MeSH-Deskriptoren auf der Grundlage anderer Erschließungsdaten extrapoliert werden können.

3.3.6 Deep Learning

Neuronale Netze können Darstellungen von Wörtern durch Vektoren in einem hochdimensionalen Raum (vereinfacht gesagt also Zahlenreihen), sogenannte *Word Embeddings* lernen, die nicht unmittelbar interpretierbar sind, aber die es ermöglichen, semantische Beziehungen zwischen Wörtern zu modellieren. Neuerdings berechnen Modelle wie ELMO und BERT kontextabhängige Darstellungen. Zu einem gewissen Grad spiegelt die Worteinbettung dann die kontextuell korrekte Bedeutung wider, aber auch unterschiedliche syntaktische Kontexte werden erfasst. Das Wort *Kinder* wird z. B. in den Phrasen *für Kinder* und *über Kinder* nicht durch dieselben Vektoren dargestellt (Devlin et al. 2018). Dai und Callan (2019) zeigen, dass Systeme, die diese kontextualisierten Worteinbettungen nutzen, das Potenzial haben, in natürlicher Sprache geschriebene Anfragen zu verstehen und bessere Ergebnisse zu liefern als eine unstrukturierte schlagwortbasierte Suche. Google nutzt solche Techniken jetzt schon für englischsprachige Abfragen, und rät, statt Folgen von Suchbegriffen ganze Sätze zur Formulierung von Abfragen zu verwenden (Nayak 2019). Ob diese Art der Suche auch auf Titelsätze angewandt werden kann, ist, soweit wir wissen, noch nicht untersucht.

3.3.7 Implikationen für die Evaluierung verbaler Sacherschließung

Die bisher diskutierten Volltextmethoden versuchen vor allem, die Effekte fehlender oder überflüssiger Deskriptoren auszugleichen. In manchen Fällen können mit diesen Methoden auch Mehrdeutigkeiten von Wörtern in einem Text oder in einer Abfrage aufgelöst werden. Obwohl einige der diskutierten Methoden Schwächen der Sacherschließung wahrscheinlich teilweise ausgleichen können und einige Studien tatsächlich einen positiven Effekt im OPAC-Retrieval zeigen, bleibt es unklar, wie gut die Erschließungsfehlertoleranz eines *Next-Generation*-OPACs sein kann.

Es gibt einige Möglichkeiten, in einem Retrievalsystem das Fehlen relevanter Deskriptoren auszugleichen, obwohl sich bei der Volltextsuche herausgestellt hat, dass anscheinend alle Arten der Anfrageerweiterung problembehaftet sind. Eine effektive Anfrageerweiterung scheint am ehesten dann möglich zu sein, wenn ein Bestand in nicht zu geringem Umfang verbal erschlossen ist, so dass auf dieser Basis weitere Begriffe ergänzt werden können. Es besteht auch kein Grund zu der Sorge, dass zu viele Terme ergänzt werden könnten, sofern geeignete Rankingalgorithmen angewandt werden, die sich bei der Arbeit mit einer großen Anzahl von Termen pro Dokument als sehr effektiv erwiesen haben. Dies steht im Einklang mit der Schlussfolgerung von Soergel (1994), dass eine möglichst vollständige Erschließung eine der wichtigsten Voraussetzungen für ein effektives Retrieval ist.

3.4 Thesaurus- oder ontologiebedingte Effekte

Bei der oben beschriebenen Erschließung wird Vokabular einem Begriffssystem (*Knowledge Organization System*, KOS) entnommen. Die Qualität des KOS beeinflusst auch die Qualität der Suchergebnisse. Wenn das KOS für eine Form der Abfrageerweiterung, Facettierung oder Disambiguierung verwendet wird, hat auch die Struktur des KOS direkten Einfluss auf die Suchergebnisse. Bhogal, Macfarlane und Smith (2007) bemerken, dass ein korrektes, aktuelles KOS mit einer guten Abdeckung des Fachgebiets für eine nützliche Abfrageerweiterung entscheidend ist.

Strasunken und Tomassen (2008) schlagen ein Framework für die Bewertung von Ontologien im Kontext des Information Retrieval vor. In einem Experiment stellten sie fest, dass die Suchergebnisse durch das Hinzufügen von Instanzen, Objekteigenschaften und Äquivalenzrelationen erheblich verbessert werden können. Buscaldi und Suárez-Figueroa (2013) untersuchen die Folgen von 30 Problemtypen, die in Ontologien vorkommen können, für elf verschiedene ontologiebasierte Retrievalsysteme, und kommen zu dem Ergebnis, dass die meisten dieser Ontologieprobleme bei vielen Systemen das Retrieval negativ beeinflussen. Trotz der Unterschiede zwischen ontologiebasierten Retrievalsystemen und OPACs können wir ein ähnliches Resultat für OPACs erwarten, die in der einen oder anderen Weise mit einer KOS-Struktur operieren.

4 Ausgewählte Studien zum Einfluss von Erschließung auf das Funktionieren des Retrievals

Obwohl die genannten Faktoren die Suchergebnisse beeinflussen und gleichzeitig mit der Erschließung interagieren, verwenden einige Studien das Retrieval tatsächlich zur Evaluierung einer Erschließung durch Verschlagwortung. Die klassische MEDLARS-Studie von Lancaster (1968) ist eine der wenigen Studien, bei der reale Nutzer:innen, reale Abfragen und die daraus resultierenden Treffer betrachtet wurden. Die Ergebnisse von 300 MEDLARS-Abfragen wurden untersucht, Auswirkungen der Erschließung wurden analysiert und eine Fehleranalyse durchgeführt (siehe auch: Saracevic 1998). Hliaoutakis, Zervanou und Petrakis (2009) untersuchten die Auswirkungen von zwei automatischen Erschließungsmethoden auf das Retrieval bei der Suche nach Abstracts und Volltexten. Die Evaluierung basierte bei den Abstracts auf 64 TREC-Anfragen und bei den Volltexten auf 15 TREC-Anfragen; in beiden Fällen wurden TREC-Relevanzbewertungen herangezogen.

Lancaster (2003: 87) empfiehlt die folgende Simulationsmethode:

1. Auswahl eines Korpus von Textdokumenten
2. Erstellung von beispielsweise drei Fragestellungen pro Dokument, für die es als wichtige Antwortquelle angesehen werden kann (wobei eine Fragestellung auf das Hauptthema des Texts, die anderen beiden nicht auf das Hauptthema, aber doch auf wichtige Aspekte abzielen)
3. Formulierung einer Anfrage zu jeder Fragestellung durch erfahrene Suchspezialist:innen
4. Davon unabhängige Erschließung der Dokumente auf herkömmliche Art und Weise
5. Vergleich der Erschließung mit den Formulierungen der Abfragen, um festzustellen, ob die relevanten Dokumente aufgrund der gewählten Deskriptoren gefunden werden. (es sollte auch geprüft werden, ob andere relevante Dokumente gefunden werden)

Lykke und Eslau (2010) verglichen den Einfluss maschineller Klassierung und Volltextindexierung auf die Ergebnisse eines Retrievalsystems bei einem Pharmaunternehmen. Sie wählten zehn echte Topics aus dem Suchprotokoll des Unternehmens aus und führten für jedes davon drei Suchen durch: 1) eine Suche mit Hilfe der intellektuell vergebenen Deskriptoren aus dem fachspezifischen Thesaurus des Unternehmens; 2) eine Volltextsuche; 3) eine Volltextsuche mit einer Abfrageerweiterung unter Verwendung des Firmenthesaurus. Die Anfragen basierten auf den Termen aus der ersten Anfrage, die die ursprünglichen Nutzer:innen im Rahmen einer interaktiven Suche zu einem Topic formuliert hatten. Im Test wurde für jedes Topic nur eine Anfrage ohne Interaktion durchgeführt. Die Relevanz der gefundenen Texte wurde von den tatsächlichen Nutzer:innen auf einer 4-Punkte-Skala entsprechend der Arbeitsaufgabe bewertet. Die folgende Tabelle zeigt die Ergebnisse gemittelt über die zehn Themen:

Tab. 1: Genauigkeit (*precision*) und relative Trefferquote (*recall*) für drei Suchtypen in einer Studie von Lykke und Eslau (2010)

	Suche mit kontrollierten Deskriptoren	Freitextsuche	Freitextsuche mit Anfrageerweiterung
Relative Trefferquote	24 %	41 %	89 %
Genauigkeit	17 %	33 %	24 %

Was die Genauigkeit betrifft, sind die Ergebnisse überraschend; denn es wäre zu erwarten, dass – vor allem im Kontext eines Unternehmens, wo das Retrieval in zielgerichtete Informationsaufgaben eingebettet und auf diese ausgerichtet ist – menschliche Erschließer:innen die Relevanz der Themen eines Texts besser beurteilen können. Es ist denkbar, dass die einzelnen Suchthemen in natürlicher Sprache genauer hätten formuliert werden können. Da bei dem Test nur einzelne Abfragen ohne Interaktion durchgeführt wurden, lassen sich die Ergebnisse nicht unbedingt auf ein interaktives Information Retrieval übertragen.

Svarre und Lykke (2014) verglichen das Retrieval auf der Grundlage automatischer Kategorisierung mit dem Volltextretrieval im Intranet der dänischen Regierung, das von den Steuerbehörden genutzt wird. 32 Teilnehmer:innen führten in jeweils vier Sitzungen drei simulierte und eine reale Suche durch. Insgesamt wurden 128 Sitzungen durchgeführt, 64 in jedem der beiden Testsysteme mit insgesamt 564 Anfragen. Suchverhalten und -ergebnisse wurden durch Protokolle, Relevanzbewertungen auf einer Skala von 1 bis 3 sowie Interviews nach der Suche dokumentiert. Die Interviews nach der Suche lieferten auch qualitative Daten – Einblicke in die Überlegungen und Entscheidungen der Nutzer:innen jeweils bei der Taxonomiesuche und bei der schlagwortbasierten Suche. Der Erfolg wurde anhand von zwei Metriken gemessen: (a) Anfrageerfolg: Prozentsatz der Anfragen, die zu mindestens einem Text führten, dessen Relevanz mit 2 oder 3 bewertet wurde, und (b) Sitzungserfolg: Prozentsatz der Sitzungen, in denen das Problem des Suchszenarios gelöst wurde. Am besten schnitt die Volltextsuche ab: 31 % beim Anfrageerfolg und 89 % beim Sitzungserfolg im Vergleich zu 22 % und 84 % für die automatische Kategorisierung. Das Ergebnis wurde auf verschiedene Ursachen zurückgeführt. Der restriktivere UND-Operator war in beiden Systemen mit der gleichen Häufigkeit verwendet worden, was in dem System, das die Klassierung nutzte, zu sehr kleinen Ergebnismengen führte. Einige Teilnehmer:innen gaben auch an, dass sie aufgrund zu geringer Kenntnis der Taxonomie Schwierigkeiten hatten, geeignete Kategorien für ihre Suche zu finden.

Die letzten beiden Studien sind gute Beispiele dafür, wie eine extrinsische Bewertung verbaler Erschließung durchgeführt werden kann. Sie zeigen auch die Leistungsfähigkeit der Volltextsuche und bekräftigen die Auffassung, dass mehr Terme bessere Ergebnisse bringen als weniger Terme. Entsprechend stellt sich die Frage, ob verbale Erschließung überhaupt noch sinnvoll ist, wenn Volltexte und Volltextsuche zur Verfügung stehen. Diese Frage zu behandeln würde jedoch den Rahmen dieses Beitrags sprengen.

5 Fazit

Ein Retrievalsystem besteht aus vielen Komponenten, die ineinandergreifen müssen. Nicht nur die einzelnen Komponenten, sondern auch die Abstimmung der Komponenten untereinander beeinflussen die Qualität der Ergebnisse. Daher ist ein Retrievalsystem ein äußerst schwierig zu nutzendes Messinstrument für die Qualität von Erschließung. Soergel (1994) schloss daraus, dass es unmöglich sei, Erschließung auf der Grundlage von Suchergebnissen zu bewerten, und dass qualitative Studien vorzuziehen seien. Da jedoch die Suche in einem Retrievalsystem der eigentliche Zweck der Inhaltserschließung ist, scheint es dennoch erstrebenswert, in Erfahrung zu bringen, wie gut eine Suche auf der Basis von Deskriptoren in der Realität tatsächlich funktioniert. Da das Argumentieren über das erwartete Verhalten eines komplexen Retrievalsystems noch schwieriger und problematischer ist, scheint realistisches Testen doch der beste Weg zu sein.

Bei der Evaluierung der Qualität von verbaler Erschließung im Kontext des Retrievals sollten wir möglichst realistische Umstände und Systeme verwenden. Wenn möglich, sollte mit einem breiten Spektrum von Aufgaben, Nutzer:innen und Systemeinstellungen gearbeitet werden, um die Ergebnisse belastbarer und weniger von bestimmten Einstellungen abhängig zu machen. Einen guten Einstieg für die Auswahl eines Verfahrens und das weitere Vorgehen könnte der Vorschlag in Golub et al. (2016) bieten. Dieser Ansatz sollte jedoch noch eingehend empirisch überprüft werden, und es ist zu erwarten, dass viel zusätzliche, weiterführende Forschung nötig sein wird, um geeignete Evaluierungsdesigns für solch komplexe Phänomene wie Erschließung und Retrieval zu entwickeln.

Da allerdings bisher wenig über die Wirkungen verschiedener Herangehensweisen und einzelner Bausteine bekannt ist, ist vielleicht die wichtigste Erkenntnis die, dass man sehr genau dokumentieren sollte, welche Algorithmen, welche Aufgaben usw. in die Evaluierung einbezogen wurden. Zweitens sollte man mit Verallgemeinerungen äußerst vorsichtig sein, da es keine Gewähr gibt, dass Verfahren und Richtlinien für die Verschlagwortung, die sich in dem einen Kontext bewährt haben, sich auch für einen anderen eignen.

6 Literaturverzeichnis

Alani, Harith, Christopher Jones und Douglas Tudhope: Associative and Spatial Relationships in Thesaurus-Based Retrieval. In: Research and Advanced Technology for Digital Libraries. Proceedings of the 4th European Conference, ECDL 2000 Lisbon, Portugal, September

18–20, 2000. Hrsg. von José Borbinha und Thomas Baker. Berlin, Heidelberg: Springer 2000. S. 45–58. https://doi.org/10.1007/3-540-45268-0_5.

Antelman, Kristin, Emily Lynema und Andrew K. Pace: Toward a 21st century library catalog. In: Information technology and libraries (2006) Bd. 25 H. 3. S. 128–139. https://doi.org/10.6017/ital.v25i3.3342.

Azad, Hiteshwar Kumar und Akshay Deepak: Query expansion techniques for information retrieval: a survey. In: Information Processing & Management (2019) Bd. 56 H. 5. S. 1698–1735. https://doi.org/10.1016/j.ipm.2019.05.009.

Beaulieu, Micheline: Approaches to user-based studies in information seeking and retrieval: A Sheffield perspective. In: Journal of Information Science (2003) Bd. 29 H. 4. S. 239–248. https://doi.org/10.1177%2F01655515030294002.

Belkin Nick, Kalervo Järvelin, Evangelos Kanoulas, Birger Larsen, Thomas Mandl, Elaine Toms und Pertti Vakkari: Task-Based Information Retrieval. In: Evaluation Methodologies in Information Retrieval. Dagstuhl Seminar 13441. S. 117–119. https://doi.org/10.4230/Dag Rep.3.10.92.

Bhogal, Jagdev, Andrew Macfarlane und Peter Smith: A review of ontology based query expansion. In: Information Processing & Management (2007) Bd. 43 H. 4. S. 866–886. https://doi.org/10.1016/j.ipm.2006.09.003.

Borlund, Pia: The IIR evaluation model: a framework for evaluation of interactive information retrieval systems. In: Information research (2003) Bd. 8 H. 3 S. http://informationr.net/ir/8-3/paper152.html (30.12.2020).

Buckley, Chris, und Ellen M. Voorhees: Evaluating evaluation measure stability. In: ACM SIGIR Forum (2017) Bd. 51 H. 2. S. 235–242. https://doi.org/10.1145/3130348.3130373.

Brants, Thorsten: Natural Language Processing in Information Retrieval. In: Proceedings of the 14th Meeting of Computational Linguistics in the Netherlands. Hrsg. von Bart Decadt, Guy De Pauw und Véronique Hoste. Antwerpen: University of Groningen 2004. S. 1–13.

Brenner, Claude W. und Calvin N. Mooers: A case history of a Zatocoding information retrieval system. In: Punched cards: Their application to science and industry. Hrsg. v. Robert Casey, et al., 2. Aufl. New York: Reinhold Publishing 1958. S. 340–356.

Buscaldi, Davide und Mari Carmen Suarez-Figueroa: Effects of Ontology Pitfalls on Ontology-based Information Retrieval Systems. In: Proceedings of the International Conference on Knowledge Engineering and Ontology Development – Volume 1: KEOD. Hrsg. v. Joaquim Filipe und Jan Dietz. SciTePress 2013. S. 301–307. https://doi.org/10.5220/0004550203010307.

Cleverdon, Cyril W., Jack Mills und E. Michael Keen: Factors determining the performance of indexing systems. Bd. 1: Design. Cranfield 1966.

Dai, Zhuyun und Jamie Callan: Deeper Text Understanding for IR with Contextual Neural Language Modeling. In: Proceedings of the 42nd International ACM SIGIR Conference on Research and Development in Information Retrieval (SIGIR'19). New York, NY: Association for Computing Machinery 2019. S. 985–988. https://doi.org/10.1145/3331184.3331303.

Devlin, Jacob, Ming-Wei Chang, Kenton Lee und Kristina Toutanova: Bert:Pre-training of deep bidirectional transformers for language understanding. https://arxiv.org/abs/1810.04805 (1.3.2021).

Fidel, Raya: Moves in Online Searching. In: Online Review (1985) Bd. 9 H. 1. S. 61–74. https://doi.org/10.1108/eb024176.

Fox, Edward A., Robert K. France, Eskinder Sahle, Amjad Daoud und Ben E. Cline: Development of a modern OPAC: from REVTOLC to MARIAN. In: Proceedings of the 16th annual international ACM SIGIR conference on Research and development in information retrieval (SIGIR '93). Hrsg. v. Robert Korfhage, Edie M. Rasmussen und Peter K. Willett. New York, NY: Association for Computing Machinery 1993. S. 248–259. https://doi.org/10.1145/160688. 160730.

Gazendam, Luit, Christian Wartena, Véronique Malaisé, Guus Schreiber, Annemieke de Jong und Hennie Brugman: Automatic Annotation Suggestions for Audiovisual Archives: Evaluation Aspects. In: Interdisciplinary Science Reviews (2009) Bd. 34 H. 2–3. S. 172–188. https://doi.org/10.1179/174327909X441090.

Golub, Koraljka und Marianne Lykke: Automated classification of web pages in hierarchical browsing. In: Journal of documentation (2009) Bd. 65 H. 6. S. 901–925. https://doi.org/10.1108/00220410910998915.

Golub, Koraljka, Dagobert Soergel, George Buchanan, Douglas Tudhope, Marianne Lykke und Debra Hiom: A framework for evaluating automatic indexing or classification in the context of retrieval. In: Journal of the Association for Information Science and Technology (2016) Bd. 67 H. 1. S. 3–16. https://doi.org/10.1002/asi.23600.

Greenberg, Jane: Automatic query expansion via lexical–semantic relationships. In: Journal of the American Society for Information Science and Technology (2001) Bd. 52 H. 5. S. 402–415. https://doi.org/10.1002/1532-2890(2001)9999:9999%3C::AID-ASI1089%3E3.0.CO;2-K.

Hancock-Beaulieu, Micheline und Stephen Walker: An evaluation of automatic query expansion in an online library catalogue. In: Journal of Documentation (1992) Bd. 48 Nr. 4. S. 406–421. https://doi.org/10.1108/eb026906.

Hliaoutakis, Angelos, Kaliope Zervanou und Euripides GM Petrakis: The AMTEx approach in the medical document indexing and retrieval application. In: Data & Knowledge Engineering (2009) Bd. 68 H. 3. S. 380–392. https://doi.org/10.1016/j.datak.2008.11.002.

Huang, Xiaoli und Dagobert Soergel: Relevance: An improved framework for explicating the notion. In: Journal of the American Society for Information Science and Technology (2013) Bd. 64 H. 1. S. 18–35. https://doi.org/10.1002/asi.22811.

Hjørland, Birger: Subject (of Documents). 2016. In: ISKO Encyclopedia of Knowledge Organization. Hrsg. v. Birger Hjørland und Claudio Gnoli. http://www.isko.org/cyclo/subject (30.12.2020).

Hjørland, Birger: Indexing: concepts and theory. 2018. In: ISKO Encyclopedia of Knowledge Organization. Hrsg. v. Birger Hjørland und Claudio Gnoli. http://www.isko.org/cyclo/index ing (30.12.2020).

Iivonen, Mirja: Consistency in the selection of search concepts and search terms. In: Information Processing & Management (1995) Bd. 31 H. 2. S. 173–190. https://doi.org/10.1016/0306-4573(95)80034-Q.

Ingwersen, Peter und Kalervo Järvelin: Information retrieval in context: IRiX. ACM Sigir Forum (2005) Bd. 39. Nr. 2. S. 31–39. https://doi.org/10.1145/1113343.1113351.

Järvelin, Kalervo, Jaana Kekäläinen und Timo Niemi: ExpansionTool: Concept-Based Query Expansion and Construction. In: Information Retrieval (2001) H. 4. S. 231–255. https://doi.org/10.1023/A:1011998222190.

Jung, Seikyung, Jonathan L. und Janet Webster: Click data as implicit relevance feedback in web search. In: Information Processing & Management (2007) Bd. 43 H. 3. S. 791–807. https://doi.org/10.1016/j.ipm.2006.07.021.

Kim, Kyung-Sun: Effects of emotion control and task on web searching behavior. In: Information Processing & Management (2008) Bd. 44 H. 1. S. 373–385. https://doi.org/10.1016/j.ipm.2006.11.008.

Kim, Soojung und Dagobert Soergel: Selecting and measuring task characteristics as independent variables. In: Proceedings of the American Society for Information Science and Technology (2005) Bd. 42 H. 1. https://doi.org/10.1002/meet.14504201111.

Komarjaya, Jeffry, Danny C. C. Poo und Min-Yen Kan: Corpus-Based Query Expansion in Online Public Access Catalogs. In: Research and Advanced Technology for Digital Libraries. ECDL 2004. Hrsg. v. Rachel Heery und Liz Lyon. Berlin, Heidelberg: Springer 2004. S. 221–231. https://doi.org/10.1007/978-3-540-30230-8_21.

Lancaster, Frederick W.: Evaluation of the MEDLARS demand search service. Bethesda: U. S. Dept. of Health, Education, and Welfare, Public Health Service 1968.

Lancaster, Frederick W.: Indexing and Abstracting in Theory and Practice. 3. Aufl. London: Facet Publishing 2003.

Liu, Jingjing und Nicholas J. Belkin: Personalizing information retrieval for multi-session tasks: Examining the roles of task stage, task type, and topic knowledge on the interpretation of dwell time as an indicator of document usefulness. In: Journal of the Association for Information Science and Technology (2015) Bd. 66 H. 1. S. 58–81. https://doi.org/10.1002/asi.23160.

Lüschow, Andreas und Christian Wartena: Classifying Medical Literature Using K-Nearest-Neighbours Algorithm. In: Proceedings of the 17th European Networked Knowledge Organization Systems Workshop co-located with the 21st International Conference on Theory and Practice of Digital Libraries 2017 (TPDL 2017), Thessaloniki, Greece, September 21st, 2017. http://ceur-ws.org/Vol-1937/paper3.pdf (30.12.2020).

Lykke, Marianne und Anna Gjerluf Eslau: Using thesauri in enterprise settings: Indexing or query expansion? In: The Janus faced scholar: A Festschrift in honour of Peter Ingwersen. Hrsg. v. Birger Larsen, Jesper Wiborg Schneider und Fredrik. Åström. Copenhagen: Det Informationsvidenskabelige Akademi 2010. S. 87–97.

Mai, Jens-Erik: Semiotics and indexing: an analysis of the subject indexing process. In: Journal of documentation (2001) Bd. 57 H. 5. S. 591–622. https://doi.org/10.1108/EUM0000000007095.

Manning, Christopher D., Prabhakar Raghavan und Hinrich Schütze: Introduction to Information Retrieval. Cambridge: Cambridge University Press 2008.

Markey, Karen: Interindexer Consistency Tests: A Literature Review and Report of a Test of Consistency in Indexing Visual Materials. In: Library and Information Science Research (1984) Bd. 6 H. 2. S. 155–77.

Moens, Marie-Francine: Automatic Indexing and Abstracting of Document Texts. Boston: Kluwer 2000.

Morris, Jane: Individual Differences in the Interpretation of Text: Implications for Information Science. In: Journal of the American Society for Information Science and Technology (2010) Bd. 61 Nr. 1. S. 141–149. https://doi.org/10.1002/asi.21222.

Navigli, Roberto und Paola Velardi: An analysis of ontology-based query expansion strategies. In: Proceedings of the 14th European Conference on Machine Learning, Workshop on Adaptive Text Extraction and Mining, Cavtat-Dubrovnik, Croatia. 2003. S. 42–49. http://staffwww.dcs.shef.ac.uk/people/F.Ciravegna/ATEM03/ATEM03-Proceedings.pdf (7.1.2021).

Nayak, Pandu: Understanding searches better than ever before. 2019. https://blog.google/pro ducts/search/search-language-understanding-bert/ (7.1.2021).

Olson, Hope A. und John J. Boll: Subject analysis in online catalogs. 2. Aufl. Englewood, CO: Libraries Unlimited 2001.

Raza, Muhammad Ahsan, Rahmah Mokhtar, Noraziah Ahmad, Maruf Pasha und Urooj Pasha: A Taxonomy and Survey of Semantic Approaches for Query Expansion. In: IEEE Access (2019) Bd. 7. S. 17823–17833. https://doi.org/10.1109/ACCESS.2019.2894679.

Rolling, L.: Indexing consistency, quality and efficiency. In: Information Processing & Manage-ment (1981) Bd. 17 H. 2. (1981): S. 69–76. https://doi.org/10.1016/0306-4573(81) 90028-5.

Saracevic, Tefko (2007a): Relevance: A review of the literature and a framework for thinking on the notion in information science: Part II: nature and manifestations of relevance. In: Journal of the American Society for Information Science and Technology (2007) Bd. 58 H. 13. S. 1915–1933. https://doi.org/10.1002/asi.20682.

Saracevic, Tefko (2007b). Relevance: A review of the literature and a framework for thinking on the notion in information science: Part III: Behavior and effects of relevance. In: Journal of the American Society for Information Science and Technology (2007) Bd. 58 H. 13. S. 2126–2144. https://doi.org/10.1002/asi.20681.

Singh, Jasmeet und Vishal Gupta: Text Stemming: Approaches, Applications, and Challenges. In: ACM Computing Surveys (2016) Bd. 49 Nr. 3. https://doi.org/10.1145/2975608.

Soergel, Dagobert: Organizing information: Principles of data base and retrieval systems. Orlando u. a.: Academic Press 1985.

Soergel, Dagobert: Indexing and retrieval performance: The logical evidence. In: Journal of the American Society for Information Science and Technology (1994) Bd. 45 H. 8. S. 589–599. https://doi.org/10.1002/(SICI)1097-4571(199409)45:8%3C589::AID-ASI14%3E3.0.CO;2-E.

Strasunskas, Darijus und Stein L. Tomassen: Empirical Insights on a Value of Ontology Quality in Ontology-Driven Web Search. In: On the Move to Meaningful Internet Systems: OTM 2008. Hrsg. v. Robert Meersman und Zahir Tari. Berlin, Heidelberg: Springer 2008.

Suomela, Sari und Jaana Kekäläinen: User evaluation of ontology as query construction tool. In: Information Retrieval (2006) Bd. 9 H. 4. S. 455–475. https://doi.org/10.1007/ s10791-006-6387-3.

Svarre, Tanja J. und Marianne Lykke: Experiences with automated categorization in e-go-vernment information retrieval. In: Knowledge Organization (2014) Bd. 41 H. 1. S. 76–84. https://doi.org/10.5771/0943-7444-2014-1-76.

Tudhope, Douglas, Ceri Binding, Dorothee Blocks und Daniel Cunliffe: Query expansion via conceptual distance in thesaurus indexed collections, In: Journal of Documentation (2006) Bd. 62 Nr. 4. S. 509–533. https://doi.org/10.1108/00220410610673873.

Vallet, David, Miriam Fernández und Pablo Castells: An ontology-based information retrieval model. In: The Semantic Web: Research and Applications. Proceedings of the Second European Semantic Web Conference, ESWC 2005, Heraklion, Crete, Greece, May 29– June 1, 2005. Hrsg. v. Asunción Gómez-Pérez und Jérôme Euzenat. Berlin, Heidelberg: Springer 2005. S. 455–470. https://doi.org/10.1007/11431053_31.

Yu, Holly und Margo Young: The impact of web search engines on subject searching in OPAC. In: Information technology and libraries (2004) Bd. 23 Nr. 4. S. 168–180. https://doi.org/ 10.6017/ital.v23i4.9658.

Cyrus Beck

Die Qualität der Fremddatenanreicherung FRED

1 Eingrenzung

Das Projekt *Fremddatenanreicherung* (FRED) der Zentralbibliothek Zürich und der Universitätsbibliotheken Basel und Bern wurde schon verschiedentlich in Präsentationen[1] vorgestellt und in der Literatur (Bucher et al. 2018) behandelt, wobei allerdings nur das Projekt vorgestellt und statistische Werte zur quantitativen Datenanreicherung sowie die Kooperation innerhalb des Projekts, also bei der Implementierung von FRED, dargestellt wurden.

Der vorliegende Beitrag versucht weiterführend, die Qualität dieser Fremddatenanreicherung mittels einer subjektiven Beschreibung und Bewertung zu untersuchen. Zudem werden abschließend ein paar Fragen zum weiteren Einsatz von FRED in der völlig veränderten Bibliothekslandschaft der Schweiz mit der *Swiss Library Service Platform* (SLSP) ab 2021 aufgeworfen.

Die Untersuchung erfolgt mittels einer Stichprobe aus Printbüchern für zwei sozialwissenschaftliche Fächer, stellt aber nur eine Art Beobachtung dar, deren Ergebnisse nicht repräsentativ für die Datenanreicherung durch FRED sind. Nicht behandelt wird im Folgenden die zeitweilig in Zürich, Basel und Bern erfolgte Datenanreicherung von E-Books. Auch ist die Qualität der geleisteten intellektuellen Verschlagwortung in den Verbünden, aus denen FRED schöpft, kein Thema. Es geht hier nur, aber immerhin, um die mit FRED erzielten Resultate im intellektuellen Verschlagwortungsumfeld des Frühjahres 2020.

2 Über FRED

2.1 Projektziele

Ausgangslage des Projekts FRED war der Wunsch in Zürich sowie in Basel und Bern, den Arbeitsaufwand für die inhaltliche Erschließung zu reduzieren. Die wichtigsten Zwecke der im Jahr 2017 angelaufenen Datenanreicherung waren die Effizienzsteigerung in der Inhaltserschließung, die inhaltliche Erschließung

---

[1] Z. B. ein Vortrag von Andrea Malits auf dem Österreichischen Bibliothekartag 2015.

von E-Books, die aufgrund der großen Menge nicht zu bewerkstelligen wäre, die multilinguale inhaltliche Erschließung und schließlich die Datenanreicherung von Beständen von Verbundbibliotheken, die keine Erschließung mit Vokabular der *Gemeinsamen Normdatei* (GND) vornehmen oder inhaltlich überhaupt nicht erschließen (Bucher et al. 2018: 203).

2.2 Funktionsweise

Die Fremddatenanreicherung mit FRED erfolgt mittels eines automatischen Abgleichs der ISBN, wobei verschiedene Datenquellen – also Quellbibliotheken – aus ausgesuchten deutschen und schweizerischen Verbünden über eine Z39.50- oder SRU-Schnittstelle abgesucht und verschiedene Thesauri und Klassifikationen[2] direkt in das Bibliothekssystem integriert werden.

Im Detail werden die anzureichernden Titeldaten dabei aus dem Bibliothekssystem exportiert und von einer Partnerfirma importiert. Nach dem Auslesen einer Blacklist mit nicht anzureichernden Titeln und einem Refresh werden die Titeldaten auf ein eventuelles Stoppsignal hin, das bei jeder händischen Bearbeitung oder ohne Bearbeitung nach ca. vier Monaten gesetzt wird hin, ausgelesen. Wird kein Stoppsignal erkannt, werden die relevanten Felder aus den anzureichernden Titeln extrahiert und anhand aller in diesen Titeln enthaltenen ISBN mit den entsprechenden normalisierten Daten aus den Quellbibliotheken verglichen. Um Dubletten zu vermeiden, wird mittels eines Abgleichs von verschiedenen Indikatoren und Unterfeldern entschieden, ob ein Feld im Bibliotheksdatensatz noch nicht existiert und dementsprechend importiert werden kann. Bei GND-Schlagwörtern geschieht die Identifikation über die GND-ID. Neue Daten werden nach dem Abgleich an den Export der Partnerfirma weitergeleitet. Für die GND-Schlagwörter werden beim Import in das Bibliothekssystem die GND-IDs im aktuellen GND-Index gesucht und die Ansetzungsformen aus dem Index-Datensatz übernommen (vgl. Bucher et al. 2018: 210).

Die auf diese Weise angereicherten Titel werden entsprechend codiert. Die Titel gelangen nach der anschließenden Formalerschließung ins Fachreferat, wo dieselben bei Bedarf intellektuell nachbearbeitet, also korrigiert und ergänzt, werden.

In Bezug auf die Qualität der Datenquellen wurde in Zürich sowie in Basel und Bern aufgrund der Beurteilung der jeweiligen Qualität durch die Fach-

---

2 Neben der GND noch weitere, wie z. B. die Library of Congress Subject Headings (LCSH) und die Dewey Decimal Classification (DDC).

referent:innen entschieden und wurden entsprechende Quellbibliotheken für die Datenanreicherung ausgewählt.

Bezüglich der Quantität der zu importierenden Schlagwörter wurde entschieden, *alle* als neu erkannten Schlagwörter zu importieren, weil die Beschränkung auf die im konkreten Anwendungsfall qualitativ besten Daten mit FRED technisch nicht umsetzbar ist.[3]

3 Qualität der Fremddatenanreicherung

3.1 Definition Qualität

Um die Qualität von FRED zu beurteilen, wird im Folgenden sinngemäß auf die Definition der internationalen Norm zum Qualitätsmanagement zurückgegriffen. Nach DIN EN ISO 9000:2015-11 bedeutet Qualität der „Grad, in dem ein Satz inhärenter Merkmale eines Objekts Anforderungen erfüllt" (Deutsches Institut für Normung 2018: 44). Diese Definition beinhaltet also eine graduelle Abstufung, d. h., Qualität ist nicht einfach gegeben oder nicht gegeben, sondern kann in Bezug auf Anforderungen nach verschiedenen Graden bestimmt werden. So können die Anforderungen etwa in einem Verhältnis bzw. zu einem Prozentwert erfüllt sein.

3.2 Methode

Gerade mit Blick auf wissenschaftliche Literatur ist je nach Komplexität des jeweiligen Ressourceninhalts von einem nicht geringen Spielraum in der Vergabe von Schlagwörtern auszugehen. Inhaltserschließung von Dokumenten ist also eine kreative Tätigkeit und nur bedingt objektiv und reliabel. Für diese Beobachtung wurden nur ein paar grundlegende Regeln der *Regeln für die Schlagwortkatalogisierung* (RSWK) angewandt, d. h. mit den Resultaten der Datenanreicherung von FRED verglichen.

Im Folgenden werden zur Nachvollziehbarkeit der Analyse die angewandten Regeln nach den RSWK den vier Grundaspekten von Erschließungsqualität

---

3 Für Informationen zur Funktionsweise danke ich den Systembibliothekar:innen der Zentralbibliothek Zürich.

Vollständigkeit, Richtigkeit, Präzision und *Themenbildung*[4] zugeteilt, wobei es natürlich Überschneidungen gibt. Weiterhin werden Beispiele zur Anwendung genannt.

3.2.1 Vollständigkeit

- Regel: Dem wesentlichen Inhalt des Dokuments sollen ein oder mehrere Begriffe entsprechen (RSWK, § 4,1).
  Beispiel: Für Stephen Walter Orvis, Introducing comparative politics, 5. Auflage, Los Angeles 2021 wird nur das GND-Sachschlagwort *Vergleichende politische Wissenschaft* vergeben, weil dieses *eine* Schlagwort dem Inhalt des Buchs entspricht.
- Regel: Die Zielgruppe der Autorin bzw. des Autors soll berücksichtigt werden, wenn dies einen relevanten Einfluss auf den Inhalt hat, z. B. in Bezug auf das Niveau: z. B. *Einführung* oder *Lehrbuch* (RSWK, § 4,3). Im Weiteren sind Formangaben (z. B. *Zeitschrift*) zu vergeben (RSWK, § 5,1). Formangaben kennzeichnen die physische Form und die Art des Inhalts (RSWK, § 501).
  Beispiel: *Lehrbuch* wurde bei fachlich-wissenschaftlichen Grundlagenwerken für das Hochschulstudium vergeben; *Einführung* wurde hingegen für kurze, didaktische Darstellungen verwendet.[5] Für das umfangreiche Studienlehrbuch Jeffry A. Frieden, World politics, 4. Auflage, New York 2019 also *Lehrbuch*, für die knappe Darstellung Peter Nitschke, Einführung in die Politikwissenschaft, 2. Auflage, Darmstadt 2020 hingegen *Einführung*.
- Regel: Personenschlagwörter werden bei Dokumenten über Leben und Werk einer Person, Autobiografien, Briefen und Gesprächen verwendet (RSWK, § 101a,1); Körperschaftsschlagwörter werden für Dokumente vergeben, die die Körperschaft selbst zum Gegenstand haben (RSWK, § 601a,1).
  Beispiel: Kévin Boucaud-Victoires, Mystère Michéa, Paris 2019 ist nur vollständig verschlagwortet mit dem GND-Personenschlagwort *Michéa, Jean-*

---

4 Die Qualitätsdimensionen Vollständigkeit und Themenbildung stammen u. a. aus der Diskussion im Expertenteam RDA-Anwendungsprofil für die verbale Inhaltserschließung, werden aber auch sonst als für die Inhaltserschließung übliche Qualitätsdimensionen angesehen. Meist werden sie durch den dritten Aspekt der Präzision ergänzt. Letztere wird in dieser Untersuchung nur als ein Teilaspekt von Genauigkeit verwendet. Der zweite Teilaspekt von Genauigkeit ist in Messverfahren die Richtigkeit. Als Grundlage für die Definitionen orientiert sich der Beitrag an der DIN ISO 5725: Deutsches Institut für Normung 2004.
5 Vgl. http://d-nb.info/gnd/4123623-3 (29.12.2020).

Claude 1950–. Das zusätzliche Personenschlagwort *Michéa, Claude-François 1815–1882* würde der Vollständigkeit nicht schaden, wäre aber nicht richtig.

– Regel: Geografische Schlagwörter werden für Dokumente verwendet, in denen ein Geografikum behandelt wird (RSWK, § 201a,1), wobei allerdings eine maßgebliche Bedeutung für den Inhalt des Dokuments gegeben sein muss (RSWK, § 201a,4).
  Beispiel: Wilfried Zoungranas, No country for migrants? Leiden 2020 thematisiert verschiedene politische und soziale Aspekte in Deutschland, weshalb nach der in diesem Beitrag vertretenen Erschließungspraxis das zu setzende Geografikum *Deutschland* ist.

– Regel: Zeitschlagwörter wie *Geschichte* werden bei zeitlichen Gesamtdarstellungen verwendet, während bei zeitlicher Begrenzung Jahreszahlen hinzutreten (RSWK, § 401a,2 a und b).
  Beispiel: Für Herman J. Cohens, US policy toward Africa. Eight decades of realpolitik, Boulder 2020 wäre die Zeitangabe *Geschichte* zwar nach der in diesem Beitrag verfolgten Methode vollständig, aber nur die Zeitangabe *Geschichte 1941–2019* auch präzise.

3.2.2 Richtigkeit

– Regel: Maßgebend für die Wahl der Schlagwörter ist der Inhalt des Dokuments, nicht aber der Titel (RSWK, § 4,1).
  Beispiel: Patrick Andelics, Donkey work, Lawrence, 2019 thematisiert die Arbeit von Parlamentarier:innen einer bestimmten Partei, nämlich der *Democratic Party USA*, wenn der Titel auch nur eine vage Anspielung darauf ist.

– Regel: Erschlossen wird ein Dokument als Ganzes und nicht etwa spezifische Aspekte, wobei aber fallweise Teilaspekte berücksichtigt werden können, um z. B. eigene Sammelschwerpunkte hervorzuheben (RSWK, § 6,1).
  Beispiel: Da Sammelschwerpunkte bibliotheksspezifisch sind und somit mittels FRED nicht berücksichtigt werden können, wurden die Bücher aus der Stichprobe nur als Ganzes erschlossen. Für Steven L. Taylor (Hrsg.), Politik in 30 Sekunden, Kerkdriel 2020 also *Politisches Denken, Einführung* und *Ideengeschichte*, nicht aber *Politische Ökonomie* als ein im Buch behandelter Aspekt, der an der Zentralbibliothek zu den Sammelschwerpunkten zählt.

3.2.3 Präzision

– Regel: Die Inhaltserschließung soll möglichst „präzise" und „spezifisch"
   sein, soll den Inhalt bzw. die inhaltlichen Schwerpunkte, die Themen eines
   Dokuments erfassen (RSWK, § 4,1).
   Beispiel: Für Hans-Peter Bartels, Deutschland und das Europa der Verteidigung, Bonn 2019 ist das Sachschlagwort *Militärische Kooperation* als inhaltlicher Schwerpunkt präzise, während *Militär* zu weit und die nur als ein Aspekt unter mehreren thematisierte *NATO* zu eng wäre, wenn auch beide
   dennoch richtig wären.

3.2.4 Themenbildung

– Regel: Schlagwortfolgen werden vergeben, wenn ein Thema eines Dokuments nicht durch ein einziges Schlagwort beschrieben werden kann
   (RSWK, § 13,1), und sollen keine Schlagwörter enthalten, die durch Hierar-
   chiebeziehungen miteinander verbunden sind (RSWK, § 6,3).
   Beispiel: Für Inderjit Singh Jaijees und Dona Suris, The legacy of militancy
   in Punjab, New Delhi 2020 steht die Schlagwortfolge *Punjab, Autonomiebe-
   wegung, Militanz* und *Geschichte 1984–2019* für die Themenbildung und
   Vollständigkeit. Nach der in diesem Beitrag vorgenommenen Bewertung
   würde das Fehlen eines dieser Schlagwörter oder der Zeitangabe zwar die
   Themenbildung und Vollständigkeit beeinträchtigen, nicht aber Richtigkeit
   und Präzision.

4 Stichprobe

Für die vorliegende Studie wurde eine Stichprobe von mit FRED mit Sacherschließungsdaten angereicherten Büchern intellektuell auf die Übereinstimmung mit den oben genannten Grundregeln der RSWK nach der beispielhaft beschriebenen Anwendung untersucht.

Dabei wurde nur der Import für die beiden sozialwissenschaftlichen Fächer
Politische Wissenschaft und Militärwissenschaft berücksichtigt, wobei von einer erwarteten angereicherten Gesamtmenge der Printtitel für das Jahr 2020 von
842 ausgegangen wurde. Dieser Wert wird aufgrund der unveränderten Budget-
höhe dem Wert für das Jahr 2020 nahekommen und entspricht den mit FRED

angereicherten Titeln aus dem abgeschlossenen Jahr 2019 für die Fächer Politik- und Militärwissenschaft zusammengenommen, was rund 74 % aller Printtitel in diesen beiden Fächern entspricht. Die untersuchte Stichprobe entspricht einem Konfidenzniveau von 90 %, so dass also die Stichprobe in ca. 90 % der Fälle dem Wertbereich entspricht (vgl. Krengel 2005: 70).

Als Stichprobengröße[6] ergibt sich hierbei ein aufgerundeter Wert von *63 Büchern*. Alle untersuchten Bücher wurden zwischen Januar und Mai 2020 in der Zentralbibliothek Zürich akzessioniert und formal erschlossen sowie mittels FRED während jeweils mindestens eines Monats mit Fremddaten angereichert. Sie wurden zufällig ausgewählt, allerdings mit der Einschränkung, dass zum Zeitpunkt der Untersuchung nur die Zentralbibliothek im Bibliotheksverbund NEBIS jeweils ein Exemplar davon im Bestand hatte. Andernfalls hätte nicht bzw. nur mit technischem Aufwand nachvollzogen werden können, ob die Daten von FRED herrühren oder von einer anderen Verbundbibliothek vergeben worden sind.

Erwartungsgemäß beinhaltete die Stichprobe einen einigermaßen stimmigen Querschnitt durch die gemäß Erwerbungsprofil gekaufte Literatur. Auf die Politische Wissenschaft entfielen 92,1 % und auf die in der Zentralbibliothek Zürich mit einem um den Faktor 21 geringeren Budget bedachte Militärwissenschaft 7,9 %. Englischsprachig waren 58,7 % (37 Bücher), in Deutsch 36,5 % (23 Bücher) und in Französisch 4,8 % (3 Bücher) der Stichprobe. Der wissenschaftlichen Literatur zuzurechnen waren 68,3 % (43 Bücher), populärwissenschaftlich oder journalistisch waren 20,6 % (13 Bücher) und die Studienliteratur machte 11,1 % (7 Bücher) aus. Alle Bücher der Stichprobe sind im Jahr 2019 oder 2020 erschienen, mit einem Schwerpunkt auf internationalen Verlagen.

Zu beachten sind dabei folgende Unschärfen, die nicht separat betrachtet wurden und deshalb die Ergebnisse der Beobachtung relativieren: Etwa 20 % der Titel haben durch Übernahme von Bestellaufnahmen schon vor dem FRED-Import GND-Fremddaten (Bucher et al. 2018: 211 f.). Zudem wird ein kleiner Prozentsatz an zwar mittels FRED importierten, aber nicht verknüpften Schlagwörtern intellektuell überprüft und anschließend entweder gelöscht oder verknüpft. Schließlich werden von den Mitarbeitenden der Formalkatalogisierung der Zentralbibliothek Zürich einige wenige Formangaben intellektuell vergeben, falls sie nicht schon importiert wurden.

---

6 Stichprobengröße = n = [[z^2 * p(1-p)] / e^2] / [1+[z^2 * p(1-p)] / (e^2 * N)]; z = 1.65 (Wert für Konfidenzniveau 90 %), p = 0.5 (Standardabweichung), e = 0.1 (Fehlermarge), N = 842 (Gesamtmenge Printtitel).

5 Auswertung

In der vorgenommenen Analyse wurden jeweils die durch FRED importierten

1. richtigen Schlagwörter erfasst: *Import*, und es wurde
2. die gesamte Verschlagwortung auf die sich aus den oben genannten Grundregeln nach den RSWK ergebenden vier Grundaspekte von Erschließungsqualität gemäß RSWK nach der beispielhaft angeführten Praxis überprüft:
   Vollständigkeit, Richtigkeit, Präzision und *Themenbildung.*[7]

Aus den Werten nach 1. und 2. wurde ein Verhältniswert berechnet, der den
Umfang angibt, in dem die Aspekte insgesamt *erfüllt* bzw. *nicht erfüllt* sind. Importierte redundante Schlagwörter wurden ebenfalls zu *nicht erfüllt* gezählt.

Dies ergibt zum Beispiel für das 1. Buch aus der Stichprobe folgendes Bild:

Nr.	Import	Vollständig-keit	Richtigkeit	Präzision	Themen-bildung	erfüllt/nicht erfüllt
1	fünf richtige Schlagwörter, ein Schlagwort redundant	ein Schlagwort fehlt	ein Schlagwort falsch	erfüllt	erfüllt	5/3 (62,5 %)

Für das 8. Buch ergibt sich zum Beispiel das folgende Bild:

8	vier richtige Schlagwörter	ein Schlagwort fehlt	eine Zeitan-gabe falsch	erfüllt	fehlt	4/3 (57,1 %)

Für die 63 Bücher der Stichprobe ergaben sich folgende Prozentwerte in Bezug
auf die Erfüllung der Grundaspekte der RSWK:

- 100 % (63 Bücher) enthalten (auch) korrekte Fremddaten, d. h., keines war
  ganz falsch verschlagwortet.
- Rund 70 % (44 Bücher) erreichen 50 % oder mehr der Anforderungen.
- Rund 59 % ist die Durchschnittsquote der Erfüllung der Anforderungen.
- Rund 13 % (8 Bücher) erfüllen die Anforderungen der Grundaspekte der
  RSWK vollständig.
- Rund 6 % (4 Bücher) erfüllen nur 20 % oder weniger der Anforderungen der
  Grundaspekte.

---

7 Die Reihenfolge innerhalb der Schlagwortfolgen konnte für die Auswertung nicht berücksichtigt werden, weil dieselbe technisch mit FRED nicht umgesetzt werden kann.

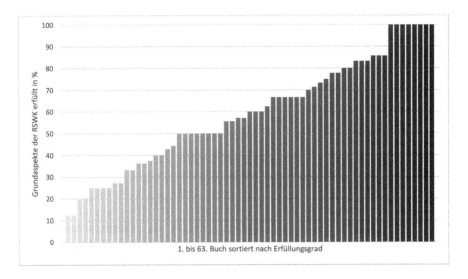

Abb. 1: Erfüllung der Grundaspekte der RSWK in Prozentwerten.

Zusätzlich zu diesen Verhältniswerten von FRED-Import und eigener Verschlagwortung wurden Auffälligkeiten in Bezug auf den Import und die vier Grundaspekte von Erschließungsqualität erfasst und für jeden Grundaspekt einzeln kurz zusammengefasst. Zudem fanden die Sprache und die Zielgruppe des jeweiligen Buchs Berücksichtigung.

Generell fällt in der untersuchten Stichprobe auf, dass häufig zahlreiche, d. h. mehr als fünf, Schlagwörter *importiert* werden. Auf die 63 Testbücher kam die eher geringe Anzahl von 32 redundanten Schlagwörtern; dublette Schlagwörter kamen gar keine vor.

Für sich allein betrachtet, also z. B. ohne Blick auf zusätzliche falsche Schlagwörter, lag eine *vollständige* Verschlagwortung zwar nur bei 25 % der Testbücher vor, allerdings fehlte bei den 75 % der nicht vollständig verschlagworteten Bücher oft auch nur *ein* Schlagwort. Es fehlten 58 von den insgesamt 305 nötigen Schlagwörtern bzgl. der Gesamtmenge der untersuchten Stichprobe.

Einigermaßen gut erfüllt wurde auch der Qualitätsaspekt der *Richtigkeit*: Bei 39 Büchern, also 62 %, waren alle importierten Schlagwörter richtig; lediglich 45 Schlagwörter waren insgesamt falsch. Allerdings waren bei elf Büchern aus der Stichprobe zwei bis sogar sechs der Schlagwörter falsch.

Am ehesten wurde in der Stichprobe der Grundaspekt der *Präzision* erfüllt, denn 44 Bücher waren präzise verschlagwortet. Nur 18 Schlagwörter waren insgesamt zu weit und sogar nur zwei Schlagwörter waren zu eng.

Bei 32 Büchern, also nur rund der Hälfte der Stichprobe, war eine *Themenbildung*, also Schlagwortfolgen, vorhanden. Bei der anderen Hälfte konnte keine Themenbildung ausgemacht werden. Die Katalogisate zeigen für diesen Grundaspekt von Erschließungsqualität augenscheinlich, dass verschiedene Verschlagwortungen durcheinander importiert wurden.

Die Beobachtungsresultate aus der Stichprobe in Bezug auf die *Sprache* und die *Zielgruppe* des jeweiligen Buches sind sehr ähnlich ausgefallen und nicht allzu aussagekräftig. Mit FRED werden die Anforderungen der RSWK bei deutsch- (67,4 %) und französischsprachigen (67,5 %) Büchern besser erfüllt, als dies bei englischsprachigen (53,8 %) Büchern der Fall ist. Bei den französischsprachigen Büchern war die Stichprobe (3 Bücher) allerdings schlicht zu klein für eine belastbare Aussage. Populärwissenschaftliche und journalistische Titel, die mit FRED erschlossen wurden, erfüllen die Anforderungen durchschnittlich zu 53,3 %, Studienliteratur zu 52,9 %. Einen höheren Wert erreicht die wissenschaftliche Literatur mit 62,4 %.

6 Fazit und Zukunft

Die vorliegende subjektiv beobachtende und bewertende Untersuchung sieht die beispielhaft und stichprobenweise in den Blick genommenen zwei sozialwissenschaftlichen Fächer durch FRED nicht exakt nach den RSWK mit GND-Schlagwörtern angereichert. Die erzielten Resultate sind allerdings mit Blick auf die einfache FRED-Architektur qualitativ einigermaßen gut: Die Anforderungen des Regelwerks werden für die ausgewählten Fächer immerhin zu einem guten Teil erfüllt und es werden viele richtige, aber nur verhältnismäßig wenige falsche oder nicht präzise Schlagwörter importiert.

Bei der technischen und workflowmäßigen Implementierung von FRED kooperierte die Zentralbibliothek Zürich mit den Universitätsbibliotheken Basel und Bern. Dabei wurden die technischen Voraussetzungen geprüft und Abläufe parallel durchdacht sowie Testergebnisse und Erfahrungen ausgetauscht (Bucher et al. 2018: 204). Das gewählte Verfahren sah jedoch eine Zusammenarbeit der Bibliotheken in der, nach der Architektur von FRED notwendigen, vorgängigen intellektuellen Erschließung *nicht* vor.

Mit der neuen Bibliothekslandschaft der Schweiz mit der *Swiss Library Service Platform* ab dem Jahr 2021 wird FRED an Bedeutung verlieren, da alle Hochschulbibliotheken und weitere Bibliotheken schweizweit in ein und demselben Bibliothekssystem nun kooperativ erschließen und also ein Import aus schweizerischen Quellbibliotheken mittels FRED nicht mehr nötig sein wird. Zudem könnten nun Absprachen über die Verschlagwortung bestimmter Bücher bzw. Fächer jeweils nur noch in einer Bibliothek und Absprachen über möglichst kurze Fristen zur Bearbeitung Zeiteinsparungen bewirken *und* die Qualität der Inhaltserschließung erhöhen.

Allerdings könnte der Import aus außerschweizerischen Quellbibliotheken mit FRED weiterhin nützlich sein, um die ursprünglich angestrebte Reduktion des Arbeitsaufwands weiter voranzutreiben.

Welche Fragen stellen sich darüber hinaus aufgrund der in diesem Beitrag beobachteten Datenanreicherungsqualität auf den jetzigen technischen Grundlagen von FRED, um noch bessere Resultate zu erzielen?

- Könnte eine nach den RSWK möglichst *vollständige* Datenanreicherung eher erreicht werden, wenn ein Stopp des Imports hinausgezögert würde bis mutmaßlich keine neuen Daten mehr vorhanden sind?
- Durch FRED wurden verhältnismäßig wenige falsche Schlagwörter importiert. Wäre der Qualitätsaspekt der *Richtigkeit* jedoch durch den Abgleich nur noch *einer*, nämlich der korrekten oder primären, ISBN in den Titeldaten weiter verbesserbar?
- Die Dublettenvermeidung scheint gut zu gelingen. Könnte die *Präzision* hingegen, also die Vermeidung zu weiter und zu enger Begriffe, durch gezielte intellektuelle Nachbearbeitung noch weiter verbessert werden, ohne den eingesparten Arbeitsaufwand aufs Spiel zu setzen?
- Sollten, da mit FRED keine qualitative Auswahl der Importdaten getroffen werden kann, z. B. für bestimmte Fächergruppen oder Sprachen nicht mehr alle, sondern nur noch bestimmte, als qualitativ besser erkannte, Quellbibliotheken ausgewählt werden, um die *Themenbildung* zu fördern?

Wie sich FRED oder eine mögliche Weiterentwicklung davon im neuen Bibliotheksumfeld in der Schweiz ab dem Jahr 2021 halten wird und ob sich die neuen Strukturen mit SLSP bibliothekspolitisch günstig darauf auswirken werden, bleibt abzuwarten. Eine Weiterführung von FRED ist jedenfalls vorerst vorgesehen.

7 Literaturverzeichnis

Bucher, Priska, Alice Spinnler und Marcus Zerbst: FRED: Synergien in der Sacherschliessung nutzen. In: Bibliotheken der Schweiz: Innovation durch Kooperation. Festschrift für Susanna Bliggenstorfer anlässlich ihres Rücktritts als Direktorin der Zentralbibliothek Zürich. Hrsg. von Zentralbibliothek Zürich, Alice Keller und Susanne Uhl. Berlin: De Gruyter Saur 2018. S. 200–215. https://doi.org/10.1515/9783110553796-011.

Deutsches Institut für Normung (Hrsg.): Qualitätsmanagement: QM-Systeme und -Verfahren. 10. Auflage. Berlin: Beuth 2018.

Deutsches Institut für Normung (Hrsg.): Statistik, Genauigkeit von Messungen, Ringversuche: Normen. Berlin: Beuth 2004.

Deutsche Nationalbibliothek, Arbeitsstelle für Standardisierung (Hrsg.): Regeln für die Schlagwortkatalogisierung. RSWK. 4. Auflage. Leipzig u. Frankfurt a. M.: 2017. https://d-nb.info/1126513032/34 (13.1.2021).

Krengel, Ulrich: Einführung in die Wahrscheinlichkeitstheorie und Statistik. 8. Auflage. Wiesbaden: Vieweg 2005.

Malits, Andrea: Der Digitale Assistent. Erfahrungen mit (halb)automatisierten Verfahren der Erschliessung in der Zentralbibliothek Zürich. Österreichischer Bibliothekartag 2015. https://nbn-resolving.org/urn:nbn:de:0290-opus4-21655 (22.1.2021).

Rita Albrecht, Barbara Block, Mathias Kratzer, Peter Thiessen

Quantität als Qualität – Was die Verbünde zur Verbesserung der Inhaltserschließung beitragen können

1 Begriffsdefinitionen

Im Standardwerk *Bibliothekarisches Grundwissen*[1] verwendet der Autor für die „inhaltliche Beschreibung und Erschließung" von Ressourcen den klassischen Begriff *Sacherschließung* und subsumiert darunter die Schlagwortvergabe, die klassifikatorische Sacherschließung sowie weitere Verfahren der Sacherschließung wie maschinelle Verfahren oder von Benutzer:innen vergebene Tags.[2]

Daneben hat sich in den vergangenen zehn Jahren für den gleichen Sachverhalt auch der Begriff *Inhaltserschließung* herausgebildet. Die Deutsche Nationalbibliothek (DNB) nutzt ihn konsequent für alle von ihr eingesetzten Anwendungen und Verfahren für die inhaltliche Beschreibung ihrer Medien und nennt auch die dafür zuständige organisatorische Einheit „Abteilung Inhaltserschließung".[3]

Im nachfolgenden Text werden die beiden Begriffe *Sacherschließung* und *Inhaltserschließung* deshalb ebenfalls synonym verwendet.

2 Quantität als Qualitätskriterium der Inhaltserschließung

Als die DNB im Mai 2017 ankündigte, einen Teil der inhaltlichen Erschließung ihrer Medienwerke noch im Verlaufe des Jahres auf maschinelle Verfahren umzustellen,[4] ging ein Schrei der Entrüstung durch die deutschsprachige bibliothekarische Fachwelt. Die darauf folgende Diskussion schaffte es durch einen

---

[1] Gantert, Klaus: Bibliothekarisches Grundwissen. 9., vollständig aktualisierte und erweiterte Auflage. Berlin, Boston: De Gruyter Saur 2016. https://doi.org/10.1515/9783110321500.
[2] Gantert 2016, S. 197.
[3] https://www.dnb.de/DE/Ueber-uns/Organisation/organisation.html (19.11.2020).
[4] Grundzüge und erste Schritte der künftigen inhaltlichen Erschliessung von Publikationen in der Deutschen Nationalbibliothek. Mai 2017. https://www.dnb.de/SharedDocs/Downloads/DE/Professionell/Erschliessen/konzeptWeiterentwicklungInhaltserschliessung.pdf?__blob=publicationFile&v=4 (19.11.2020).

Gastbeitrag des Generaldirektors der Bayerischen Staatsbibliothek, Klaus Ceynowa, sogar bis ins Feuilleton der Frankfurter Allgemeinen Zeitung.[5] Darin prognostiziert Ceynowa, dass die DNB durch den Einstieg in maschinelle Erschließungsverfahren ihre „Kernaufgabe einer hochqualitativen Inhaltserschließung" nicht mehr erfüllen werde. Er beklagt, dass Bibliotheken wie die Bayerische Staatsbibliothek ihre Personalkapazitäten im Bereich der Inhaltserschließung deutlich erhöhen müssten, wollten sie die Erschließung der deutschsprachigen Medienzugänge auf dem bisherigen Niveau halten und maschinell erzeugte Daten der DNB nachbearbeiten und korrigieren.

Traditionell nutzen Bibliotheken die Inhaltserschließung der Deutschen Nationalbibliothek nach, indem sie deren Metadaten beziehen und in ihre Datenbestände einspielen. Für die Bibliotheken, die Mitglied in einem Verbundsystem sind, erledigt das im Allgemeinen die zuständige Verbundzentrale durch regelmäßige Importe in die jeweilige Verbunddatenbank. Auf diese Weise werden die in der DNB nach den Regeln für die Schlagwortkatalogisierung (RSWK)[6] vergebenen Schlagwörter und die Notationen der Dewey Decimal Classification (DDC)[7] für einen breiten Anwenderkreis verfügbar gemacht. Ob eine Bibliothek diese Daten unbesehen nachnutzt oder gezielt nachbearbeitet, bleibt ihr allein überlassen. Sie entscheidet nach ihren individuellen internen Rahmenbedingungen und Anforderungen, ob Daten aus anderen Sacherschließungssystemen wie z. B. der im deutschsprachigen Raum weitverbreiteten Regensburger Verbundklassifikation (RVK)[8] ergänzt werden. Ebenso ist es in ihr Ermessen gestellt, ob sie Medien, für die keine Metadaten der DNB zur Verfügung stehen, vollständig selbst erschließt oder auf eine Inhaltserschließung ganz verzichtet, z. B. weil dafür keine Personalkapazitäten vorhanden sind.

Erschließungsdaten können jedoch nicht nur von der DNB bezogen und übernommen werden: Als weitere Quellen bieten sich die Daten der deutschsprachigen Verbundsysteme,[9] des OCLC WorldCat oder sonstiger bibliografischer Datenbanken an. In der Regel stehen einer Bibliothek entsprechende Re-

5 Ceynowa, Klaus: In Frankfurt lesen jetzt zuerst Maschinen. In: Frankfurter Allgemeine Zeitung, 31.7.2020. https://www.faz.net/-gr0-909kq (19.11.2020).
6 Regeln für die Schlagwortkatalogisierung. RSWK. Erarbeitet von der Expertengruppe Sacherschließung im Auftrag des Standardisierungsausschusses. 4., vollständig überarbeitete Auflage, Stand März 2017. Leipzig, Frankfurt a. M.: Deutsche Nationalbibliothek 2017. https://d-nb. info/1126513032/34 (19.11.2020).
7 https://www.dnb.de/DE/Professionell/DDC-Deutsch/ddc-deutsch_node.html (19.11.2020).
8 https://rvk.uni-regensburg.de/regensburger-verbundklassifikation-online (19.11.2020).
9 Bibliotheksverbund Bayern (BVB), Gemeinsamer Bibliotheksverbund (GBV), Hessisches Bibliotheksinformationssystem (hebis), Hochschulbibliothekszentrum des Landes Nordrhein-Westfalen (hbz), Kooperativer Bibliotheksverbund Berlin-Brandenburg (KOBV), Österreichischer Bibliothekenverbund (OBV), Südwestdeutscher Bibliotheksverbund (SWB).

cherche- und Übernahmetools auf Basis von Z39.50 oder SRU zur Verfügung. Recherchen in den deutschsprachigen Verbundsystemen haben in der Regel gute Aussichten auf Treffer mit Elementen der Inhaltserschließung wie RSWK-Schlagwörter oder RVK-Notationen, die zusammen mit den formalen bibliografischen Daten übernommen werden können.

Für Bibliothekar:innen kann somit resümiert werden: Sie sind umso zufriedener, je mehr regelkonforme Vorleistungen für die eigenen Aufgaben der Inhaltserschließung zur Verfügung stehen.

Aus Sicht der Nutzer:innen von Bibliotheken ist Quantität ebenso ein wichtiges Qualitätsmerkmal: Sie müssen davon ausgehen können, dass eine inhaltliche Recherche nach Schlagwörtern oder Klassifikationen den vollständigen Bestand an Medien bzw. Daten in der Bedienoberfläche abdeckt. Tatsächlich ist es aber längst Realität, dass nur noch Teile der Bibliotheksbestände mit Schlagwörtern oder Notationen erschlossen sind. Das resultiert einerseits aus einer selektiven aktiven Inhaltserschließung für Neuzugänge und andererseits aus den Mengen an nicht oder nach anderen Systemen inhaltlich erschlossenen Altbeständen und elektronischen Ressourcen.[10]

Tab. 1: Anteil an Beständen mit Inhaltserschließung in ausgewählten Verbunddatenbanken

Verbund-Datenbank	Titel mit Beständen	mit RSWK und RVK	mit RSWK	mit RVK	mit BK	ohne RSWK, RVK, BK[I]
B3Kat[II]	26 652 028	4 945 599 (18,56 %)	9 274 005 (34,80 %)	7 396 135 (27,75 %)	–[III]	14 927 487 (56,01 %)
hebis[IV]	14 091 535	2 497 814 (17,73 %)	4 387 329 (31,13 %)	3 959 162 (28,09 %)	–[V]	8 242 858 (58,50 %)
K10plus[VI]	72 799 945	k. A.	12 156 240 (16,70 %)	6 419 446 (8,82 %)	7 315 654 (10,05 %)	57 531 368 (79,03 %)

I Ggf. können die Datensätze aber Elemente der Inhaltserschließung aus anderen Systemen enthalten (z. B. von Verlagen).
II Stand: 1.10.2020.
III Die Basisklassifikation wird im B3Kat nicht angewandt.
IV Stand: 19.7.2019.
V Die Basisklassifikation wird im hebis-Verbund nicht angewandt.
VI Stand 1.1.2020; K10plus klassifikatorisch erschlossene Titel gesamt 20 939 779; verbal erschlossene Titel gesamt 21 470 563. Im GBV wird RVK oft nur im Exemplarbereich erfasst.

---

10 Ob die Sacherschließungsleistungen von Verlagen weiterhin pauschal als qualitativ unzureichend betrachtet werden und deshalb ungenutzt bleiben können, wenn der Anteil von *nur noch* elektronisch erscheinenden Ressourcen ein gewisses Limit überschritten hat, bleibt abzuwarten.

Recherchen nach inhaltlichen Kriterien können deshalb stets nur eine Teilmenge der zutreffenden Bestände offenlegen. Leider wird diese Tatsache von den Bibliotheken nicht immer transparent kommuniziert. Auf die Zufriedenheit der Benutzer:innen mit den Bibliotheksdienstleistungen dürfte die Unvollständigkeit der Treffermengen somit kaum Auswirkungen haben. Allerdings müssen sich die Verantwortlichen in den Bibliotheken selbst fragen, ob ein solches „Verbergen" von Beständen ihrem Selbstverständnis als Dienstleistungseinrichtung entspricht. Ein Ausweg aus dem Dilemma könnte darin bestehen, noch mehr Sacherschließungsdaten aus anderen Quellen zu übernehmen und die Abdeckungsquote damit zu erhöhen. Dabei kommt sowohl eine manuell-intellektuelle Übernahme wie auch eine maschinell-automatisierte in Frage, eine Übernahme von Elementen gemäß bibliothekarischer Standards oder auch die Übernahme von inhaltserschließenden Informationen aus dem nicht-bibliothekarischen Umfeld. Dies erfordert jedoch die Bereitschaft der Bibliotheken, gegebenenfalls Unschärfen und eine gewisse Fehlertoleranz in Kauf zu nehmen, beispielsweise, wenn die Daten nicht den üblichen bibliothekarischen Regeln entsprechen oder der zur maschinellen Übernahme genutzte Algorithmus nicht in allen Fällen eine eindeutige und richtige Zuordnung vornehmen kann.

Eine wichtige Aufgabe der Bibliotheksverbünde als Dienstleistungseinrichtungen für die in ihnen zusammengeschlossenen Bibliotheken ist somit die Verfügbarmachung von Sacherschließungsdaten in größerem Mengenumfang – als Vorleistung für Bibliothekar:innen oder zur bewussten Ergänzung von Beständen, die nicht sachlich erschlossen werden können. Dafür können die bewährten Mechanismen des Datentauschs zwischen den Verbünden genutzt werden, für den sich aber aufgrund der heterogenen Anforderungen an die verwendeten Sacherschließungssysteme besondere Herausforderungen ergeben. Ergänzend dazu müssen auch neue Wege beschritten werden, mit denen sich der Abdeckungsgrad an Sacherschließungsdaten signifikant steigern lässt, ohne zu große inhaltlich-qualitative Abstriche machen zu müssen.

3 Aktuelle Praxis und Herausforderungen

3.1 Praxis

3.1.1 Sacherschließungssysteme

Die Praxis der Inhaltserschließung ist von Heterogenität geprägt – sowohl innerhalb eines Verbundes als auch über Verbundgrenzen hinweg. So autorisieren die Verbünde bestimmte Systeme der Inhaltserschließung als Verbundstandard und den Verbundbibliotheken wiederum steht es frei, welche(n) dieser Standards sie nutzen oder bedienen wollen. Für die als Standard definierten Systeme werden oft Fremddatenübernahmen garantiert und Supportmaßnahmen gewährleistet, beispielsweise durch die zentrale Bereitstellung und Pflege unterstützender Tools für die aktive Erschließungsarbeit oder indem regionale Spiegel überregionaler Normdateien (RVK, GND) zur Verfügung gestellt werden.

Einheitlich über sämtliche Verbundgrenzen hinweg wird lediglich die verbale Inhaltserschließung nach den *Regeln für die Schlagwortkatalogisierung* als Standard definiert. Alle Verbünde führen dazu unterstützende Spiegel der Gemeinsamen Normdatei (GND) in ihren Verbunddatenbanken mit, die den Thesaurus für die Schlagwortvergabe bildet. Allerdings beteiligen sich nicht alle Bibliotheken in den Verbünden an der Schlagwortvergabe nach RSWK; insbesondere Spezialbibliotheken mit bestimmten fachlichen Ausrichtungen bevorzugen oft andere Thesaurus-Systeme zur inhaltlichen Erschließung ihrer Bestände.

Innerhalb der letzten beiden Jahre wurden in den Verbünden BVB, GBV, hebis, KOBV und SWB Umfragen zur Praxis der Sacherschließung in den teilnehmenden Bibliotheken durchgeführt.

Zusammengefasst ergab sich folgendes Bild:

hebis:

- Von 60 angefragten Bibliotheken/Bibliothekssystemen haben 53 Daten bereitgestellt.
- Von den 53 Bibliotheken, die ihre Daten bereitgestellt haben, betreiben 46 aktiv Sacherschließung.
- Die drei häufigsten Erschließungsverfahren sind (Mehrfachnennungen möglich):
  - Gemeinsame Normdatei (GND): 28 Bibliotheken
  - Regensburger Verbundklassifikation (RVK): 10 Bibliotheken
  - Hauseigene Erschließungssysteme: 5 Bibliotheken

BVB/KOBV:
- Von 237 angefragten Bibliotheken/Bibliothekssystemen haben 127 Daten bereitgestellt.
- Von den 127 Bibliotheken, die ihre Daten bereitgestellt haben, betreiben 127 aktiv Sacherschließung.
- Die drei häufigsten Erschließungsverfahren sind (Mehrfachnennungen möglich):
  - Gemeinsame Normdatei (GND): 83 Bibliotheken (Einzelschlagwörter oder Schlagwortfolgen)
  - Hauseigene Erschließungssysteme: 61 Bibliotheken
  - Regensburger Verbundklassifikation (RVK): 49 Bibliotheken

GBV/SWB:
- Es wurde eine Online-Befragung der Bibliotheken in GBV und SWB durchgeführt, geantwortet haben 129 Bibliotheken (41 aus dem GBV, 85 aus dem SWB).
- Von diesen Bibliotheken betreiben aktiv 90 Bibliotheken verbale und 107 Bibliotheken eine klassifikatorische Erschließung ihrer Bestände.
- Die drei häufigsten Erschließungsverfahren sind (Mehrfachnennungen möglich):
  - Gemeinsame Normdatei (GND) in 76 Bibliotheken
  - Hauseigene Erschließungssysteme (Haus-Systematiken in 61 Bibliotheken, Haus-Thesauri in 19 Bibliotheken)
  - Regensburger Verbundklassifikation (RVK): in 41 Bibliotheken

3.1.2 Sacherschließungstools

In den Verbünden und Bibliotheken stehen verschiedene Tools zur Verfügung, die die Bibliothekar:innen bei der praktischen Sacherschließungsarbeit unterstützen und zumindest eine halbautomatisierte Arbeitsweise ermöglichen. Wir stellen zwei Beispiele vor.

3.1.2.1 Digitaler Assistent (GBV und SWB)
Der Digitale Assistent[11] ist ein Tool, das die intellektuelle Sacherschließung im K10plus unterstützt. In einem Gemeinschaftsprojekt der Bibliotheksverbünde

---

11 Beckmann, Regine, Imma Hinrichs, Melania Janßen, Gerard Milmeister und Peter Schäuble: Der Digitale Assistent DA-3. In: o-bib (2019) Bd. 6 Nr. 3, S. 1–20. https://doi.org/10.5282/o-bib/2019H3S1-20.

GBV und SWB mit der Firma Eurospider wird der im SWB eingesetzte DA2 zum DA3 weiterentwickelt, um die Möglichkeiten zu erweitern und um das Handling zu verbessern.

Der DA3 ist webbasiert und unterstützt Bibliotheken bei der verbalen und klassifikatorischen Sacherschließung. Die Bearbeiter:innen starten mit einer Recherche über SRU im K10plus. Der gesuchte Titelsatz wird in das Tool geladen, wobei wesentliche Felder der Formalerschließung und die bereits vorhandene Sacherschließung in den DA3 übernommen und angezeigt werden. Ausgehend vom zu erschließenden Titel werden dann durch das Tool Fremddaten (wie der B3Kat und die Kataloge von OBV, DNB und Library of Congress – LoC) auf vorhandene Erschließungselemente durchsucht und Vorschläge für Schlagwörter und Notationen zur Verfügung gestellt. Es folgt die intellektuelle Prüfung der Vorschläge und ggf. deren Modifizierung.

Können keine Vorschläge generiert werden oder werden die Vorschläge abgelehnt, besteht die Möglichkeit, den Titel intellektuell zu erschließen. Hierfür kann im DA3 auf verschiedene Normdateien – wie GND, RVK und Basisklassifikation; im Testbetrieb auch den Standard-Thesaurus Wirtschaft (STW) – zugegriffen werden. Danach werden die Daten in den K10plus zurückgeschrieben.

Im Projekt liegt die fachliche Koordination bei den Projektbibliotheken (für den SWB die Universitätsbibliothek Stuttgart und für den GBV die Staatsbibliothek zu Berlin). Die Firma Eurospider ist verantwortlich für die Systementwicklung und die Verbundzentralen von SWB und GBV haben die Bereitstellung der Schnittstellen für die Katalogsuche und für den Re-Import der um Sacherschließungselemente angereicherten Titeldatensätze übernommen. Die Daten werden vom DA3 in MARCXML zur Verfügung gestellt. Für den Import in den K10plus[12] werden sie alle 70 Sekunden abgefragt und in das Pica-Internformat umgesetzt. Für die Ergänzung der Sacherschließung in die bestehende Titelaufnahme waren besondere Anpassungen erforderlich, da die im K10plus vorhandene Sacherschließung auf bibliografischer Ebene nicht überschrieben werden sollte. Für das Merging auf Lokal- und Exemplarebene wurden bibliotheksspezifische Anpassungen (zum Beispiel für die SBB Berlin, die ZBW – Leibniz-Informationszentrum Wirtschaft oder den Index Theologicus) implementiert. Die über den DA3 generierte Sacherschließung wird beim Import in den K10plus durch den Code DA-3 gekennzeichnet und ist so in der Katalogisierungsdatenbank erkennbar.

---

12 Kühn, Armin und Andreas Krausz: Technik des DA-3. Anschluss an K10plus. 4. Workshop Computerunterstützte Inhaltserschließung am 11. und 12. November 2020. https://wiki.dnb.de/x/ew-VCg (19.11.2020).

3.1.2.2 Beschlagwortungsprogramm/hebis-SET

Im hebis-Verbund wird bereits seit vielen Jahren ein Sacherschließungstool eingesetzt, das an der Universitätsbibliothek Frankfurt entwickelt wurde. Der Name Beschlagwortungsprogramm macht seine ursprüngliche Bestimmung deutlich: Konzipiert wurde es zunächst ausschließlich für die Vergabe von Schlagwörtern nach RSWK. Nachdem jedoch in den 2000er Jahren mehr und mehr hebis-Bibliotheken mit (Teil-)Aufstellungen ihrer Bestände nach der Regensburger Verbundklassifikation (RVK) begonnen hatten, wurde auch die Vergabe von RVK-Notationen und die Generierung von Signaturen daraus als weitere Funktion in das Tool integriert.

Das Beschlagwortungsprogramm war zunächst ein eigenes Anwendungsprogramm. Inzwischen wurde es jedoch vollständig in die hebis-Version der Client-Software WinIBW integriert; die Funktionen werden standardmäßig mit den Installationsdateien ausgeliefert. Die Vergabe und Bearbeitung von Schlagwörtern bzw. von RVK-Notationen erfolgt jeweils in einem eigenen Fenster. Fremdleistungen vorausgewählter Verbünde können über Z39.50-Recherchen gesucht und übernommen werden. Bei der Übernahme werden Schlagwortfolgen automatisch in Einzelschlagwörter zerlegt, da der hebis-Verbund diese Praxis verbundintern bereits Ende der 1990er Jahre eingeführt hat.

Stehen keine Fremdleistungen zur Verfügung, können aus dem Bearbeitungsfenster heraus Suchen in den GND-Normdaten sowie in der RVK-Online ausgelöst und die passenden Begriffe bzw. Notationen ausgewählt werden.

Für die Schlagwortsuche wird im Hintergrund der in die Verbunddatenbank integrierte Spiegel der GND benutzt. Wenn die Bearbeitung des Titelsatzes von den Sacherschließenden abgeschlossen wird, werden die neu vergebenen Schlagwörter automatisch dem Titeldatensatz zugefügt und mit dem entsprechenden Normdatensatz in der hebis-Datenbank verknüpft.

Bibliotheken, die nach der RVK aufstellen, können aus den Notationen, die für einen Titel verfügbar sind oder neu vergeben wurden, im Tool direkt eine gültige Individualsignatur erzeugen. Dazu wird eine Notation ausgewählt und es werden die erforderlichen weiteren Angaben gemacht. Anschließend steht eine Validationsprüfung zur Verfügung, mit der sich die Vollständigkeit der Signatur prüfen lässt. Ist die Signatur korrekt gebildet, kann sie direkt in das dafür vorgesehene Exemplar in der Verbunddatenbank übernommen werden.

Inzwischen hat die hebis-Verbundzentrale damit begonnen, die Funktionen des Beschlagwortungsprogrammes in ein neues, webbasiertes Tool zu überführen. Damit begegnet sie zum einen der ungewissen Lebensdauer der WinIBW und bereitet zum anderen eine Systemmigration vor, die in den kommenden Jahren ansteht. Die erste Version des neuen Sacherschließungstools hebis-SET steht bereit und enthält die Funktionen für die Vergabe von RVK-Notationen und -Signaturen. Der Funktionsumfang der WinIBW-Version wurde bei der Übertragung voll erhalten. Das Roll-out in die hebis-Bibliotheken hat begonnen.

3.1.3 Nachnutzung von Sacherschließungsdaten

Nicht erst seit den Evaluationen durch die Deutsche Forschungsgemeinschaft (DFG) und den Wissenschaftsrat[13] und deren Empfehlungen sowie ihrer Kritik an tatsächlichen und vermeintlichen Ineffizienzen in der bibliothekarischen Verbundlandschaft werden technische Möglichkeiten des Datenaustauschs über die reine Fremddatenübernahme hinaus genutzt, um auch nachträglich Sacherschließungselemente in Datensätzen anzureichern, die – prinzipiell erst einmal autark – in ihren Verbunddatenbanken für sich existieren. Die Grundsatzdiskussion über Pro und Contra eines föderalen Flickenteppichs an Verbundkatalogen gegenüber einer wünschenswerten zentralen Katalogisierungsplattform (mag diese nationaler oder internationaler Natur sein) soll hier weniger interessieren als die Tatsache, dass auch bei verteilter Datenhaltung Synergieeffekte im Bereich Sacherschließung durch maschinelle und z. T. völlig automatisiert ablaufende Prozesse möglich sind.

Beispielhaft ist hier die maschinelle Schlagwortnachführung mit dem Merging von RSWK-Schlagwörtern in den eigenen Titelaufnahmen, die jeder Verbund durchführt, zu nennen. Hierbei werden durchaus unterschiedliche Strategien verfolgt bzw. Verfahren angewandt. So werden für den B3Kat im Rahmen von Datenübernahmen aus anderen Verbünden Anreicherungen nur für diejenigen Sacherschließungselemente (RVK-Notationen, Formangaben oder Schlagwortfolgen bzw. Einzelschlagwörter) vorgenommen, die in den eigenen Sätzen noch nicht vorhanden sind. Abweichend dazu werden allerdings die Schlagwortnachführungen aus DNB-Daten behandelt, die additiv zu evtl. bereits vorhandenen RSWK-Elementen erfolgt. Dies ist darauf zurückzuführen, dass einerseits viele Bibliotheken bei Titeln, die in das Sammel- und Erschließungsspektrum der DNB fallen, bewusst keine Inhaltserschließung vornehmen und explizit auf Nachnutzung der DNB-Daten setzen. Andererseits wünschen Bibliotheken daneben die Möglichkeit, auch eigene Sacherschließung einbringen zu können, die im Detail evtl. von der DNB-Vergabe abweicht oder diese ergänzt.

---

13 Gemeinsame Erklärung der Deutschen Forschungsgemeinschaft und des Wissenschaftsrats zur Zukunft der Bibliotheksverbünde als Teil einer überregionalen Informationsinfrastruktur in Deutschland. http://www.wissenschaftsrat.de/download/archiv/1003-11.pdf (19.11.2020).

Eine Grundkonstellation bzw. -problematik, der man sich bei Anreicherungsprozeduren und Fremddatenübernahmen jedoch immer bewusst sein muss, ist die Tatsache, dass es die verschiedenen „Sprachen" der Intern- und Austauschformate gibt (siehe dazu auch Abschnitt 3.2.1). Diese machen beim Import und Export von Datensätzen „Übersetzungen" notwendig – mit nicht immer vermeidbaren Kollateralschäden. So geht beispielsweise die syntaktische Struktur bei Schlagwortfolgen verloren, wenn damit ausgestattete Datensätze durch Verbünde importiert werden, die nur Einzelschlagwörter in ihrer Verbunddatenbank halten. Ebenso ist ein Informationsverlust zu konstatieren, wenn die analytische Struktur von synthetischen DDC-Notationen, d. h. ihre Zerlegung in einzelne Notationsbestandteile, in einem MAB2-orientierten Internformat nicht exakt analog zum Austauschformat MARC 21 abbildbar ist. Solche Einschränkungen und Fallstricke lassen sich nur teilweise auf technische Rahmenbedingungen zurückführen. Vielmehr sind sie von der Auswahl zwischen möglichen „Übersetzungsvarianten" (wie wird importiert) und Entscheidungen darüber, was überhaupt „übersetzt" (importiert und exportiert) werden soll, sowie von den Sacherschließungsleitlinien der Bibliotheken bzw. der jeweiligen Verbundgremien abhängig.

Oft können Sacherschließungselemente bereits im Rahmen der Formalerschließung bei Fremddatenübernahmen in der Verbunddatenbank mitgespeichert werden. Abhängig vom Importweg (manuelle Einzelübernahme via Online-Schnittstelle oder Batchimport von größeren Datenmengen wie bspw. E-Book-Paketen) und Quell- bzw. Liefersystem (Verbünde, DNB, Library of Congress oder OCLC WorldCat) kommen hierbei z. T. individuell entwickelte Konversionsroutinen zum Einsatz, um den jeweiligen Dialekten des Lieferformats gerecht zu werden. Abgesehen von regelmäßigen Formaterweiterungen und -änderungen, die laufende Anpassungen der Konversionsroutinen erforderlich machen, stellen diejenigen Sacherschließungselemente ein besonderes Problem dar, bei denen Transport- und Internformat stark divergieren.

Zu Zeiten von MAB2 war dies z. B. für die Library of Congress Subject Headings (LCSH) der Fall. Diese werden von OCLC oder LoC in MARC 21 wie folgt ausgeliefert:

```
650#0 $a Representative government and representation
      $z Latin America.
650#0 $a Political participation $z Latin America.
650#0 $a Public opinion $z Latin America.
650#0 $a Presidents $z Latin America.
650#0 $a Executive power $z Latin America.
650#0 $a Political planning $z Latin America.
650#0 $a Policy sciences $z Latin America.
```

Erkennbar ist die granulare Unterfeldstruktur für die mehrgliedrigen Begriffe und die Identifikation des Thesaurus (LCSH) über den zweiten Indikator *0*.

Solange eine ähnliche Feldstruktur in der Verbunddatenbank für LCSH noch nicht vorhanden war bzw. man sich mit Fokus auf deutschsprachige Sacherschließungsbegriffe für LCSH nur sekundär interessierte, wurden die englischsprachigen Begriffe (beim Import) mit Granularitätsverlust in einem Unterfeld des Internformats zusammengeführt, was Stichwortsuchen weiterhin uneingeschränkt zulässt. Folglich können sie heute in Altdaten oder für Daten, bei denen noch alte Konversionsroutinen im Einsatz sind, nur mit entsprechendem Qualitätsverlust wieder nach MARC 21 rückübersetzt und ausgeliefert werden. Für den B3Kat ergibt sich beim Export beispielsweise:[14]

```
650#4 $aRepresentative government and representation / Latin America
650#4 $aPolitical participation / Latin America
650#4 $aPublic opinion / Latin America
650#4 $aPresidents / Latin America
650#4 $aExecutive power / Latin America
650#4 $aPolitical planning / Latin America
650#4 $aPolicy sciences / Latin America
```

Erkennbar ist außerdem die fehlende Kennzeichnung des Thesaurus: nun *4*, d. h. *Source not specified* als zweiter Indikator. Bei einer weiteren Nachnutzung der B3Kat-Daten können die verloren gegangenen Informationen also kaum mehr rekonstruiert werden.

3.2 Herausforderungen

3.2.1 Babylonische Formatverwirrung

Für den Datentausch haben sich die Verbünde im deutschsprachigen Raum auf ein einheitliches MARC-21-Austauschformat verständigt. Um dies bedienen zu können, haben sie ihre Export- und Importschnittstellen entsprechend angepasst, denh in den einzelnen Verbünden kommen unterschiedliche Bibliothekssysteme mit unterschiedlichen Internformaten zum Einsatz.

Die Pica-Verbünde setzen eine Software von OCLC mit proprietärem Format ein. Dieses kann anwenderseitig auf die individuellen Bedarfe angepasst werden und hat sich in den ca. 30 Jahren seit Einführung jeweils stark verändert. BVB und KOBV haben als Aleph-Verbünde das Format Aleph Sequential (ASEQ)

---

14 Ähnliches (mit Semikolon statt Schrägstrich als Trennzeichen) gilt für den Export von Altdaten aus dem K10plus.

der Firma Ex Libris, das im deutschsprachigen Markt MAB2-basiert ist. Dieses ist derzeit auch beim hbz im Einsatz, wird aber mit der Einführung von Alma (wie Aleph ebenfalls ein Produkt der Firma Ex Libris) durch ein MARC-basiertes Format abgelöst werden.

Die Formate der Pica-Verbünde wurden für bestimmte Anforderungen an die Sacherschließung in den jeweiligen Verbünden unterschiedlich erweitert. Im hebis-Format gibt es u. a. Felder für:

- Klassifikation der Hessischen Bibliographie
- Klassifikation der BDSL (Bibliographie der deutschen Sprach- und Literaturwissenschaft)
- Klassifikation der BLL (Bibliography of linguistic literature)
- Schlagwörter der BDSL (Bibliographie der deutschen Sprach- und Literaturwissenschaft)
- Schlagwörter für Schulprogramme

Im K10plus-Format (GBV und SWB) gibt es u. a. Felder für:

- verschiedene Systematiken von Öffentlichen Bibliotheken
- Schlagwörter des STW
- Erschließung von Musikalien nach Besetzung und Form bzw. Gattung

Für den B3Kat (BVB und KOBV) sind ergänzend dazu dedizierte Felder für bspw. die Systematiken der Bayerischen Bibliographie oder Haussystematiken bayerischer Bibliotheken zu nennen.

Die Erweiterung der Formate hat dazu geführt, dass Sacherschließungsfelder beim Datentausch der Verbünde bislang nicht alle in gleicher Weise berücksichtigt werden. Es liegt in der Hoheit des empfangenden Verbundes zu selektieren, welche Daten übernommen werden.

Letztlich gibt es aber nur einen kleinen Kanon von inhaltserschließenden Angaben, die alle Verbünde ausliefern und übernehmen. Diese sind:

- RVK-Notationen
- DDC-Notationen
- Schlagwortfolgen bzw. Einzelschlagwörter nach RSWK

Während die Verwendung der GND bei der Sacherschließung schon lange in allen Verbünden etabliert ist, gilt dies für die RVK-Normdatei, die erst seit 2016 mit eindeutig referierbaren IDs ausgeliefert wird, noch nicht. Inzwischen ist die RVK aber sowohl im B3Kat als auch in hebis und im K10plus als Normdatei verfügbar und es können beim Datenexport IDs mitausgeliefert werden. Diese machen eine Datenübernahme bzw. ein Update sehr viel einfacher.

Das Format für den Austausch von RSWK-Schlagwortfolgen wurde beim MARC-Umstieg ausführlich diskutiert und festgelegt. Um die Folgen austauschen zu können, wurde das anwenderspezifische MARC-21-Feld 689 definiert.[15]

Für den Austausch der LCSH stehen im MARC-21-Format die Felder 600, 610, 611, 630, 647, 648, 650 und 651 zur Verfügung. Diese Felder wurden u. a. im K10plus-Format nachgebildet, damit die LCSH möglichst unverändert übernommen werden können. Im GBV und SWB gab es zunächst eine sehr viel gröbere Feldstruktur im Internformat. Dies hat zur Folge, dass die LCSH aus Altdaten nicht mit dem vollständigen MARC-21-Unterfeldspektrum ausgeliefert werden können. Im B3Kat-Format ist das Feld für die LCSH am MAB2-Format orientiert, bietet mittlerweile jedoch die Möglichkeit, das gesamte MARC-21-Unterfeldspektrum korrekt ablegen zu können: Der Entitätstyp wird dazu, anders als in MARC 21 nicht über die Kategoriennummer, sondern den Indikator gesteuert. Diese Gegebenheiten haben insgesamt zur Folge, dass die LCSH zwischen den Verbünden nur in unterschiedlicher Granularität ausgetauscht werden können.

Bei einer Datenübernahme aus dem OCLC WorldCat sind für die Sacherschließung hauptsächlich DDC, LCC (Library of Congress Classification) und LCSH zu erwarten, jedoch keine Schlagwortfolgen nach RSWK (MARC 689) – selbst dann nicht, wenn man Datensätze der DNB oder der deutschen Verbünde auswählt. Grund dafür ist, dass OCLC anwenderspezifische Felder als lokale bibliografische Informationen speichert und nur an die liefernde Bibliothek wieder exportiert.

Um die Datenübernahmen zwischen den deutschsprachigen Verbünden besser nachvollziehen zu können, wurde eine Provenienzkennzeichnung vorgeschlagen. Hierbei wäre zu bedenken, dass diese Datenübernahme dezentral und gelegentlich über mehrere Stationen, somit nicht notwendigerweise direkt vom ersterfassenden Verbund erfolgt. Auch innerhalb der Verbünde arbeiten über die Zeit hinweg in der Regel stets mehrere verschiedene Bibliotheken kooperativ an einem Datensatz. Allein die (jeweils letzte) liefernde Institution des gesamten Datensatzes festzuhalten, ist daher nicht ausreichend. Um ein kohärentes Hilfsmittel zur Qualitätssicherung darzustellen, müsste eine Provenienzkennzeichnung vielmehr feldbezogen sein und die erfassende Institution, jede überarbeitende Institution sowie das zur Erzeugung bzw. Überarbeitung des Feldinhalts eingesetzte Verfahren dokumentieren. Diese im Allgemeinen längeren Ketten von Provenienzen würden zusammen jedoch einen eigenen *Meta-Metadatensatz* bilden, der sich keinesfalls allein über multiple MARC-21-Felder

---

15 https://wiki.dnb.de/display/MARC21AE/Anwenderebene+Titeldaten+Feld+689 (19.11.2020).

883 adäquat abbilden lässt. Letztere sind aber zurzeit beim Austausch über MARC 21 die einzige feldbezogene Kennzeichnungsoption für Datenprovenienzen.

Eine Provenienzkennzeichnung ist bisher beim Datentausch unter den Verbundsystemen und der DNB nur zur Kennzeichnung der Datenübernahme im Rahmen von Culturegraph[16] verpflichtend festgelegt worden. Sie dient der Unterscheidung zwischen ggf. intellektuell neu hinzugefügten und lediglich von mehreren Verbünden maschinell aus Culturegraph-Bündeln übernommenen Elementen.

3.2.2 Probleme durch bzw. bei maschineller Übernahme von Sacherschließung

Anhand welcher Kriterien ein passender Quellsatz für die Übernahme von Sacherschließungslementen ermittelt wird, ist nur ein Faktor, der Einfluss auf die Qualität des Ergebnisses nimmt. Mindestens ebenso wichtig ist aber auch die gewählte Strategie. Selbst die denkbar einfachste Variante *Anreichern, wo der eigene Datensatz noch nichts aufweist* hat bereits ihre Tücken: Sie bedarf zwar keines aufwendigen Abgleichs, ob ein bestimmtes Schlagwort bzw. eine bestimmte Notation schon im Zielsatz vorhanden ist, und erhöht in Masse vollzogen (wie etwa beim sogenannten Pfeffer-Verfahren[17] oder bei Übernahmen aus Culturegraph-Bündeln) schlagartig den Abdeckungsgrad mit Sacherschließung. Man übernimmt damit aber natürlich auch unbesehen jeden Erschließungsfehler, was problematisch ist, da dieser sich mit keinem Übernahmeverfahren nach derselben Strategie mehr korrigieren lässt. Stattdessen müsste hierzu ein erheblich aufwendigeres Verfahren implementiert werden, das Updates in Abhängigkeit von der Provenienz der übernommenen Daten steuern kann.

Für alle Verbünde, deren Verbundsystem die angeschlossenen Lokalsysteme noch mit einer Versorgungsschnittstelle bibliografisch auf dem Laufenden hält, können Massendatenmanipulationen grundsätzlich auch immer ein Durchsatzproblem aufwerfen. Typischerweise drängen sich solche Aktionen latent an den Wochenenden, doch, wenn wie bei einem periodischen Verfahren zur Schlagwortnachführung a priori nicht bekannt ist, wie viele Datensätze es

---

16 https://www.dnb.de/DE/Professionell/Standardisierung/AGV/_content/culturegraph_akk.html (19.11.2020).

17 Pfeffer, Magnus: Automatische Vergabe von RVK-Notationen mittels fallbasiertem Schließen. In: Wissen bewegen – Bibliotheken in der Informationsgesellschaft. 97. Deutscher Bibliothekartag in Mannheim 2008. Hrsg. von Ulrich Hohoff. Frankfurt a. M.: Klostermann, 2009. S. 245–254.

im nächsten Lauf betreffen wird, ist schlichtweg nicht mehr planbar, ob der unvermeidliche Rückstau auf der Versorgungsschnittstelle sich bis zum Montag nach dem Wochenende wieder aufgelöst haben wird.

3.2.3 Maschinelle Prüfung von „Qualität"

Die Frage, ob der Inhalt eines Feldes oder Unterfeldes zur Felddefinition passt, mag zwar auf den ersten Blick formaler Natur erscheinen, ist allerdings bei etwas genauerer Betrachtung in vielen Fällen eher intellektuelle Auslegungssache. Eine Eigenschaft, die sich maschinell in bestimmten Feldern oder Unterfeldern sehr effizient und verlässlich überprüfen lässt, ist die *syntaktische* Korrektheit, also zum Beispiel, ob in dem ausschließlich für RVK-Notationen vorgesehenen Feld eine Zeichenkette steht, die auch wie eine RVK-Notation aufgebaut ist.

Erheblich aufwendiger wird es, wenn man bei fehlender Normdateiverknüpfung prüfen möchte, ob die fragliche Zeichenkette auch wirklich eine gültige RVK-Notation ist, weil man sie dazu prinzipiell gegen alle aktuell(!) gültigen Systemstellen vergleichen muss. Eine analoge Herausforderung stellt die Prüfung eines unverknüpften Schlagworts auf Zugehörigkeit zu einem bestimmten Vokabular (RSWK, LCSH, Medical Subject Headings – MeSH usw.) dar. Beide Probleme sind bereits in nicht ganz unerheblichem Maß *semantischer* Natur und deshalb nur entsprechend aufwendig maschinell zu lösen – auch wenn sie noch mindestens eine Komplexitätsstufe unterhalb der klassischen Qualitätsfragen im Kontext der Diskussion um maschinell generierte Sacherschließung anzusiedeln sind:

- Wie *zutreffend* ist ein vorliegendes Sacherschließungselement für eine gegebene Ressource?
- Wie *präzise* ist ein vorliegendes Sacherschließungselement für eine gegebene Ressource?
- Kategorisiert ein vorliegendes Sacherschließungselement eine Ressource *besser* als ein anderes?

Eine maschinelle Beantwortung dieser Fragen mit gemeinhin akzeptabler Konfidenz ist derzeit Zukunftsmusik und bleibt erst noch zu entwickelnden künstlichen Intelligenzen vorbehalten. Richten wir unseren Blick deshalb im Folgenden wieder zurück auf das, was technisch heute schon im Bereich des Machbaren liegt.

Ein oft beklagter Qualitätsmangel, der sich beim Austausch bzw. der Nachführung von Sacherschließung mit bzw. aus anderen Verbunddatenbanken ohne entsprechende Vorkehrungen schnell einschleichen kann, ist die Duplizität von Beschlagwortung oder Notationen. Auch hier ist die Forderung wieder weitaus einfacher formuliert als im Detail umgesetzt:

Während eine in der Titelaufnahme bereits vergebene Notation durch den schlichten paarweisen Vergleich von Zeichenketten treffsicher ignoriert werden kann, lassen sich zwei gegebene Schlagwortfolgen maschinell im Allgemeinen nur dann zuverlässig als *gleich* (meint hier in der Regel: identisch bis auf äquivalente Permutation) erkennen, wenn vorab alle Folgenglieder derselben Entität alphabetisch sortiert werden.

Als Königsdisziplin darf schließlich gelten, konkordante Schlagwörter aus unterschiedlichen Vokabularen gegeneinander zu deduplizieren oder – der umgekehrten Strategie folgend – als Zeichenkette identische Schlagwörter koexistieren zu lassen, sofern sie aus unterschiedlichen Vokabularen stammen.

Die angeführten Beispiele zeigen: Je komplexer der Sachverhalt ist, der *Gleichheit* ausmacht, desto aufwendiger gestaltet sich nicht nur die Implementierung seiner maschinellen Überprüfung, sondern auch die Formulierung insgesamt konsistenter Vorgaben dafür.

4 Potenziale

Die aktuellen Dienstleistungen der Verbünde für die Inhaltserschließung decken die seitens ihrer Verbundbibliotheken gestellten Anforderungen ab. Der Aufwand, der in den Verbundzentralen für Entwicklung und Pflege solcher Dienstleistungen erbracht wird, steht im Gesamtkontext sämtlicher ihrer Dienstleistungen und spiegelt daher implizit den Stellenwert wider, welcher der Sacherschließung innerhalb des jeweiligen Verbundes eingeräumt wird. Es ist jedoch durchaus vorstellbar, dass die Services für Sacherschließung intensiviert und ausgebaut werden, wenn in den Verbünden der strategische Wille dazu besteht. Im Folgenden werden einige Optionen dafür dargestellt.

4.1 Erstkatalogisierungs-ID als Anker für vermehrte und gezielte Datenübernahmen

Im Jahr 2006 verständigten sich die deutschsprachigen Verbünde und die DNB in der AG Kooperative Verbundanwendungen (AGKVA) auf die Einführung eines verbundübergreifenden Identifikators für bibliografisch nachgewiesene Ressourcen: den Erstkatalogisierungs-Identifier (EKI). Er sollte eine zuverlässige und fortwährende maschinelle Nachführung der Sacherschließung zwischen den Verbünden ermöglichen. Wird eine Titelaufnahme samt EKI durch eine Institution in Verbund A aus der Titeldatenbank von Verbund B übernommen, so können zu jedem beliebigen späteren Zeitpunkt allein anhand des übereinstimmenden EKI sowohl aus Verbund B nach Verbund A als auch umgekehrt (und sogar zwischen zwei beliebigen Verbünden, die die Titelaufnahme aus Verbund B nachgenutzt haben!) nachträglich hinzugefügte Sacherschließungselemente maschinell übernommen werden. Es lohnt sich also nicht nur für den eigenen Verbund, die anderen Verbunddatenbanken gründlich nach einer exakt auf die vorliegende Manifestation passenden Titelaufnahme abzusuchen. Leider werden jedoch in der Praxis gerade für Folgeauflagen oder andere Ausgaben Kopien bereits vorhandener Katalogisate hergestellt und angepasst. Das mag bezogen auf den Einzelfall Recherche- und Bearbeitungszeit sparen, bedeutet aber in einer überregionalen Sichtweise eine Mehrarbeit bei der Sacherschließung. Das liegt daran, dass Abgleiche nach anderen Identifiern als dem EKI oder gar nach Ansetzungen von Titeln und Autor:innen grundsätzlich mit weitaus mehr Aufwand verbunden und zudem teilweise mit inhärenten Unschärfen behaftet sind.

Tab. 2: EKI-Überschneidungsmengen und -quoten zwischen den Verbunddatenbanken bezogen auf die jeweilige Gesamtanzahl von EKIs[*]

mit Überschneidung von	B3Kat	hbz	hebis	K10plus	Nachnutzungspotenzial[**]
B3Kat		1 498 657 (5,11 %)	1 006 237 (3,43 %)	2 223 239 (7,59 %)	< 16,13 %
hbz	1 498 657 (7,49 %)		1 187 321 (5,93 %)	3 189 695 (15,93 %)	< 29,35 %
hebis	1 006 237 (5,41 %)	1 187 321 (6,39 %)		2 481 715 (13,35 %)	< 25,16 %
K10plus	2 223 239 (3,27 %)	3 189 695 (3,66 %)	2 481 715 (4,70 %)		< 11,63 %

[*] Quelle: Gemeinsamer Verbünde-Index (GVI), Stand: 11.11.2020. Die Autor:innen danken Stefan Lohrum von der KOBV-Zentrale herzlich für die Bereitstellung der dieser Auswertung zugrunde liegenden EKI-Listen.
[**] Das tatsächliche *Nachnutzungspotenzial* ist gegeben durch die Menge der EKIs, die in mindestens einer anderen Verbunddatenbank ebenfalls vorkommen. Die zeilenweise gebildete Summe über die paarweisen Überschneidungsquoten ist dafür lediglich eine obere Schranke, weil etwa der B3Kat und die hbz-Datenbank z. T. dieselben EKIs gemeinsam haben wie der B3Kat und der K10plus.

Weshalb fallen die Überschneidungsquoten nach wie vor eher niedrig aus? Bei einer Bewertung ist zunächst einmal zu berücksichtigen, dass der EKI erst ab dem Jahr 2007 seine Wirkung entfalten konnte. Selbst wenn Verbünde für zu diesem Zeitpunkt bereits vorhandene Titelaufnahmen rückwirkend EKIs erzeugt haben, wurden diese außer bei Retrokonversionsprojekten allenfalls punktuell in andere Verbunddatenbanken übernommen. Für die in ihrer Zahl stark zunehmenden E-Book-Aufnahmen werden außerdem zwar Metadatenlieferungen der Verlage teilweise von einer Verbundzentrale für alle anderen aufbereitet, dann aber von jedem Verbund mit eigenen EKIs eingespielt, weil die Bibliotheken allenthalben eine möglichst schnelle Bereitstellung der Titelnachweise erwarten.

Ein weiterer Grund für die niedrigen Überschneidungsquoten ist schließlich die Tatsache, dass der OCLC WorldCat als weltweit größte bibliografische Nachweisdatenbank eine Quelle für Fremddatenübernahmen ist, die sich in den letzten Jahren in einigen Verbünden stetig steigender Beliebtheit erfreut. So kamen laut aktueller Übernahmestatistik des B3Kat im Zeitraum Januar bis August 2020 fast 47 % aller per Z39.50 in den B3Kat übernommenen Datensätze aus dem WorldCat. Klar ist aber auch: Wenn in allen Verbünden als erstes im WorldCat nach einer passenden Aufnahme gesucht wird, kommt es vermehrt zu parallelen Übernahmen derselben Titelaufnahme, und als Folge davon erhält diese übernommene Titelaufnahme in allen Verbünden einen jeweils anderen EKI – für die gegenseitige Nachführung von hinzugefügter Sacherschließung ist das eher hinderlich.

Anhand des EKI ließe sich Sacherschließung in der Theorie besonders einfach und zuverlässig zu jedem beliebigen Zeitpunkt aus anderen Verbunddatenbanken übernehmen. Ob die Verbundzentralen die hierfür erforderliche Maschinerie nie vollständig ausgebaut haben, weil die Überschneidungsquoten zu dürftig geblieben sind, oder die Überschneidungsquoten zu dürftig sind, weil die Verbundzentralen nie ein permanent laufendes Verfahren zum automatischen Austausch implementiert haben, sei dahingestellt.

4.2 Anreicherung aus den Werkclustern von Culturegraph

Deutliches Potenzial zur Weiterentwicklung des Datentauschs zwischen den Verbünden und der Anreicherung von Sacherschließungselementen aus Fremddaten und damit eine Effizienzsteigerung der Sacherschließung im Sinne überregionaler und verbundübergreifender Zusammenarbeit bietet seit neuestem das Projekt Culturegraph der DNB. Im Rahmen dieses Projektes werden inzwischen regelmäßig aus sämtlichen Titeldaten der deutschsprachigen Verbünde maschinell sogenannte Werkcluster gebildet, d. h. Bündelungen von Datensät-

zen, die gemäß algorithmischer Entscheidung – trotz abweichender Erschließungstiefe und v. a. abweichender Formalerschließungselemente – alle dasselbe Werk beschreiben.

So werden beispielsweise von Lehrbüchern sämtliche Auflagen, für die re-
gelkonform in den Verbunddatenbanken jeweils eigene Titeldatensätze erstellt
werden, in einem Bündel zusammengefasst. Ebenso können in den Bündeln
Aufnahmen von Werken und sogar Manifestationen zusammenfinden, für die
in den einzelnen Titelaufnahmen z. T. keine eindeutigen Identifier (wie ISBN
oder EKI) erfasst sind und die deshalb bei den bisherigen Abgleichverfahren un-
berücksichtigt bleiben.

Culturegraph als zentrale Plattform erleichtert durch sein Werclustering
und das von den Verbünden gemeinsam mit der DNB entwickelte, XML-basierte
Bündelformat die maschinelle Übernahme von Sacherschließung schon rein or-
ganisatorisch: Statt auf Verdacht nacheinander bilateral aktuelle Änderungen
aus allen anderen Verbunddatenbanken (wie oben in Abschnitt 3.1.3 beschrieben) zu harvesten und anhand des EKI gegen den entsprechenden Datensatz
aus der eigenen Verbunddatenbank abzugleichen, stehen im Werkcluster bereits alle grundsätzlich interessanten Angaben samt Provenienz zur Übernahme
bereit.

Durch vertiefte Betrachtung der in den Bündeln enthaltenen Datensätze sowie detaillierte Analyse deren jeweiliger Erschließungselemente können passgenaue Übernahmevorgaben entwickelt und entweder im Rahmen einer Einmal-
korrektur für den gesamten Datenbestand eines Verbundes oder prinzipiell als
fortlaufender regelmäßiger Prozess von Datenupdates implementiert werden.
Um ein solches Übernahmeverfahren technisch implementieren zu können,
sollte eine API für Culturegraph bereitstehen.

Auch hier wird sich zeigen müssen, wie weitreichend Effizienz und automatisierte verbundübergreifende Zusammenarbeit auf Basis dieser technischen
Möglichkeiten zur Ergänzung von Sacherschließung zugelassen werden. Indem
man Abwägungen im Spektrum von Qualität *und* Quantität zu einer rein aus-
schließenden Gegenüberstellung macht, läuft man Gefahr, das große Potenzial
des Verfahrens stark zu beschneiden, nur um der Sicherheit den Vorrang einzu-
räumen, ausschließlich hochwertige Sacherschließungselemente aus wenigen
ausgewählten Quellen zu erhalten.

4.3 Technische Unterstützung arbeitsteiliger Verfahren

Bibliotheken versuchen seit einigen Jahrzehnten, die (teure) Aufgabe der
Erschließung ihrer Medien durch geeignete Maßnahmen effizienter und res-

sourcenschonender zu gestalten. Dieser Anspruch hat nicht zuletzt die Unterstützung durch elektronische Datenverarbeitung und die Gründung von Bibliotheksverbünden begünstigt. Damit verbunden war eine hohe Erwartungshaltung an die Schaffung von Wertschöpfungsketten – im Idealfall muss eine Ressource nur einmal erschlossen werden und jeder kann diese Daten anschließend bei eigenem Bedarf nachnutzen. Services für die Nutzung von Fremddaten sind daher Kerngeschäft jeder Verbundzentrale.

Trotzdem ist es aktuell in der bibliothekarischen Realität eher so, dass die gleiche Ressource mehrfach in den einzelnen Verbünden erschlossen wird. Die Gründe dafür mögen vielfältiger Natur sein – suboptimale Workflows in den Katalogisierungsumgebungen, überzogene Erwartungen an die Datenqualität, manchmal auch mangelnde Kenntnis größerer Zusammenhänge – entscheidend ist das Ergebnis und dass kaum jemand ernsthaft über eine Optimierung nachdenkt. Dabei ist für den Bereich der Formalerschließung noch am ehesten nachvollziehbar, dass man ein neu eingegangenes Medium schnellstmöglich für die Bibliotheksbenutzer:innen sicht- und damit nutzbar machen möchte.[18] In der Folge wird die Titelaufnahme dann lieber selbst erstellt als sich auf die eventuell zeitaufwendigere Suche nach passenden Datensätzen in den anderen Verbunddatenbanken zu machen.

Für den Bereich der Inhaltserschließung stellt sich die Sachlage jedoch anders dar. Die Sucheinstiege, die die Inhaltserschließung einem Katalogisat zufügt, ergänzen die der Formalerschließung und können deshalb auch zu einem späteren Zeitpunkt erfasst werden, ohne dass dies für Benutzer:innen schädlich ist.

Inhaltserschließung ist aufwendig, da man sich dafür mit verschiedenen Wissenschaftsdisziplinen, ihren Teilgebieten und ihrer Terminologie auseinandersetzen muss. Und längst stehen nicht mehr in jeder größeren Bibliothek einschlägig ausgebildete Wissenschaftler:innen für das jeweilige Fachreferat zur Verfügung; diese finden sich heute eher, wenn eine Bibliothek grundsätzlich spezialisiert ist (z. B. Spezialbibliotheken, zentrale Fachbibliotheken etc.) oder fachwissenschaftliche Projekte betreut (z. B. Fachinformationsdienste). Somit böte es sich durchaus an, durch Expert:innen erstellte Inhaltserschließung gezielt nachzunutzen. Um ein hohes Maß an Vollständigkeit und Verlässlichkeit zu erzielen, wäre dafür ein überregional arbeitsteiliges System denkbar: Bibliothek A ist zuständig für eine Disziplin, Bibliothek B für eine andere, Bibliothek C

---

18 Ähnliches gilt für Bestellkatalogisate: Sie werden eher ohne umfangreichere Vorabrecherchen selbst erstellt, weil die Zeit drängt und oft auch erst wenige bibliografische Informationen vorliegen. Einige Bibliotheken nutzen zudem Systeme des Buchhandels zur Bestellautomatisierung, die zu jedem bestellten Titel umgehend ein Bestellkatalogisat zurückliefern.

für eine weitere usw. Wichtig hierfür sind klare und transparente Vereinbarungen der Zuständigkeiten für die einzelnen Bibliotheken und deren Bereitschaft, eine solche Verantwortung dauerhaft zu übernehmen. Das schüfe einerseits eine erhebliche Entlastung in den Bibliotheken, die sich heute noch selbst um eine mehr oder weniger vollständige Inhalterschließung ihrer Bestände kümmern, und andererseits einen hohen Qualitätsstandard für die Inhaltserschließung.

Die Aufgaben der Verbünde bzw. der Verbundzentralen in einem solchen arbeitsteiligen Modell sind Aufbau und Pflege der notwendigen technischen Infrastruktur zum regelmäßigen Bezug von Inhaltserschließung für die Bestände der eigenen Bibliotheken. Dazu müssen Online-Abfrageschnittstellen zwischen den Verbünden aufgebaut und darüber neu gefundene Erschließungsdaten (wo immer möglich unter Nutzung des EKI) kontinuierlich übernommen werden. Das ist über die Grenzen mehrerer Verbünde hinweg eine komplexe und keinesfalls triviale Aufgabe, für die entsprechende Ressourcen zur Verfügung stehen müssen. Technisch weitaus einfacher ist es, eine API auf Culturegraph bereitzustellen. Sie würde es erlauben, aus den Verbünden heraus jeweils nur *eine* Schnittstelle abfragen zu müssen, um von dort Inhaltserschließungsdaten aus allen deutschsprachigen Verbünden übernehmen zu können.

4.4 Effizienzsteigerung durch Entitäten-basierte Erschließung

1998 veröffentlichte die IFLA die *Functional Requirements for Bibliographic Records* (FRBR)[19] als einen neuen Blick auf das bibliografische Universum. Kern des Konzepts ist ein Entity-Relationship-Modell, wie es in der Informationswissenschaft und insbesondere bei der Modellierung von Datenbanken üblich ist. Das Modell definiert Entitäten, erläutert die individuellen Merkmale zur Beschreibung dieser Entitäten und listet alle Beziehungen auf, die zwischen den Entitäten bestehen können. Das 2017 erschienene *IFLA Library Reference Model*[20] (IFLA LRM) schreibt das konzeptionelle Modell der FRBR fort und dekliniert es noch konsequenter durch als sein Vorgänger.

---

19 Functional requirements for bibliographic records. Final Report. IFLA Study Group on the Functional Requirements for Bibliographic Records. München: K. G. Saur, 1998. (UBCIM Publications, New Series 19). Auch verfügbar: https://www.ifla.org/publications/functional-requirements-for-bibliographic-records (22.6.2021).
20 Riva, Pat, Patrick Le Bœuf und Maja Žumer: IFLA Library Reference Model. A conceptual model for bibliographic information. Consolidation Editorial Group of the IFLA FRBR Review Group. As amended and corrected through December 2017. Den Haag 2017. https://www.ifla.org/files/assets/cataloguing/frbr-lrm/ifla-lrm-august-2017_rev201712.pdf (19.11.2020).

Beide Modelle ordnen die Inhaltserschließung der Entität Werk bzw. *work* zu. Ein Werk hat demnach eine Beziehung zu Themen-Entitäten, die durch Nomen wie einem Sachbegriff oder einer Notation aus einer Klassifikation repräsentiert werden. Da das Werk zudem in Beziehung zu allen seinen Expressionen und Manifestationen steht, ergibt sich für diese automatisch ebenfalls eine Beziehung zu den Themen-Entitäten des Werks.

Für die praktische Erschließung eröffnet dieses Konzept die Möglichkeit, durch einmalige Erfassung von Elementen der Inhaltserschließung für ein Werk diese automatisch auf die damit verknüpften Manifestationen zu „vererben", ohne dass für jede Manifestation eine eigene Erfassung notwendig wird. Insbesondere für Werke, die in vielen verschiedenen Ausgaben und Auflagen erscheinen, wäre dieses praktische Vorgehen eine deutliche Verbesserung der Effizienz bei der Erschließung. Bedauerlicherweise stehen aktuell keine Bibliothekssysteme zur Verfügung, die das hinreichend unterstützen würden. So fehlt es an entsprechenden Indexierungsoptionen, die das Vererben von Daten über Relationen hinweg unterstützen, und auch an Formaten, die die Erfassung und den Austausch von Sacherschließung in Werksätzen erlauben. MARC 21 als internationales Austauschformat setzt uns hier entsprechende Grenzen.

Diese Grenzen können nur durch ein konsequentes Umdenken und eine Neuorientierung aufgebrochen werden. Eine adäquate und möglichst vollständige Umsetzung des IFLA LRM kann nur dann erfolgen, wenn die Erschließung in einem System erfolgt, das auf Entitäten und deren Beschreibungen basiert und diese gemäß LRM zueinander in Beziehungen setzt. Ein solches Entitätenbasiertes Katalogisieren braucht auch ein Format, in dem solche Daten erfasst und transportiert werden können. Ein möglicher Kandidat dafür könnte BIBFRAME sein, das als potenzielles Nachfolgeformat von MARC 21 entwickelt wurde. BIBFRAME basiert auf dem Linked-Data-Prinzip und bietet somit eine ideale Voraussetzung für die Abbildung von Entitäten und Beziehungen.

Allerdings hat auch BIBFRAME einen Nachteil, da in seinem Datenmodell derzeit nicht alle in IFLA LRM vorgesehenen Entitäten abgebildet werden können; es fehlt z. B. die Entität Expression. Im Modell vorhanden sind jedoch die Entitäten *work* (inhaltlich nicht vollständig mit LRM in Übereinstimmung) und *subject*, die miteinander in Beziehung gesetzt werden. Die Entität *instance*, dem Pendant zur Manifestation, ist über ihre Beziehung zum *work* ebenfalls mit *subject* verknüpft. Inwieweit das BIBFRAME-Modell tragfähig ist, untersuchen derzeit mehrere konkrete Anwendungsprojekte.

Bibliothekssysteme haben einen langen Lebenszyklus von mehreren Jahrzehnten. Im anglo-amerikanischen Raum sind sie zudem weitestgehend untrennbar mit dem MARC-21-Format verbunden. Grundlegende Änderungen an den Systemen benötigen deshalb viel Zeit. Die deutschsprachigen Verbünde befinden sich derzeit in einer Transformationsphase und lösen mindestens einen Teil ihrer bisherigen Systeme durch neue ab. Dabei sind sie jedoch von dem abhängig, was die Systemhersteller derzeit anbieten, und das ist vom Entitätenbasierten Erschließen noch weit entfernt. Immerhin hat Ex Libris für sein System Alma angekündigt, dass darin in naher Zukunft auch BIBFRAME als Erfassungsformat zur Verfügung stehen wird, und OCLC arbeitet seit Anfang 2020 in einem von der Mellon Foundation geförderten Projekt *Shared entity management infrastructure* (SEMI)[21] insbesondere an der Darstellung der Entitäten Person und Werk und deren Vernetzung über die Bibliothekscommunity hinaus.

5 Fazit

Die Autorinnen und Autoren dieses Beitrags sind von der Grundthese ausgegangen, dass ein bedeutender Aspekt der *Qualität* von Sacherschließung darin besteht, diese auch *quantitativ* auf eine solide Basis zu stellen. Im Vorangegangenen wurden deshalb diejenigen Aspekte des verbundübergreifenden Datentauschs erörtert, die wesentlich dazu beitragen, die Qualität von Sacherschließung nicht nur sicherzustellen, sondern – im Sinne eines möglichst hohen Abdeckungsgrades zur Maximierung der Trefferquote (engl.: *recall*) – auch signifikant zu erhöhen. Es ist dabei deutlich geworden, dass entsprechende Handlungsoptionen sowohl im Einflussgebiet der Verbundzentralen liegen als auch komplementär von anderen Agierenden wahrgenommen werden müssen.

So ist ausgeführt worden, dass die Grundlagen für eine optimale Nachnutzungsmöglichkeit der Sacherschließungsdaten bereits in der Phase der Formalerschließung gelegt werden sollten und durchaus noch verbesserungswürdig sind (Abschnitt 4.1). Wenn begleitend dazu die intellektuelle Sacherschließung noch arbeitsteiliger organisiert werden kann (Abschnitt 4.3), bilden diese Maßnahmen zusammen mit weiterzuentwickelnden Möglichkeiten des technischen Datenaustauschs eine wirksame Strategie, das Ziel einer durch Qualität *und* Quantität geprägten Sacherschließungspraxis zu verwirklichen.

Zweifellos besteht noch die Notwendigkeit einer weitergehenden Abstimmung im Datentausch zwischen den Verbünden und mit den Expert:innen in den Sacherschließungsgremien (Abschnitt 3.2). Allerdings wird eine Abstimmung über formal-inhaltliche Kriterien (Abschnitte 3.2.1 und 3.2.2) alleine nicht ausreichen, um den Qualitätsaspekt *Quantität* signifikant zu verbessern.

---

21 https://www.oclc.org/en/worldcat/oclc-and-linked-data/shared-entity-management-infrastructure.html (19.11.2020).

Als wesentliche Maßnahmen zur Erhöhung der Quantität von Sacherschließungsdaten wurden neben der intensivierten Nutzung des EKI-basierten Verfahrens (Abschnitt 4.1) die Implementierung eines auf Culturegraph aufbauen-
den kontinuierlichen Übernahmeprozesses identifiziert (Abschnitt 4.2).
Culturegraph eröffnet eine schon in naher Zukunft umsetzbare Möglichkeit, um
von einem vollständigen Datenflussnetzwerk hin zu einem sternförmigen zu gelangen und so einen effizienteren Ablauf im Datentausch zu gewährleisten. Bei
Batchverfahren, die auf Culturegraph aufsetzen, steht zunächst vor allem die
Erhöhung der Quantität im Vordergrund, wobei die massive Anreicherung mit
RSWK-Schlagwörtern auch andere Qualitätsaspekte berührt. Bei einzelfallbezo-
genen Übernahmen mittels Culturegraph-API sind der gesteigerte Komfort und
die maschinelle Unterstützung der intellektuellen Sacherschließung hervorzuheben – insbesondere, wenn dieses Feature auch in Tools wie den DA-3 integriert wird.

6 Literaturverzeichnis

Beckmann, Regine, Imma Hinrichs, Melania Janßen, Gerard Milmeister und Peter Schäuble:
    Der Digitale Assistent DA-3. In: o-bib (2019) Bd. 6 Nr. 3. S. 1–20. https://doi.org/10.5282/
    o-bib/2019H3S1-20.
Ceynowa, Klaus: In Frankfurt lesen jetzt zuerst Maschinen. In: Frankfurter Allgemeine Zeitung,
    31.7.2020. https://www.faz.net/-gr0-909kq (19.11.2020).
Deutsche Nationalbibliothek: Grundzüge und erste Schritte der künftigen inhaltlichen Er-
    schliessung von Publikationen in der Deutschen Nationalbibliothek. Mai 2017. https://
    www.dnb.de/SharedDocs/Downloads/DE/Professionell/Erschliessen/konzeptWeiterent
    wicklungInhaltserschliessung.pdf?__blob=publicationFile&v=4 (19.11.2020).
Expertengruppe Sacherschließung: Regeln für die Schlagwortkatalogisierung. RSWK. Erarbei-
    tet von der Expertengruppe Sacherschließung im Auftrag des Standardisierungsaus-
    schusses. 4., vollständig überarbeitete Auflage, Stand März 2017. Leipzig, Frankfurt a. M.:
    Deutsche Nationalbibliothek 2017. http://nbn-resolving.de/urn:nbn:de:101-2017011305.
Gantert, Klaus: Bibliothekarisches Grundwissen. 9., vollständig aktualisierte und erweiterte
    Auflage. Berlin, Boston: De Gruyter Saur 2016. https://doi.org/10.1515/9783110321500.
IFLA Study Group on the Functional requirements for bibliographic records: Functional require-
    ments for bibliographic records. Final Report. München: K. G. Saur, 1998. (UBCIM Publica-
    tions, New Series 19). Auch verfügbar: https://www.ifla.org/publications/functional-requi
    rements-for-bibliographic-records (22.6.2021).
Kühn, Armin und Andreas Krausz: Technik des DA-3. Anschluss an K10plus. 4. Workshop Com-
    puterunterstützte Inhaltserschließung am 11. und 12. November 2020. https://wiki.dnb.
    de/x/ew-VCg (19.11.2020).
Pfeffer, Magnus: Automatische Vergabe von RVK-Notationen mittels fallbasiertem Schließen.
    In: Wissen bewegen – Bibliotheken in der Informationsgesellschaft. 97. Deutscher Biblio-

thekartag in Mannheim 2008. Hrsg. von Ulrich Hohoff. Frankfurt a. M.: Klostermann 2009.
S. 245–254.

Riva, Pat, Patrick Le Bœuf und Maja Žumer: IFLA Library Reference Model. A conceptual model
for bibliographic information. Consolidation Editorial Group of the IFLA FRBR Review
Group. As amended and corrected through December 2017. Den Haag 2017. https://www.
ifla.org/files/assets/cataloguing/frbr-lrm/ifla-lrm-august-2017_rev201712.pdf
(19.11.2020).

Wissenschaftsrat und Deutsche Forschungsgemeinschaft: Zur Zukunft der Bibliotheksverbünde als Teil einer überregionalen Informationsinfrastruktur in Deutschland. http://www.
wissenschaftsrat.de/download/archiv/1003-11.pdf (19.11.2020).

Harald Sack

Hybride Künstliche Intelligenz in der automatisierten Inhaltserschließung

1 Einleitung

Effizienter (Online-)Zugang zu Bibliotheks- und Archivmaterialien erfordert
eine qualitativ hinreichende inhaltliche Erschließung dieser Dokumente. Die
passgenaue Verschlagwortung und Kategorisierung dieser unstrukturierten Dokumente ermöglichen einen strukturell gegliederten Zugang sowohl in der analogen als auch in der digitalen Welt. Darüber hinaus erweitert eine vollständige
Transkription der Dokumente den Zugang über die Möglichkeiten der Volltextsuche. Angesichts der in jüngster Zeit erzielten spektakulären Erfolge der Künstlichen Intelligenz liegt die Schlussfolgerung nahe, dass auch das Problem der
automatisierten Inhaltserschließung für Bibliotheken und Archive als mehr
oder weniger gelöst anzusehen wäre. Allerdings lassen sich die oftmals nur in
thematisch engen Teilbereichen erzielten Erfolge nicht immer problemlos ver-
allgemeinern oder in einen neuen Kontext übertragen. Das Ziel der vorliegenden Darstellung liegt in der Diskussion des aktuellen Stands der Technik der
automatisierten inhaltlichen Erschließung anhand ausgewählter Beispiele sowie möglicher Fortschritte und Prognosen basierend auf aktuellen Entwicklungen des maschinellen Lernens und der Künstlichen Intelligenz einschließlich
deren Kritik.

2 Der Siegeszug des maschinellen Lernens

Wenn heute von Künstlicher Intelligenz (KI) die Rede ist, wird damit maschinel-
les Lernen und im Speziellen meist Deep Learning als spezifischer, aber höchst
erfolgreicher Teilaspekt dieser Disziplin der Informatik adressiert. Allerdings
geht mit Deep-Learning-Technologien allgemein eine besondere Faszination
einher, orientieren diese sich doch am Vorbild von Denk- und Lernprozessen im
menschlichen Gehirn. Von Anfang an war die technologische Entwicklung
Künstlicher Intelligenz mit überzogenen Erwartungen verbunden. Bereits 1943
legten Warren McCulloch und Walter Pitts das einfache mathematische Modell
eines künstlichen Neurons als grundlegendes Schaltelement im Gehirn vor und
zeigten, dass sich über die Vernetzung dieser Neuronen beliebige (Turing-

https://doi.org/10.1515/9783110691597-019

berechenbare) Funktionen implementieren ließen (McCulloch und Pitts 1943). Nachdem der kanadische Psychologe Donald O. Hebb die neurophysiologischen Grundlagen des menschlichen Lernens anhand der Veränderungen der synaptischen Übertragung zwischen Neuronen im Gehirn erklären konnte, lag die Modellierung dieser Lernaktivitäten in einem mathematischen Modell auf der Hand (Hebb 1949). Frank Rosenblatt, ebenfalls Psychologe, formulierte 1958 als erster das so genannte Perzeptron-Lernmodell, das bis heute die Grundlage aller künstlicher neuronaler Netzwerke bildet: Verbindungsgewichte zwischen Eingabe und Schaltelement werden anhand der Differenz von Soll- und Istwerten schrittweise gelernt (Rosenblatt 1958). Dieses einfache Modell ermöglichte bereits Ende der 1950er Jahre die automatische Erkennung handgeschriebener Postleitzahlen. Die aus den ersten Erfolgen des maschinellen Lernens resultierenden euphorischen Erwartungen, dass Computer binnen weniger Jahre die Stufe echter menschlicher Intelligenz erreichen und auch übertreffen würden, stießen jedoch schnell an ihre Grenzen. Marvin Minsky und Seymour Papert wiesen 1969 nach, dass das Perzeptron-Modell nicht in der Lage ist eine einfache binäre XOR-Funktion (exklusives Oder) zu berechnen (Minsky und Papert 1969). Dies führte zu einem Stillstand in der Forschung der künstlichen neuronalen Netze und resultierte im ersten sogenannten „AI-Winter", der bis zur Mitte der 1980er Jahre andauerte. 1986 legten Rummelhart, Hinton und Williams (Rummelhardt et al. 1986) sowie unabhängig davon David B. Parker (Parker 1986) und Yann LeCun (LeCun 1985) dar, wie ein mehrlagiges neuronales Netzwerk mit Hilfe des Backpropagation-Algorithmus auch sehr komplexe Funktionen erlernen kann. Die Grundidee besteht darin, den Fehler, den das künstliche neuronale Netzwerk bei der Berechnung einer Ausgabe macht, schrittweise rückwärts von der Ausgabe- zur Eingabeschicht weiterzureichen und zur Gewichtsveränderung zu verwenden. 1990 wurden von Jeffrey L. Elman erstmals rückgekoppelte neuronale Netzwerke vorgeschlagen, mit denen sich besonders gut sequenzielle Daten wie z. B. Zeitreihen erlernen lassen (Elman 1990). Eine weitere Verbesserung bestand 1997 in der Einführung einer Art Kurzzeitgedächtnis über sogenannte Long-Short-Term-Memory-Module durch Sepp Hochreiter und Jürgen Schmidhuber (Hochreiter und Schmidhuber 1997). Schließlich wurden 1998 von Yann LeCun die heute dominierenden *Convolutional Neural Networks* vorgeschlagen, die es vor allem in der Bildverarbeitung ermöglichten, das vormals aufwendige und oftmals manuelle Interventionen erfordernde Feature Engineering direkt in den Lernalgorithmus zu integrieren (LeCun 1998). Die künstlichen neuronalen Netzwerke wurden seit Anfang der 2000er Jahre stets komplexer, verbunden mit zahlreichen neu auftretenden Problemen. Erst mit zunehmender Verfügbarkeit billiger, hochparalleler Rechnerkerne (Graphical Processing Units, GPU), wie sie hauptsächlich in der Computergrafik zum Einsatz kamen, wurde das Deep Learning, also die Verarbeitung vielschichtiger und komplexer künstlicher neuronaler Netzwerke, handhabbar. Weitere Erfolgsfaktoren bestanden in der jetzt vorliegenden Verfügbarkeit extrem großer Trainingsdatensätze, wie sie z. B. über das World Wide Web und seine Social-Media-Plattformen gesammelt werden konnten, sowie die Wiederverwendbarkeit und Anpassbarkeit bereits vortrainierter künstlicher neuronaler Netzwerke an neue Problemstellungen (*Transfer Learning*). Besondere Aufmerksamkeit erlangte im März 2016 das Deep-Learning-basierte System AlphaGo von Google DeepMind, dem es gelang, den südkoreanischen Profispieler Lee Sedol unter Turnierbedingungen im Brettspiel Go zu schlagen. Der Folgeversion AlphaGo Zero, mit keinerlei Vorwissen über das Spiel ausgestattet, sondern ausschließlich mit den Spielregeln und durch Spiele gegen sich selbst trainiert, gelang es nach nur drei Tagen Training die AlphaGo-Version, die Lee Sedol besiegen konnte, mit dem Ergebnis 100:1 zu schlagen (Silver et al. 2017).

Typische Einsatzgebiete von Deep-Learning-Technologien sind heute vor allem die Bilderkennung (*Visual Analysis*) sowie die Verarbeitung natürlicher Sprache (*Natural Language Processing – NLP*). Die meisten Probleme lassen sich dabei auf eine Klassifikation zurückführen, d. h. das künstliche neuronale Netzwerk entscheidet, ob eine Eingabe zu einer bestimmten Klasse gehört oder nicht. Übertragen auf die Inhaltserschließung könnte beispielsweise entschieden werden, ob ein bestimmtes Schlüsselwort für ein Dokument vergeben werden soll oder nicht. Neben diesen traditionellen Klassifikationsaufgaben gewannen seit 2015 insbesondere künstlich generierte wirklichkeitsgetreue Bild-, Video-, Musik- oder Textdokumente große öffentliche Popularität. 2014 wurden von Ian Goodfellow et al. *Generative Adversarial Networks* (GANs) eingeführt, die über vergleichendes Lernen trainiert werden (Goodfellow et al. 2014). GANs setzen sich aus einem generativen Netzwerk und einem diskriminativen Netzwerk zusammen. Während das generative Netzwerk neue künstliche Dokumente erzeugt, lernt das diskriminative Netzwerk, die künstlich generierten Dokumente von realen Dokumenten zu unterscheiden. Das Ziel besteht dann darin, dass das generative Netzwerk künstliche Dokumente erzeugen kann, die das diskriminative Netzwerk nicht mehr von originalen Dokumenten unterscheiden kann.

Besonders beeindruckt auch die Leistungsfähigkeit aktueller, auf Deep-Learning-Technologien beruhender statistischer Sprachmodelle. Statistische Sprachmodelle spiegeln die kontextabhängige Häufigkeitsverteilung bestimmter Wortfolgen im Gebrauch einer Sprache wider und können sowohl zur Sprachanalyse als auch zur Generierung von Textinhalten eingesetzt werden. Die von OpenAI entwickelten generativen Sprachmodelle GPT-2 und GPT-3 sind heute in der Lage, natürlichsprachliche Texte zu vorgegebenen Themen von solcher Qualität zu generieren, dass deren Unterscheidung von manuell erstellten Texten kaum mehr möglich ist (Brown et al. 2020).

3 Symbolische und subsymbolische Wissensrepräsentation

Wie bereits erwähnt, stellen die heute so populären Deep-Learning-Technologien lediglich ein auf statistischem Lernen basierendes Teilgebiet der Künstlichen Intelligenz dar. Das in einem künstlichen neuronalen Netzwerk gespeicherte Wissen liegt in Form von Kantengewichten zwischen den einzelnen Neuronen vor. Diese implizite, subsymbolische Form der Repräsentation von Wissen lässt sich nur sehr schwer wieder in eine explizite, symbolische und damit nachvollziehbare Repräsentation umwandeln. Symbolische Wissensrepräsentationen dagegen setzen auf ein Kalkül, d. h. ein formales System von Regeln, mit denen sich aus gegebenen Aussagen (Axiomen) weitere Aussagen ableiten lassen. Verbunden mit einer formalen Interpretation lässt sich die Bedeutung (Semantik) dieser Aussagen ableiten. Semantic-Web-Technologien (Berners-Lee et al. 2001) stellen eine aktuelle Form der Wissensrepräsentation auf der formalen Basis von Beschreibungslogiken dar. Als Austauschformat fungiert dabei das Resource Description Format (RDF), das Aussagen in Form einfacher Tripel (Subjekt, Prädikat, Objekt) kodiert und Entitäten über webbasierte Uniform Resource Identifier (URIs) adressiert und identifiziert. Komplexere Semantik lässt sich deskriptiv über die Web Ontology Language (OWL) oder über logische Regeln abbilden. In ihrer semantisch leichtgewichtigen Variante kommen diese Technologien heute im Zuge der Inhaltserschließung als Linked (Open) Data zum Einsatz (Bizer et al. 2009), d. h. Metadaten zu Bibliotheks- und Archivressourcen werden im Web in RDF-kodierter Form zur Verfügung gestellt. Diese lassen sich zur inhaltlichen Verknüpfung unterschiedlicher Datenquellen und damit zur Anreicherung der eigenen Datenbestände ausnutzen. Größere Popularität konnten semantische Technologien erstmals 2012 mit dem Google Knowledge Graph erzielen, der als Grundlage der Websuchmaschine Google zum Einsatz kommt und die Qualität der erzielten Suchergebnisse signifikant verbesserte (Singhal 2012).

Die effiziente Verknüpfung und gemeinsame Nutzung symbolischer und subsymbolischer Wissensrepräsentationen als hybride KI stellt ein aktuelles Forschungsproblem dar. Deep-Learning-Verfahren kommen häufig in der Analyse unstrukturierter Informationen wie z. B. bei Text- und Bilddokumenten zum Einsatz. Named Entity Recognition und Named Entity Linking erkennt bedeutungstragende Entitäten in natürlichsprachlichen Dokumenten und verknüpft diese mit ihren korrespondierenden Repräsentationen in einem Wissensgraphen (*Knowledge Graph*) bzw. einer Wissensbasis. Moderne Bildklassifikation und Objekterkennung identifiziert in Bilddokumenten dargestellte Objekte und verknüpft diese ebenfalls mit Entitäten oder Klassen eines Wissensgraphen. Verfahren zur Relationsextraktion ermitteln die Verknüpfung bereits identifizierter Entitäten untereinander und können derart zum Aufbau von Wissensgraphen genutzt werden. Von besonderem Interesse sind aktuell Technologien, die eine Abbildung formaler Wissensrepräsentationen in einen Vektorraum ermöglichen, wobei die Semantik der abgebildeten Entitäten mit deren Positionen im Vektorraum korrespondiert (Ristoski und Paulheim 2017). Mit Hilfe dieser Vektorraumeinbettungen (*Embeddings*) lassen sich semantisch ähnliche oder verwandte Entitäten über den Abstand ihrer korrespondierenden Vektoren bzw. über die Anwendung einfacher Vektorraumarithmetik sehr effizient handhaben. Dadurch erschließen sich neue Wege der semantischen und explorativen Suche in großen Dokumentenbeständen sowie die Realisierung einfacher inhaltsbasierter Empfehlungssysteme. Im folgenden Kapitel werden einige ausgewählte Anwendungen symbolischer und subsymbolischer Wissensrepräsentation im Kontext der Inhaltserschließung vorgestellt.

4 Status Quo der Inhaltserschließung an ausgewählten Beispielen

4.1 Automatisierte Verschlagwortung und Klassifizierung

Grundlegend für die Inhaltserschließung unstrukturierter Text- oder Bilddokumente ist die Verschlagwortung oder Klassifizierung. Während bei der Verschlagwortung ein oder mehrere inhaltlich korrespondierende deskriptive Schlagwörter vornehmlich aus einem kontrollierten Vokabular ausgewählt und als Metadaten dem Dokument zugewiesen werden, wird das Dokument in der Klassifizierung einer inhaltlich korrespondierenden Klasse oder Kategorie zugeordnet. Dabei können die Kategorien in hierarchischer Beziehung zueinander stehen.

Ein aktuelles Projekt, in dem neben der Schaffung themenbasierter Zugänge auch eine automatisierte Klassifizierung von Archivdokumenten durchgeführt wird, ist das DFG-geförderte Projekt *Aufbau einer Infrastruktur zur*

Implementierung sachthematischer Zugänge im Archivportal-D am Beispiel des Themenkomplexes Weimarer Republik (2018–2021).[1] Datengrundlage des Projekts stellen digitalisierte Archivalien aus Ministerien, öffentlichen Einrichtungen, Körperschaften und Nachlässen im Bestand des Bundesarchivs und des Landesarchivs Baden-Württemberg aus der Zeit der Weimarer Republik, der ersten deutschen Demokratie, dar, die die Themenbereiche Politik, Wirtschaft, Gesellschaft und Alltag in Deutschland zwischen 1918 und 1933 einschließen. Insgesamt umfasst die Sammlung aktuell 21 042 digitalisierte Dokumente, die anhand eines 881 Schlagwörter beinhaltenden Klassifikationssystems (Systematik) klassifiziert werden müssen. Diese Systematik unterteilt sich in 12 Kategorien und 121 Unterkategorien, denen die Schlagwörter zugeordnet werden. Die Klassierung erfolgt manuell, wird aber durch automatisierte Verfahren über die Empfehlung von zu verwendenden Schlagwörtern unterstützt. Traditionelle automatisierte Klassifikationsverfahren basieren auf Algorithmen des überwachten maschinellen Lernens und benötigen eine hinreichend große Menge an Trainingsdaten für jede einzelne Klasse bzw. jedes Schlagwort. Zudem kann jedes Dokument mehreren Klassen gleichzeitig zugeordnet werden.

Der in diesem Projekt verfolgte Ansatz zur automatisierten Klassifizierung macht sich die semantische Ähnlichkeit zwischen den verfügbaren Metadaten (Titel, Kurzbeschreibungen, Angaben zur Ablageorganisation im Archiv) und den Bezeichnungen der Klassen zu Nutze. Erschwerend kommt hinzu, dass Kurzbeschreibungen kaum vorhanden und Titel nicht immer aussagekräftig sind. Auch existiert keine Transkription der oftmals handschriftlichen Dokumente. Als Lösung des Problems wurden die verfügbaren Textdaten über *Word Embeddings* kodiert und die semantische Ähnlichkeit zwischen Dokumenten und Schlagwörtern über den Winkelabstand der jeweiligen korrespondierenden Vektoren bestimmt, die die Zuordnung von Schlagwörtern, gesteuert durch einen zuvor festgelegten Schwellwert, gestatten (Hoppe et al. 2020). Die mit diesem Verfahren erreichte Genauigkeit der Verschlagwortung ist leider unbefriedigend, erspart oftmals aber als Vorschlagsmechanismus in einem manuellen Verfahren Zeit bei der Suche nach dem passenden Schlagwort. In diesem Zusammenhang werden aktuell Möglichkeiten des sogenannten *Zero-Shot Learning* und des unüberwachten Lernens evaluiert, die unter Einbeziehung externer Wissensquellen eine Verbesserung der erzielten Qualität der Verfahren versprechen.

Ausschlaggebend für die Effektivität eines Klassifikationsverfahrens unter den geschilderten Rahmenbedingungen ist die Herstellung von Kontext. Ist die-

---

[1] Projektwebseite *Sachthematische Zugänge zum Archivportal-D*, https://www.landesarchiv-bw.de/de/landesarchiv/projekte/sachthematische-zugaenge-im-archivportal-d/63525 (13.1.2021).

ser Kontext in den vorhandenen Daten nur begrenzt verfügbar, müssen externe Wissensressourcen herangezogen werden, vergleichbar mit Hintergrundwissen oder Expertenwissen, das eine:n erfahrene:n Archivar:in oder Bibliothekar:in in die Lage versetzt, eine treffende Klassifizierung zu finden. Dieses externe Wissen wird im vorliegenden Projekt z. B. über die vortrainierten Word Embeddings eingebracht, die auf der Grundlage der Texte der Online-Enzyklopädie Wikipedia trainiert wurden und damit Teile des darin enthaltenen Wissens reflektieren. Um die Qualität dieser Klassifizierungsverfahren weiter zu steigern, können weitere externe Wissensressourcen wie z. B. der der Wikipedia zugrundeliegende Hyperlink-Graph oder alternative Wissensgraphen wie z. B. DBpedia oder Wikidata verwendet werden (Türker 2020).

4.2 Wissensrepräsentationen und zeitliche Dynamik

Das im vorangehenden Abschnitt beschriebene Projekt zur Schaffung sachbezogener Zugänge zu einem Archiv beinhaltet die Entwicklung einer bestandsbezogenen Systematik zur Klassifizierung der die Sammlung umfassenden Archivdokumente. Im Zuge des Projektfortschritts unterlag diese Systematik zahlreichen Veränderungen. Weitere Veränderungen der Systematik sind mit der Erweiterung des damit verwalteten Dokumentenbestands zu erwarten. Zu diesem Zweck müssen automatisierte Workflows entwickelt werden, die dieser Dynamik Rechnung tragen und eventuell obsolete Klassifizierungen an die neue Systematik anpassen. Zu diesem Zweck wurde die Archive Dynamics Ontology (ArDO) entwickelt, die genau diese dynamischen Veränderungen innerhalb einer hierarchisch strukturierten Systematik, verbunden mit Archivdokumenten, die ihrerseits einem anderen hierarchisch organisierten Ablagesystem folgen, abbilden und nachhalten kann (Vsesviatska et al. 2021). Jede Veränderung der zur Klassifizierung notwendigen Systematik wird in einem den Archivbestand repräsentierenden Knowledge Graph entsprechend der ArDO-Ontologie nachgehalten und kann zur automatischen Reklassifizierung gemäß der neuen, veränderten Systematik verwendet werden. Zudem lassen sich eventuell vorhandene Kopien der Bestände, die noch mit einer alten Version der Systematik klassifiziert wurden, auf den aktuellen Stand bringen.

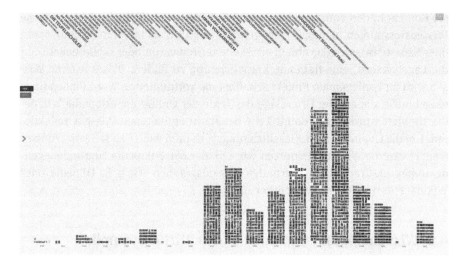

Abb. 1: Visualisierung des gesamten Bilddatenbestands in Linked Stage Graph

Die im vorangegangenen Abschnitt genannten Wissensgraphen bilden bereits vielfach die Grundlage moderner Informations- und Suchsysteme. In ihnen werden Metadaten auf der Basis von Semantic-Web-Technologien miteinander zu einem Graphen verknüpft, der unter anderem eine semantische Suche ermöglicht (siehe Abschnitt 4.1). Beispiel für einen weiteren Wissensgraphen ist der im Rahmen der Cod1ng-Da-V1nc1-Initiative[2] entstandene Linked Stage Graph (Tietz 2019). Grundlage des Linked Stage Graph sind die Bilddatenbestände *Hof-/Landes-/Staatstheater Stuttgart: Fotos und Graphiken* mit ca. 7 000 historischen Fotografien aus dem Zeitraum von 1896 bis 1942. Die zugehörigen Aufführungsmetadaten wurden in einen Wissensgraphen überführt und mit bestehenden externen Wissensressourcen wie Wikidata und der Gemeinsamen Normdatei (GND) der Deutschen Nationalbibliothek verknüpft. Der Linked Stage Graph kann sowohl über einen öffentlich zugänglichen SPARQL-Endpunkt direkt abgefragt werden bzw. wird der Bilddatenbestand in verschiedenen Visualisierungen zugänglich gemacht, wobei unterschiedliche strukturelle Merkmale und Ähnlichkeiten die jeweilige Visualisierung steuern (vgl. Abb. 1).

---

2 Cod1ng-Da-V1nc1-Webseite: https://codingdavinci.de/ (14.1.2021).

4.3 Automatisiertes Transkribieren historischer Dokumente

Traditionell bestimmen analoge Dokumente die Bestände von Archiven und Bibliotheken. Deren automatisierte inhaltliche Erschließung geht oft mit der Digitalisierung der Bestände einher. Allerdings erfordert die inhaltliche Erschließung eine Aufbereitung der in den Digitalisaten enthaltenen Informationen, d. h. Textdokumente müssen via OCR (*Optical Character Recognition*) transkribiert werden, Textinhalte in Bildern oder audiovisuellen Dokumenten müssen ebenfalls via OCR erkannt und transkribiert werden, Tondokumente bzw. die Tonspuren audiovisueller Dokumente werden via Speech2Text transkribiert. Multimediale Dokumente können über zahlreiche weitere automatische Analyseverfahren inhaltlich erschlossen werden. In diesem Abschnitt soll lediglich ein Projekt vorgestellt werden, das unter anderem das Transkribieren historischer Textdokumente beinhaltet.

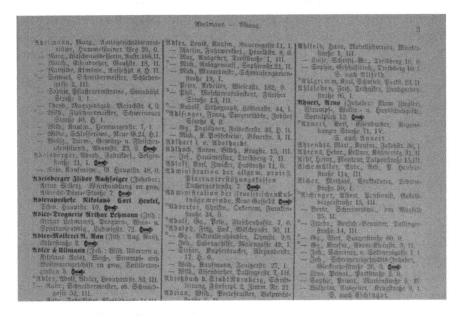

Abb. 2: Beispielseite aus dem Adressbuch für Nürnberg von 1892

Das Projekt TOPORAZ (Nürnberger Topographie in Raum und Zeit) verknüpft ein wissenschaftlich fundiertes 3D-Modell des Nürnberger Hauptmarktes in unterschiedlichen Zeitstufen unmittelbar mit verfügbaren Quellen zu Personen, Ereignissen und Bauten wie z. B. historische Fotos, Zeichnungen, Grafiken und Pläne sowie historische Schriftquellen wie Urkunden, Adressbücher und

Chroniken (Razum et al. 2020). Das Folgeprojekt TRANSRAZ greift die konzeptionellen Vorarbeiten aus TOPORAZ auf und erweitert das Untersuchungsgebiet auf die gesamte Nürnberger Altstadt innerhalb der letzten Stadtumwallung (Tietz et al. 2021). Das Ziel ist die Verknüpfung heterogener historischer Quellen mit dem 3D-Stadtmodell über einen Wissensgraphen. Problematisch ist dabei das automatische Transkribieren handschriftlicher Quellen bzw. Quellen mit historischer Typografie und ausgefallener Strukturierung. Abbildung 2 zeigt eine Beispielseite des Nürnberger Adressbuchs von 1892. Die automatisierte Erfassung der Adressdaten umfasst als erstes die korrekte Auflösung einzelner zusammengehöriger Segmente, dann deren Transkribierung und abschließend eine aufwendige Nachbereitung. Diese besteht in einem Abgleich der Daten mit Referenzlisten von Eigennamen, Straßennamen und historischen Berufsbezeichnungen, einschließlich der Auflösung historisch üblicher Abkürzungsvarianten sowie der Bestimmung von grafischen Sonderzeichen und typografischen Auszeichnungen, die einer eigenen Semantik unterliegen. Weitere historische Quellen erfordern zusätzlich die Analyse natürlichsprachlicher Texte einschließlich der Extraktion von Personendaten, topografischer Daten sowie zeitbezogener Ereignisdaten. Diese Informationen werden semantisch annotiert, in einem manuell erweiterbaren Wissensgraphen verfügbar gemacht und mit externen Wissensressourcen verknüpft. Alle Informationen des TRANSRAZ Wissensgraphen werden direkt mit den topografischen Informationen des 3D-Stadtmodells verknüpft und über dessen grafische Schnittstelle zugänglich gemacht (vgl. Abb. 3).

4.4 Automatisierte Erzeugung und Befüllung von Wissensgraphen

Die in den vorangegangenen Abschnitten vorgestellten Projekte setzen alle einen Knowledge Graph als zentrales Bindeglied zwischen Daten, Dokumenten und externen Informationsquellen ein, um auf dieser Basis ein effizientes Informationssystem zur Verfügung zu stellen, das sowohl für den Endnutzenden als auch für einen automatisierten Zugriff zugänglich ist. Zum Aufbau solcher Wissensgraphen müssen unstrukturierte Dokumente und Daten semantisch analysiert werden, um deren Inhalte auf korrespondierende Ontologien und Vokabulare abzubilden. Während in Bilddokumenten über die visuelle Analyse Objekte erkannt werden können, die sich direkt auf semantische Entitäten beziehen und deren räumliche Beziehung zueinander aus den Bilddokumenten ermittelt werden kann (vgl. Abb. 4), müssen Textdokumente zunächst einer sprachlichen Analyse (NLP) unterzogen werden.

Abb. 3: Ausschnitt des 3D-Stadtmodells des historischen Nürnberger Hauptmarkts mit zusätzlichen topografisch verknüpften Informationen

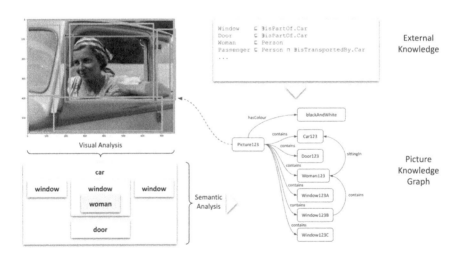

Abb. 4: Visuelle Analyse bestimmt die Bildobjekte und deren Beziehung zueinander im Bild. Mit Hilfe externen Wissens wird daraus ein Knowledge Graph generiert.

Beispiel für die Erzeugung eines Knowledge Graph aus einer Sammlung wissenschaftlicher Arbeiten ist der Artificial Intelligence Knowledge Graph (Dessì et al. 2020). Als Grundlage dienten mehr als 300 000 wissenschaftliche Arbeiten im Bereich der Künstlichen Intelligenz aus dem Microsoft Academic Graph (MAG). Mit Hilfe einer komplexen Verarbeitungspipeline, die statistische und linguistische Deep-Learning-basierte Verfahren zur Identifikation und Extraktion von bedeutungstragenden Entitäten und zugehörigen Relationen kombiniert, konnte ein Knowledge Graph erzeugt werden, der bislang 14 Millionen Fakten über 820 000 extrahierte Entitäten mittels 27 Relationen miteinander und mit weiteren externen Informationsressourcen verknüpft. Zum einen lässt sich der erzeugte Knowledge Graph zur Implementierung einer semantischen Suche oder eines inhaltsbasierten Empfehlungssystems über die darin enthaltenen wissenschaftlichen Arbeiten verwenden. Darüber hinaus lässt sich die angewandte Technologie auch an andere Wissensgebiete zur Erzeugung neuer Wissensgraphen anpassen, wie aktuell z. B. für COVID-19 oder für mathematische wissenschaftliche Literatur.

5 Effiziente Nutzung inhaltserschlossener Dokumente

Symbolische und subsymbolische Wissensrepräsentation lassen sich zur inhaltlichen Erschließung nutzbringend kombinieren. Multimodale Dokumente, d. h. Texte, Bilder oder audiovisuelle Inhalte können mit Hilfe moderner Deep-Learning-Verfahren inhaltlich analysiert werden, sodass deren Inhalte in Form eines Wissensgraphen repräsentiert werden können. Informationssysteme setzen Wissensgraphen zur Verbesserung des Zugangs zu den in ihnen gespeicherten Informationsinhalten ein. Beispielsweise lässt sich eine semantische Suche implementieren, Informationsinhalte und deren Zusammenhänge untereinander können durch geeignete Visualisierungen deutlich gemacht werden, oder inhaltsbasierte Empfehlungssysteme können die Suche in Informationssystemen hin zu einer explorativen Suche unterstützen (Waitelonis und Sack 2012).

5.1 Semantische Suche

Im Unterschied zur textbasierten Suche konzentriert sich die semantische Suche auf Entitäten, d. h. einerseits werden so sprachliche Mehrdeutigkeiten der traditionellen Textsuche einfach vermieden beziehungsweise aufgelöst, andererseits können Informationsinhalte auch über Synonyme oder Umschreibungen aufgefunden werden. Auf diese Weise wird eine vollständigere und gleichzeitig auch genauere Suche realisiert. Die im Wissensgraph repräsentierten Entitäten sind mit Ontologien verbunden, über die zugehörige Kategorien und Oberbegriffe ermittelt werden können. Mit diesen lässt sich die ursprüngliche Suche erweitern, so dass zusätzliche relevante Suchergebnisse gewonnen werden können. Eine weitere Möglichkeit besteht in der Erzeugung semantischer Suchfacetten, d. h. das erzielte Suchergebnis lässt sich nach inhaltlich relevanten Kriterien filtern und einschränken. Zusätzlich kann der Wissensgraph auch direkt in das verwendete Suchmaschinenmodell integriert werden. Das zahlreichen Suchmaschinen zugrundeliegende Vektorraummodell lässt sich zu einem generalisierten Vektorraummodell erweitern. Dazu werden dessen Basisvektoren, die vormals z. B. Schlüsselwörter repräsentieren, selbst noch einmal in weitere Vektoren zerlegt, so dass Ähnlichkeitsbeziehungen unter den ursprünglich orthogonalen Basisvektoren direkt im generalisierten Vektorraummodell repräsentiert werden. Auf diese Weise lassen sich sehr effizient semantisch ähnliche Suchergebnisse oder aber auch semantisch miteinander in Bezug stehende Suchergebnisse ermitteln, die die ursprünglich erzielten Suchergebnisse ergänzen (Waitelonis et al. 2016).

5.2 Visualisierung

Ein grundsätzliches Problem der Umsetzung einer semantischen Suche besteht in der Erwartungshaltung des:der jeweiligen Benutzer:in. Seit dem Aufkommen der ersten indexbasierten Websuchmaschinen Ende der 1990er Jahre haben sich die Benutzer:innen an die angebotene Visualisierung der Suchergebnisse in Form einer verlinkten linearen Liste gewöhnt.

Einfache Volltextsuche wird der Verwendung von komplexen Suchoperatoren vorgezogen. Allerdings verbesserte sich die Qualität der so erzielten Suchergebnisse fortlaufend durch die Auswertung von Feedback und zunehmende Personalisierung. Die Suchmaschine lernt zusammen mit ihrer:m Benutzer:in, insofern dieser dazu bereit ist, Daten über das eigene Suchverhalten preiszugeben. Grundsätzlich sind für eine semantische Suche auch semantisch erschlossene Dokumente notwendig, d. h. inhaltlich relevante Entitäten müssen in den unstrukturierten Daten als solche annotiert werden, um einen wie im vorangegangenen Abschnitt geschilderten Nutzen zu erzielen. Automatisierte semantische Annotation, wie z. B. Entity Linking zur Identifikation relevanter Entitäten, ist oft fehlerbehaftet und muss durch manuelle Annotation ergänzt werden. Diese scheitert aber oft am Design intuitiver und einfach zu benutzender Bedienoberflächen. *refer*[3] ist ein als Wordpress Plugin realisiertes Entity-Annotationsund Visualisierungswerkzeug, das eine einfache und intuitive Benutzungsschnittstelle zur semantischen Annotation bietet (vgl. Abb. 5). *refer* erlaubt die automatisierte Annotation mit semantischen Entitäten des DBPedia[4] Knowledge Graph (Tietz et al. 2016). In gleicher Weise lassen sich Werkzeuge der automatischen Objektidentifikation in Bildarchiven nutzen, um erkannte Objekte mit korrespondierenden Entitäten aus einem Wissensgraphen zu annotieren.

Abb. 5: Typgesteuertes semantisches Annotationswerkzeug refer implementiert als WordPress Plugin zur teilautomatisierten semantischen Annotation am Beispiel des SciHi Weblogs[5]

5.3 Explorative Suche und Empfehlungssysteme

Ein weiteres Problem der Nutzung inhaltlich erschlossener Dokumente liegt oftmals darin, dass die Suchenden nicht notwendigerweise über das benötigte Fachwissen in Form eines bestimmten Vokabulars verfügen, um die gewünschte Suchintention unter den Restriktionen der Suchmaschine eines Informationssystems zielbringend umzusetzen. Oftmals fällt es den Suchenden auch schwer, die gewünschte Suchintention überhaupt auszudrücken oder zu fixieren. Dabei

---

3 *refer*, Annotations- und Visualisierungswerkzeug, https://refer.cx/ (21.1.2021).
4 DBpedia Knowledge Graph, https://wiki.dbpedia.org/ (22.1.2021).
5 SciHi Weblog, http://scihi.org/ (21.1.2021).

wäre es hilfreich zu wissen, welche Informationen insgesamt im betreffenden Informationssystem vorhanden sind. Nur zu leicht überfordern aktuelle Informationssysteme dabei die Benutzer:innen durch die immense Fülle der verfügbaren Informationen. Explorative Suche ermöglicht es den Benutzer:innen eben diese Herausforderungen explizit zu adressieren und bietet vielfältige Lösungsmöglichkeiten. Liegt das im Informationssystem verfügbare Wissen in Form eines Knowledge Graph vor, kann das explizit darin repräsentierte Wissen dazu genutzt werden, neue Wege durch den verfügbaren Informationsraum aufzuzeigen, indem semantische Ähnlichkeiten, relationale Beziehungen der Inhalte untereinander sowie inhaltliche Beziehungen zum:r jeweiligen Benutzer:in aufgezeigt und Suchempfehlungen ausgesprochen werden können. Das bereits genannte Annotations- und Visualisierungswerkzeug *refer* ermöglicht auch die Visualisierung inhaltlicher Zusammenhänge zwischen den in einem Dokument referenzierten Entitäten (vgl. Abb. 6). Auf diese Weise lassen sich Informationsinhalte schneller rezipieren sowie inhaltlich verwandte bzw. ähnliche Informationsinhalte direkt auffinden.

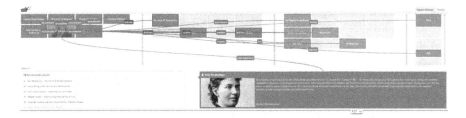

Abb. 6: Visualisierung inhaltlicher Zusammenhänge zwischen Informationsinhalten mit *refer*

6 Conclusion

Neueste Deep-Learning-basierte Verfahren können sowohl zur Klassifikation als auch zum Generieren von Informationsinhalten genutzt werden. Generative Adversarial Networks nutzen vergleichendes Lernen, um z. B. realistische Bilder zu erzeugen. In Verbindung mit Sprachmodellen können sprachliche Beschreibungen und inhaltlich korrespondierende Bilder gemeinsam erlernt werden, sodass generative Modelle in der Lage sind, Bilder zu textuellen Beschreibungen zu generieren (Xu et al. 2018). Während diese Technologie in jüngster Vergangenheit lediglich auf thematisch eng begrenzte Domänen sinnvoll zur Anwendung gelangen konnte, eröffnen neue hochkomplexe Sprachmodelle, wie z. B. aktuell GPT-3, nahezu treffsicher die Erzeugung passender realistischer Bilder zu beliebigen realen oder auch rein fiktiven Objektbeschreibungen (Ramesh et al. 2021). Angewandt auf die Suche in Bildarchiven eröffnet diese Technologie neue Möglichkeiten, da sich die aktuell bereits eingesetzte visuelle Ähnlichkeitsbestimmung mit der semantischen Ähnlichkeit textueller Beschreibungen verbinden lässt. Damit werden auch vormals unerschlossene Bildbestände inhaltlich durchsuchbar. Verbindet man diese Deep-Learning-Verfahren mit Wissensgraphen, kann ebenso eine explorative Suche implementiert werden, die den Benutzer:innen bei der inhaltlichen Erkundung eines Bild- oder Textarchivs jenseits der Möglichkeiten aktueller Suchtechnologie unterstützt. Diese hybride Anwendungsform der Künstlichen Intelligenz verbindet die traditionell symbolische Wissensrepräsentation mit dem subsymbolisch repräsentierten Wissen der Deep-Learning-Verfahren. Dadurch eröffnen sich neue Möglichkeiten der inhaltlichen Erschließung, die qualitativ einen Quantensprung zu aktuell eingesetzten Technologien bieten und die Suche in Informationssystemen verändern werden. Schwierig bleibt dabei nach wie vor die Erfüllung der Erwartungshaltungen unterschiedlicher Benutzer:innen. Idealvorstellung bleibt eine Suchmaschine, die stets individuell mit ihren Benutzer:innen lernt, ohne dabei persönliche Daten preiszugeben.

Aber wird dadurch die intellektuelle Inhaltserschließung in Zukunft obsolet? Noch scheint es nicht ganz so weit. Auch wenn Deep-Learning-basierte Verfahren in speziellen Anwendungsgebieten die intellektuellen Fähigkeiten des Menschen bereits übertroffen haben, bleibt die allgemeine menschliche Intelligenz mit ihren kognitiven, sensomotorischen, emotionalen und sozialen Komponenten und der Ausbildung eines Bewusstseins bislang unerreicht. Semiautomatische Verfahren zur Inhaltserschließung unterstützen die intellektuelle Erschließung durch intelligente Vorschlagsmechanismen oder eine intellektuelle Bestätigung und eventuelle Korrektur der automatisch gewonnenen Ergebnisse. So können die Geschwindigkeit automatisierter Verfahren mit der höheren Genauigkeit intellektueller Erschließung effizient kombiniert werden. Wann werden also hybride KI-Verfahren die intellektuelle Inhaltserschließung vollständig ersetzen? Die Antwort auf diese Frage hängt nicht allein vom Stand der technischen Entwicklung ab. Es ist vor allen Dingen eine Frage der Bereitschaft, den dazu notwendigen Aufwand zu investieren: vollständige Digitalisierung der Inhalte, vollständige Transkription textbasierter Dokumente, vollständige visuelle und semantische Analyse. Dazu kommt das Problem eventuell fehlender Akzeptanz nicht intellektuell gewonnener Ergebnisse, obwohl unterschiedliche menschliche Bearbeiter:innen auch zu unterschiedlichen Ergebnissen gelangen können, bedingt durch unterschiedliches Fach- und Hintergrundwissen sowie verschiedene Kontexte. Eine preisgünstige universelle und umfassende Out-of-the-Box-Lösung zur automatischen Inhaltserschließung für Bibliotheken und

Archive wird aktuell noch auf sich warten lassen. Erste Ansätze in diese Richtung werden z. B. von dem DFG-geförderten Projekt *EEZU – Einfaches Erschließungs- und Zugriffssystem für kleine und mittlere Archive als Open-Source-Software und gehosteter Dienst*[6] verfolgt, das semantische Technologien zur Datenverwaltung einsetzt und dazu auch Deep-Learning-gestützte Verfahren zur Inhaltserschließung erprobt und implementiert.

7 Literaturverzeichnis

Berners-Lee, Tim, James Hender und Ora Lassila: The Semantic Web: a new form of Web content that is meaningful to computers will unleash a revolution of new possibilities. In: Scientific American (2001) Bd. 284 Nr. 5. S. 34–43.

Bizer, Chris, Tom Heath und Tim Berners-Lee: Linked Data – The Story So Far. In: International Journal on Semantic Web and Information Systems (2009) Bd. 5 H. 3. S. 1–22.

Brown, Tom B., Benjamin Mann, Nick Ryder, Melanie Subbiah u. a.: Language Models are Few-Shot Learners, arXiv:2005.14165, 2020. https://arxiv.org/abs/2005.14165 (1.3.2021).

Dessì, Danilo, Francesco Osborne, Diego Reforgiato Recupero, Davide Buscaldi, Enrico Motta und Harald Sack: AI-KG: an Automatically Generated Knowledge Graph of Artificial Intelligence. In: The Semantic Web – ISWC 2020. 19th International Semantic Web Conference, Athens, Greece, November 2–6, 2020, Proceedings, Part II, Resources Track. Hrsg. v. Jeff Z. Pan, Valentina Tamma, Claudia d'Amato, Krzysztof Janowicz, Bo Fu, Axel Polleres, Oshani Seneviratne und Lalana Kagal. Cham: Springer 2020. S. 127–143. https://doi.org/10.1007/978-3-030-62466-8_9.

Elman, Jeffrey L.: Finding Structure in Time. In: Cognitive Science (1990) Bd. 14 H. 2. S. 179–211. https://doi.org/10.1207/s15516709cog1402_1.

Goodfellow, Ian, Jean Pouget-Abadie, Mehdi Mirza, Bing Xu, David Warde-Farley, Sherjil Ozair, Aaron Courville und Yoshua Bengio: Generative Adversarial Networks. In: Proceedings of the 27th International Conference on Neural Information Processing Systems (NIPS 2014), Volume 2. Hrsg. v Z. Ghahramani, M. Welling, C. Cortes, Neil D. Lawrence und K. Q. Weinberger. Cambridge: MIT Press 2014. S. 2672–2680. https://dl.acm.org/doi/10.5555/2969033.2969125.

Hebb, Donald O.: The organization of behavior. A neuropsychological theory. New York: Wiley 1949.

Hochreiter, Sepp und Jürgen Schmidhuber: Long short-term memory. In: Neural Computation (1997) Bd. 9 Nr. 8. S. 1735–1780. https://doi.org/10.1162/neco.1997.9.8.1735.

Hoppe, Fabian, Tabea Tietz, Danilo Dessì, Nils Meyer, Mirjam Sprau, Mehwish Alam und Harald Sack: The challenges of German archival document categorization on insufficient labeled data. In: Proceedings of the Third Workshop on Humanities in the Semantic Web (WHiSe

---

6 EEZU – Einfaches Erschließungs- und Zugriffssystem für kleine und mittlere Archive als Open-Source-Software und gehosteter Dienst, in Geförderte Projekte der DFG, https://gepris.dfg.de/gepris/projekt/449727012?context=projekt&task=showDetail&id=449727012& (30.1.2021).

2020) co-located with 15th Extended Semantic Web Conference (ESWC 2020). Hrsg. v. Alessandro Adamou, Enrico Daga und Albert Meroño-Peñuela. CEUR 2020 (Bd. 2695). S. 15–20. http://ceur-ws.org/Vol-2695/paper2.pdf (1.3.2021).

Le Cun, Yann: Learning Processes in an Asymmetric Threshold Network. In: Disordered Systems and Biological Organization. Hrsg. v. E. Bienenstock, F. Fogelman-Soulié und G. Weisbuch. Berlin: Springer 1986. S. 233–240. https://doi.org/10.1007/978-3-642-82657-3_24.

McCulloch, Warren und Walter Pitts: A logical calculus of the ideas immanent in nervous activity. In: Bulletin of Mathematical Biophysics (1943) Bd. 5. S. 115–133. https://doi.org/10.1007/BF02478259.

Minsky, Marvin L. und Seymour A. Papert: Perceptrons. Cambridge, MA: MIT Press 1969.

Parker, David B.: Learning Logic. Technical Report TR-87. Cambrigde, MA: MIT, Center for Computational Research in Economics and Management Science 1985.

Ramesh, Aditya, Mikhail Pavlov, Gabriel Goh, Scott Gray u. a.: DALL·E: Creating Images from Text. OpenAI Blog, January 5, 2021. https://openai.com/blog/dall-e/ (21.1.2021).

Razum, Matthias, Sandra Göller, Harald Sack, Tabea Tietz, Oleksandra Vsesviatska, Gerhard Weilandt, Marc Grellert und Torben Scharm: TOPORAZ – Ein digitales Raum-Zeit-Modell für vernetzte Forschung am Beispiel Nürnberg. In: Information – Wissenschaft & Praxis (2020) Bd. 71 H. 4. S. 185–194. https://doi.org/10.1515/iwp-2020-2094.

Ristoski, Petar und Heiko Paulheim: RDF2vec: RDF graph embeddings for data mining. In: The Semantic Web – ISWC 2016. 15th International Semantic Web Conference, Kobe, Japan, October 17–21, 2016, Proceedings, Part I. Hrsg. v. Paul Groth, Elena Simperl, Alasdair Gray, Marta Sabou, Markus Krötzsch, Freddy Lecue, Fabian Flöck und Yolanda Gil. Cham: Springer 2016. S. 498–514. https://doi.org/10.1007/978-3-319-46523-4_30.

Rosenblatt, Frank: The Perceptron: A Probabilistic Model for Information Storage and Organization in the Brain. In: Psychological Review (1958) Bd. 65 Nr. 6. S. 386–408. https://psycnet.apa.org/doi/10.1037/h0042519 (21.1.2021).

Rummelhart, David E., Geoffrey E. Hinton und Ronald J. Williams: Learning Representations by Back-Propagating Errors. In: Nature (1986) Bd. 323. S. 533–536. https://doi.org/10.1038/323533a0.

Silver, David, Julian Schrittwieser, Karen Simonyan u. a.: Mastering the game of Go without human knowledge. Nature, Bd. 550 (2017). S. 354–359.

Singhal, Amit: Introducing the Knowledge Graph: Things, Not Strings. Google Official Blog, 16.05.2012, http://googleblog.blogspot.com/2012/05/introducing-knowledge-graph-things-not.html (12.2.2021).

Tietz, Tabea, Oleksandra Bruns, Sandra Göller, Matthias Razum, Danilo Dessì und Harald Sack: Knowledge Graph enabled Curation and Exploration of Nuremberg's City Heritage. In: Proceedings of 2nd Conference on Digital Curation Technologies (2021).

Tietz, Tabea, Joscha Jäger, Jörg Waitelonis und Harald Sack: Semantic Annotation and Information Visualization for Blogposts with refer. In: Visualization and Interaction for Ontologies and Linked Data. Proceedings of the Second International Workshop on Visualization and Interaction for Ontologies and Linked Data (VOILA 2016) co-located with the 15th International Semantic Web Conference (ISWC 2016). Hrsg. v. Valentina Ivanova, Patrick Lambrix, Steffen Lohmann u.Catia Pesquita. CEUR 2016 (Bd. 1704). S. 28–40. http://ceur-ws.org/Vol-1704/paper3.pdf (21.1.2021).

Tietz, Tabea, Jörg Waitelonis, Kanran Zhou, Paul Felgentreff, Niels Meyer, Andreas Weber und Harald Sack: Linked Stage Graph. In: Proceedings of the Posters and Demo Track of the

15th International Conference on Semantic Systems co-located with 15th International Conference on Semantic Systems (SEMANTiCS 2019). Hrsg. v. Mehwish Alam, Ricardo Usbeck, Tassilo Pellegrini, Harald Sack und York Sure-Vetter. CEUR 2019 (Bd. 2451). http://ceur-ws.org/Vol-2451/paper-27.pdf.

Türker, Rima, Lei Zhang, Mehwish Alam und Harald Sack: Weakly Supervised Short Text Categorization Using World Knowledge. In: The Semantic Web – ISWC 2020. 19th International Semantic Web Conference, Athens, Greece, November 2–6, 2020, Proceedings, Part I. Hrsg. v. Jeff Z. Pan, Valentina Tamma, Claudia d'Amato, Krzysztof Janowicz, Bo Fu, Axel Polleres, Oshani Seneviratne und Lalana Kagal. Cham: Springer 2020. S. 584–600. https://doi.org/10.1007/978-3-030-62419-4_33.

Vsesviatska, Oleksandra, Tabea Tietz, Fabian Hoppe, Mirjam Sprau, Niels Meyer, Danilo Dessì und Harald Sack: ArDO: An Ontology to Describe the Dynamics of Multimedia Archival Records. In: Proceedings of the 36th ACM/SIGAPP Symposium On Applied Computing. 2021.

Waitelonis, Jörg, Claudia Exeler und Harald Sack: Linked Data Enabled Generalized Vector Space Model To Improve Document Retrieval. In: Proceedings of the Third NLP&DBpedia Workshop (NLP & DBpedia 2015) co-located with the 14th International Semantic Web Conference 2015 (ISWC 2015). Hrsg. v. Heiko Paulheim, Marieke van Erp, Agata Filipowska, Pablo N. Mendes und Martin Brümmer. CEUR 2016 (Bd. 1581). S. 33–44. http://ceur-ws.org/Vol-1581/paper4.pdf (21.1.2021).

Waitelonis, Jörg und Harald Sack: Towards exploratory video search using linked data. In: Multimedia Tools and Applications (2012) Bd. 59 H. 2. S. 645–672. https://doi.org/10.1007/s11042-011-0733-1.

Xu, Tao, Pengchuan Zhang, Qiuyuan Huang, Han Zhang, Gan, Zhe Gan, Xiaolei Huang und Xiaodong He: AttnGAN: Fine-Grained Text to Image Generation with Attentional Generative Adversarial Networks. In: Proceedings of 2018 IEEE/CVF Conference on Computer Vision and Pattern Recognition. IEEE 2018. S. 1316–1324. https://doi.ieeecomputersociety.org/10.1109/CVPR.2018.00143.

Verzeichnis der Autor:innen

Albrecht, Rita
https://orcid.org/0000-0003-0772-1057
Rita Albrecht wurde für den gehobenen Bibliotheksdienst an der Stadt- und Universitätsbibliothek und der Bibliotheksschule Frankfurt ausgebildet. Seit 1998 ist sie in der hebis-Verbundzentrale tätig, ist dort Leiterin der Gruppe Metadaten und Standardisierung sowie zuständig für die Öffentlichkeitsarbeit.

Baierer, Konstantin
https://orcid.org/0000-0003-2397-242X
Konstantin Baierer studierte Bibliotheks- und Informationswissenschaft und Informatik an der Humboldt-Universität zu Berlin und arbeitete 2012–2014 am Projekt DM2E (*Digital Manuscripts to Europeana*) in Berlin, 2014–2016 in Mannheim am Projekt InFoLiS (*Integration von Forschungsdaten und Literatur*) sowie 2016–2018 für die Universitätsbibliothek Heidelberg an digitalen Editionen. Seit 2018 ist er an der Staatsbibliothek zu Berlin für die Interoperabilität der Komponenten des Projekts OCR-D verantwortlich.

Balakrishnan, Umamaheswari
https://orcid.org/0000-0002-8132-9574
Uma Balakrishnan hält den *Master of Science with Merit in Information and Library Studies* der Robert Gorden University, Aberdeen. In der Verbundzentrale (VZG) des Gemeinsamen Bibliotheksverbundes (GBV) leitet sie u. a. das VZG-Projekt coli-conc. Ihr Zuständigkeitsbereich umfasst Wissensorganisationssysteme und dazugehörige relevante Projekte.

Beck, Cyrus, Dr.
https://orcid.org/0000-0002-5719-2651
Cyrus Beck ist stellvertretender Leiter der Abteilung für Informationskompetenzvermittlung, Digitale Dienste und Entwicklung sowie Fachreferent für Politik- und Militärwissenschaft an der Zentralbibliothek Zürich. Er bekleidete die ehemalige Kompetenzstelle für Normdaten in der Inhaltserschließung des Informationsverbunds Deutschschweiz (IDS) und war bis 2019 Mitglied des Expertenteams RDA-Anwendungsprofil für die verbale Inhaltserschließung.

Beckmann, Regine

https://orcid.org/0000-0001-7052-2793

Regine Beckmann ist seit 2005 an der Staatsbibliothek zu Berlin – Preußischer Kulturbesitz beschäftigt. Zunächst betreute sie die Fachreferate Kunst, Architektur, Theater und Film, seit 2014 koordiniert sie als Stabsstelle den Bereich Inhaltserschließung. In dieser Funktion vertritt sie die Bibliothek in verschiedenen überregionalen Fachgremien, unter anderem in der Fachgruppe Erschließung und im Expertenteam RDA-Anwendungsprofil für die verbale Inhaltserschließung an der DNB sowie in der für den SWB und den GBV gemeinsam eingerichteten AG K10plus Sacherschließung. Im GBV ist sie Sprecherin der Facharbeitsgruppe Erschließung und Informationsvermittlung und Mitglied des Fachbeirates. Von 2016–2020 unterrichtete sie als Lehrbeauftragte im Master-Fernstudiengang des Instituts für Bibliotheks- und Informationswissenschaft der Humboldt-Universität zu Berlin die Grundlagen verbaler und klassifikatorischer Informationsaufbereitung.

Block, Barbara, Dr.

https://orcid.org/0000-0002-7486-3189

Barbara Block studierte Geschichte und Mathematik und absolvierte danach eine Ausbildung für den Höheren Bibliotheksdienst an der FHBD Köln. Sie ist bei der Verbundzentrale des GBV in Göttingen als Leiterin der Abteilung Bibliothekarische Dienste tätig.

Bourgonje, Peter

https://orcid.org/0000-0003-3541-0678

Peter Bourgonje hat einen Bachelor in Linguistik (2007) und einen Master in Computerlinguistik (2010), beide von der Universität Utrecht (Niederlande). Nach Tätigkeiten als Computerlinguist in verschiedenen Unternehmen kam er 2015 als wissenschaftlicher Mitarbeiter an das Deutsche Forschungszentrum für Künstliche Intelligenz (DFKI; Forschungsbereich *Speech and Language Technology*) in Berlin. Zusätzlich war Peter Bourgonje von 2017 bis 2020 als Doktorand im Bereich Diskursparsing an der Universität Potsdam tätig. Die Verteidigung der Dissertation ist für Anfang 2021 vorgesehen.

Expertenteam RDA-Anwendungsprofil für die verbale Inhaltserschließung

Das Expertenteam *RDA-Anwendungsprofil für die verbale Inhaltserschließung* besteht aus den Personen Cyrus Beck (bis Ende 2019), Regine Beckmann, Madeleine Boxler (bis Ende 2020), Michael Franke-Maier, Urs Frei, Werner Holbach, Armin Kühn, Bettina Kunz, Julijana Nadj-Guttandin, Sarah Pielmeier, Esther Scheven, Christoph Steiner, Heidrun Wiesenmüller und Barbara Wolf-Dahm.

Franke-Maier, Michael
https://orcid.org/0000-0003-4263-2754
Michael Franke-Maier ist stellvertretender Leiter der Zugangsabteilung der Universitätsbibliothek der Freien Universität Berlin, leitet dort den Bereich Sacherschließung und ist für die Koordination der Inhaltserschließung im Bibliothekssystem der FU verantwortlich. Zudem vertritt er auf nationaler Ebene den Kooperativen Bibliotheksverbund Berlin-Brandenburg (KOBV) im GND-Ausschuss und in diversen nachgeordneten Gremien, wie dem Expertenteam RDA-Anwendungsprofil für die verbale Inhaltserschließung (ET RAVI). Im Zusammenhang mit der strategischen Allianz zwischen KOBV und dem Bibliotheksverbund Bayern ist er seit Sommer 2014 stellvertretender Vorsitzender der Arbeitsgruppe für Sacherschließung der Kommission für Erschließung und Metadaten. Weiterhin ist er seit Ende 2016 Mitglied im Beirat der Regensburger Verbundklassifikation.

Frei, Urs, Dr.
Urs Frei absolvierte ab 1977 ein Studium und Doktorat in Chemie an der ETH Zürich, zwischen 1992–1996 arbeitete er in der Hauptbibliothek der ETH Zürich, ab 1996 war er im Dienst Sacherschliessung der Schweizerischen Nationalbibliothek in Bern tätig, ab 1997 als stellvertretender Leiter. Ab 1998 arbeitet er in Expertengremien für Inhaltserschliessung des Standardisierungsausschusses (u. a. ET RAVI) mit.

Gerber, Mike
https://orcid.org/0000-0003-2167-4322
Mike Gerber hat Informatik am Karlsruher Institut für Technologie studiert und ist seit 2019 im Rahmen des QURATOR-Projekts an der Staatsbibliothek zu Berlin beschäftigt. Nach einem Exkurs in der Startup-Szene beschäftigt er sich heute mit der Optical Character Recognition von historischen Drucken. Sein Hauptinteresse gilt dem Machine Learning und der OCR.

Golub, Koraljka, Prof. Dr.
https://orcid.org/0000-0003-4169-4777
Koraljka Golub leitet die iSchool der Linnaeus-Universität, das iInstitute, und ist Ko-Leiterin der Digital Humanities Initiative an der Linnaeus-Universität.

Ihre Forschungsschwerpunkte sind Digitale Bibliotheken und Information Retrieval. Dabei liegt ihr spezieller Fokus auf Themen der Wissensorganisation, der Integration von Wissensorganisationssystemen in Social Tagging bzw. automatisierte Verschlagwortung sowie der Evaluierung des daraus resultierenden Information Retrievals durch Endnutzende.

Holbach, Werner
https://orcid.org/0000-0002-2731-6967
Nach dem Studium der Elektrotechnik an der Universität Kaiserslautern und dem anschließenden Bibliotheksreferendariat war Werner Holbach von 1988 bis 2001 als wissenschaftlicher Bibliothekar an der UB der TU München tätig; seit 2001 an der Bayerischen Staatsbibliothek. Zurzeit ist er als Referatsleiter Länder- und Fachreferate verantwortlich für Sacherschließung, Erwerbung und Normdaten. Er ist Vorsitzender der Arbeitsgruppe für Sacherschließung der Kommission für Erschließung und Metadaten (BVB/KOBV) und ist Mitglied im Expertenteam RDA-Anwendungsprofil für die verbale Inhaltserschließung sowie in der Fachgruppe Erschließung und im GND-Ausschuss.

Junger, Ulrike
Ulrike Junger studierte die Fächer Evangelische Theologie und Psychologie und absolvierte in den Jahren 1992–1994 ihr Bibliotheksreferendariat. Zwischen 1995 und 2009 hatte sie verschiedene Positionen an der SUB Göttingen, der Verbundzentrale des GBV und der Staatsbibliothek zu Berlin inne. Seit 2009 ist sie an der Deutschen Nationalbibliothek, derzeit als Leiterin des Fachbereichs Erwerbung und Erschließung.

Kasprzik, Anna, Dr.
https://orcid.org/0000-0002-1019-3606
Anna Kasprzik hat Formale Linguistik, Informatik und Kognitionspsychologie studiert und in der Theoretischen Informatik promoviert. Danach hat sie am KIM Konstanz und an der Bibliotheksakademie in München das Bibliotheksreferendariat abgelegt und eine Weile für den Bibliotheksverbund Bayern gearbeitet. Anschließend hat sie sich in der Forschung und Entwicklung der TIB Hannover mit Wissensorganisationssystemen (Thesauri und Ontologien) befasst. Seit 2018 koordiniert sie an der Zentralbibliothek Wirtschaft Hamburg (ZBW) die Automatisierung der Sacherschließung mit Machine-Learning-Methoden

aus der hausinternen angewandten Forschung und deren Verzahnung mit semantischen Technologien.

Király, Péter, Ph. D.
https://orcid.org/0000-0002-8749-4597
Péter Király ist Softwareentwickler und Forscher auf dem Gebiet des kulturellen Erbes und der digitalen Geisteswissenschaften. Sein Forschungsgebiet ist die Messung der Qualität von Metadaten. Er ist Mitglied der Göttinger eResearch Alliance, einem Gemeinschaftsprojekt des Rechenzentrums und der Bibliothek des Göttingen Campus. Seine Hauptverantwortung ist GRO.data, ein auf Dataverse basierendes Tool zur Veröffentlichung von Forschungsdaten. Er ist aktiver Mitarbeiter verschiedener Open-Source-Projekte.

Kratzer, Mathias, Dr.
https://orcid.org/0000-0003-3470-0622
Mathias Kratzer studierte Mathematik und Informatik an der Technischen Universität München. Nach seiner Promotion im Bereich Darstellungstheorie endlicher einfacher Gruppen an der Universität Duisburg-Essen nahm er 2003 seine Tätigkeit an der Bayerischen Staatsbibliothek in der Verbundzentrale des Bibliotheksverbundes Bayern auf. Von 2013 bis 2021 leitete er dort das Referat Verbundnahe Dienste. Seit August 2021 leitet er das Stabsreferat Informationstechnologie der Bayerischen Staatsbibliothek.

Kühn, Armin
Armin Kühn ist seit 1995 im Bibliotheksservice-Zentrum Baden-Württemberg als Bibliothekar beschäftigt und dort u. a. für die verbale und klassifikatorische Sacherschließung zuständig. Mitarbeit im überregionalen Expertenteam RDA-Anwendungsprofil für die verbale Inhaltserschließung, zuvor Mitglied der Expertengruppe Sacherschließung.

Kunz, Bettina
Bettina Kunz leitet die Zentralredaktion Sacherschließung des Gemeinsamen Bibliotheksverbundes (GBV) und betreut die Teilnehmerbibliotheken in allen Belangen der kooperativen Sacherschließung im GBV. Auf überregionaler Ebene vertritt sie den GBV im Bereich Inhaltserschließung im Expertenteam RDA-Anwendungsprofil für die verbale Inhaltserschließung (ET RAVI) der Fachgruppe Erschließung des Standardisierungsausschusses und dem *Expertenteam Werke* des GND-Ausschusses.

Labusch, Kai, Dr.
https://orcid.org/0000-0002-7275-5483
Kai Labusch, Studium der Informatik mit Nebenfach Biomathematik an der Universität zu Lübeck, ist seit 2019 Mitarbeiter im QURATOR-Team der Staatsbibliothek zu Berlin. Nach seiner Promotion zum Thema *Sparse Coding* am Institut für Neuro- und Bioinformatik der Universität zu Lübeck entwickelte er Anwendungen maschineller Lernverfahren unter anderem zur Sprachverarbeitung und in der Stahlindustrie. Schwerpunkte seiner aktuellen Forschungsinteressen sind Unüberwachtes Lernen und Transferlernen in neuronalen Netzen.

Laczny, Joachim, Dr.
https://orcid.org/0000-0001-5629-2557
Joachim Laczny studierte Geschichtswissenschaft, Geografie, Volkskunde und Hochschuldidaktik an der Universität Hamburg und promovierte mit dem Schwerpunkt in spätmittelalterlicher Wirtschaftsgeschichte. Das Bibliotheksreferendariat absolvierte er an der Niedersächsischen Staats- und Universitätsbibliothek Göttingen und der Bibliotheksakademie Bayern in München. Er ist an der Staatsbibliothek zu Berlin, Preußischer Kulturbesitz, in der Abteilung Bestandsaufbau – Stabsstelle Metadatenmanagement – tätig.

Ledl, Andreas, Dr.
https://orcid.org/0000-0002-0629-0446
Andreas Ledl leitet die Campus Muttenz Bibliothek der Fachhochschule Nordwestschweiz (FHNW). Zuvor war er Fachreferent an den Universitätsbibliotheken Basel und Bern und von 2018–2020 Vizepräsident der International Society for Knowledge Organization (ISKO). 2013 gründete er das *Basic Register of Thesauri, Ontologies and Classifications* (BARTOC.org).

Leitner, Elena
https://orcid.org/0000-0002-6363-4807
Elena Leitner erhielt ihren Bachelorabschluss in Computerlinguistik (2019) an der Universität Potsdam. Seit 2018 ist Elena Leitner im Forschungsbereich Speech and Language Technology am Deutschen Forschungszentrum für Künstliche Intelligenz (DFKI) in Berlin tätig – zunächst als wissenschaftliche Hilfskraft im EU-Projekt *Building the Legal Knowledge Graph for Smart Compliance Services in Multilingual Europe* (Lynx) und seit Mitte 2019 als wissenschaftliche Mitarbeiterin im DFG-Projekt *Interfaces to Data for Historical Social Network Analysis* (SoNAR (IDH)).

Maas, Jan Frederik, Dr.-Ing.
https://orcid.org/0000-0002-6374-7414
Jan Frederik Maas hat Computerlinguistik studiert und in angewandter Informatik promoviert. Seit seinem erfolgreichen Abschluss eines Referendariats an der TIB Hannover arbeitet er als Fachreferent, IT-Projektleiter und Softwareentwickler an der Staats- und Universitätsbibliothek Hamburg. Er ist Sprecher des *beluga-core*-Entwicklungsverbundes mehrerer Hochschulbibliotheken, der modulare Erweiterungen für die quelloffene Discovery-Software *VuFind* zur Verfügung stellt.

Menzel, Sina
https://orcid.org/0000-0003-1798-2672
Sina Menzel war im Projekt SoNAR für die Evaluierung und Qualitätssicherung zuständig und ist seit Herbst 2020 verantwortlich für die Benutzungsforschung an der Universitätsbibliothek der Freien Universität Berlin.

Moreno Schneider, Julián, Dr.
https://orcid.org/0000-0003-1418-9935
Julián Moreno Schneider ist als Senior Researcher im Forschungsbereich *Speech and Language Technology* im Deutschen Forschungszentrum für Künstliche Intelligenz (DFKI) in Berlin tätig. Er hat einen Bachelor in Telekommunikationstechnik, einen Master in Informatik und einen PhD, ebenfalls in Informatik, mit dem Schwerpunkt Multimedia Information Retrieval (alle von der Universidad Carlos III de Madrid, Spanien). Er war bzw. ist in verschiedenen nationalen (Buscamedia, Bravo, SOPAT, DKT, QURATOR, SPEAKER) und internationalen (Lynx, ELG) Forschungsprojekten tätig. Aktuell beschäftigt er sich insbesondere in den Projekten QURATOR, Lynx und SPEAKER mit der Entwicklung von Plattformen und Backend-Technologien.

Nadj-Guttandin, Julijana, Dr.
https://orcid.org/0000-0002-5157-7374
Julijana Nadj-Guttandin arbeitet in der Abteilung Inhaltserschließung der Deutschen Nationalbibliothek am Standort Frankfurt. Sie studierte Anglistik, Russistik und Politikwissenschaften an den Universitäten Gießen und Loughborough, UK. Nach der Promotion absolvierte sie das Referendariat für den höheren Bibliotheksdienst an der Universitätsbibliothek Marburg, verbunden mit dem Fernstudium am Institut für Bibliotheks- und Informationswissenschaft der Humboldt-Universität zu Berlin. Seit 2008 ist sie als Fachreferentin in der Abtei-

lung Inhaltserschließung der Deutschen Nationalbibliothek beschäftigt. Sie betreut verschiedene geistes- und sozialwissenschaftliche Fächer, ist mitverantwortlich für die Regelwerksarbeit zur verbalen Erschließung und Mitglied im Expertenteam RDA-Anwendungsprofil für die verbale Inhaltserschließung.

Neudecker, Clemens
https://orcid.org/0000-0001-5293-8322
Clemens Neudecker, Studium der Philosophie, Informatik und Politischen Wissenschaften an der Ludwig-Maximilians-Universität München, ist seit 2014 als Projektkoordinator und Forschungsreferent in der Generaldirektion der Staatsbibliothek zu Berlin beschäftigt. Nach seiner Tätigkeit als wissenschaftlicher Mitarbeiter im Digitalisierungszentrum der Bayerischen Staatsbibliothek von 2003–2009 war er 2009–2014 Projektleiter in der Forschungsabteilung der Nationalbibliothek der Niederlande. Sein Hauptinteresse gilt der Forschung und Entwicklung in den Bereichen Computer Vision, Natural Language Processing sowie den Digital Humanities.

Ostendorff, Malte
https://orcid.org/0000-0003-2077-9907
Malte Ostendorff ist als wissenschaftlicher Mitarbeiter im Forschungsbereich *Speech and Language Technology* im Deutschen Forschungszentrum für Künstliche Intelligenz (DFKI) in Berlin tätig. Daneben promoviert Malte Ostendorff an der Universität Konstanz zum Thema Dokumentenähnlichkeit. Als Gründer und Vorstandsmitglied des Open Justice e. V. setzt er sich für einen transparenten Rechtsstaat ein.

Pielmeier, Sarah
https://orcid.org/0000-0001-9050-9895
Sarah Pielmeier, Magistra der Soziologie, arbeitete seit 2000 nach einer Ausbildung zur Bibliothekssekretärin mit Unterbrechungen in mehreren Bibliotheken. Seit 2014 arbeitet sie in der Universitäts- und Landesbibliothek Münster (ULB) in wechselnden Aufgabenbereichen und schloss im Jahr 2020 ihren Master in Library and Information Science an der Technischen Hochschule Köln ab. Derzeit leitet Sie die Abteilung Sacherschließung an der ULB und ist Mitglied im Expertenteam RDA-Anwendungsprofil für die verbale Inhaltserschließung.

Pintscher, Lydia

https://orcid.org/0000-0002-3939-2115
Lydia Pintscher ist die Produktmanagerin für Wikidata und arbeitet für Wikimedia Deutschland. Sie studierte Informatik an der Universität Karlsruhe mit einem Schwerpunkt in Medizin und Linguistik. Sie ist außerdem seit über 15 Jahren in verschiedenen Freien Softwareprojekten tätig, hauptsächlich als Vorstandsmitglied des KDE e. V.

Peters, Stefan

https://orcid.org/0000-0002-4087-8227
Stefan Peters arbeitet als Softwareentwickler bei der Verbundzentrale des GBV (VZG) in Göttingen. Er ist primär für die Entwicklung der Infrastruktur des coli-conc-Projektes und des Open Source Mapping-Tools Cocoda zuständig.

Petras, Vivien, Prof. Dr.

https://orcid.org/0000-0002-8113-1509
Vivien Petras studierte Bibliotheks- und Informationswissenschaft, BWL und Kunstgeschichte an der Humboldt-Universität zu Berlin. Promotion (2006) an der University of California, Berkeley, USA, in Information Management and Systems. Stellv. Abteilungsleiterin der Abteilung Forschung und Entwicklung des Informationszentrums Sozialwissenschaften, Bonn (jetzt GESIS). Seit 2009 Professorin für Information Retrieval, Institut für Bibliotheks- und Informationswissenschaft der Humboldt-Universität zu Berlin. Ihre Forschungsinteressen fokussieren auf das mehrsprachige und interaktive Information Retrieval, die Qualität und Heterogenität von Metadaten in Kulturerbeinformationssystemen sowie domänenspezifische Wissensorganisation.

Pohl, Adrian

https://orcid.org/0000-0001-9083-7442
Adrian Pohl leitet die Gruppe Offene Infrastruktur des Hochschulbibliothekszentrums des Landes Nordrhein-Westfalen (hbz), die sich mit den verschiedenen Ebenen von Publikation, Austausch und Management bibliothekarischer Daten im Web befasst. Er ist Co-Vorsitzender des Programmkomitees der SWIB-Konferenz (*Semantic Web in Bibliotheken*). Er hat Abschlüsse in Kommunikationswissenschaft und Philosophie von der RWTH Aachen sowie in Bibliotheks- und Informationswissenschaft von der TH Köln.

Rehm, Georg, Prof. Dr.

https://orcid.org/0000-0002-7800-1893
Georg Rehm ist als Principal Researcher im Forschungsbereich *Speech and Language Technology* am Deutschen Forschungszentrum für Künstliche Intelligenz (DFKI) in Berlin tätig. Er ist Koordinator des BMBF-Projekts QURATOR (Curation Technologies) und des EU-Projekts *European Language Grid* (ELG) sowie Ko-Koordinator des EU-Projekts *European Language Equality* (ELE). Daneben ist er – seit 2010 – Generalsekretär des EU-Exzellenznetzwerks META-NET und leitet seit 2013 das deutsch-österreichische Chapter des *World Wide Web Consortium*s (W3C). Ferner ist Georg Rehm aktuell in die Projekte Lynx (EU), HumanE-AI-Net (EU), SPEAKER (BMWi), SoNAR (DFG) und PANQURA (BMBF) involviert. 2018 wurde Georg Rehm der Ehrentitel DFKI Research Fellow verliehen.

Sack, Harald, Prof. Dr.

https://orcid.org/0000-0001-7069-9804
Harald Sack ist Professor für Information Service Engineering am FIZ Karlsruhe – Leibniz-Institut für Informationsinfrastruktur und Karlsruher Institut für Technologie (KIT). Nach dem Studium der Informatik an der Universität der Bundeswehr München wurde er 1997 assoziiertes Mitglied des Graduiertenprogramms *Mathematische Optimierung* an der Universität Trier und promovierte 2002 in Informatik. Nach seiner Zeit als PostDoc an der Friedrich-Schiller-Universität in Jena leitete er von 2009 bis 2016 die Forschungsgruppe Semantische Technologien und Multimedia Retrieval am Hasso-Plattner-Institut für IT-Systems Engineering an der Universität Potsdam. Seine aktuellen Forschungsgebiete umfassen semantische Technologien, Knowledge Discovery sowie hybride Anwendungen symbolischer und subsymbolischer Künstlicher Intelligenz. Er war als General Chair, Program Committee Chair und (Senior) Program Committee Member bei zahlreichen internationalen Konferenzen und Workshops tätig. Harald Sack hat mehr als 150 wissenschaftliche Arbeiten in internationalen Fachzeitschriften und auf Konferenzen veröffentlicht, darunter mehrere Standardlehrbücher.

Scheven, Esther

Esther Scheven, wissenschaftliche Bibliothekarin, Diplom-Bibliothekarin, Diplom-Geologin und Diplom-Biologin, arbeitet seit 1995 in der Deutschen Nationalbibliothek als Fachreferentin in der Abteilung Inhaltserschließung. Bis 2016 hat sie die Expertengruppe Sacherschließung und die Überarbeitung der 4. Auflage der RSWK (2017) geleitet, ist heute Mitglied im Expertenteam RDA-Anwendungsprofil für die verbale Inhaltserschließung. Sie gehörte zur Projektleitung des GND-Projekts (2009–2012).

Schnaitter, Hannes

https://orcid.org/0000-0002-1602-6032
Hannes Schnaitter studierte Bibliotheks- und Informationswissenschaft (B. A.) und Information Science (M. A.) an der Humboldt-Universität zu Berlin. Er ist im SoNAR-Projekt für die Qualitätssicherung und Evaluierung zuständig.

Scholze, Frank

https://orcid.org/0000-0003-3404-1452
Frank Scholze ist seit 2020 Generaldirektor der Deutschen Nationalbibliothek. Er studierte Bibliothekswesen an der Hochschule der Medien Stuttgart, sowie Kunstgeschichte und Anglistik an der Universität Stuttgart. Danach war er in verschiedenen Projekten im Bereich digitaler Bibliotheken, sowie als Fachreferent und Leiter der Benutzungsabteilung an der Universitätsbibliothek Stuttgart tätig. Nach zweijähriger Tätigkeit im Ministerium für Wissenschaft, Forschung und Kunst Baden-Württemberg übernahm er im Januar 2010 die Leitung der KIT-Bibliothek. 2016 wurde er in den Bundesvorstand des Deutschen Bibliotheksverbandes (dbv) gewählt und 2019 wiedergewählt.

Schürmann, Hans, Dr.

https://orcid.org/0000-0003-2532-3896
Hans Schürmann ist seit 2005 an der Zentral- und Hochschulbibliothek Luzern in verschiedenen Funktionen tätig. Heute beschäftigt er sich einerseits im Bereich E-Science mit Repositoriumsdienstleistungen und digitaler Langzeitarchivierung und andererseits im Bereich Metadatenmanagement mit verbaler und klassifikatorischer Inhaltserschließung. Seit Februar 2021 ist er für die Swiss Library Service Platform (SLSP) Mitglied im GND-Ausschuss.

Steeg, Fabian

https://orcid.org/0000-0001-8829-1989
Fabian Steeg ist Softwareentwickler mit Schwerpunkt Informationssysteme und Open-Source-Software und arbeitet im Bereich Webentwicklung und Datenverarbeitung in der Gruppe Offene Infrastruktur am Hochschulbibliothekszentrum des Landes Nordrhein-Westfalen (hbz). Er ist Mitglied der W3C Entity Reconciliation Community Group und seit 2020 deren Co-Chair. Er hat einen Abschluss

in Informationsverarbeitung, Allgemeiner Sprachwissenschaft und Geografie von der Universität zu Köln.

Steiner, Christoph, Dr.

Christoph Steiner ist Leiter der Abteilung Sacherschließung an der Österreichischen Nationalbibliothek, Vortragender im Universitätslehrgang Library and Information Sciences zu Themen der Inhaltserschließung, automatischer Indexierung, Mitglied diverser Fachgremien im Bereich der Inhaltserschließung, z. B. in der Zentralredaktion des Österreichischen Bibliothekenverbund, im Expertenteam RDA-Anwendungsprofil für die verbale Inhaltserschließung u. a. m.

Thiessen, Peter

https://orcid.org/0000-0002-3010-6338

Peter Thiessen ist nach einem Studium der Geisteswissenschaften sowie dem Bibliotheksreferendariat in Berlin und München seit 2014 Mitarbeiter an der Bayerischen Staatsbibliothek/Verbundzentrale des Bibliotheksverbundes Bayern und seit 2019 stellvertretender Leiter des Referats Verbundnahe Dienste.

Ungváry, Rudolf

https://orcid.org/0000-0002-8044-4319

Rudolf Ungváry hat zehn Jahre Industrieerfahrung als Maschinenbauingenieur. Seit 1974 redigierte er 40 Thesauri für Informationsinstitutionen, später Forschungsarbeiten auf dem Gebiet der Wissensorganisation. In den 1980er Jahren war er Mitglied der Deutschen Gesellschaft für Klassifikation und Mitarbeiter des Instituts für Bibliothekswissenschaft und seit 1979 führender Forschungsmitarbeiter der Ungarischen Nationalbibliothek. Nach 2000 widmete er sich der Erstellung automatisierbarer Begriffshierarchien (Ontologien) und Namensfelder (Namensräume). Derzeit ist er Mitarbeiter der Nationalbibliothek und des Digitalen Geisteswissenschaftlichen Zentrums des Museums für Literatur. Er ist Verfasser von 6 Fachbüchern und 136 Studien.

Voß, Jakob, Dr.

https://orcid.org/0000-0002-7613-4123

Jakob Voß arbeitet in Forschung und Entwicklung an der Verbundzentrale des GBV (VZG). 2013 promovierte er an der Humboldt Universität zu Berlin zu allgemeinen Strukturen in Daten. Derzeit ist er für die technische Koordination im Projekt coli-conc verantwortlich.

Wartena, Christian, Prof. Dr.
https://orcid.org/0000-0001-5483-1529
Christian Wartena studierte Computerlinguistik in Nijmegen (Niederlande) und Potsdam, wo er 1999 promovierte. Er arbeitete für Unternehmen in Heidelberg und Enschede (Niederlande) im Bereich der automatischen Übersetzung und des Wissenstransfers. Seit 2011 ist er Professor für Sprach- und Wissensverarbeitung an der Hochschule Hannover und lehrt hier im Bachelor Informationsmanagement sowie im Master Data Analytics an der Universität Hildesheim. Er leitet verschiedene Projekte zu Sprachverarbeitung, Textanalyse und Information Retrieval. Seit 2020 ist Christian Wartena Sprecher des Forschungsclusters Smart Data Analytics.

Wiesenmüller, Heidrun, Prof.
https://orcid.org/0000-0002-9817-5292
Heidrun Wiesenmüller studierte Mittlere Geschichte, Anglistik und Mittellatein in Erlangen und Newcastle upon Tyne. Seit 2006 lehrt sie formale und inhaltliche Erschließung an der Hochschule der Medien in Stuttgart, davor war sie Fachreferentin an der Württembergischen Landesbibliothek. Sie ist Mitglied verschiedener regionaler und überregionaler Expertengremien.

Wolf-Dahm, Barbara
Barbara Wolf-Dahm betreut in der Universitätsbibliothek Augsburg die Fachreferate Theologie, Klassische Philologie und Pädagogik und ist stellvertretende Abteilungsleiterin der Abteilung Medienbearbeitung. Im Bibliotheksverbund Bayern leitet sie den in Augsburg angesiedelten Bereich der Schlagwort-Verbundredaktion. Darüber hinaus ist sie Mitglied in den überregionalen bibliothekarischen Gremien Fachgruppe Erschließung, GND-Ausschuss und Expertenteam RDA-Anwendungsprofil für die verbale Inhaltserschließung.

Zaczynska, Karolina
https://orcid.org/0000-0002-5395-5463
Karolina Zaczynska erhielt 2016 ihre Bachelorabschlüsse in Theaterwissenschaft sowie Westslawistik an der Universität Leipzig und 2018 ihren Masterabschluss im Fach Computerlinguistik und Texttechnologie an der Justus-Liebig-Universität Gießen. Nach einer Tätigkeit als wissenschaftliche Hilfskraft beim Campuslab *Digitization and Computational Analytics* an der Georg-August-Universität Göttingen kam Karolina Zaczynska 2019 an das Deutsche Forschungszentrum für Künstliche Intelligenz (DFKI) in Berlin, wo sie im Forschungsbe-

reich *Speech and Language Technology* als wissenschaftliche Mitarbeiterin im Projekt QURATOR tätig ist.

Zinck, Josefine
https://orcid.org/0000-0002-7511-098X
Josefine Zinck, studentische Hilfskraft im SoNAR-Projekt, ist in der Evaluation maßgeblich an der intellektuellen Kontrolle der maschinellen Verfahren beteiligt.